汽车电工
从入门到精通

周晓飞　主编

化学工业出版社
·北京·

这是一本适合汽车电工入门与提高的书籍，内容涉及汽车电工的方方面面。

全书分上下两篇共22章介绍。上篇为汽车电气基本构造与原理，以全彩图解的形式，重点介绍汽车电气系统各大组成部件的构造原理；下篇为汽车维修与故障排除，结合视频讲解，重点介绍汽车电工维修基本知识和操作技能。

本书内容系统实用、通俗易懂，特别适合汽车电工技能初学者使用，也可作为职业院校、培训学校相关专业的培训教材。

图书在版编目（CIP）数据

汽车电工从入门到精通 / 周晓飞主编. —北京：化学工业出版社，2019.11（2024.11重印）
ISBN 978-7-122-34995-8

Ⅰ. ①汽… Ⅱ. ①周… Ⅲ. ①汽车 - 电工技术 Ⅳ. ① U463.6

中国版本图书馆 CIP 数据核字（2019）第166296号

责任编辑：黄　滢　　文字编辑：冯国庆
责任校对：杜杏然　　装帧设计：刘丽华

出版发行：化学工业出版社（北京市东城区青年湖南街13号　邮政编码100011）
印　　装：北京天宇星印刷厂
787mm×1092mm　1/16　印张25　字数605千字　2024年11月北京第1版第7次印刷

购书咨询：010-64518888　　售后服务：010-64518899
网　　址：http://www.cip.com.cn
凡购买本书，如有缺损质量问题，本社销售中心负责调换。

定　　价：99.00元

前言

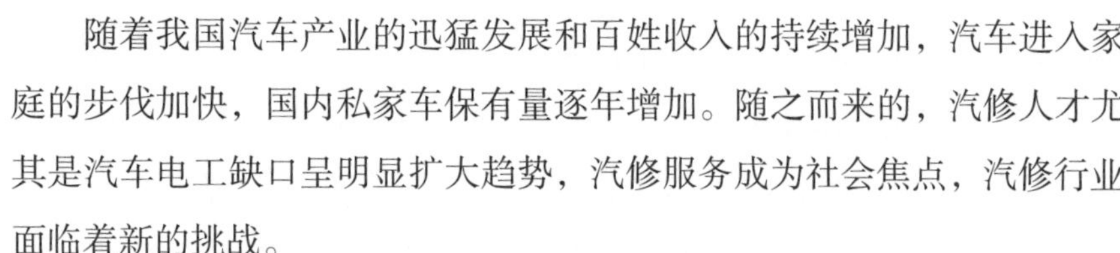

随着我国汽车产业的迅猛发展和百姓收入的持续增加，汽车进入家庭的步伐加快，国内私家车保有量逐年增加。随之而来的，汽修人才尤其是汽车电工缺口呈明显扩大趋势，汽修服务成为社会焦点，汽修行业面临着新的挑战。

从就业形势来看，不难预测，汽车维修领域的就业空间会越来越大。因此，汽修行业日益成为国内发展空间巨大的“朝阳行业”，越来越多的人希望从事汽车维修领域的相关工作。如何让初学者能够在短时间内掌握汽车维修电工的知识和技能，成为目前汽车电工培训过程中面临的最大问题。

与其他的就业岗位不同，汽车电工的很多工作都需要一定程度的相关实践经验，需要从业人员不仅具备专业的理论知识，同时还要知晓实践作业过程中的操作规范，掌握技能操作的要点，以及处理常见故障甚至是解决疑难故障的能力。因此，对作为理论指导的汽车电工技能培训类图书而言，不单单要讲授专业知识，更要注重技能的培养和提高。

本书是一本适合汽车电工入门与提高的书籍，内容涉及汽车电工的方方面面，是汽车电工从业者或专业院校师生的“充电宝”。全书分上下两篇共22章介绍，以行业规范为依托，注重知识性、系统性、实操性的结合，力求以最直观的方式将最实用的内容呈现给读者。

上篇为汽车电气基本构造与原理的理论知识内容，讲解过程中充分发挥了图解的特色，以“全彩图解”的形式向读者传授汽车电工的基础知识，真正做到用“图”说话——以“图”代“解”，以“解”说“图”，一目了然，通俗易懂。下篇为汽车维修与故障排除的实践操作内容，重点介绍汽车电工的操作步骤和要领，以及汽车故障排除的策略和技巧。

书中对于难度较大的复杂知识点，还专门配备了“视频讲解”。视频以二维码的形式呈现，读者学习时可通过手机扫描书中的二维码，同步、实时地浏览对应知识点的数字媒体教学资源。数字媒体教学资源与图书的图文资源相互衔接、互为补充，可充分调动学习者的主观能动性，确保学习者在短时间内获得最佳的学习效果。

为了确保专业品质，本书由微共享汽车学院具有数十年汽车维修经验的维修专家团队编写，周晓飞任主编，参编人员有万建才、董小龙、宋东兴、郝建庄、赵朋、李新亮、刘振友、赵小斌、江珍旺、梁志全、樊志刚、温云、宋亚东、石晓东、彭飞、边先锋、宇雅慧、赵义坤、刘文瑞、李立强、张建军、李飞云、李飞霞。编写团队的人员中，有一线汽车维修高手，有高级工程师，有高级技师，还有院校教师，使读者在学习过程中如同有一群专家在身边指导，将学习和实践中需要注意的重点、难点一一化解，大大提升学习效率，从而使本书在学习者从事汽车电工及相关工作中真正起到良好的指导作用。

本书在编写过程中参考了相关的图书和多媒体资料，在此向相关作者一并表示衷心的感谢！

限于笔者水平，书中疏漏之处在所难免，恳请广大读者批评指正。

周晓飞

目录 CONTENTS

上篇　汽车电气基本构造与原理

第1章　认识汽车及电气布局

第2章　蓄电池

第3章　发电机

第4章 起动机

第5章 点火系统

第6章 空调系统

第7章 安全气囊

第8章 组合仪表

第9章 照明系统

第10章 其他电气系统

下篇　汽车维修与故障排除

电工基础知识

汽车电工维修基础

第13章 汽车电路图识读与分析

第14章 汽车电器维护与保养

第15章 汽车电气维修操作

汽车电气检查与测试

汽车总线系统

发动机电子控制系统

发动机电气故障诊断与排除

底盘电气故障诊断与排除

自动变速器故障诊断与排除

汽车防盗系统

视频索引

视频文件名	二维码位置	视频文件名	二维码位置
蓄电池需要反复充电	P15	电压的测量	P167
发电机和蓄电池的互相配合	P36	接地（搭铁）检查	P172
无钥匙启动工作流程	P50	拆卸仪表板	P256
点火系统	P52	用空调压力来判断故障	P292
安全气囊	P76	总线	P312
组合仪表	P83	终端电阻	P313
自适应随动大灯	P97	网关	P319
车外后视镜	P99	热模式空气流量计	P340
车窗升降器电机	P106	节气门电路	P356
电流的测量	P131	电子机械式驻车制动器	P362

上篇

汽车电气基本构造与原理

第 1 章 认识汽车及电气布局

1.1 汽车总体构造

1.1.1 内燃机汽车

（1）汽车组成 汽车由发动机、底盘（包括变速器）、车身、电气设备四个基本部分组成（图 1.1-1）。

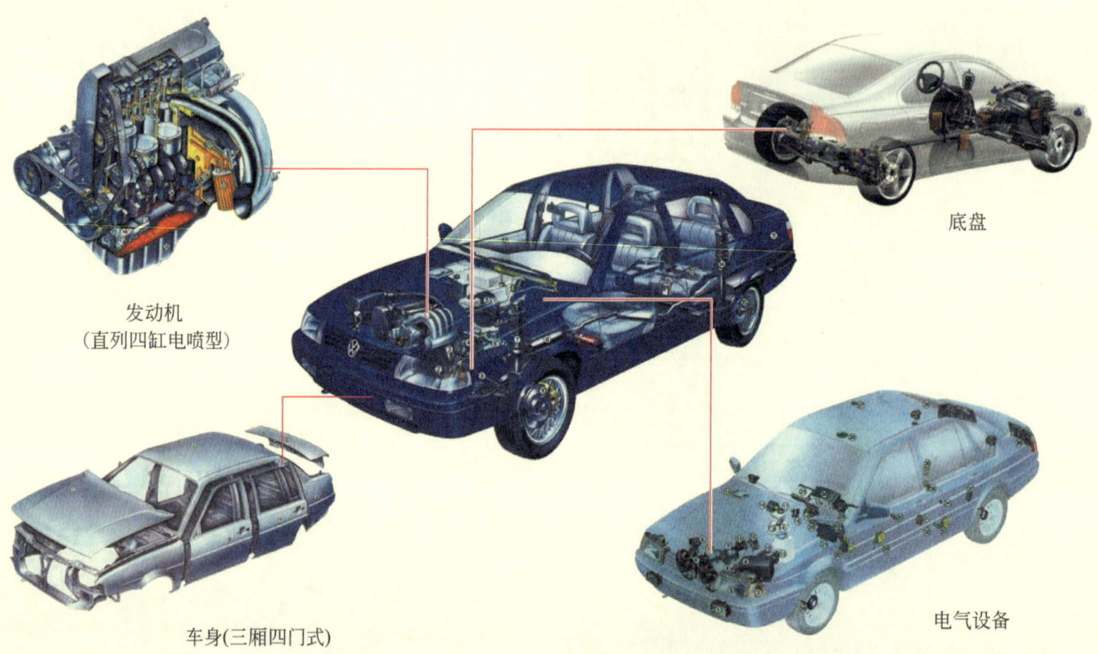

图 1.1-1 汽车基本组成

（2）发动机 汽车发动机（图 1.1-2）是汽车动力装置，有汽车的心脏之称，它决定着汽车的动力性、经济性、稳定性和环保性。

图 1.1-2 发动机

1.1.2 电动汽车

1.1.2.1 概述

电动汽车包括纯电动汽车、混合动力汽车和燃料电池汽车，是使用动力电池，以电能方式驱动车辆行驶的汽车。电动汽车架构见图 1.1-3，电动汽车组成见图 1.1-4。

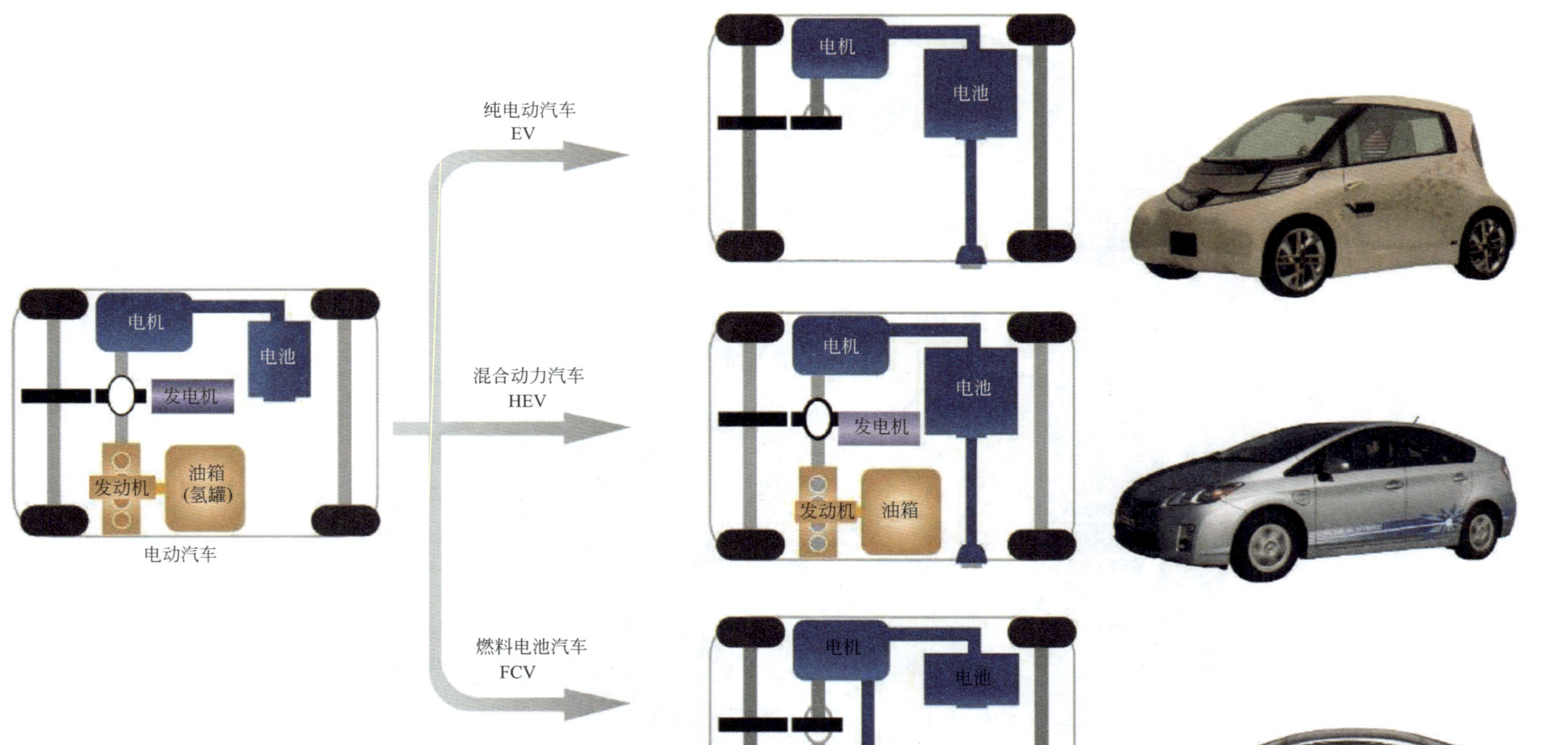
电机
电池
发电机
发动机
油箱
(氢罐)
电动汽车
纯电动汽车
EV
混合动力汽车
HEV
燃料电池汽车
FCV
电机
电池
电机
电池
发电机
发动机
油箱
电机
电池
燃料
电池
电堆
氢罐

图 1.1-3　电动汽车架构

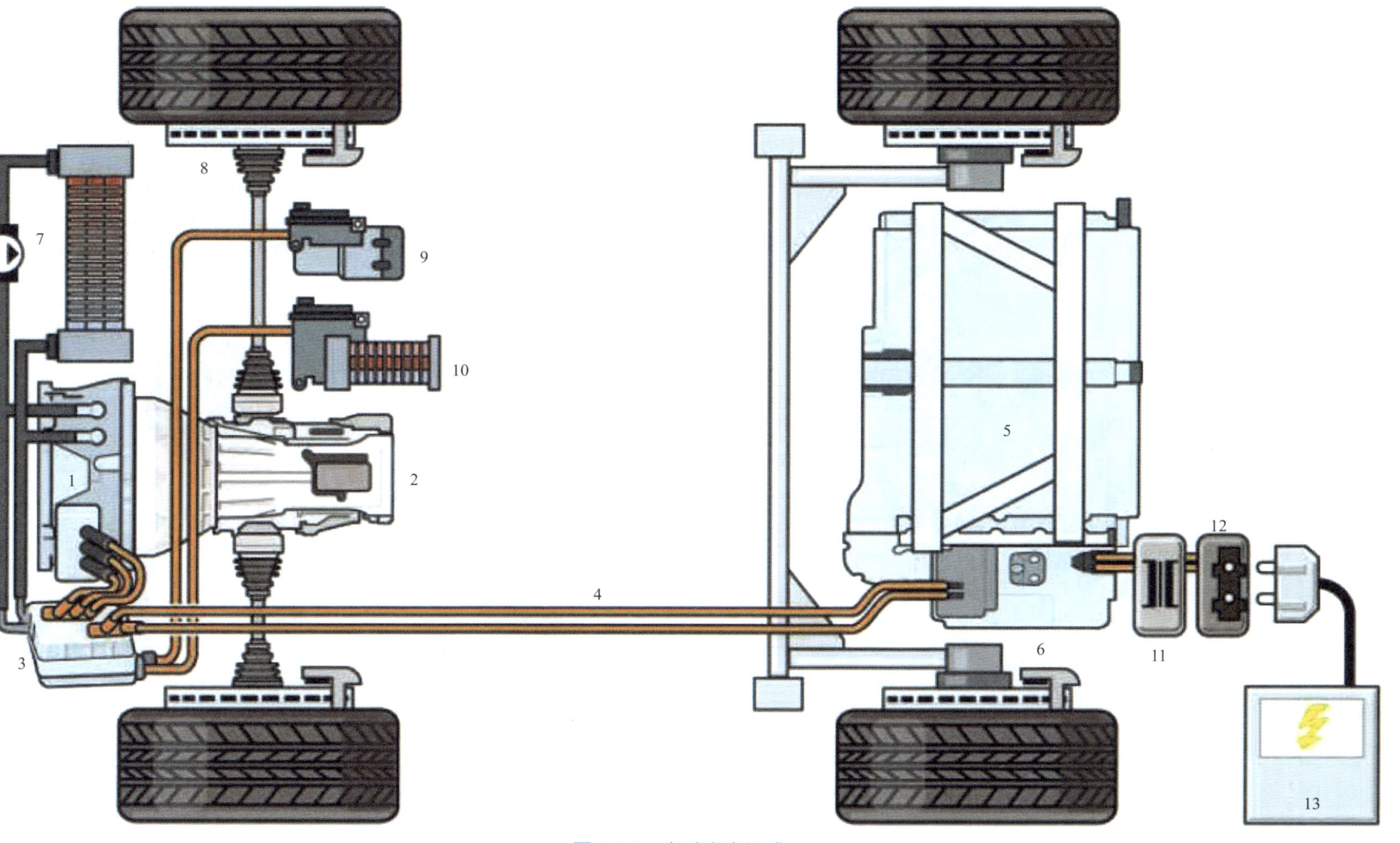

图 1.1-4　电动汽车组成

1—电机（或发动机）；2—带差速器的变速箱；3—动力电子元件；4—高压电缆；5—高压蓄电池；6—电子设备盒（带控制单元，用于蓄电池管理）；7—冷却系统；8—制动系统；9—高压空调压缩机；10—高压供热器；11—蓄电池充电器；12—用于外部充电的充电触点；13—外部充电电源

（1）动力电池　动力电池（图 1.1-5）是电动汽车的“心脏”。动力电池多以钴酸锂、锰酸锂或镍酸锂等化合物为正极，以可嵌入含锂离子的碳材料为负极，使用有机电解质。动力电池总成安装在车体下部，动力电池的组成部件包括各模组总成、采集系统、电池控制单元、电池高压分配单元、维修开关等。电动汽车电池组由多个电池串联叠置而成。一个典型的锂离子电池组包含 90 多个电池，充电到 4.2V 时，可产生超过 400V 的总电压。

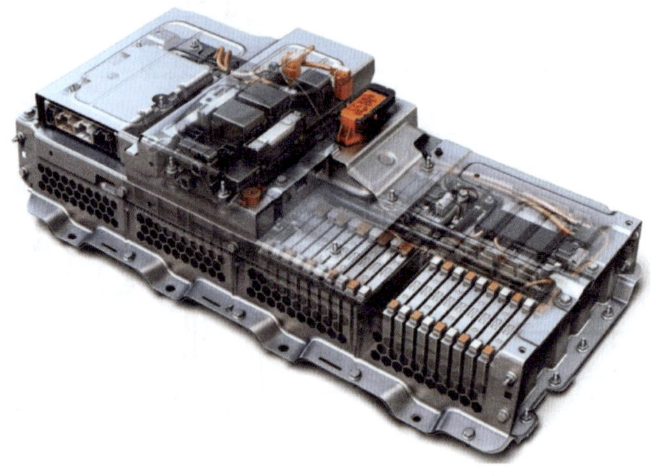

图 1.1-5　动力电池

（2）电机　理论而言，任何电机（图 1.1-6）都可被用作交流发电机。当机械力驱动电机时，它将作为交流发电机供电。当向电机供给电流时，它作为驱动装置运行（图 1.1-7）。

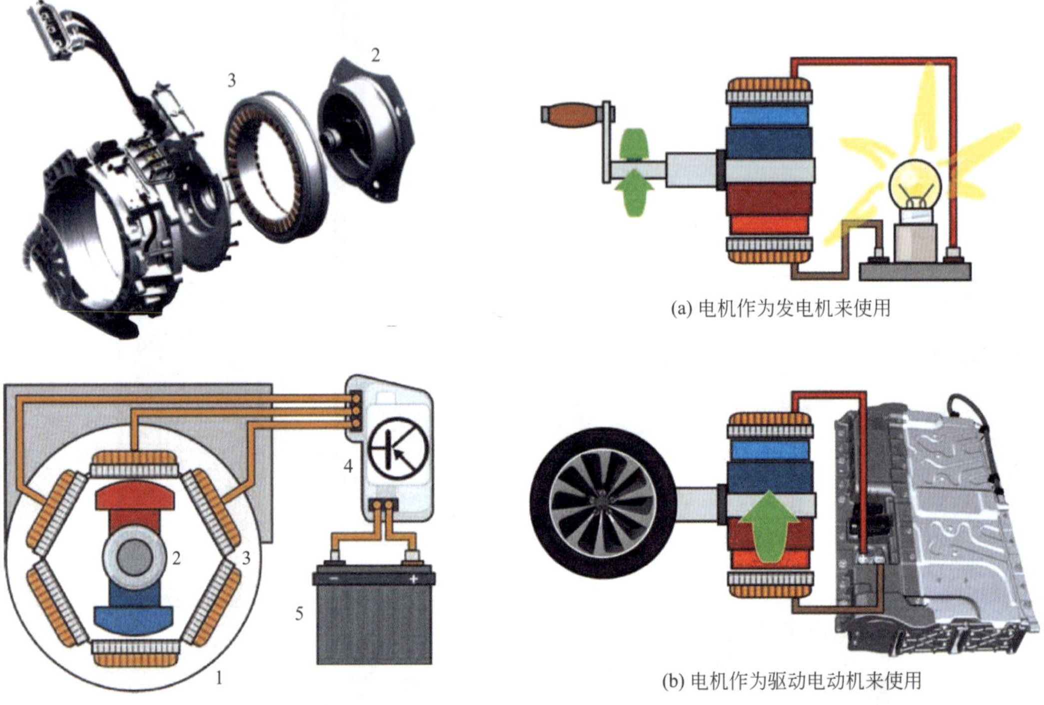

图 1.1-6　电机的结构

1—电动机 / 发电机；2—转子；3—定子；4—动力电子元件；5—高压蓄电池

图 1.1-7　电机的工作原理

三相电机经常用作电动机 / 发电机。三相电机由三相交流电供能，它与环绕转子的三个线圈协同工作并形成定子，三个线圈分别连接至三相电机的一相。在该同步电机中，若干对永磁体位于转子上方。由于对三相线圈连续供电，因此它们会产生一个旋转电磁场，从而在使电动机 / 发电机驱动车辆的同时使转子旋转。

当电动机 / 发电机用作交流发电机时，转子的运动会使线圈产生三相交流电压，并转换成动力电子元件中高压蓄电池的直接电压。通常情况下，车辆会使用所谓的“同步电机”。就此而论，“同步性”即“同步运行”，指的是定子线圈中能量场的转速与带永磁体转子转速的比率。

同步电机与非同步电机相比的优势在于，同步电机在自动化应用时可以更精确地控制电机。

1.1.2.2 纯电动汽车

纯电动汽车以车载电源为动力，用电机驱动车轮行驶（图 1.1-8），它是完全由可充电电池提供动力源的汽车。

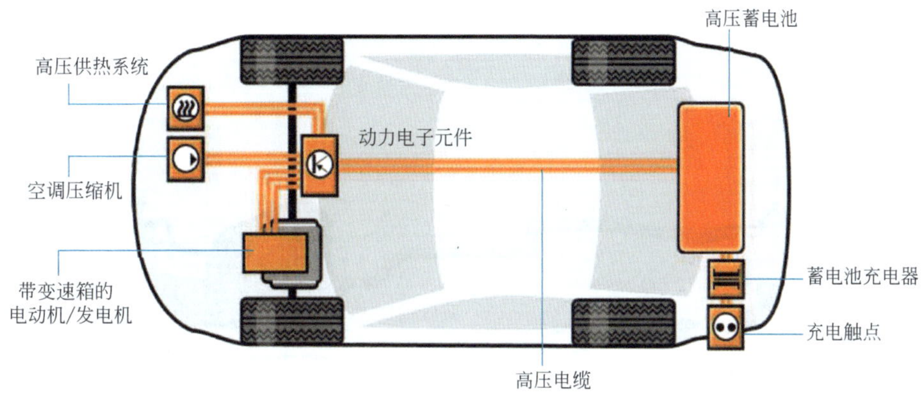

图 1.1-8 纯电动汽车驱动装置和高压部件

1.1.2.3 混合动力汽车

（1）总体结构 混合动力汽车一般是指油电混合动力汽车，即用传统的汽油发动机或者柴油发动机和电机作为动力源（图 1.1-9 ～图 1.1-11）。

图 1.1-9 混合动力汽车总体结构布局

图 1.1-10 混合动力汽车发动机和电机

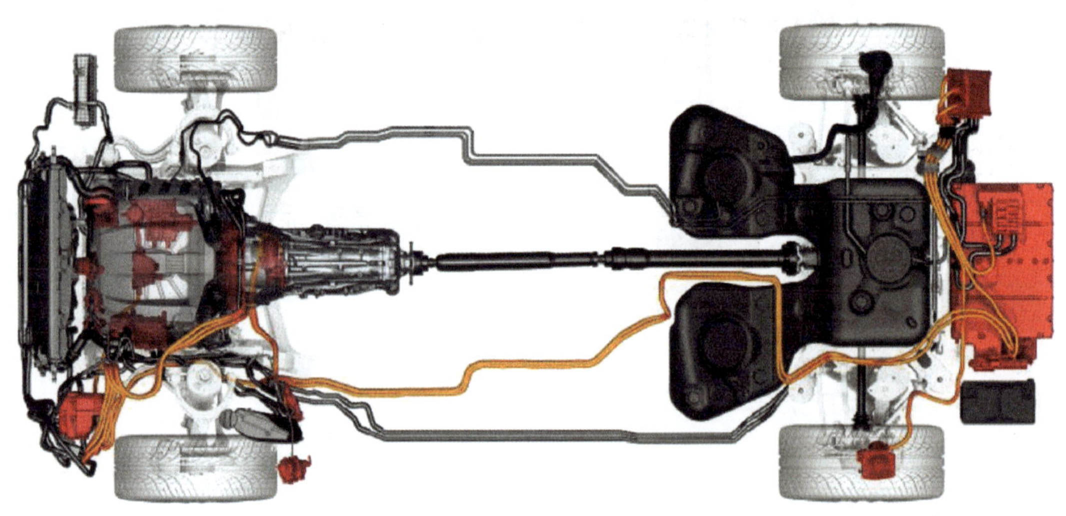

图 1.1-11 混合动力汽车底盘

（2）混合动力汽车的类型 根据混合动力驱动的联结方式，一般把混合动力汽车分为三类。

❶ 串联式混合动力汽车（SHEV）。串联式混合动力汽车主要由发动机、发电机、电动机三大动力总成用串联方式组成了 HEV 的动力系统（图 1.1-12）。串联式混合动力结构的动力来源于电动机，发动机只能驱动发电机发电，并不能直接驱动车辆行驶。因此，串联结构中电动机功率一般要大于发动机功率，这样才能满足车辆的行驶需求（图 1.1-13）。高压蓄电池也就是动力电池。

分支式串联混合动力系统，就是把分支式混合动力系统和串联混合动力系统综合在一起，该系统有一个发动机和两个电动机。发动机和电动机 1 装在前桥上，电动机 2 装在后桥上，这种结构用于四轮驱动车（图 1.1-14）。发动机和电动机 1 可以通过行星齿轮机构来驱动车辆变速器。

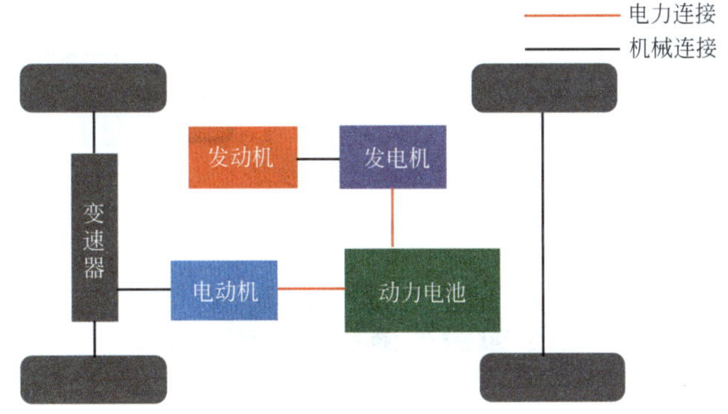

图 1.1-12　串联式混合动力汽车示意

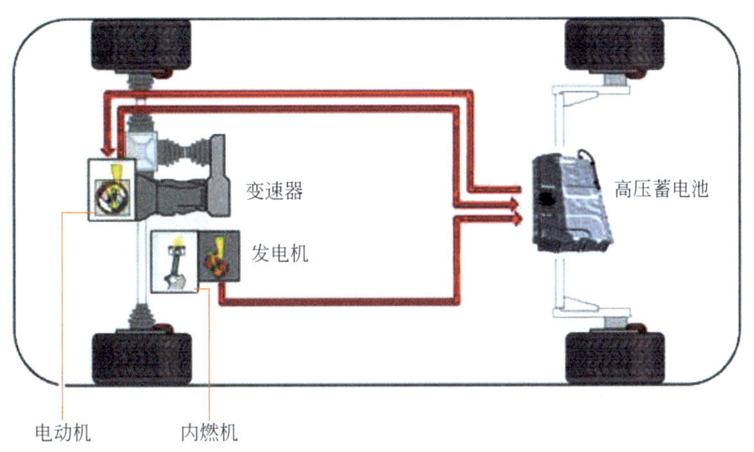

图 1.1-13　串联式混合动力布局

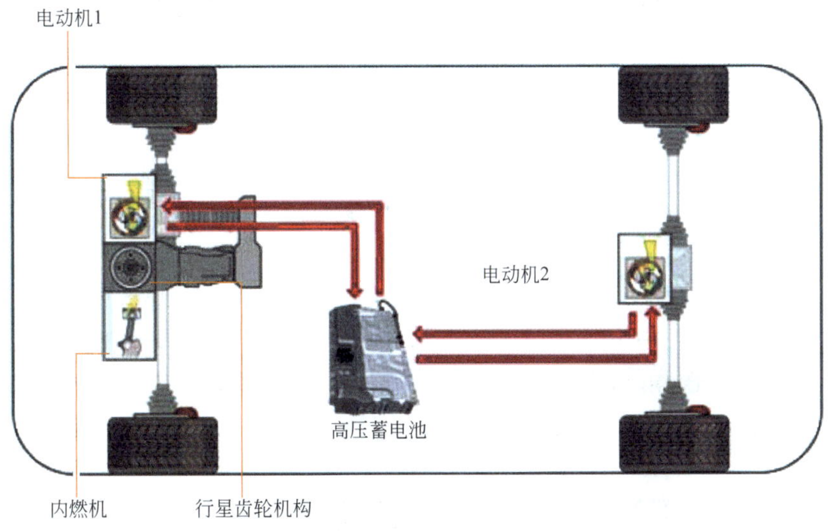

图 1.1-14　分支式串联混合动力布局

❷ 并联式混合动力汽车（PHEV）。并联式混合动力汽车的发动机和发电机都是动力总成，两大动力总成的功率既可以互相叠加输出，也可以单独输出（图 1.1-15）。

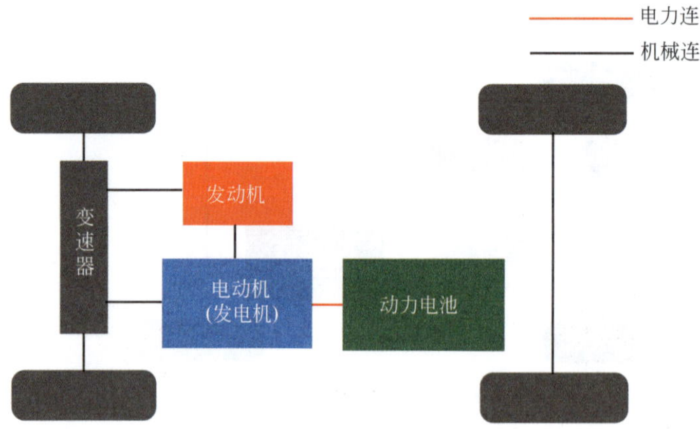

图 1.1-15　并联式混合动力汽车示意

并联式混合动力汽车保留了变速器，因此，通俗地讲，并联混动结构即普通汽车 + 电动机 = 并联（图 1.1-16）。

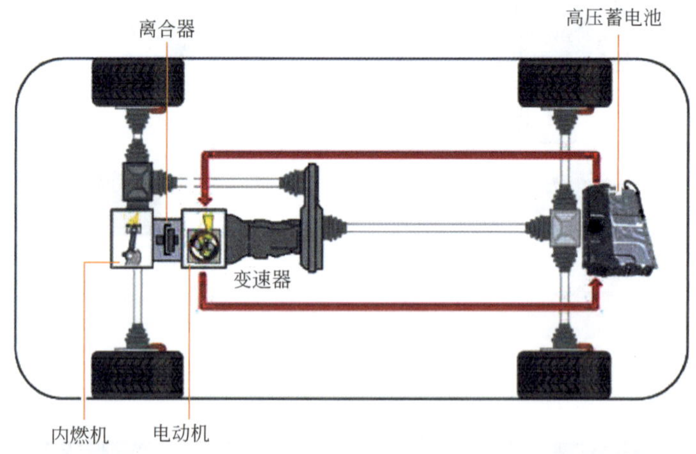

图 1.1-16　并联式混合动力布局

❸ 混联式混合动力汽车（PSHEV）。混联式混合动力汽车是综合了串联式和并联式的结构而形成的电动汽车，主要由发动机、电动机 - 发电机和动力电池三大动力总成组成（图 1.1-17）。

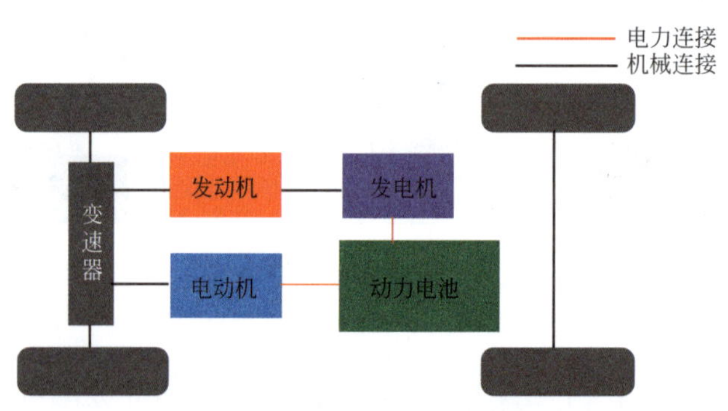

图 1.1-17　混联式混合动力汽车示意

在发动机和电动机协同驱动汽车行驶的同时，发动机还能带动发电机为电池充电，不再像并联结构中单一电机需要身兼二职，并且理论上它能够实现发动机带动发电机发电，电动机驱动汽车的模式。当然，两个动力单元也能够单独驱动车辆。

混合动力驱动结构有一个电动加速功能，这与发动机的强制降挡功能（可提供最大发动机功率）类似。如果执行了这个电动加速功能，那么电动机和内燃机就会发出最大功率（合计总功率很大）。这两种驱动方式各自功率合在一起，即为传动系统的总功率（图 1.1-18）。

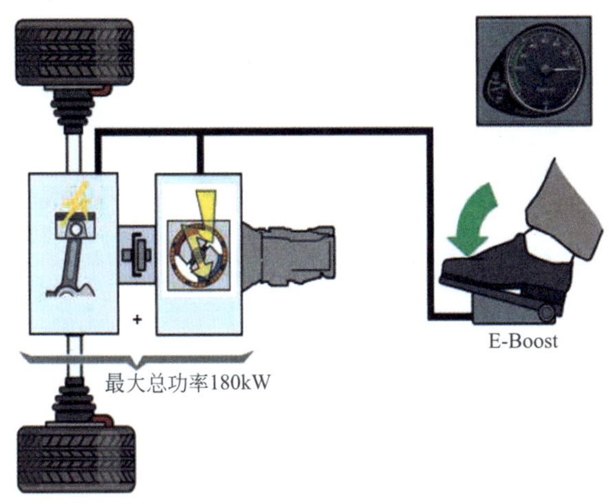

图 1.1-18　混合动力驱动结构中的电动加速示意

1.1.2.4　燃料电池汽车

（1）总体构造　燃料电池汽车（FCV）采用燃料电池驱动。车辆以氢气作燃料，并从燃料电池模块中为电动机获取电能。在该模块中，氢气转化为水以产生电能。根据操作模式，使用高压蓄电池的充电电压用于驱动（图 1.1-19）。

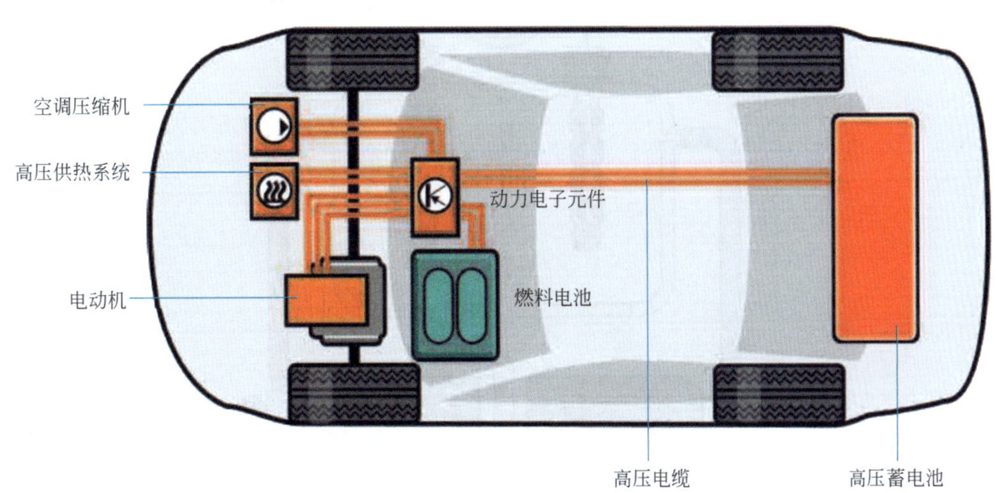

图 1.1-19　燃料电池汽车驱动装置和高压部件

在发动机中，通过燃烧将储存在燃料分子中的化学能转化为热能。由此产生的热能可用于驱动变速箱或供给交流发电机，这样，大量能量由于摩擦转化为热能。在燃料电池中，化学能转化为电能。与发动机不同，无需额外的交流发电机进行发电（图 1.1-20）。

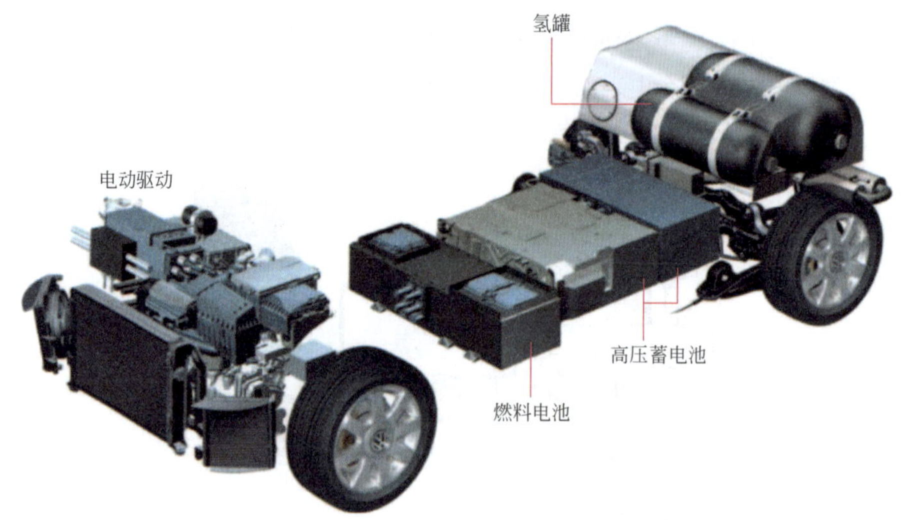

图 1.1-20　燃料电池汽车

（2）工作原理

❶ 如图 1.1-21 所示，氢 / 氧燃料电池是原电池的一种特殊形式。主要部件为两个电极 1、镀铂的碳纤维纳米管（用作催化剂）2 以及一层特殊薄膜 3。多种化合物均可用作电极。特殊薄膜具有气密性，对电子不导电，对质子（不带电子的氢核）具有渗透性。氧气（O_2）来自环境空气，无需专门填充。

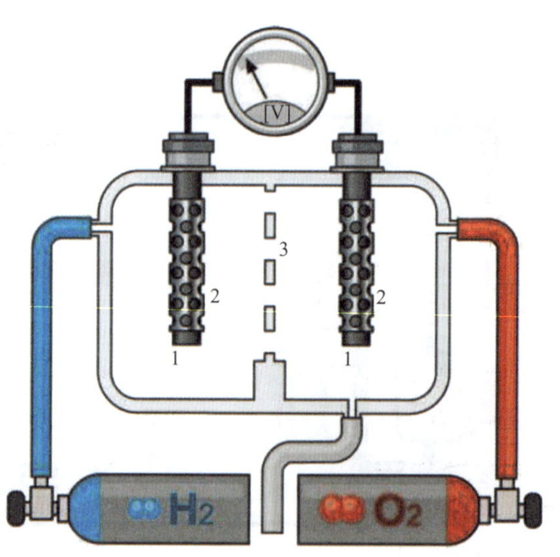

图 1.1-21　燃料电池原理示意

❷ 如图 1.1-22 所示，氢气（H_2）和氧气（O_2）分别分配至两个电极：氢气至正极（A），氧气至负极（C）。氢气在催化剂的作用下释放两个电子并分裂成两个带正电的氢核（质子）。氢核可以渗入并穿过薄膜，因为薄膜另一侧（负极）电解质的质子数较正极少（扩散）。氧气在其电极侧通过催化作用吸收电子，然后立即与自由的氢质子反应生成水（H_2O）。

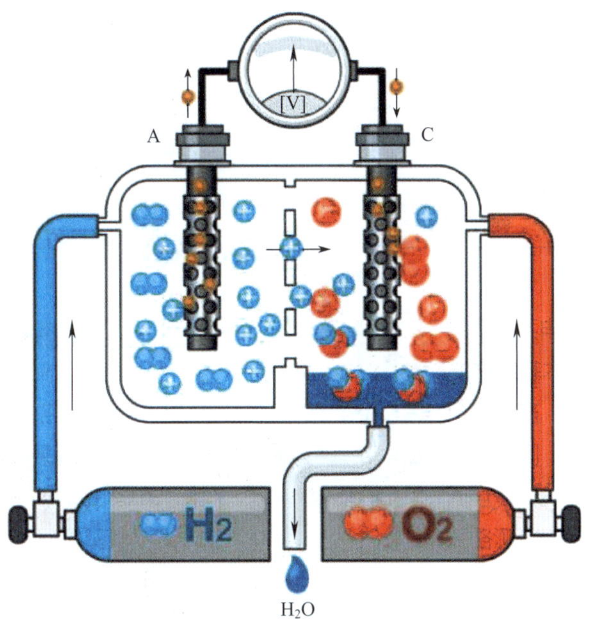

图 1.1-22　燃料电池发电示意

1.2　汽车电气布局

汽车电气系统主要由电源系统、启动系统、仪表、照明装置、音响装置、雨刷器等用电设备和电气系统组成（图 1.1-23 和图 1.1-24）。

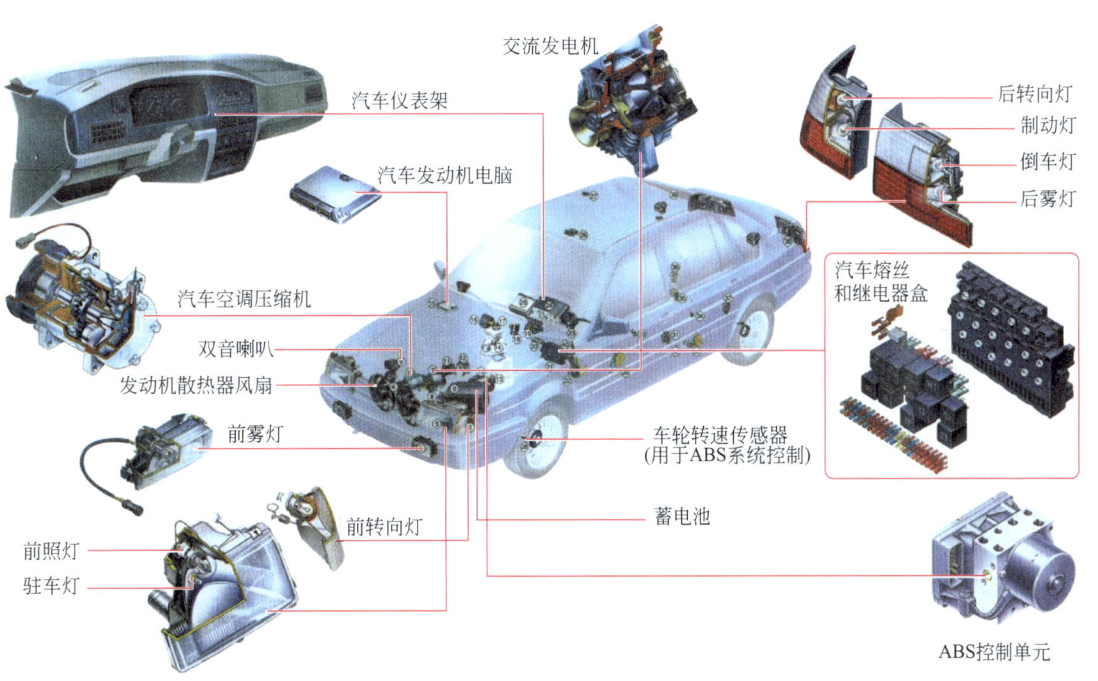

图 1.1-23　汽车电气系统（一）

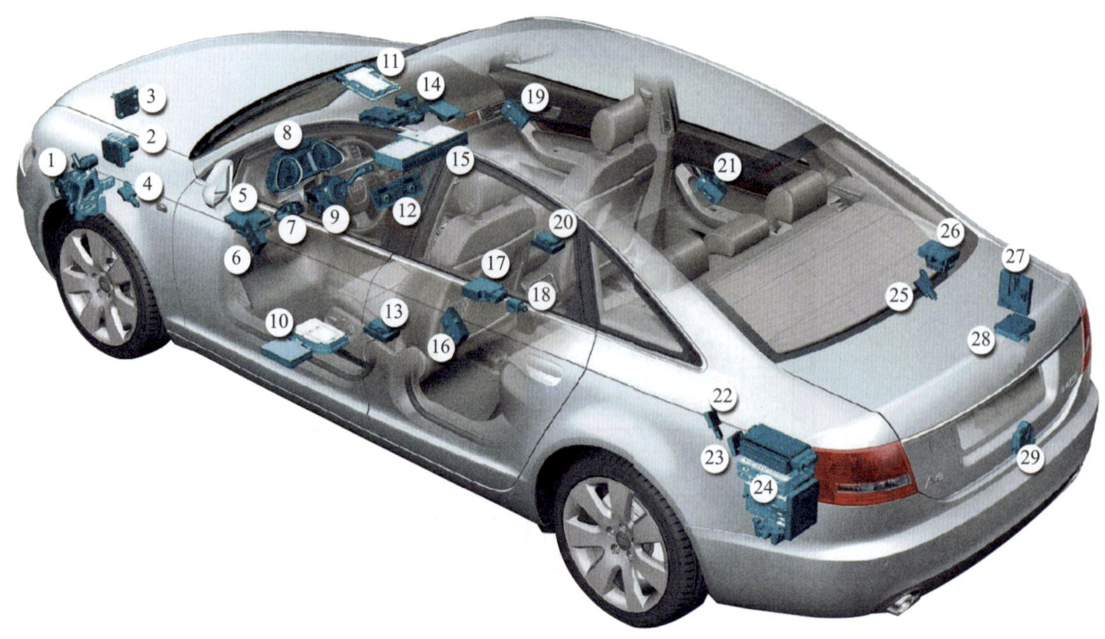

图 1.1-24　汽车电气系统（二）

1—辅助加热控制单元；2—带 EDS 的 ABS 控制单元；3—车距调节控制单元；4—左前轮轮胎压力监控发射元件；5—供电控制单元；6—驾驶员侧车门控制单元；7—使用和启动授权控制单元；8—组合仪表内控制单元；9—转向柱电气控制单元；10—电话、Telematik 控制单元，电话发送和接收器；11—发动机控制单元；12—全自动空调控制单元；13—有记忆功能的座椅调节 / 转向柱调节控制单元；14—水平调节控制单元、大灯照程调节控制单元、轮胎压力监控控制单元；15—CD 换碟机、CD 播放机；16—左后车门控制单元；17—安全气囊控制单元；18—车身转速传感器；19—副驾驶员侧车门控制单元；20—副驾驶员侧带记忆功能的座椅调节控制单元；21—右后车门控制单元；22—左后轮轮胎压力监控发射元件；23—驻车加热无线电接收器；24—带有 CD 播放机的导航控制单元、语音输入控制单元、数字音响控制单元；25—右后轮轮胎压力监控发射元件；26—停车辅助系统控制单元；27—舒适系统中央控制单元；28—电动驻车 / 手制动器控制单元；29—电能管理控制单元

第 2 章

蓄电池

2.1 蓄电池类型

视频讲解

2.1.1 免维护蓄电池

免维护蓄电池（图 2.1-1）电解液的消耗量非常小，在使用寿命内基本不需要补充蒸馏水。

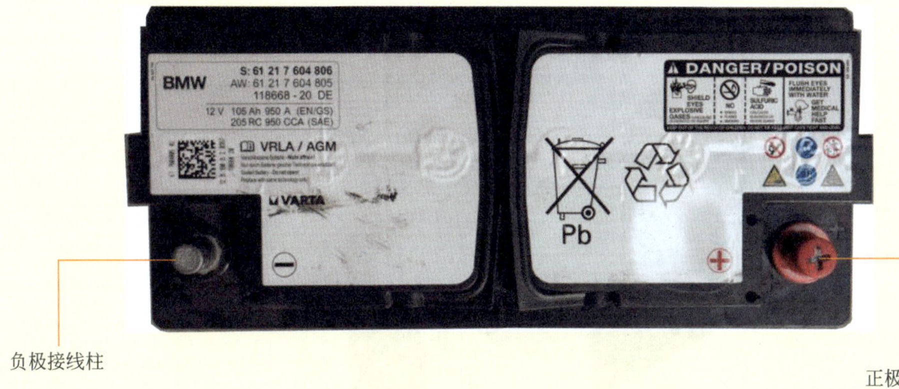

图 2.1-1 免维护蓄电池

2.1.2 普通蓄电池

普通蓄电池（图 2.1-2）即铅酸蓄电池，其极板由铅和铅的氧化物构成，电解液是硫酸的水溶液。普通蓄电池需要维护，最典型的维护是需要补充蒸馏水。

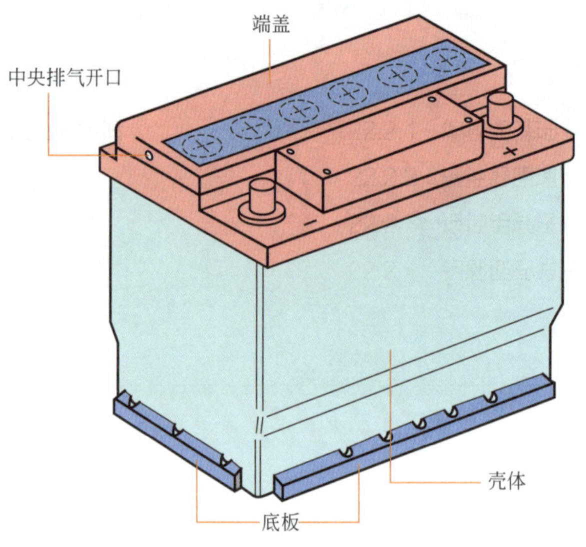

图 2.1-2　普通蓄电池

2.2　蓄电池构造

2.2.1　单电池

每个蓄电池的基本模块都是单电池。单电池相当于一个极板组，极板组由正极极板组、负极极板组和隔板组合而成（图 2.2-1）。

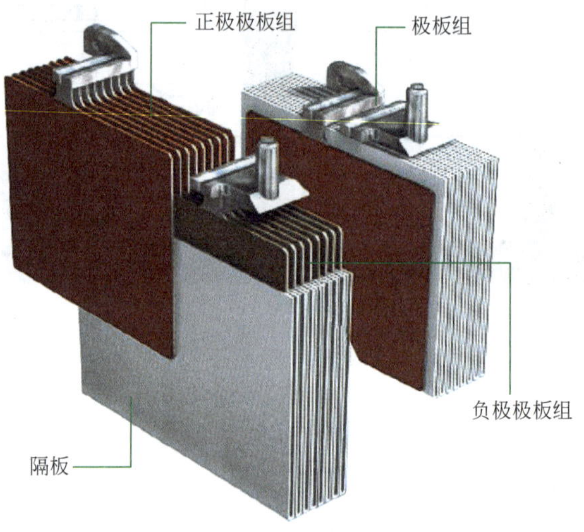

图 2.2-1　单电池

2.2.2 蓄电池整体（12V 蓄电池）

一个 12V 蓄电池由 6 个串联的单电池构成，它们安装在由隔板分隔的壳体中（图 2.2-2）。

极板组的每个电极都由铅栅板和活性物质构成。隔板（微孔绝缘材料）用于分离不同极性的电极。电极或极板组在充满电时沉浸在浓度为 38% 的硫酸溶液中（电解液）。

接线端子、单电池和极板连接器由铅制成。正极和负极具有不同的直径。正极总是比负极粗。不同的直径可以避免蓄电池连接错误（防止接错极）。

单电池连接线穿过隔板。蓄电池的外壳（模块箱）由耐酸性绝缘材料制成，下面由底板固定蓄电池，上面外壳通过端盖封闭。

通过单电池连接线串联连接单电池。通过单电池连接线连接的单电池，为车辆提供所需的电压。始终确保一个单电池的负极连接另一个单电池的正极。

蓄电池液体（电解液）为稀释的硫酸，用来填充单电池空间直至“MAX”（最大）标记，此外还可以填充极板和隔板的孔隙。

维修贴

蓄电池在充电时会产生可能引起爆炸的氢气（H_2）和氧气（O_2）的混合气。排气通过中央排气开口进行。

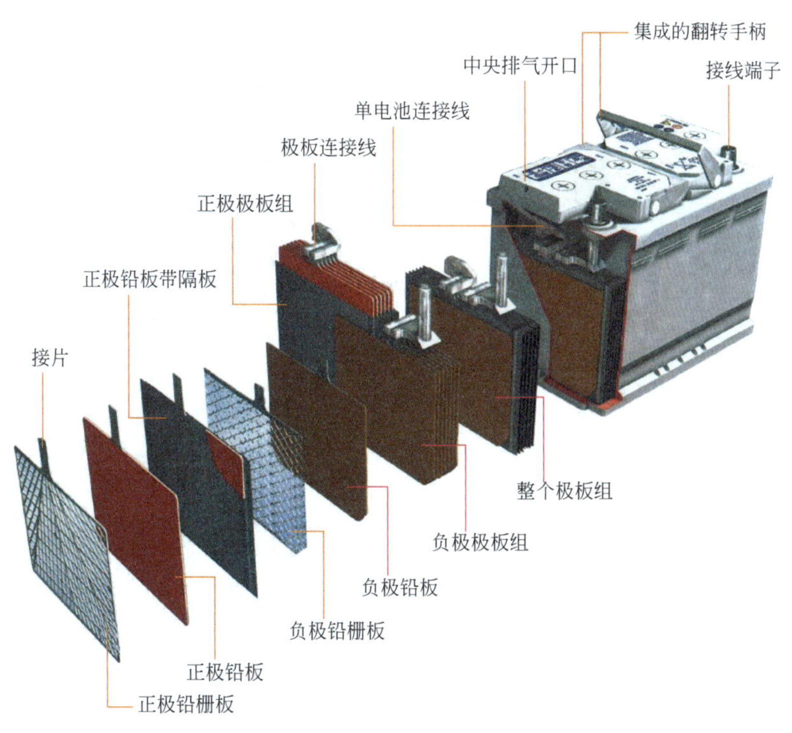

图 2.2-2 蓄电池的结构

2.3 蓄电池原理

2.3.1 充电过程

充电指的是将电能回充到蓄电池中。充电过程中将电能转化为化学能。一旦发动机运行，就会通过发电机给蓄电池充电（图 2.3-1）。

这样放电时生成的硫酸铅（$PbSO_4$）和水（H_2O）重新变成了铅（Pb）、二氧化铅（PbO_2）和硫酸（H_2SO_4）。

$$2PbSO_4+2H_2O \longrightarrow PbO_2+2H_2SO_4+Pb$$

充电的结果是酸液密度增加，重新储备了释放电能所需要的化学能。

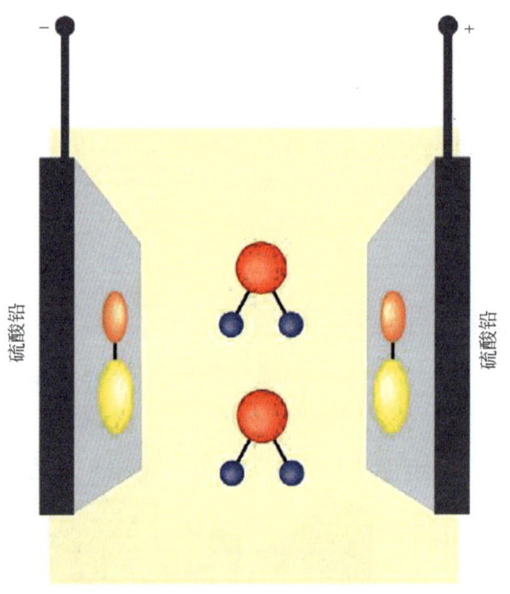

图 2.3-1　蓄电池充电

氢气；氧气；硫酸根离子；铅；电解液

维修贴

充电过程中，保持最佳的控制器电压很重要。如果控制器电压过高，在充电过程中会分解更多的水，由此降低了液位或蓄电池玻璃纤维的饱和度。如果控制器电压过低，表明蓄电池充电不足，会缩短蓄电池的使用寿命，降低启动能力。

2.3.2 放电过程

放电指的是从蓄电池中提取电能。放电过程中将化学能转化为电能（图 2.3-2）。

有用电器与蓄电池连接时，蓄电池就会放电。放电时硫酸的比例减小，水的比例增大。正极板和负极板上都产生硫酸铅（$PbSO_4$）。

$$PbO_2+2H_2SO_4+Pb \longrightarrow 2PbSO_4+2H_2O$$

放电的结果是酸液密度减小。

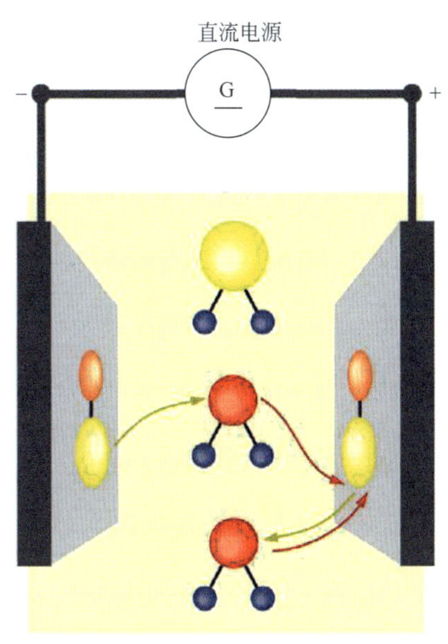

图 2.3-2 蓄电池放电

氢气；氧气；硫酸根离子；铅；电解液

2.3.3 额定电容

电容是蓄电池或单电池可提取的电量（电流强度乘以时间的结果），单位是“A·h”。电容大小取决于放电电流、蓄电池温度和老化程度。可用电容随着放电电流的增大和环境温度的降低而减小。

额定电容是制造商规定的蓄电池电容，它是新蓄电池可存储的电量的标准。根据标准，额定电容 C_{20} 是指新充满电的蓄电池在温度（25±2）℃下，20h 时间内必须输出的放电电流（$I_{20}=C_{20}:t_{20}$），而同时蓄电池电压（U）不得低于 10.5V。

维修贴

例如一个蓄电池的标记为“12V，80A·h”，也就是说，新充满电的 80A·h 蓄电池必须在放电电流为 4A 时保证在 20h 后达到规定的电压 10.5V。

蓄电池电压 U：12V。
额定电容 C_{20}：80A・h。
放电时间 t_{20}：20h。
放电电流 I_{20}：$I_{20}=C_{20}$ ：t_{20}=80A・h ：20h=4A。
额定电容对于设计车载电网中的持续用电器很重要。

2.3.4 低温试验电流

电池在低温时的启动能力通过低温试验电流表示。

低温试验电流是规定的放电电流，在该电流下新充满电的蓄电池在 18℃不会在规定的时间之前低于规定的电压极限。

2.3.5 充电特点

充电时充入的电量总是比重新释放的电量要大。这是因为在充电时总是由于发热和 / 或化学副反应造成能量损失，因此要给蓄电池 100% 充电。通常情况下必须输入消耗电量的 105% ～ 110%。

2.3.6 电池电压

（1）单体电压 单体电压是单电池正极极板和负极极板之间的电压，它主要取决于充电状态（酸液密度）和蓄电池温度。铅酸蓄电池的单电池额定电压是恒定的，为 2V。

（2）额定电压 整个蓄电池的额定电压由单电池的电压乘以单电池的数量得出。对于带 6 个单电池的车辆蓄电池，标准额定电压为 6×2V=12V。

（3）端子电压 端子电压是蓄电池两个接线端子之间的电压。

2.3.7 起泡电压

起泡电压是指充电电压的极限，超过此电压时蓄电池开始明显产生气体。这个电压受温度的影响很大。

起泡电压为每个单电池 2.4V。对于 12V 蓄电池，这个电压极限通常为 6×2.4V=14.4V。

析气是由于蓄电池电解液中包含水。此时会产生高爆炸性爆鸣气：氢气（H_2）和氧气（O_2）的混合气。

2.3.8 开路电压

开路电压是指蓄电池无负荷时的电压。

充电或放电过程后开路电压会改变。只有在某个时间（等待时间）后，极板之间硫酸浓度平衡时，开路电压才能达到最终值，这个最终值被称为开路电压。

第3章 发电机

3.1 发电机类型

（1）普通硅整流发电机 普通硅整流发电机由三相交流发电机和6个硅整流二极管组成。其电刷有外装式和内装式之分，前者电刷架可直接在发电机的外部拆装，后者更换电刷时，则必须将发电机解体。

（2）整体式交流发电机 整体式交流发电机，顾名思义，相当于一个集成电路，它有一个集成电路（IC）调节器，装在硅整流发电机内部。

（3）无刷式交流发电机 无刷式交流发电机实际上是在爪极式三相交流发电机的基础上增加了一部专为其励磁的小型硅整流发电机，称为励磁机。其特点是磁场绕组固定，而三相绕组是转动的。

当发电机转动时，在三相绕组中便感应出三相交流电，在发电机内部经二极管整流后变为直流电，直接供给爪极式三相硅整流发电机的磁场绕组励磁发电。其结构比较复杂，所以仅在需要大功率输出时采用。

（4）带真空泵交流发电机 带真空泵交流发电机是指带真空制动助力泵的硅整流发电机，多用于柴油车。

（5）永磁交流发电机 永磁交流发电机是指磁极用永磁铁制成的发电机。

3.2 发电机构造

3.2.1 概述

汽车发电机是汽车的主要电源，其功用是在发动机正常运转时（怠速以上），向起动机以外的所有用电设备供电，并向蓄电池充电（图 3.2-1）。

图 3.2-1　发电机结构（一）

普通交流发电机一般由转子、定子、调节器、前后部轴承盖等组成（图 3.2-2）。发电机由汽车发动机驱动。

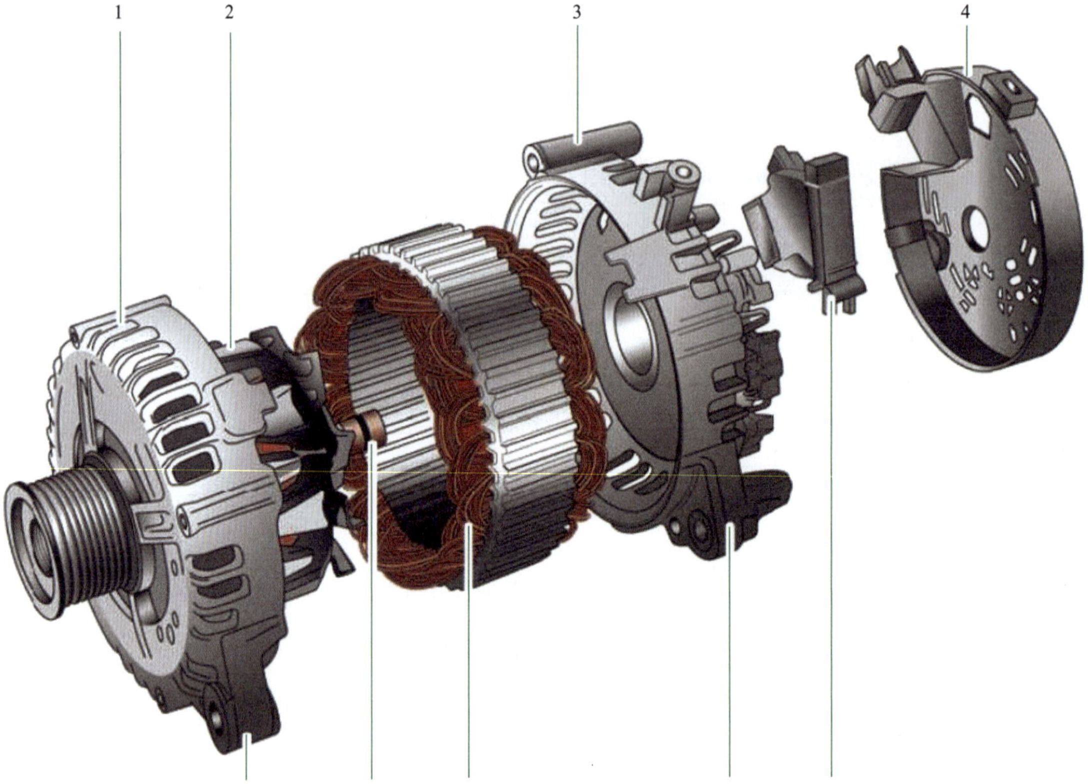

图 3.2-2　发电机结构（二）

1—前部轴承盖；2—转子；3, 9—固定装置；4—罩盖；5—调节器；6—后部轴承盖；7—定子及绕组；8—滑环

3.2.2 转子

转子是发电机的磁场部分，主要由转子轴、两块爪极（每个爪极有 6 个鸟嘴形磁极）、磁场绕组、集电环等组成（图 3.2-3 和图 3.2-4）。

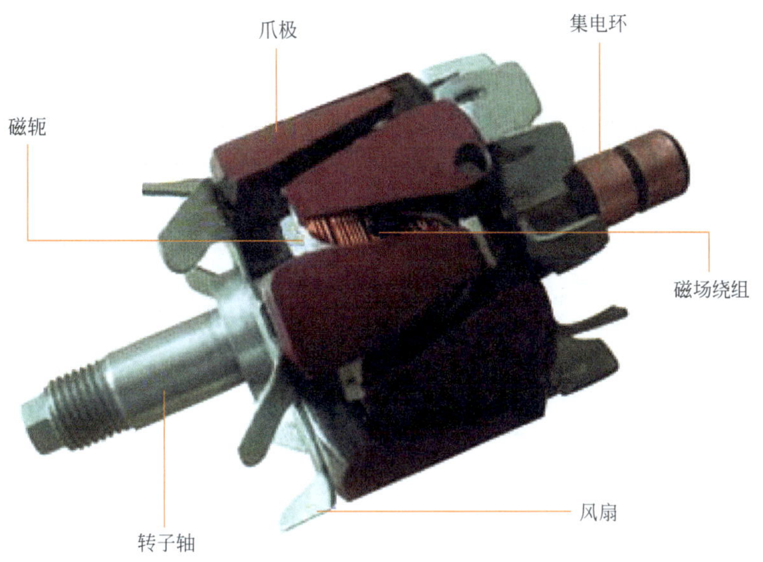

图 3.2-3　发电机转子（一）

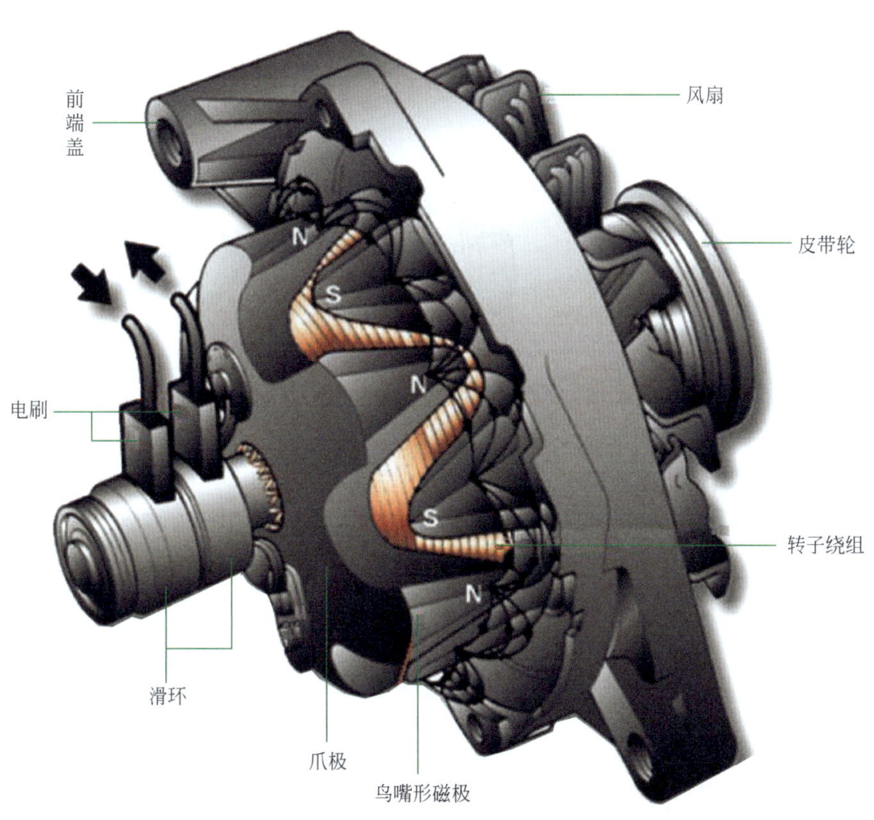

图 3.2-4　发电机转子（二）

3.2.3 电枢（定子）

定子又叫电枢，由定子铁芯和三相定子绕组组成，固定在前后端盖之间（图 3.2-5 和图 3.2-6）。

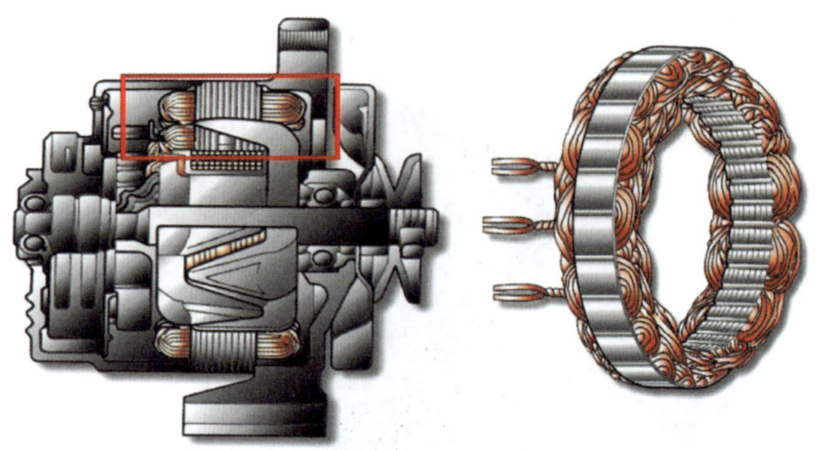

图 3.2-5　发电机定子（一）

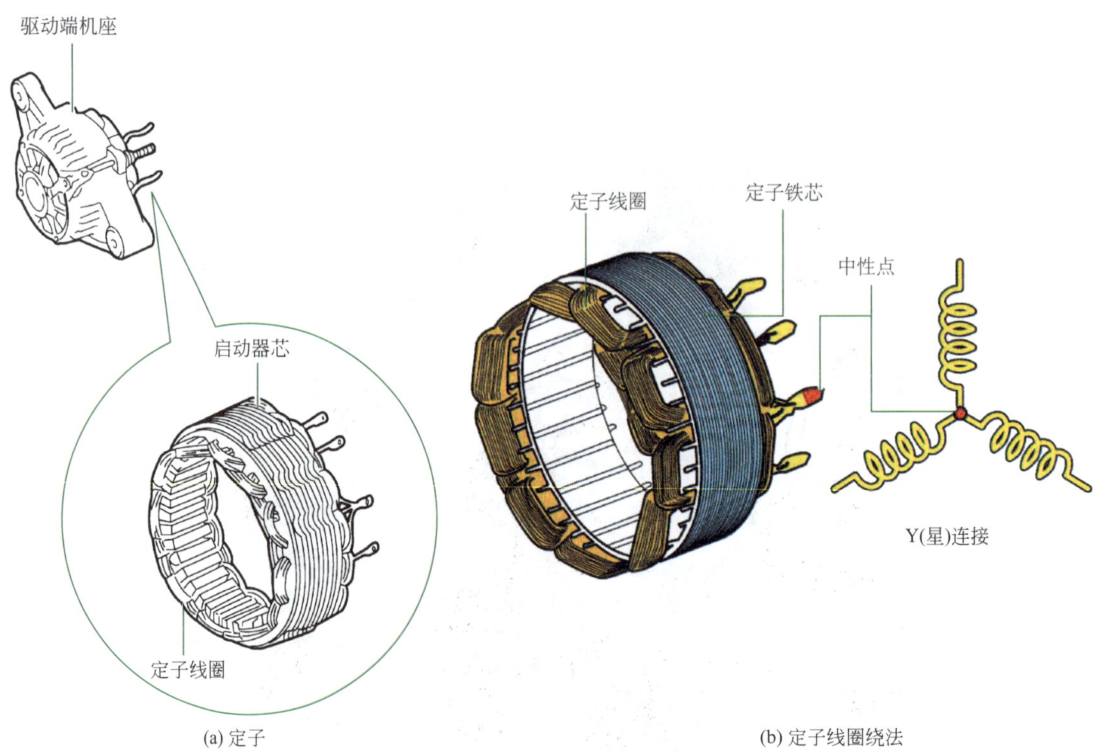

图 3.2-6　发电机定子（二）

定子铁芯由环状硅钢片叠成，硅钢片相互绝缘，其内圆有槽，槽内嵌有三相定子绕组。对于 6 对磁极的转子，每相绕组中都有 6 个相互串联着的线圈，称为三相绕组，其功用是产生感应电动势。

3.2.4 电刷

电刷组件由两个电刷、弹簧和电刷架组成（图 3.2-7）。电刷装在电刷架的孔内，由弹簧的压力使电刷与转子总成上的集电环保持紧密接触，用于给转子绕组提供磁场电流。两个电刷的引线分别与后端盖上的磁场接线柱和搭铁接线柱相连接。

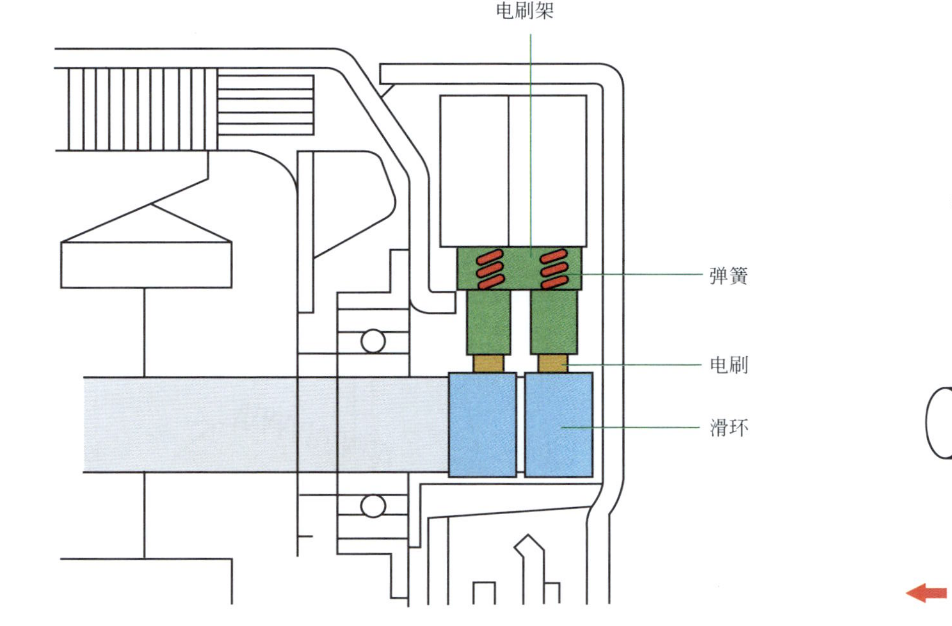

(a) 集流环和电刷

(b) 电刷和集流环原理

图 3.2-7　电刷

3.2.5 整流器

整流器（图 3.2-8）是将交流电转换成直流电的一种装置，在汽车用发电机中，一般采用三相桥式整流电路作整流器。

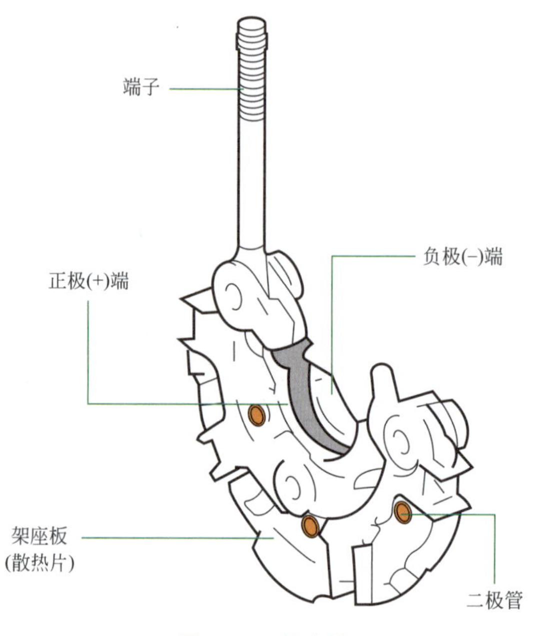

图 3.2-8　整流器

3.2.6 调节器

调节器（图 3.2-9）按结构不同可分为触点式、晶体管式和集成电路式。

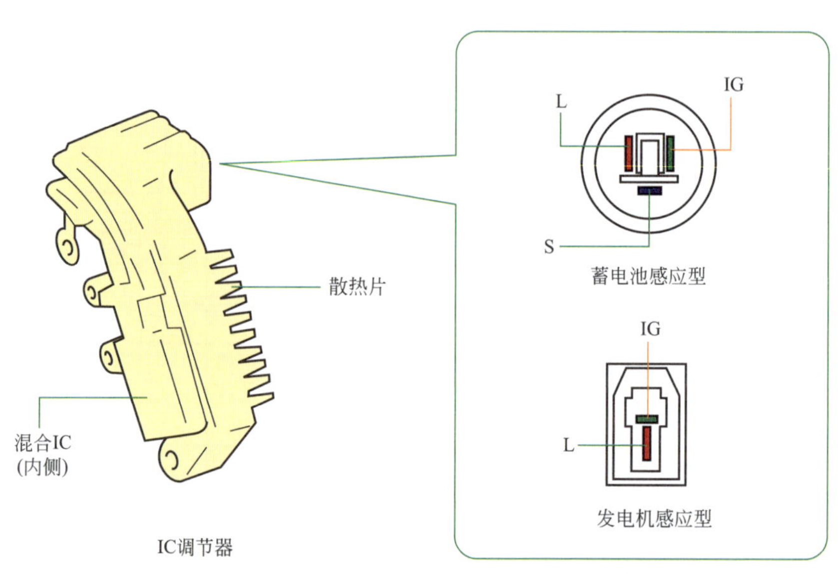

图 3.2-9　调节器

3.3 发电机功能与原理

3.3.1 概述

3.3.1.1 电产生的原理——电磁感应

如图 3.3-1 所示，一个导体可在磁铁 N 和 S 极之间自由运动，把电流表连接在导体上，形成一个闭合电路。

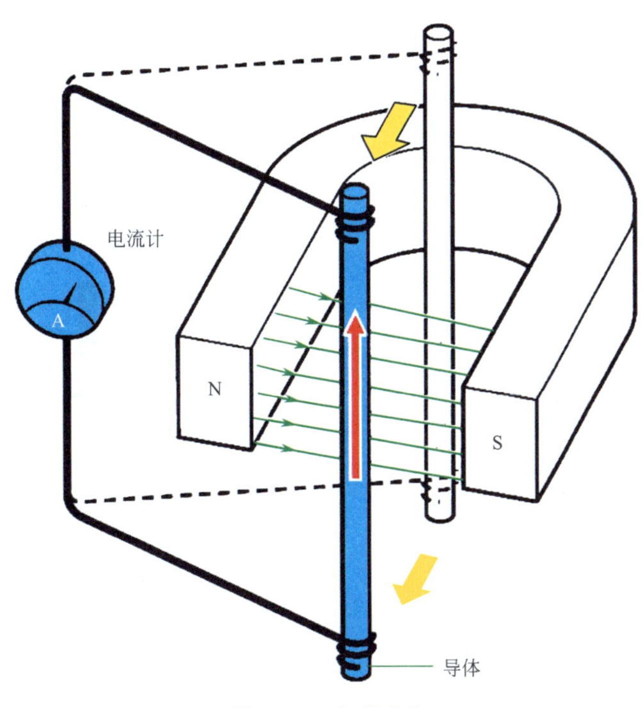

图 3.3-1 电磁感应

当导体在磁极间运动时，电流表的指针就会摆动。导体在磁极之间运动，导体切割磁力线，就会产生电流；如果导体的运动平行于磁力线方向，则没有电流产生，这种现象称为电磁感应，这种通过导体的电流叫作感应电流。感应电流是靠电动势产生的，电动势是由于导体的电磁感应产生的，所以这种电动势也就是感应电动势。

导体在磁场中运动时，若切割磁力线，此时导体上会产生一个电压，感应电压的方向取决于导体运动方向和磁场方向，可以根据右手定则确定电流方向。通过右手定则可以确定磁场方向、感应电动势方向和导体运动方向三者之间的关系（图 3.3-2）。

感应电压的大小取决于导体在磁场中的运动速度、导体有效长度以及磁场强度（磁力线密度）。

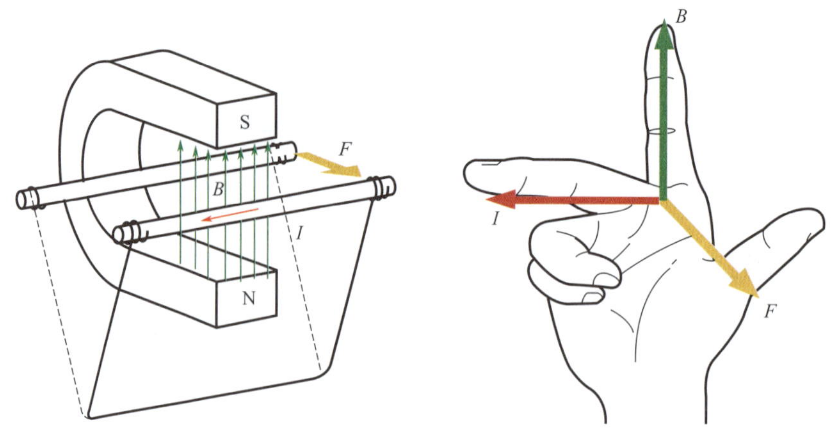

图 3.3-2　电磁感应和右手定则

B—磁力线方向（食指）；*I*—电流方向（中指）；*F*—导体运动方向（拇指）

3.3.1.2　发电机功能

当发电机的转子绕组中通入直流电时，产生磁场，转子在发动机的带动下旋转，定子绕组切割转子磁场感应三相交流电动势。在充电系统中，发电机起主要作用。如图 3.3-3 所示，发电机有三个功能，即发电、整流和调节电压。

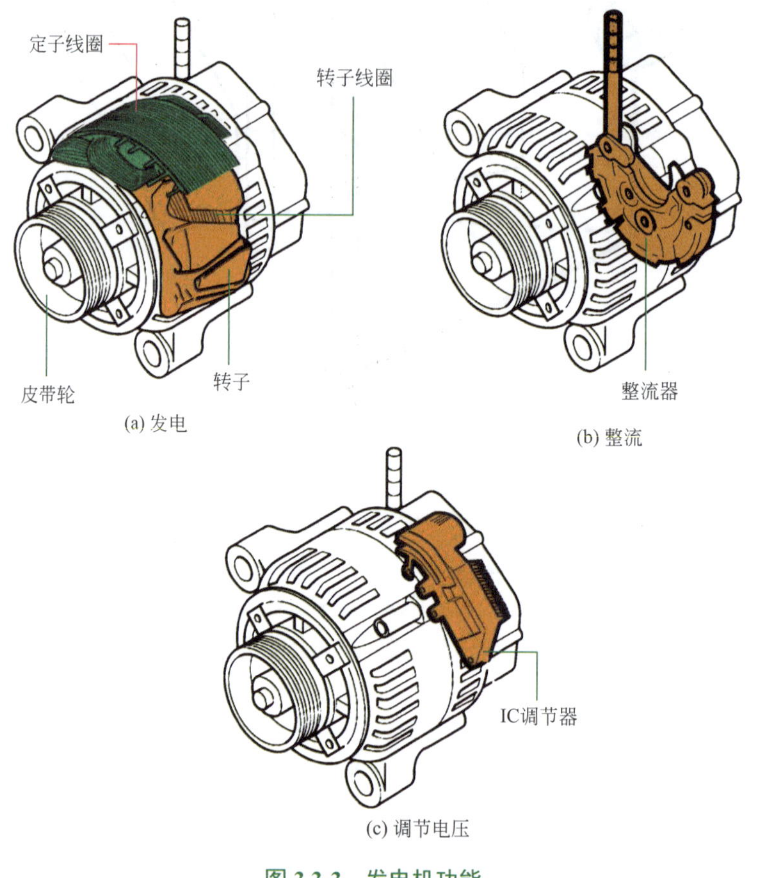

(a) 发电

(b) 整流

(c) 调节电压

图 3.3-3　发电机功能

3.3.1.3　发电机原理

如图 3.3-4 所示，当一个导体在磁场间旋转时，由于电磁感应将会产生感应电动势。当这个导体弯成框形在磁场中旋转时，就会产生双倍的感应电动势。把这个导体做成一个线圈，将会产生更大的感应电动势。如果导体中线圈匝数越多，则产生的感应电动势就越大。

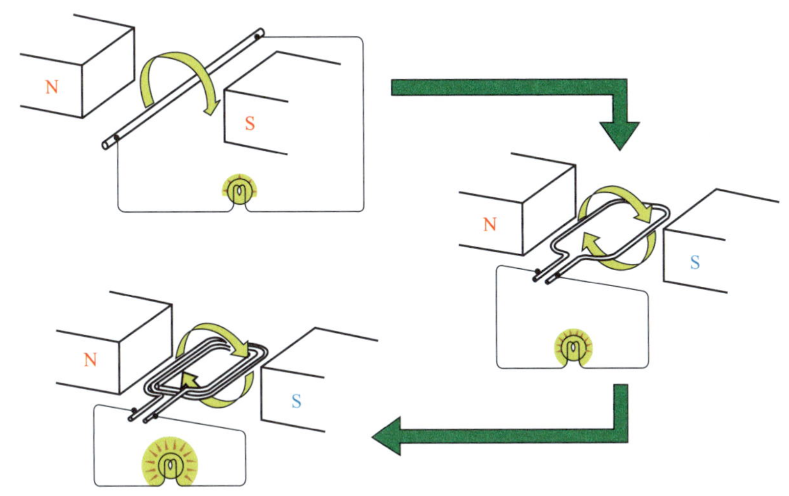

图 3.3-4　发电机原理

3.3.2　交流电流产生

产生交流电流也就是发电。发电机皮带使发动机的旋转动力传输到皮带轮，转动电磁化的转子，当磁体在线圈内旋转时，线圈的两端会产生电压，这将形成交流电流。

线圈中产生的交流电流与磁体位置之间的关系如图 3.3-5 所示。当磁体的 N 极和 S 极靠线圈最近时产生的电流量最大。然而，磁体每转半圈，电流流向反方向。以这种方式形成正弦波的电流被称为“单相交流电流”。图 3.3-5 中每转 360° 是一周期，1s 内的转数称为频率。

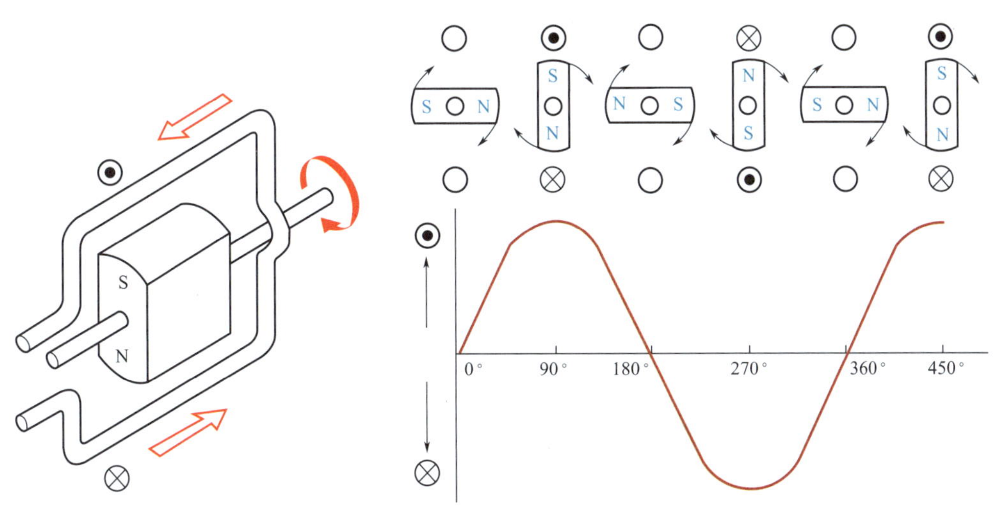

图 3.3-5　线圈中产生的交流电流与磁体位置之间的关系

3.3.3 交流电压产生

如果两端与集电环连接的环形导线在磁场中旋转，就会产生电压。因为环形导线的两个半匝在持续旋转时切割数量不等的磁力线，其产生的电压大小也就不停地变化。不仅感应电压的大小在变化，其方向也在不停变化。这种不停变化的电压称为交流电压，相应的电流称为交流电流。

3.3.4 三相交流电流产生

为了更有效地发电，车辆的发电机使用了三个线圈，其分布如图 3.3-6 所示。

线圈 A、B、C 隔 120° 分开。当磁体在其中旋转时，在各线圈中均产生交流电。图 3.3-6 中示出了三组交流电流与磁体位置之间的关系。像这种有三组交流电的电流被称为三相交流电。现代车辆发电机均发三相交流电。

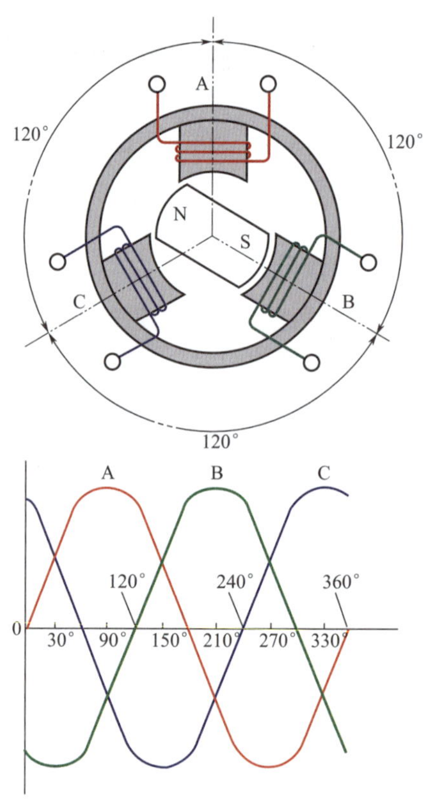

图 3.3-6　三组交流电流与磁体位置之间的关系

3.3.5 三相交流电压产生

三个相互错开 120° 的线圈旋转都会产生正弦波形交流电压。由于这些线圈在空间上错开布置，因此其产生的交流电压也相互错开 120°（相位差）。将各相电压连接起来就产生三相交流电压，这种三相交流电流称为三相电流。

3.3.6 交流电流整流

因为定子线圈中产生的电是交流电，它不能用于车辆上安装的直流电器装置。这就要用到整流器，将交流电变为直流电。

（1）发电机整流电路 发电机整流电路如图 3.3-7 所示，用 6 个二极管对三相交流电进行整流。如图 3.3-8 所示，整流二极管装在整流器座内。

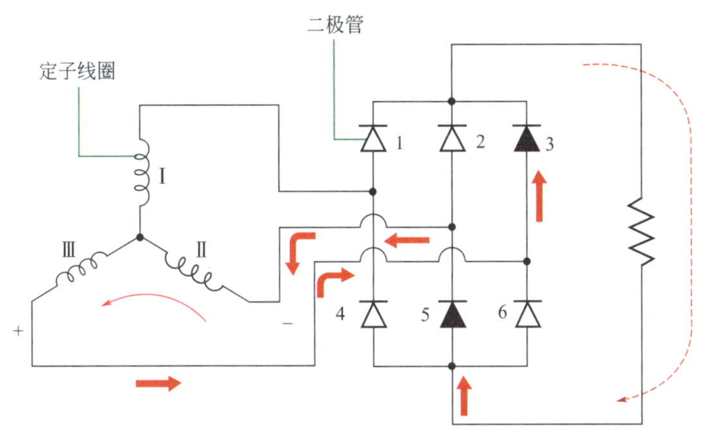

图 3.3-7 发电机整流电路

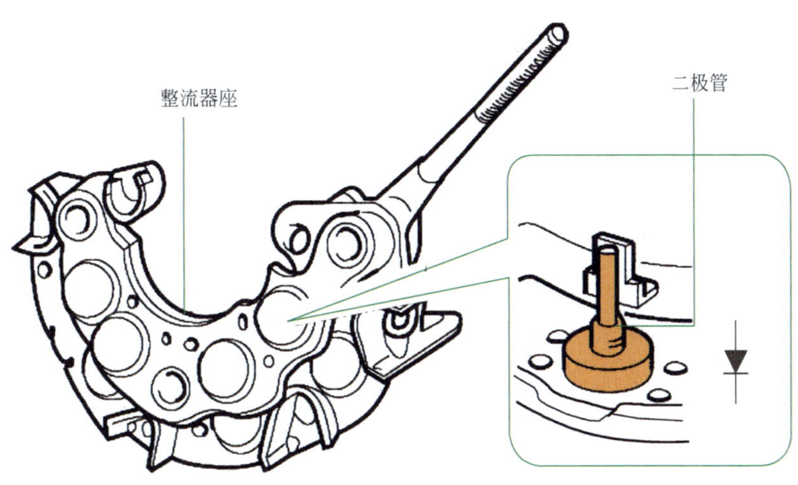

图 3.3-8 整流二极管

（2）发电机整流机理 转子在定子线圈内转一周，在各线圈内所产生的电流如图 3.3-9 中的（a）～（f）所示。在状态（a），线圈Ⅲ中产生正电（+），线圈Ⅱ中产生负电（-）。因此电流从线圈Ⅲ流向线圈Ⅱ。

此电流经二极管 3 流到负载，然后经二极管 5 返回线圈Ⅱ。此时通过线圈Ⅰ的电流为 0，因此无电流流入线圈Ⅰ。

根据同样的逻辑，从状态（b）～（f），交流电通过 2 个二极管整流，保持恒量的电流规则地通到负载。

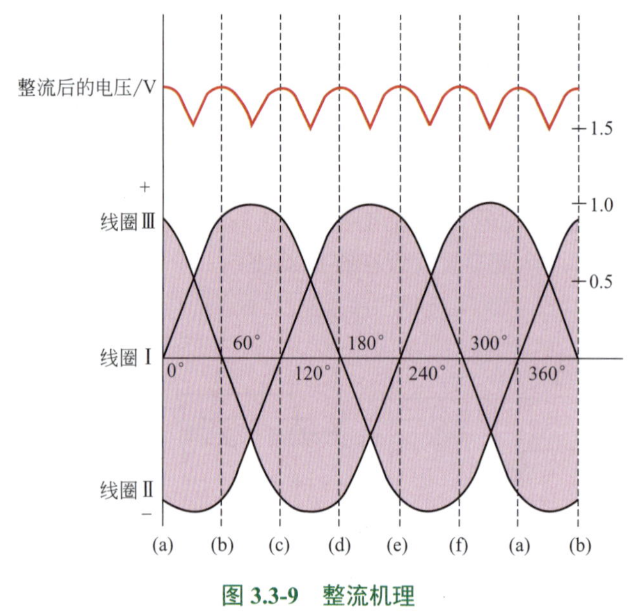

图 3.3-9　整流机理

3.3.7　三相电流整流

（1）三相电流桥接电路　把 6 个二极管连接在一个桥接电路之中。由二极管 V_1、V_2 和 V_3 对正半波进行整流，由二极管 V_4、V_5 和 V_6 对负半波进行整流（图 3.3-10）。

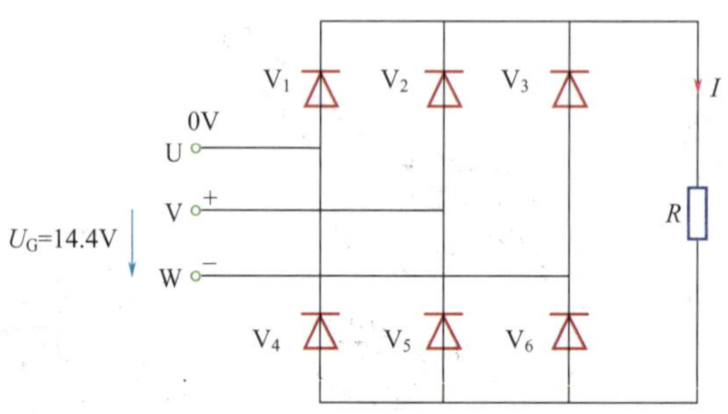

图 3.3-10　三相电流桥接电路

（2）半波整流　半波整流是一种利用二极管的单向导通特性进行整流的常见电路，只利用所施加电压的正半波，电路中流动的是一种脉动的直流电流。半波整流的作用是将交流电转换为直流电。因为半波整流后输出的直流电为脉动直流电，只能用在对电源要求不高的简单电路中，实际中很少用到。

（3）全波整流　将两个二极管交替向流通方向和阻隔方向接通，在所施加交流电压的正负半波上都有电流流过用电器。

全波整流是一种对交流电流进行整流的方式。这种整流电路中，在半个周期内，电流流过一个整流器件（如晶体二极管），而在另一个半周内，电流流过第二个整流器件，并且两个整流器件的连接能使流过它们的电流以同一方向流过负载。全波整流前后的波形与半波整流所不同的，是在全波整流中利用了交流的两个半波，这就提高了整流器的效率，并且已整电流易于平滑，因此在整流器中广泛地应用着全波整流。在应用全波整流器时，其电源变压器必须有中心抽头。无论正半周或负半周，通过负载电阻 R 的电流方向总是相同的。

3.3.8 直流电流和充电电流的产生

（1）直流电流的产生 桥接电路中的二极管对交流电压进行整流。针对每个相位，在正极侧和负极侧都安装了一个二极管，这些相位中产生的正电压半波由正二极管传导，负电压半波则由负二极管传导。

将这些电压半波的正和负包络曲线叠加，就会产生一种经过整流且轻度脉动的发电机电压。

（2）充电电流的产生 励磁电流经过电刷和集电环流向励磁绕组。定子绕组将励磁电流分流，并通过三个励磁二极管对励磁电流进行整流。因为励磁电流是由发电机本身产生的，所以也称为自励磁。

在励磁绕组中产生一个绕发电机旋转的磁场。磁力线切割定子绕组，并在每一相位中产生一个交流感应电压，通过星形线路连接产生三相交流电压。功率二极管对三相电流进行整流。

3.3.9 调节器

磁电流恒定时，发电机电压很大程度上取决于发动机转速和负荷。发动机运转时，在不计负载和蓄电池的情况下，发电机可提供最低 14V 的电压。尽管发动机的运转条件在不断变化，但必须使电压维持在一个恒定值上，以防止用电器因电压过高而损坏和蓄电池过度充电。

调节器的任务是将发电机电压限制在特定水平，电压调节是通过接通和切断励磁电流实现的。因此转子中磁场的大小受所产生的发电机电压影响，只要发电机电压随着发动机转速的升高而超过规定的额定值，调节器就会切断励磁电流；如果发电机电压随着发动机转速下降而低于规定电压且接通用电器的数量增加（例如前照灯）时，调节器会再次接通励磁电流。

3.3.10 多功能调节器

紧凑型发电机配备了多功能调节器，即 IC 调节器（图 3.3-11）。发电机直接从端 B+ 获取其励磁电流，这样省去了励磁二极管。调节器从接口 L 获得发动机处于运转状态的信息。IC 调节器接通励磁电流。发电机转动时，IC 调节器通过相位接口得到一个电压信号，通过该电压信号可以计算出发电机的转速。只要达到调节器中设定的接通转速，就会将输出极接通。发电机可以向车载网络提供电流。

3.3.10.1　IC 调节器的结构

IC 调节器主要由混合集成电路、散热片和连接器组成，使用混合集成电路可以获得较小的尺寸，如图 3.3-11 所示。

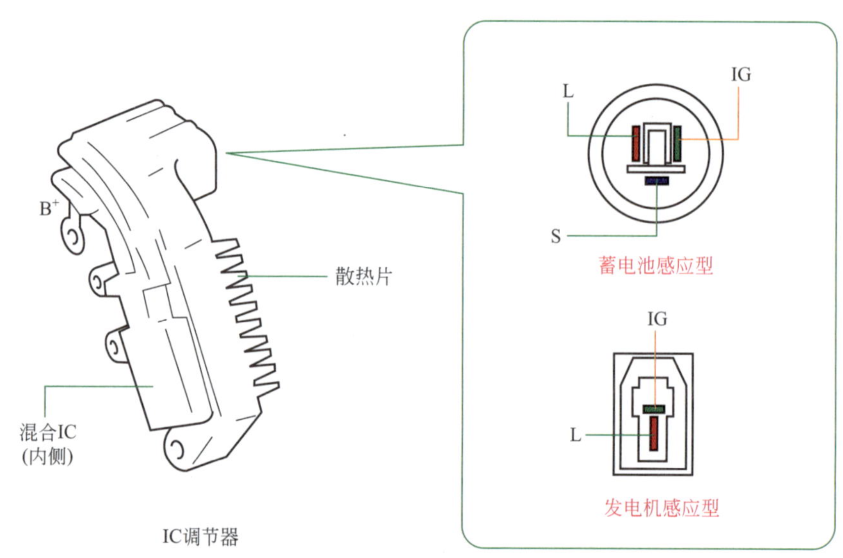

图 3.3-11　IC 调节器的结构

3.3.10.2　IC 调节器的类型

（1）蓄电池感应型　这种类型的 IC 调节器通过端子 S（蓄电池检测端子）来检测蓄电池的电压，并把输出电压调节到规定的值。

（2）发电机感应型　这种类型的 IC 调节器通过检测发电机的内部电压来把输出电压调节到规定的值。

3.3.10.3　IC 调节器的功能

❶ 电压调节：当发电机停止发电以及充电条件异常时发出警告。

❷ 当检测到下述问题时，IC 调节器通过亮起充电警告灯发出警告。

车辆使用的发电机与发动机一起转动。因此，由于驾驶期间发电机转速频繁改变，使得发电机的转速不恒定。如果没有调节器，充电系统不能向电气设备提供恒定的电流，所以即使发电机转速发生改变，也要保持提供给电气设备的电压，并且按照电量的变化调节电量。

在发电机中，上述的调节使用一个 IC 调节器来完成。

3.3.10.4　IC 调节器的特性

（1）蓄电池的负荷特性　当发电机转速变化时，输出电压略有或没有变化（0.1 ～ 0.2V），如图 3.3-12 所示。

（2）外部负荷的特点　当外部负荷增加时，输出电压变低。即使在额定负荷或发电机有最大输出电流时，电压的变化也在 0.5 ～ 1V 之间（图 3.3-13）。如果某个负荷超过发电机的能力，输出电压将突然跌落。

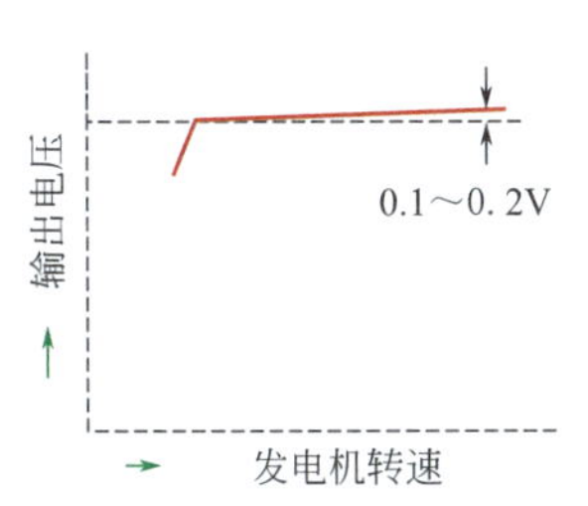

图 3.3-12　发电机转速和输出电压

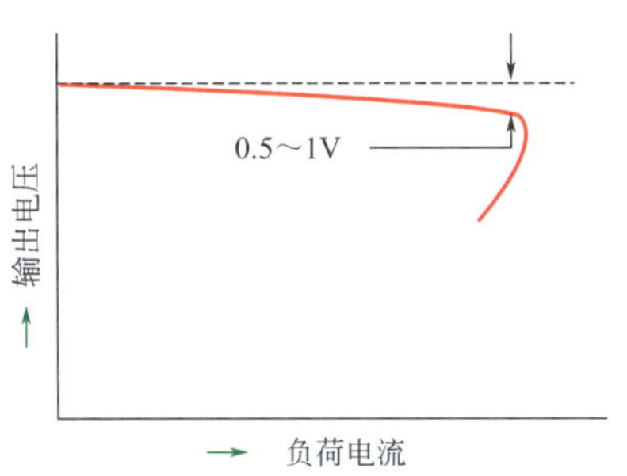

图 3.3-13　负荷电流和输出电压

（3）温度特点　当温度上升时，输出电压一般变低（图 3.3-14）。

因为输出电压在高温时下降（例如夏季），在低温时上升（例如冬季），所以应以符合蓄电池特点的方式对其进行充电。

3.3.10.5　调节原理

一般来说，所发电的量可以通过“增加或降低磁力（转子）”和“增加或降低磁体的旋转转速”的方式来改变。

当此方法应用到车辆的发电机时，转子的运行转速不能控制，因为它是随发电机旋转的。换言之，车辆用的发电机中可以自由改变的条件是磁力（转子）。实际上，流到转子线圈的电流量（场电流）改变，便改变了磁力。IC 调节器通过控制场电流来调节发电机的发电量，这样使得所发的电压按照转子的转速和用电量的变化（电负荷的增减）保持恒定（图 3.3-15）。

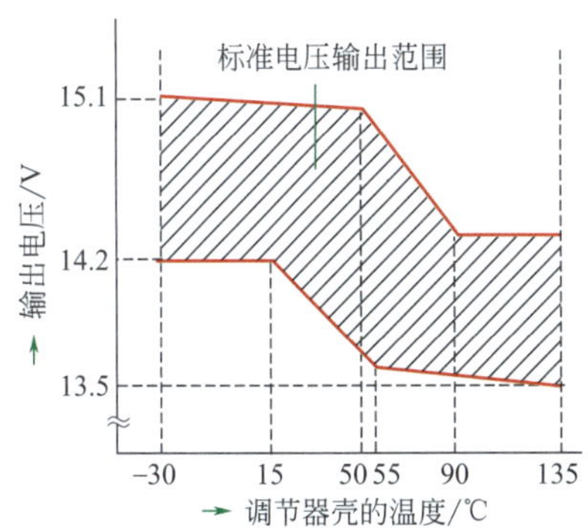

图 3.3-14　电压的温度特性

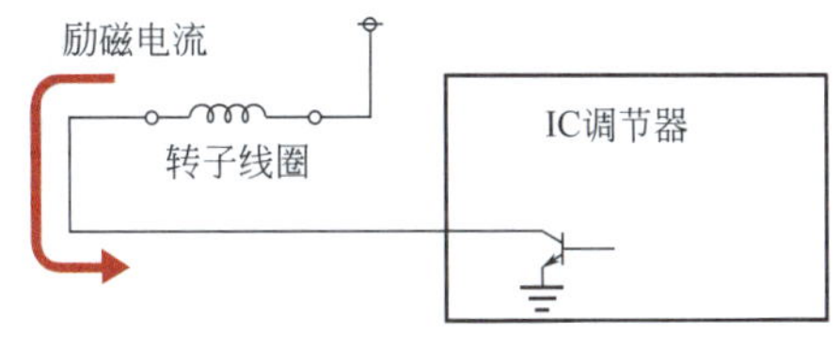

图 3.3-15　电压调节

3.3.10.6　最大输出电流的自控制

发电机的一个特性是，当它超过一定转速时，输出电流几乎是恒定的（自控运行）。因此，当所加的负荷超过最大输出电流时，所产生的电压下降。发电机的另一个特点是，温度高时的输出电流比温度低时小，因为即使发电机转速不变，各元件的电阻值也会随温度升高发生变化。

维修贴

如果多槽带打滑，发电机转速会比通常情况低，所发的电量减少，会导致蓄电池的电量用尽。

如果消耗的电量比发出的电量多，充入蓄电池的电量被消耗，会导致蓄电池的电量用尽。

如果发电机低速运行（怠速），发电量很小，因此，若此时使用很多诸如加热器和大灯之类的电气设备，蓄电池中的电量会被消耗。如果这种情况持续很长时间，会使蓄电池的电量用尽。

3.3.11 过压保护

在发电机正常运转状态下和蓄电池连接良好时不需要过压保护装置，因为较低的蓄电池内电阻能够抑制所有电压峰值。

车载网络中出现故障时，配置能够防止电压峰值的保护装置则很有必要。车载网络中出现过压可能有各种原因：调节器失灵，接触不良，电缆断裂，大功率用电器关闭，发动机运转时发电机与蓄电池之间的导线断路。

通过在发电机上装备作为功率二极管的齐纳二极管实现过压保护。齐纳二极管能限制电压峰值并为发电机、调节器和车载网络中其他对电压敏感的用电器提供过压保护。

装备无线电设备、车载电话或车载收音机的车辆需防止发电机的近距离干扰，因此发电机配备了抗干扰电容器。

视频讲解

第 4 章 起动机

4.1 起动机类型与构造

4.1.1 减速型起动机

减速型起动机使用一台紧凑的高速电动机。起动机通过减速齿轮降低电枢的转速来增加转动力矩。电磁开关的动铁芯直接推动与它在同一轴上的小齿轮，并使它与齿圈啮合。

直流电动机产生电磁转矩，传动机构的作用是将转矩传给发动机，电磁开关负责控制电动机的工作。减速型起动机具体零部件包括电磁开关、电枢、轭铁组件、电刷和电刷架、减速齿轮、超速离合器、小齿轮和螺旋花键（图 4.1-1）。

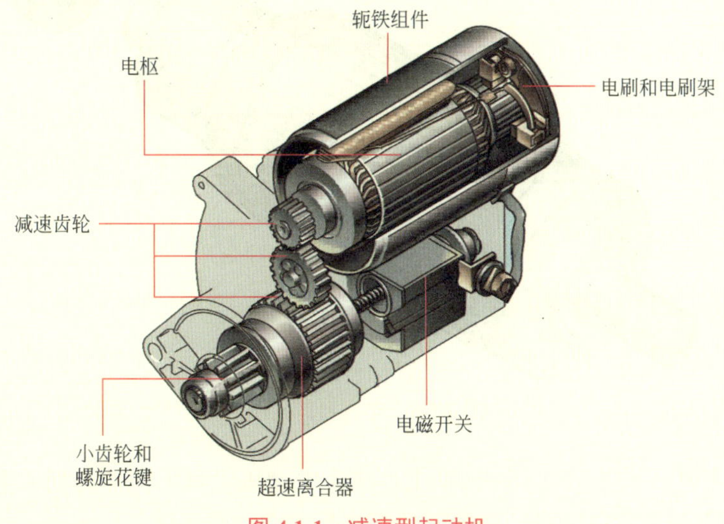

图 4.1-1　减速型起动机

（1）电磁开关（图 4.1-2） 电磁开关用作流到电动机的电流的主开关，并且通过推、拉动作控制小齿轮。吸引线圈绕制得比保持线圈密，吸引线圈的磁动势也比保持线圈大。

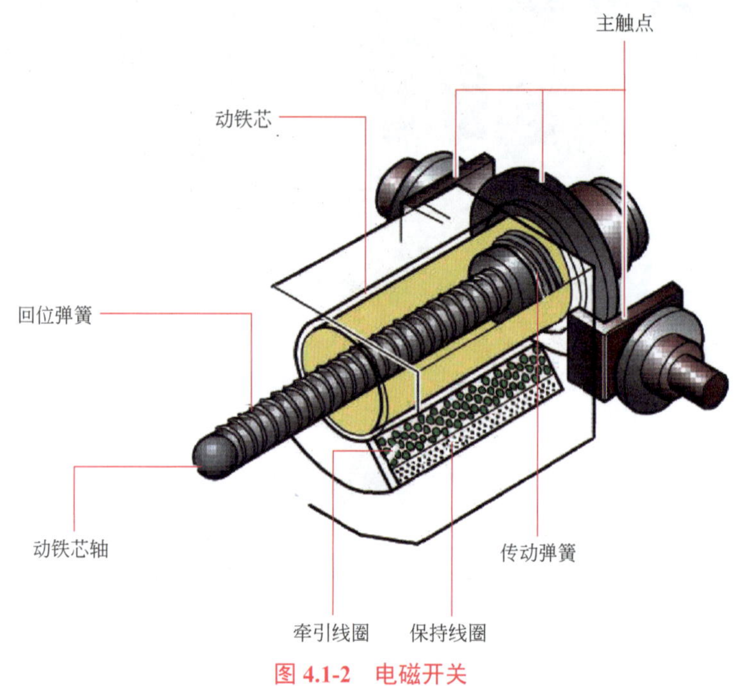

图 4.1-2 电磁开关

（2）电枢和球轴承（图 4.1-3） 电枢产生电动机的旋转力，球轴承支持着高速转动的电枢。

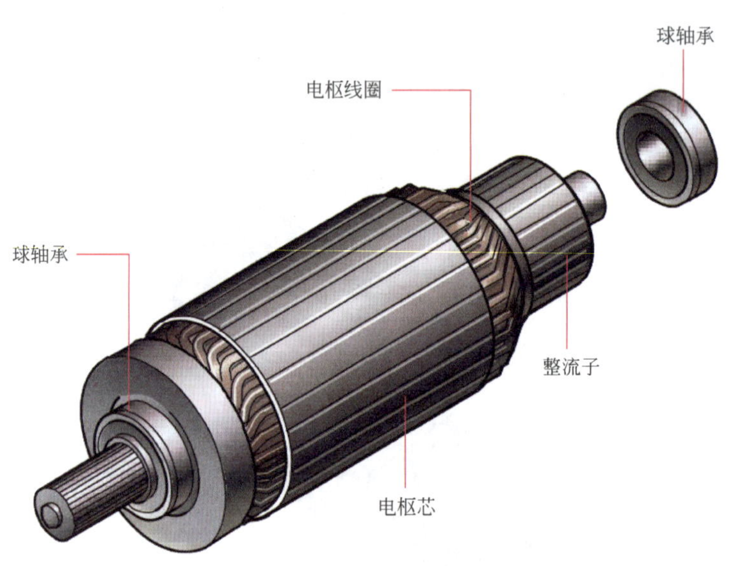

图 4.1-3 电枢和球轴承

（3）轭铁组件（图 4.1-4） 轭铁组件产生电动机运行所需的磁场，它也用作磁场线圈磁极芯的外壳及磁力线的通道。磁场线圈与电枢线圈串联连接。

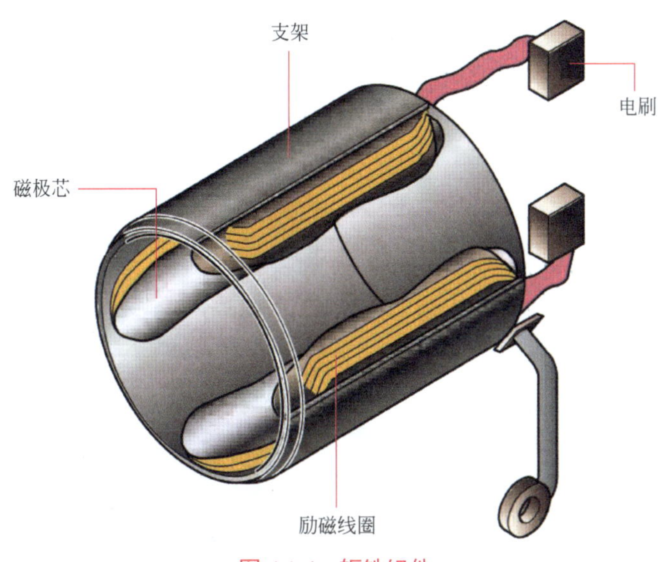

图 4.1-4　轭铁组件

（4）电刷和电刷架（图 4.1-5）　电刷用电刷弹簧压住电枢整流器，使电流从线圈以固定的方向流到电枢。电刷用铜和石墨制成，它具有优良的导电及耐磨特性。电刷弹簧制约电枢过量的旋转运动，并在起动机停机后通过压电刷来停止电枢转动。

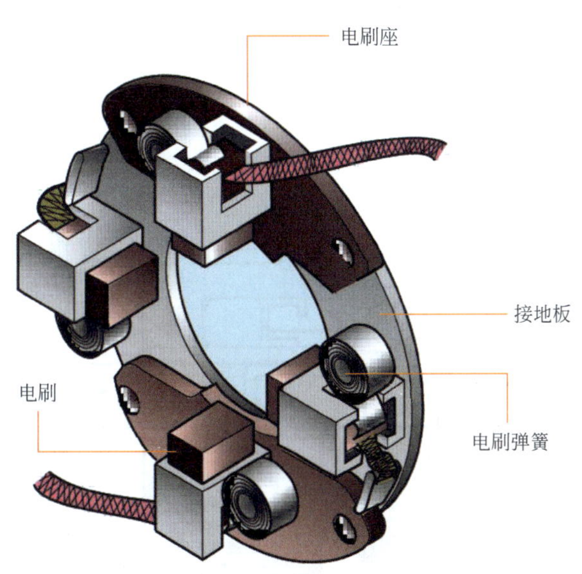

图 4.1-5　电刷和电刷架

维修贴

老化的电刷弹簧或磨损的电刷会导致电刷与整流器部分的电器接触不充分。结果在接触点处有过大的电阻，这将减少向电动机提供电流，延迟力矩的积聚形成。

（5）减速齿轮（图 4.1-6） 减速齿轮将电动机的旋转力传输到小齿轮，并且也通过减慢电动机转速来增加力矩。减速齿轮以 1/4 ～ 1/3 的减速比来降低电动机的转速，它内装超速离合器。

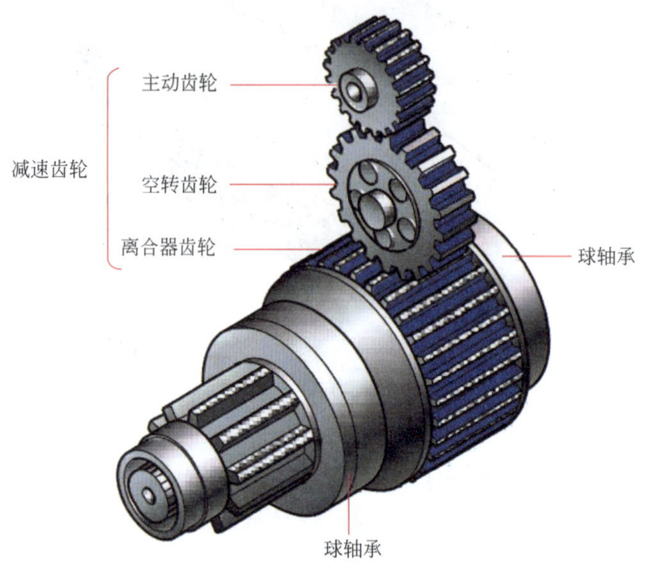

图 4.1-6 减速齿轮

（6）超速离合器（图 4.1-7） 超速离合器是一种带滚子的单相离合器。超速离合器将电动机的转动经传动小齿轮传输到发动机，可防止发动机启动引起的高速旋转损坏起动机。

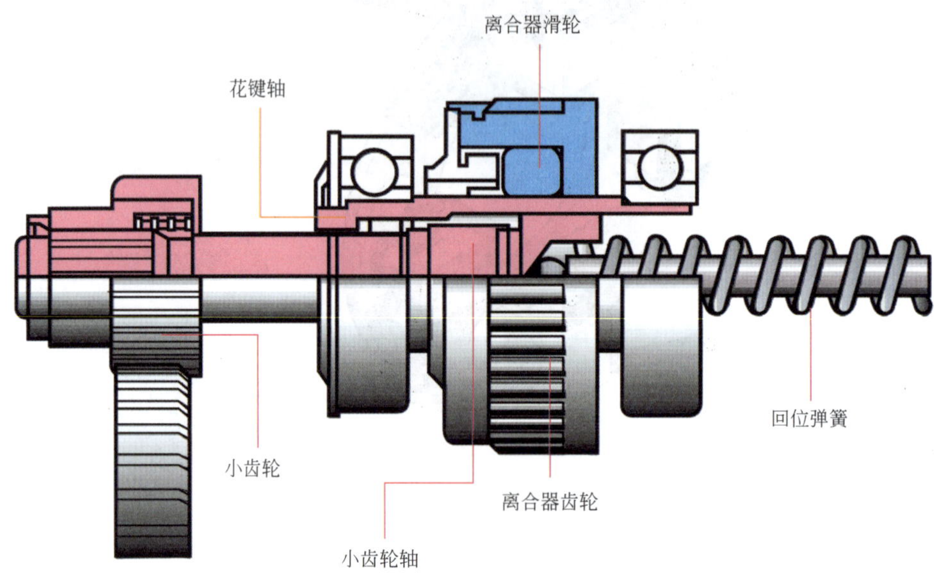

图 4.1-7 超速离合器

（7）小齿轮和螺旋花键（图 4.1-8） 小齿轮和齿圈通过相互牢固啮合将起动机的旋转力传输给发动机。小齿轮须倒角以便能良好地啮合。螺旋花键将电动机的旋转力转变成小齿轮的驱动力，也支持小齿轮的啮合和脱开。

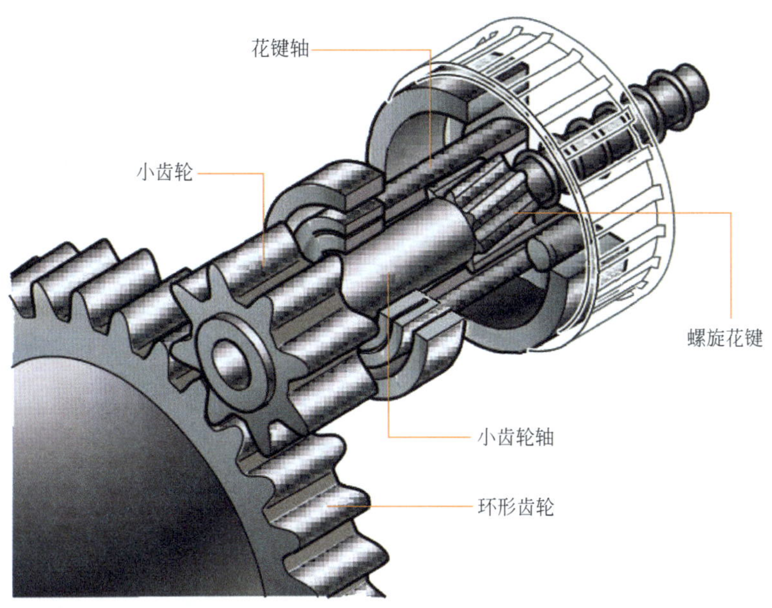

图 4.1-8　小齿轮和螺旋花键

4.1.2　传统型起动机

起动机小齿轮与电枢在同一轴上并以相同转速旋转。连接到磁性开关插入件上的驱动杆推动小齿轮并使它与齿圈啮合（图 4.1-9）。

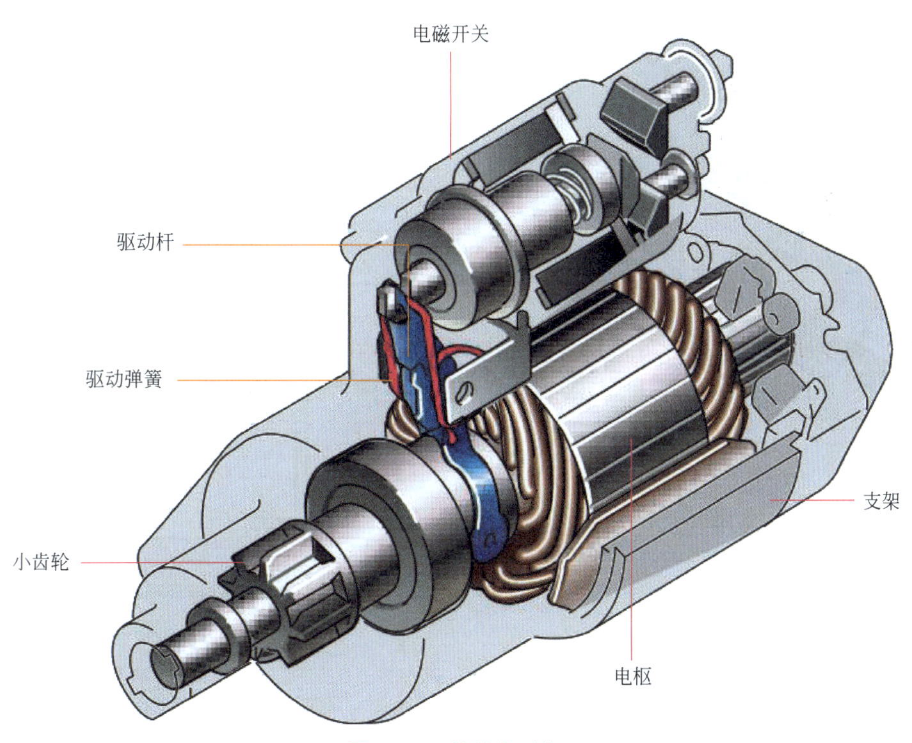

图 4.1-9　传统起动机

（1）传统型起动机与减速型起动机之间的结构差异　见表 4.1-1。

表 4.1-1　传统型起动机与减速型起动机之间的结构差异

起动机类型	结构部件		
	啮合或脱开小齿轮	减速机构	制动机构
减速型	电磁开关	有	无
传统型	电磁开关和驱动杆	无	有、无

（2）小齿轮的啮合和脱开

❶ 电磁开关。传统型起动机的电磁开关结构与减速型起动机基本一样。然而，传统型起动机是拉动铁芯使小齿轮啮合或脱开，而减速型起动机是推动铁芯。

❷ 传动杆。传动杆把电磁开关的运动传递给小齿轮。小齿轮用这种运动来与齿圈啮合和脱开。

❸ 驱动弹簧。驱动弹簧安装在传动杆或磁性开关内。传统型起动机的驱动弹簧与减速型起动机的复位弹簧一样，以同样方式进行操作。

（3）减速机构　因为传统型起动机利用大型电枢，它能获得启动发动机的足够力矩，故此类起动机不需减速机构。由于这个原因，电枢直接与小齿轮相连接。

（4）制动机构（图 4.1-10）　有些传统型起动机装有制动机构，如果发动机没有能发动起来，会停止电动机的转动。制动机构也控制发动机刚启动后的电动机高速旋转。制动弹簧和锁定板将电枢压向整流器端架以产生制动效果。

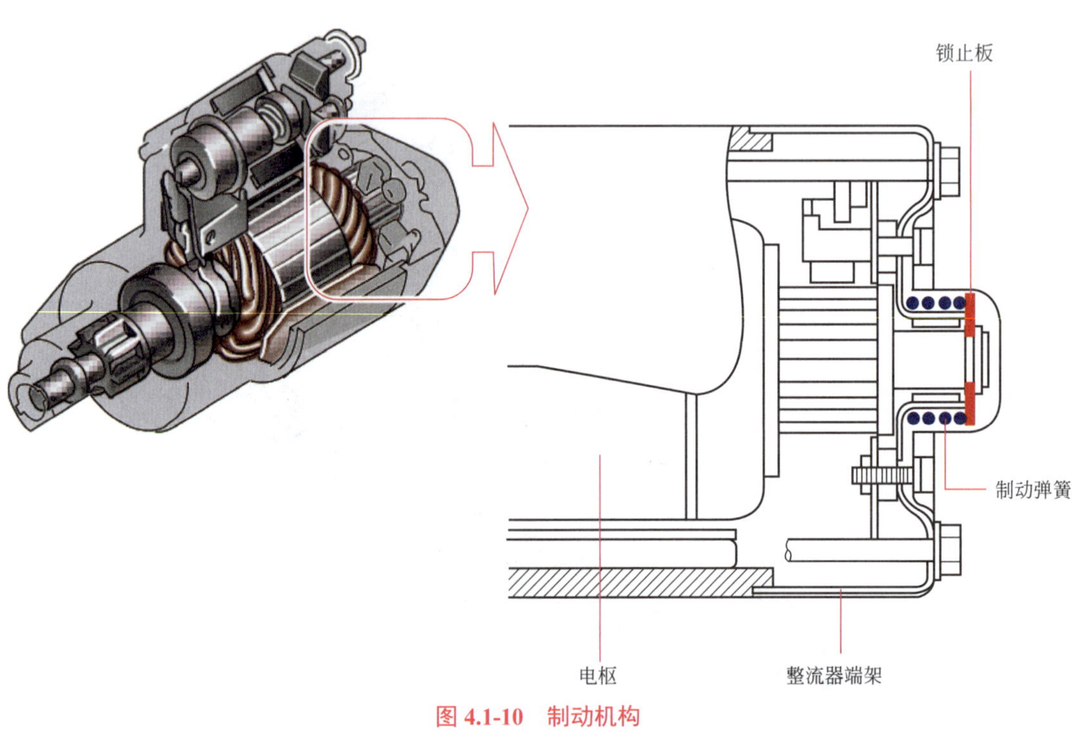

图 4.1-10　制动机构

4.1.3 行星齿轮型起动机

行星齿轮型起动机（图 4.1-11）有一个行星齿轮，用来降低电枢的转速。小齿轮通过传动杆与齿圈相啮合，与传统型起动机一样。

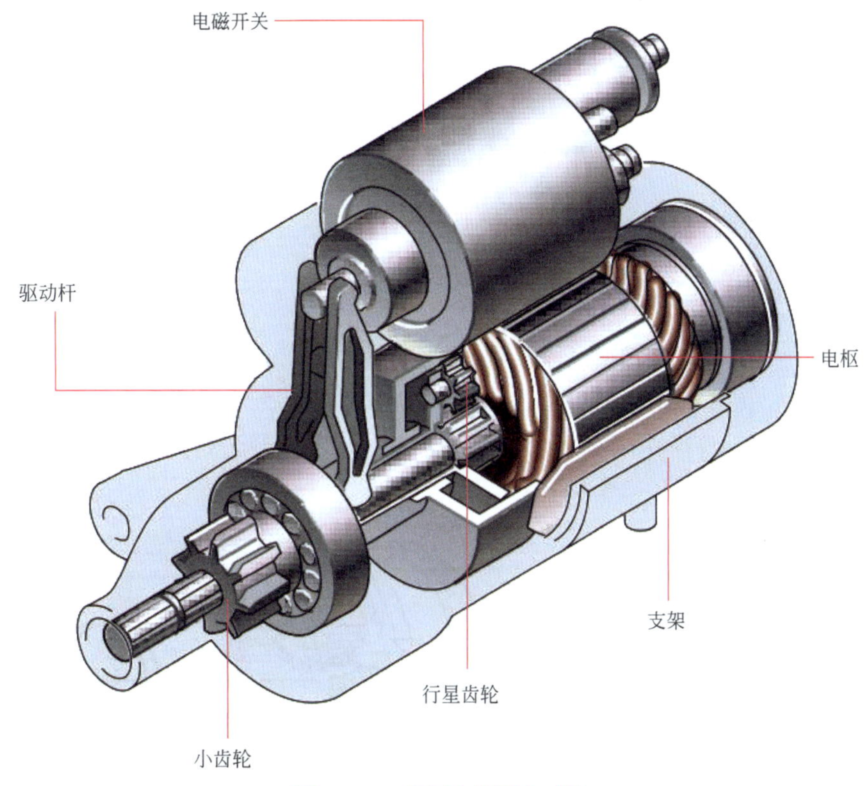

图 4.1-11　行星齿轮型起动机

（1）行星型起动机、减速型起动机和传统型起动机结构上的差异　见表 4.1-2。

表 4.1-2　行星型起动机、减速型起动机和传统型起动机结构上的差异

起动机类型	起动机结构零部件差异		
	啮合或脱开小齿轮	减速机构	制动机构
减速型	电磁开关	有	无
传统型	电磁开关和驱动杆	无	有、无
行星型		有	无

（2）小齿轮的啮合和脱开　驱动弹簧装在电磁开关内。驱动弹簧的运行方式与减速型起动机和传统型起动机相同。电磁开关和传动杆的运行方法与传统型起动机一样。

（3）减速齿轮

❶ 结构。行星齿轮支架有三个行星齿轮。行星齿轮在内侧与太阳（中心）齿轮啮合，在外侧与内齿圈相啮合。一般内齿圈是固定的，不转动（图 4.1-12）。

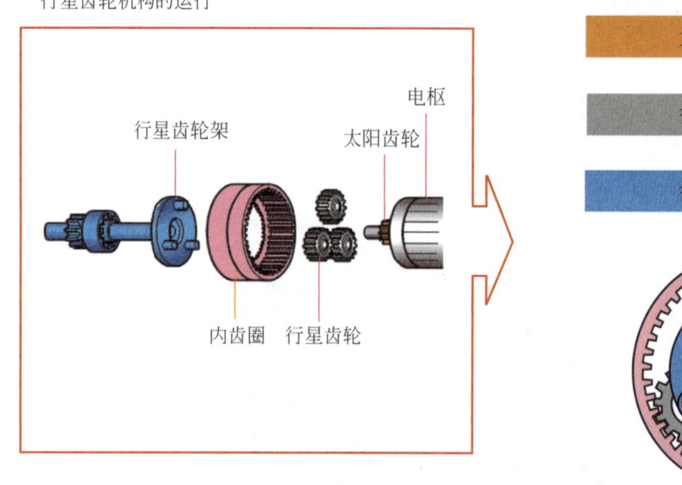

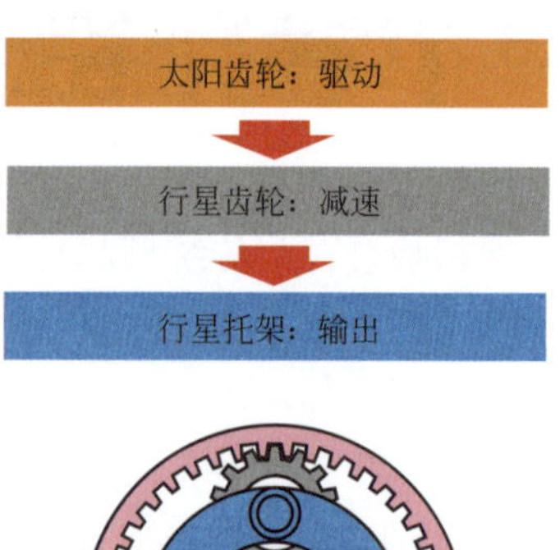

图 4.1-12 行星齿轮的结构

❷ 特点。行星齿轮型起动机的减速比是 1 ∶ 5，与减速型起动机相比，它的电枢较小、转速较快。为了减少运行噪声，内齿圈使用塑料。行星齿轮型起动机有缓冲装置，它吸收过多的力矩，防止内齿圈损坏（图 4.1-13）。

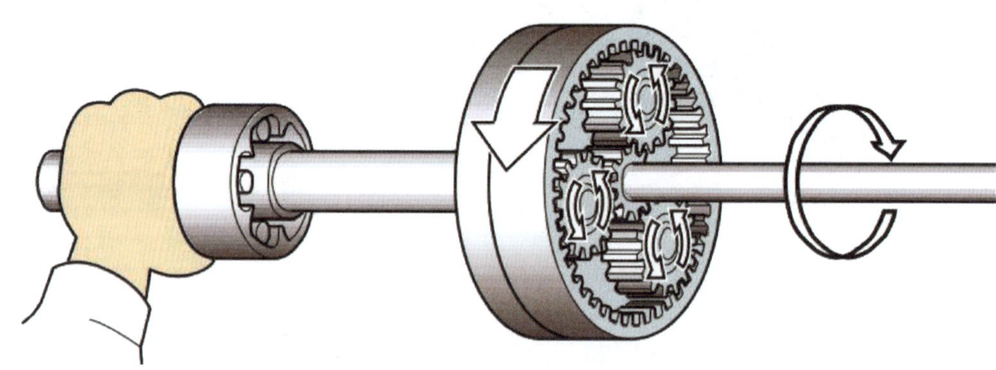

图 4.1-13 行星齿轮机构的特点

❸ 操作。当中心齿轮被电枢驱动时，行星齿轮沿内齿圈旋转，并且行星齿轮的支架也旋转。结果使行星齿轮的支架旋转转速被降下来，使到小齿轮的转矩增加（图 4.1-14）。

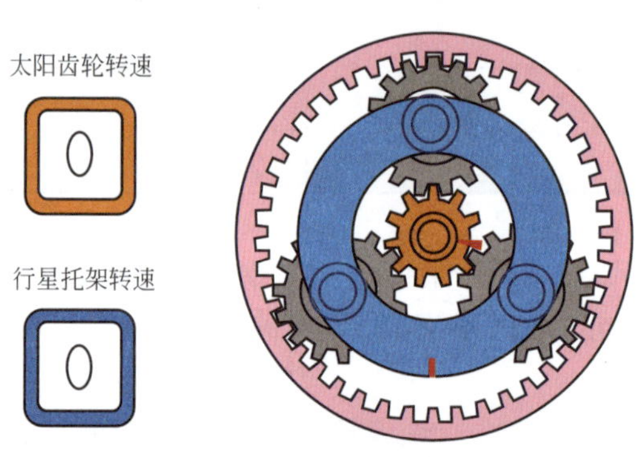

图 4.1-14 行星齿轮机构工作

维修贴

缓冲装置：通过动内齿圈，与内齿圈啮合的离合器板产生滑动，过度的力矩被吸收（图 4.1-15）。

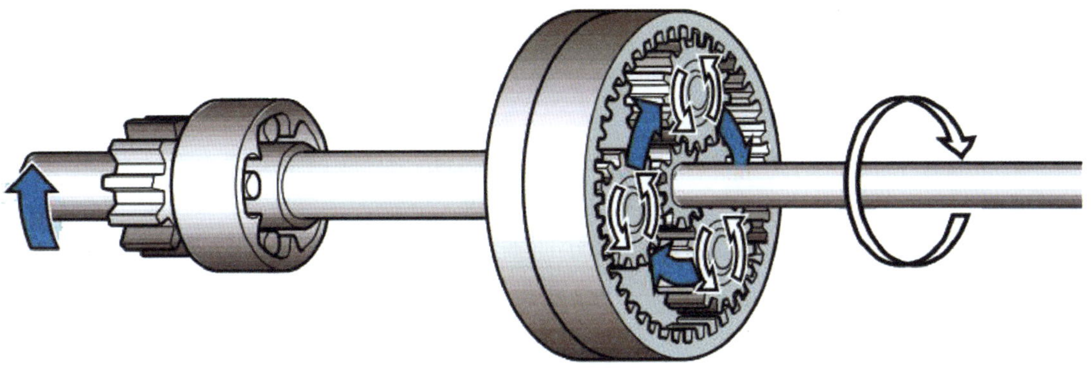

图 4.1-15　缓冲装置

4.1.4　整流导体型起动机

整流导体型起动机（图 4.1-16）在磁场线圈中使用永久磁体，啮合 / 脱开齿轮的运行与行星型起动机一样。

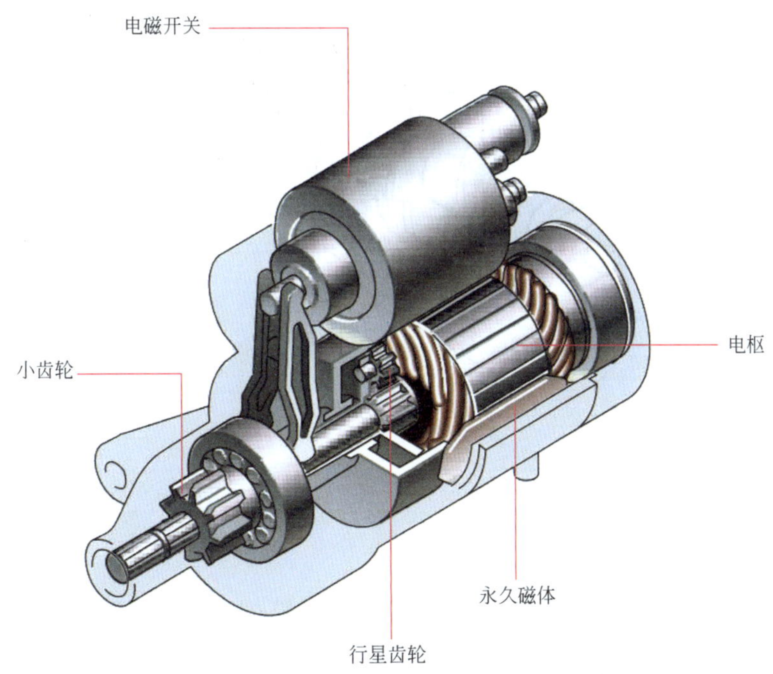

图 4.1-16　整流导体型起动机

4.2 起动机原理

4.2.1 概述

因为发动机自己不能启动，需要有外部动力使之产生第一次燃烧进行启动。要启动发动机，起动机需通过环形齿轮旋转曲轴。

起动机要用来自蓄电池的有限动力产生极大的力矩，它应该十分紧凑而且很轻。由于这个原因，一种直流串励电动机（马达）用作起动机。

要启动发动机，曲轴必须旋转得比最小曲轴转速快。启动发动机所需要的最小曲轴转速取决于发动机的结构和操作条件，对于汽油发动机一般为 40 ～ 60r/min，对于柴油发动机一般为 80 ～ 100r/min（图 4.2-1）。

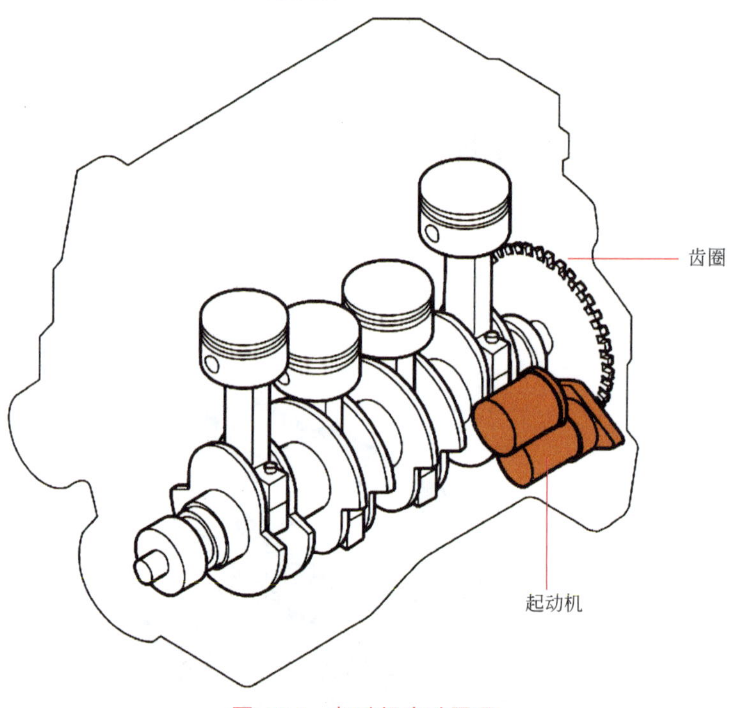

图 4.2-1　起动机启动原理

4.2.2 直流电动机

直流电动机包括磁场线圈和电枢线圈，它们是串联的。当起动机开始转动时，它产生最大力矩。

4.2.3　传动机构与控制机构

（1）传动机构　在启动时保证起动机的动力能通过飞轮传递给曲轴；启动完毕，发动机开始工作时，立即切断动力传递路线，使发动机不可能反过来通过飞轮驱动起动机高速旋转。

（2）控制机构　控制机构是起动机的电磁开关，控制电路的通、断和驱动齿轮的移出及退回。

4.2.4　起动机工作过程

第一步：吸拉。

当点火开关旋到 START（启动）位置时，蓄电池电流流到吸拉线圈和保持线圈。然后电流从吸拉线圈经磁场线圈到电枢线圈，以低速旋转线圈。在保持线圈和吸拉线圈内的磁动势使磁铁芯磁化，这样，磁性开关的动铁芯被吸入极芯。通过这种吸入操作，小齿轮被推出，并与齿圈啮合，接触板将主接触点开到 ON（图 4.2-2 和图 4.2-3）。

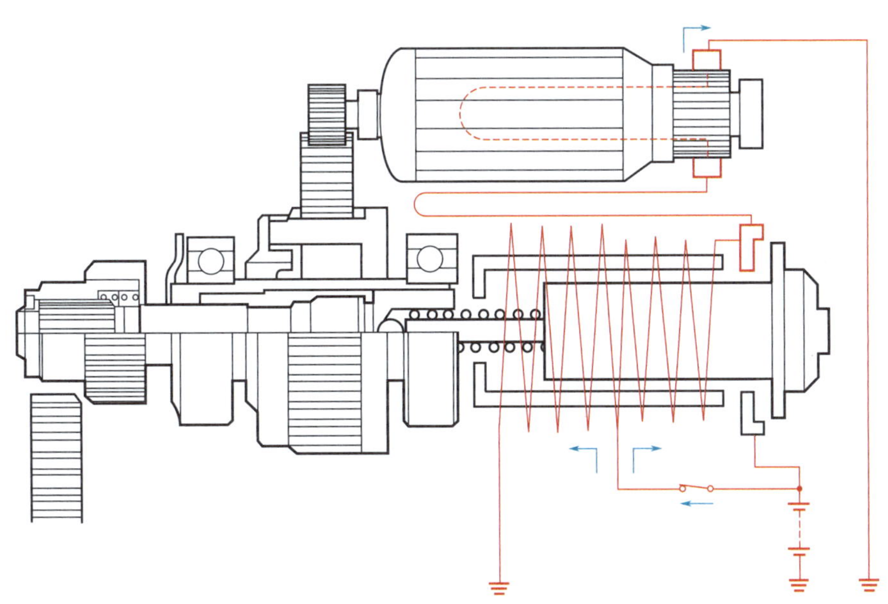

图 4.2-2　吸拉示意（一）

维修贴

为了保持操作电磁开关的电压，某些车型在点火开关与电磁开关之间有一个起动机继电器。

吸拉动作电流路径如图 4.2-4 所示。

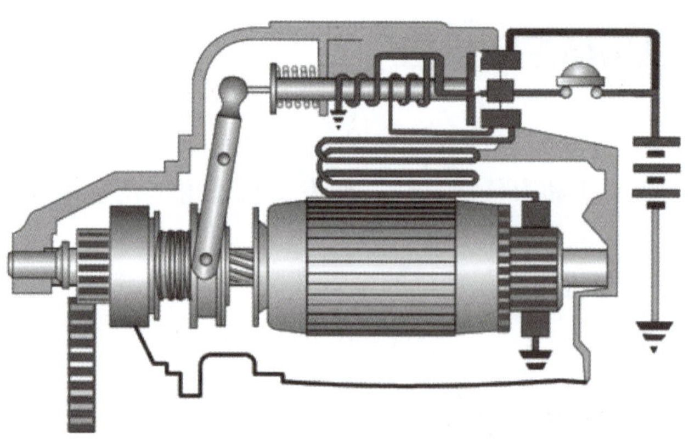

图 4.2-3　吸拉示意（二）

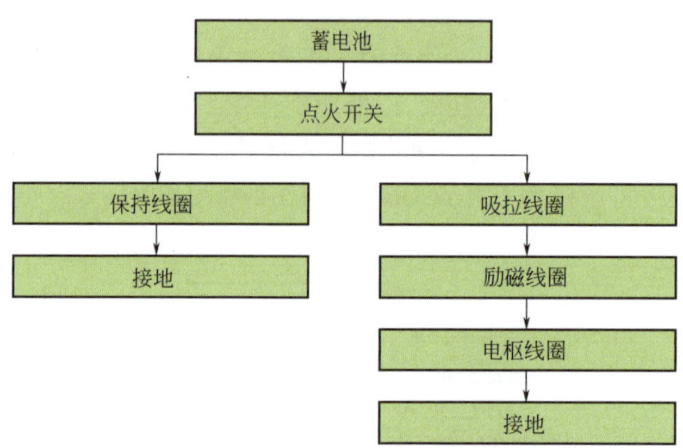

图 4.2-4　吸拉动作电流路径

第二步： 保持。

当主接触点开到 ON 时，无电流流经吸拉线圈，磁场线圈和电枢线圈直接从蓄电池得到电流。电枢线圈随后便开始高速旋转，发动机进行启动。此时动铁芯只是由保持线圈所施加的磁力固定到位，因为无电流流过吸拉线圈（图 4.2-5 和图 4.2-6）。

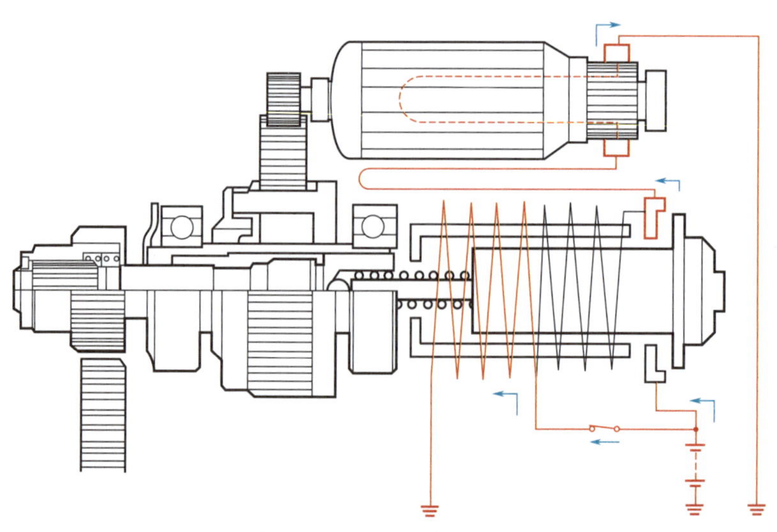

图 4.2-5　保持示意（一）

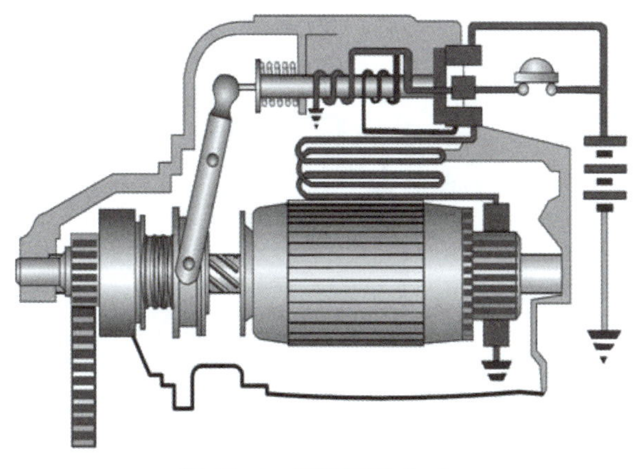

图 4.2-6　保持示意（二）

保持动作电流路径如图 4.2-7 所示。

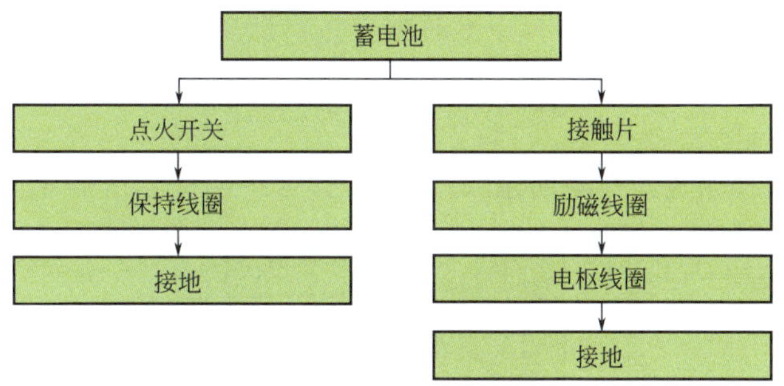

图 4.2-7　保持动作电流路径

第三步：复位。

当点火开关从 START 开到 ON 时，电流从主接触侧经吸拉线圈流到保持线圈。此时，由于吸拉线圈与保持线圈形成的磁力相互抵消，它们失去了保持住动铁芯的力。因此，动铁芯由复位弹簧的力拉回，并且接触点关到 OFF，停止起动机的旋转（图 4.2-8 和图 4.2-9）。

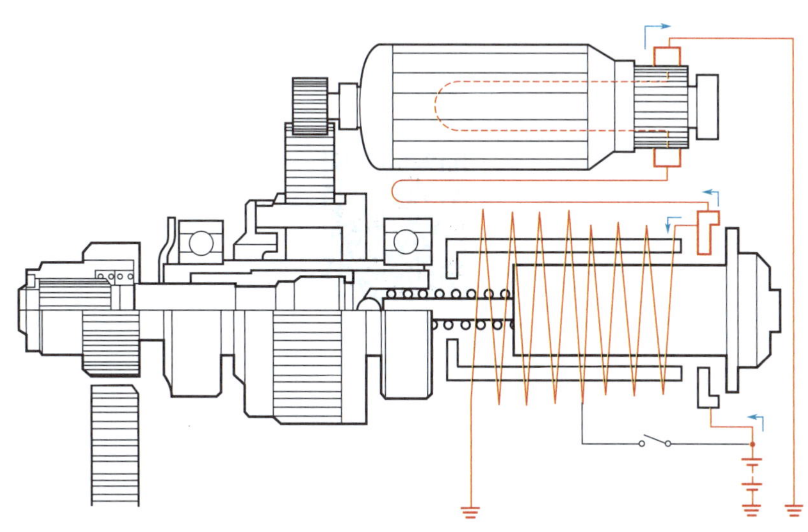

图 4.2-8　复位示意（一）

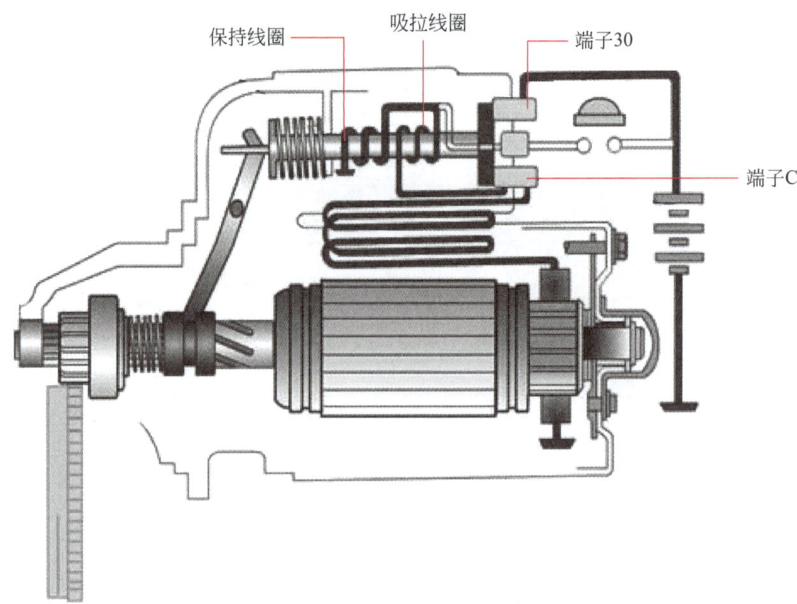

图 4.2-9　复位示意（二）

复位动作电流路径如图 4.2-10 所示。

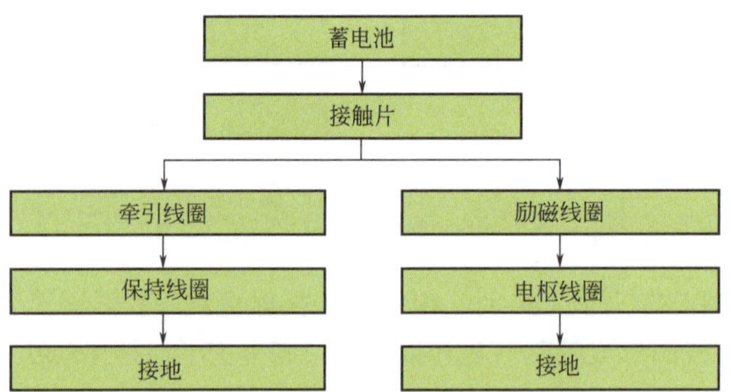

图 4.2-10　复位动作电流路径

视频讲解

第 5 章

点火系统

5.1 概述

为了发动机正常工作，点火系统按照各缸点火次序，定时地供给火花塞以足够高能量的高压电，使火花塞产生足够强的火花，点燃可燃混合气。

现在的点火系统取消了分电器，使用多个点火线圈直接向火花塞提供高压电。点火正时由发动机电控单元（ECU）中的电子点火提前功能控制。

5.2 点火系统类型

5.2.1 传统的分动器点火系统

传统的分动器点火系统如图 5.2-1 所示。

5.2.2 电子点火的分动器点火系统

电子点火的分动器点火系统如图 5.2-2 所示。

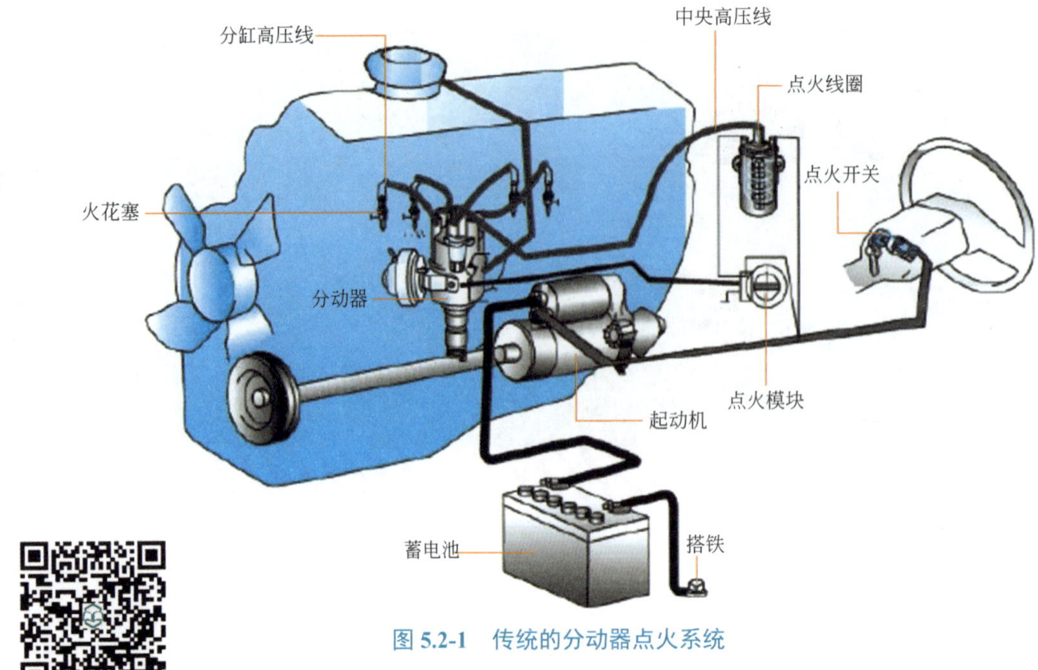

图 5.2-1 传统的分动器点火系统

视频讲解

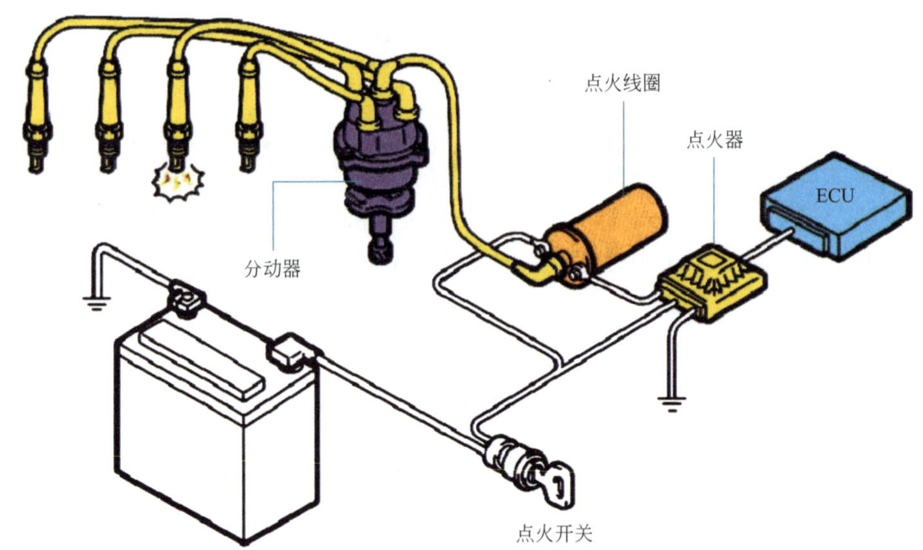

图 5.2-2 电子点火的分动器点火系统

5.2.3 直接电子点火系统

直接电子点火系统（DIS）分为分组同时点火控制和独立点火控制（图 5.2-3）。分组同时点火控制是双缸共用一个点火线圈，比如四缸发动机就有两个点火线圈；而独立点火控制是点火线圈直接安装在火花塞上，即每个气缸都有一个独立的点火线圈直接安装在各个火花塞上（图 5.2-4）。

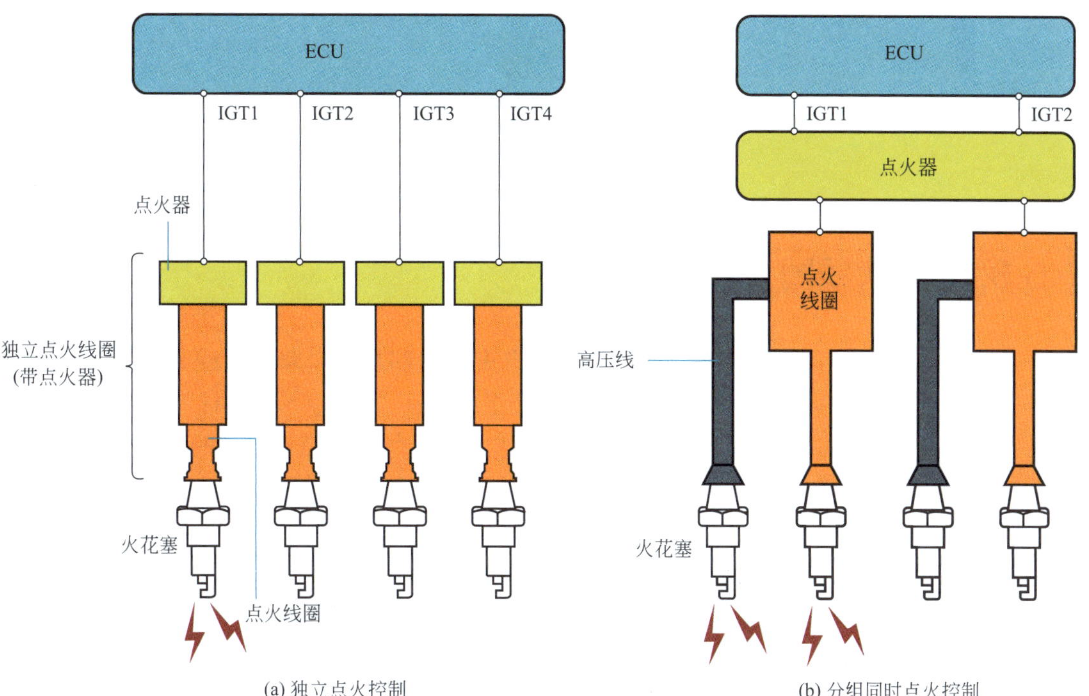

图 5.2-3　直接电子点火系统（一）

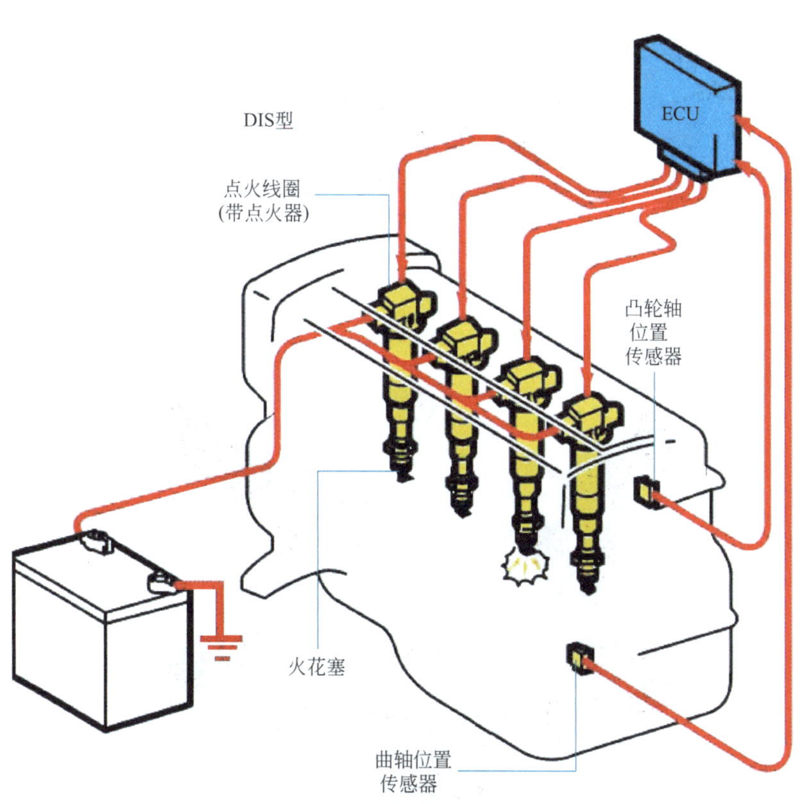

图 5.2-4　直接电子点火系统（二）

5.3 点火系统构造

5.3.1 点火线圈

点火线圈有开磁路和闭磁路两种，传统的点火线圈都是开磁路点火线圈。闭磁路点火线圈（图 5.3-1 和图 5.3-2），将初级绕组和次级绕组都绕在“口”字形或“日”字形的铁芯上。初级绕组在铁芯中产生的磁通，通过铁芯构成闭合磁路。闭磁路点火线圈的优点是漏磁少，磁路的磁阻小，因而能量损失小，能量变换率高。独立点火系统实物如图 5.3-3 所示。

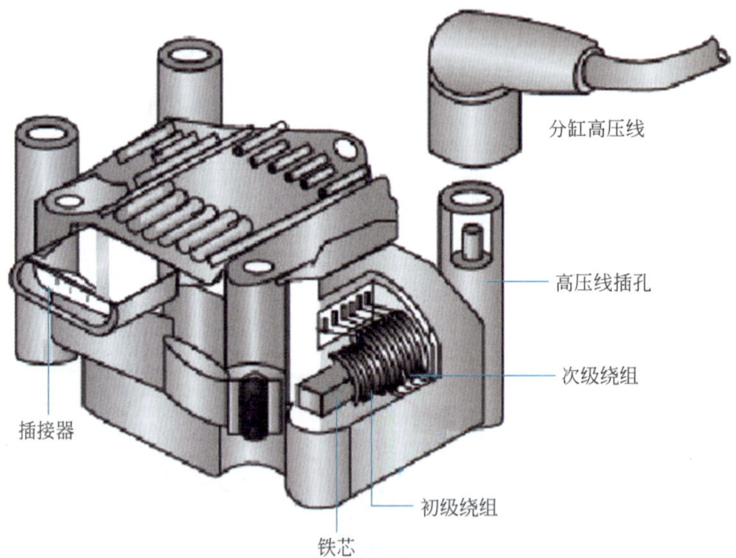

图 5.3-1　闭磁路点火线圈

图 5.3-2　闭磁路点火线圈实物

图 5.3-3　独立点火系统实物

5.3.2　火花塞

5.3.2.1　火花塞结构

汽油发动机点火系统中将高压电流引入气缸产生电火花，以点燃可燃混合气体。火花塞（图 5.3-4 ～图 5.3-6）主要由接线螺母、绝缘体、接线螺杆、中心电极、侧电极以及外壳组成，侧电极焊接在外壳上。

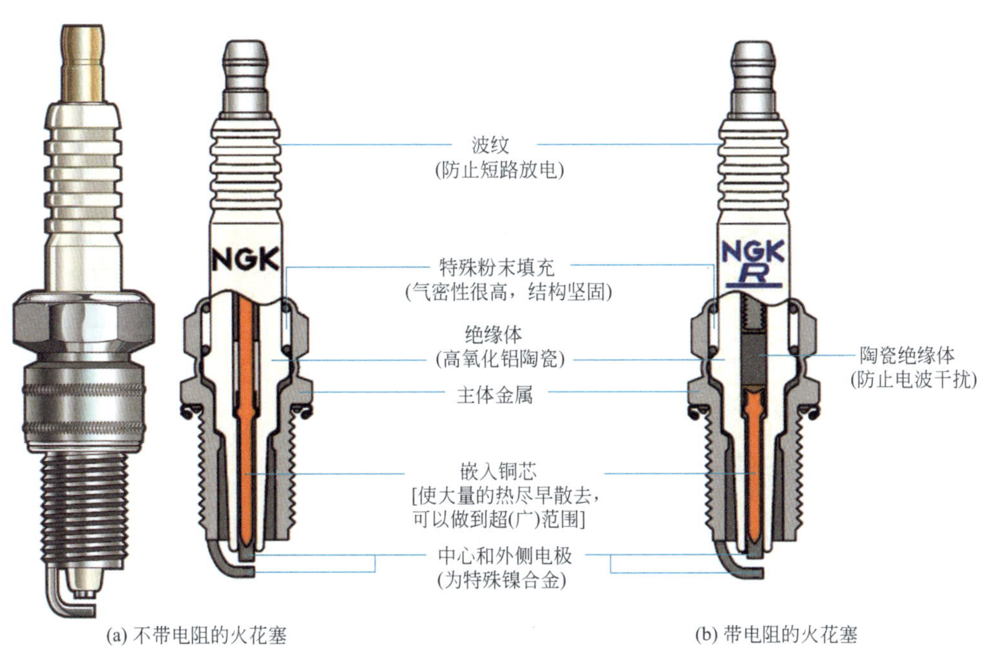

图 5.3-4　火花塞结构

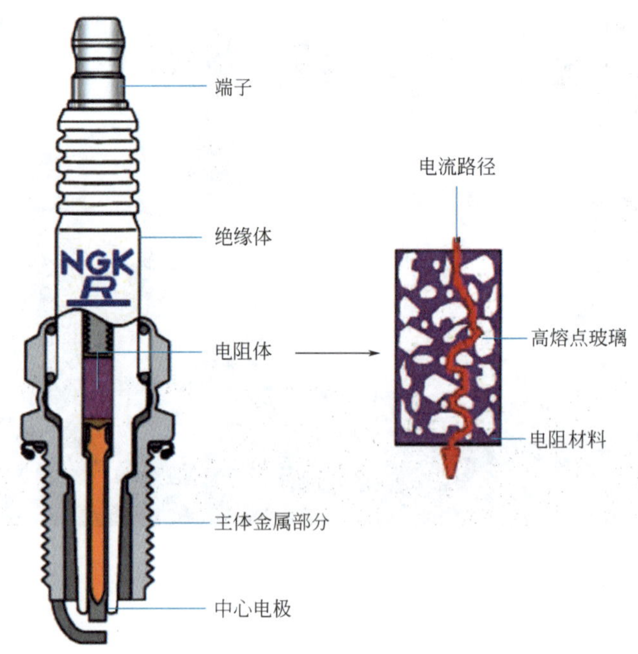

图 5.3-5　带电阻的火花塞结构

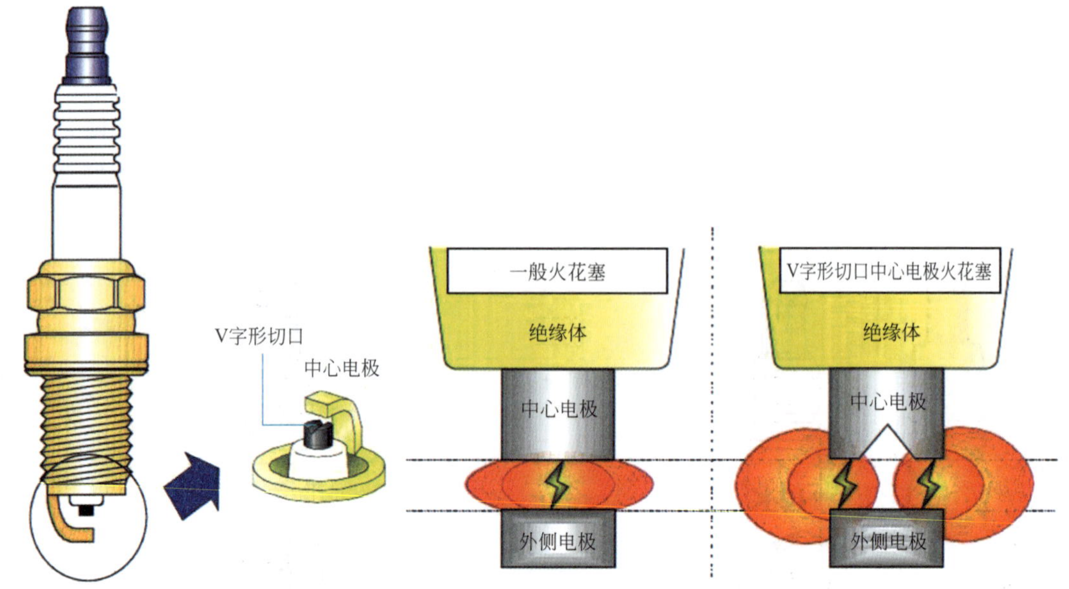

图 5.3-6　V 字形切口中心电极的火花塞

5.3.2.2　火花塞热值

火花塞作为发动机点火系统的终端部件，起着至关重要的作用。而火花塞热值（其自身所受热量的散发量称为热值）是指火花塞受热和散热能力的一个指标。

（1）冷型火花塞　能够大量散热的火花塞称为冷型火花塞，就是高热值火花塞，绝缘体裙部相对较短，由于散热途径比较短，散热相对较多，所以不易造成中心电极温度的上升（图 5.3-7）。

（2）**热型火花塞** 热型火花塞（低热值）的绝缘体裙部较长，当气缸内温度布置均匀时，裙部越长，受热面积就越大，传导热量的距离就越长，所以散热少，中心电极温度上升较高（图 5.3-8）。

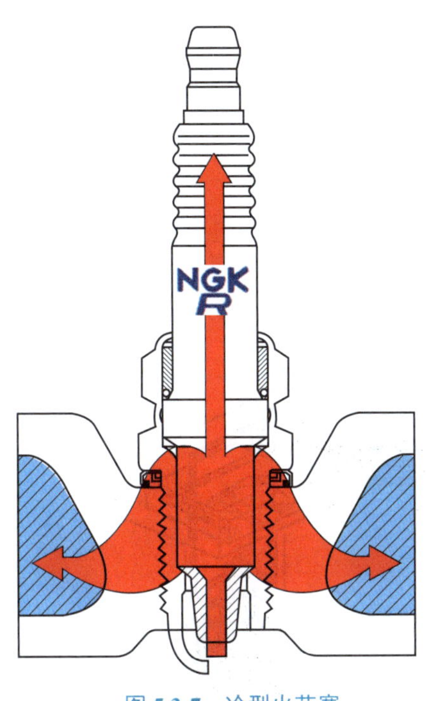

图 5.3-7 冷型火花塞

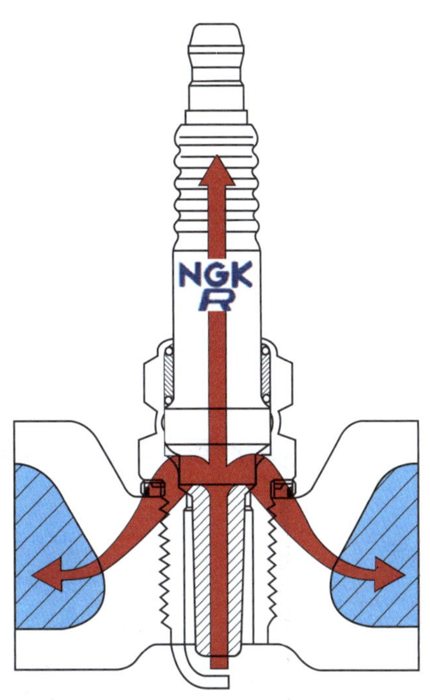

图 5.3-8 热型火花塞

维修贴

一般来说低热值的火花塞更适用于低速、低压缩比的小功率发动机，而高热值的火花塞则适用于高速、高压缩比的大功率发动机。这个数值越大，也就越“冷”；这个数值越小，火花塞的散热就越小，也就越“热”。热值的高低，取决于缸内混合气温度和火花塞的设计。

5.3.3 传感器

直接点火系统组成部件中，包括以下传感器。

（1）**曲轴位置传感器** 用于探测曲轴角度位置（发动机转速）。

（2）**凸轮位置传感器** 用于辨认气缸和行程，并探测凸轮轴正时。

（3）**爆震传感器** 用于探测发动机的爆震。

（4）**节气门位置传感器** 用于探测节气门的开启角。

（5）**空气流量计** 用于探测进气量，有些发动机则是用一个进气歧管压力传感器来完成。

（6）**水温传感器** 用于探测发动机冷却液温度。

5.4 点火系统原理

5.4.1 概述

汽油发动机正常工作的三要素：良好的可燃混合气、很高的压缩压力、正确的点火正时和强烈的火花。点火系统（图 5.4-1）中所产生的强烈的火花在最佳点火正时点燃可燃混合气。点火系统通过点火线圈产生的高电压来产生火花，点燃已经被压缩的可燃混合气。可燃混合气在气缸内被压缩、点燃并燃烧，从而产生发动机的推动力。

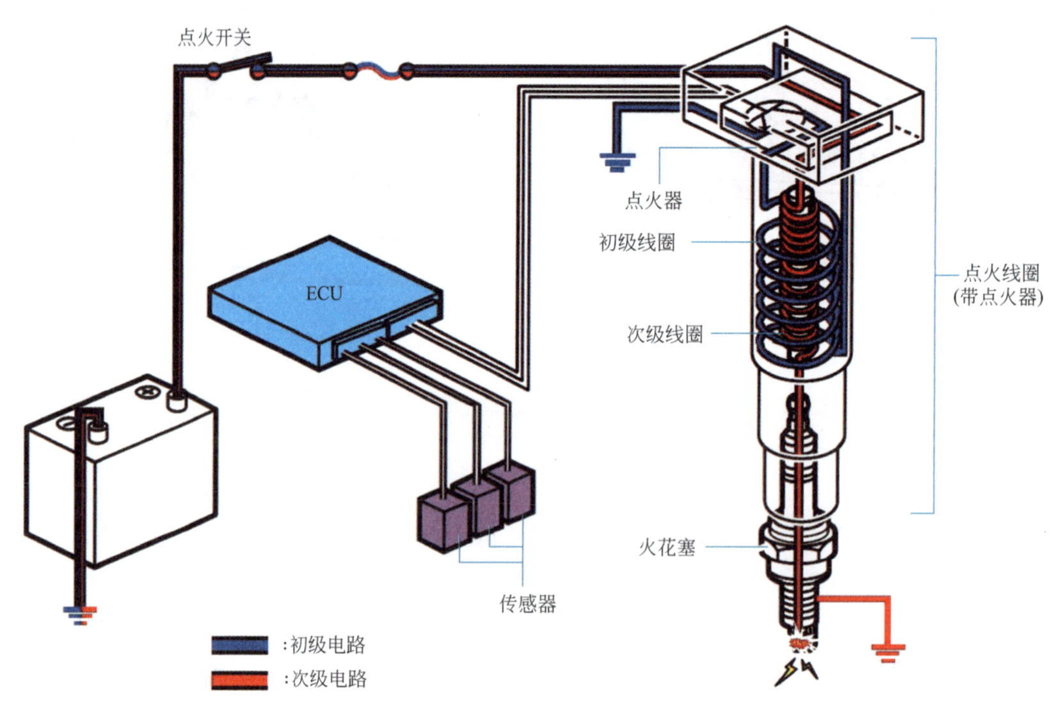

图 5.4-1　点火系统

（1）强烈的火花　在点火系统中强烈的火花应产生于火花塞电极之间，以便于点燃可燃混合气。因为存在空气电阻，这个电阻随空气压缩程度的增高而增大。点火系统必须要产生几万伏的高电压才能保证产生强烈的火花去点燃可燃混合气。

由于自感和互感，点火线圈产生点火所必需的高电压。初级线圈产生几百伏的电压，次级线圈产生几万伏的电压。

（2）正确的点火正时　点火系统必须始终根据发动机的转速和载荷的变化提供正确的点火正时。

（3）零部件的耐用性　点火系统中的火花塞和点火线圈须具备足够的可靠性，以经得住发动机产生的振动和高温。

5.4.2 高压产生

（1）点火线圈工作（图 5.4-2） 点火线圈可产生足以在火花塞电极间引燃火花的高电压。

初级线圈和次级线圈都环绕在铁芯上。次级线圈的匝数大约是初级线圈的 100 倍。初级线圈的一端连接在点火器上，次级线圈的一端连接在火花塞上。两个线圈各自的另一端则连接在蓄电池上。

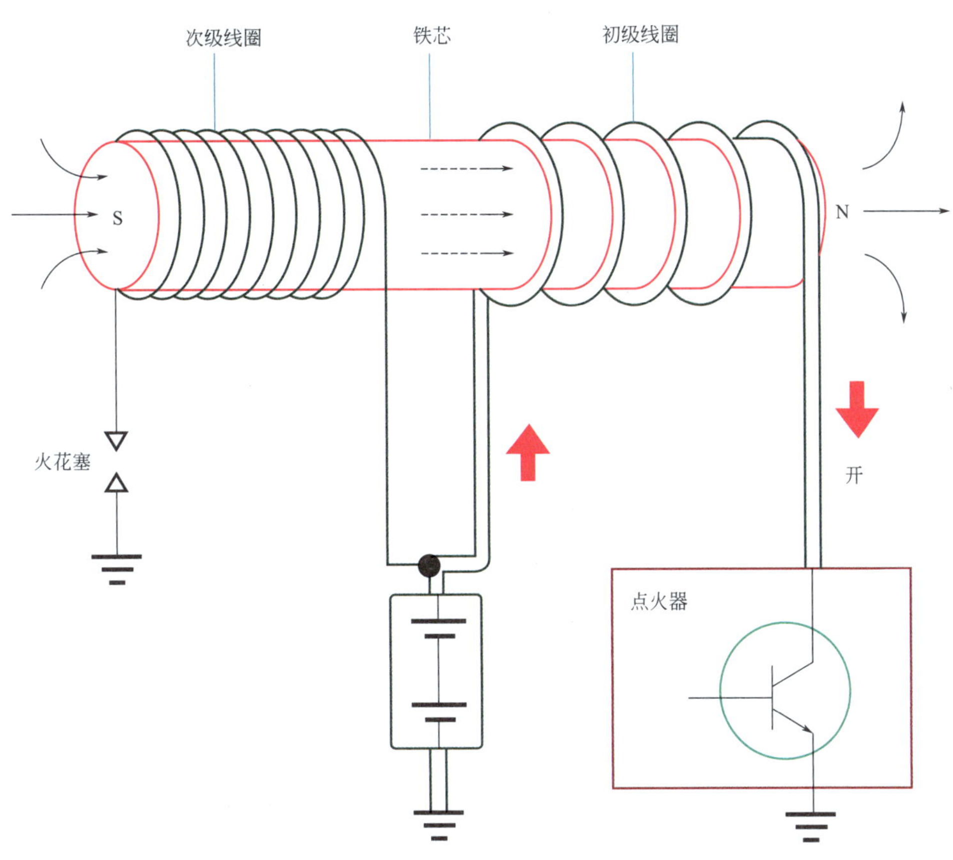

图 5.4-2 点火线圈工作示意

（2）流往初级线圈的电流（图 5.4-3） 当发动机运转时，根据发动机 ECU 输出的点火正时信号（IGT），蓄电池的电流通过点火器流到初级线圈。结果，在线圈周围产生磁力线，此线圈在中心包含一个磁芯。

（3）电流停止流往初级线圈（图 5.4-4） 当发动机继续运转时，点火器按发动机电子控制单元（ECU）输出的点火正时信号（IGT）快速地停止流往初级线圈的电流，其结果是初级线圈的磁通量开始减小。因此，通过初级线圈的自感和次级线圈的互感，在阻止现存磁通量衰减的方向上产生电动势（EMF）。自感效应产生约为 500V 的电动势，而与其相伴的次级线圈互感效应产生约为 30kV 高压电动势，这样火花塞就产生火花放电。初级电流切断越迅速，以及初级电流值越大，则相应的次级电压也越高。

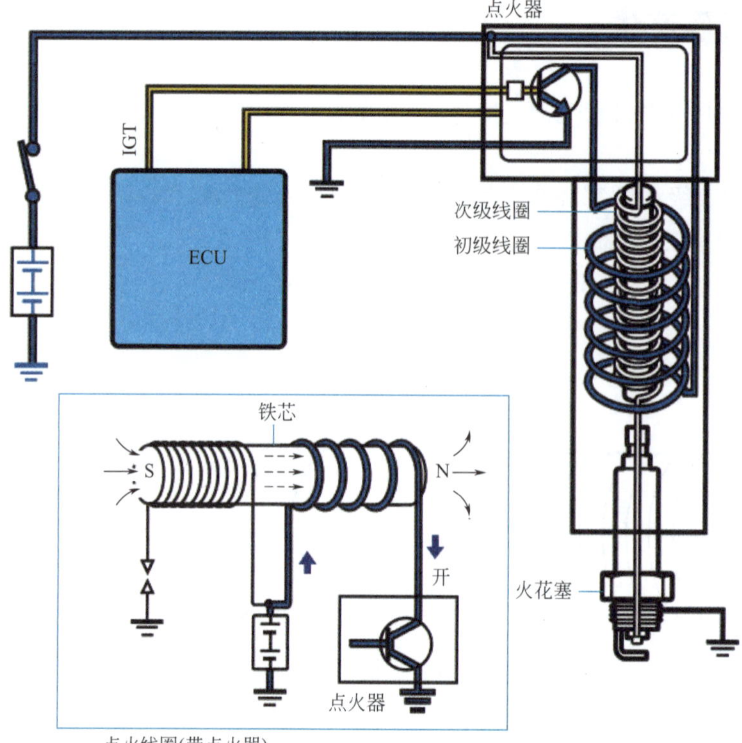

图 5.4-3　流往初级线圈的电流示意

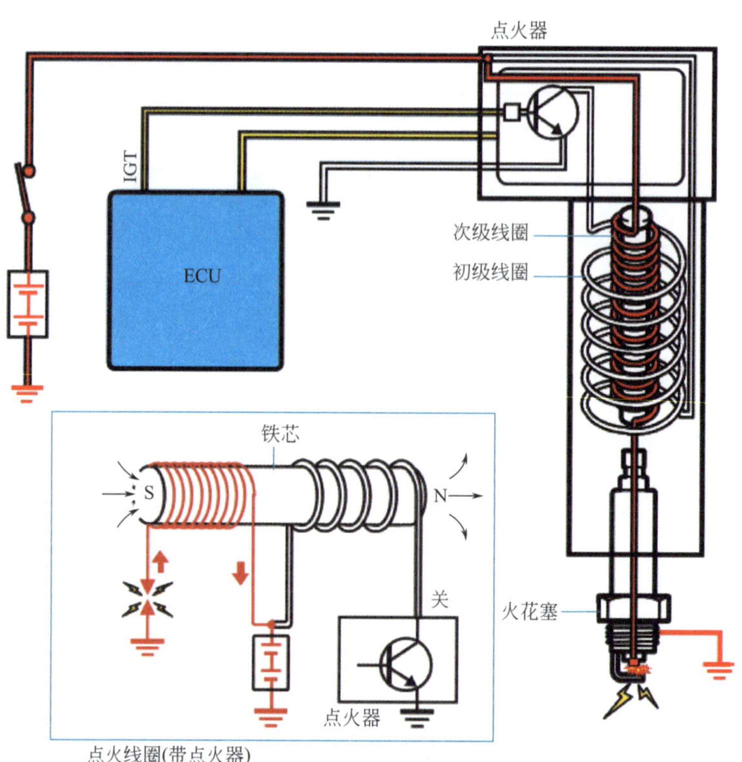

图 5.4-4　电流停止流往初级线圈示意

5.4.3 火花机理

点火线圈次级绕组产生的高电压在火花塞的中心电极和接地电极之间产生火花，点燃气缸中的已压缩的可燃混合气。火花塞上产生的火花点燃空气 - 燃油混合气，汽车维修工作中通常将这一过程称为燃烧。

火花穿过可燃混合气从中心电极到接地电极。结果，可燃混合气沿着火花的路径被触发，产生化学反应（通过氧化作用），同时产生热量，形成火焰中心。

火焰中心触发周围的可燃混合气，这样，火焰中心的热量向外扩展（称为火焰传播），点燃可燃混合气，见图 5.4-5。如果火花塞电极的温度太低或电极的间隙太小，电极将吸收火花产生的热量。结果，火焰中心将被熄灭，导致缺火，这种现象称为“电极猝熄”。如果电极猝熄作用比较明显，则火焰中心将被熄灭。电极越小，猝熄作用越小；电极形状越接近方形，越容易放电。

为了改善点火性能，有些火花塞在接地电极上有一个 U 形槽，或在中心电极上有 V 形槽，见图 5.4-6。

电极上带槽的火花塞比不带槽的火花塞具有较小的猝熄作用，以形成较大的火焰中心。同样，还有些火花塞通过较细的电极减小猝熄作用。

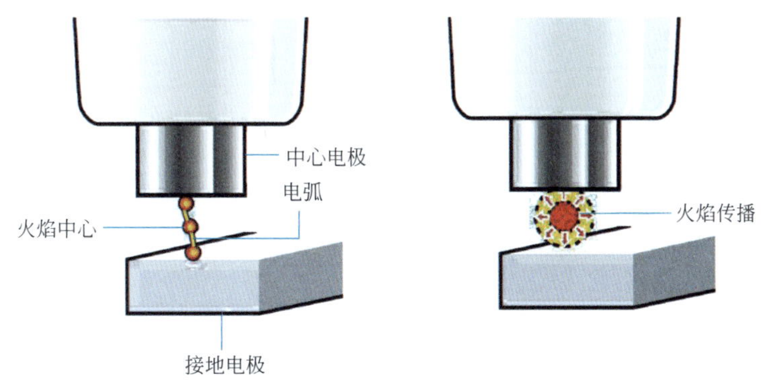

图 5.4-5　火花塞产生火花的机理

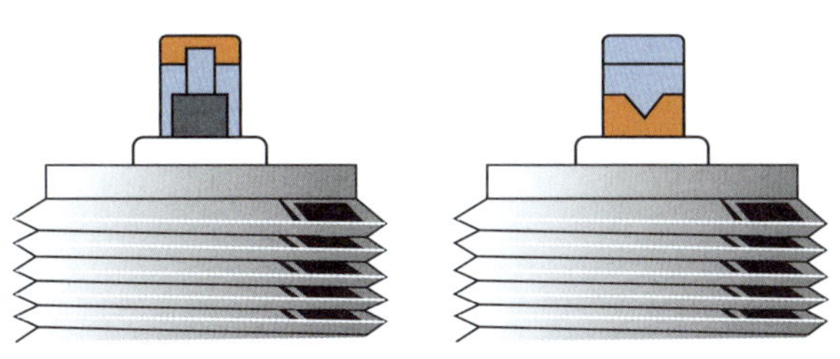

图 5.4-6　V 形槽电极火花塞

5.4.4 点火性能

5.4.4.1 以下因素影响火花塞的点火性能

（1）电极形状和放电性能　圆形电极会使放电困难，方形或尖形电极可使放电较容易。火花塞经过长时间使用，电极成了圆形之后，会使放电困难，因此火花塞应定期更换。火花塞的电极越细越尖，越容易产生火花。但是，那样的火花塞耗损较快，使用寿命较短。因此，有些火花塞电极上带白金或铱金，耐耗损，通常称为白金或铱金电极火花塞。

（2）火花塞间隙和击穿电压　当火花塞耗损后，电极间隙变大，发动机可能会缺火。中心电极和接地电极间隙增大后，使得火花跳过电极非常困难，因此需要更高的电压来产生火花，所以每隔一定的里程必须调整火花塞电极间隙或更换火花塞。

5.4.4.2　自洁温度

当火花塞达到一定温度后，它能烧掉聚集在点火区域内的积炭，以保持点火区域的清洁，此温度称为自洁温度。火花塞的自洁作用发生在电极温度在450℃以上时，如果尚未达到自洁温度，意味着电极温度低于450℃，积炭会聚集在点火区域，这将导致火花塞缺火。

5.4.4.3　自燃温度

如果火花塞自身成为热源，不用火花就点燃了空气-燃油混合气，此时的温度称为自燃温度。当火花塞电极温度达到950℃时会发生自燃。如果发生这种现象，由于不正确的点火正时，会导致发动机功率下降，同时火花塞电极或活塞可能会熔化。

第6章 空调系统

6.1 空调系统结构布局

6.1.1 两区域空调系统

驾驶员和前乘客可在左右两侧独立调节温度，以及从五个不同强度等级中选择各自所需的自动程序。选择某一自动程序后，系统自动控制车内风量和空气分布。由于左右两侧独立自动调节，因此称为两区域空调系统（图 6.1-1）。

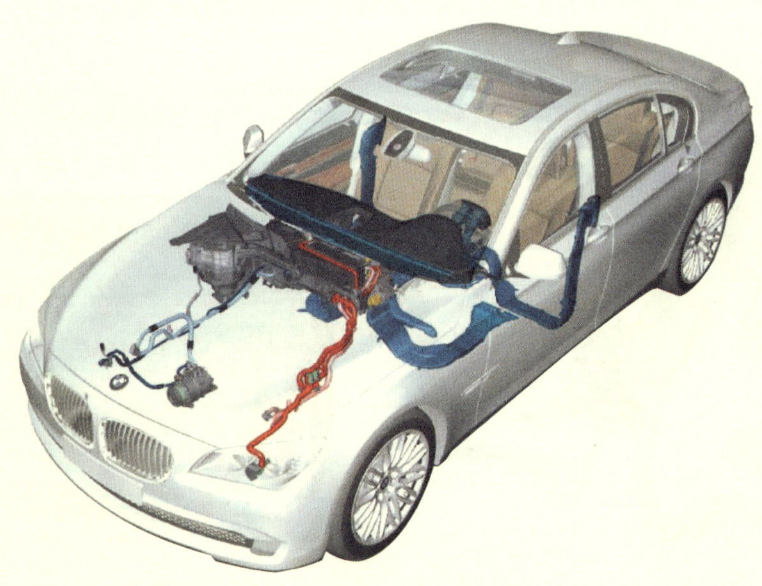

图 6.1-1 两区域空调系统

6.1.2 四区域空调系统

对于四区域空调系统，后座区乘员也可以通过附加安装的后座区自动空调操作面板和控制单元选择单独调节温度及自动空气分布，可通过四个操作区域对车内四区域独立进行调节（图 6.1-2）。

图 6.1-2　四区域空调系统控制面板（前、后）

自动运行模式通过按压 AUTO 按钮启用。在自动运行模式下，通过多次按压“鼓风机挡”按钮选择强度等级。通过“ALL”按钮可以使所有座位的设置（温度、自动模式强度或风量、空气分布）与驾驶员的设置同步。

与两区域空调不同的是，四区域空调在后座区域内带有另一个操作面板和控制单元，因此也允许后座区乘员通过五个不同强度等级实现温度、风量和空气分布的全自动调节（图 6.1-3）。

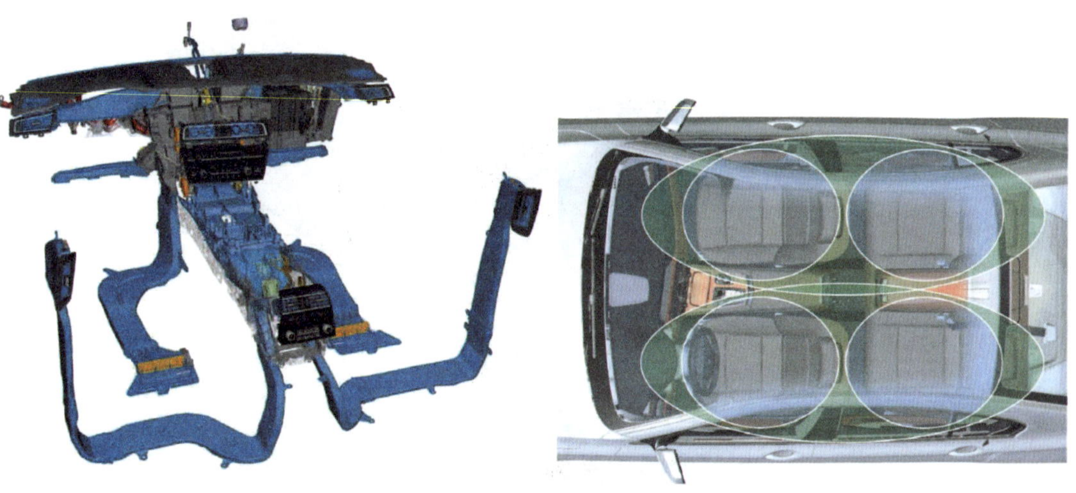

图 6.1-3　四区域空调系统布局和覆盖区域（前排和后排分区覆盖）

6.2　空调系统组成

6.2.1　暖风和空调器

空气通过鼓风机电动机与暖风和空调器（图 6.2-1）之间的防尘套进入暖风和空调器的滤清器壳体。在滤清器壳体内，新鲜空气运行模式和循环空气运行模式下的空气通过组合过滤器（使用活性炭）进行净化，随后输送到蒸发器和暖风热交换器。空气根据暖风和空调系统的设置以及外部和内部温度情况首先在蒸发器处进行冷却，必要时重新在暖风热交换器处进行加热。

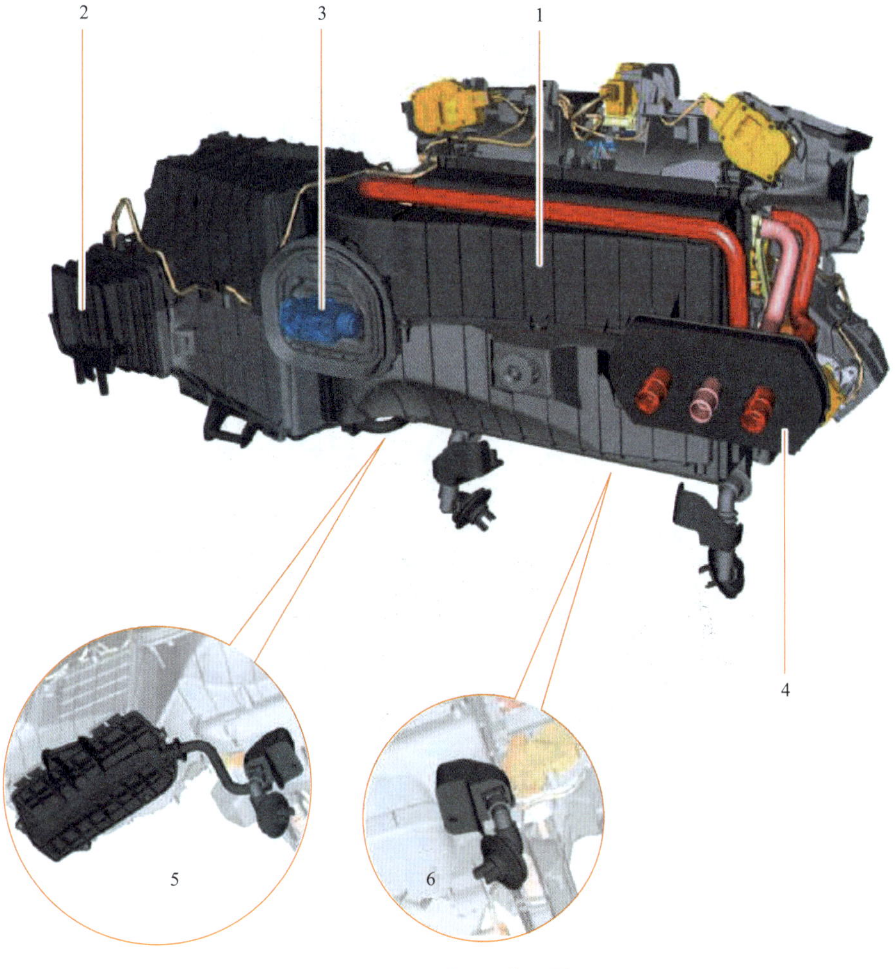

图 6.2-1　暖风和空调器

1—暖风和空调器；2—通过防尘套输送空气；3—制冷剂循环回路 / 膨胀阀接口；4—至暖风热交换器的管路接口；5—滤清器壳体及右侧暖风和空调器的冷凝水出口；6—左侧暖风和空调器的冷凝水出口

新鲜空气进气装置见图 6.2-2，循环空气进气装置见图 6.2-3。

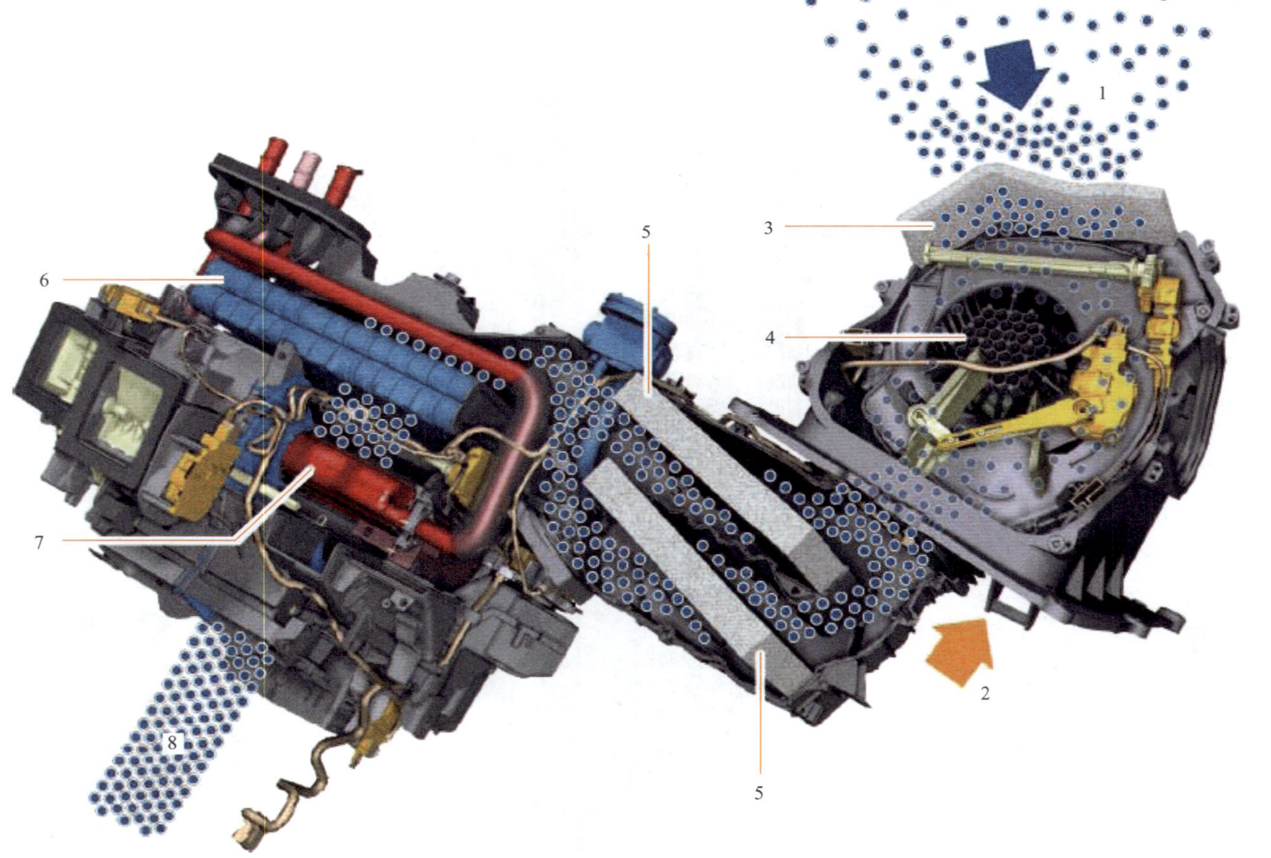

图 6.2-2　新鲜空气进气装置

1—新鲜空气通过粗滤器吸入暖风和空调鼓风机；2—循环空气进气装置；3—鼓风机电动机壳体内的粗滤器；4—暖风和空调系统的鼓风机；5—滤清器壳体内的两个组合过滤器；6—蒸发器；7—暖风热交换器；8—空气流向空气通道和车内空间

图 6.2-3　循环空气进气装置

1—循环空气从车内经过前围板上的车身开口吸入发动机室；2—新鲜空气进气装置；3—鼓风机电动机壳体内的粗滤器；4—暖风和空调系统的鼓风机；5—滤清器壳体内的两个组合过滤器；6—蒸发器；7—暖风热交换器；8—空气流向空气通道和车内空间

6.2.2 空调压缩机

斜盘式空调压缩机（图 6.2-4）是目前汽车空调的主要机型，经过不断的技术改进，该压缩机已具有尺寸小、质量轻和功耗小等优点。斜盘式空调压缩机是轴向往复活塞式，活塞的往复直线运动是依靠主轴带动斜盘或楔块转动时发生位置变化而产生的，它的活塞作用是双向作用，因此斜盘式空调压缩机的往复惯性力能完全自然地得到平衡，往复惯性力矩也能得到平衡。

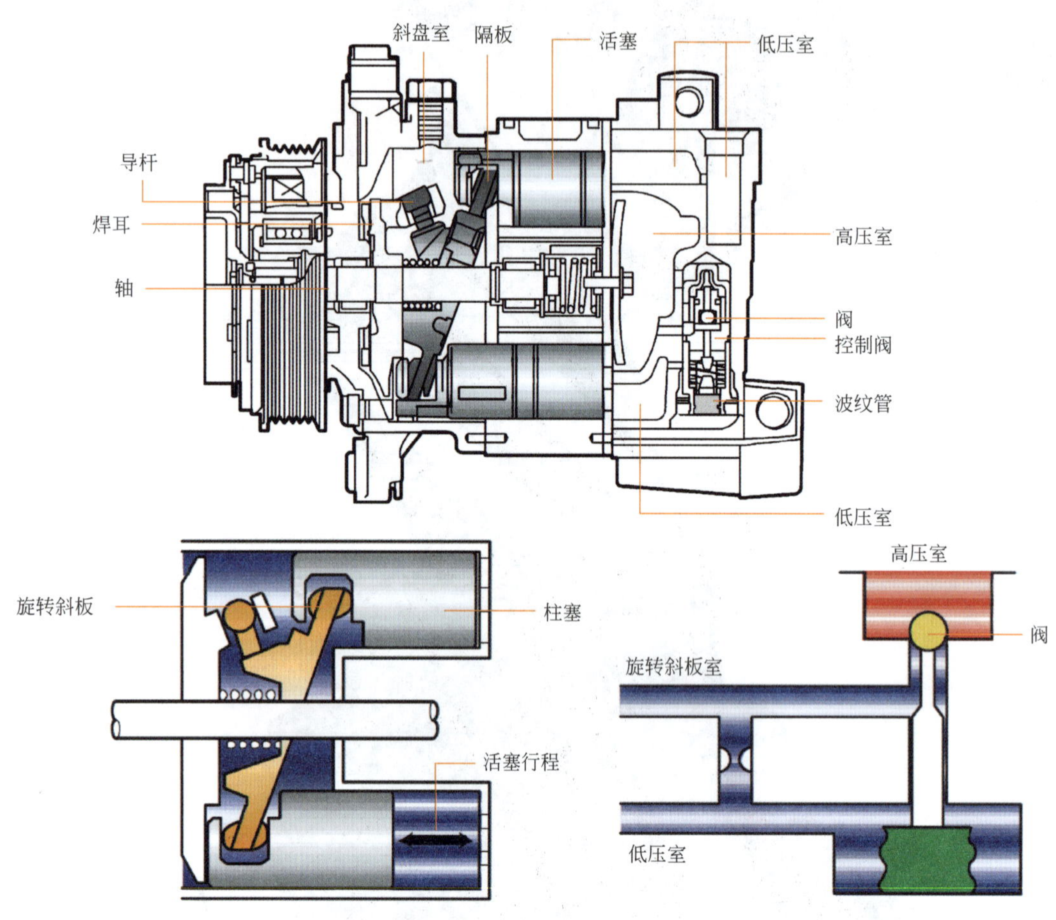

图 6.2-4　斜盘式空调压缩机

外部调节式空调压缩机带有控制单元，可无级控制压缩机内的调节阀。系统根据通风温度、车外温度、车内温度以及蒸发器规定温度和实际温度，通过脉冲宽度调制电压信号，改变压缩机曲柄箱内的压力比例，斜盘的倾斜位置随之改变，因此确定了排量和制冷功率。即使空调系统已关闭，多楔带也会带动压缩机继续转动。因此可以在最小（0 ～ 2%）至最大（100%）之间调节压缩机功率和输送能力。

例如，如果需要较高的制冷功率，控制单元就会控制调节阀。脉冲宽度调制电压信号使调节阀内的柱塞移动。电压供给的持续时间确定了调节行程。通过调节可以改变高压与曲柄箱内压力之间的调节阀开启截面面积。

6.2.3 冷凝器

冷凝器由蛇形管和鳍片组成，鳍片与管固定连接在一起，因此热交换面积大且热传递效果好。冷凝器的任务是将制冷剂在压缩机内压缩过程中吸收的能量通过散热片散发到车外空气中去，从而使之前气态形式的制冷剂重新变为液态形式。

在此过程中必须使能量释放出去，以便在制冷剂重新注入蒸发器时能够再次从待冷却的空气中吸收热量。冷凝器主要利用压力作用下热制冷剂与较凉车外空气之间的能量差进行工作。

冷凝器的工作过程如下。

第一阶段：将来自压缩机、压力为 10 ～ 25bar（1bar=10^5Pa，下同）、温度为 60 ～ 120℃的气态热制冷剂的高热能释放到车外空气中。

第二阶段：制冷剂冷凝下来，在此制冷剂释放出较多的能量，以便液化为液体。

第三阶段：液态制冷剂继续释放出能量，这种状态称为制冷剂过度冷却，也可以防止在至膨胀阀的通道上形成气泡。

通过过度冷却可使制冷剂释放出的热量大于液化时所需要的能量。过度冷却的制冷剂可以在蒸发器内吸收较多的能量，因此提高了系统的制冷能力。制冷剂在冷凝器内过度冷却越大，空调系统的制冷能力越高。紧靠冷凝器前面安装的辅助风扇可以提供更多的冷空气。制冷剂在冷凝器内保持高压状态（10 ～ 25bar）。80% ～ 90% 的冷凝器功率消耗在实际冷凝过程中，此时温度下降 30 ～ 40℃（图 6.2-5）。

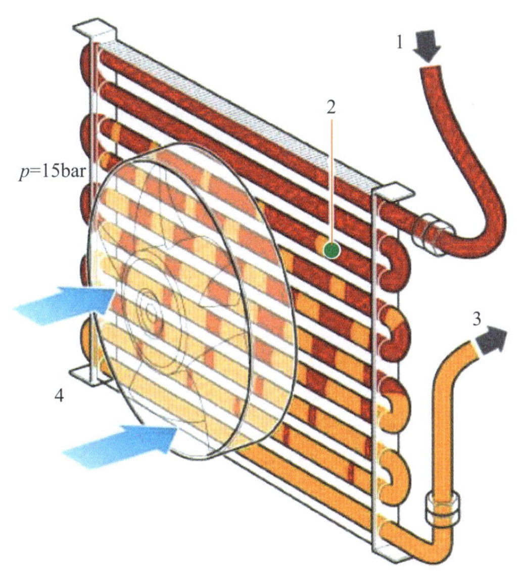

图 6.2-5　冷凝器的工作过程

1—入口处制冷剂温度约为 80℃；2—露点约为 55℃；3—出口处制冷剂温度约为 45℃；4—车外空气温度约为 30℃

6.2.4 外部储液干燥器

储液罐作为制冷剂的膨胀容器和储罐使用。由于运行条件不同，例如蒸发器和冷凝器上的热负荷以及压缩机转速等，因此泵入循环回路内的制冷剂量不同。为了补偿这种波动，空调系统安装了一个储液罐。来自冷凝器的液态制冷剂收集在储液罐内，蒸发器内冷却空气所需要的制冷剂继续流动。

干燥剂与少量的水发生化学反应并借此将水从循环回路中清除。根据具体型号，干燥剂可以吸收 6 ～ 12g 水。吸收量取决于温度，温度降低时吸收量提高。例如，如果温度为 40℃时干燥器饱和，那么温度为 60℃时水会再次析出。

压力传感器安装在储液罐上，该传感器根据空调系统内的高压压力输出一个电压信号。电压信号传输至数字式发动机电子系统模块。此后发动机电子系统模块输出用于辅助风扇输出级的控制电压，从而控制相应的风扇挡。

干燥器（图 6.2-6）可以过滤掉压缩机磨损产生的颗粒、安装时的污物或类似物质。

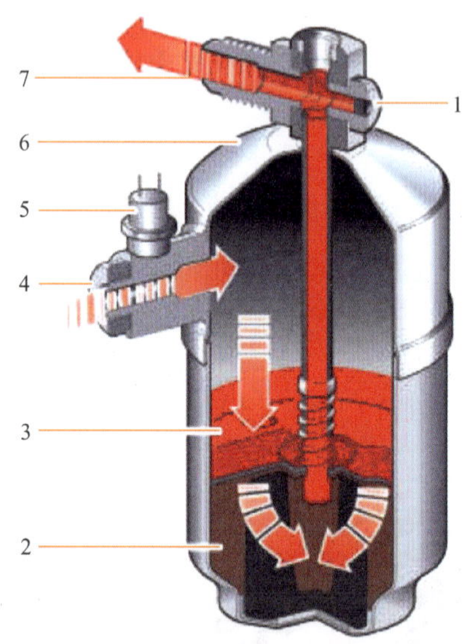

图 6.2-6　干燥器

1—安全阀；2—过滤干燥器；3—滤网；4—接口（自冷凝器）；5—压力传感器；6—壳体；7—连接膨胀阀的输出接口

制冷剂从上面进入储液罐内并沿着壳体内侧向下流动，经过过滤干燥器以清除水分，然后制冷剂向上流动。干燥器上方有一个滤网，可以过滤可能存在的污物。滤芯与能够吸水的海绵相似。分子滤网和硅胶可吸附水分，除了水分外，活性氧化铝还可以吸附酸。有些车辆空调系统中，干燥器集成在冷凝器内，不再是独立的部件。

6.2.5　膨胀阀

膨胀阀根据蒸发器出口处制冷剂蒸气的“过热”参数来调节至蒸发器的制冷剂流量。这些在当时运行条件下能够蒸发的制冷剂通过膨胀阀被输送到蒸发器中，这样整个热交换面积的利用效率即可达到最佳。膨胀阀作为制冷剂循环回路中高压和低压部分的一个分隔点安装在蒸发器前，系统根据温度和压力调节经过膨胀阀的制冷剂流量，从而使蒸发器的制冷能力达到最佳。

蒸发器出口处液态制冷剂的压力和温度通过流过膨胀阀的制冷剂流量来测量。膨胀阀头部用来测量所吸入制冷剂的温度，而制冷剂的压力则作用在隔膜底侧。打开阀门时，阀针克服弹簧力向下移动，于是液态制冷剂流入蒸发器内。若制冷剂蒸发，则压力和温度随之降低。

蒸发器出口处气态制冷剂的压力和温度通过一个隔膜打开和关闭阀门的方式进行调节。如果蒸发器出口处的温度降低，那么隔膜腔内的探测气体收缩，于是阀针向上移动，至蒸发器的制冷剂流量减少；如果蒸发器出口处的温度升高，则这个流量增加。蒸发器出口处压力升高时将为关闭阀门提供支持，压力降低时将为打开阀门提供支持。只要空调系统处于运行状态，这个调节过程就会不断进行（图 6.2-7）

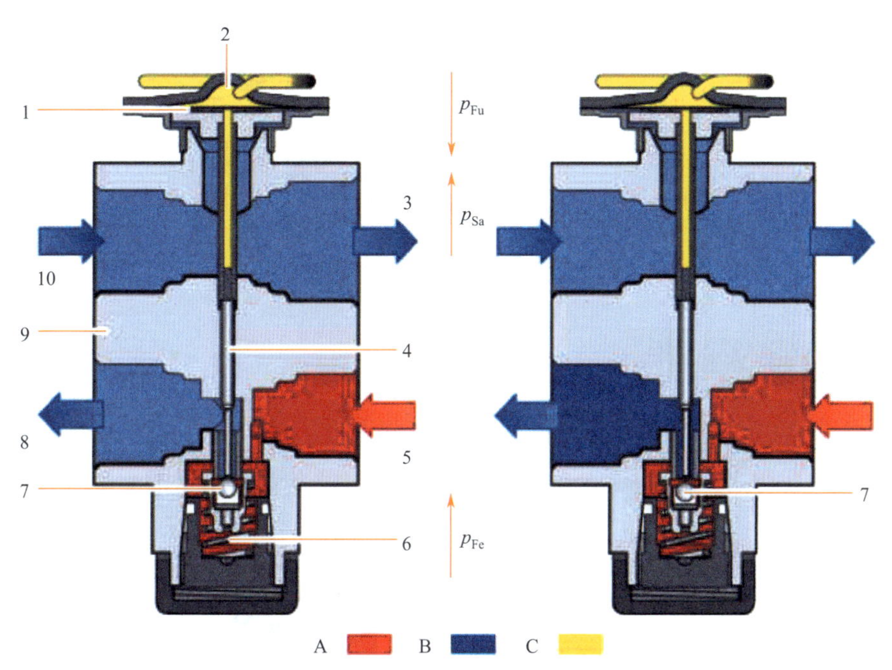

图 6.2-7　膨胀阀工作原理

1—隔膜；2—探测气体；3—至压缩机；4—针阀；5—自冷凝器；6—弹簧；7—钢球；8—至蒸发器；9—壳体；10—自蒸发器；A—高压；B—低压；C—探测气体压力；p_{Fu}—传感器管路内的压力（传感器充气）；p_{Sa}—蒸发器压力（低压）；p_{Fe}—调节弹簧力

6.2.6 蒸发器

蒸发器由带有压上式鳍片的蛇形管组成。制冷剂流过蛇形管，风扇将待冷却的空气吹过这些鳍片。为改善热传导效果，鳍片具有较大的表面面积（图 6.2-8）。

为了使液态制冷剂尽可能均匀地分布在蒸发器的整个面积上，制冷剂喷入蒸发器内后分为多个大小相同的支流。采用这种结构方式可以提高蒸发器的效率。各制冷剂支流在蛇形管端部处汇集在一起，然后由压缩机再次吸入。

蒸发器从外侧吸收空气中的热能并将其向内侧传到制冷剂上，因此蒸发器以热交换器方式工作。在此最重要的因素是从液态变成气态时通过制冷剂吸收能量。这个过程需要较多的热能，热能从有空气流过的鳍片中吸收过来。

在低压下以及在鼓风机输送车内热量的情况下，制冷剂蒸发，在此制冷剂变得很冷。在喷入过程中，压力从以前的 10 ～ 20bar 降低到约 2bar。

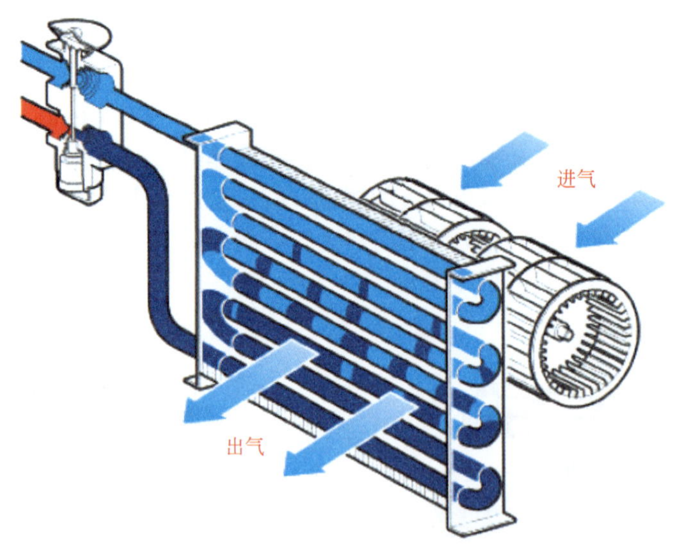

图 6.2-8 蒸发器工作原理

6.2.7 离子灭菌器

有些高级轿车装有暖风和空调器的离子灭菌器（图 6.2-9），若需要，可在车辆处于休眠模式时启用离子灭菌器。通过空气的部分离子化可以避免蒸发器上滋生细菌和因此产生异味。

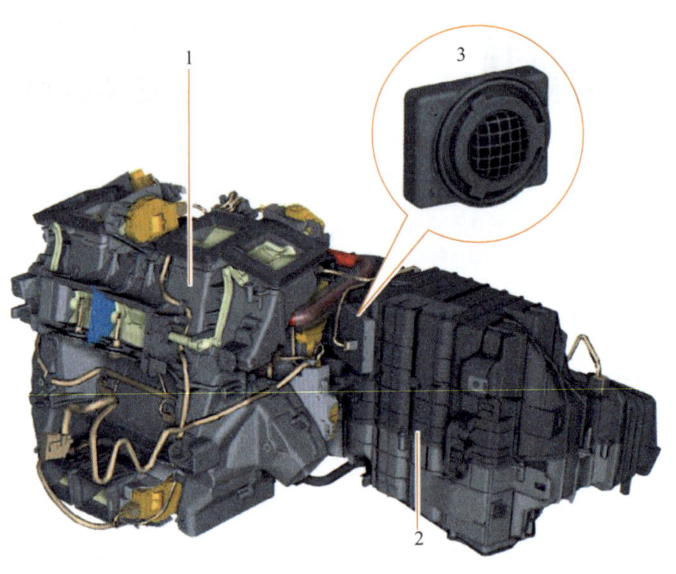

图 6.2-9 离子灭菌器

1—暖风和空调器；2—滤清器壳体；3—离子灭菌器

离子灭菌器作为独立部件，通过卡口式接口安装在暖风和空调器上至蒸发器的进气区域。它主要由一个陶瓷平板模块构成，这个陶瓷平板模块表面覆有钢化玻璃，正面和背面带有印制导线。在此装置内部通过高压电时部分空气离子化。离子化的空气与冷凝水发生化学反应，在蒸发器壳体内产生过氧化氢，过氧化氢可以清除蒸发器上的细菌和微生物，从而防止车内出现异味。根据暖风和空调系统的环境及运行条件决定是否启用离子灭菌器。

6.3 空调原理

6.3.1 制冷系统

❶ 压缩机由发动机通过传动皮带驱动，从蒸发器中抽取气态制冷剂并将其压缩。压缩机释放出高温、高压的制冷剂。

❷ 气态的制冷剂流入冷凝器。在冷凝器中，气态的制冷剂凝结成液体制冷剂。也就是说，高压过热制冷剂被传送至冷凝器中，此时制冷剂内的热量被输送至冷凝器散热片的空气带走，因为热量的散失，制冷剂被冷却。

❸ 温度降至 53 ～ 70℃（注：相对数据，各种车型有所差别）的制冷剂在高压下被送至储液干燥器中，储液干燥器作为储存中介，过滤所有夹杂在制冷剂中的水分。干燥过的制冷剂被输送到膨胀阀入口处，膨胀阀对进入蒸发器中的制冷剂流量进行节流减压控制，从膨胀阀出来的雾状制冷剂压力为 200kPa，温度降到 0 ～ 2℃，雾状制冷剂在蒸发器中受热蒸发。

❹ 鼓风机把空气经过蒸发箱表面吹向各出风口，因为蒸发器内部制冷剂的蒸发吸热，吸收经过蒸发箱表面的空气中的热量，所以出风口的温度远远低于环境温度。经过蒸发的低压制冷剂气流从蒸发箱流至膨胀阀，此时的制冷剂压力为 200kPa，温度升高到 5 ～ 8℃（注：相对数据，各种车型有所差别），最后低压制冷剂气流回流至压缩机，经过再一次的压缩，至此，空调制冷剂完成一个工作循环，然后重复循环（图 6.3-1）。

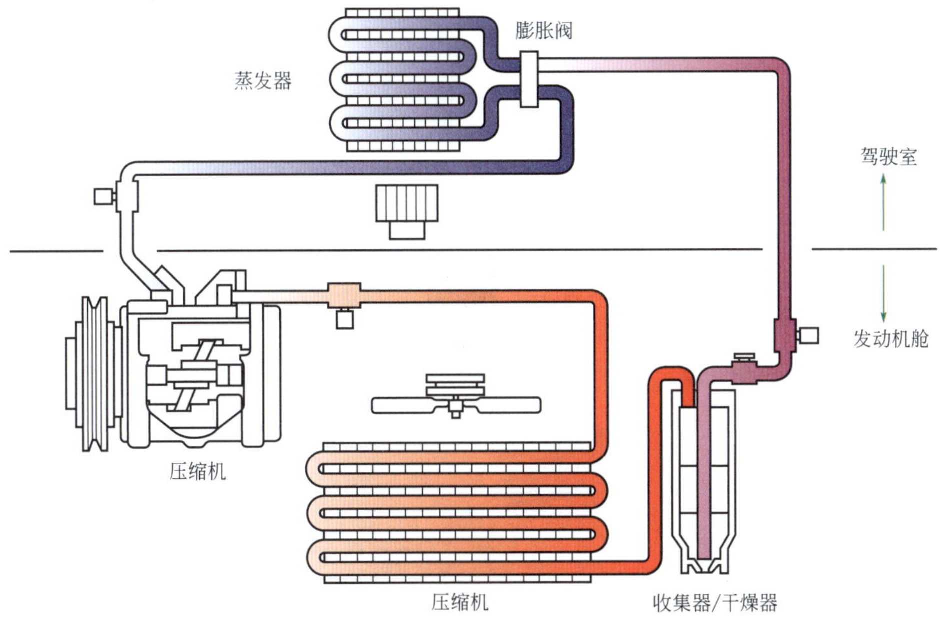

图 6.3-1 制冷系统工作原理

6.3.2 暖风系统

当空调系统处于加热模式时，冷暖温度控制电动机将温度控制装置转至采暖位置，进入加热器芯的空气产生下列作用。

❶ 部分或全部气流旁通至加热器芯。

❷ 产生热量传递。

不用加热的空气，将在进入乘客舱前与加热后的空气混合，获得相应的混合好的温度合适的空气（图 6.3-2）。发动机冷却液状态是暖风系统能否正常工作的关键因素。

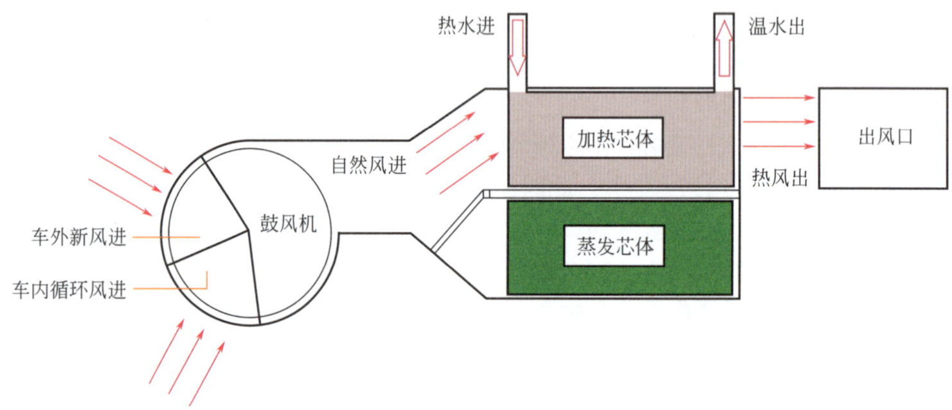

图 6.3-2　制热系统工作原理

6.3.3 自动空调系统

自动空调系统通过温度选择器设置所需要的温度，按 AUTO 开关来触发。系统由 ECU 的自动控制来实时调整并保持该预定的温度（图 6.3-3）。

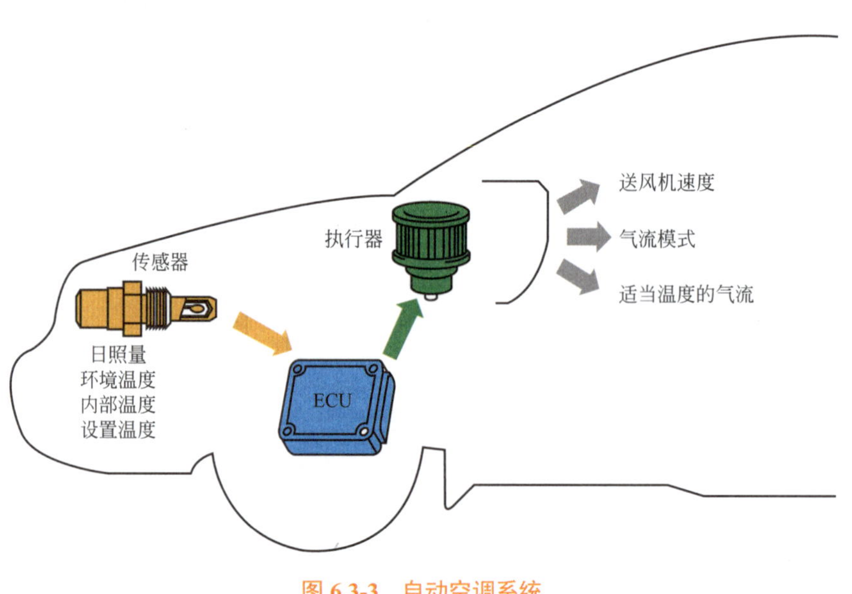

图 6.3-3　自动空调系统

第7章 安全气囊

7.1 概述

安全气囊的作用是减少某些碰撞对车内乘员造成严重的伤害或危险。行车时要系好安全带，如果不系安全带，可能会对乘员造成更大的伤害。当进行维修时，需先拆下并隔开蓄电池的负极，让系统的电容器放电15s以上，才能开始对安全气囊系统总成进行诊断、测试及拆装。

7.2 安全气囊组成和原理

7.2.1 安全气囊组成

安全气囊是指撞车时在车上人员产生二次碰撞前，使气囊膨胀从而保护乘员的装置。安全气囊系统（SRS）是作为座椅安全带的乘员约束装置的辅助装置。安全气囊系统（图7.2-1）由气囊与充气机构（气体发生器）组成的整体式安全气囊模块、感知碰撞并向安全气囊模块发出展开指令的碰撞传感器系统以及传送由传感器发出的信号的线束构成。

7.2.2 安全气囊原理

所有安全气囊系统都按照相同的工作原理进行工作。为了确保安全气囊能够展开，气囊必须在几毫秒的时间内充满一种无害气体，这项任务由气体发生器负责完成。

视频讲解

图 7.2-1　安全气囊系统

随着科技的不断发展，安全气囊技术发生了显著变化，从第一款简单的驾驶员安全气囊发展到多级智能型安全气囊。两级前部安全气囊的触发强度和速度均可调节，从而降低触发时对乘员造成的伤害程度。安全气囊的触发需要借助燃爆材料的气体发生器或混合式气体发生器，前者将燃爆材料转化为气体，后者将存储的气体充入安全气囊。

7.2.2.1　气体发生器的结构

气体发生器剖面图如图 7.2-2 所示。

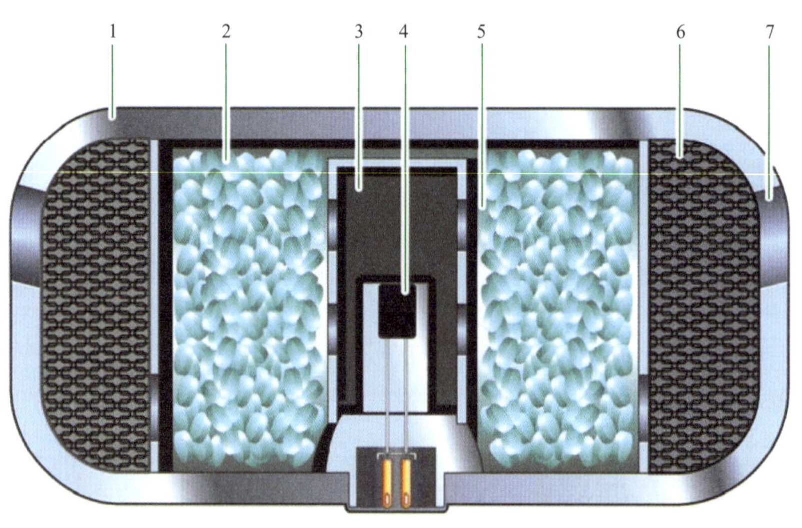

图 7.2-2　气体发生器剖面图

1—钢制壳体；2—压片式燃爆材料；3—辅助材料；4—引爆装置（电桥式引爆器）；5—燃烧室；6—过滤器；7—安全气囊充气出口

7.2.2.2 气体发生器的功能

根据安全气囊模块和引爆级的具体情况，气体发生器内装有经过精确定量且化学成分不同的压片式燃爆材料。安全气囊控制单元使引爆电容器放电，并将一个电脉冲发送至电桥式引爆器。电桥式引爆器由一个通过电流加热的金属丝构成。金属丝周围有少量黑色火药，通过这些火药点燃炽热的金属丝。黑色火药燃烧时点燃辅助材料，后者又点燃燃爆材料，之后燃爆材料以可控方式燃烧，不会出现爆炸情况。

燃烧产生的无害可燃氮气经一个金属过滤器进行清洁后进入扩压管内，扩压管将其充入安全气囊内。可燃气体进入气囊前在金属过滤器处经过充分冷却。

安全气囊挡住乘员后，气体在乘员的挤压下通过出口排出安全气囊，安全气囊迅速缩小，以免妨碍救援工作。

安全气囊触发过程如图 7.2-3 所示。

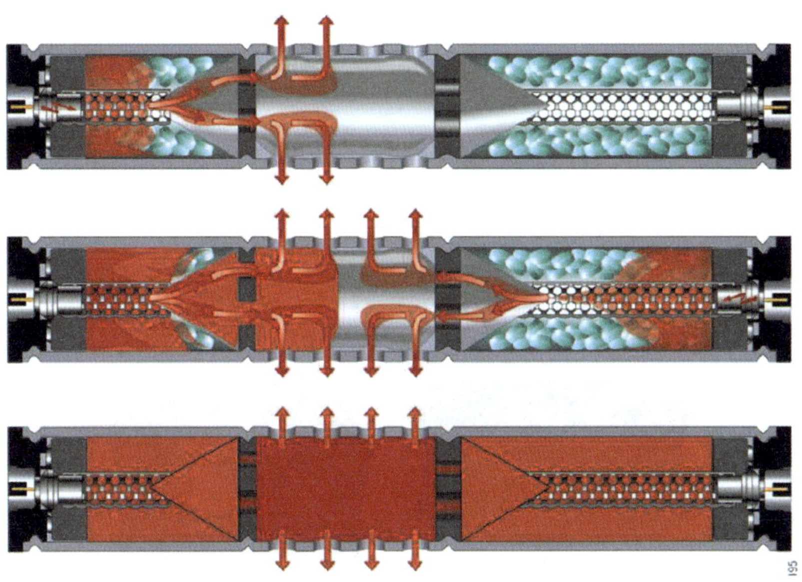

图 7.2-3　安全气囊触发过程

7.2.2.3 混合式气体发生器

混合式气体发生器又称冷气体发生器（图 7.2-4），是一项新的技术。冷气体发生器释放燃爆材料时不会产生热量。

采用混合式气体发生器时，安全气囊展开所需的燃爆材料以压缩气体形式存储在一个压力容器内（约 350bar 以下）。

通过一个电桥式引爆器和少量固态燃爆材料进行燃爆，因此称为混合式气体发生器。固态燃爆材料燃烧时产生的压力将压力容器隔膜打开并使可燃气体进入安全气囊内。

由于可燃气体离开压力容器时经过充分冷却，因此少量固态燃爆材料可用于将其加热，从而避免容器开口处冻结。

可燃气体经规定开口进入安全气囊内。安全气囊盖板在预定断裂位置撕开并释放出安全气囊。

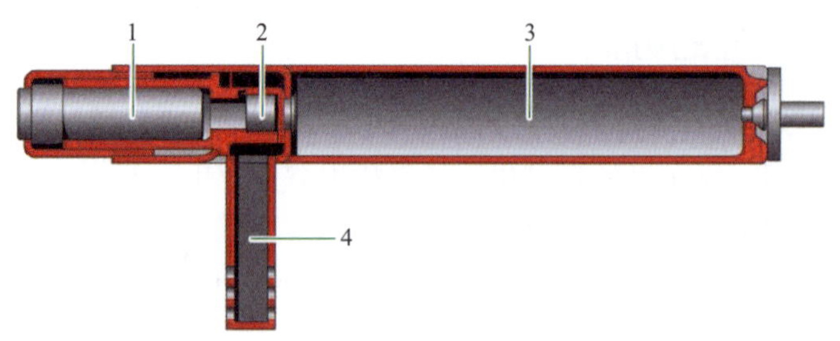

图 7.2-4　混合式气体发生器（例如带有开启机构的前乘客侧前部安全气囊燃爆材料发生器）

1—引爆装置；2—开启机构；3—充有气体的压缩气体容器（最高约 350bar）；4—流出口

7.3　安全气囊布局

7.3.1　驾驶员侧安全气囊

驾驶员侧安全气囊位于方向盘缓冲垫内。由于方向盘的设计要求不同，目前的驾驶员侧安全气囊拥有多种不同形式，但安全气囊的容积均在 60L 左右，现在仅使用两级安全气囊（图 7.3-1 和图 7.3-2）。

图 7.3-1　两级驾驶员侧前部安全气囊正面（左图）和背面（右图）

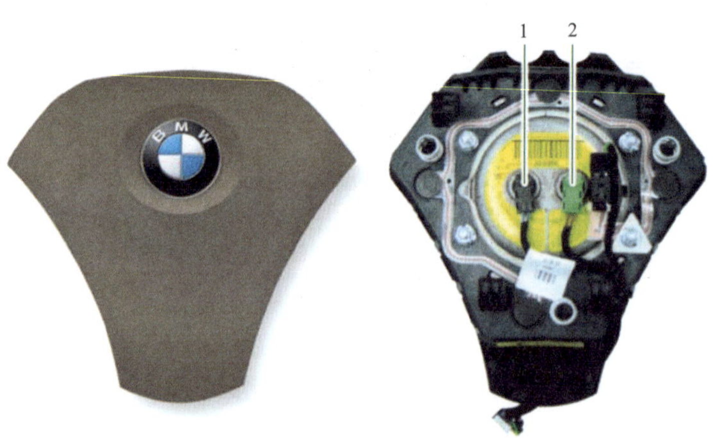

图 7.3-2　两级驾驶员侧前部安全气囊

1—第一级引爆器接口；2—第二级引爆器接口

驾驶员侧安全气囊的任务是，与安全带配合使用，降低正面碰撞时驾驶员受伤的危险。驾驶员侧安全气囊位于方向盘缓冲垫内。驾驶员侧安全气囊配有一个气体发生器。

7.3.2 前乘客侧安全气囊

前乘客侧安全气囊的任务是，降低正面碰撞时前乘客受伤的危险。前乘客侧安全气囊位于仪表板内，其展开时在规定位置处撕开仪表板。前乘客侧安全气囊向挡风玻璃方向打开，向上膨胀并支撑在挡风玻璃和仪表板上。前乘客侧安全气囊配有一个气体发生器（图 7.3-3 和图 7.3-4）。

前乘客侧安全气囊充气后将一个通过带子与仪表板连接的盖罩冲开。在不带盖罩的车辆上，仪表板沿着一条预留线撕开。

图 7.3-3 前乘客侧安全气囊模块的气体发生器（使用固态燃爆材料）

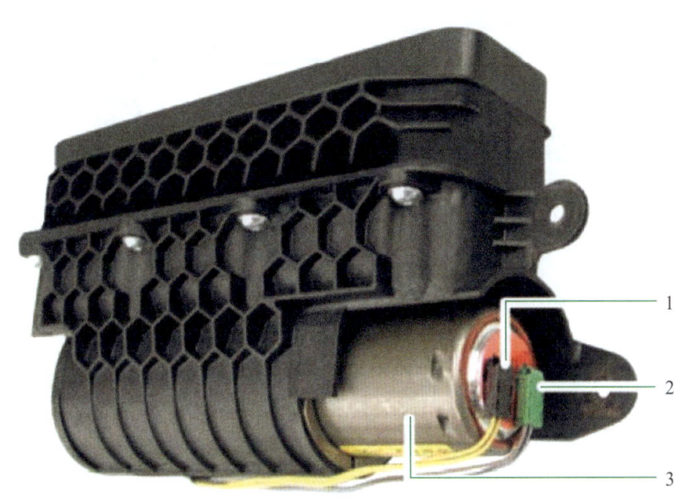

图 7.3-4 前乘客侧安全气囊模块（混合式气体发生器）

1—前乘客侧安全气囊引爆输出级 1；2—前乘客侧安全气囊引爆输出级 2；3—混合式气体发生器

7.3.3 集成在车门内的侧面安全气囊

（1）侧面安全气囊 折叠在一起的侧面安全气囊（图 7.3-5）和气体发生器一起安装在一个带有塑料盖板的铝合金壳体内，即安全气囊模块。安全气囊模块固定在车门饰板后的车门内板上。车门饰板上有一个盖罩或一条撕开缝，发生碰撞时侧面安全气囊通过此处展开。

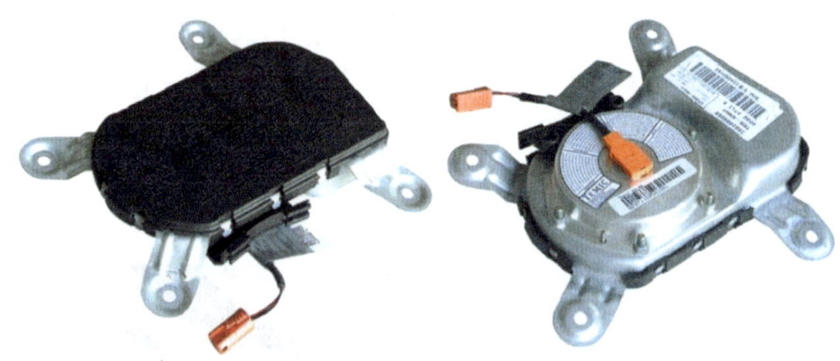

图 7.3-5 集成在车门内的侧面安全气囊

侧面安全气囊及时展开时，可使乘员很早就向碰撞侧的反方向加速。相对于没有侧面安全气囊时直接撞到车门饰板上的情况，这种加速提前进行且加速度水平较低。因此与车门相比，乘员向碰撞侧反方向移动的速度也较慢，这样可以降低车门撞击乘员的相对速度。此外，还能大范围降低异物刺入肋骨的危险。

（2）车门压力传感器 车门压力传感器（图 7.3-6）位于车门内板上，用于测量车门内部区域的压力。车门压力传感器也用于识别侧面碰撞。

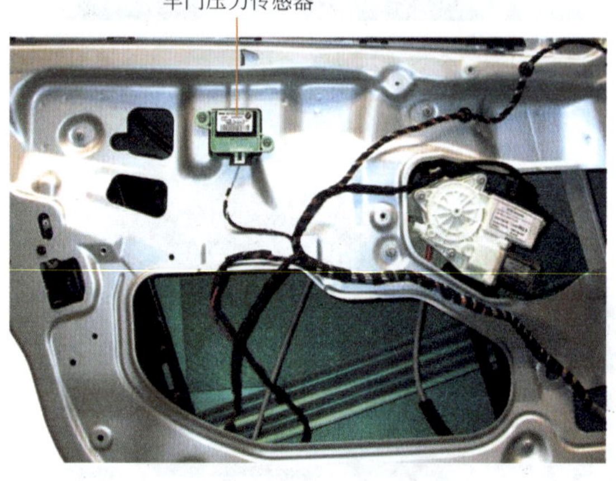

图 7.3-6 车门压力传感器

7.3.4 集成在座椅内的侧面安全气囊

集成在座椅内的侧面安全气囊模块位于座椅套下（图 7.3-7），有一个撕开缝，缝内就是安全气囊。侧面安全气囊以折叠方式与气体发生器一起放在一个塑料壳体，即安全气囊模块内。安全气囊模块固定在座椅靠背内，在标准座椅上由座椅套盖住。侧面安全气囊通过预定撕开位置向外弹出并在车门与乘员之间展开。车门与乘员之间的安全气囊提供适度的碰撞缓冲，从而降低乘员承受的负荷。

维修贴

不要安装附加座椅套，因为这些座椅套对安全气囊的功能影响很大，甚至会导致安全气囊失效。

图 7.3-7　集成在座椅内的侧面安全气囊

7.3.5　帘式安全气囊

帘式安全气囊从 A 柱延伸至 C 柱并覆盖头部高度的整个侧面区域。帘式安全气囊在乘员与侧窗玻璃及立柱饰板之间展开。该安全气囊与前座椅内的侧面安全气囊配合使用，可在发生侧面碰撞事故时为乘员提供最佳保护。

发生侧面碰撞事故时，系统引爆安装在 B 柱与 C 柱之间的气体发生器。气体从压力容器经过两个喷气嘴喷入帘式气囊内。通过帘式气囊前部和后部同时充气可确保空气垫充气均匀（图 7.3-8）。

由于帘式安全气囊固定在 A 柱和 C 柱上，因此可确保头部安全气囊位置准确。此时帘式安全气囊在侧窗玻璃及立柱饰板与乘员之间展开（图 7.3-9）。

通过这个封闭系统可以使帘式气囊在几秒钟内保持足够的结构强度和稳定性。

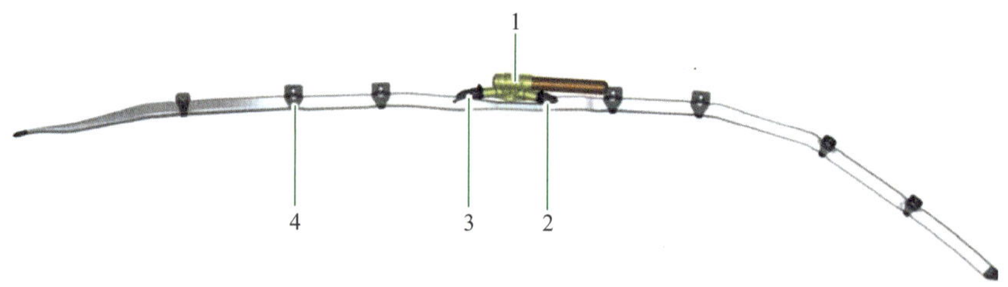

图 7.3-8　已折叠的帘式安全气囊

1—气体发生器；2—前部喷气嘴；3—后部喷气嘴；4—安全气囊固定件

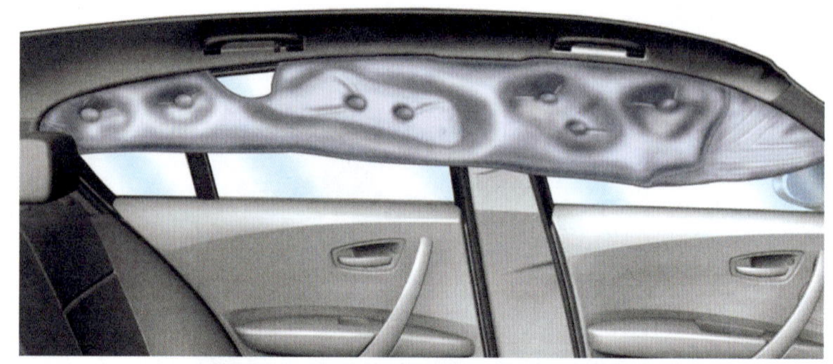

图 7.3-9　已展开的驾驶员侧帘式安全气囊

7.3.6　C 柱头部安全气囊

C 柱头部安全气囊由混合式气体发生器、压力软管和安全气囊模块组成（图 7.3-10）。安全气囊模块安装在 C 柱上方的车顶区域内。

混合式气体发生器安装在车顶或 C 柱的相应区域内，这两个部件通过压力软管相连。发生侧面碰撞事故时，头部安全气囊在 C 柱与后部乘员头部之间展开。

图 7.3-10　C 柱头部安全气囊

1—混合式气体发生器；2—压力软管；3—安全气囊模块

第 8 章 组合仪表

8.1 警告灯和指示灯（表 8.1-1）

视频讲解

有些警告灯和指示灯在点火开关接通时亮起，在发动机运转时或在行驶过程中必须熄灭。

视车型而定，组合仪表的显示屏中还可能显示提供其他信息或要求进行操作的文字信息。

视汽车装备而定，可能在显示屏上显示一个符号图示来代替警告灯。

某些警告灯和指示灯亮起时还会发出声音信号。

表 8.1-1 警告灯和指示灯

仪表显示符号及颜色	警告灯 / 指示灯含义解释
STOP	请勿继续行驶
(!)	制动液液位过低或制动系统有故障
	冷却液温度过高或冷却液液位过低：停车让发动机冷却，检查冷却液液位
	发动机机油压力过低，请关闭发动机，然后检查发动机机油油位
	至少有一扇车门开着或未正确关闭

续表

仪表显示符号及颜色	警告灯 / 指示灯含义解释
	后备厢盖已打开或未正确关闭
	电动助力转向失效
	请系好安全带
	请踩下制动踏板
	发电机有故障
	电子驻车制动器已接通
	制动摩擦片磨损
	亮起：电子稳定系统（ESP）有故障
	闪烁：电子稳定系统（ESP）正在调节或牵引力控制系统（ASR）已关闭
OFF	牵引力控制系统（ASR）已手动关闭
ABS	防抱死制动系统（ABS）有故障
	驻车制动装置故障
	后雾灯已打开
	灯泡故障
	OBD 系统指示灯：表明与尾气排放相关的系统或者零部件有故障
EPC	电子节气门控制系统故障
	电动助力转向作用降低
	轮胎气压监控系统：某个车轮的轮胎充气压力过低，请检查轮胎充气压力；或者有系统故障
	车窗玻璃清洗液罐中的液位过低

续表

仪表显示符号及颜色	警告灯 / 指示灯含义解释
	燃油存量过低
	安全气囊系统故障
	车道保持系统开启，但未激活
	自适应巡航系统（ACC）当前不能用
	左侧转向信号灯已打开
	右侧转向信号灯已打开
	已踩下制动踏板
	定速巡航系统已开启
	定速巡航系统处于打开状态
	自适应巡航系统（ACC）处于激活状态
	车道保持系统处于打开状态，已激活
	远光灯已打开
	自适应巡航系统（ACC）处于激活状态。前方未探测到任何车辆
	显示白色时：自适应巡航系统（ACC）处于激活状态。探测到前方车辆
	显示灰色时：自适应巡航系统（ACC）未激活。系统处于打开状态，但未进行调节
	发动机自动启停系统处于可用状态。发动机自动关闭
	发动机自动启停系统处于不可用状态或发动机已自动启动
	保养周期指示器
	当车外温度下降到4℃以下时，显示器会显示一个“冰晶符号”（结冰警告）

8.2 仪表

组合仪表由指示车辆运行状态的仪表和指示灯组成（图 8.2-1）。

图 8.2-1 仪表（大众）

1—用于组合仪表内时钟或模拟时钟的调节按钮（按压按钮[⧉/⊕]，可选中小时或分钟显示。若要继续调整，可按压按钮[0.0/SET]，按住按钮，可快速调整；重新按压按钮[⧉/⊕]，则结束时钟设置）；2—转速表（转速表中红色区域的起始点表示的是在发动机已经完成磨合且达到工作温度的情况下，各挡位下允许的最高发动机转速。在到达这个区域之前，应切换到相邻的较高挡位或将选挡杆推至 D 位置或松开油门踏板）；3—发动机冷却液温度表；4—显示屏显示内容；5—车速表；6—燃油表；7—复位按钮用于短距离行驶里程表显示（trip）（按压按钮[0.0/SET]，即可复位归零）

维修贴

转速表指针不得长时间位于刻度盘的红色区域，否则有损坏发动机的危险。
指针到达刻度盘红色区域之前，及时切换到高挡位有助于节省燃油并降低运行噪声。

8.3 信息系统

8.3.1 警告和信息显示

打开点火开关时和行车期间，系统会检查车辆的某些功能和组件是否工作正常。功能故障会通过显示屏上的警告符号与相应的文字加以提示，在某些情况下还会发出声音信号。此外，根据车辆配置和各种车型的不同，对于有些车型还可通过选择本车状态菜单或汽车菜单项手动调出当前待处理故障列表。警告和信息文本见表 8.3-1。

表 8.3-1　警告和信息文本

信息类型	仪表符号颜色	含义解释
优先等级为 1 的警告信息	红色	符号闪烁或亮起（可能伴有声音警告） 存在危险。需停车检查，关闭发动机。检查有故障的部位并排除故障
优先等级为 2 的警告信息	黄色	符号闪烁或亮起（可能伴有声音警告） 功能失效或缺少油液会导致汽车损坏 尽快检测有故障的部位
信息文字	—	除了因为有故障而发出警告信息之外，显示屏上还会显示相关过程信息或要求进行某些操作

8.3.2　辅助驾驶

8.3.2.1　起步辅助系统

❶ 起步辅助系统的智能技术不能超越物理规律的限制，只能在系统极限范围内工作。切勿凭借起步辅助系统提高了舒适性而冒险行驶。

❷ 汽车意外移动可能导致危险。

❸ 起步辅助系统不能代替驾驶员的判断。

❹ 要始终根据能见度、天气情况、路面状况和交通状况调整车速及驾驶方式。

❺ 起步辅助系统并非在任何情况下都能使汽车保持停在上坡路面上或制动在下坡路段上（例如在容易打滑或结冰的地面上）。

8.3.2.2　自动驻车

（1）自动驻车功能　在自动驻车功能接通时，按钮中的指示灯亮起（图 8.3-1）。

图 8.3-1　自动驻车按钮

如果汽车要经常或较长时间在发动机运行状态下保持静止，例如在斜坡上，遇到红灯时，或在走走停停的交通状况下，接通的自动驻车功能将对驾驶员提供支持。

接通的自动驻车功能自动防止汽车在静止状态下自行移动，从而无需踩下制动踏板使汽车停住。

在系统识别到汽车静止时，自动驻车功能就会保持汽车停住，驾驶员可以松开制动踏板。如果驾驶员踩下油门踏板起步，则自动驻车功能会重新松开制动器，汽车根据路面倾斜度开始移动。

如果当汽车处于静止状态时自动驻车功能的一项前提条件发生变化，自动驻车功能便会关闭，按钮中的指示灯熄灭。电子驻车制动器在必要时会自动接通，以使汽车安全驻车。

（2）手动接通或关闭自动驻车功能 按压“AUTO HOLD”（自动驻车），在自动驻车功能已关闭时，按钮中的指示灯熄灭。

（3）自动接通或关闭自动驻车功能 如果关闭点火开关前通过按钮“AUTO HOLD”（自动驻车）接通了自动驻车功能，则再次打开点火开关后，自动驻车功能自动保持接通状态。如果自动驻车功能未曾接通，则再次打开点火开关后自动保持关闭状态（表 8.3-2）。

表 8.3-2 自动驻车自动接通的前提条件

手动变速箱	自动变速箱
静止的汽车通过踩制动踏板停在水平地面或斜坡上	
发动机“平稳”运行	
在前进上坡行驶时已挂入 1 挡，或在倒退上坡行驶时已挂入倒挡。离合器必须保持踩下	已挂入 R、D、N 或 S 挡
挡位在空挡时，在未踩下离合器踏板的状态下	
在松开离合器并踩油门踏板的同时，制动器会逐量松开	在踩油门踏板的同时制动器会逐量松开

8.3.2.3 驻车距离报警系统（图 8.3-2）

（1）驻车距离报警系统的自动开启和关闭

❶ 挂入倒车挡或将变速杆移入位置 R 时，自动打开驻车距离警报系统。

❷ 移出倒车挡或将变速杆移出位置 R 时，自动关闭驻车距离警报系统。

图 8.3-2 驻车距离报警系统

（2）手动打开和关闭驻车距离警报系统

❶ 按压一下P按钮，手动打开驻车距离警报系。

❷ 再按一下P按钮，手动关闭驻车距离警报系统。

（3）驻车距离报警功能

❶ 在调头和停车时，驻车距离报警系统为驾驶员提供支持。如果汽车接近前部或后部区域内的某个障碍物，会根据距离发出更高或更低的间歇声。离障碍物的距离越近，声音信号的间歇距离越短。如果离障碍物已经很近，则发出持续的声音信号。

❷ 如果在出现了持续声后，继续驶近障碍物，系统便无法再测量距离了。保险杠内的传感器发送并接收超声波。在超声波运行期间（发射、障碍物的反射和接收），系统持续计算保险杠和障碍物之间的距离。

维修贴

在某些情况下，传感器可能识别不到诸如细杆、篱笆、隔离柱和树木等，因此过分依赖传感器可能导致汽车损坏。

某些障碍物尤其是较矮或较高的障碍物，在距离较远时前后驻车距离报警系统可能已经识别到并发出了警告通报，但在汽车接近时它们可能从前后驻车距离报警系统的探测范围中消失并且不能再识别到，因此其也不会因这些物体再次发出警告。如果忽视前后驻车距离报警系统此前的警告，可能导致严重的汽车损坏。

保险杠中的传感器可能因碰撞（例如在停车时）而错位或损坏。

为了保证系统正确工作，要保持保险杠中的传感器洁净、无冰雪覆盖，能短时间用较小水流清洁，不得用贴签或其他物品遮住这些传感器。

（4）后部驻车距离警报系统特性

❶ 某些情况下驻车距离警报系统会将传感器上的水和冰视为障碍物。

❷ 如轿车与障碍物之间距离保持不变，几秒钟后警报声音量变小。当系统发出持续的警报声时，音量保持不变。

❸ 一旦轿车驶离障碍物，系统立即终止间断警报声。如轿车重新开始趋近障碍物，系统再次发出警报声。

8.3.2.4 智能泊车辅助系统

（1）智能泊车辅助系统功能

❶ 智能泊车辅助系统可以辅助驾驶员将车辆停入经系统识别的停车位。系统默认显示的是驾驶员右侧停车位的查找信息。

❷ 如果想查找左侧的停车位，请打开左转信号灯，显示屏上将显示驾驶员左侧停车位的查找信息。智能泊车辅助系统在停车入位过程中只代替执行转向的操作。

（2）打开智能泊车辅助系统

❶ 按下如图 8.3-3 所示的智能泊车辅助系统按钮。如果该功能已打开，则按钮中的指示

灯会亮起。

❷ 打开要停车入位道路一侧的转向信号灯。

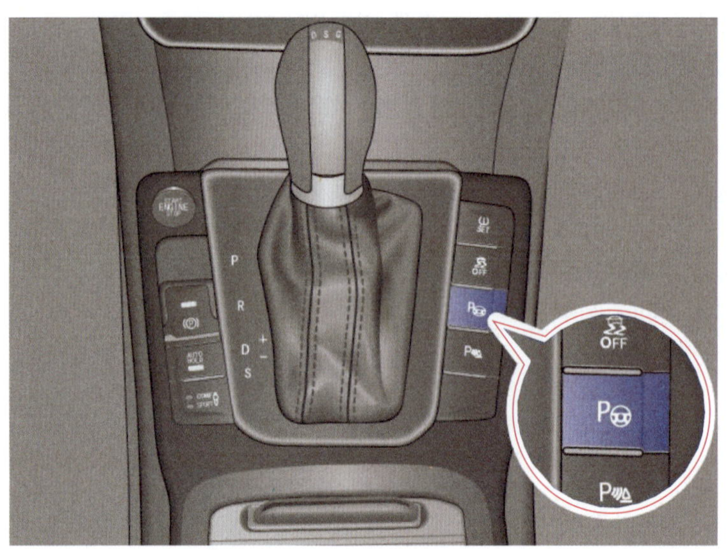

图 8.3-3　智能泊车辅助系统按钮

❸ 以低于 40 km/h 的车速，与停放的车辆保持 0.5 ～ 1.5 m 的横向距离，从停放的车辆旁驶过（图 8.3-4）。

❹ 智能泊车辅助系统适合在前后两车之间的停车位至少要比车身长 0.8m 的情况下使用。

❺ 如果车速在 40 ～ 45 km/h 之间时按下该按钮，则只要当车速低于 40 km/h 时，屏幕会自动切换到寻找车位的显示画面（图 8.3-4）。

❻ 当车速超过约 45 km/h 时，智能泊车辅助系统自动关闭，按钮中的指示灯熄灭。

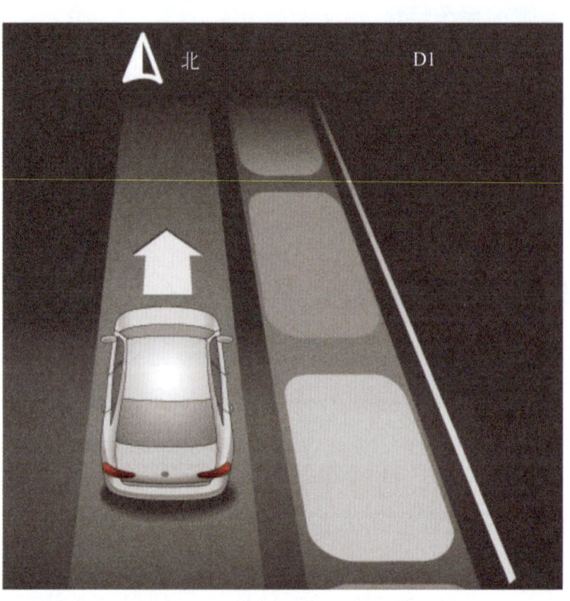

图 8.3-4　显示寻找合适车位

维修贴

以低于 40 km/h 的车速在适合的停车位旁驶过，然后按压该按钮，也能够开启系统。电子稳定系统（ESP）在停车入位过程中必须始终处于打开状态。

8.3.2.5 定速巡航系统

（1）定速巡航系统功能（图 8.3-5）

❶ 定速巡航系统可在约 20km/h 以上的车速进行设置，使汽车以设定的车速恒速行驶。

❷ 定速巡航系统只通过减小油门的方法降低车速，而不用施加制动的方法降低车速。

❸ 配备自动变速器的汽车：选挡杆位于 P、N 或 R 挡时，定速巡航系统不起作用。

❹ 配备手动变速器的汽车：选挡杆位于 1 挡或者倒挡时，定速巡航系统不起作用。

❺ 打开定速巡航系统时车内的指示灯随之点亮，但这不一定表明任何情况下定速巡航系统均能正常控制车速。

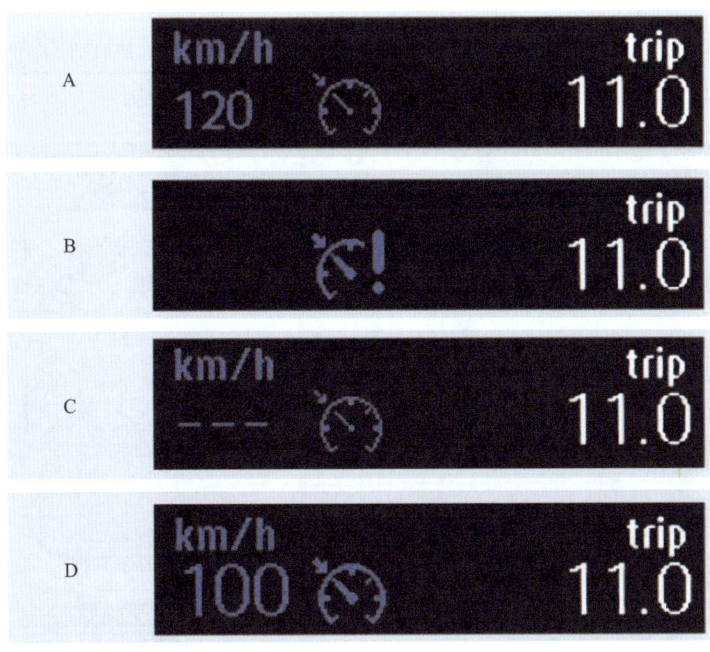

图 8.3-5 组合仪表显示屏的定速巡航系统状态显示（帕萨特）

A—暂时关闭定速巡航系统；B—系统发生故障；C—打开定速巡航系统（系统未存储设定的巡航车速）；D—定速巡航系统处于激活状态（以大号字体显示储存的巡航车速）

（2）在定速巡航系统控制模式下换挡 一旦驾驶员踩离合器踏板，定速巡航系统立即降低车速，驾驶员正常换挡后又自动将车速调节至巡航车速。

（3）利用定速巡航系统沿坡路下行须知 车辆沿坡路下行时，定速巡航系统无法使车辆以设定的巡航车速恒速行驶，必须施加制动以降低车速，必要时挂入低速挡。

(4) **自动关闭功能** 发生下列情况时定速巡航系统将自动关闭或暂时关闭。

❶ 系统探测到可能影响定速巡航系统功能的故障时。

❷ 长时间踩油门踏板加速行驶，且车速高于储存的巡航车速时。

❸ 诸如 ASR 和 ESP 等其他系统对车辆行驶动态进行相关调节时。

❹ 安全气囊触发时。

❺ 在自动变速器的换挡杆从位置 D 或 S 移开时。

8.3.2.6 自适应巡航系统（ACC）

❶ 自适应巡航系统（ACC）可综合控制车速和与前车的距离。

❷ 自适应巡航系统（ACC）可在 30 ～ 150km/h 车速范围内设定并保持某一车速，使车辆以设定车速恒速行驶。此外，该系统还可设定和保持与前车的距离间隔，该距离间隔由驾驶员设定。

8.3.2.7 启停系统（图 8.3-6）

(1) **启停系统功能**

❶ 启停系统有助于节省燃油以及减少有害排放，在每次接通点火装置时自动激活该功能。

❷ 启停系统正常工作时，发动机将在车辆停止时自动关闭，并在车辆起步时自动启动。

❸ 组合仪表的显示屏中将显示有关启停系统当前状态的信息。

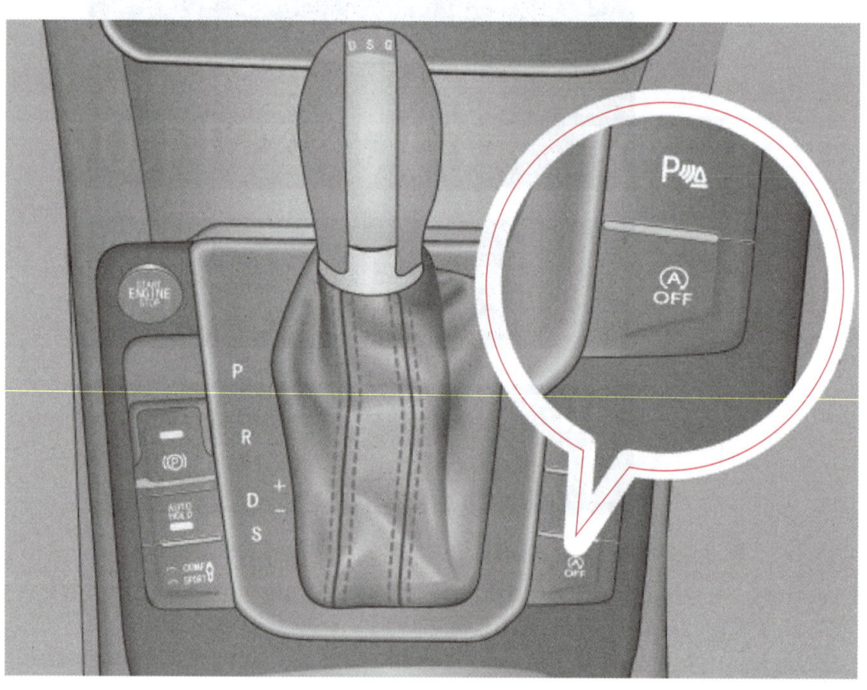

图 8.3-6 启停系统

(2) **发动机自动关闭（车辆需处于停止状态）**

❶ 踩下制动踏板直到车辆停止。

❷ 对于自动挡汽车，仍然保持踩住制动踏板。如果停车时间较长，需要松开制动踏板，可将换挡杆切换至 P 挡。

❸ 对于手动挡汽车，将换挡杆置于空挡，松开离合器踏板。

❹ 发动机自动关闭。

❺ 仪表上显示Ⓐ，启停功能被激活。

（3）发动机自动重新启动（启动状态）

❶ 对于自动挡汽车，松开制动踏板或挡位从 P 转出或瞬时轻踩油门踏板。

❷ 对于手动挡汽车，踩下离合器踏板。

❸ 发动机自动启动。

❹ 仪表上不再显示Ⓐ。

（4）关闭和开启启停系统

❶ 通过按下按钮关闭和开启启停系统按钮。

❷ 按钮中的指示灯亮起，启停功能关闭。再按一次，按钮中的指示灯熄灭，启停功能开启。

第 9 章 照明系统

9.1 前车灯

9.1.1 卤素大灯

卤素大灯（图 9.1-1）配有一个手动照明距离调节装置，可通过车灯旋钮上的电位计进行设置。其他类型的大灯则安装有动态照明距离调节装置。

动态照明距离调节装置通过后桥上的一个倾斜传感器（车辆倾斜传感器）工作。如果车辆配备带自适应底盘调节系统的底盘，则通过照明距离调节装置 CAN 数据总线来提供电控减振装置控制单元的传感器信息。在该情况下，将取消后桥上的倾斜传感器。

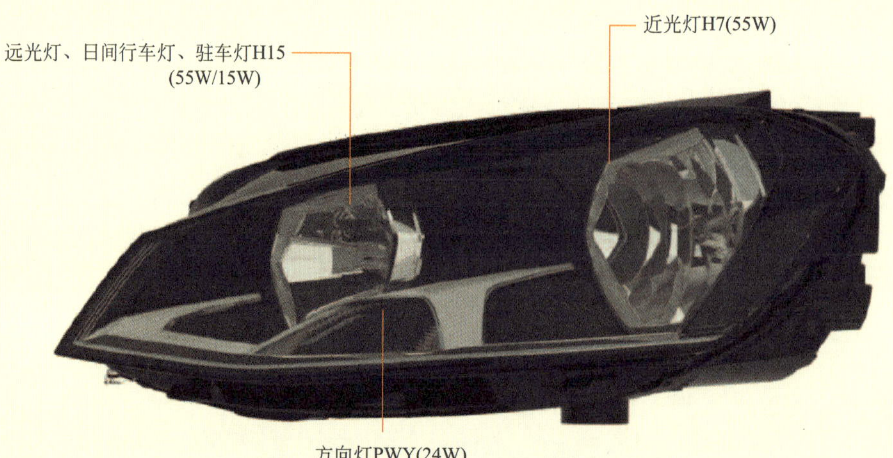

图 9.1-1　卤素大灯

9.1.2 双氙气大灯

双氙气大灯（图 9.1-2）通过“远光灯接通”信号控制近光灯盖板，从而使远光灯发光。远光灯也用于执行瞬时接通功能，因此不再使用以前的附加卤素前灯。闲置的前灯灯室可用于日间行车灯等功能。通过内部和外部环形车灯形成日间行驶照明灯。

9.1.2.1 不带动态弯道灯的双氙气大灯

对于不带动态弯道灯的双氙气大灯（图 9.1-2），其氙气灯泡、近光灯和驻车灯的 U 形镀铬镶边是与其他大灯进行区分的外部特征。

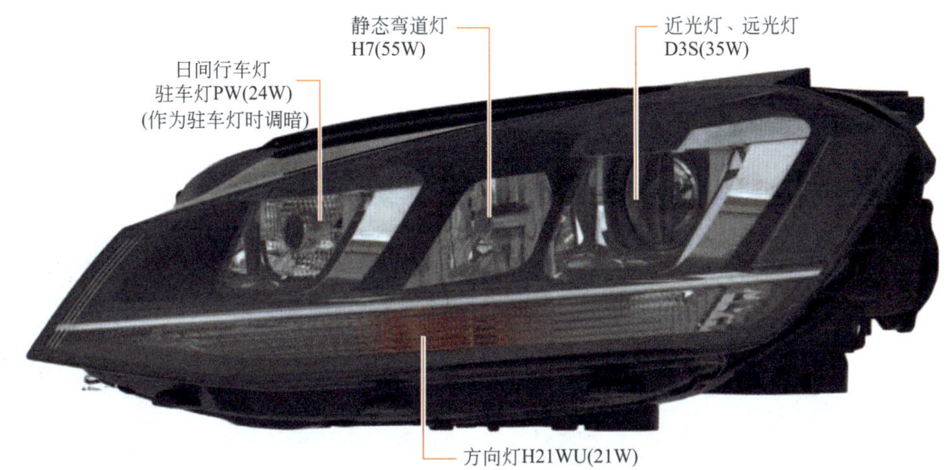

图 9.1-2 双氙气大灯（不带动态弯道灯）

9.1.2.2 带动态弯道灯的双氙气大灯

对于带动态弯道灯的双氙气大灯（图 9.1-3），其日间行车灯由若干个 LED 灯组成，并以 U 形围绕在 D3S 氙气灯泡周围。根据具体功能（日间行车灯或行车灯）控制 LED 的亮度。

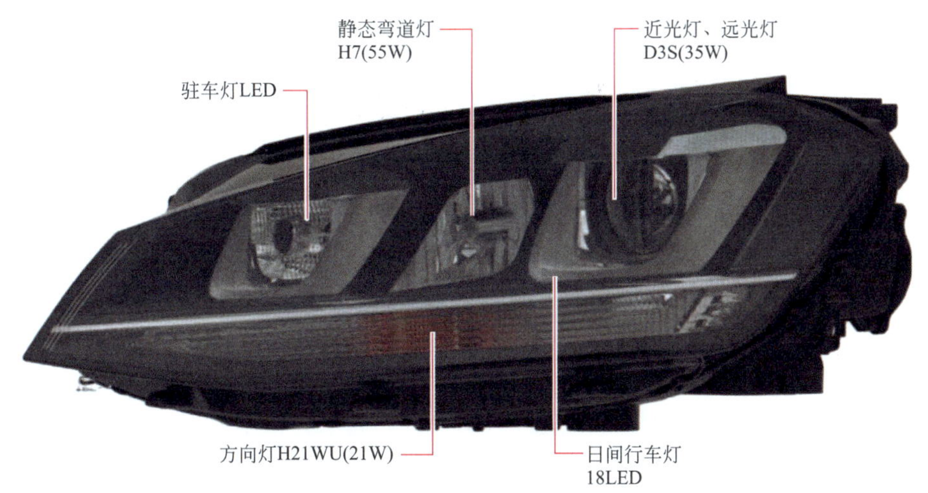

图 9.1-3 双氙气大灯（带动态弯道灯）

LED 单元的逻辑命令是：在极少状况下，如果一个 LED 出现失灵，则整个 LED 灯组将被关闭。作为行车灯时，LED 灯组的功率消耗约为 4.4 W（调暗），作为日间行车灯时功率消耗约为 8.5W。

9.1.2.3 带动态车灯辅助系统（DLA）的双氙气大灯

带动态车灯辅助系统的双氙气大灯（图 9.1-4）在驻车灯和近光灯周围也带有 U 形的透明塑料镶边。

动态车灯辅助系统（Dynamic Light Assist，DLA）具有动态弯道灯（AFS）和遮光式远光灯（MDF）功能。带动态弯道灯系统和遮光式远光灯的双氙气大灯，在灯泡排列方式以及外观上与带动态弯道灯系统的双氙气大灯相同，其区别在于双氙气大灯的内部结构。在这款车灯内部带有一个可调节的遮光板组件，其可转动远光灯的光束，结合水平的调节模块可实现遮光式远光灯的功能，也就是说，遮挡部分特定的照明区域。

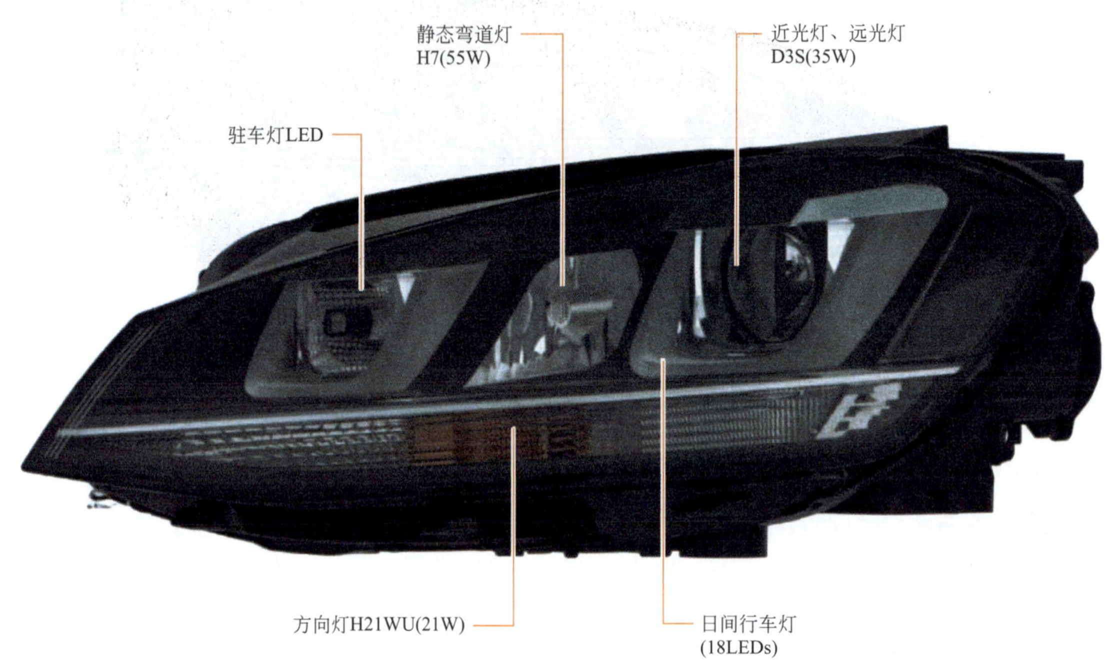

图 9.1-4　双氙气大灯（带动态车灯辅助系统）

9.2　后车灯

后车灯（图 9.2-1）采用的是传统的灯泡技术。尾灯和制动灯的两个固定照明区域，以及后备厢盖内的尾灯均通过白炽灯泡进行照明。例如高尔夫轿车，高位制动灯采用了 LED 技术，拥有若干个 LED。当后备厢打开时，将关闭安装在后备厢盖内的照明灯，但高位制动灯依然亮起。

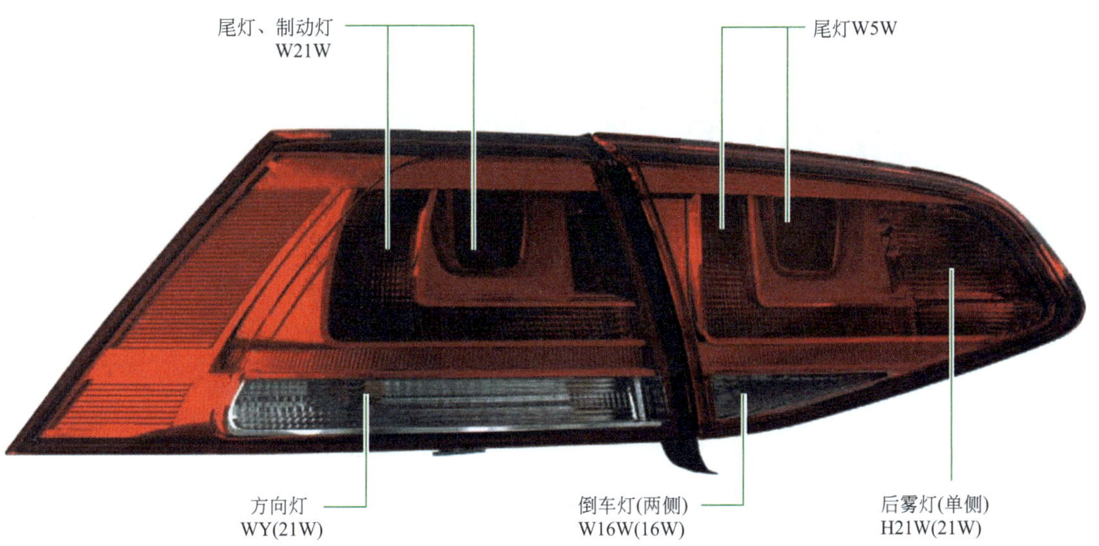

图 9.2-1　后车灯

视频讲解

第 10 章

其他电气系统

10.1 后视镜

10.1.1 车外后视镜

作为标准配置，车外后视镜可进行电动调节。车外后视镜一般都带有一个后视镜加热装置。较高配置的车辆，其车外后视镜还有记忆功能，带有记忆功能的车外后视镜调节装置也是电动座椅调节装置的一部分。带有记忆功能的车外后视镜通过 L 总线连接。还有的车外后视镜具有翻折功能和变色、防眩目功能等。

10.1.1.1 车外后视镜结构

车外后视镜的驱动单元安装在车外后视镜壳体内，一种是没有记忆功能的驱动单元；另一种是带有记忆功能的驱动单元。

(1) 没有记忆功能的驱动单元 没有记忆功能的驱动单元包括下列组件。

❶ 带有减速器和限位位置打滑离合器的两个直流电动机。

❷ 后视镜加热装置。

❸ 一个集成在壳体内的插接连接件。

❹ 集成式去干扰部件。

(2) 带有记忆功能的驱动单元 带有记忆功能的驱动单元包括下列组件。

❶ 后视镜电子装置。

❷ 位置电位器。

❸ 折叠电动机。

❹ LIN 总线。

❺ 电致变色防眩玻璃。

视频讲解

10.1.1.2 车外后视镜基本功能和工作原理（图 10.1-1）

（1）基本操作

❶ 车外后视镜开关可控制车外后视镜镜片向上、向下、向左及向右转动。

❷ 车外后视镜开关上的折叠按钮可控制车外后视镜电动折叠或展开（配备电动折叠车型）。

（2）自动折叠功能 当车速快于 30km/h 时，若车外后视镜为折叠状态，此时将会自动展开。

（3）保留电源操作 点火开关由 ACC 或 ON 转至 OFF 位置时，车外后视镜电动折叠功能电源会持续供电 30s。

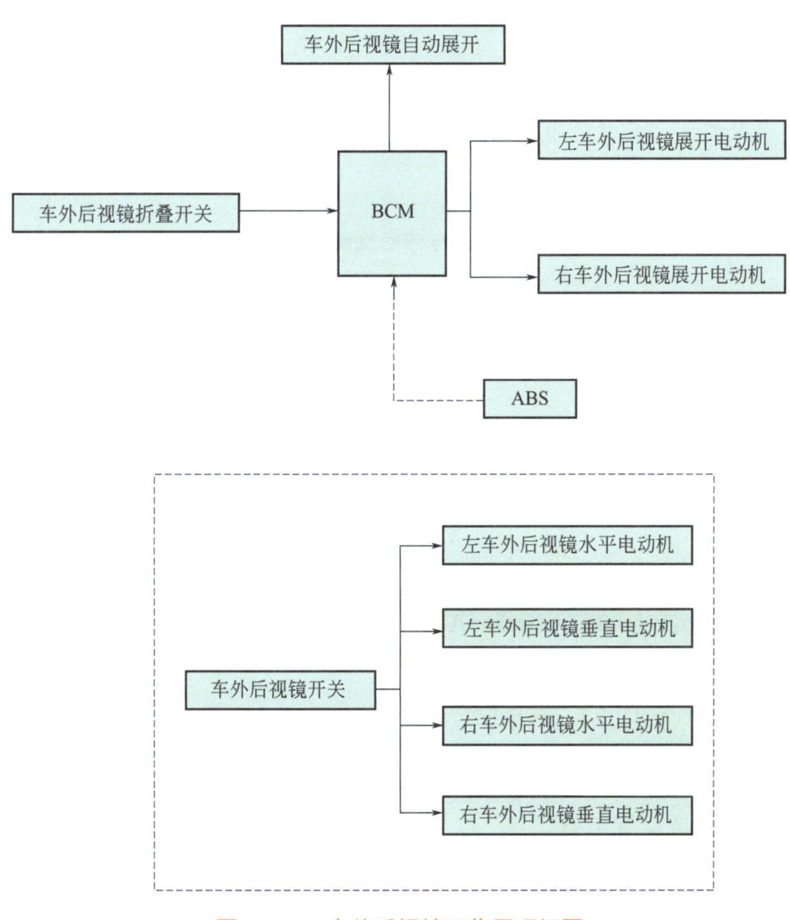

图 10.1-1 车外后视镜工作原理框图

10.1.2 车内后视镜结构

车内后视镜安装结构如图 10.1-2 所示。

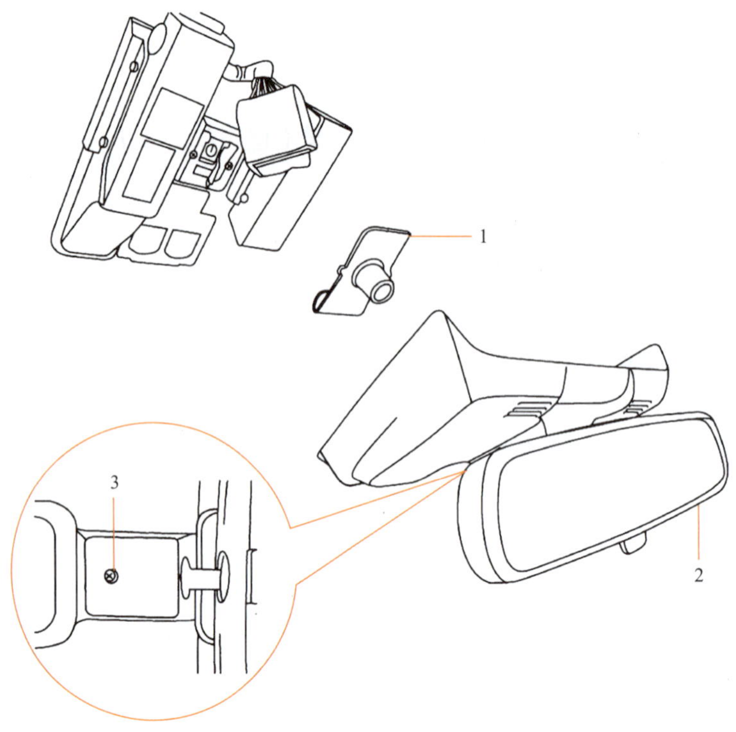

图 10.1-2　车内后视镜安装结构

1—固定卡扣；2—车内后视镜；3—固定螺栓

10.2　刮水器和洗涤器系统

10.2.1　刮水器 / 洗涤器系统主要零部件

刮水器 / 洗涤器系统由以下电气部件组成。

❶ 挡风玻璃刮水器继电器。

❷ 挡风玻璃刮水器速度控制继电器。

❸ 挡风玻璃洗涤器泵继电器。

❹ 挡风玻璃车外湿度传感器。

❺ 挡风玻璃洗涤液泵。

❻ 挡风玻璃刮水器电动机。

❼ 挡风玻璃刮水器 / 洗涤器开关。

❽ 挡风玻璃刮水器电动机熔丝。

❾ 挡风玻璃洗涤液泵熔丝。

❿ 车身控制模块。

⑪ 后窗刮水器电动机。

⑫ 后窗刮水器电动机熔丝。

⑬ 后窗刮水器继电器。

⑭ 后窗洗涤器泵继电器。

⑮ 大灯洗涤液泵继电器。

⑯ 大灯洗涤液泵熔丝。

⑰ 挡风玻璃洗涤器液位开关。

10.2.2 挡风玻璃刮水器系统

在配备了“智能刮水器系统”的车辆上，车身控制模块（BCM）通过局域互联网络（LIN）串行数据通信指令前窗刮水器操作来取代通过“ON/OFF(开启/关闭)”或者“HIGH/LOW（高速/低速）”刮水器电动机继电器驱动输出。在使用单配置智能刮水器系统的前刮水器系统上，驾驶员侧和乘客侧雨刮臂通过机械连杆与一个集成前刮水器电动机/控制器相连，由该电动机/控制器对雨刮臂进行操作。前刮水器电动机/控制器具有必要的电子装置、电动机和位置传感器，以执行车身控制模块发出的刮水器指令。这些内部电子装置集成在刮水器电动机齿轮壳体盖中，是不可维修部件。

前刮水器电动机/控制器通过一个双向电动机和一个内部位置传感器控制雨刮臂的上下运动，对挡风玻璃进行刮水。

传感器追踪齿轮位置，当控制器确定雨刮臂处于逆向位置时，就使用内部电动机控制电路改变电动机电源电压的方向。

车身控制模块和前刮水器电动机/控制器之间的接口采用一个使用LIN串行数据系统通信的主模块/从属配置。车身控制模块指定为主配置，前窗刮水器电动机/控制器设置为从属配置。作为系统主配置，车身控制模块使用LIN通信总线指令前刮水器动作，并将车辆信息传输至刮水器电动机/控制器。前刮水器电动机/控制器为车身控制模块提供系统状态和诊断信息，用于诊断报告和操作。车身控制模块也提供一个硬连线备用输出，该输出在刮水器电动机的低电平高速刮水器开关输入启动后，将蓄电池电源接通至刮水器电动机。即使车身控制模块已失去了所有的微处理器控制，该模块也将提供该输出。前刮水器电动机/控制器给予其LIN输入的优先权高于给予该备用控制输入的优先权，但是，当车身控制模块和前刮水器电动机/控制器之间的LIN通信丢失时，该备用信号就会用来指令必要的故障信号从而弱化刮水器动作，包括电源模式。在备用输入控制下，在备用输入启动时，前刮水器电动机/控制器应提供持续低速刮水器操作；当冗余输入停用时，前刮水器电动机/控制器停止刮水器并进入“低电源模式”。

前刮水器开关保持在“MIST（除雾）”位置（瞬时接触开关）或“LOW（低速）”位置（锁止开关）时，车身控制模块通过设置传输到“低速刮水”的LIN信号指令进行不间断“低速刮水器”动作，以提供持续“低速刮水器”运作。

车身控制模块应指令“智能刮水器系统”执行如下间歇刮水操作。

❶ 通过发送一个局域互联网信号设置为“低速刮水”，执行一次即时刮水。前刮水器电动机/控制器将启动“低速刮水器”操作，并发回一个设置为“低速刮水”的LIN信号。

❷ 刮水器一离开“停止”位置，前窗刮水器电动机 / 控制器将发送一个局域互联网信号，表示刮水器不再处于停止位置。

❸ 车身控制模块一旦接收到刮水器离开“停止”位置的局域互联网信号后，应将前窗刮水器局域互联网信号指令转变为“停止”。在智能刮水器系统将刮水器移到刮水器停止位置的过程中，智能刮水器应将其“前窗刮水器状态”的局域互联网信号值设置为“停止中”。

❹ 当前刮水循环将完成时，刮水器将停止。停止刮水器后，智能刮水器系统立即发送设置为“已停止”的“前窗刮水器状态”局域互联网信号。

❺ 在 LIN 信号从“停止中”转变为“已停止”后，车身控制模块立即将刮水器暂停在其停止位置（停止时间与当前间歇延迟时间间隔开关的设置有关），然后重复该过程。

如前所述，刮水延迟时间间隔是“间歇延迟时间间隔开关”设置的一个功能。在启动后，作为车速的一个功能，具有车速特性的间歇功能影响所有的 5 个正常间歇延迟时间间隔。在车速较快时，“延迟时间间隔”应偏向于较短的延迟时段；在车速较慢时，“延迟时间间隔”应偏向于较长的延迟时段。

刮水器原理框图如图 10.2-1 所示。

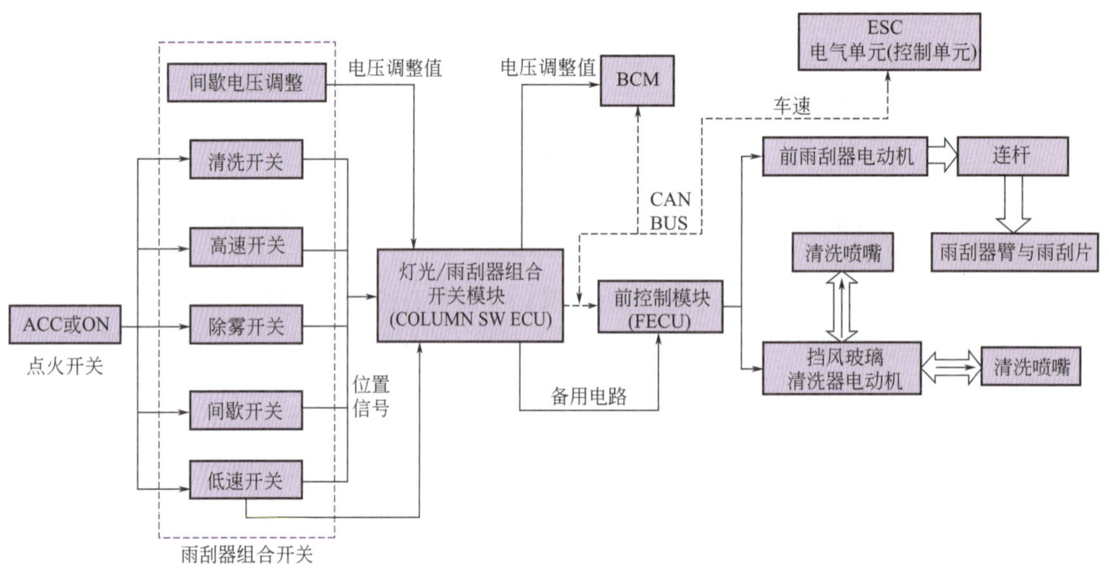

图 10.2-1　刮水器原理框图

10.2.3　洗涤器系统

（1）挡风玻璃洗涤器系统　车身控制模块控制挡风玻璃洗涤器操作和挡风玻璃洗涤器所激活的刮水器操作。当车身控制模块检测到瞬时挡风玻璃洗涤器控制开关启动时，车身控制模块会启用洗涤器泵继电器驱动输出信号，该信号将蓄电池电源提供给洗涤器泵继电器的线圈。这使得继电器通电，从而将蓄电池电源施加至泵电动机。车身控制模块也将按如上所述激活低速挡风玻璃刮水器连续操作。挡风玻璃洗涤控制开关停用后，刮水器控制模块（BCM）将停用洗涤电动机，同时也将按如上所述停止刮水器电动机（除非水滴刮水功能已启用）。当开关松开且不再提供洗涤液后，一些车辆的水滴刮水功能将启用并使系统提供挡风玻璃的追加刮水。挡风玻璃洗涤功能可能尝试检测开关是否卡滞。启用后，洗涤功能的激活应限制在 10s 之内。

带有后窗洗涤功能的车辆将使用单个反向洗涤器电动机来完成前后洗涤动作。在此系统中，洗涤器电动机向一个方向运行，向挡风玻璃喷淋洗涤液，然后向相反的方向运行，向后窗喷淋洗涤液。车身控制模块通过两个高电平侧驱动输出控制反向洗涤器电动机，一个控制前窗刮水器电动机继电器，另一个控制后窗刮水器电动机继电器。

（2）大灯洗涤器系统 当装备有大灯清洗器时，长时间激活挡风玻璃洗涤开关后，大灯上会喷淋洗涤液。为了节约洗涤液，仅当近光或远光大灯激活后，该功能才能激活。此外，在首次执行大灯洗涤操作后，在接下来的 4 次挡风玻璃洗涤或 48h（以较早者为准）内不得再执行大灯洗涤操作。一旦系统检测到前挡风玻璃清洗开关卡住的状况，大灯洗涤功能将停用。

（3）洗涤器液位指示灯 仪表板利用来自洗涤液液位开关的输入信号控制检查洗涤液信息。洗涤液液位信号电路通过电阻器获得点火电压，然后由组合仪表进行监测。洗涤液液位开关为常开型，以便在洗涤液液位不低的情况下，组合仪表可以检测到洗涤液液位信号电路上的点火电压。当洗涤液液位达到应通知驾驶员洗涤液液位过低的位置时，洗涤液液位开关闭合。当洗涤液液位开关闭合时，洗涤液液位信号电路电压被拉低，仪表板在驾驶员信息中心显示“检查洗涤液”信息。为避免在洗涤液储罐中发生晃动时显示“检查洗涤液”信息，在一个点火循环内改变该信息的状态前，组合仪表被编入了 1min 的延迟。

10.2.4 后窗刮水器系统及后窗洗涤

（1）后窗刮水器系统 在装有后窗刮水器的车辆上，车身控制模块通过监测后窗刮水器 / 洗涤器开关的多路输出，以决定后窗刮水器 / 洗涤器系统的运行模式。后窗刮水器洗涤器开关使用来自车身控制模块的参考搭铁信号。车身控制模块为其收到的后窗刮水器 / 洗涤器开关输出信号提供开关式蓄电池上拉电压。当后窗刮水器开关向搭铁参考信号提供通路时，所有车身控制模块输入信号都被视为激活。车身控制模块接收到的后窗刮水器 / 洗涤器信号是由配置为阶梯电阻网络的后窗刮水器开关内的 3 个电阻产生的。此信号连接至车身控制模块模 / 数转换输入装置，该输入装置也向电路提供一个开关式蓄电池上拉电压。根据选择功能（低速、间歇、关闭、洗涤），后窗刮水器控制开关将不同的电阻器组连接至电路，从而在车身控制模块的 A/D 输入上产生不同的电压。通过监测此电压，车身控制模块确定如何控制后窗刮水器电动机继电器和后窗洗涤器继电器。

启动车外后窗刮水器时，车身控制模块控制单速后窗刮水器电动机。当车身控制模块启动输出并向继电器线圈提供蓄电池电压时，继电器通电，允许蓄电池电压通过后窗刮水器电动机继电器的开关触点由熔丝施加至后窗刮水器电动机的控制输入，然后电动机持续低速运行。后窗刮水器电动机的停止不受车身控制模块控制，而是自动停止。当车身控制模块停用其输出时，后窗刮水器电动机继电器开关触点重新接通至搭铁，刮水器以此进行动态制动。后窗刮水器的内部停止开关和电路将维持电动机运行，直至雨刮臂返回到其停止位置。

（2）后窗洗涤 当车身控制模块检测到后窗刮水器 / 洗涤器开关已经启动瞬时洗涤器开关时，将启动向后窗洗涤器泵继电器线圈提供蓄电池电压的高电平侧驱动输出。这使得继电器通电，从而将蓄电池电源施加至洗涤器泵电动机。车身控制模块也将如上所述激活低速挡风玻璃刮水器连续操作。车身控制模块软件将尝试检测后窗洗涤开关是否卡滞。如果后窗洗涤器电动机继电器输出连续启动 10s 或更长时间，则检测到后窗洗涤开关卡滞故障。根据检测，车身控制模块将进行故障弱化处理，使后窗洗涤器控制的状态切换至未激活，这将使得系统的运行与瞬时洗涤控制已停用的状态类似。

10.3 车窗玻璃升降器

汽车用的车窗玻璃升降器由电动机、导向板、玻璃安装托架等组成（图 10.3-1）。

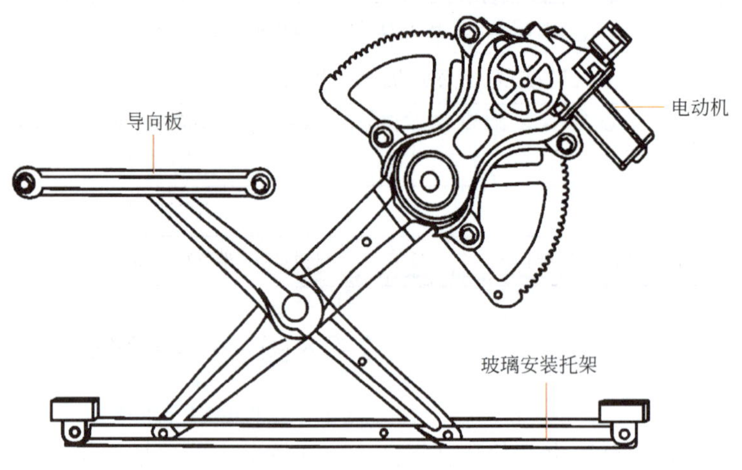

图 10.3-1 车窗玻璃升降器

10.3.1 升降器开关

（1）功能 升降器由组合开关控制，组合开关由驾驶员侧执行控制，控制全部门窗玻璃的开闭，而各车门内把手上的分开关由乘员分别控制各个门窗玻璃的开闭。

执行打开或关闭功能时，车窗玻璃升降器开关各有两个卡止位置。第一个卡止位置用于车窗玻璃升降器的手动功能；第二个卡止位置（压过）用于车窗玻璃升降器的自动功能（图 10.3-2）。

（2）控制模式 有三种模式可控制左前车窗玻璃升降。

❶ 自动操作。当车窗开关向上或向下压到第二阶段，车窗玻璃即会自动上升或下降，直到最上方或最下方的定位为止。

❷ 间歇操作。当车窗开关向上或向下压在第一阶段后立即放开，此时车窗玻璃只会上

升或下降一小段距离。

❸ 持续操作。车窗开关向上或向下压在第一阶段时持续压住，此时车窗玻璃会持续上升或下降，直到手放开或到达最上方或最下方的定位为止。

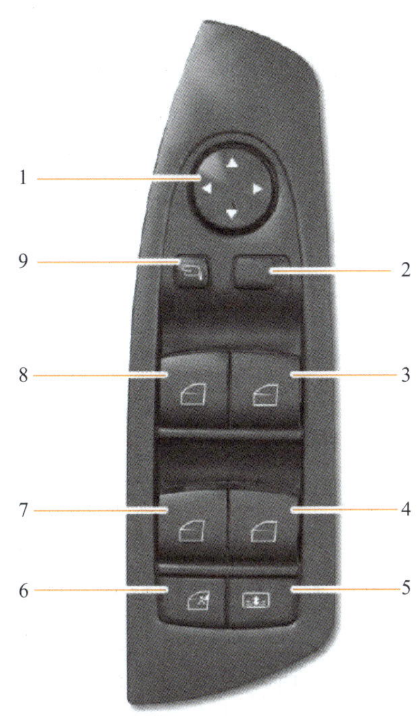

图 10.3-2 驾驶员车门开关组件

1—车外后视镜调节开关；2—左 / 右车外后视镜选择开关；3—前乘客车窗升降器按钮；4—右后车窗升降器按钮；5—遮阳卷帘按钮；6—儿童安全锁按钮；7—左后车窗升降器按钮；8—驾驶员车窗升降器按钮；9—车外后视镜折叠按钮

（3）自动操作

❶ 左前车窗具有自动上升与自动下降的功能。

❷ 当在自动操作状态时，以间歇操作状态介入，此时车窗将立即停止动作。

（4）车窗上锁

❶ 主车窗开关上有一个车窗上锁 / 开锁开关。

❷ 当车窗上锁 / 开锁开关位于“LOCK”位置时，除主车窗开关可控制所有车窗的动作外，其余的车窗开关都无法控制车窗。

10.3.2 升降器工作原理

（1）驾驶员侧快速升降电动车窗 在执行快速上升功能时，驾驶员侧车门包含的智能车窗电动机将检测是否电阻过大并自动反转方向以避免乘客夹在正在关闭的车窗和门框之间造成伤害。通过拉起和按住车窗开关可以操控自动反向安全功能。

车窗电动机内的逻辑电路检测通常等同于 B+ 电压的上升、下降和快速信号电路。使用驾驶员侧车窗开关中的一个开关时，触点闭合，导致相应信号电路内的电压下降。驾驶员侧车窗电动机将检测该压降并指令车窗玻璃按要求的方向移动。

（2）**乘客侧、左后、右后快速升降电动车窗** 对于乘客侧、右后和左后车门，将它们的车窗开关按至下降位置时，蓄电池正极电压施加至各自的车窗电动机控制电路，搭铁则施加至其他车窗电动机控制电路，使得车窗打开。单个车窗开关拉至上升位置时，相反方向的电压和搭铁提供至车窗电动机，使得该车窗关闭。搭铁的返回路径通过未激活的控制电路提供，该控制电路通过车窗开关正常搭铁。

各乘客侧和后窗开关通过串行数据电路与车身控制模块通信。当驾驶员想要控制乘客侧、左后或右后车窗时，驾驶员将使用驾驶员侧的相应开关。使用此开关后，请求车窗电动机指令的串行数据信息将发送至车身控制模块，随后车身控制模块将向相应车窗开关发送串行数据信息，指令车窗按要求的方向移动。

（3）**锁止开关功能** 儿童车门锁止开关位于驾驶员侧车门锁 / 车窗开关上，控制着后车门的儿童安全锁和后车窗开关。车身控制模块接收到来自车窗锁止开关的指令后，将向车门锁安全继电器线圈提供电压使继电器通电，导致继电器内的触点闭合，然后提供电压以锁止左后和右后车门儿童安全锁，并将其与正常的门锁系统隔开，以防止使用后车门内把手打开后车门。

车身控制模块可监视后车门锁状态信号电路的电压水平以确定后车门锁闩是否已锁止。后车门锁闩内的开关将会根据后车门锁闩的锁止状态而打开或关闭。如果后车门锁闩锁止，开关将会打开，车身控制模块将禁用后车窗开关的功能。如果后车门锁闩没有锁止，开关将会关闭，并使信号电路中的电压降至 0，车身控制模块将允许正常的后车窗开关功能。

（4）**CAN（控制器局域网络）通信系统** CAN 是可实时应用的序列通信线。它是一个车上的多任务通信线路，具有高的数据传输速度与极佳的错误检测能力。车上配备许多电子控制单元，在操作期间每个电子控制单元共享数据并与其他控制单元相连接（非独立运作）。在 CAN 通信系统上，控制单元通过 2 条通信线（CAN-H 线和 CAN-L）相互连接，以少量线路使信息高速传送。每个控制单元都会传送 / 接收数据，但只会选择性地读取所需的数据。

10.4 电动天窗

10.4.1 翻开式天窗

视频讲解

10.4.1.1 翻开式天窗结构组成

翻开式天窗也称倾斜 / 滑动天窗（图 10.4-1）。倾斜 / 滑动天窗由一个移动的玻璃板和一个手动的遮阳板组成。在倾斜 / 滑动天窗系统中，后侧玻璃向上倾斜进行通风，且在其滑动打开的过程中，在车顶内衬和车顶板之间滑动。天窗玻璃由集成电动机 / 控制器控制。遮阳板与玻璃间采用机械式连接，使之与玻璃一同打开，但不会像玻璃那样紧闭。

倾斜 / 滑动天窗系统的主要组成部件：车身控制模块（BCM）；天窗玻璃控制模块及电动机；天窗控制开关总成；通风控制开关总成；局域互联网（LIN 总线）。

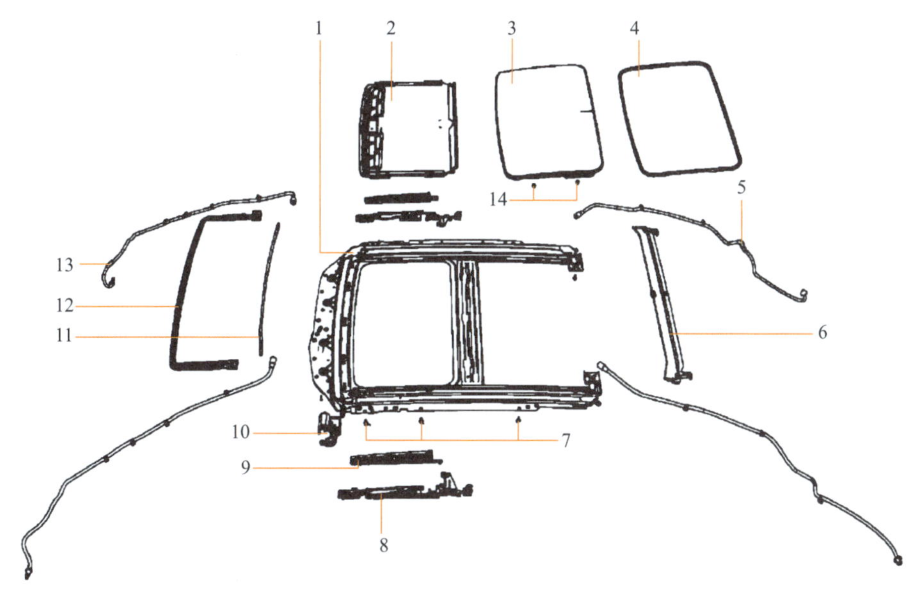

图 10.4-1　翻开式天窗结构

1—天窗框架；2—天窗遮阳板；3—天窗；4—天窗密封件；5—天窗窗框后排水软管；6—天窗窗框排水槽；7—天窗框架螺栓；8—天窗玻璃导板；9—天窗空气导流器盖；10—天窗电动机；11—天窗密封件；12—天窗空气导流器；13—天窗窗框前排水软管；14—天窗玻璃螺栓

10.4.1.2　翻开式天窗工作原理

（1）电气原理　天窗电气系统使用的主 / 从配置采用了基于 LIN 总线的通信系统。车身控制模块指定为主模块，天窗控制模块则设置为从模块。

作为系统主模块，车身控制模块使用 LIN 总线通信系统实现启用或停用天窗操作，将车辆信息发送至天窗控制器并请求天窗移动。天窗控制器为车身控制模块提供系统状态和诊断信息，用于诊断报告和操作。

天窗玻璃由集成电动机 / 控制器控制，该集成电动机 / 控制器包含必要的电子元件、电动机、霍尔效应位置传感器以及驾驶员控制开关接口。电动机 / 控制器能够根据来自系统主模块的控制开关启动以及 LIN 总线信息指令来控制运动。天窗集成电动机 / 控制器的操作校准通过天窗系统主模块（车身控制模块）的 LIN 总线进行加载。

（2）天窗开关　天窗开关位于前顶置控制台上，天窗开关可控制的功能分别有滑动开启、倾斜向上开启以及滑动 / 倾斜向下关闭。当使用者操作天窗开关时，天窗控制模块会接收到不同脚位输入的电源信号，接着使天窗控制模块内部的继电器动作，通过继电器的动作以控制天窗电动机正、反转，使天窗滑动开启、关闭，或是倾斜向上或向下。

（3）系统保护功能　天窗系统的正常操作可能会因以下事项之一而发生改变。

❶ 障碍或阻碍检测。启用时，障碍检测仅在天窗向关闭方向移动且天窗开口为 4 ～ 200mm 时启动。在此范围内检测到障碍时，向关闭方向的移动将停止，且天窗将反向移动一小段距离。反向移动将完成，而不会受限于运行模式。如果行程在上述限定范围之外，则天窗将尝试继续关闭，直到它检测到电动机失速或系统在其限定的停止范围内。

❷ 电动机失速。当开关或 LIN 总线指令启动且未检测到障碍时，如果天窗向打开或关闭方向移动，然后停止移动 350ms，则电动机将关闭，以防止过热。

③ 天窗系统热保护。天窗控制器具有热保护算法，防止因开关操作不当导致的过热故障而造成天窗控制器和电动机损坏。热保护算法将忽略任何新的天窗打开指令，直到允许电动机冷却。在温度过高情况下，许多关闭请求将被允许。如果热保护在障碍检测过程中被触发，则天窗反向移动将完成。

10.4.1.3 天窗操作

（1）通风（打开至通风位置） 当天窗关闭或处于不完全通风位置且天窗通风开启开关启动时，天窗将“快速打开”至通风位置。当天窗到达通风位置，或天窗滑动玻璃开关启动时，天窗将停止移动。

（2）关闭通风 当天窗处于通风位置并且天窗通风开关进入“关闭”状态时，天窗将开始快速关闭，直到天窗到达其全闭位置或天窗滑动玻璃开关开启。

（3）非快速正常打开天窗 当天窗不在通风位置且天窗滑动玻璃开关处于“开启”位置时，天窗将开始打开，直到开关返回“关闭”状态或通风开关切换至任一启动状态，天窗的移动才会停止。

（4）快速打开天窗 当天窗控制开关切换至“快速打开”状态且天窗不位于通风位置时，天窗将快速打开直到控制器确定天窗已经到达舒适停止位置或完全“打开”位置，开关将先回到“关闭”位置后切换至另一状态，或通风开关切换至启动状态。

（5）正常关闭天窗 当天窗开关处于“关闭”状态下并且天窗不在通风位置时，控制器将开始向关闭方向移动天窗。如果通风开关启动，则电动机将被关闭。

（6）快速关闭天窗 当天窗开关处于“快速关闭”状态并且天窗不在通风位置时，天窗将快速关闭，直到控制器确定天窗已到达完全关闭位置，或开关先恢复到“断开”位置后切换至另一个状态。如果开关先恢复至“断开”位置后，开关返回“关闭”或“快速关闭”状态，或通风开关切换至任一启动状态，则天窗将停止移动。

10.4.2 全景天窗

（1）组成部件 全景天窗由玻璃盖板、天窗内衬、全景玻璃天窗框架、导风板、开关按钮、控制单元、全景玻璃天窗电动机等组成。

（2）工作原理 全景天窗的每个电动机都有两个霍尔传感器，这些霍尔传感器安装在电动机轴上，彼此错开 90°，因此电动机运行时会产生两个有时间先后的霍尔信号，这些信号用于记录电动机转动方向或控制防夹保护功能。

10.5 中控门锁

10.5.1 中控门锁结构

中控门锁负责打开或关闭车辆。中控门锁是车辆的标准配置，涉及所有车门、燃油箱盖板和后备厢盖。

（1）中控门锁控制以下系统组件

❶ 驾驶员和前乘客车门中控门锁。

❷ 后车门中控门锁。

❸ 燃油箱中控锁。

❹ 后备厢盖中控锁。

（2）可通过以下系统组件操作车辆上锁 / 开锁功能

❶ 识别发射器。

❷ 机械钥匙 / 备用钥匙。

❸ 后备厢盖外侧按钮。

❹ 中控门锁按钮。

❺ A 柱上的内侧后备厢盖按钮。

❻ 车门外侧拉手。

❼ 后备厢盖中控保险锁死按钮。

中控门锁的输入 / 输出如图 10.5-1 所示。

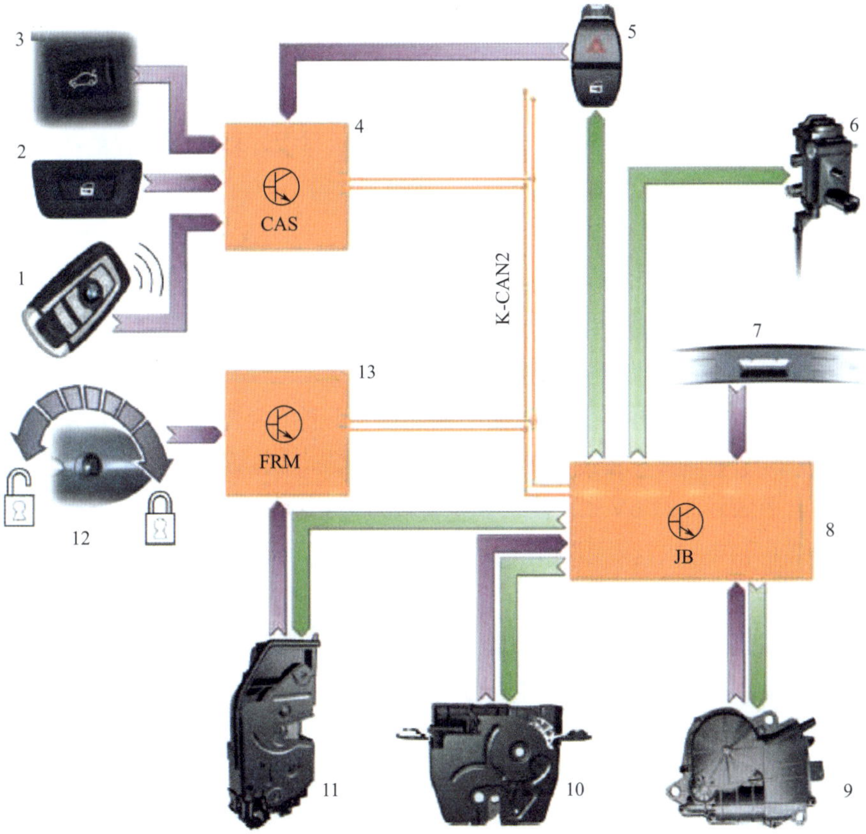

图 10.5-1　中控门锁的输入 / 输出

1—识别发射器；2—中控保险锁死按钮；3—A 柱上的内侧后备厢盖按钮；4—便捷登车及启动系统；5—中控门锁按钮；6—燃油箱盖板中控锁；7—后备厢盖外侧按钮；8—接线盒电子装置 JB；9—后备厢盖锁自动软关功能传动装置；10—后备厢盖中控锁；11—车门锁（4 个门）；12—驾驶员侧车门锁芯；13—脚部空间模块；K-CAN2—车身 CAN

10.5.2 中控门锁工作原理

（1）开锁工作流程 按压识别发射器上的开锁按钮时，识别发射器就会发出一个加密遥控信号，后窗玻璃内的天线将该遥控信号传输至多相择优模块。在多相择优模块的遥控信号接收器内对信号进行解调和处理，并通过 LIN 总线发送至便捷登车及启动系统。

如果车辆处于休眠模式，遥控信号接收器就会通过 LIN 总线唤醒便捷登车及启动系统来执行减少耗电的运行模式。因此便捷登车及启动系统接收到通过识别发射器发出的请求，在遥控信号接收器内对识别发射器进行验证。通过验证后，遥控信号接收器就会通过 LIN 总线发送请求信息。接收到合法请求时，便捷登车及启动系统就会唤醒车辆并授权车辆开锁，为此便捷登车及启动系统授权接线盒电子装置使中控锁传动装置开锁。

此时接线盒电子装置控制继电器和功率输出级（通电）并使车辆开锁。

（2）上锁工作流程 只有脚部空间模块分析车门触点状态并将驾驶员车门已关闭的信息传输给便捷登车及启动系统后，才能实现车辆上锁。

接下来的车辆上锁信号流程基本上与开锁信号流程相同。在车辆上锁期间，所有中控锁传动装置都移动到“上锁”位置。车门内的中控锁传动装置还会继续移动到“中控保险锁死”位置。中控保险锁死过程结束后，车门锁止按钮与中控锁传动装置的机械连接脱开。此后车辆无法通过车门锁止按钮开锁。

（3）中控保险锁死按钮

❶ 通过按压中控保险锁死按钮可使所有车门上锁和中控保险锁死。

❷ 中控保险锁死按钮位于后备厢盖底部，因此只有后备厢盖打开时才能进行操作。

❸ 其他信息参见中控保险锁死按钮的相关内容。

❹ 中控锁按钮：可通过中控锁按钮使车辆上锁 / 开锁。未按压中控锁按钮时，接线盒电子装置接收一个高电平信号（蓄电池电压约 12V）。按压中控锁按钮后，此高电平信号就会切换为一个低电平信号（约 0V）。接线盒电子装置分析高电平信号向低电平信号的切换过程并将车辆上锁 / 开锁。执行上锁或开锁功能时，驾驶员侧车门和前乘客侧车门必须处于关闭状态。

（4）机械钥匙 / 备用钥匙 机械钥匙 / 备用钥匙用于驾驶员侧车门开锁 / 上锁。例如由于电池电量过低导致识别发射器失灵时，仍可正常进入或锁止车辆。

❶ 驾驶员侧车门锁芯。

a. 脚部空间模块对驾驶员侧车门锁芯的霍尔传感器进行分析。状态变化信息通过 K-CAN2 发送给便捷登车及启动系统。

b. 便捷登车及启动系统授权车辆开锁 / 上锁。接线盒电子装置触发车辆开锁 / 上锁。

c. 正常使用机械钥匙将车辆开锁或上锁时，整个过程持续 20ms ～ 1s。在此期间对锁芯霍尔传感器进行分析。

维修贴

如果机械钥匙在驾驶员侧车门锁芯内的转动速度过快或过慢，则只能将驾驶员侧车门机械开锁或上锁。

❷ 后备厢盖锁。

a. 可使用机械钥匙在后备厢盖锁芯处开锁并打开后备厢盖。

b. 关闭后备厢盖时，必须将后备厢盖压入后备厢盖锁内。

c. 只要卡爪到达预卡止位置，自动软关功能就会启动并关闭后备厢盖。

（5）车门锁止按钮 四个车门都可以通过锁止按钮以机械方式单独锁止。需使某个车门开锁时，必须拉动其车门内侧拉手两次，此时接线盒电子装置不控制中控锁。车辆处于中控保险锁死状态时，锁止按钮与车门锁的机械连接脱开，这样便无法通过锁止按钮或拉动车门内侧拉手两次使车辆开锁。因此在带有防盗报警装置的车辆上可使防盗报警装置进入戒备状态。

（6）便捷登车及启动系统 只要便捷登车及启动系统获得来自遥控信号接收器的信号，就会检查该识别发射器是否有效及是否属于本车。只有通过验证后，便捷登车及启动系统才会发送中控锁请求。

这项检查验证的持续时间为几毫秒。作为中控锁的主控控制单元，便捷登车及启动系统授权对中控锁进行控制。接线盒电子装置通过 K-CAN2 接收授权请求。

（7）接线盒电子装置 接线盒电子装置是执行型控制单元，可使整个车辆开锁 / 上锁。开锁 / 上锁继电器安装在接线盒电子装置内。系统控制以下继电器。

❶ 中控锁开锁 / 上锁继电器。

❷ 驾驶员侧车门。

❸ 后车门。

❹ 前乘客侧车门。

❺ 燃油箱盖板。

系统直接通过一个功率输出级控制后备厢盖中控锁。

（8）脚部空间模块

❶ 脚部空间模块监控车门触点的霍尔传感器。打开或关闭某一车门时，车门触点的状态会发生相应变化。

❷ 接线盒电子装置通过 K-CAN2 从脚部空间模块获悉车门触点的当前状态。接线盒电子装置将车门触点状态信号继续发送至便捷登车及启动系统。驾驶员侧车门打开时，不会执行车辆上锁等请求。

（9）识别发射器（图 10.5-2）

❶ 短促（约 500ms）按压识别发射器上带有后备厢盖符号的按钮时，可触发打开后备厢盖功能。

❷ 接线盒电子装置执行后备厢盖开锁动作。

❸ 系统通过接线盒电子装置内的功率输出级控制后备厢盖锁内的电动机。

❹ 车辆带有后备厢盖自动操纵机构时，必须按住带有后备厢盖符号的按钮 1.2s 以上。

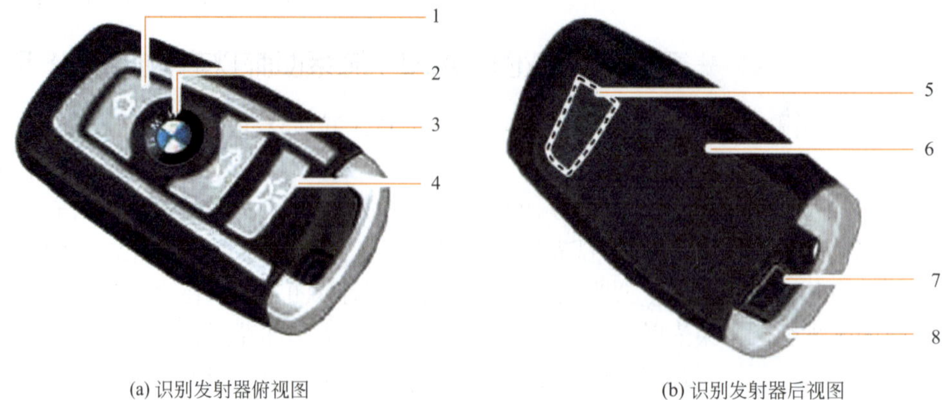

(a) 识别发射器俯视图　　(b) 识别发射器后视图

图 10.5-2　识别发射器

1—开锁 / 舒适开启按钮；2—上锁 / 舒适关闭按钮；3—后备厢盖“打开”按钮；4—车辆搜索功能按钮；5—收发器线圈区域；6—电池盒；7—机械钥匙按钮；8—机械钥匙

10.6　电动座椅

10.6.1　电动座椅结构和功能

10.6.1.1　座椅调节

多功能座椅也称为舒适座椅，这种座椅具有空气调节功能，它的两个风扇电动机用于通风。风扇电动机从后座区脚部空间吸入部分冷空气，冷空气通过空气通道流过多功能座椅直至靠背面和座椅面，因此能够为驾乘人员提供舒适的空气感受。

多功能座椅可通过座椅调节开关来操作座椅调节装置，但是原则上座椅调节开关是通过 L 总线连接的。多功能电动座椅有 8 个调节轴，如图 10.6-1 所示。

驾驶员侧和前乘客侧可配置记忆功能座椅，记忆功能座椅具有以下座椅调节模式：座椅倾斜度调节；座椅纵向调节（座椅至方向盘的距离）；头枕高度调节；靠背倾斜度调节；座椅高度调节（图 10.6-2）。

10.6.1.2　后座椅空调垫（图 10.6-3）

❶ 空调垫在座椅表面和靠背表面上都有相应开口，吸入的空气可通过这些开口调节座椅套温度。

❷ 配合主动式座椅通风装置需使用特殊座椅套，座椅套上必须带有极小的出风口。

❸ 由风扇吸入的空气可流过这些出风口，以此冷却座椅套并确保座椅套温度始终舒适。

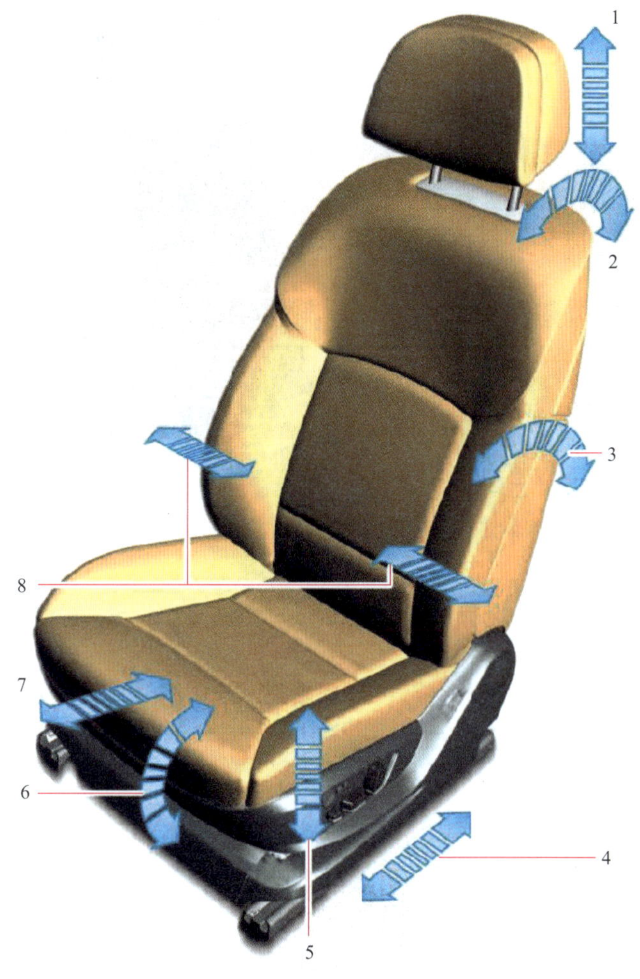

图 10.6-1　多功能座椅的最大座椅调节

1—头枕高度调节；2—靠背上部调节；3—靠背倾斜度调节；4—座椅纵向调节；5—座椅高度调节；6—座椅倾斜度调节；7—坐垫前后调节；8—靠背宽度调节

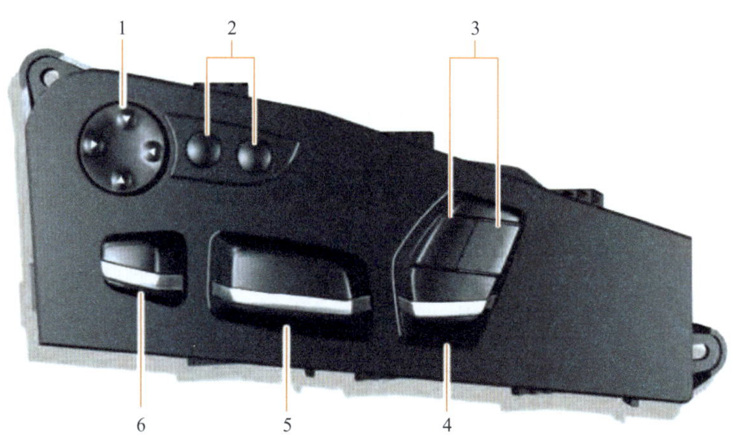

图 10.6-2　带记忆功能的多功能座椅的座椅调节开关

1—腰部支撑调节；2—靠背宽度调节；3—靠背上部调节；4—靠背倾斜度和头枕高度调节；5—座椅纵向、座椅高度和座椅倾斜度调节；6—坐垫前后调节

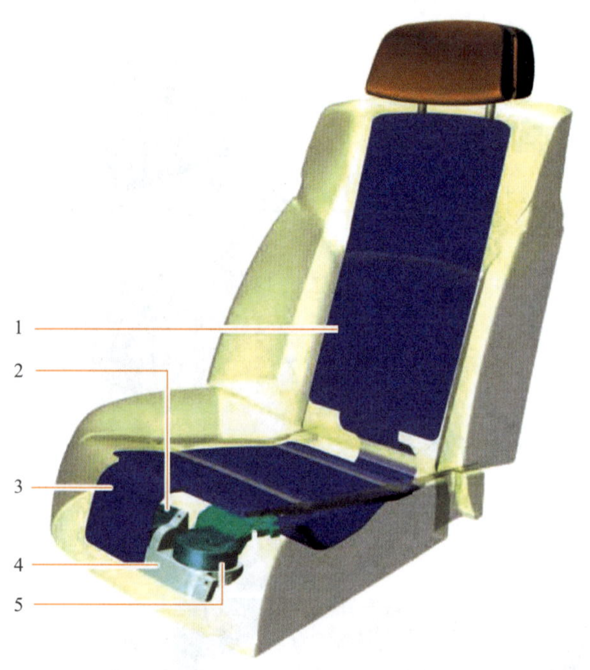

图 10.6-3 后座区舒适座椅主动式座椅通风装置的空调垫

1—靠背表面空调垫；2—座椅通风风扇；3—座椅表面空调垫；4—用于降低噪声的噪声吸收装置；5—靠背表面空调垫适配器

10.6.1.3 座椅按摩功能

按摩功能分为不同的按摩循环，一个按摩循环包括按摩和运动背部两个阶段，持续大约 64s，之后开始新的按摩循环。

通过十二个按摩软垫沿座椅靠背从上至下进行波浪式移动来放松背部肌肉，如图 10.6-4 所示。

通过为按摩软垫充气和放气实现这种波浪式移动。压力分配模块同时控制成对按摩软垫。

按摩功能的执行方式是，首先启用两个上部按摩软垫。这种启用方式意味着在这种情况下按摩软垫充气和排气。然后启用位于其下面的一对按摩软垫，直至达到最下面的按摩软垫。

按摩循环接近结束时开始运动背部。运动软垫用于运动背部。六个运动软垫布置在肩部靠外区域内以及胸部中间部位和腰部下部区域内，如图 10.6-5 所示。不同部位的运动软垫以周期方式同时充气和放气，例如右侧肩部、右侧腰部以及左侧胸部的运动软垫以此方式充气和放气。之后，另一侧的运动软垫进行充气和放气。

如果按摩功能启用时调节腰部支撑，座椅模块会停用按摩功能。因此腰部支撑调节泵可以为腰部支撑垫充气以提供足够的空气量。腰部支撑调节完成后继续执行按摩功能。

按摩功能有规定的继续运行时间。这种继续运行用于完全排空按摩软垫和运动软垫。继续运行包括一个按摩循环。

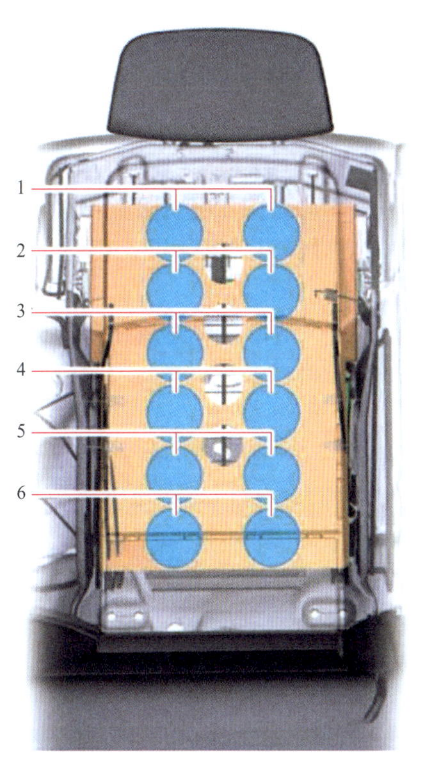

图 10.6-4　座椅按摩软垫

1—第一对按摩软垫；2—第二对按摩软垫；3—第三对按摩软垫；4—第四对按摩软垫；5—第五对按摩软垫；6—第六对按摩软垫

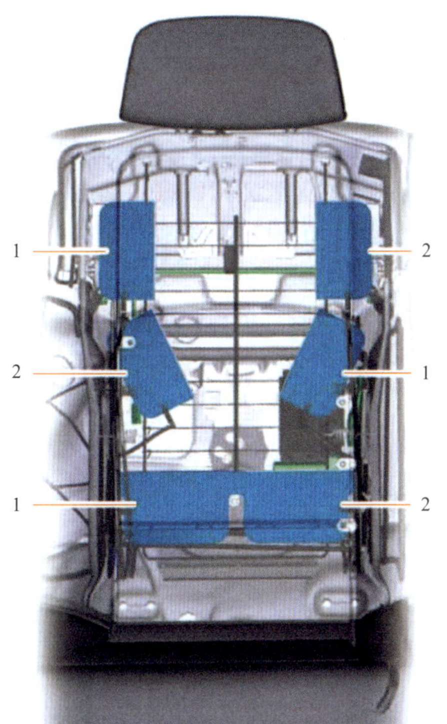

图 10.6-5　运动软垫

1—右侧肩部、左侧胸部和右侧腰部的可运动软垫；2—左侧肩部、右侧胸部和左侧腰部的可运动软垫

10.6.2　电动座椅工作原理

（1）前部座椅记忆功能　记忆功能用于驾驶员座椅和前乘客座椅。记忆功能集成在座椅模块内，此功能仅由相关座椅的座椅模块负责，可存储两个记忆位置和当前座椅位置。

记忆按钮集成在车门扶手内并通过 LIN 总线连接在脚部空间模块上，从总线端 30B 接通起即可启用记忆功能。

LIN 总线通过驾驶员侧车门开关组件“形成环路”，这意味着 LIN 总线导线从脚部空间模块铺设到驾驶员侧车门开关组件。LIN 总线从驾驶员侧车门开关组件继续铺设到记忆按钮以及车外后视镜。脚部空间模块分析按钮状态并将信息发送到 K-CAN2 上（图 10.6-6）。

（2）带腰部支撑的记忆功能　装备腰部支撑时座椅调节开关与 LIN 总线连接。

座椅模块通过 LIN 总线请求提供座椅调节开关的状态信号。座椅模块根据座椅调节开关的状态控制调节电机，即通过座椅模块内的继电器控制调节电机。

松开座椅调节开关时座椅模块停止控制。调节电机卡死或到达限位位置时座椅模块也会停止控制。

调节电机带有用于执行座椅记忆功能的霍尔传感器。座椅模块探测电机转动期间的霍尔传感器脉冲，并根据霍尔传感器脉冲计算出座椅当前位置。除此之外，座椅模块还用于存储记忆位置，系统通过集成在座椅模块内的电流测量功能以及霍尔传感器脉冲消失来识别电机卡死情况。此时不再控制继电器，因此也会关闭电机。存储记忆位置时座椅模块不选择这些调节电机调节的位置。

（3）前部座椅加热 座椅模块只能在总线端15接通时启用座椅加热装置。便捷登车及启动系统通过K-CAN2提供总线端15接通的状态信号。因此接线盒电子装置得到总线端15的状态信息。中央网关模块将信号发送到K-CAN上。座椅模块连接在K-CAN上，因此也会得到总线端15的状态信息。

座椅加热装置按钮位于HKA/音响系统的操作面板上。该操作面板连接在自动恒温空调的控制单元上。如果座椅加热装置启用时按压按钮的时间超过1.2s，就会关闭座椅加热装置。

如果总线端15关闭后15min内接线盒电子装置得到总线端15接通的状态信息，则会启动上次选择并启用的功能。所选加热挡的显示由座椅模块控制。该信号必须通过多个总线系统发送。

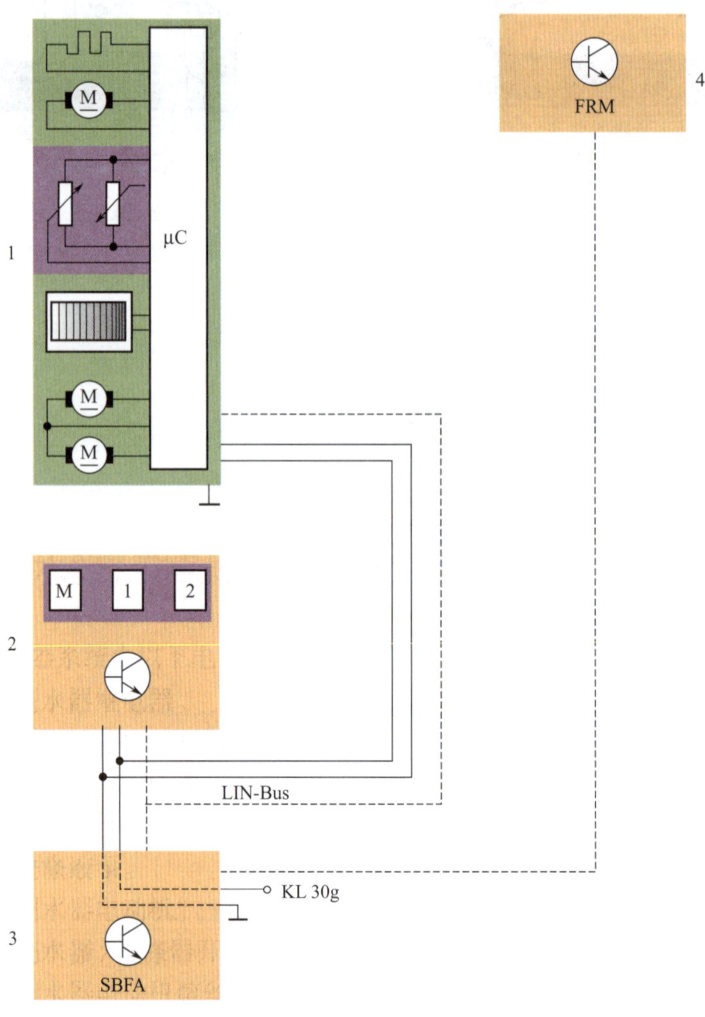

图10.6-6 座椅调整电路

1—驾驶员侧车外后视镜；2—记忆按钮组件；3—驾驶员侧车门开关组件SBFA；4—脚部空间模块FRM

10.7 电子辅助制动系统

10.7.1 结构布局

10.7.1.1 常规制动系统结构布局（图 10.7-1）

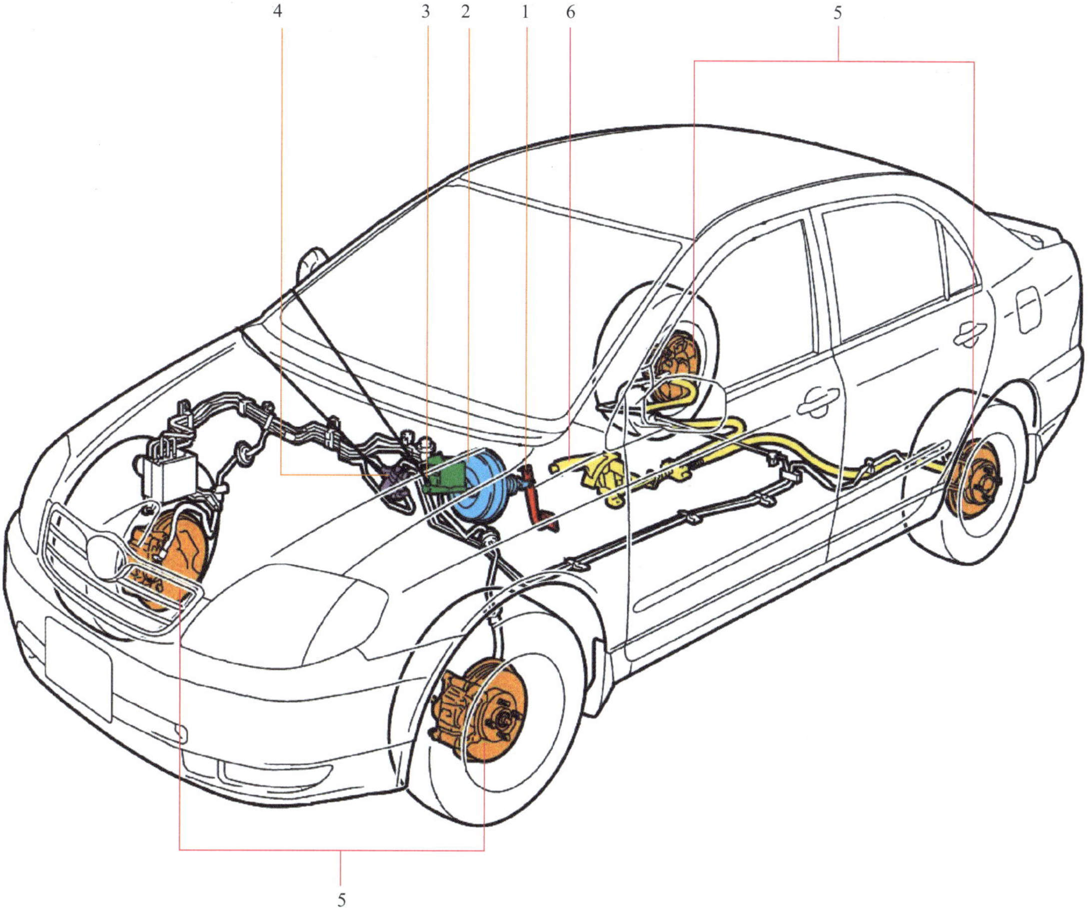

图 10.7-1 常规制动系统结构布局

1—制动踏板；2—制动助力器；3—制动总泵；4—比例阀；5—盘式制动器；6—驻车制动器

10.7.1.2 防滑控制制动系统（ABS）结构布局（图 10.7-2）

防滑控制制动系统（ABS）由下面部件组成。

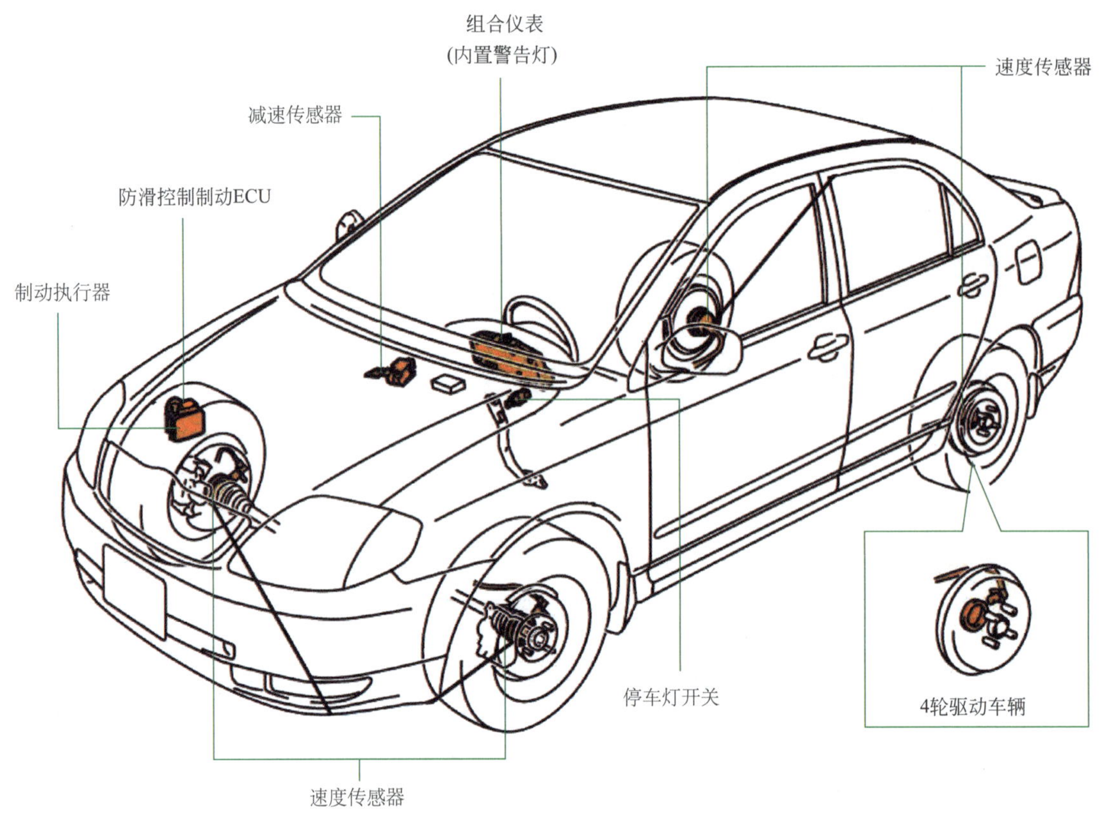

图 10.7-2　ABS 结构布局

（1）防滑电子控制模块　根据来自传感器的信号，确定车轮与路面之间的滑行量并控制制动执行器。也有内装在制动执行器里的防滑电子控制模块。

（2）制动执行器　制动执行器根据防滑电子控制模块输出的信号控制液压力。

（3）速度传感器　速度传感器检测四个车轮的转速并把信号发送给防滑电子控制模块。

（4）组合仪表

❶ 防滑控制制动系统警告灯。当电子控制模块检测到防滑控制制动系统或制动助力系统中有故障时，该灯就点亮，警告驾驶员。

❷ 制动系统警告灯。有时该灯点亮作为防滑控制制动系统警告灯，它警告驾驶员在防滑控制制动系统和电子制动力分配系统中有故障。

10.7.2　防抱死制动系统

防抱死制动系统通过检测车轮转速的方式，由控制模块计算出制动时车辆的滑移率后，利用电子控制来调整各分泵制动液压，以防止车轮抱死的情形发生，进而改善在湿滑路面或紧急情况下制动时车辆的稳定性，以及车辆躲避障碍物时的操控性。

防抱死制动系统对于制动液压的建立与释放的控制，每秒可达 15 次。

当 ABS 发生故障时，控制模块内部的故障－安全功能会启动，以关闭 ABS 的作用，并点亮 ABS 警告灯。当 ABS 动作时，制动踏板可能会有轻微的震动，并且会听到机械噪声，此为正常情况。

车辆发动后，制动踏板可能会震动，或者可能听见从发动机室发出的电动机动作噪声，此为 ABS 动作检查的正常状态。

车辆行驶在凹凸不平、碎石或积雪（新而深厚的积雪）路面时，制动距离可能会比没有配备 ABS 的车辆还要长。

10.7.3 电子制动力分配系统

在特定的制动情况下，例如紧急制动时，由于此时车辆的重心前移，因此相对于前轮来说，后轮仅需较少的制动力即可达到制动的目的。电子制动力分配系统（EBD）可检测出制动时前、后轮之间的稍微打滑，并通过电子方式控制前、后轮制动液压的比例，以产生有效的制动力，避免因后轮过早抱死而造成车辆失控等情形的发生，有助于改善车辆操控稳定性。

当 EBD 发生故障时，控制模块内部的故障 - 安全功能会启动，以关闭 ABS 与 EBD 的功能，并点亮 ABS 警告灯与制动系统警告灯。当 EBD 动作时，制动踏板可能会有轻微的震动，并且会听到机械噪声，此为正常情况。

车辆启动后，制动踏板可能会震动，或者可能听见从发动机室发出的电动机动作噪声，此为 EBD 动作检查的正常状态。

10.7.4 牵引力控制系统

ABS/ESC 电气单元会根据轮速传感器的输入信号以检测驱动轮的滑移率。例如当车辆加速时，驱动轮发生打滑，此时系统会对制动液压力与发动机的动力输出进行控制。通过电子节气门开启度的控制，以降低发动机扭矩并减少车轮的滑移率。

根据道路的状况，车辆可能会有反应迟钝的感觉，此为正常现象。因为当牵引力控制系统（Traction Control System，TCS）动作时，最佳的牵引性能是最优先的考量。

车辆突然加速或突然减速换挡，以及行驶在有不同摩擦系数的道路上时，TCS 可能会启动。TCS 有助于改善车辆的加速性能与减少轮胎的磨耗。

TCS 动作时，打滑指示灯会闪烁，以告知驾驶员该系统正在发生作用。

10.7.5 车身动态稳定系统

车身动态稳定系统（ESC）通过方向盘转向角传感器与制动总泵压力传感器等信号，得知车辆行驶时驾驶员的转向操作量与制动操作量。另外，车辆的实际行驶状况（例如转向不足或转向过度的程度）则根据偏航率 / 侧向加速度传感器、轮速传感器等信息来决定。通过这些信息，控制系统可以预测驾驶员预期行驶的转向路径以及目前车辆实际行驶的路径。如果车辆无法行驶至正确路径时，系统将会介入以控制特定车轮的制动力，并经由电子节气门来控制发动机扭矩的输出，以修正车辆的动态行驶路径，使车辆接近原先预期行驶的路径，进一步提升车辆行驶时的稳定性以及降低车辆翻覆的可能性。

ESC 动作时，打滑指示灯会闪烁以告知驾驶员该系统正在发生作用，车身和制动踏板会有轻微震动并且会听到机械噪声，此为正常情况。

ABS 警告灯、TCS OFF 指示灯、打滑指示灯、ESC 警告灯在车辆承受强烈的摇晃或大幅的震动时可能会点亮，例如发动机运转时车辆处于旋转台上、船舶或在陡峭的斜坡上。如发生上述情况，可在正常的路面上重新启动发动机，若 ABS 警告灯、TCS OFF 指示灯、打滑指示灯、ESC 警告灯熄灭，则代表系统正常。

10.7.6 制动增压系统

制动增压系统（Hydraulic Brake Boost，HBB）通过空气压力传感器的信号，得知目前制动助力器大气侧的真空压力值。当系统检测到制动助力器内的真空压力值不足（如车辆在高海拔地区而使发动机负压不足）时，ABS/ESC ECU 与液压控制单元（HCU）会主动建立制动油压，以提升制动性能。

制动增压系统可延伸制动线性踩踏感。当系统主动建立制动油压时，制动踏板可能会有轻微的震动，并且会听到机械噪声，此为正常情况（图 10.7-3）。

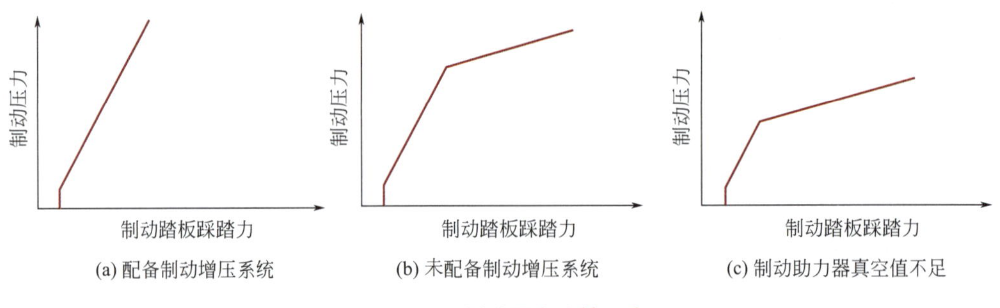

图 10.7-3 制动压力比较示意

10.7.7 斜坡起步辅助系统

车辆在上坡起步的情形下，由于驾驶经验不足或操作不慎等原因，极易使车辆向前或向后滑动并可能导致碰撞事故的发生。车辆在陡峭坡面上时，若驾驶员放开制动踏板，斜坡起步辅助系统（Hill Start Assist，HSA） 会主动介入制动最长达 2s，使准备斜坡起步的车辆在坡上能保持静止状态而不会往后滑动，给予驾驶员足够的时间踩下油门踏板，如果驱动力足以使车辆行进，则系统会退出。

HSA 可以有效减轻驾驶员在斜坡上停车或起步的心理负担，并确保车辆起步时驾驶员能始终双手紧握方向盘，专注于油门的操作，为驾驶员提供如平地般的驾驶便捷性。

❶ HSA 需符合以下所有条件才会动作。

a. 车辆停在坡度为 4% 以上的斜坡上（可动作坡度范围为 4% ～ 40%）。

b. 制动踏板踩下且车辆稳固地停止在斜坡上。

c. D 挡前进上坡或 R 挡倒车上坡（D 挡前进下坡及 R 挡倒车下坡不会动作）。

d. 驾驶员侧车门关闭且驻车制动未动作。

❷ HSA 符合以下任一条件时系统即会退出。

a. 系统动作时间已达 2s。

b. 发动机扭矩足够使车辆起步。

c. 系统动作过程中，开启驾驶员侧车门则系统再持续 0.5s 后退出。

d. 系统动作过程中，换挡杆换入 N 挡则马上退出。

e. 系统动作过程中，检测到任一驱动轮的轮速过大则马上退出。

HSA 动作时仅动作阀门，不会动作电动机来建立油压，故驾驶员并不会察觉任何震动及动作声。

10.7.8 紧急制动辅助系统

在一般正常情况下，大多数驾驶员在制动时会根据情况增加或调整对制动踏板的施加力，如果突然遇到紧急状况，大部分驾驶员的反应都还算快，但是在踩下制动踏板时却往往无法立即对制动踏板施加最大的压力，又或是驾驶员反应慢时，会造成制动力不足，导致制动距离过长而发生意外或危险。

在配备紧急制动辅助系统（Panic Brake Assist，PBA）的车辆上，如遇到上述的情况时，PBA 会利用传感器检测驾驶员对制动踏板的踩踏力与速度，将信号传送到电脑，由电脑判断驾驶员制动的意图。如果判断为一般正常的制动动作，则 PBA 不会启动 ABS；而如果判断为非常紧急的制动时，PBA 会在几毫秒内指示制动系统产生最高的油压来加大制动力，同时启动 ABS 发挥作用，其速度要比大多数驾驶员移动脚的速度快得多，使制动力快速产生，减少制动的距离。因此就算是中度的踩踏力，如果 PBA 判断踩踏速度异常快，且力一直持续，PBA 依然会在几毫秒内启动全部制动力，避免或减少事故的发生。

当系统主动建立制动油压时，制动踏板可能会有轻微的震动，并且会听到机械噪声，此为正常情况。

配置 PBA 车辆和无 PBA 车辆比较示意如图 10.7-4 所示。

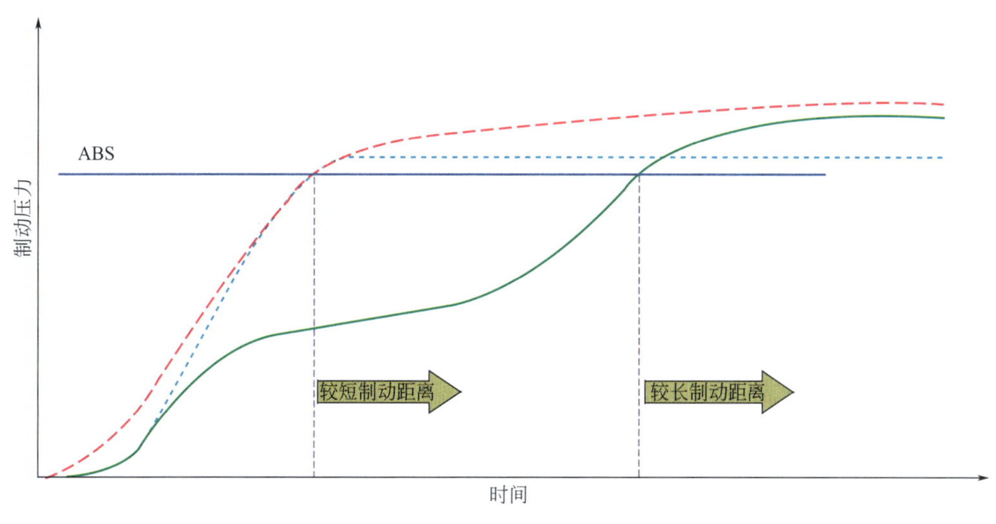

图 10.7-4 配置 PBA 车辆和无 PBA 车辆比较示意

经过训练的驾驶制动行为；一般驾驶制动行为（车辆有配备 PBA）；一般驾驶制动行为（车辆未配备 PBA）

10.7.9 ABS/ESC 执行器与电气单元

ABS/ESC 执行器与电气单元由 ABS/ESC 电气单元和液压控制单元（HCU）所组成。液压液控制单元（HCU）内部包含液压管路、液压泵、泵电动机、12 个电磁阀，以及 2 个制动总泵压力传感器。如内部发生故障，应用总成件更换。

液压控制单元（HCU）内部的泵电动机，其主要的功能为驱动液压循环泵。当车辆防抱死制动控制起作用时，除了可提供升高的制动液压力之外，当制动压力降低时，也可帮助制动钳内的制动液传送回制动总泵内部。泵电动机的动作由 ABS/ESC 电气单元控制，当车辆防抱死制动等系统动作时，ABS/ESC 电气单元会启动内部的泵电动机继电器，以提供泵电动机动作电源，并经由 ABS/ESC 电气单元内部至外部的泵电动机接地线路接地。

液压控制单元（HCU）内部电磁阀的主要功能为降低或维持各车轮制动钳内的制动压力，其中包含 4 个作用电磁阀、4 个释放电磁阀，以及 2 个脱离电磁阀与 2 个主电磁阀。正常制动情况下，作用电磁阀为开启状态，释放电磁阀为关闭状态；当 ABS 动作时，系统的控制模块则会根据实际车况启动电磁阀以维持或释放各制动钳内的制动压力。

ABS/ESC 电气单元主要功能如下。

❶ 轮速传感器信号监测。
❷ 方向盘转向角度传感器信号监测。
❸ 偏航率 / 侧向加速度传感器信号监测。
❹ 制动总泵压力传感器信号监测。
❺ 接收来自 ECM 的扭矩控制信号信息。
❻ 向 ECM 发送的扭矩控制信号信息。
❼ 改善车辆行驶与加速时的性能。
❽ 控制达成最佳化的车辆偏航率。
❾ 检测车轮打滑状态。
❿ 车轮防抱死模式下的制动系统控制。
⓫ 通过来自制动压力传感器的信号来判断是否可以启动启停系统并通过通信系统将此判断传送至 ECM。

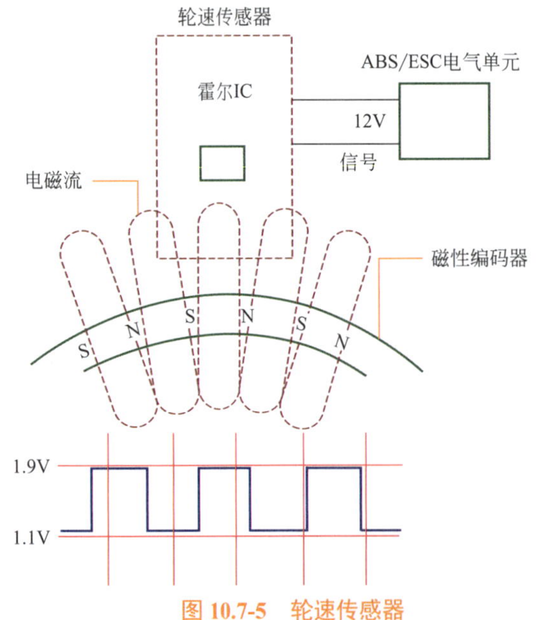

图 10.7-5　轮速传感器

10.7.10 轮速传感器

轮速传感器（图 10.7-5）为霍尔效应类型，分别安装在前转向节与后轮毂总成上。当车轮旋转时，轮速传感器会产生交变的方波信号，此信号频率（1 ～ 2000Hz）会随着车轮旋转时所经过的磁性编码器磁极的数目与车速成正比例变化，轮速传感器的信号电压值为 1.1 ～ 1.9V。ABS/ESC 电气单元会将轮速信号转换成车速信号，并通过 CAN1 BUS 系统电路传输至其他控制模块。

10.7.11 方向盘转向角度传感器

方向盘转向角度传感器通过通信系统传送方向盘转向角度信号至 ABS/ESC 电气单元，通过方向盘转向角度信号，ABS/ESC 电气单元可得知方向盘实际转动的角度与转动方向。

10.8 自动变速器电气系统

10.8.1 结构布局

自动变速器如图 10.8-1 所示。

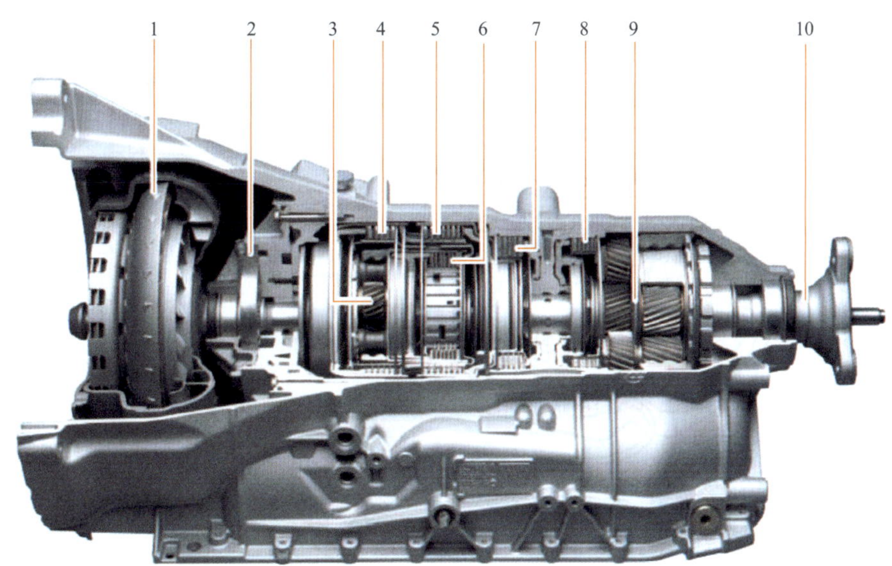

图 10.8-1 自动变速器（AT）

1—带涡轮扭转减振器（TTD）和变矩器锁止离合器的液力变矩器；2—机油泵；3—单行星齿轮组；4—驱动离合器 A；5—驱动离合器 B；6—驱动离合器 E；7—制动离合器 C；8—制动离合器 D；9—双行星齿轮组；10—输出轴法兰

（1）动力传递系统 动力传递系统（液力变矩器）起到连接发动机与自动变速器的作用。

（2）齿轮变速系统 齿轮变速系统（行星齿轮机构）主要用来改变汽车的行驶速度和行驶方向。

（3）液压控制系统 液压控制系统则是把油泵输出的压力油调节出不同的压力并输送至不同的部位，以达到不同的液压控制目的。

（4）电子控制系统 电子控制系统通过监控汽车的整体运行工况实现自动变速器不同功能的控制。

（5）冷却控制系统 冷却控制系统是为了使自动变速器始终保持在一个合理的工作温度。

10.8.2 工作原理

自动变速器电气工作原理如图 10.8-2 所示。电控自动变速器通过各种传感器，将发动机的转速、节气门开度、车速、发动机水温、自动变速器液压油温等参数信号输入电控单元（ECU），ECU 根据这些信号，按照设定的换挡规律，向换挡电磁阀、油压电磁阀等发出动作控制信号，换挡电磁阀和油压电磁阀再将 ECU 的动作控制信号转变为液压控制信号，阀板中的各控制阀根据这些液压控制信号，控制换挡执行元件的动作，从而实现自动换挡过程。

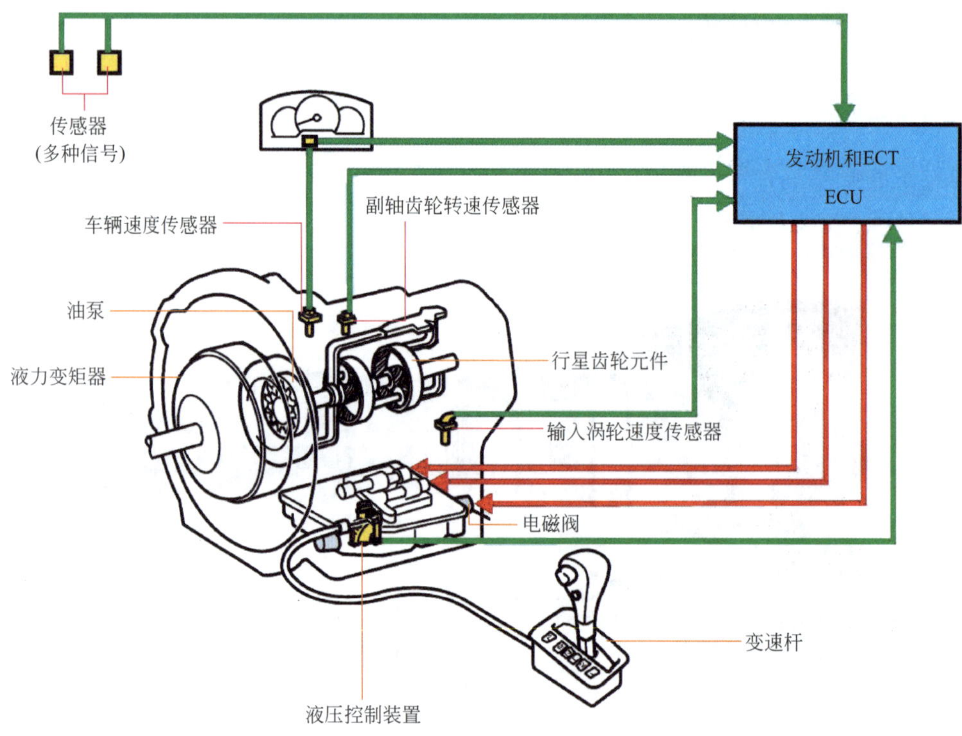

图 10.8-2 自动变速器电气工作原理

下篇

汽车维修与故障排除

第 11 章

电工基础知识

11.1 概述

11.1.1 汽车电工的内容

目前机电一体化和电气化在汽车上的应用，使汽车电子系统正发挥着越来越重要的作用，汽车上的现代化电子系统建立在微电子技术的基础之上。想要学好汽车维修与诊断的技术，就要努力学通汽车电工技术。学习汽车电工技术要先学习基础知识，其中包括电工学公式和计算、欧姆定律、电功和电功率、电阻的连接方式、直流电、交流电、电磁现象以及电容器和线圈等。

汽车电工也是操作能力极强的一项工作，比如使用万用表测量和判断故障，使用故障诊断仪测试与分析传感器与执行器的工作性能，导线的连接方法等。

汽车电子系统的各个控制单元通过总线线路连接起来。在目前的汽车中，不仅能够以电子方式，还能通过使用光导纤维以光学方式实现总线系统。汽车内的各个系统和总成通过由传感器、处理器和执行机构组成的统一基础技术方案进行控制。最终目的在于使汽车行驶更安全，性能更可靠，驾乘更舒适。

11.1.2 电的效应

汽车的很多领域中都使用电气设备，这些电气设备可提供各种功能。

电的三大效应如下。

（1）热效应 当电流经过电阻时，电阻会产生热的现象，如点烟器和熔断器等（图 11.1-1）。

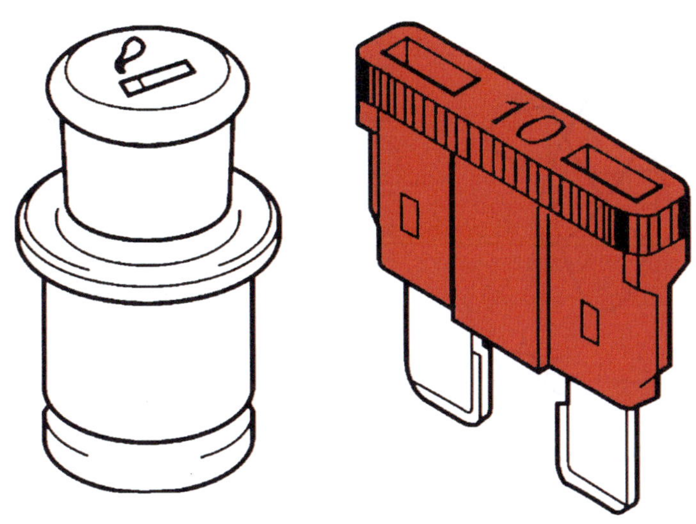

图 11.1-1 点烟器和熔断器

（2）光效应 当电流经过电阻时，电阻会发光，如汽车灯泡。

（3）电磁效应 当电流经过导体或线圈时，导体或线圈周围空间会产生电磁场，如点火线圈、喷油器、发电机（图 11.1-2 和图 11.1-3）。

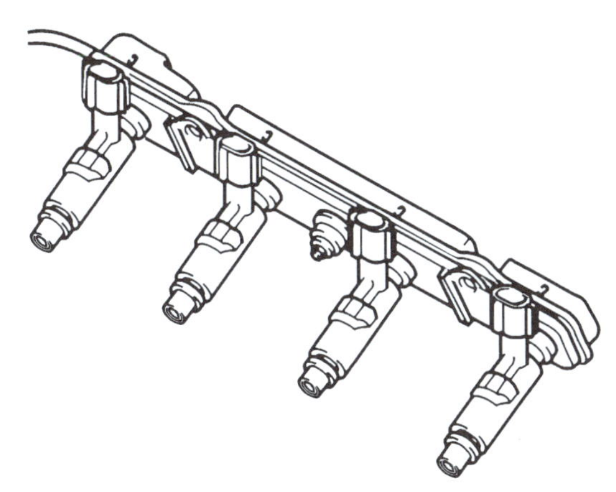

图 11.1-2 喷油器

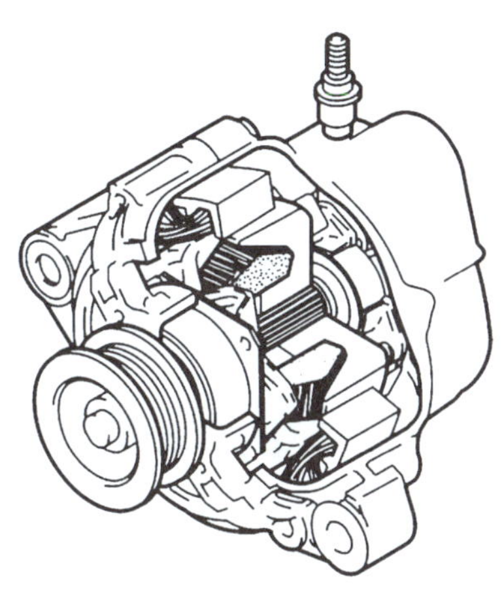

图 11.1-3 发电机

11.1.3 电的基本要素

所有的物质都是由原子所组成的，原子又由原子核和电子组成。金属原子中含有自由电子，自由电子易于自由地脱离原子核，金属原子内自由电子的流动即产生电流。因此，电路内的电流只不过是电子在导体中运动。在金属（导体）两端施加电压时，电子便从负极流向正极，电子流向与电流方向相反（图 11.1-4）。

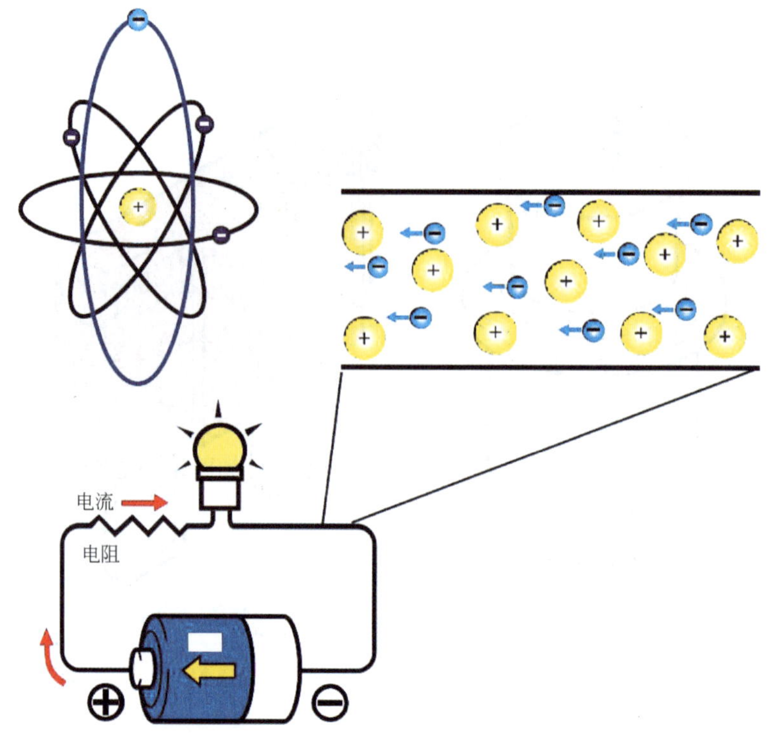

图 11.1-4　电的基本原理

 原子核； 自由电子

电包含的三个基本要素如下。

（1）电流　这是指流经电路的电量，单位为安培（A）。

（2）电压　这是使电流流过电路的一种压力，单位为伏特（V）。

（3）电阻　用来形容电子通过物体的困难程度，单位为欧姆（Ω）。

11.1.4　电的基本原理

电压、电流和电阻之间的关系可以用水流形象地说明问题。

（1）电压和电流　图 11.1-5 表示了水轮速度如何随左边水箱中的水容积的变化而变化。流向水轮的水流速度随水箱中的水压而变化，当水的这一现象用电来代替时也是同样的道理，即水容积（水压）类比电压，水流类比电流。

（2）电流和电阻（图 11.1-6）　水流的压力随着位于水箱和水轮之间的闸门的打开高度不同而变化，因此水轮的转速也随之变化，该闸门便相当于电路中的电阻。

（3）电流、电压和电阻（图 11.1-7）　增加水箱中水的容量可增加水轮的速度。另外，降低闸门的开度阻止水流，便减慢水轮的速度。因此，调节水压及闸门高度便可以将水轮控制在设定的速度运行。

同样，在电路中，改变电阻及电压值，可以对电路中各设备分配不同的做功量。

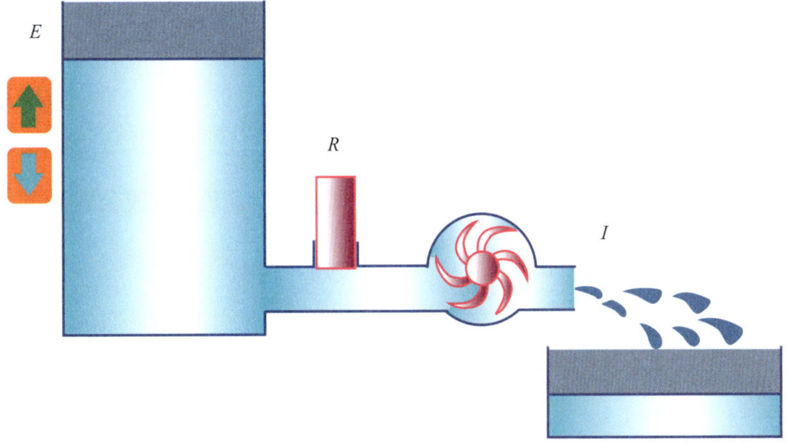

图 11.1-5　电压和电流

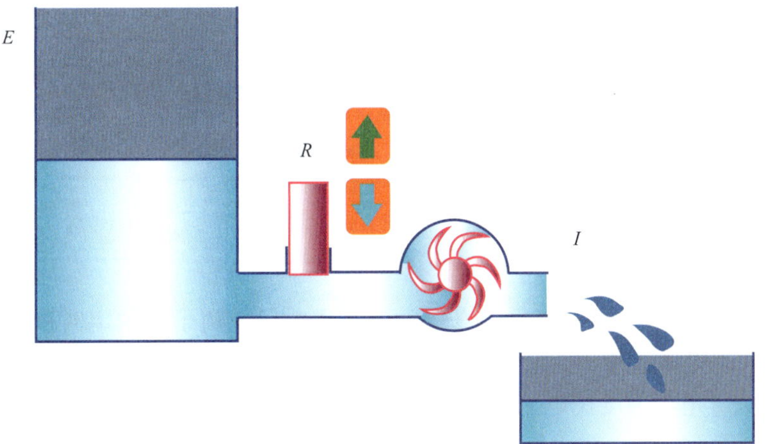

图 11.1-6　电流和电阻

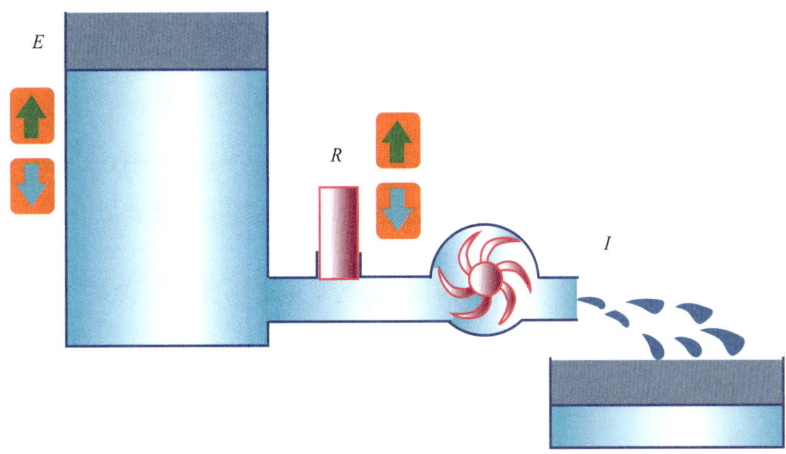

图 11.1-7　电流、电压和电阻

11.1.5 欧姆定律

电流、电压和电阻间存在以下关系。

增加电压可以增大电流；减少电阻可以增大电流。

欧姆定律：在电路中，电流与电压成正比，与电阻成反比。写成公式形式如下。

$$I=\frac{U}{R}$$

欧姆定律变形公式如下。

$$U = IR \quad R=\frac{U}{I}$$

式中 I——电流，A；

U——电压，V；

R——电阻，Ω。

11.2 电的基本知识

11.2.1 电流

电流是指电荷载体（例如物质或真空中的自由电子或离子）的定向移动。每个时间单位内流动的电子（电荷载体）数量就是电流强度，俗称电流。每秒钟内流经导体的电子越多，电流强度就越大。电流强度用电流表测量。

小贴士

1A 电流意味着 1s 内有约为地球总人口的一百万倍个电子通过。有不到 0.1A 的电流通过人体就足以造成严重伤害，可以想象电流是多么厉害！

以水塔为例，可以将电流比作从水塔到水龙头的水流。电压还是正负端之间的位差，电流是电的实际流动。在水塔的例子里，从水塔到地面的实际水流类似电流（图 11.2-1）。只有在受到电压作用时才会产生电流。

电流强度用字母“I”表示，电荷量使用“Q”（单位为库仑）表示。如果在 1s 内通过导体横截面的电荷量是 Q，则电流强度可用下式计算。

$$I=\frac{Q}{t}$$

电流强度的单位为安培，根据不同的需要，还可以用千安（kA）、毫安（mA）和微安（μA）表示，它们之间的关系如下。

$$1\text{kA}=1000\text{A}$$

$$1\text{mA}=10^{-3}\text{A}$$

$$1\mu\text{A}=10^{-6}\text{A}$$

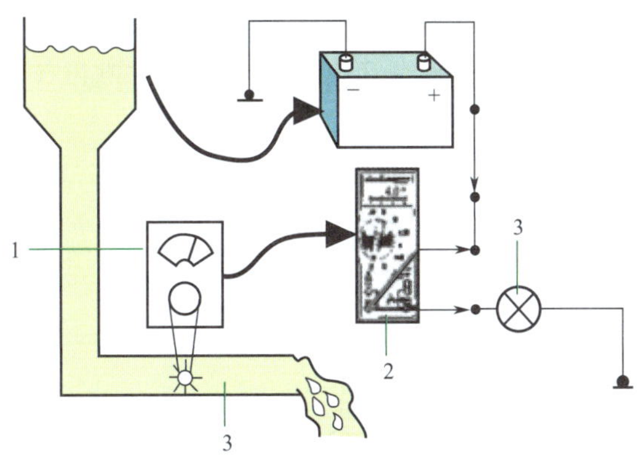

视频讲解

图 11.2-1　电流

1—电流；2—负荷；3—水流

11.2.2 电压

电压是指使电流流过导体的压力（电动势）。电压是由两个原子之间由于正负电荷量的失衡而具有的“电位差”形成的。

大多数汽车电路用蓄电池或发电机作电源，是 12V 电系，有的卡车用 24V 电系。随着汽车电子系统的发展，今后采用 24V 甚至 48V 电系的汽车会越来越多。

电压可以比作水塔内产生的水压。压力是由塔顶（相当于 12V）和塔底或地面（相当于 0V）之间的位差形成的。如果在蓄电池正极接线柱与底盘接地之间测量车用蓄电池产生的电压，会发现这两端之间的压差正是推动电流通过电路的电压（图 11.2-2）。

没有电压与接地的闭合回路就不会有电流。电压和电流合起来便可以做功，比如点亮灯泡或使电动机转动。

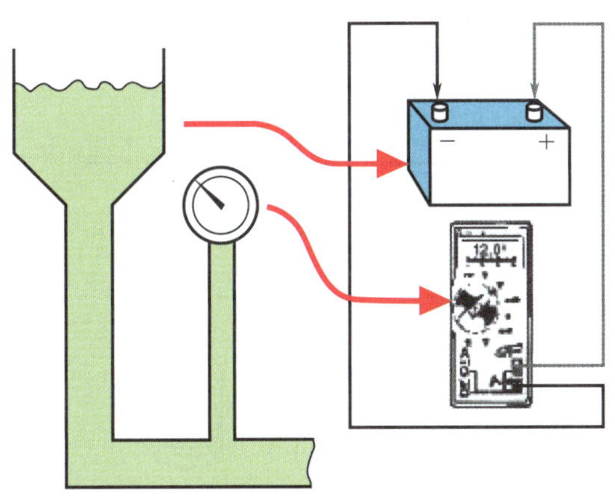

图 11.2-2　电压示意

11.2.3 电阻

电阻表示导体对电流阻碍作用的大小。导体的电阻越大，表示导体对电流的阻碍作用越大。电阻是导体本身的一种特性，不同的导体，电阻不同。

电阻的单位为欧姆，常用的电阻单位还有千欧（kΩ）、兆欧（MΩ），它们的换算关系如下。

$$1k\Omega=1000\Omega$$
$$1M\Omega=1000k\Omega$$

11.2.4 电位

电位是指该点与指定的零电位的电压大小差距。电压是指电路中两点的电位的大小差距。

电位的概念与高度有些相似，比如某楼多高，就是指它与地面的高度差，而某一层楼有 3m 高，就是指两个层面高度的差距。

11.2.5 电动势

（1）概念 电动势是描述电源性质的重要物理量，用字母“E”表示，单位为“V”。它是表示单位正电荷经电源内部，从负极移动到正极所做的功，它标志着电源将其他形式的能量转换成电路的动力，即电源供应电路的能力。

（2）电动势与电压区别

❶ 电动势和电压虽然具有相同的单位，但它们是本质不同的两个物理量。

❷ 电动势是电源具有的，是描述电源将其他形式的能量转化为电能本领的物理量；电压是反映电场力做功能力的物理量。

11.2.6 直流电

直流电如图 11.2-3 所示。

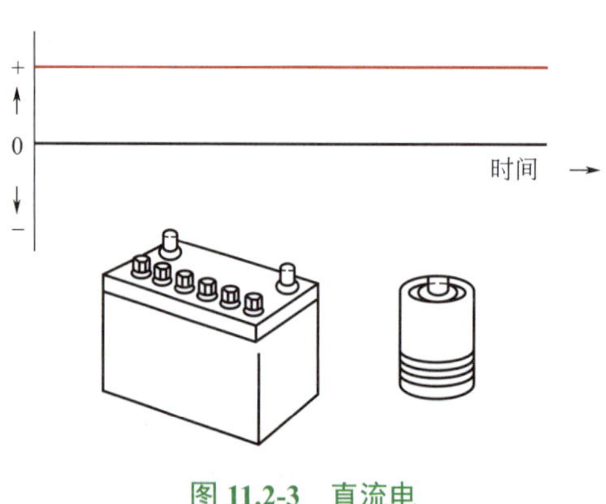

图 11.2-3 直流电

（1）直流电流 方向、大小保持不变的电流称为直流电流。最简单的情况是，电流流动不随时间而改变，这种电流称为直流电流（DC）。电流方向从正极流向负极。

（2）直流电压 电压值和极性保持不变的电压称为恒定（理想）直流电压。最常用的直流电压电源包括原电池（蓄电池）、相应的发电机（部分接有整流器）、光电池（太阳能系统）和开关模式电源。在技术领域还通常组合使用变压器和整流器。

11.2.7 交流电（图 11.2-4）

除直流电流外还有交流电流（AC）。交流电流是指以周期方式改变其极性（方向）和电流值（强度）的电流，该定义也适用于交流电压。交流电流的特点是其电流方向呈周期性变化。电流变化频率（通常也称为电源频率）表示每秒钟内电流朝相同方向流动的次数。家庭用的电及工业用的三相电源就是交流电的例子。

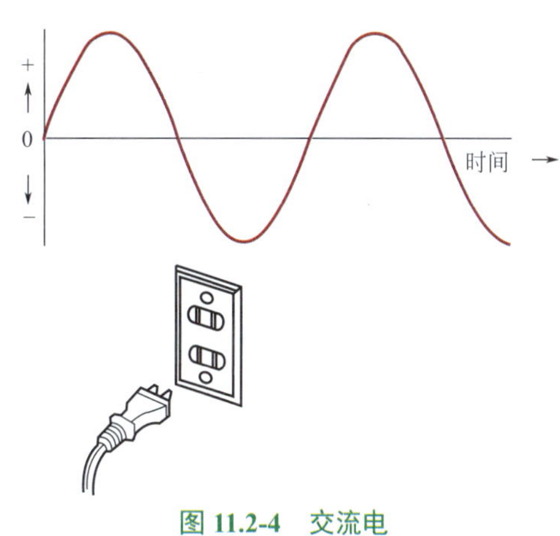

图 11.2-4 交流电

11.2.8 脉冲电流

方向不变而强度随时间作周期性改变的电流就是脉动电流，也称脉冲电流。

如果在一个电路中直流电源和交流电源可同时起作用，就会产生脉动电流。因此，周期电流是直流电流与交流电流叠加的结果。

11.3 电路连接的基本知识

11.3.1 概述

根据电气设备的连接方法，可分为串联电路和并联电路。

串联电路是多个用电器用一根电线逐个顺次连接。如图 11.3-1 所示，用水流来说明串联电路。此水流的特点是流过每个瀑布的水流量相等，也与源头流出的水量相等。

此外，三个单独的瀑布高度之和等于总水头高度。

并联电路连接方式是多个用电器并列连接起来。如图 11.3-2 所示，用水流来说明并联电路，所有瀑布高度都相等。

此外，流经各个瀑布的水量之和等于水源头流出的总水流量。

图 11.3-1　串联（电路）连接示意

图 11.3-2　并联（电路）连接示意

11.3.2　串联电路

串联电路是只有一个闭合路径供电流通过的电路。当电路中的开关闭合时，只有一条通路可以通过电流。串联电路是最简单的电路形式。

（1）串联电路中的电阻　串联电路的总电阻等于电路中各电阻之和（图 11.3-3），即 $R_0=R_1+R_2+R_3$。

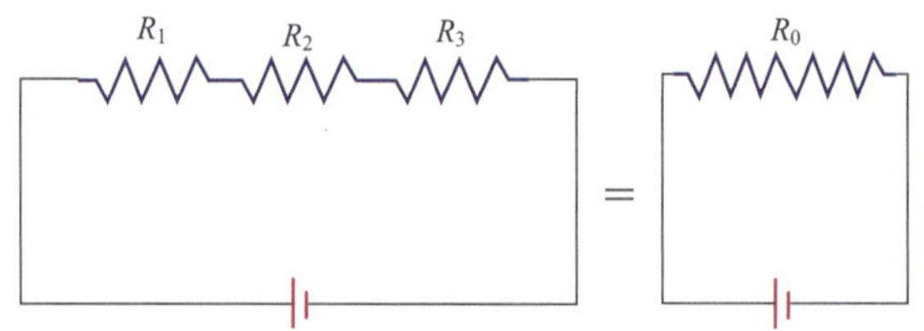

图 11.3-3　串联电路中的电阻

（2）串联电路中的电流　串联电路中流过每个电器件的电流与全电路中任意电器件中的电流均相等（图 11.3-4），即 $I_0=I_1=I_2=I_3$。

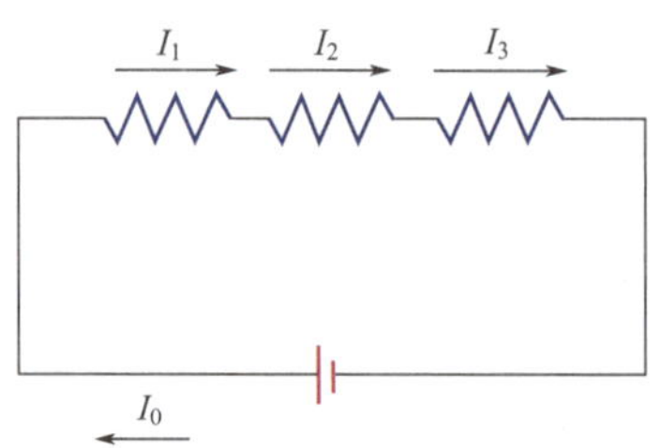

图 11.3-4　串联电路中的电流

（3）串联电路中的电压　电路中每个用电器上的电压降之和等于电源电压（图 11.3-5），即 $U_0=U_1+U_2+U_3$。

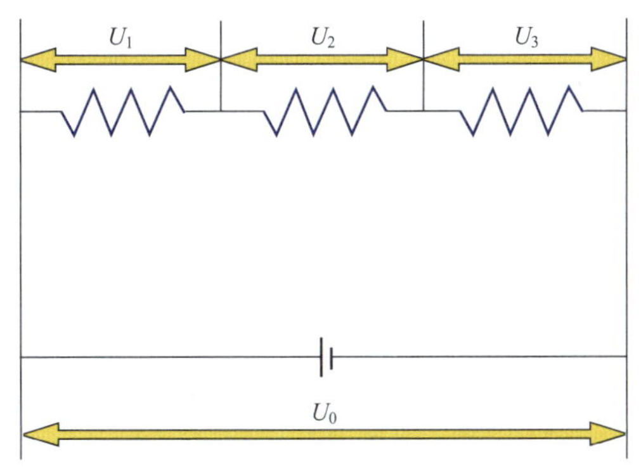

图 11.3-5　串联电路中的电压

11.3.3　并联电路

并联电路是有一条以上电流通路的电路。虽然电压、电流与电阻仍然影响并联电路，但与简单串联电路的影响不同。在并联电路中，每个分支上都加有蓄电池电压，增加分支不减少可用电压。换句话说，并联电路的每个分支犹如一个单独的串联电路。

大多数汽车电路都是并联电路。并联电路有一个很大的优点就是：如果一个负荷或分支呈高电阻，其他分支仍可正常工作。

（1）并联电路中的电压　加在并联电路每个分支上的电压与电源电压相等，如图 11.3-6 所示，各负荷的电压降也相等，即 $U_0=U_1=U_2=U_3$。

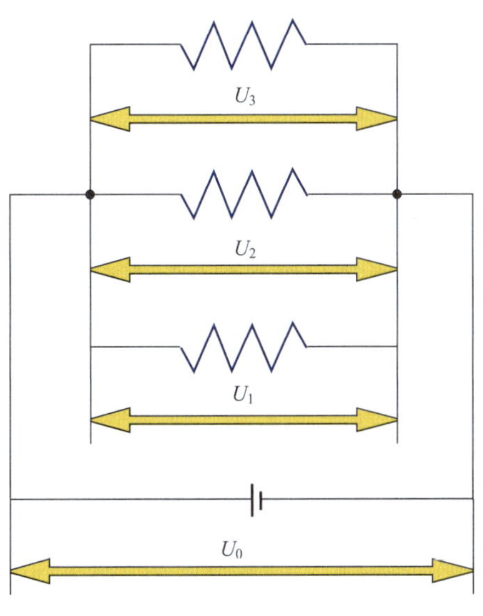

图 11.3-6　并联电路中的电压

（2）并联电路中的电流　当电路中包含多条通路时，每个分支的电流（与各分支的电阻有关）可能会不相同，但各分支的电压不变。如图 11.3-7 所示为典型的并联电路。电流在分接点处分成两个分支，每个分支都有自己的负荷与接地路径。在并联电路中，总电流等于各分支电流之和。因此在图 11.3-7 中，总电流等于 4A 加 2A，即 6A。

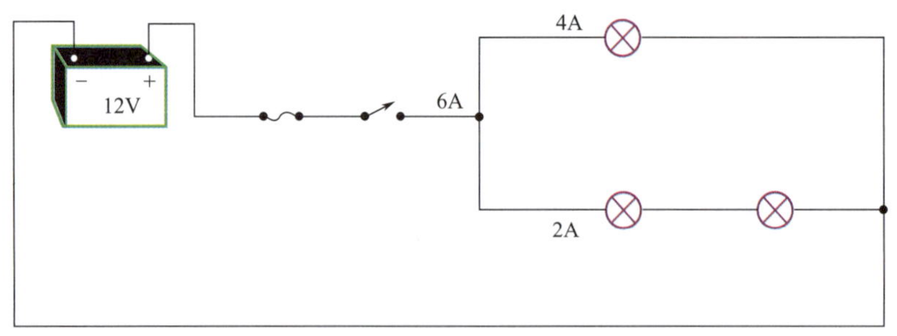

图 11.3-7　并联电路中的电流（一）

并联电路中流经各电器件的电流之和也等于总电流（图 11.3-8），即 $I_0=I_1+I_2+I_3$。

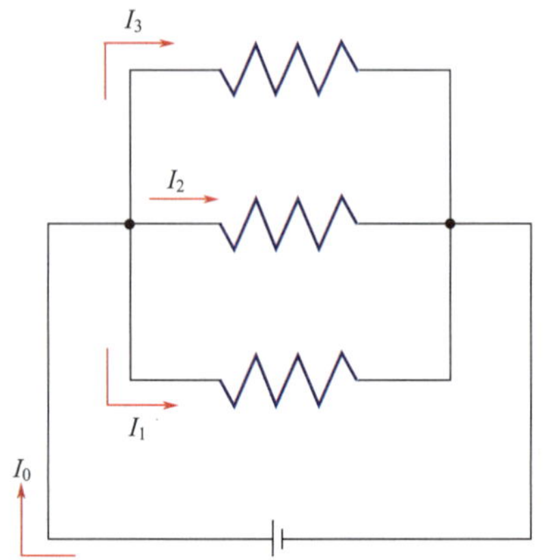

图 11.3-8　并联电路中的电流（二）

维修贴

在并联电路中，增加分支和并联的负荷会使总电流加大，因为有更多的通路可使电流通过，并联电路的这个特点说明了为什么车上加装其他装置可能会引起问题。

在现有电路中不正确地搭接这类装置（立体声音响、警报器等），可能会使电流过大而致电路熔丝熔断。

（3）并联电路中的电阻　计算并联电路中的总电阻要稍微困难些。有时求并联电路中的总电阻不太实际，因此最好记住并联电路的总电阻比最小的分支电阻还小。如图 11.3-9 所示电路中，最小的电阻为 6Ω，总电阻为 4Ω。

实际计算时，可以用电路的电源电压除以各分支电流之和。电源电压为 12V，一个分支电流为 2A，另一个分支电流为 1A，总电流为 1A+2A=3A，12V/3A=4Ω（电路总电阻）。

如图 11.3-10 所示，R_0 比 R_1、R_2、R_3 中最小的电阻还要小。整个电路的总电阻用以下公式计算。

$$R_0=\cfrac{1}{\cfrac{1}{R_1}}+\frac{1}{R_2}+\frac{1}{R_3}$$

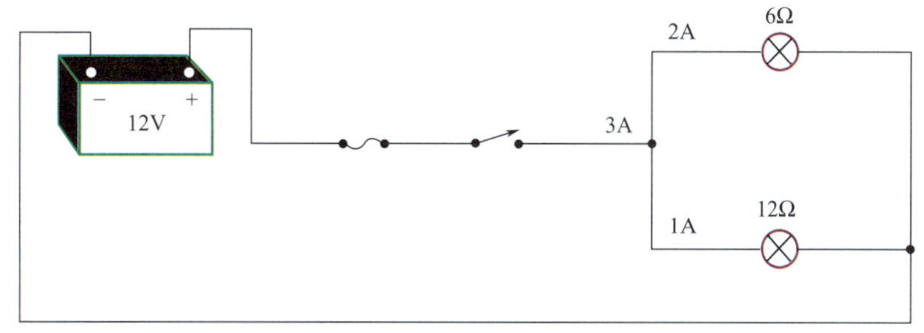

图 11.3-9　并联电路中的电阻（一）

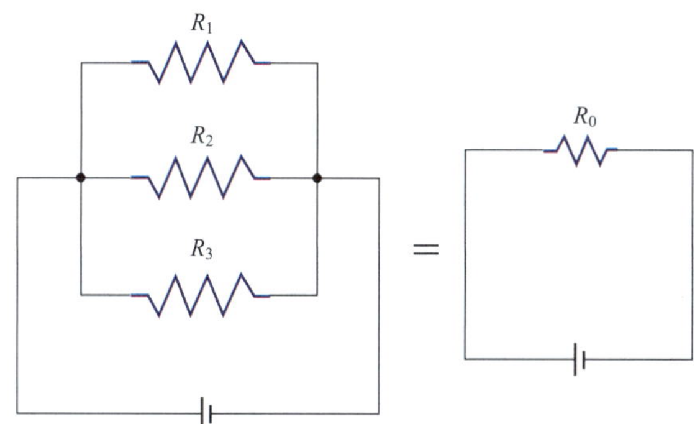

图 11.3-10　并联电路中的电阻（二）

11.3.4　混联电路

在电路中，将电气元件或者用电器串联和并联混合连接后构成的电路称为混联电路。

电阻的混联：一个电路中的电阻既有串联又有并联时，为电阻的混联。对于电阻混联电路，总电阻计算方法：首先计算出并联电阻的总电阻值，然后再求串联电阻与并联电阻的总电阻值之和。

11.4　常用电子元器件

11.4.1　电阻元件

（1）电阻　电阻阻碍或限制电流在电路中的流动。所有的电路中都有电阻。所有导体，如铜、银和金，都对电流有阻力。并不是所有的电阻都是有害的，在一个正常的照明灯电路中，灯泡的灯丝通常是唯一可测到的电阻。灯丝的电阻抵抗电流，使灯丝加热到白炽的程度。

三个因素可以影响电阻的大小：温度、导体长度和导体材料截面积。

电路中如有不需要的电阻会消耗电流，造成负荷工作不正常或根本不能工作。电路的电阻越大，电流越小。由图 11.4-1 可以看出电阻犹如水管中的一个缩颈。

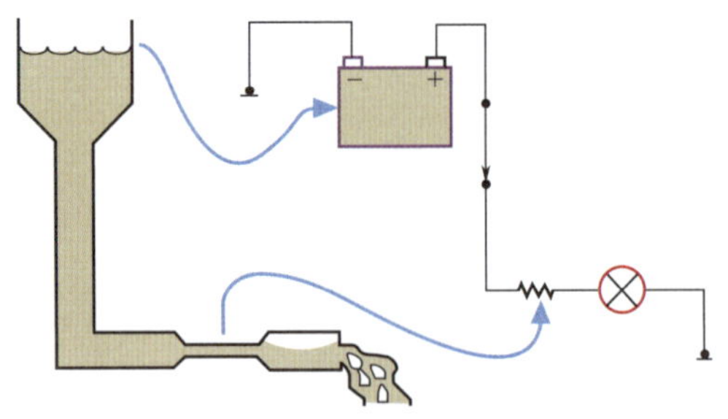

图 11.4-1　水管中的阻力与电路中的电阻

（2）作为元件使用的电阻　带有四个色环的电阻，其中第 1 环、第 2 环分别代表阻值的前两位数；第 3 环代表倍率；第 4 环代表误差（图 11.4-2）。快速识别电阻的关键在于根据第三环的颜色把阻值确定在某一数量级范围内。电阻值通过压印在电阻器上的数值或通过色环识别。电阻器的颜色代码见表 11.4-1。

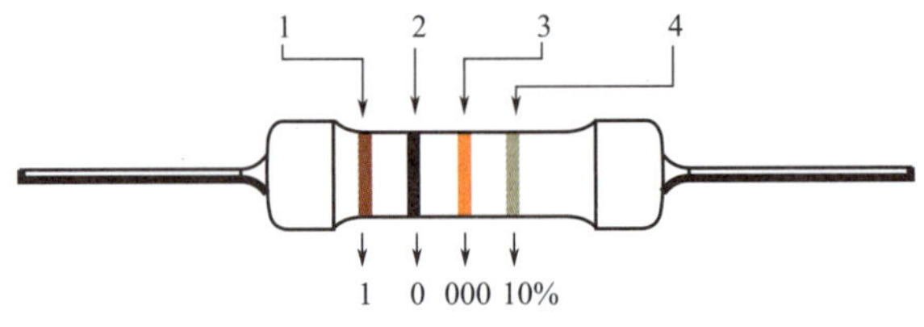

图 11.4-2　电阻

表 11.4-1　电阻器的颜色代码

颜色	第 1 环	第 2 环	第 3 环	第 4 环
	第 1 个数字	第 2 个数字	零的数量	公差 /%
黑色	—	0	无	—
棕色	1	1	0	±1
红色	2	2	00	±2
橙色	3	3	000	—
黄色	4	4	0000	—
绿色	5	5	00000	—
蓝色	6	6	000000	—
紫色	7	7	0000000	—
灰色	8	8	00000000	—
白色	9	9	000000000	—
金色	—	—	×0.1	±5
银色	—	—	×0.01	±10
无色	—	—	—	±20

由于在大多数情况下导线的电阻会带来不利影响，因此电子系统通常需要将电路电流限制在一个特定限值内。在此根据具体用途将相应类型和大小的电阻作为元件使用。由于电阻尺寸通常很小且不印出或很难看清电阻值，因此通常用色环来表示电阻值。电阻值解码见表 11.4-2。

表 11.4-2　电阻值解码

颜色	数值				解码
棕色	1				=10kΩ
黑色		0			
橙色			000		
银色				10	总计 10%

每种颜色都代表一个特定的电阻值，因此可以通过计算色环数值总和得到电阻值。电阻上注明的电阻值仅适用于温度 20℃的条件。之所以有这种限制，是因为所有材料的电阻值都会随温度而变化。

（3）NTC 热敏电阻器　非金属物质具有热敏电阻特性，即其电阻值随温度升高而降低（图 11.4-3），故称为 NTC 热敏电阻器，其中，NTC 表示“负温度系数”。电阻器可通过电流固有的加热特性直接加热，也可通过外源间接加热。

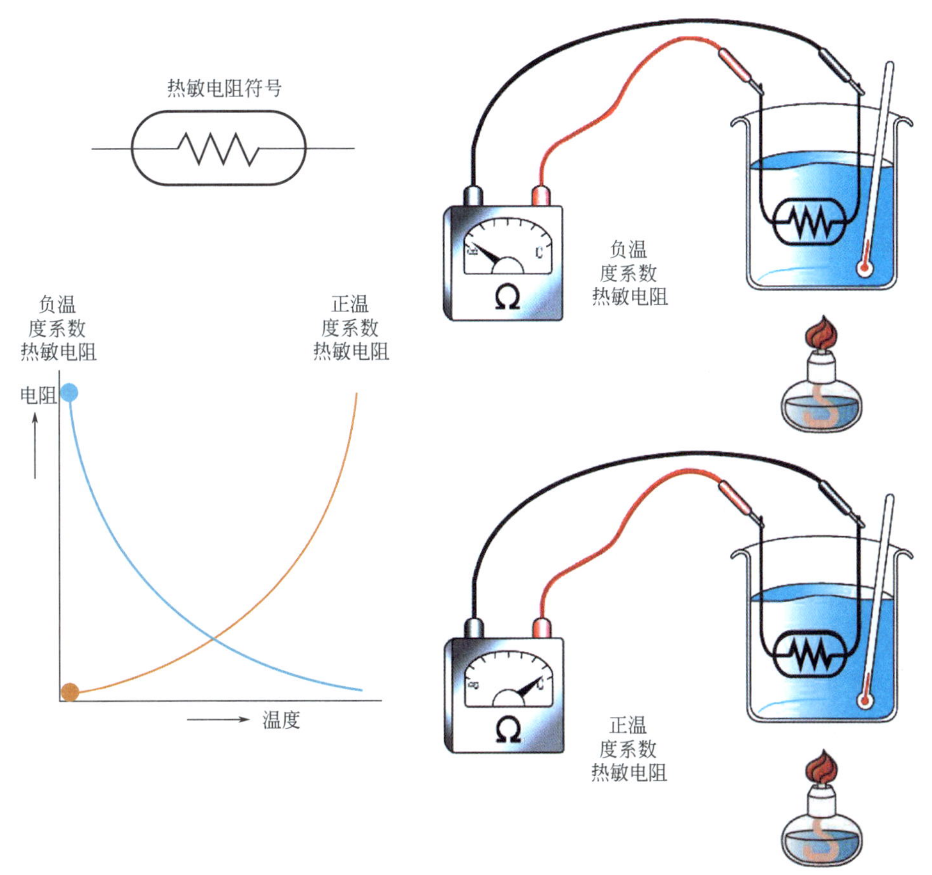

图 11.4-3　NTC 热敏电阻特性

在车辆内，NTC 热敏电阻器用于测量温度，例如冷却液温度、进气温度、车内温度和车外温度。NTC 热敏电阻器如图 11.4-4 所示。

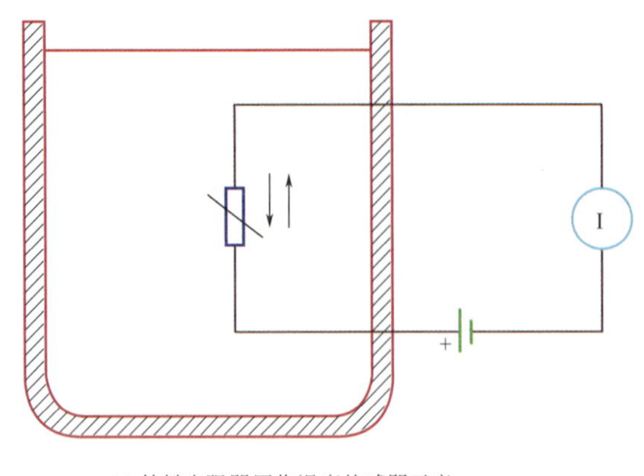

(a) 热敏电阻器用作温度传感器示意

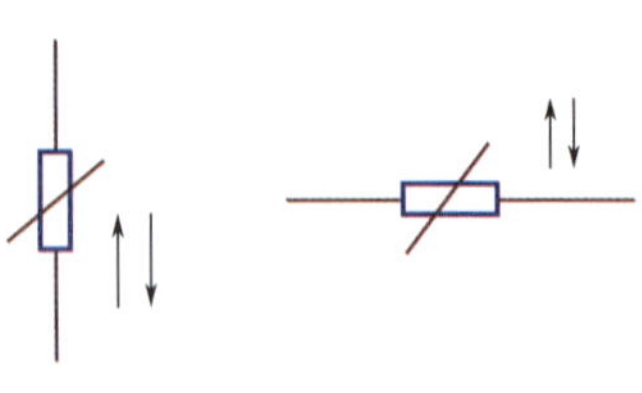

(b) NTC热敏电阻器的电路符号

图 11.4-4　NTC 热敏电阻器

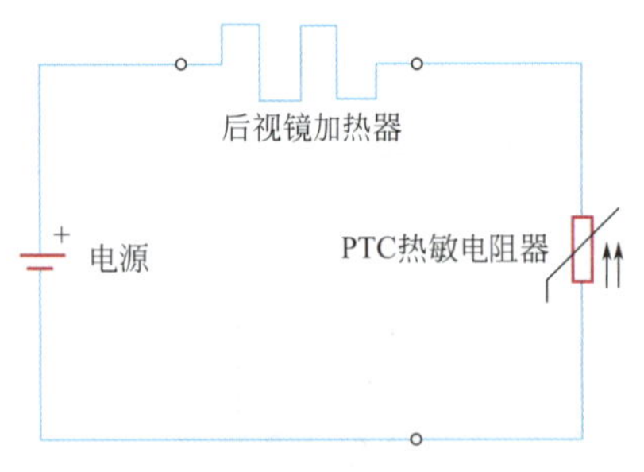

图 11.4-5　车外后视镜内加热控制电路

（4）PTC 热敏电阻器　PTC 热敏电阻器的阻值随温度升高而增加，因此这种热敏电阻器的温度系数称为正温度系数。这表示，该电阻器在低温条件下比高温条件下能够更有效地导电。

PTC 热敏电阻器在汽车中的应用：PTC 热敏电阻器用作空调系统内风扇电动机的过载保护装置，也用来控制车外后视镜内的加热电流。例如，PTC 热敏电阻器用来监控燃油箱中的燃油储备量。车外后视镜内加热控制电路如图 11.4-5 所示。

（5）LDR 光敏电阻器

光敏电阻器是可以在光线影响下改变自身阻值的光敏半导体组件。

LDR 光敏电阻器在汽车中的应用：在自动防眩车内后视镜中，两个 LDR 分别测量行驶方向的入射光线和其他方向的入射光线并将它们进行比较。

维修贴

测量电阻时，用欧姆表测量（万用表的测量电阻挡）。在大多数情况下使用多量程测量仪（万用表），以免出现读数错误和不准确。测量电阻时要注意以下几点。

① 测量期间不得将待测部件连接在电压电源上，因为欧姆表使用本身的电压电源并通过电压或电流确定电阻值。

② 待测部件必须至少有一侧与电路分离，否则并联的部件会影响测量结果。

③ 极性无关紧要。

11.4.2 电感元件

（1）汽车线圈和电感元件 在车辆电气系统上线圈有多种用途，例如用作点火线圈、用于继电器和电动机内。在车辆电子系统上，线圈用于感应式传感器内，例如曲轴和凸轮轴传感器。线圈也可以用于输送能量（如变压器）或进行过滤（如分频器）。在继电器内利用线圈的磁力切换开关。

（2）磁力线圈和电磁感应 基本线圈是指缠绕在一个固体上的导线，但不一定要有这个固体，它主要用于固定较细的导线。线圈用在变压器、继电器和电动机内。

有电流经过线圈时，就会产生磁场。线圈将电能存储在磁场中。切断电流时，磁能重新转化为电能，产生感应电压。线圈最重要的物理特性是其电感。但除了电感外，实际线圈还具有其他一些（通常是不希望出现的）特性，例如电阻或电容。通过在线圈中放入一个铁芯可使磁场强度增大很多倍。铁芯不是电路的一部分，带有铁芯的线圈称为“电磁铁”。

（3）电感原理（图 11.4-6） 简单地说，电感对磁场变化（建立和消失）的反作用与物理学中的惯性原理相似。

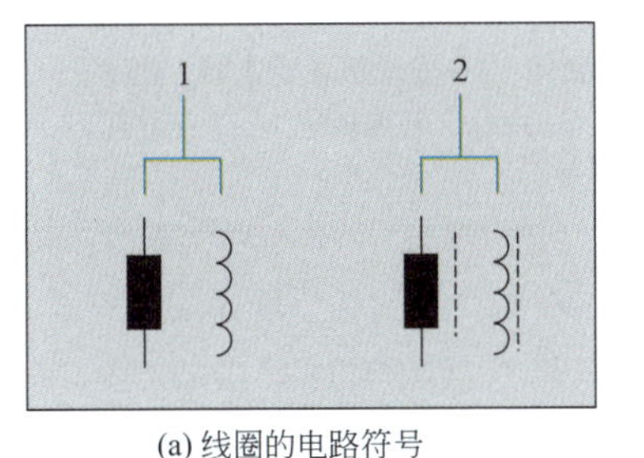

(a) 线圈的电路符号

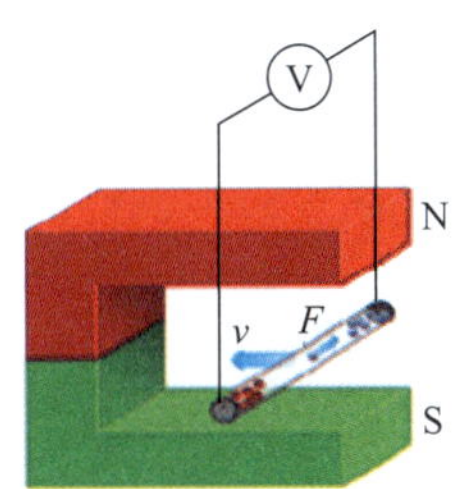

(b) 电磁感应

图 11.4-6 电感原理

当电导体或线圈在磁场中移动时，如果移动速度不断变化，那么线圈周围就会产生一个不断变化的磁场，于是就会在导体或线圈内产生一个电压；如果电导体或线圈不动，而磁场强度改变，导体或线圈内也会产生电压。这两种现象都称为电磁感应，产生的电压称为感应电压，产生该电压的目的在于抵消电流变化。感应电压的大小取决于磁场强度（绕组数量 N、电流强度 I 和线圈结构）。

（4）电磁感应在汽车上的应用 感应式传感器根据感应原理工作，为此主要需要一个线圈（绕组）、一个磁场并需要导体或磁场“移动或变化”。通过这种测量原理能够以非接触（因此也不产生磨损）方式测量角度、距离和速度。

以汽车上的感应式脉冲曲轴位置传感器为例。它用于测量发动机转速，由一个永久磁体和一个带有软铁芯的感应线圈构成。飞轮上装有一个齿圈作为脉冲传感器。在感应式传感器与齿圈之间只有一个很小的间隙。经过线圈的磁流情况取决于传感器对面是间隙还是轮齿。轮齿将散乱的磁流集中起来，而间隙则会削弱磁流。飞轮及齿圈转动时，就会通过各个轮齿使磁场产生变化（图 11.4-7）。

磁场变化时在线圈内产生感应电压。每个单位时间内的脉冲数量是衡量飞轮转速的标准。控制单元也可以通过已知的齿圈齿隙确定发动机的当前位置。通常使用 60 齿距的脉冲信号轮，缺少一个或两个轮齿的部位定为基准标记。

发动机转速是计算空燃混合气和进行点火调节的主要控制参数。现在用霍尔传感器取代感应式脉冲传感器作为曲轴传感器的情况越来越多。

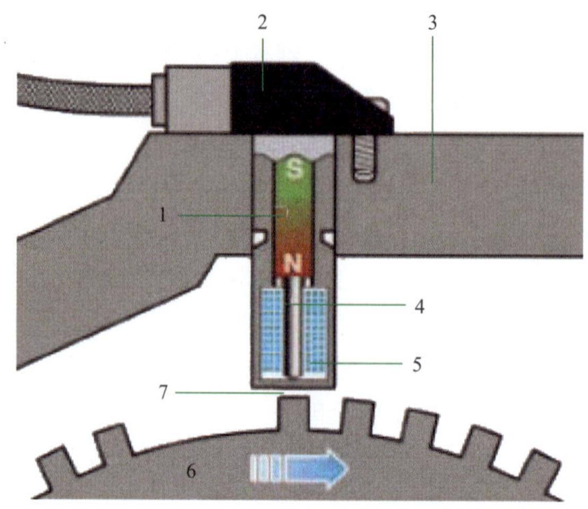

图 11.4-7 汽车发动机曲轴位置传感器

1—永久磁铁；2—传感器壳体；3—发动机（变速器）壳体；4—软铁芯；5—线圈；6—齿隙（基准标记）；7—间隙

11.4.3 电容元件

（1）电容器的作用 电容器和电阻在汽车中大量使用，汽车上的控制模块都离不开电容器。

电容器充满电时，即使之后电压电源仍保持连接状态，也不再有电流流过（电流表显示 0）。随后电容器阻断直流电流，即电容器电阻变为无限大。

电容器与直流电压电源断开后仍保持充电状态，即两个金属板之间存在电势差，电容器存储了电能。

电容器（图 11.4-8）是一个能够存储电荷或电能的元件。最简单的电容器由两个对置的金属板和金属板之间的一个绝缘体组成。

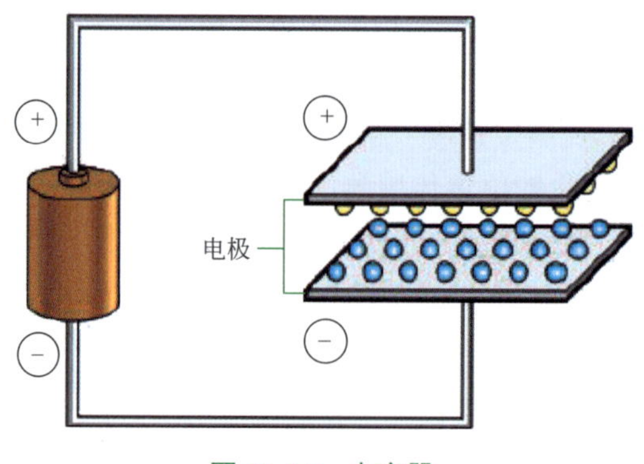

图 11.4-8 电容器

○带正电的；●带负电的

（2）电容器的特性 通过改变开关位置使电容器短路时，放电电流朝反方向流动。直至两个金属板重新为电中性，或电阻内的电能转化为热能时，放电电流停止流动。

❶ 电容器充电过程开始时的电流较高，而开始时的电压较低或为 0。随着电容器充电过程的进行，电流越来越低，电压越来越高。

❷ 电容器充满电时不再有电流经过，电压达到电压电源值。

❸ 电容器开始放电时电流较高，但与充电时的流动方向相反。电压开始时为最大值，然后随电容器放电而不断降低。电容器完全放电后不再有电流经过，电容器金属板之间没有电势差。如果单位时间内充电和放电过程的数量增加，例如施加交流电压，则单位时间内的充电和放电电流数值就会增大，因此单位时间内的电流平均值会增大，电容器内的电流也变大，即电容器电阻明显减小（电容性电抗）。电容器在车辆上作为短时电荷存储器使用，用于电压滤波和减小过压峰值（图 11.4-9）。

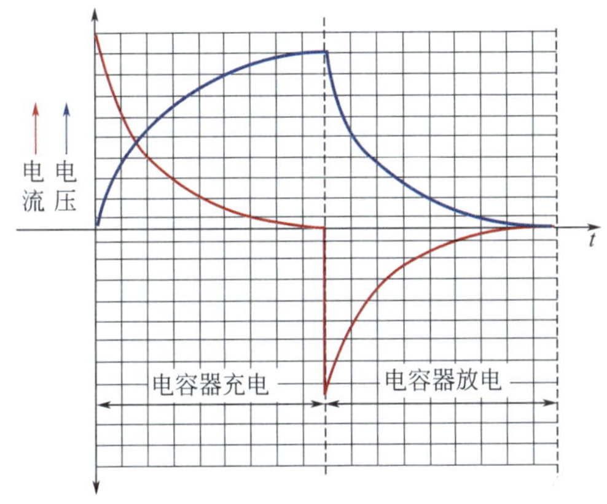

图 11.4-9　电容器充电 / 放电期间电流的电压和电流曲线特性示意

（3）电容器在汽车上的应用 如图 11.4-10 所示为汽车车内照明灯关闭延迟电路。电容器 C 与继电器的线圈并联在一起，因此，释放开关后仍有电流通过继电器，从而通过照明灯。通过继电器的励磁线圈使电容器放电后，继电器就会关闭照明灯电路，照明灯电流在开关释放后延迟一小段时间才中断。

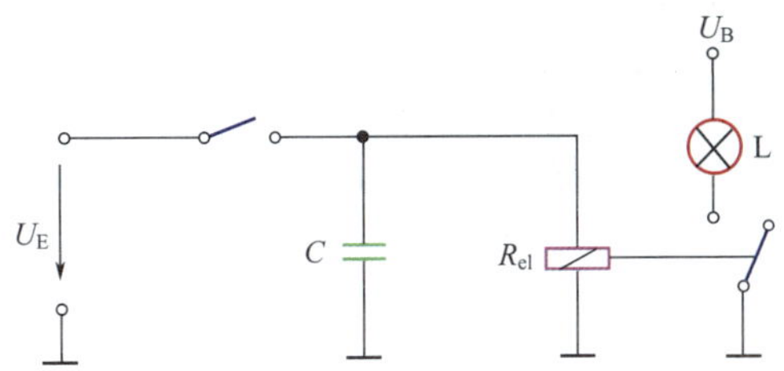

图 11.4-10　汽车车内照明灯关闭延迟电路

11.4.4　半导体元件

半导体是指电导率处于强导电性金属与绝缘体之间的材料。

二极管是一种由两种不同半导体区域（即 P 层和 N 层）构成的电子元件。使用塑料或金属外壳对半导体晶体进行保护，以免受到机械损伤。两种半导体层与外部进行电气连接。P 层形成阳极，而 N 层形成阴极。二极管结构和电路符号如图 11.4-11 所示。

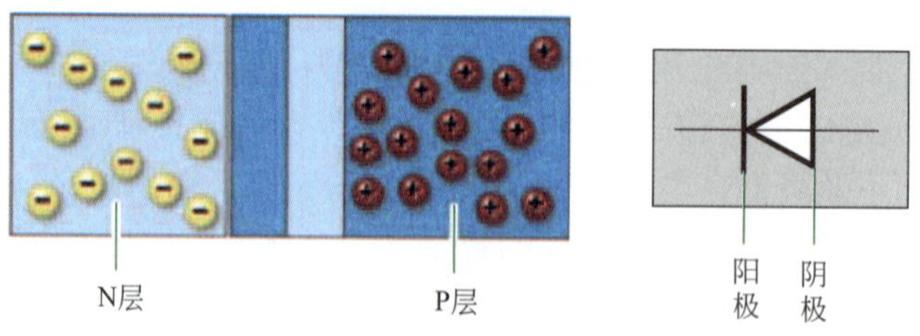

图 11.4-11　二极管结构和电路符号

维修贴

检查二极管最好的方法是检测二极管的单向导电特性。

用万用表检测二极管的电阻，如果二极管正极的电阻比较小，反向电阻比较大，说明二极管是良好的；如果二极管正反向电阻都比较大或比较小，那么可以判断二极管是损坏的。

（1）发光二极管（图 11.4-12）　发光二极管（LED）是 P-N 结二极管，当发光二极管正向导通时能够发光。

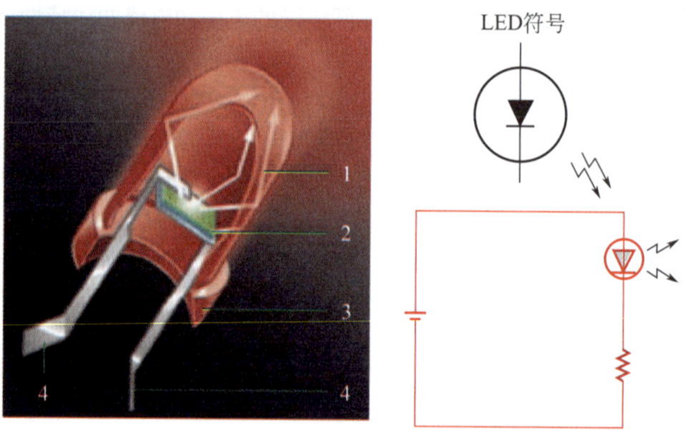

图 11.4-12　发光二极管

1—发光光线；2—P-N 结；3—壳体；4—接头

特性：比普通的灯泡发热小，寿命长；以低功率消耗发出亮光；只需较低电压即可工作。

LED 必须始终与一个电阻串联在一起，以便限制经过发光二极管的电流。

一个 LED 的 N 层掺杂较多时，P 层的掺杂只能较少。这样二极管接入流通方向时，电流几乎只通过电子运载。P 层内出现空穴与电子结合（复合）的情况时，释放出能量。根据具体半导体材料，这种能量以可见光或红外辐射形式释放出来。由于 P 层非常薄，因此可能有光线溢出。

（2）光敏二极管 光敏二极管是 P-N 结二极管（图 11.4-13），由半导体和透镜组成。如果在有光线照射的光敏二极管上加上反向电压，则反向电流就会通过。它的电流强度的变化与照在光敏二极管的光线多少成比例。当在光敏二极管上加上反向电压时，通过测试它的逆向电流的多少就可确定光照量的多少。

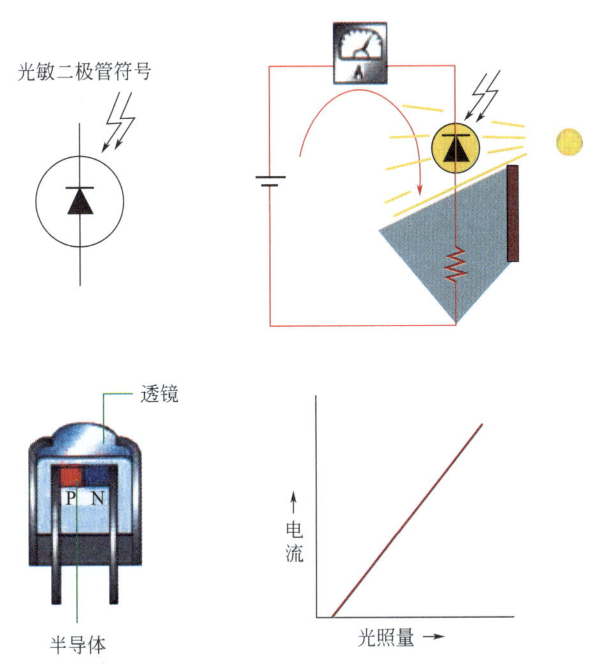

图 11.4-13 光敏二极管

（3）稳压二极管 将稳压二极管（又称齐纳二极管）接入阻隔方向。如果在阻隔方向上超过一个特定的电压，电流就会明显提高，二极管即可导电。通过提高掺杂物质的含量可使阻隔层变得很薄，因此电压为 1 ～ 200V 时就会击穿（图 11.4-14）。为了在出现击穿电压时电流迅速升高而不会造成二极管损坏，必须通过一个相应的电阻限制电流。稳压二极管在车辆电子系统中用于稳压和限制电压峰值。

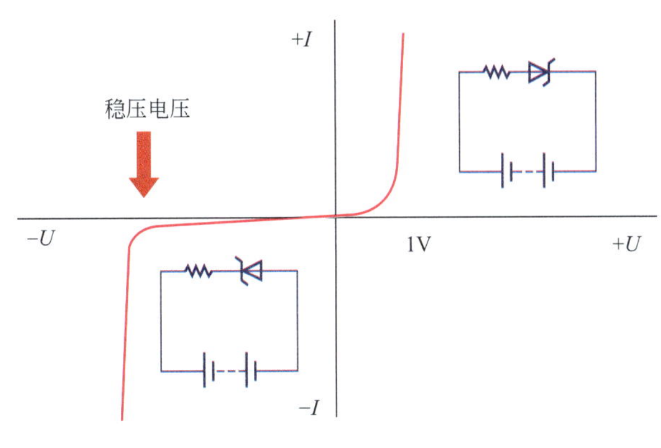

图 11.4-14 稳压二极管特性

维修贴

稳压二极管（齐纳二极管）反向导通的电压为齐纳电压。齐纳电压的特性是无论电流强弱，都能够保持工作常量电流。

齐纳二极管可以根据其具体应用不同产生不同的齐纳电压。

（4）整流二极管 整流二极管是利用 P-N 结的单向导电特性，把交流电变成脉动直流电。因流过整流二极管的电流较大，故多采用面接触性材料封装的二极管。另外，整流二极管的参数除前面介绍的几个外，还有最大整流电流，是指整流二极管长时间工作所允许通过的最大电流值。它是整流二极管的主要参数，是选择整流二极管的主要依据。

（5）晶体管 晶体管是由三个半导体层组成的电子元件，又称三极管。每个半导体层都各有一个电气接头。根据半导体层的分布方式分为 PNP 晶体管和 NPN 晶体管。这三个半导体层及其接头称为发射极（E）、基极（B）和集电极（C）。电荷载体从发射极移动到基极（发射出去）并由集电极吸收。因此晶体管有两个 P-N 结，一个位于发射极与基极之间，另一个位于集电极与基极之间。晶体管结构见图 11.4-15。

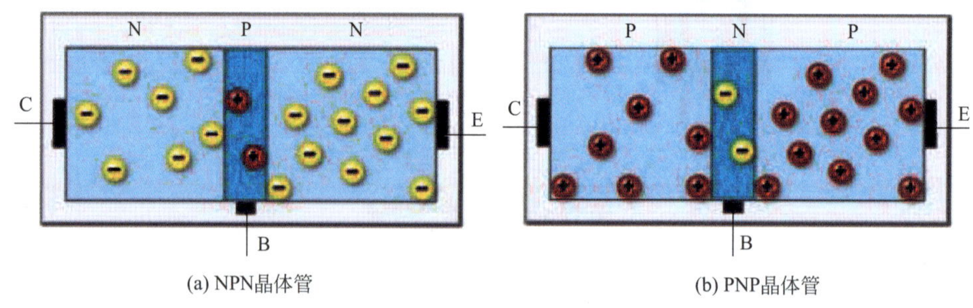

图 11.4-15 晶体管结构

特性：在普通三极管中，集电极电流 I_C 和基极电流 I_B 的关系如图 11.4-16 所示。普通三极管有两个基本的应用功能，“A”部分可以作为信号放大器，“B”部分可以作为开关。

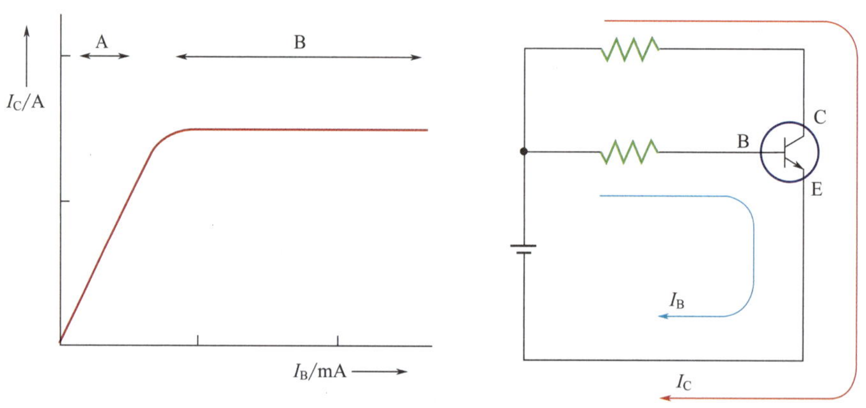

图 11.4-16 三极管特性

信号放大：在 A 的曲线部分，集电极电流是基极电流的 10 ～ 1000 倍。因此输入信号被放大后，只要把三极管的电信号“B”基极作为输入时，它就是输出端的输出。

开关功能：在三极管中没有 I_B 的流动，就没有 I_C 的流动，因此可根据基极电流的开和关来控制集电极电流的开和关（I_B）（图 11.4-17）。三极管的这种特性可以被用作继电器开关。

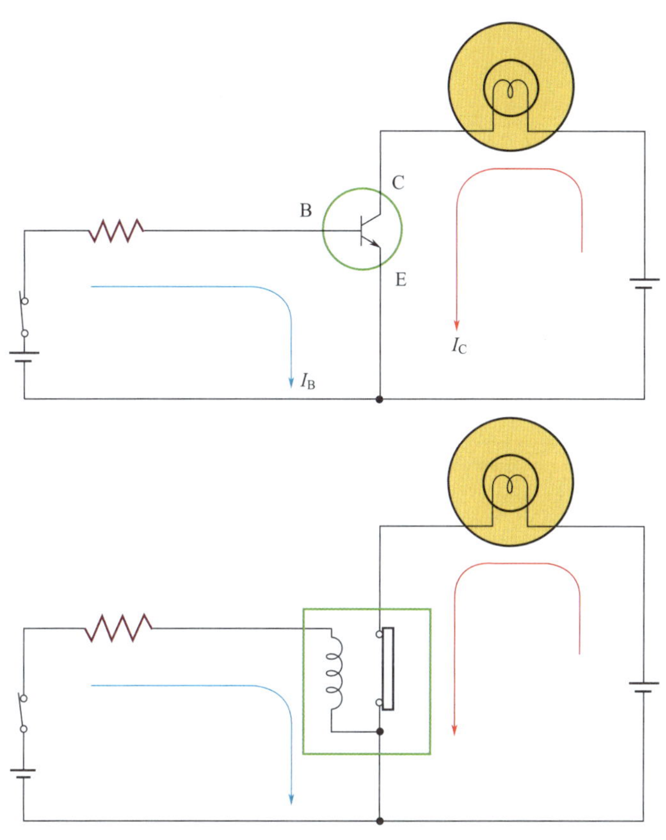

图 11.4-17　三极管开关功能

三极管用于数字电路举例，如图 11.4-18 所示。

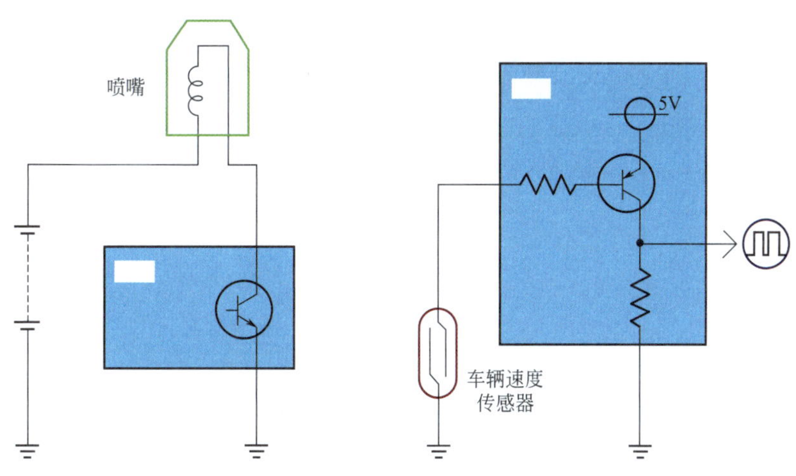

图 11.4-18　三极管在汽车上的应用

（6）光敏三极管（图 11.4-19） 当光敏三极管接收到光时而集电极加电源正极、发射极接地，这时就会产生电流通过电路。通过电路的电流强度是根据光敏三极管上的光照量而变化的。

因此，照在光敏三极管上的光照量和普通三极管通过基极电流的光照量有同样的功能。

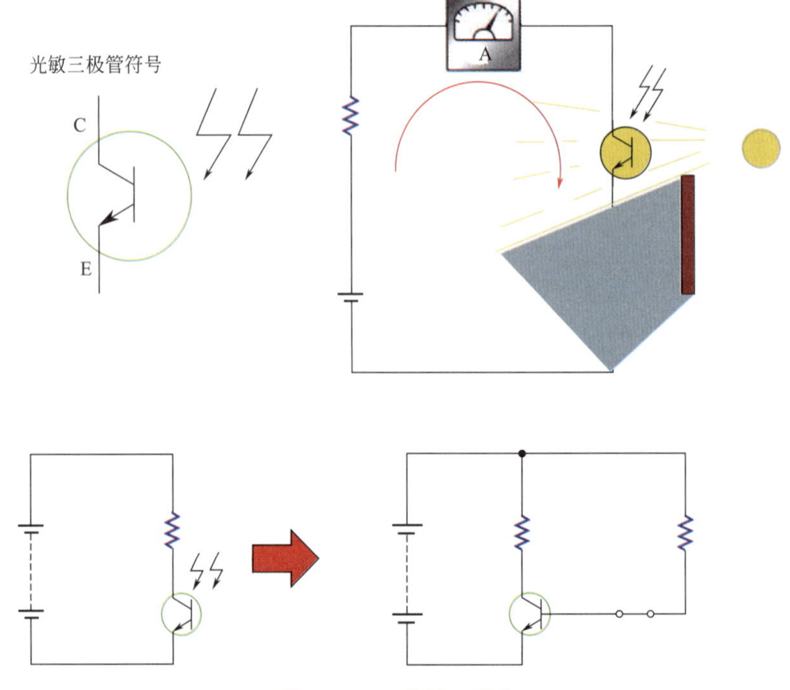

图 11.4-19 光敏三极管

如图 11.4-20 所示，在汽车中光敏三极管用于减速传感器等。

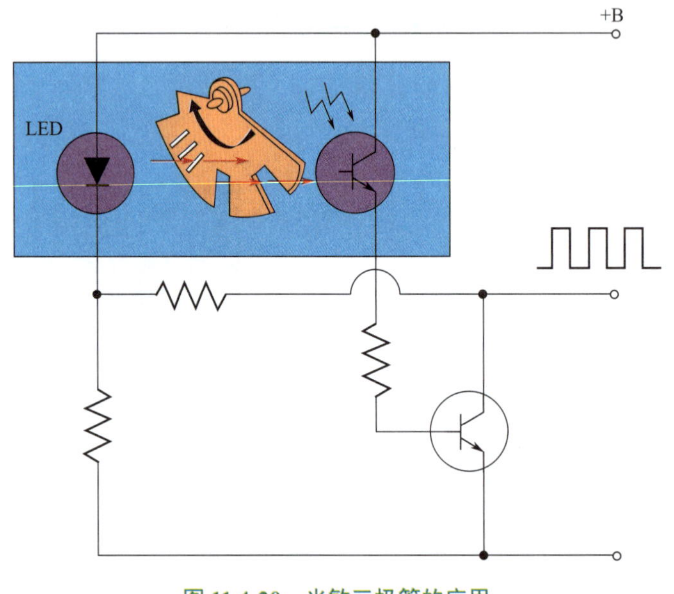

图 11.4-20 光敏三极管的应用

11.4.5 压电元件

压电元件的电阻值是根据它受压或张紧程度而变化的，有些压电元件能产生电压（图 11.4-21）。

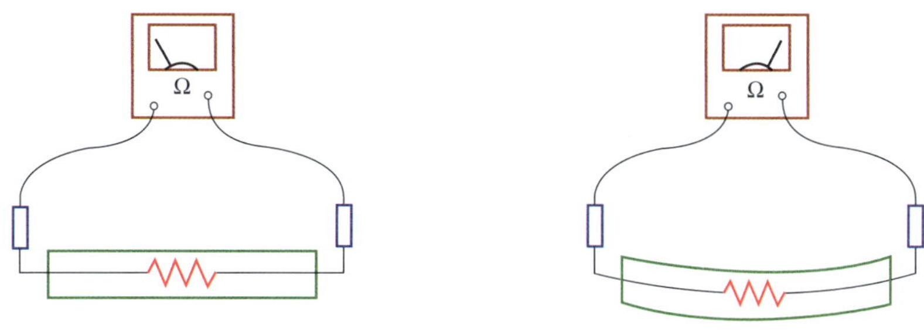

图 11.4-21 压电元件特性

11.4.6 磁阻元件

当磁场加在磁阻元件上时，磁阻元件的电阻值会变化（图 11.4-22）。

因为这些元件的电阻值变化很小，所以用在集成电路中加以放大。这些电阻值可以转变为脉冲和模拟信号，以便把它们用作传感器信号。

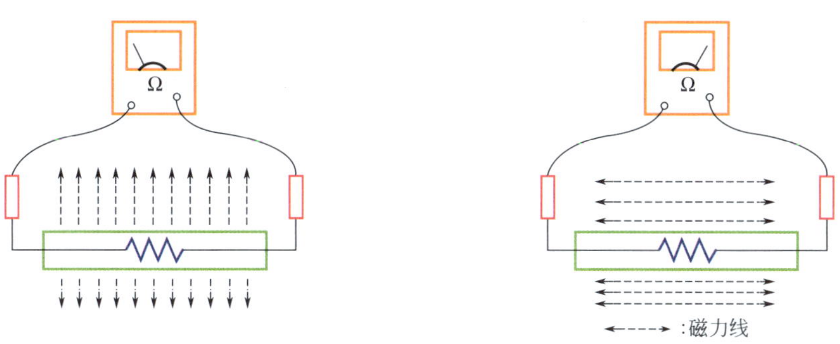

图 11.4-22 磁阻元件特性

11.5 常用电气元件

11.5.1 开关

11.5.1.1 概述

汽车上有些开关是手动操作的，另一些开关则通过感测压力或温度而自动地操作。

汽车上的开关除了操作控制系统外，还可以断开或闭合电路，将灯光接通或断开

（图 11.5-1）。

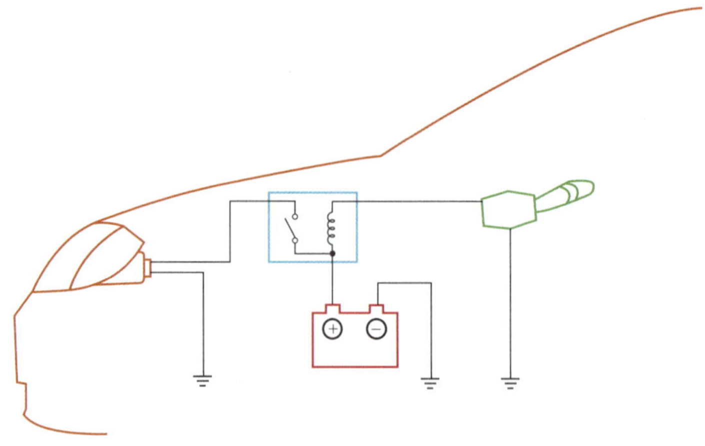

图 11.5-1 开关和继电器

11.5.1.2 开关类型

手动操作的如旋转式开关、按钮开关、交互转换开关、操作杆式开关等；由温度或电流的变化操作的开关，如温度检测开关、电流检测开关等；由液位改变操作的开关等。

（1）旋转式开关 如点火开关（图 11.5-2）。

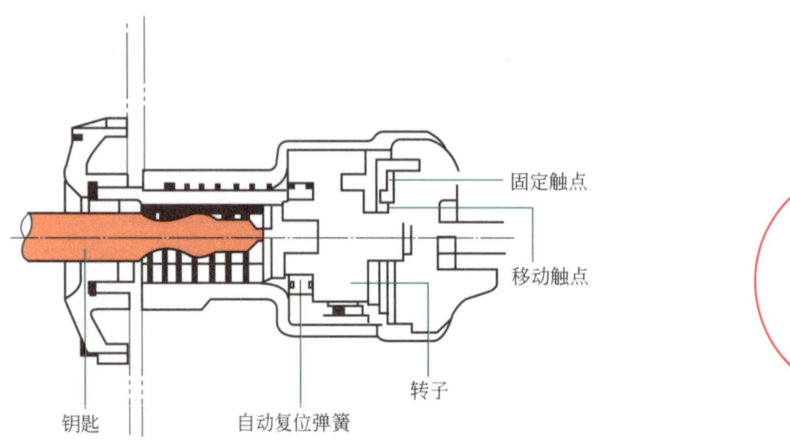

图 11.5-2 点火开关（一）

点火开关用于接通和切断点火开关电源，接通和关闭发动机，打开和锁止方向盘。

❶ 如图 11.5-3 所示，点火钥匙处于 0 位置时，关闭点火开关，发动机熄火，同时啮合方向盘锁止机构，锁止方向盘。拔出点火钥匙后应转动一下方向盘，直至听到方向盘锁止机构的啮合声，确保锁止方向盘。

❷ 如图 11.5-3 所示，点火钥匙处于 1 位置时，接通点火开关。如果钥匙难以或无法自位置 0 拧至位置 1，则应来回转动方向盘，使方向盘锁止机构分离。

❸ 如图 11.5-3 所示，点火钥匙处于 2 位置时，启动发动机，此时，汽车内的大功率耗电设备将被暂时关闭。如果一次启动未能成功，再次启动前必须将点火钥匙拧回至位置 0 。

（2）**按钮开关** 如危险警报灯开关（图 11.5-4）。

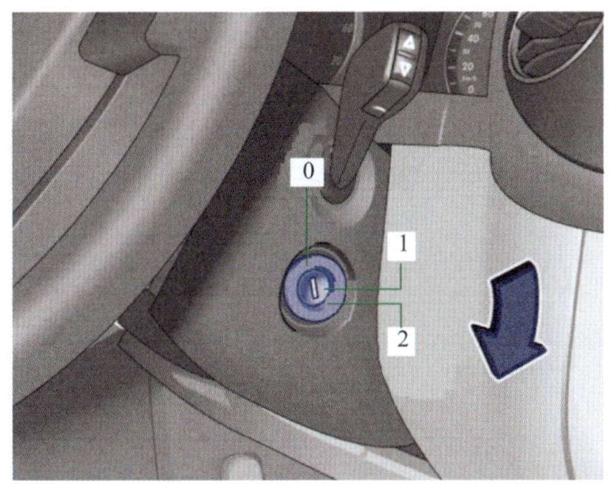

图 11.5-3 点火开关（二）

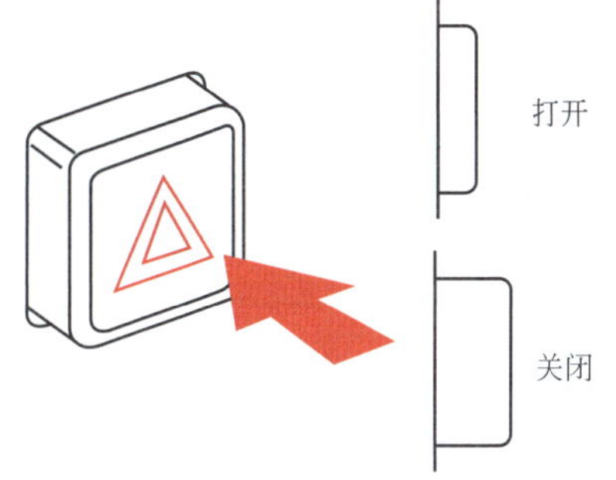

图 11.5-4 危险警报灯开关

（3）**交互转换开关** 如门锁开关（图 11.5-5）。

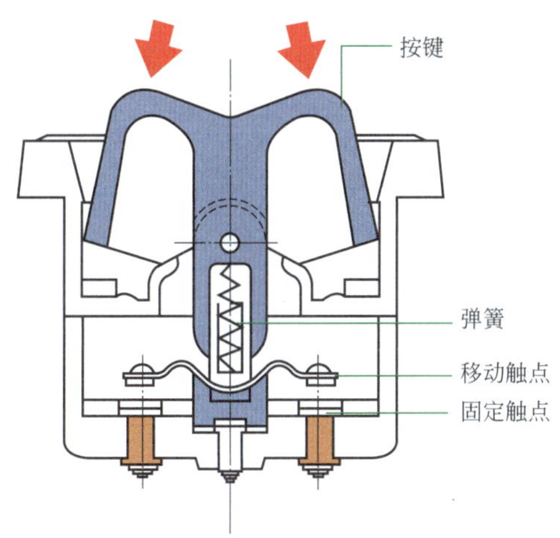

图 11.5-5 门锁开关

（4）**操作杆式开关** 如组合开关（图 11.5-6）。

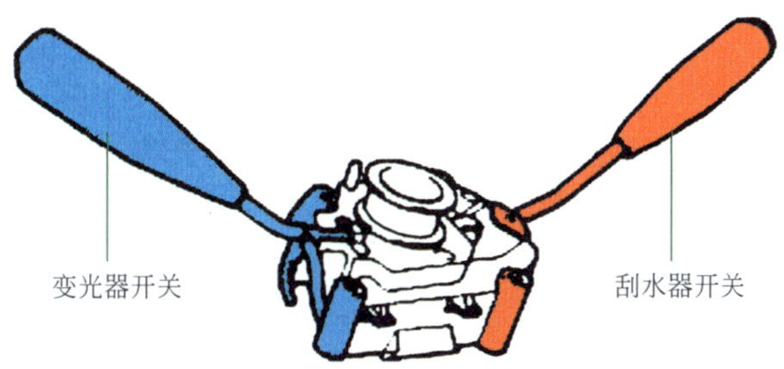

图 11.5-6 组合开关

变道转向灯：要接通变道转向信号灯时，将操作杆向上或向下移动到压力点，然后松开操作杆。转向信号灯闪烁三次（图 11.5-7）。

（5）液位警告开关 见图 11.5-8。

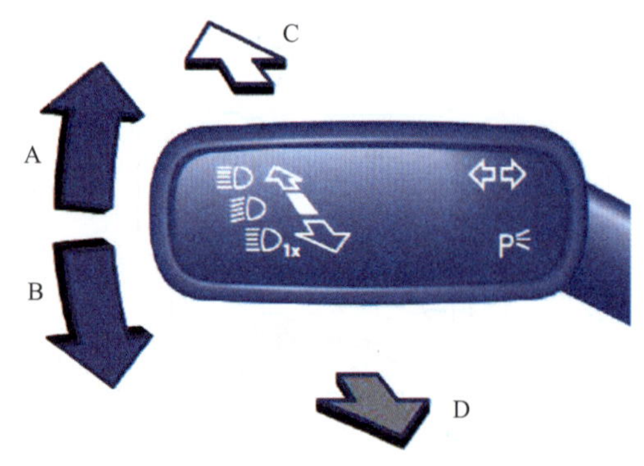

图 11.5-7 转向信号灯 / 远光灯操作杆

A—右转信号灯；B—左转信号灯；C—接通远光灯；D—关闭远光灯或操作远光灯变光功能

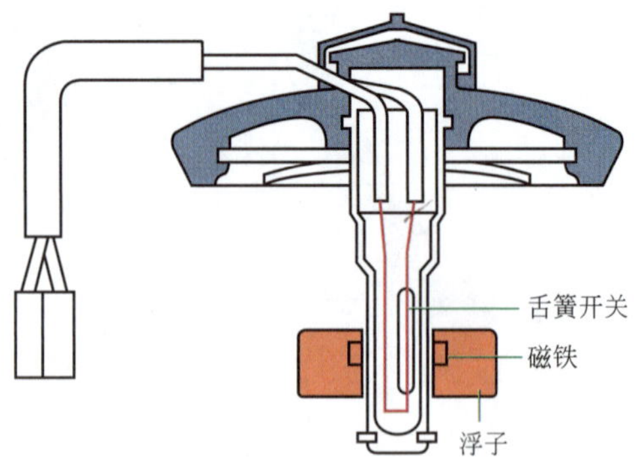

图 11.5-8 液位警告开关

11.5.2 电路保护装置概述

在有些情况下，电路中的电流可能很大。如果电路没有某种保护措施，短路可能会使全部可用电流都从该处通过。

如果电流大于设计的承载能力，导线可能过热并燃烧，所以每条电路中有一个或多个保护装置用来防止导线或电子元件受到损坏。

保护装置可以是保险、熔线、断路器或其组合。汽车上有的计算机具有自我保护功能，在过载或电压超过规范值时会自行关机（图 11.5-9）。

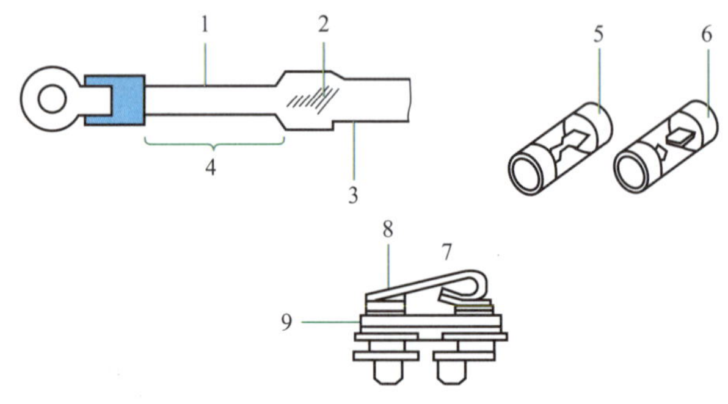

图 11.5-9 常见的电路保护装置

1—小截面部分；2—分接点；3—电路导体；4—熔线；5—好的保险；6—熔断的保险；7—断路器；8—双金属臂；9—触点

11.5.3 保险

❶ 保险是插入件，两端间接有一个可以熔化的导体，当通过的电流超过规定值时保险便熔断，并能够在修复电路故障后更换。一定要按原规格更换保险。

❷ 利用保险壳上的两个槽口，技师可以检查电压降、可用电压或导通性。

❸ 保险在结构上保证了当电流到达一定值时，金属会熔化断开，从而使电路断开。这样便断开了电路，避免电路的导线与部件电流过大。

保险有四个基本类型：管形保险、大保险、标准叶片式保险与小保险（图 11.5-10）。标准叶片式保险在汽车上最常见，有特定的额定电流和色标。

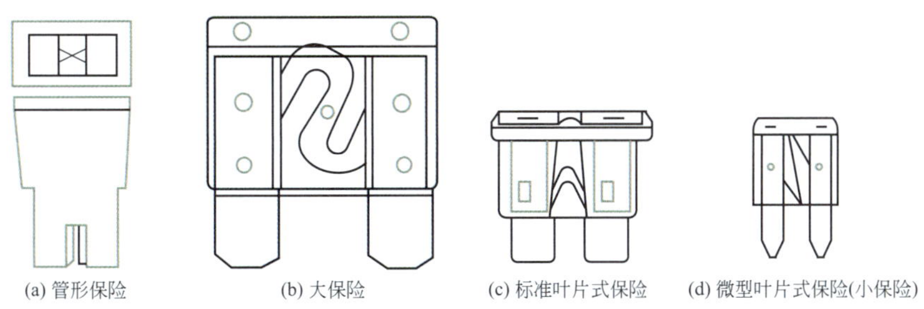

图 11.5-10 保险的类型

保险上标有额定电压和额定电流值的永久性标记。保险按处理电流的能力分级。以 10A 保险为例，如果电路中的电流超过 10A 过多并持续一定时间，保险就会断开（图 11.5-11）。

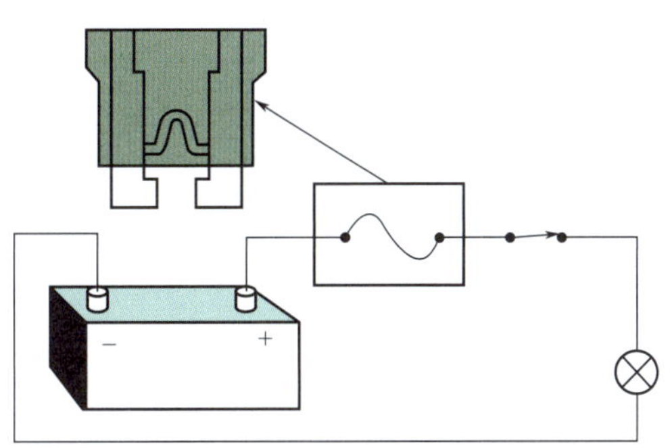

图 11.5-11 保险在电路中作为保护装置

11.5.4 熔线

❶ 熔线结构如图 11.5-12 所示。熔线装在靠近电源处。

❷ 在难以使用保险或断路器的场合，通常用熔线来保护大部分汽车导线。

❸ 发生过载时，熔线中较细的线段部分会先熔断，将电路断开，避免线路受损。

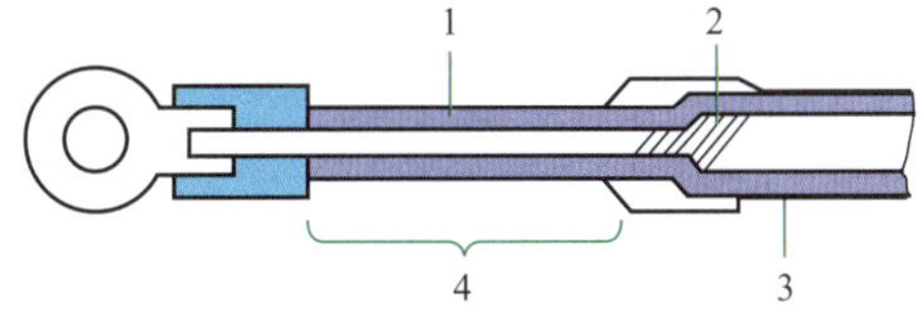

图 11.5-12 熔线结构

1—小截面线段；2—分接点；3—电路导体；4—通过电流过大时，熔线在此处熔断

11.5.5 断路器

（1）断路器特点

❶ 断路器可以是一个单独的插件，也可以是装在开关或电动机电刷座中的一个部件。

❷ 当超过规定的电流值时，断路器中的一组触点将电路暂时分断。

❸ 与保险不同的是，断路器每次断开后不必进行更换。但是，断路后还是要找出过载或短路的原因并加以修理，以免造成电路的进一步损坏。

（2）断路器类型 断路器一般有两种形式——循环式与非循环式。

❶ 循环式断路器（图 11.5-13） 循环式断路器中有一个双金属片。两种金属受热时膨胀率不一样，当双金属片中通过的电流过大时，膨胀率较大的金属由于热量积聚而弯曲，将触点打开。

电路断开后，无电流通过，双金属片冷却收缩，直到触点再次将电路闭合。在实际工作中，触点的打开是很快的。

如果发生连续过载，断路器会重复循环（断开与接通），直到纠正过载为止。

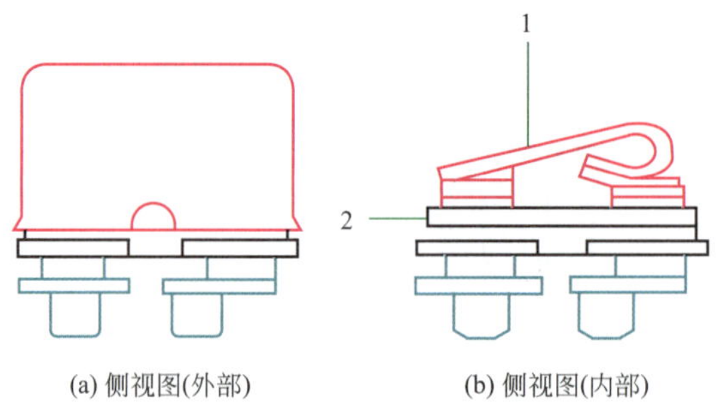

图 11.5-13 循环式断路器结构

1—双金属臂；2—触点

❷ 非循环式断路器（图 11.5-14） 非循环式断路器用一段高阻导线绕在双金属臂上，在触点打开时电路仍可通过这段导线维持一个高电阻通路。它所产生的热量使双金属片在电路撤去电压前不至于冷却下来将触点接通。撤去电压后，双金属片才可冷却下来使电路复原。

对于非循环式断路器，断开电路后，需撤去电路电压才能将断路器复位。

重要的电路，比如前照灯电路，不能使用非循环式断路器，因为暂时性短路会使电路电压中断，要一直等到断路器可以复位为止。

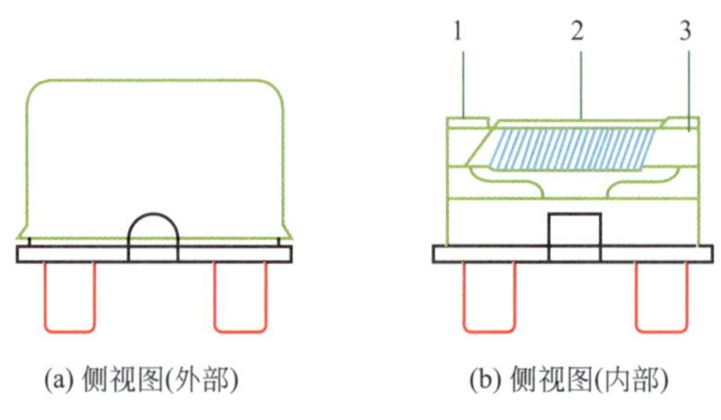

图 11.5-14 非循环式断路器结构

1—双金属臂；2—盘绕高阻线；3—双金属臂

11.5.6 继电器

继电器（图 11.5-15）可用小电流来通（ON）/ 断（OFF）承载大电流的电路。当使用继电器后，承载大电流的电路可被简化。继电器在汽车中的应用很广，燃料泵、喇叭和启动系统等都使用了继电器。

继电器由控制电路、电磁铁、衔铁和一组触点组成。给控制电路通一个小电流接通电磁铁可吸动衔铁，衔铁动作后，或断开或接通装在衔铁上的触点。

❶ 当继电器控制电路闭合时，电磁铁将衔铁吸向铁芯，接通触点为负载提供大电流。

❷ 当控制开关断开时，没有电流到继电器线圈。电磁铁断电，衔铁回到常态位置，即未动作时的位置。

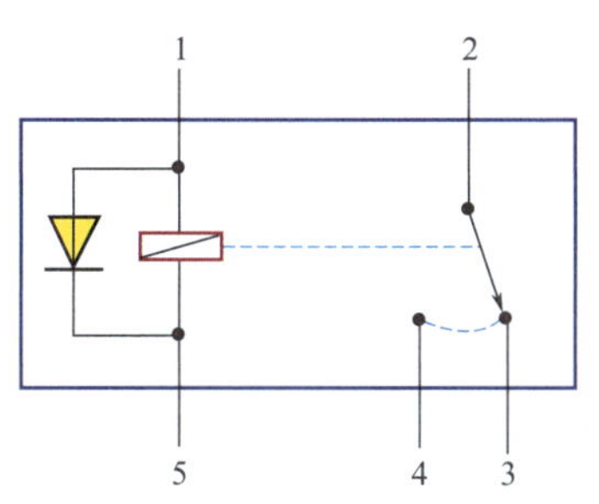

图 11.5-15 继电器

1, 2—自电源；3—常闭触点；4—至负载；5—接地（控制电路）

11.5.7 传感器

传感器的作用是将汽车工况及状态、汽车行驶工况及状态的各种物理参量转变为电信号，并输送给电子控制单元。汽车电子控制系统所用的各种传感器按其工作原理及输出信号形式的不同，可分为多种类型。例如，脉冲式传感器、电位计类传感器、热敏电阻类传感器、触点开关类传感器等。

传感器大部分情况下是把非电的被测量值转换成电量值，常常也会把传感器称为“转换器”。它能把通过测量获得的能量形式转换成另一种能量形式。能感受规定的被测量件并按照一定的规律转换成可用信号的元器件或装置。

传感器作为一种检测装置，能感受到被测量的信息，并能将检测和感受到的信息，按一定规律变换成为电信号或其他所需形式的信息输出，以满足信息的传输、处理、存储、显示、记录和控制等要求来实现自动检测和控制。

第 12 章

汽车电工维修基础

12.1 走进汽修厂

12.1.1 熟悉汽车电工职业和岗位

12.1.1.1 机电维修工

汽车维修技工（机电维修工）应了解与本岗位相关的法规、标准及工作流程等；能胜任发动机、变速箱、悬架、底盘和电气设备及电子控制系统的故障诊断与维护修理；能熟练使用专用工具及相关故障诊断仪。

从客户描述故障，通过自己对故障现象确认、故障诊断分析，到判断故障发生部位、更换 / 维修故障元件、路试 / 自检、交单完工，这一整套维修作业都必须能独立完成。

机电维修工要熟练机械修理，精通电器 / 电气设备、电路维修，故障诊断分析能力强，树立以养代修的现代汽车维修观。

12.1.1.2 作业着装要求

（1）工作服 为防止事故的发生，工作服必须结实、合身，以便于工作。为了防止工作时损坏汽车，不要暴露工作服的带子、纽扣及钥匙链等。

（2）工作鞋 工作时要穿工作鞋。因为穿着凉鞋或运动鞋危险，易摔倒并因此降低工作效率，也容易因为偶然掉落的物体而受到伤害。

（3）工作手套 提升重的物体或拆卸热的排气管或类似的物体时，建议戴上工作手套。然而，对于普通的维护工作并非必须要求戴手套。根据要做的工作的类型来决定，必要时候要戴工作手套。

12.1.2 了解汽车电工维修基本流程

汽车维修的基本流程如图 12.1-1 所示。如图 12.1-2 所示为汽车维修任务协调示意。一线维修工：接收/检查修理单，接收用于修理的订购零件；在允许的时间内进行工作；向班组长、技术总监确认工作完成；对技术难度高的工作请求班组长和技术总监提供指导及帮助。

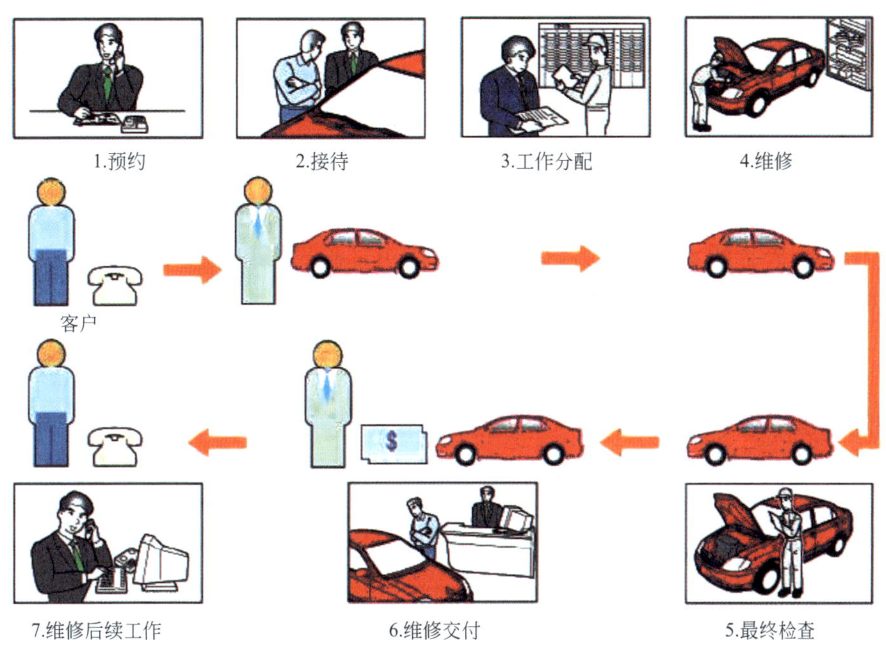

图 12.1-1 汽车维修的基本流程

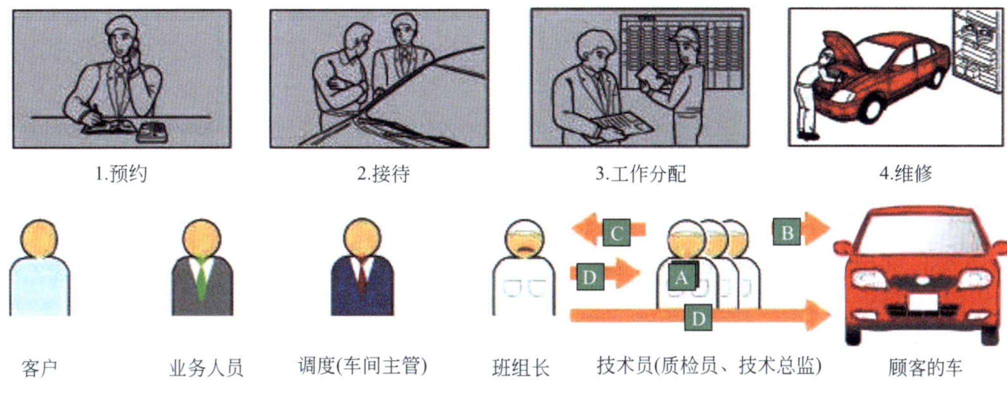

图 12.1-2 汽车维修任务协调示意

12.1.3 汽车电工维修注意事项

（1）车间维修现场安全

❶ 始终使工作场地保持干净，保护自己和其他人免受伤害。

❷ 不要把工具或零件留在自己或者其他人有可能踩到的地方。将其放置在工作架或工作台上，并养成好习惯。

❸ 立即清理干净任何飞溅的燃油、机油或者润滑脂，防止自己或者他人滑倒。

❹ 不要在开关、配电盘或电动机等附近使用可燃物，因为它们容易产生火花，并造成火灾。

（2）使用工具工作时应遵守的预防措施

❶ 如果不正确地使用电气、液压和气动设备，可能导致严重的伤害。

❷ 使用产生碎片的工具前，戴好护目镜。使用过砂光机和钻孔机一类的工具后，要清除其上的粉尘和碎片。

❸ 操作旋转的工具或者工作在一个有旋转运动的区域时，不要戴手套。手套可能被旋转的物体卷入，伤到手部。

❹ 用升降机升起车辆时，初步提升到轮胎稍微离开地面为止。然后，在完全升起之前，确认车辆牢固地支撑在升降机上。升起后，千万不要试图摇晃车辆，因为这样可能导致车辆跌落，造成严重伤害。

（3）防火

❶ 严禁在车间尤其是维修现场吸烟。

❷ 为了防止火灾和事故，在易燃品附近遵照如下预防措施。

a. 吸满汽油或机油的碎布有时有可能自燃，所以它们应当被放置到带盖的金属容器内。

b. 在机油存储地或可燃的零件清洗剂附近，不要使用明火。

c. 千万不要在处于充电状态的电池附近使用明火或产生火花，因为它们会产生可以点燃的爆炸性气体，仅在必要时才将燃油或清洗溶剂携带到车间，携带时还要使用能够密封的特制容器。

d. 不要将可燃性废机油和汽油丢弃到阴沟里，因为它们可能导致污水管系统产生火灾。始终将这些材料倒入排出罐或者合适的容器内。

（4）电气设备安全措施

❶ 不正确地使用电气设备可能导致短路和火灾。因此，要学会正确使用电气设备。

❷ 不要靠近断裂或摇晃的电线。

❸ 为防止电击，千万不要用湿手接触任何电气设备。

❹ 千万不要触摸标有“发生故障”的开关。

（5）设备操作警告

❶ 确保举升机有足够的负重能力。保证举升机在提举和支撑工作时处于水平位置，使用手制动和楔子来固定车轮。

❷ 不要在只靠一个千斤顶支撑的车顶或底部工作。必须把车支撑在举升机上。如在临近燃油箱的地方焊接，要先排空其中的燃油，再进行焊接。

（6）蓄电池断开的警告　在维修任何电气部件前，点火和启动开关必须置于OFF或

LOCK 位置，并且所有电气负载必须关闭，除非操作程序中另有说明。将蓄电池负极电缆断开，以防止工具或设备接触裸露的电气端子从而产生电火花。违反这些安全须知，可能导致人身伤害和 / 或损坏车辆或车辆部件。

注意：为了避免给电子元件带来损害，运行电子系统时要先断开蓄电池连接。首先断开且最后接上接地电线，应确保蓄电池导线连接正确，不能存在潜在隐患。

（7）安全气囊系统和安全带卷收器预紧器的警告 在拿取未展开的安全气囊系统和安全带卷收器预紧器时应注意以下几点。

❶ 不要通过安全带或引线连接器来拿取安全带卷收器预紧器。

❷ 应通过壳体拿取安全带卷收器预紧器，手和手指要远离安全带。

❸ 确保安全带开始拉伸处的开口朝下，且安全带自然悬挂，否则可能导致人身伤害。

❹ 在使用喷灯或焊接设备时，不得靠近充气装置，以防引起安全气囊自动充气。

❺ 在检修时不要让方向盘衬垫、碰撞传感器、座位安全带卷收器预紧器或前排乘员安全气囊总成直接暴露在热空气中或接近火源，充气组件不能承受 65℃以上的温度。

❻ 在拆检或更换安全气囊时，切勿将身体正面朝向气囊总成。

（8）制动液对油漆和电气部件影响的告诫 避免制动液溅到油漆表面、电气连接器、线束或电缆上。制动液会损坏油漆表面并导致电气部件腐蚀。如果制动液接触到油漆表面，应立即用水冲洗接触部位。如果制动液接触到电气连接器、线束或电缆，应用干净的抹布将制动液擦去。

（9）氧传感器的告诫 切勿拆下加热型氧传感器或氧传感器的引线，拆下引线或连接器将会影响传感器的工作。

不要跌落加热型氧传感器。应保持直列式电气连接器和格栅式散热端无润滑脂或其他污染物。不要使用任何类型的清洗剂。不要修理线束、连接器或端子。如果引线、连接器或端子损坏，则更换氧传感器。

维修加热型氧传感器时，必须遵循以下原则。

❶ 切勿在传感器或车辆线束连接器上涂抹触点清洁剂或其他材料，这些材料会进入传感器，导致性能不良。

❷ 不要损坏传感器的引线和线束，导致其内部导线外露，这样会提供异物进入传感器的通道并导致性能故障。

❸ 确保传感器或车辆引线没有较大的折弯或扭结，较大的折弯或扭结会堵塞通过引线的基准空气通道。

❹ 确保车辆线束连接器外围密封完好无损，以避免因进水而造成损坏。

（10）三效催化转换器损坏的告诫 为防止损坏更换后的三效催化转换器，更换三效催化转换器前先排除发动机缺火或机械故障。

（11）部件紧固件紧固的告诫 更换部件的零件号必须正确。需要使用螺纹密封胶、润滑剂、阻蚀剂或密封胶的部件应在维修程序中指出。有些更换部件可能已经带有这些涂层，除非特别说明，否则不得在部件上使用这些涂层。这些涂层会影响最终扭矩，从而可能影响到部件的工作。安装部件时，应使用正确的扭矩规格，以免造成损坏。

（12）有关测试探针的告诫 小心地将测试设备的探针（数字式万用表等）插入连接器或熔丝盒端子中。测试探针的直径会使大多数端子变形。端子变形会引起接触不良，从而导致系统故障。最好使用端子测试组件从前部探测端子。小心地用回形针或其他替代物去探测端子。

(13)传感器操作注意和禁忌

❶ 应使用高阻抗数字式万用表或汽车专用万用表进行传感器测试。

❷ 禁止使用“划火法”检查晶体管电路的通、断状况。

❸ 小心地用普通试灯去测试任何与 ECU 相连接的电气装置，以防止晶体管损坏。脉冲电路应采用 LED 灯或示波器检查。

❹ 在拆卸或安装电感性传感器时，应将点火开关断开（OFF），以防止其自感电动势损伤 ECU 和产生新的故障。

❺ 在点火开关接通的情况下，不要进行断开任何电气设备的操作，以免电路中产生的感应电动势损坏电子元件。

(14)跨接启动时的注意事项

❶ 连接跨接线时，操作人员应戴上护目镜。因为跨接启动时汽车蓄电池的四周可能存在可以引起爆炸的气体。

❷ 保证两辆汽车的驻车制动都拉上，并且变速器挡位为空挡或停车挡。

❸ 两辆车跨接时，启动支援车，把怠速提升到 1200 ～ 1500r/min 并稳定运转 5min 以上，以此帮助启动故障车。

❹ 如果跨接很难尝试启动，则停止跨接启动。如果再强行使用支援车会使它的电动机过载或电子系统被电火花击穿而损坏。

❺ 保证两辆车车身之间没接触。避免车辆在启动过程中出现电流经接触的车身流向支援车。

❻ 连接启动电缆前必须关闭启动开关和所有电气附件。

❼ 禁止使用超过 16V 的电压跨接启动，过高的电压会损坏汽车的电气部件。

❽ 故障车正在启动时不能断开连接电缆，否则支援车上的电气部件可能会被高电压击穿而损坏。

12.2 常用电工工具

12.2.1 剥线钳

剥线钳（图 12.2-1）是用来剥除小线径电线、电缆端头橡胶或塑料绝缘层的专用工具，由钳头和手柄两部分组成，手柄是绝缘的。钳口部分由压线口和切口组成，一般可分直径 0.5 ～ 4.5mm 的多个切口，以适应于不同规格的芯线。

剥线时，电线必须放在稍大于线芯直径的切口中，然后用手握钳柄，导线的绝缘层被切破并自动弹出，当需要剥削稍长一段绝缘层时，应分段进行。

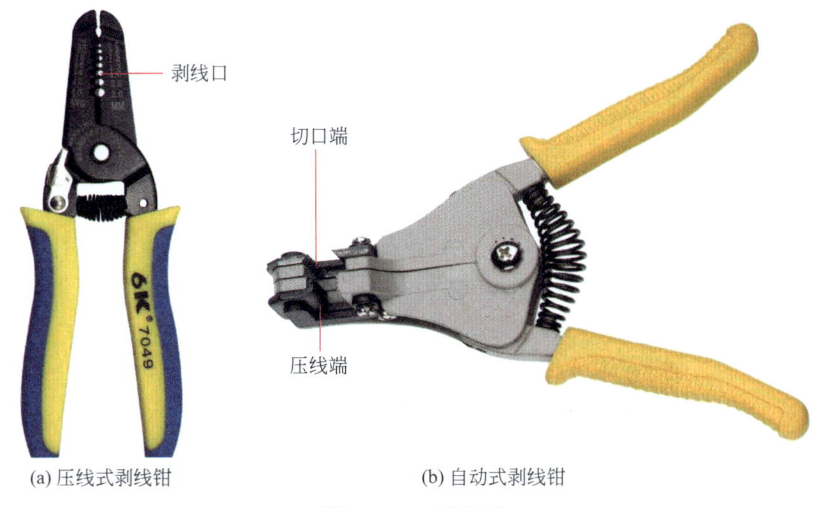

图 12.2-1　剥线钳

12.2.2 斜口钳

斜口钳（图 12.2-2）也叫偏口钳，主要用来剪断导线或剖切软导线绝缘层。

图 12.2-2　斜口钳

12.2.3 尖嘴钳

尖嘴钳（图 12.2-3）是一种常用的钳形工具。主要用来剪切线径较细的单股与多股线，以及给单股导线接头弯圈、剥塑料绝缘层等，能在较狭小的工作空间操作。

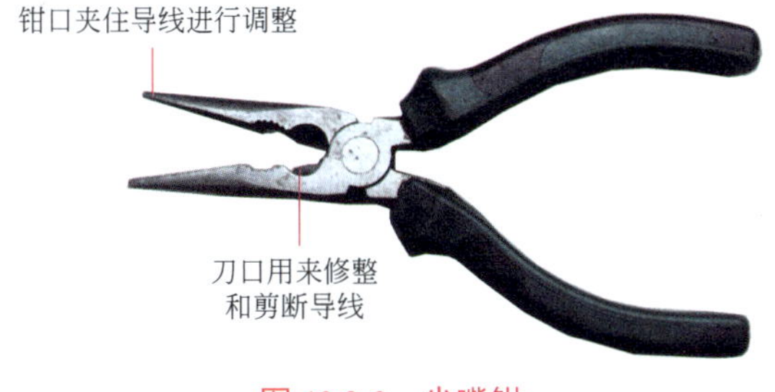

图 12.2-3　尖嘴钳

12.2.4 压线钳

压线钳（图 12.2-4）是用来压制导线与连接件的一种工具。根据需要压制的连接件规格不同，压线钳内置的压接口也有不同的大小。

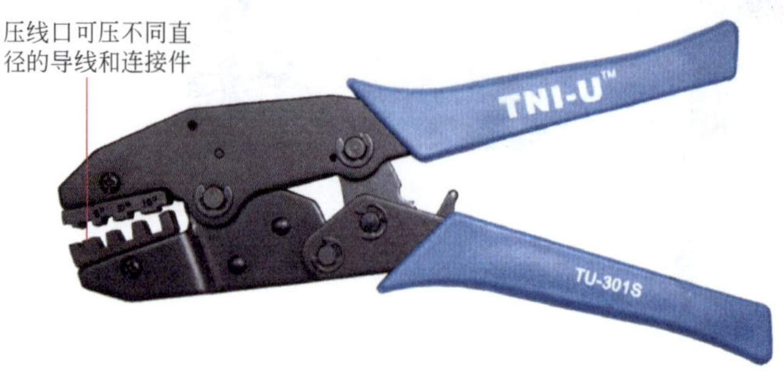

图 12.2-4 压线钳

12.2.5 卡簧钳

卡簧钳（图 12.2-5）分为内卡簧钳和外卡簧钳，还有特殊功能的多用卡簧钳。卡簧钳可拆卸和安装带有弹性卡圈的零部件。维修变速器时经常会用到卡簧钳。前后轮轴承一般在轴承的外侧配有卡簧挡圈，也是使用卡簧钳的零部件之一。

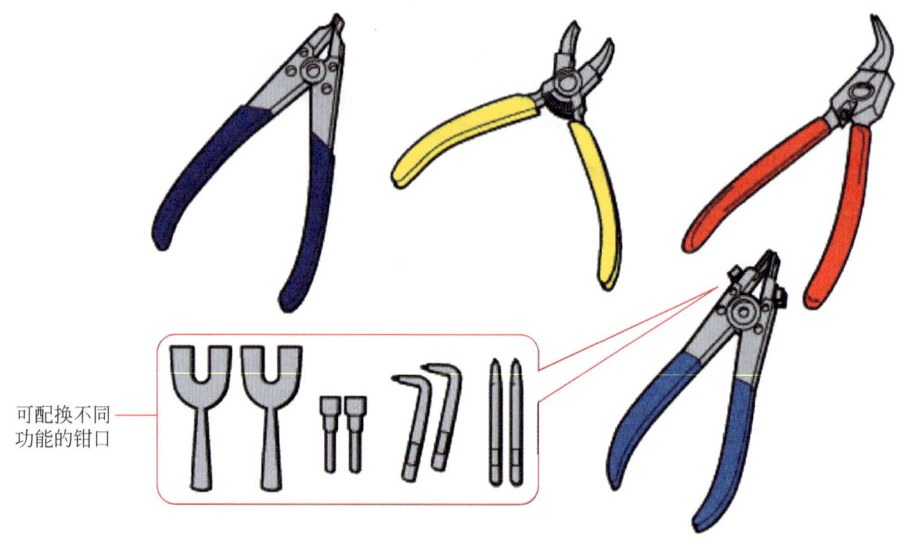

图 12.2-5 卡簧钳

12.2.6 螺丝刀

螺丝刀（图 12.2-6）按不同的头形可以分为一字、十字、米字、梅花形、方形、六角形、Y 形等，其中一字、十字、梅花形（比如 T20、T25、T30 等）是修车中最常用的。

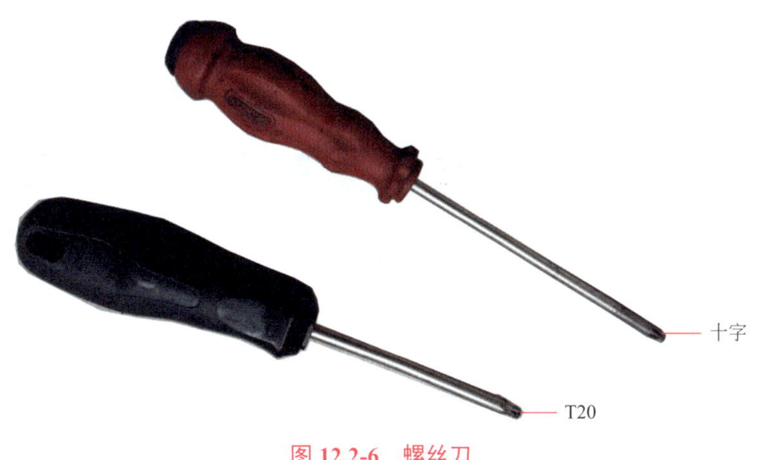

图 12.2-6　螺丝刀

12.2.7　电动旋具

对于电动旋具（图 12.2-7），在汽车电工维修中通常使用的是组合螺钉旋具。

使用旋具时，需将旋具头部放至螺钉槽口中，并用力推压螺钉，平稳旋转旋具，特别要注意用力均匀，不要在槽口中蹭，以免磨毛槽口。

根据不同螺钉选用不同的螺钉旋具。旋具头部厚度应与螺钉尾部槽形相配合，斜度不宜太大，头部不应该有倒角，否则容易打滑。

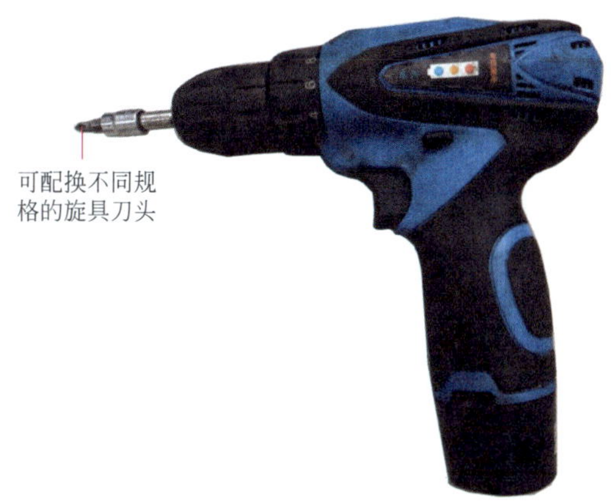

图 12.2-7　电动旋具

12.2.8　扳手

12.2.8.1　快速棘轮手柄

按所拆卸螺栓的扭矩和使用的工作环境不同，可将套筒分为大、中、小三个系列，并以配套快速棘轮手柄的宽度来区分。快速棘轮手柄如图 12.2-8 所示。

图 12.2-8　快速棘轮手柄（快把）

套筒扳手（与快速棘轮手柄一同使用）的用处在于它能旋转螺栓 / 螺母而不需要一把一把地倒着重新调整，这就可以迅速转动螺栓 / 螺母。套筒扳手可以根据所装的手柄以各种方式工作。

棘轮手柄适合在狭窄空间中使用。然而，由于棘轮的结构，它不可能获得很高的力矩。大力矩螺栓或者螺母要用力矩扳手最后锁紧。

如图 12.2-9 所示，根据需要与长接杆、短接杆或万向接头配合使用，将套筒套在配套手柄的方榫上，再将套筒套住螺栓或螺母，左手握住手柄与套筒连接处，保持套筒与所拆卸或紧固的螺栓同轴，右手握住配套手柄加力。

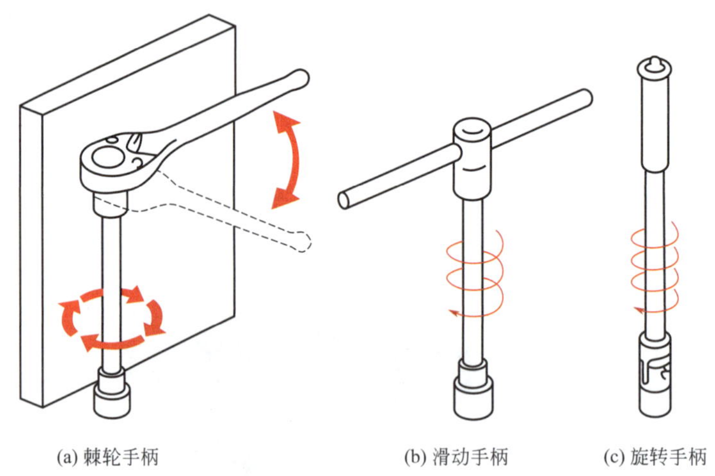

图 12.2-9　套头和快速棘轮手柄的使用

12.2.8.2　梅花扳手

梅花扳手（图 12.2-10），修理工俗称为眼镜扳手，两端是套筒式圆环状，圆环内一般有 12 个棱角，能将螺母或螺栓的六角部分全部围住，工作时不易滑脱，适用于初松螺母或最后锁紧螺母。梅花扳手操作可靠，应尽量使用梅花扳手。梅花扳手常用于拆装部位受到限制的螺母、螺栓处。

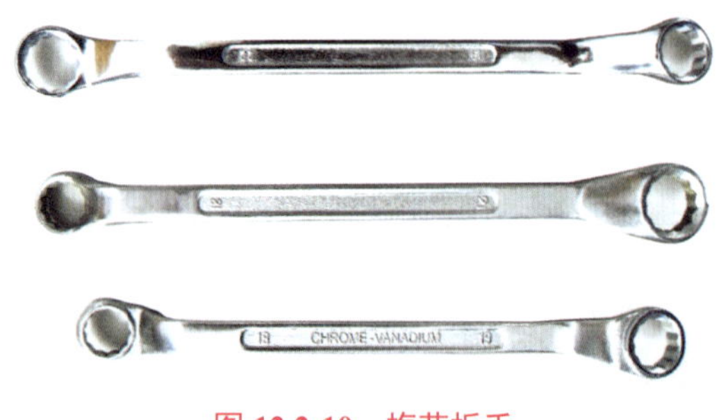

图 12.2-10　梅花扳手

如图 12.2-11 和图 12.2-12 所示，使用推力拆卸时，应该用手掌来推动梅花扳手；锁紧时，用力拉，整个手掌握住梅花扳手一端，均匀使力。笔者建议，拆卸已经初松的螺母可用梅花扳手；需要拆卸已经紧固的螺母时一般可使用套头工具。

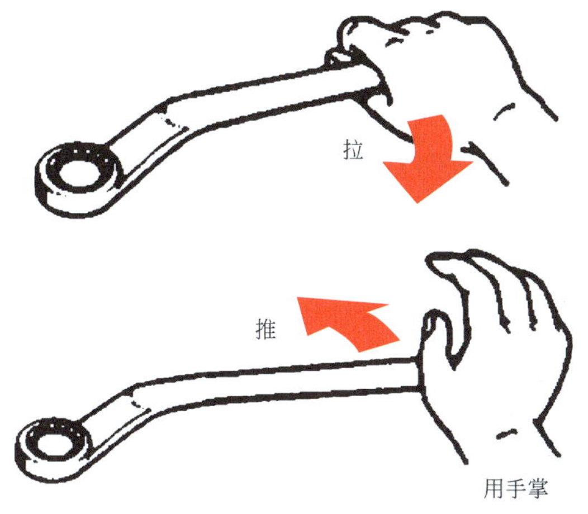

图 12.2-11　梅花扳手使用（一）

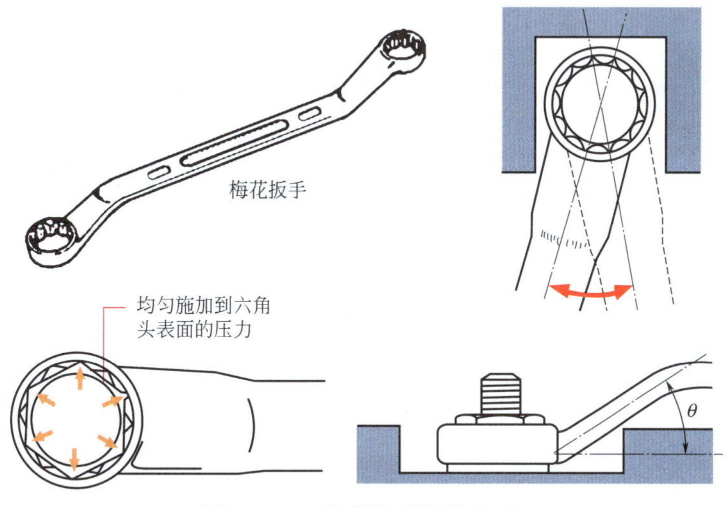

图 12.2-12　梅花扳手使用（二）

12.3　常用电工设备

12.3.1　钥匙开槽机

目前市场上钥匙开槽机种类非常多，有手动钥匙机和自动数控钥匙机（图 12.3-1）。手动钥匙机分两种：平铣钥匙机和立铣钥匙机。自动数控钥匙机操作非常简单，当有钥匙时，只需按步骤输入齿号，即可配制新钥匙。当钥匙丢失时，输入相应锁头上的编码或者输入相应的钥匙编码，就可以开槽和配制新钥匙。

12.3.2 调校设备

对于大部分汽车仪表，里程表计数都存储在仪表中的八角码片 EEPROM 里面，只要修改里程表的 EEPROM 数据，就完全可以改变里程数，从而使得仪表显示修改后的里程数。这些操作一般都是可以用专门的里程表调校仪（图 12.3-2）来完成的，操作非常简单，根据调校仪提示操作即可。平常使用的故障诊断仪一般也具有里程表调校功能，以及节气门匹配、轮胎气压调校归零、保养归零、转向角复位等。

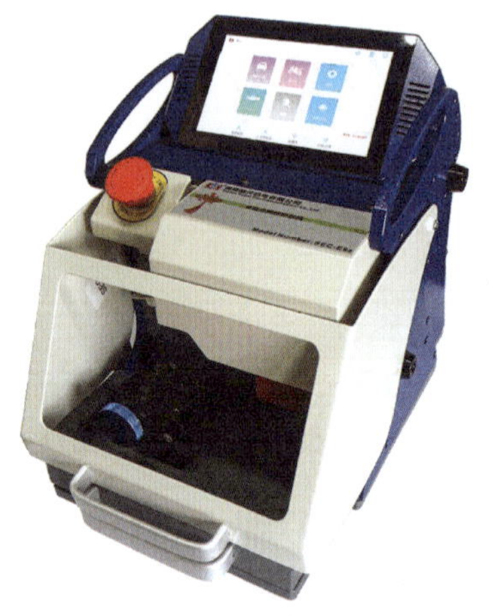

图 12.3-1　自动数控钥匙机

图 12.3-2　里程表调校仪

12.3.3 故障诊断仪

汽车维修后市场的故障诊断仪（故障检测仪）有很多品牌，可以视不同情况去选择，这些故障诊断仪都能满足车辆故障码分析、数据流检测、波形分析等一般诊断功能。如果是专修某一款车型，可以使用笔记本电脑加装一套专用维修诊断软件（如大众专用诊断软件）；如果是修不同车型，可以选择其他故障诊断仪，如图 12.3-3 所示为某品牌汽车故障诊断仪。

图 12.3-3　某品牌汽车故障诊断仪

12.4 常用仪表仪器

12.4.1 数字式万用表

常见的万用表有指针式和数字式两种，主要用于进行电流、电压、电阻以及导线的通断性、电子元件的检测等。通常在汽车维修中使用最广泛的是数字式万用表。指针式万用表一般不能用于汽车电子元件的测试，否则会因检测电流过大而烧坏电控元件或 ECU。

数字式万用表工作可靠，它最大的优点就是可以直接显示测量数据，而指针式万用表的读数则不能直接显示，需要根据量程及指针摆度进行计算。数字式万用表电源开关，一般会在面板左上部、显示屏下方字母“POWER”（电源）的旁边，“OFF”表示关，“ON”表示开。数字式万用表如图 12.4-1 所示。

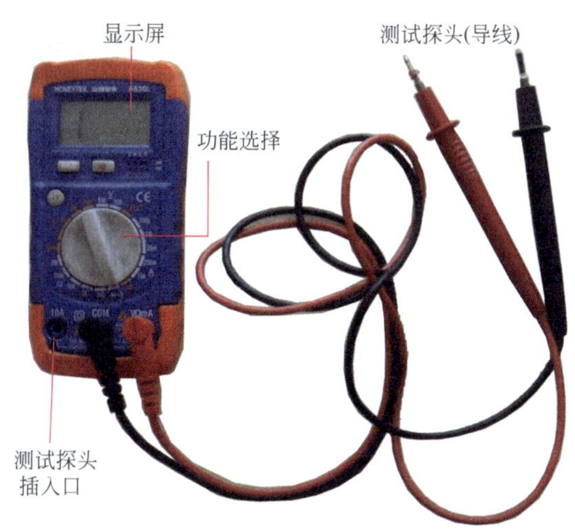

图 12.4-1 数字式万用表

视频讲解

选择测量量程（图 12.4-2），可通过功能选择开关完成测量。

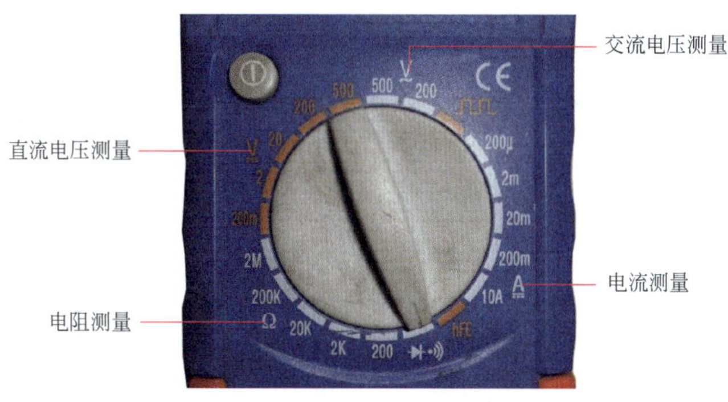

图 12.4-2 万用表量程

（1）交流电压测量（图 12.4-3）

❶ 目的。用于测量家庭用或工厂供电线路的电压，以及交流电压电路、电力变压器端头的电压。

❷ 测量方法。将功能选择开关设置到交流电压挡，并连接测试探头。测试探头的极性是可以互相交换的。

（2）直流电压测量（图 12.4-4）

❶ 目的。测量各种类型的电池、电气设备及晶体管电路的电压和电压降。

❷ 测量方法。将功能选择开关设置到直流电压测量挡位置。将黑色负极测量探头连到接地电位，红色正极测量探头放到待测试的部位，并读数。

图 12.4-3　交流电压测量

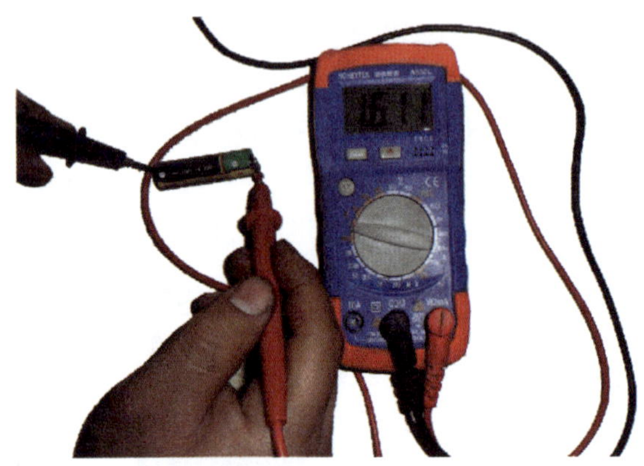

图 12.4-4　直流电压测量

（3）电阻测量（图 12.4-5）

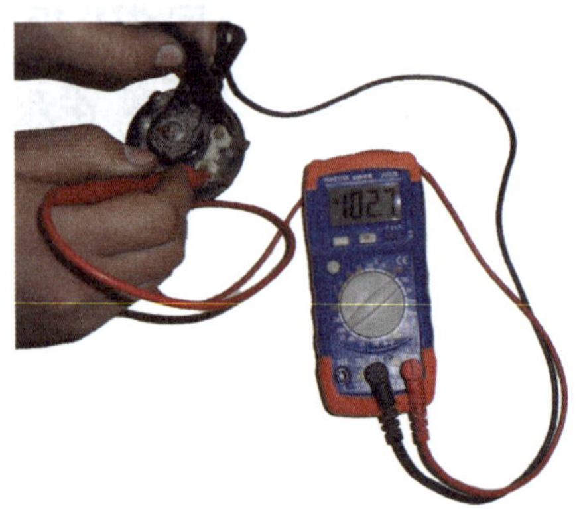

图 12.4-5　电阻测量

❶ 目的。测量电阻器电阻，电路的通断、短路、开路。

❷ 测量方法。设定电阻或连续性的功能选择开关，然后将测试笔放到待测电阻或线圈两端测量其电阻，此时应保证电阻不带电。二极管不能在此挡测量，因为所使用的内部电压太低。

（4）通断检查（图 12.4-6）

❶ 目的。检查电路的通断。

❷ 测量方法。将功能选择开关旋到通断测试挡，将测试笔接到测试电路，如果电路接通，蜂鸣器会响。通断检查在实际汽车维修中也是应用频率很高的。

（5）二极管测试（图 12.4-7）

❶ 目的。检查二极管是否良好。

❷ 测试方法。将功能选择开关旋到二极管测试方式挡位，检测两个方向的通路状态。若在一个方向二极管是通的，在交换测试笔之后断开，则说明二极管良好；如果二极管的两个方向都通路，表明二极管被击穿；若两个方向均不通导，说明它已开路。

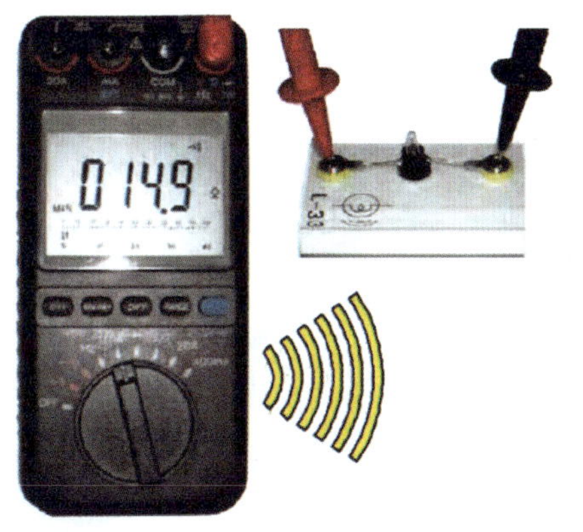

图 12.4-6　通断检查

图 12.4-7　二极管测试

（6）直流电流的测量（图 12.4-8）

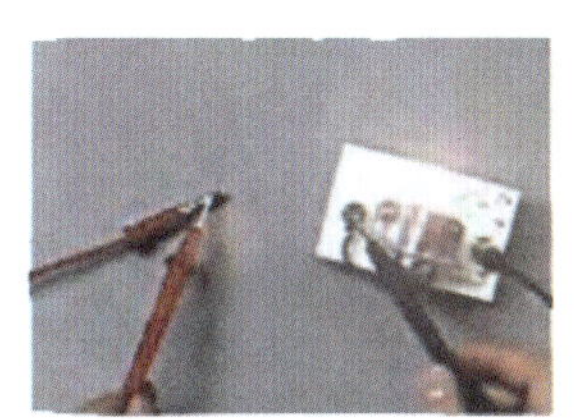

测量范围和测试导线插入部位

图 12.4-8　直流电流的测量

❶ 目的。测量使用直流电设备或器件的电流量。

❷ 测量方法。将功能选择开关旋到电流测量挡位。选择量程的正确插孔，插入正极测试引线。为测量电路中的电流，电流表应串联接进电路中。因此，要断开电路中的某点以接入测试笔引线。将正极测试笔连接高电位一侧，负极测试笔连接低电位一侧，并读数。

12.4.2　指针式万用表

指针式万用表（图 12.4-9）是一种多功能、多量程的测量仪表，一般可测量直流电流、交流电流、直流电压、交流电压以及电阻、电容、电感等一些数据，尤其是普通的电阻、热敏电阻器、光敏电阻器、气敏电阻器、湿敏电阻器、电解电容器、电感器、二极管、三极管等。但是，从这些罗列不难看出，汽车维修中能使用指针式万用表的概率已经很少了。由于指针式万用表的局限性，在汽车维修中广泛使用数字式万用表。

图 12.4-9　指针式万用表

图 12.4-10　钳形表

12.4.3　钳形表

钳形表（图 12.4-10）也叫直流钳形万用表，主要用于检测电气设备或线缆工作时的电压与电流。在使用钳形表检测电流时不需要断开电路，便可通过钳形表对导线进行电流测量，使用比较方便。

测试电流时根据维修测试需求来调整设置测量数据的挡位量程，然后按压钳头扳机使钳口张开，使待测导线置于钳口中，松开钳口扳机使钳口紧闭，显示屏会显示测量数据。按下“HOLD 键”保持按钮，可将测量结果保存到钳形表内部，以方便测量操作完毕后读取测量值。

12.4.4　蓄电池测试仪

蓄电池检测仪（图 12.4-11 和图 12.4-12）可以进行蓄电池测试、启动系统测试、发电充电系统测试。瞬间测量出蓄电池的电压、电量（%）、最大冷启动电流（CCA）、内阻等。

图 12.4-11　传统的蓄电池测试仪

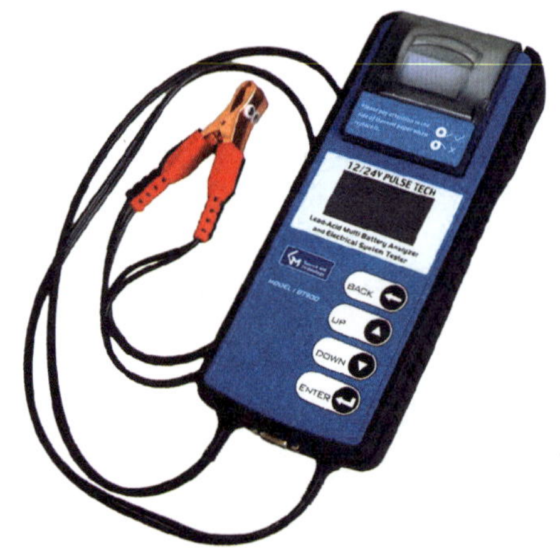

图 12.4-12　电导法蓄电池测试仪

如果蓄电池使用时间较长，随着极板的老化和硫化物的产生，蓄电池不能进行有效的化学反应，这是蓄电池不能继续使用的主要原因。极板老化越严重，蓄电池的内阻就越大。通过精确测量内阻数值，就可以判断蓄电池的寿命。

12.5 试灯和跨接电缆

12.5.1 试灯

试灯的结构很简单，自己完全可以制作。串联在试灯内部的有发光原件——二极管或灯泡，还有导线和一个用于固定的夹子（图 12.5-1）。测试时，一端连接在正极，一端连接在负极，形成一个完整的闭合回路。维修测试中，观察小灯泡或者二极管的工作状态，也就是其亮度或者闪烁，作为参考测试依据。

12.5.2 启动跨接电缆

如果因蓄电池放完电无法启动发动机，则可通过跨接电缆连接另一辆汽车的蓄电池启动发动机，但用于连接的跨接电缆必须要足够粗。

必须先接正接线柱，后接负极接线柱。如图 12.5-2 所示，连接跨接电缆的方法如下。

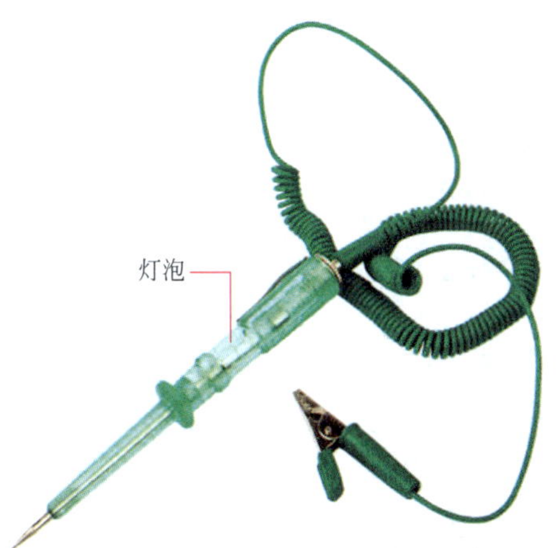

图 12.5-1　试灯

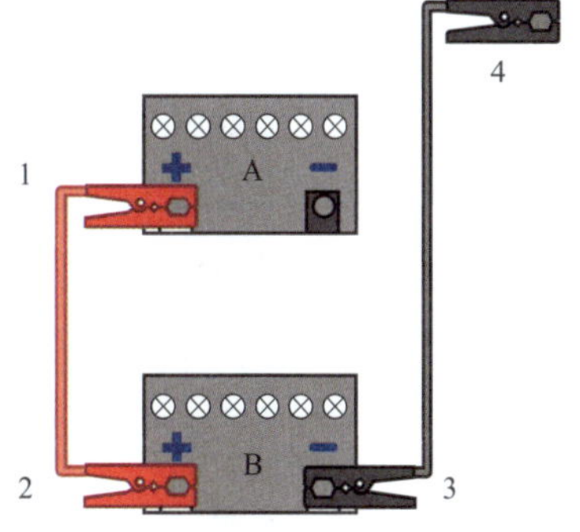

图 12.5-2　跨接电缆连接方法

1, 2—红色跨接电缆接头；3, 4—黑色跨接电缆接头；A, B—蓄电池

❶ 关闭两车的点火开关 。

❷ 将红色跨接电缆的一端连接到无电蓄电池 A 的正极（+）上。

❸ 将红色跨接电缆的另一端连接到供电蓄电池 B 的正极（+）上。

❹ 将黑色跨接电缆的一端连接到供电蓄电池 B 的负极（-）上。

维修贴

跨接启动时两车切勿相互接触，否则，一旦连接两个蓄电池的正极，电流立即流通。

无电蓄电池必须与整车电气系统正确连接。

将黑色跨接电缆的另一端（图 12.5-2 中 4 的位置）连接到无电蓄电池汽车发动机缸体的螺栓连接金属部件上或发动机舱内的连接点上（图 12.5-3 中车身搭铁位置），连接点必须尽可能远离无电蓄电池 A。

适当安置跨接电缆，注意避免使其与发动机舱内的运动部件接触。

❺ 启动发动机。

a. 启动供电蓄电池汽车的发动机，怠速运转。

b. 启动无电蓄电池汽车发动机，等 1 ～ 2min，直至其平稳运转。

维修贴

如果未能成功启动，则 10 s 后关闭起动机，约等半分钟后再次尝试启动。

❻ 拆卸跨接电缆。

a. 拆卸跨接电缆前必须确保前大灯处于关闭状态。

b. 打开无电蓄电池汽车的鼓风机和后风窗加热器，降低拆卸电缆时产生的电压峰值。

c. 在发动机运转状况下按上述相反顺序拆卸跨接电缆。

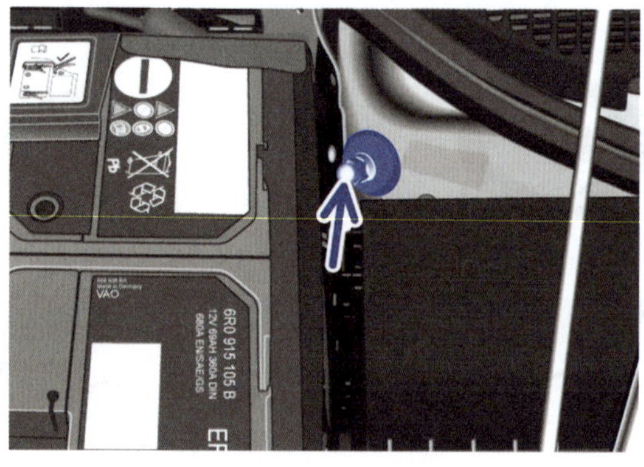

图 12.5-3　车身搭铁

视频讲解

第 13 章

汽车电路图识读与分析

13.1 电路的基本组成

13.1.1 基本电路组成

电路是电流所经过的路径，一般由电源、用电器、导线和开关四部分组成。如图 13.1-1 所示，一个完整的电路，从功能上来讲，开关和导线也叫中间环节，用电器为负载，由电源供电。

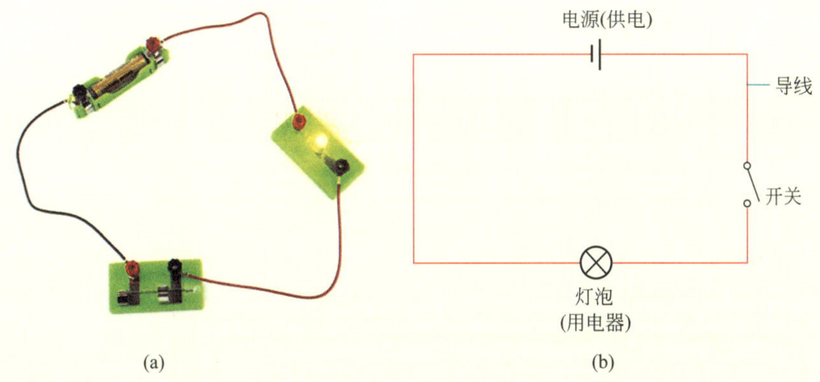

图 13.1-1 电路及电路图

13.1.2 汽车电路组成

依据上述基本电路组成，在汽车行业，各车系按照统一规定的电源、用电器、导线、开关等电器元件或设备的符号，来表示电路连接情况的图叫作电路图［图 13.1-1（b）］。

在汽车上，一个完整的基本电路由线束（导线）、连接器、接点位置（搭铁）、电气设备、控制开关组成，把这些用专业统一的符号连接在一起，就形成了完整的汽车电路图。

13.1.2.1　线束

线束即不同颜色和粗细的导线，编扎在一起，连接汽车上所有闭合电路形成的各个元件、电气设备以及接点。如图 13.1-2 所示为蓄电池线束。

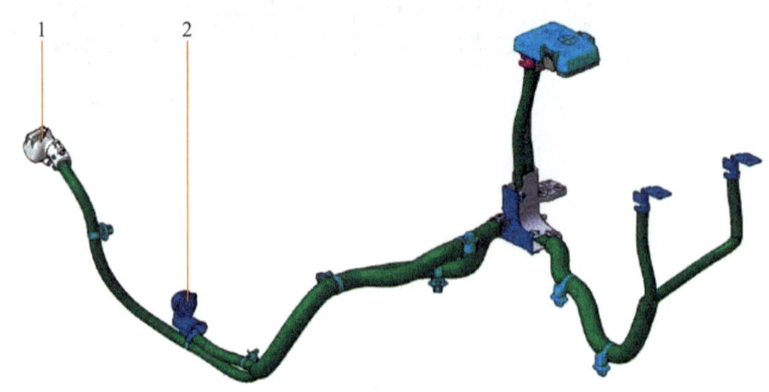

图 13.1-2　蓄电池线束

1—连接起动机；2—连接发电机

13.1.2.2　连接器（插接器）

（1）连接器的功能和类型　连接器由插头和插座组成，一般情况下，插头连接电气设备端，插座连接线束端。根据功能和连接电气设备的不同，连接器有很多种，没有特定的形状（也就是说，不能一看连接器就判别具体与哪个电气设备、电气元件或控制器等连接，只能大概看出是用于控制器还是电机等），如图 13.1-3 ～图 13.1-9 所示。

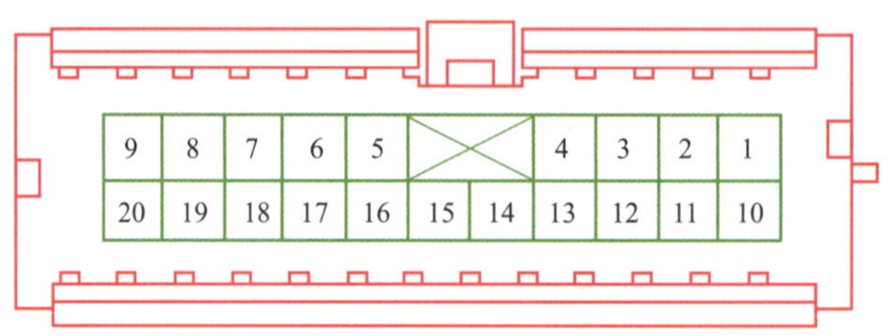

图 13.1-3　车身控制模块连接器

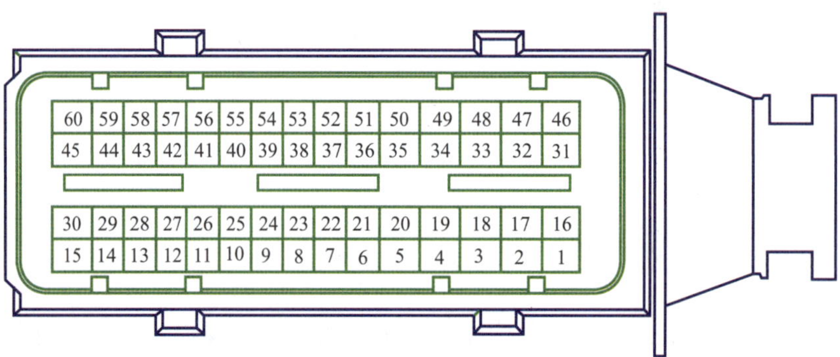

图 13.1-4　ECM 连接器

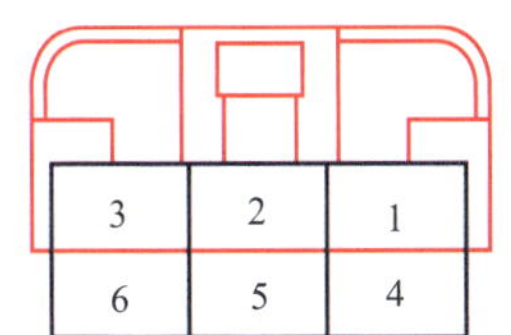

3
2
1
6
5
4

图 13.1-5　空调控制器连接器

6
5
4
3
2
1

图 13.1-6　某传感器连接器

2
1

图 13.1-7　某电动机连接器

3
*
1
6
5
4

图 13.1-8　线束连接器

常时电源
参考电源分布
(SD110-5)
STOP
15A
参考室内
熔丝分布
(SD120-7)
室内
接线盒
P.37
C.70-1
28 I/P-C
0.5R/O
参考室内
熔丝分布
(SD120-7)
0.5R/O
BCM
P.50
C.10-4
17 M04-B
配备
BCM
参考
车速系统
(SD436-1)
(SD436-2)
从室内接线盒
(SD200-2)
A
B
0.3P
0.3Gr/O
0.3W
0.3B
M10
诊断
连接器
P.38
C.10-5
8
7
6
车速
5
搭铁
4
搭铁
3
CAN
高电位
2
1
16
15
14
车身
K-线路
13
12
CAN
低电位
11
10
记忆
电源
9
0.3Gr/O
0.5B/O
15 M28-B
13 EM14
P.35
智能钥匙
控制模块
P.60
C.10-10
0.5B
0.5B
GM03 P.41
GGG04 P.26

图 13.1-9　诊断连接器

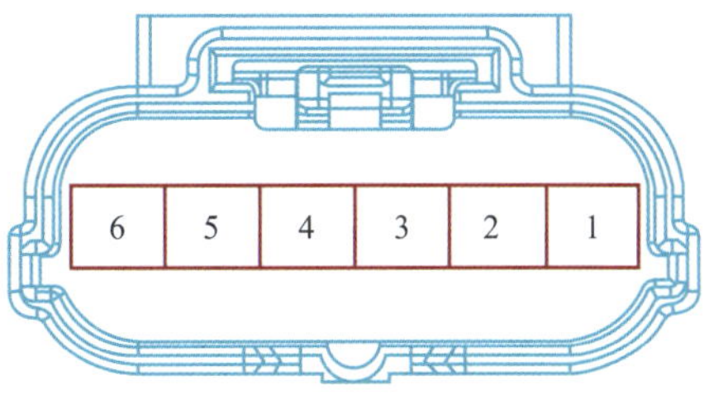

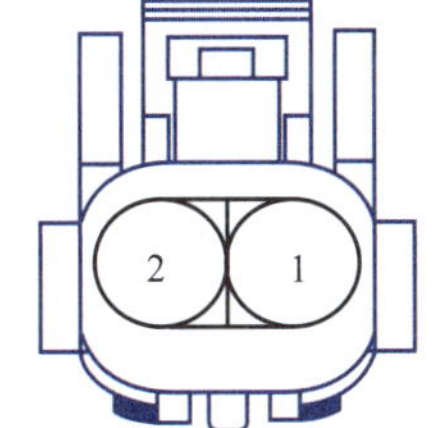

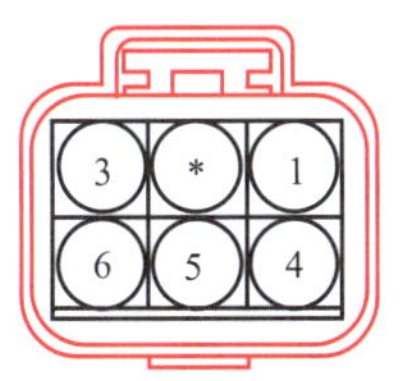

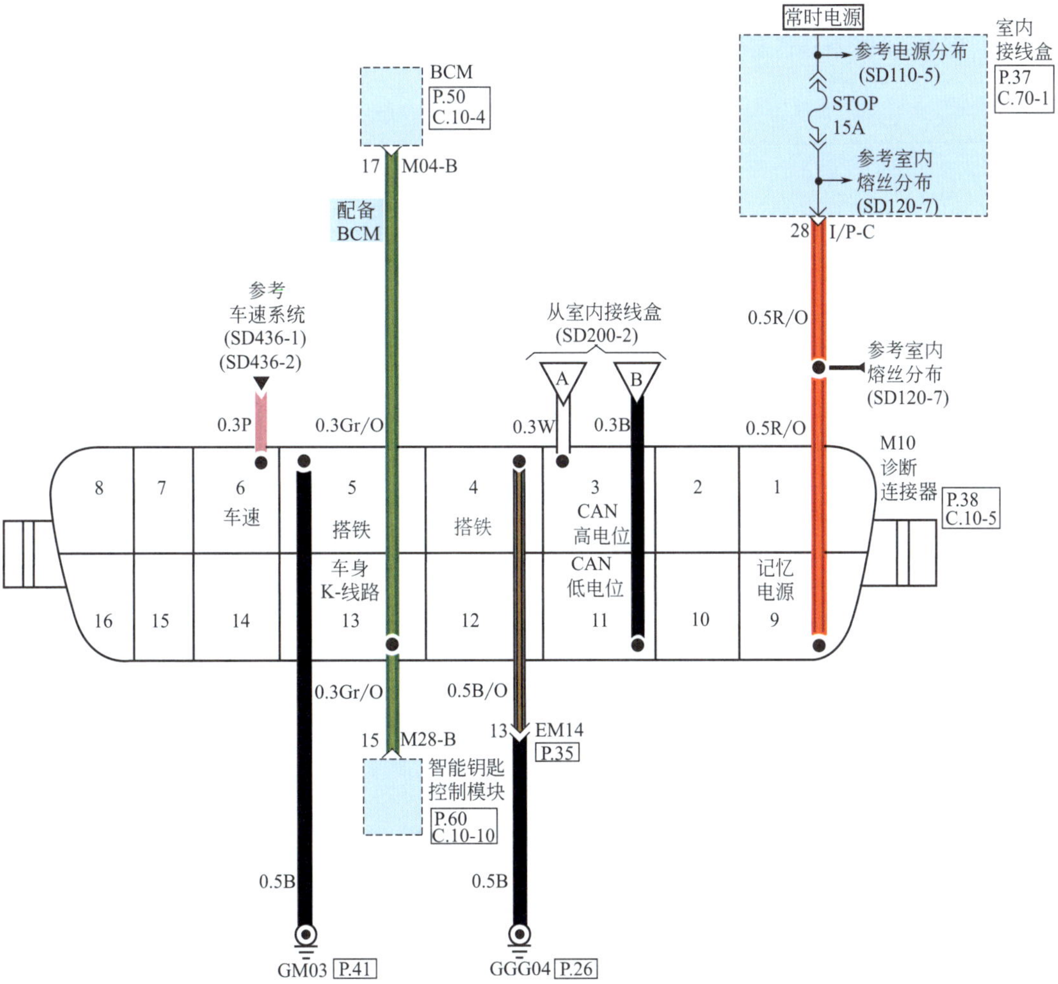

诊断连接器的一端连接在汽车上，另一端在需要进行故障诊断、编程等维修作业时，连接到诊断设备上。所有车系的诊断连接器在汽车上的安装位置和形状（针脚数量）都是固定的，这是由国际标准规定的，见图 13.1-9。

（2）连接器的拆卸 所有的连接器在结构上都有锁闭装置，拆开时，应先按下闭锁，使锁扣脱开，才能将连接器彻底分离。拆卸连接器内的针脚时，需要使用专用工具。

常见连接器断开方法见图 13.1-10 ～图 13.1-13。

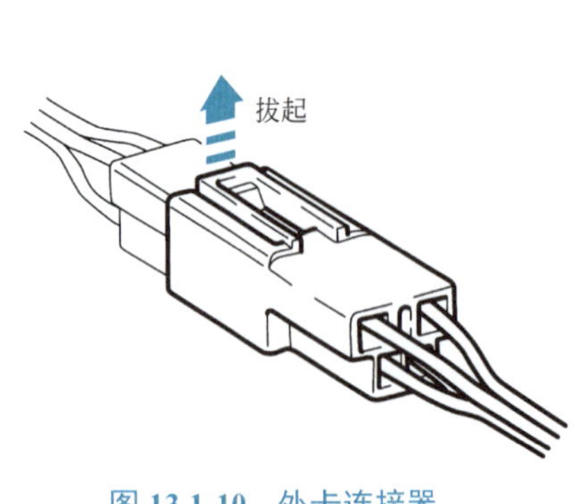

图 13.1-10 外卡连接器

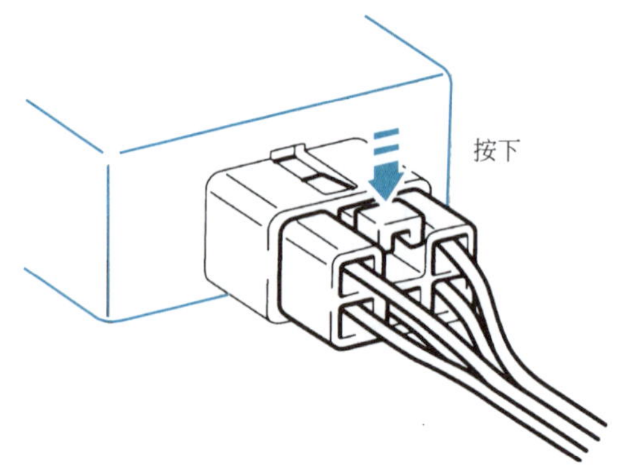

图 13.1-11 内卡连接器

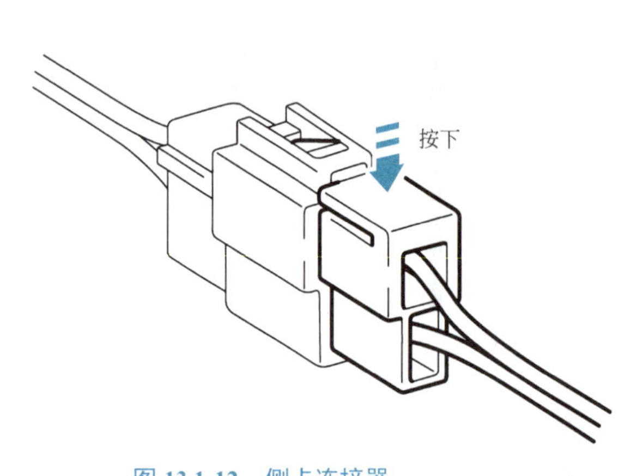

图 13.1-12 侧卡连接器

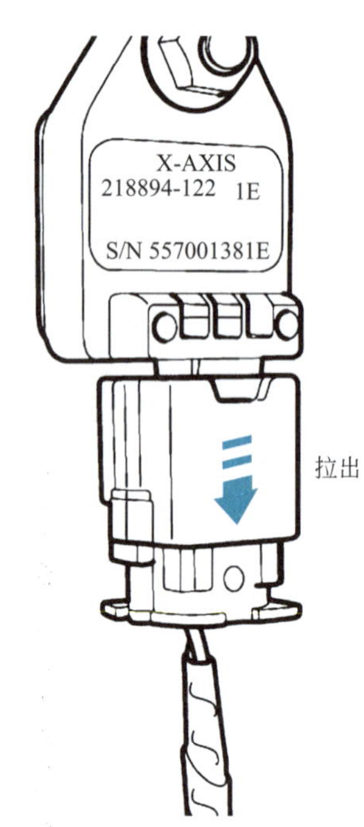

图 13.1-13 传感器连接器

脱开 ECM 连接器时，按压 ECM 连接器插头 1 解锁键（箭头 A 沿箭头 B 方向扳开），脱开连接器插头（图 13.1-14）。

13.1.2.3 接点和搭铁

汽车上，一般都是车身搭铁，其实车身可以看成是一根与蓄电池负极相连的导线。如

图 13.1-15 所示，汽车电路的最大特点是直流、低压、单线制、负极搭铁。

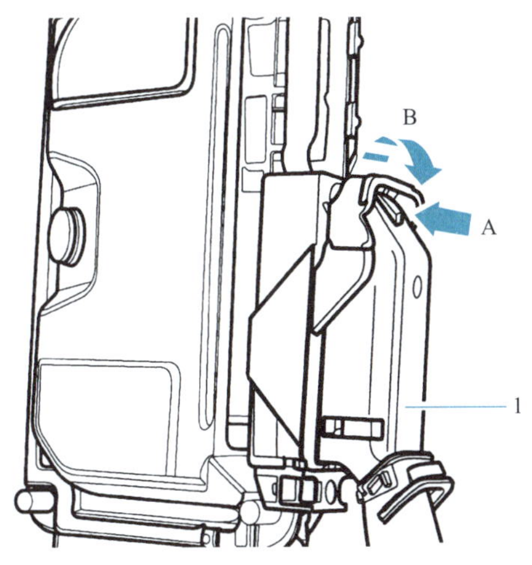

图 13.1-14　ECM 连接器

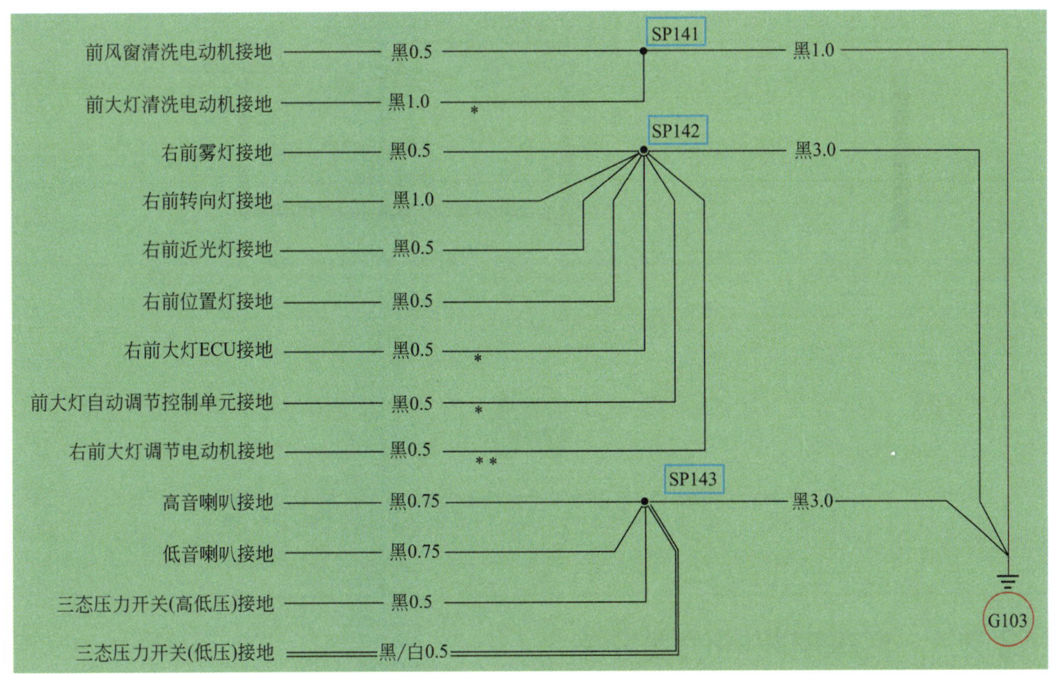

图 13.1-15　某车系接地电路图

SP141 ～ SP143—线束内部连接代号，不可拆卸

* 用于带有前大灯自动调节的车型；** 用于带有前大灯手动调节的车型

13.1.2.4　电气设备

电气设备，如发动机、起动机、空调压缩机、车窗电机、车灯等。

如图 13.1-16 所示为某车系制动灯电路图。该系统利用制动灯或高架制动灯通知后方车辆此车辆慢行或要停止的状态，确保安全。制动灯继电器用于增加制动灯开关的耐久性。

制动灯开关为双开关式，分开关 A 和 B 两个信号，根据制动踏板的操作传送相反值。如果没有踩下制动踏板，制动灯开关 B 传送电源电压值，制动灯开关 A 传送 0V 值；如果踩下制动踏板，输出信号值相反。制动灯开关 A 信号用于相关系统 (ABS 控制模块、智能钥匙控制模块、ECM、TCM) 的控制信号，制动灯开关 B 信号用于制动灯开关状态检测。通过以下路径操作制动灯电路。

❶ 制动灯开关 A "ON" (2 号和 1 号) →制动灯继电器 (2 号和 4 号) →搭铁 (GM03)。

此时制动灯继电器触点开关 (5 号和 1 号) "ON"，制动灯继电器触点开关 (3 号) 传送制动灯开关工作信号。

❷ 常时电源 (STOP 15A) →制动灯继电器触点开关 (5 号和 1 号) →制动灯 "ON"。

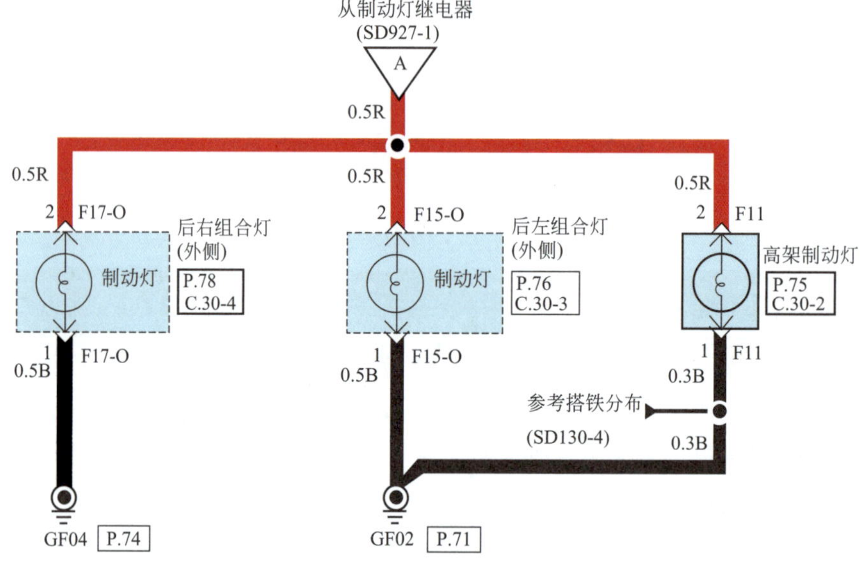

图 13.1-16　某车系制动灯电路图

13.2　汽车电路图识读方法和步骤

13.2.1　汽车电路图识读方法

13.2.1.1　三个掌握要点

❶ 掌握各种车型的电路图中图形意义、标注规则、符号含义和使用方法等，记不住不要紧，但要看着电路图能找到对应元件。

❷ 掌握一定的电气系统的工作原理，尤其是电器元件的电路输出和输入。

❸ 掌握承修车辆的电器布置情况。

13.2.1.2　"一种两路"的技巧

(1) 一种车型　精心分析一种车型的典型电路，掌握各个系统之间的接线特点和规则，进而了解一个车系的电路特点。

(2) 两路理顺

❶ 顺向。从用电设备找到蓄电池正极和搭铁，顺着电流流向找从蓄电池正极出发到用电设备再到搭铁。

❷ 逆向。逆着电流方向从负极搭铁到用电器再到蓄电池正极。

选择一种路径或者两种路径结合的方法去理顺，善于将一个复杂的系统回路简化，这样有利于快速理清电路结构。

13.2.2 汽车电路图识读步骤

13.2.2.1 找电路图中的三块组成结构和元件布局

电路图的结构（大众 / 奥迪）如下。

(1) 电路图最上部（图 13.2-1） 电路图最上部为中央配电盒电路，其中标明了熔丝的位置及容量、继电器位置编号及接线端子号等。

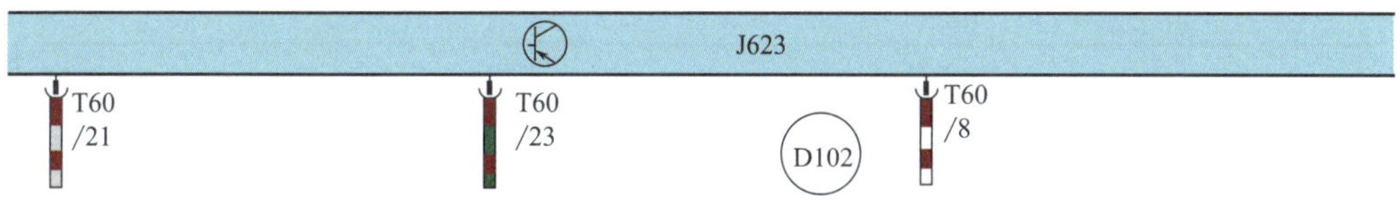

图 13.2-1 电路图最上部

(2) 电路图中部（图 13.2-2） 电路图中部是车上的电气元件及连线。

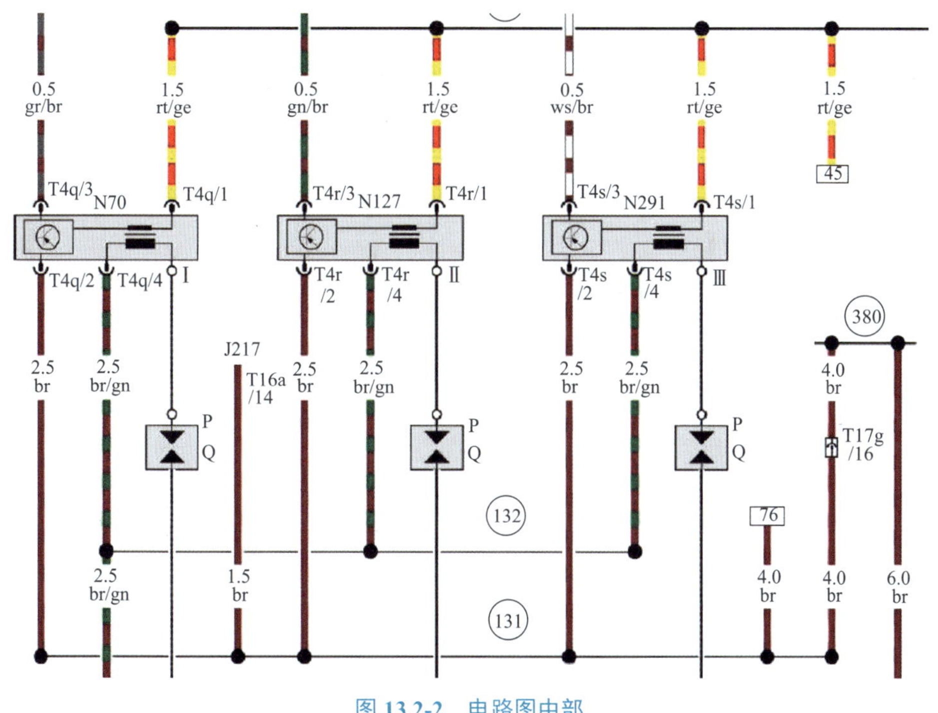

图 13.2-2 电路图中部

（3）电路图最下部（图 13.2-3） 电路图最下部的横线是搭铁线，上面标有电路编号和搭铁点位置。最下部搭铁线的标号是为了方便标明在续页查找而编制的。

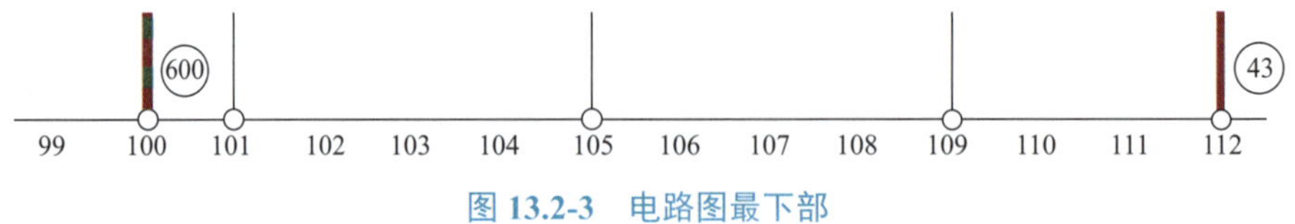

图 13.2-3 电路图最下部

13.2.2.2 使用电路图的阅读原则

（1）简单的电路图——找电源 比较简单的电路图要按照“从前到后”阅读原则，即电源→用电器→接地。

（2）复杂的电路图——找用电器 比较复杂的电路图要按照“从中间向两边”阅读原则，即电源→用电器→接地。

13.2.2.3 试读电路图（大众 / 奥迪）

电路图如图 13.2-4 所示，其符号释义可查阅表 13.2-1。

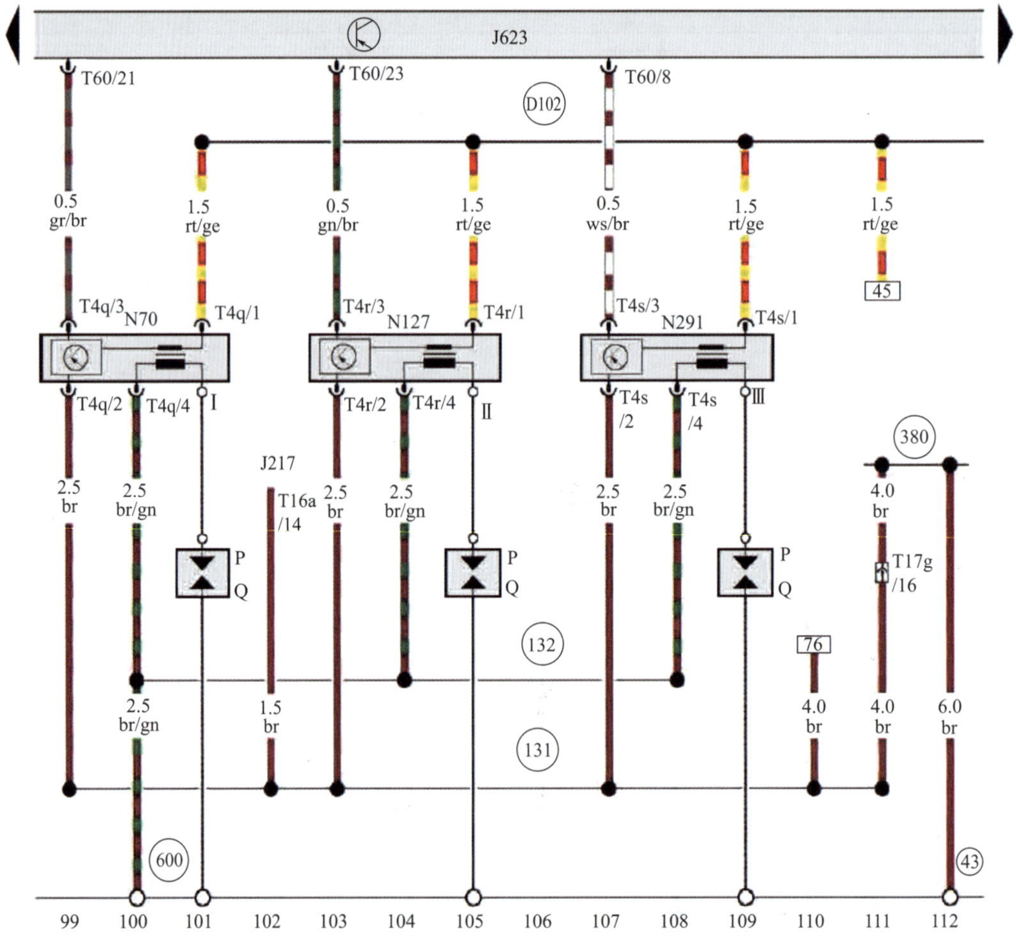

图 13.2-4 电路图（发动机控制单元、点火线圈和火花塞）

表 13.2-1　电路图中符号释义

电路图中元件 / 数字	说明 / 释义	图示 / 示意图
J217	自动变速器控制单元	
J623	发动机控制单元	
N70	点火线圈 1	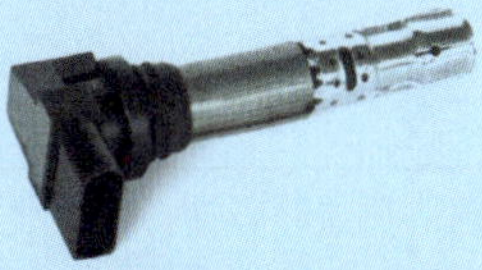
N127	点火线圈 2	
N291	点火线圈 3	
P	火花塞插头	
Q	火花塞	
T4q	4 芯插头连接（器）	
T4r	4 芯插头连接（器）	
T4s	4 芯插头连接（器）	
T16a	16 芯插头连接（器）	
T17g	17 芯插头连接（器），发动机舱电控箱内	
T60	60 芯插头连接（器）	
43	接地点，右侧 A 柱下部	各车型的接地点位置有所不同 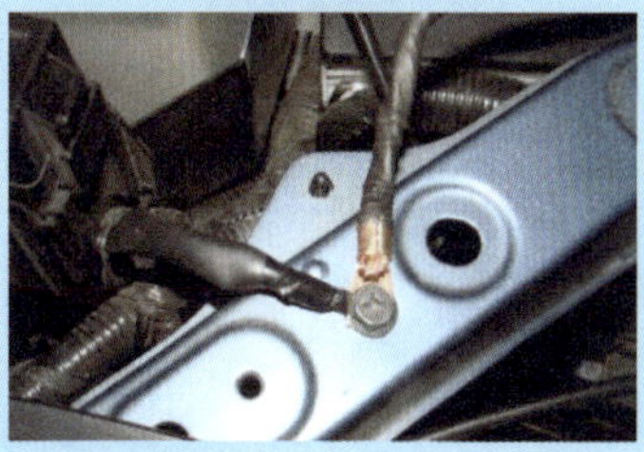
131	接地点 2，在发动机舱线束中	
132	接地点 3，在发动机舱线束中	
380	接地点 15，在主导线束中	
600	接地点，气缸上右侧	
D102	连接 2，在发动机舱线束中	
ws	导线颜色——白色	 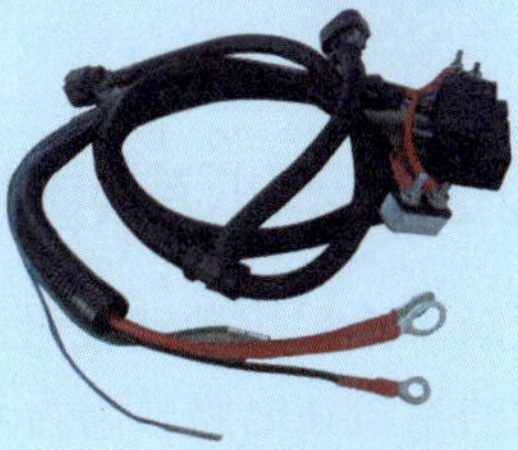 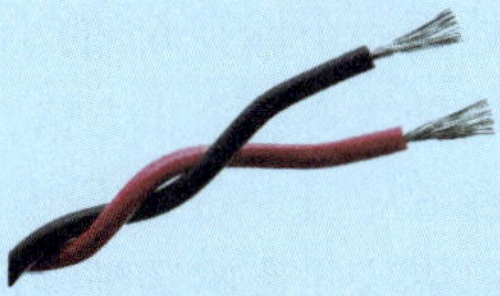
sw	导线颜色——黑色	
ro	导线颜色——红色	
br	导线颜色——棕色	
gn	导线颜色——绿色	
bl	导线颜色——蓝色	
gr	导线颜色——灰色	
li	导线颜色——紫色	
vi	导线颜色——淡紫色	
ge	导线颜色——黄色	
or	导线颜色——橘黄色	
rs	导线颜色——粉红色	
rt/ge	导线颜色——红黄色导线	
2.5	表示导线横截面面积 2.5mm^2	
0.5	表示导线横截面面积 0.5mm^2	

13.2.2.4 电流路径

电流方向基本上是从上到下。电流流向：电源正极→保护装置→开关→用电器→搭铁→电源负极，形成简明的完整回路（图 13.2-5）。

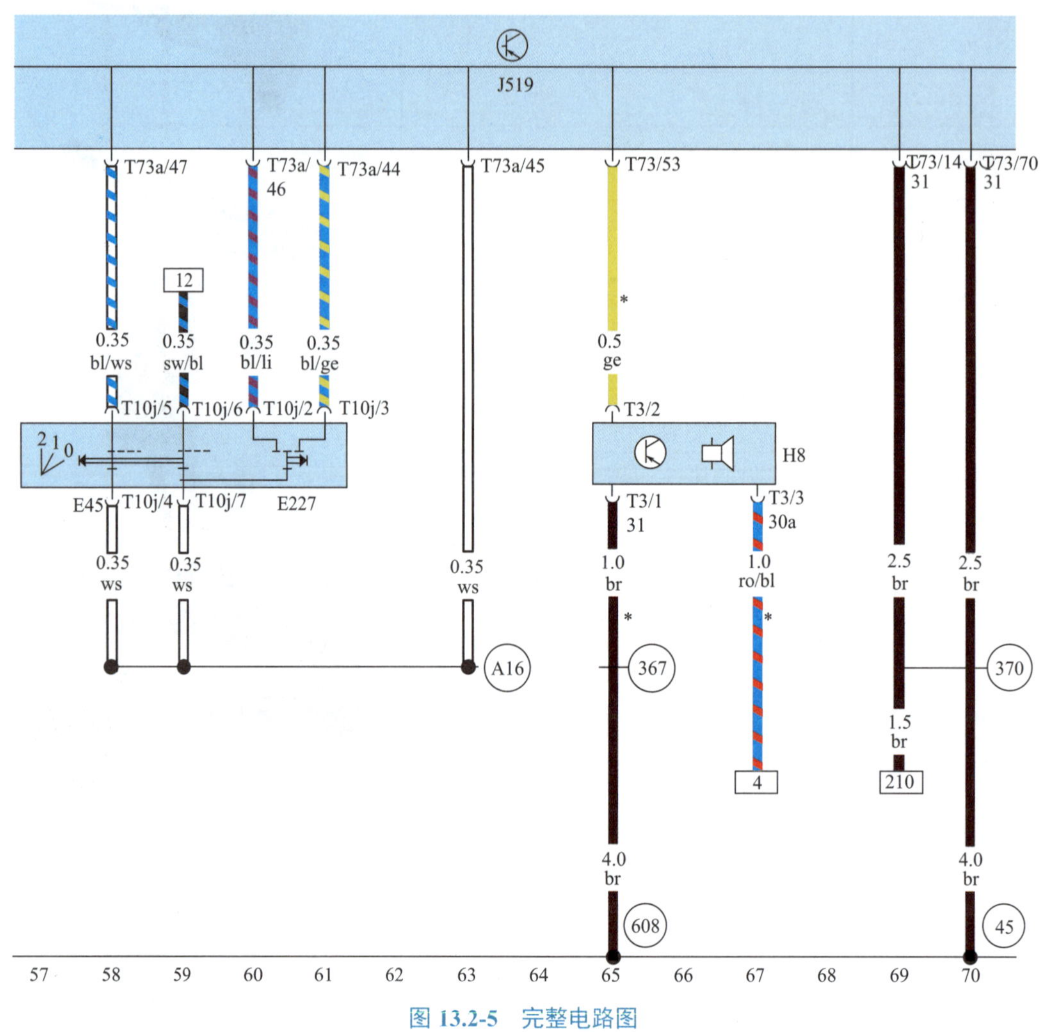

图 13.2-5　完整电路图

13.2.2.5 用小方块里的数字代号解决电路交叉问题

大众车系采用断路代号法来处理线路复杂交错的问题。例如如图 13.2-6 所示，某一条线路上的半段在电路号码为 4 的位置上，下半段在电路号码为 67 的位置上，在上半段电路的中止处画一个标有 67 的小方格，即可说明下半段电路就在电路号码 67 的位置上，下半段电路开始处也有一个小方格，里面标有 4，说明上半段电路就应在电路号码为 67 的位置上，通过 4 和 67，上、下半段电路就连在一起。使用这种方法以后，读再复杂的电路图，也看不到一根横线，线路清晰简洁，方便查找。

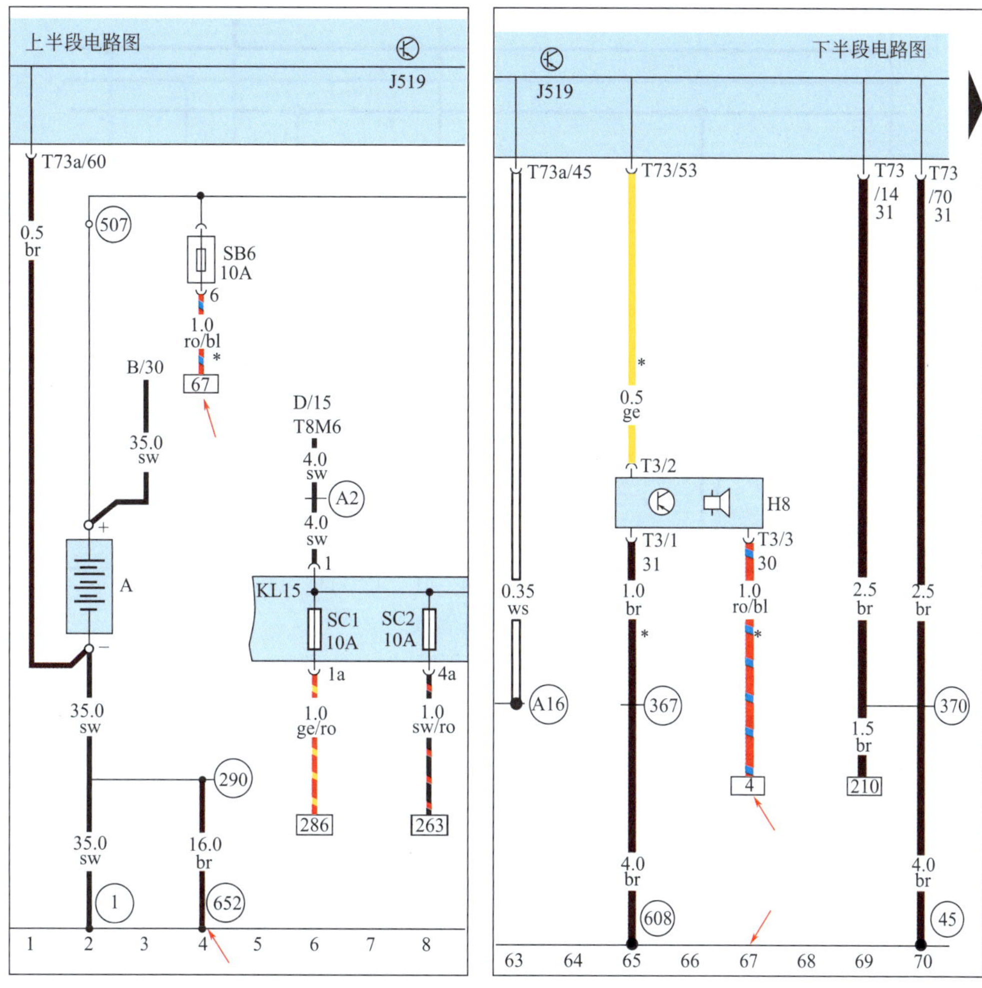

图 13.2-6　用小方块里的数字代号解决电路交叉问题

13.2.2.6　电路图最上边的内部正负线路

最上边的内部区域，水平线表示接电源正极的导线，有 30、15、X 等。电路中经常通电的线路使用代号 30，接地线的代号是 31，受控制的大容量用电设备的电源线代号是 X，受控制的小容量用电设备的电源线代号是 15。

（1）常火线　常电源就是在蓄电池正常的情况下，均有规定电压的电源线，如图 13.2-7 所示，30 号线接蓄电池正极，汽车维修中称为“常火线”。

（2）条件电源　条件电源就是在一定的条件下才有规定电压的电源线，即 15 号线。点火开关置于 ON（接通）和 ST（启动）挡时，30 号线经点火开关连接中央继电器盒内的 15 号线，也就是说打开钥匙门时会有电。

（3）卸荷线　卸荷线（X）是大容量火线，雾灯、刮水器和风窗加热等用电取自 X 线，只有在点火开关位于 ON 挡时 X 触点继电器 J59 才工作，30 号线经 X 触点继电器的触点接通 X 线，而在点火开关位于 ST（启动）挡启动发动机时 X 线自动断电，从而保证发动机能顺利启动。

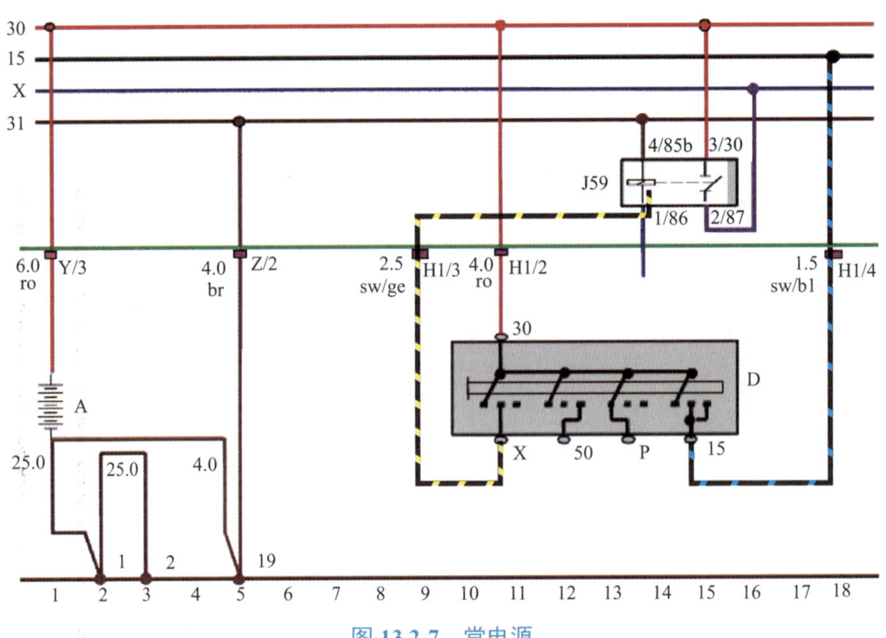

图 13.2-7　常电源

13.2.2.7　中央配电盒

汽车的整个电气系统以中央配电盒为中心进行控制，大部分继电器和熔丝安装在中央配电盒的正面。接插器和插座安装在中央配电盒背面。

如图 13.2-8 所示，电路图上标有 4/85、3/30、2/87 和 1/86，分母数 85、30、87 和 86 是指继电器上的 4 个插脚，分子和分母是相对应的。电路图上的“ 2 ”表示该继电器是在中央控制盒的 2 号位置安装的。

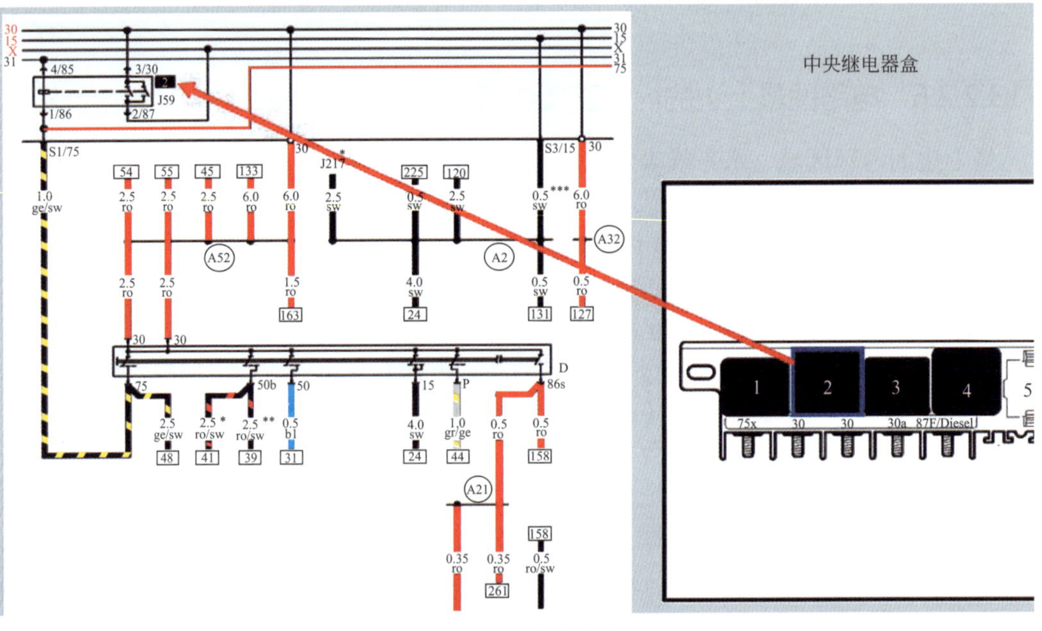

图 13.2-8　中央配电盒

13.2.2.8 电源线与继电器

❶ 灰色区域内部水平线为接电源正极的导线，有 30、15、50、X 等。电路中经常通电的线路使用代号 30，接地线的代号是 31，受控制的大容量用电设备的电源线代号是 X，受控制的小容量用电设备的电源线代号是 15。

❷ 在继电器中，85 号接脚用于接地线，86 号接脚来自条件电源（如 15 号线或 X 线），30 号接脚经常通电，87 号接脚用于被控制件。当条件电源通电后，85 号、86 号线导通，产生磁性，吸引 30 号与 87 号线路之间的触点闭合，使用电器通电。

13.2.2.9 电路与导线插接器

（1）导线和电路图特殊标记 电路图中的导线一般用实线表示，有些导线的右边带有“*”“**”“***”“* 数字”“* 字母”，表示该导线并不适用于所有车型，具体信息会在右侧列表中标出（图 13.2-9）。导线一般有主色和辅色两种。

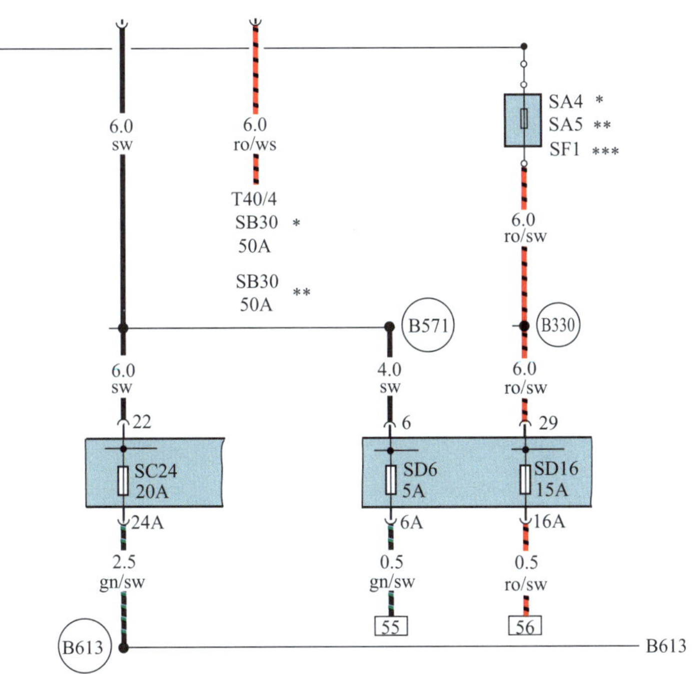

图 13.2-9 导线和电路图特殊标记

（2）导线特定含义和颜色代码 见表 13.2-2。

表 13.2-2 导线特定含义和颜色代码

颜色	特指用在电气设备的导线	颜色	特指用在电气设备的导线
红色	蓄电池电源线	棕色	搭铁线（31）
绿色	点火开关（1）	黄色	前照灯线路（58）

对于大众车系，在电路图上，导线颜色均以德文缩写形式标注，其中文含义对照见表 13.2-3。

表 13.2-3 导线颜色代码

代码	含义	代码	含义
bl	蓝色	ro	红色
br	棕色	sw	黑色
ge	黄色	li	紫色
gn	绿色	ws	白色
ro/ws	标有红色和白色两种颜色的一根导线		

（3）导线规格 电路图中，在导线的中间部分标注了该导线的规格（单位：mm^2），这表示导线的粗细，即横截面积（图 13.2-10）。

在电路维修时，如果无法得到一样规格的导线，只能够采用横截面积大一个规格的导线来代替。

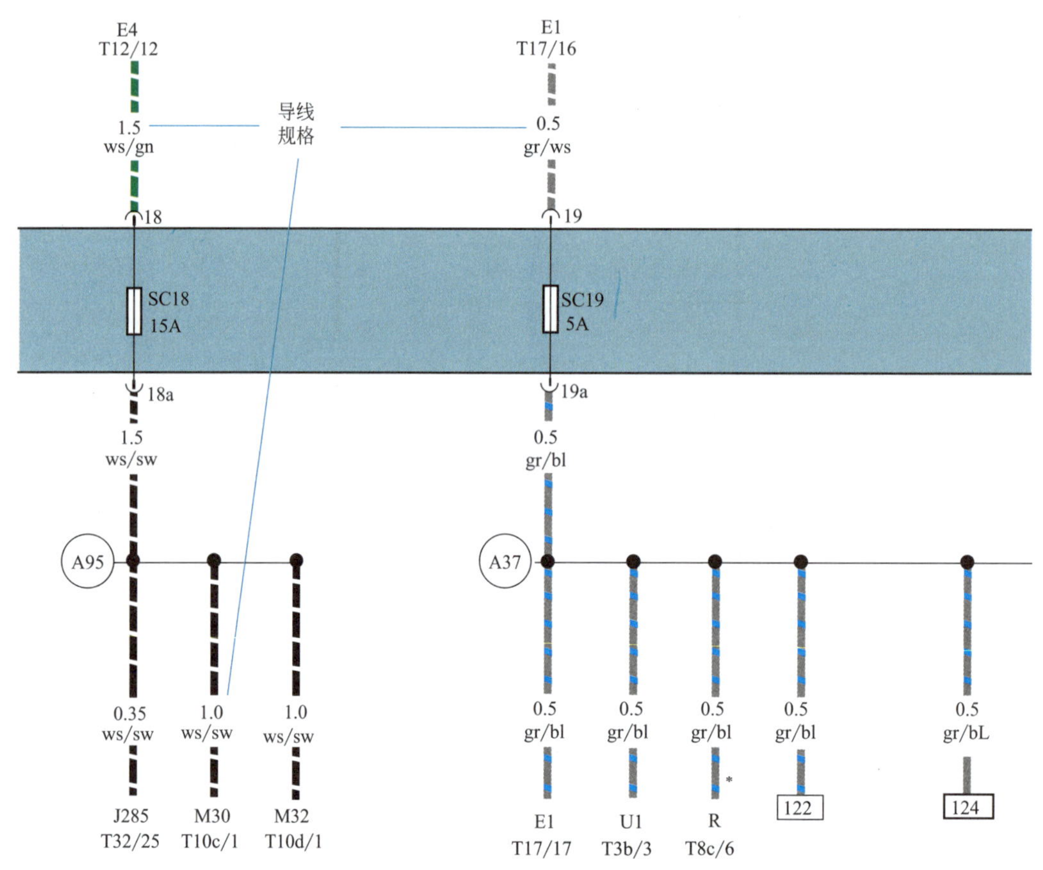

图 13.2-10 导线规格

（4）接地点（搭铁） 一般用汽车车身作为搭铁，通贯整个车辆的搭铁导体，用电路图底部的一根细线来表示。在细线上，会标注电路序号以及搭铁线在车身上的搭铁位置序号。一般（搭铁）接地点在电路图的起始页码就会标出，如图 13.2-11 所示。在电路图查找过程中，可以在右侧的列表中找到搭铁点在车身上的具体位置。

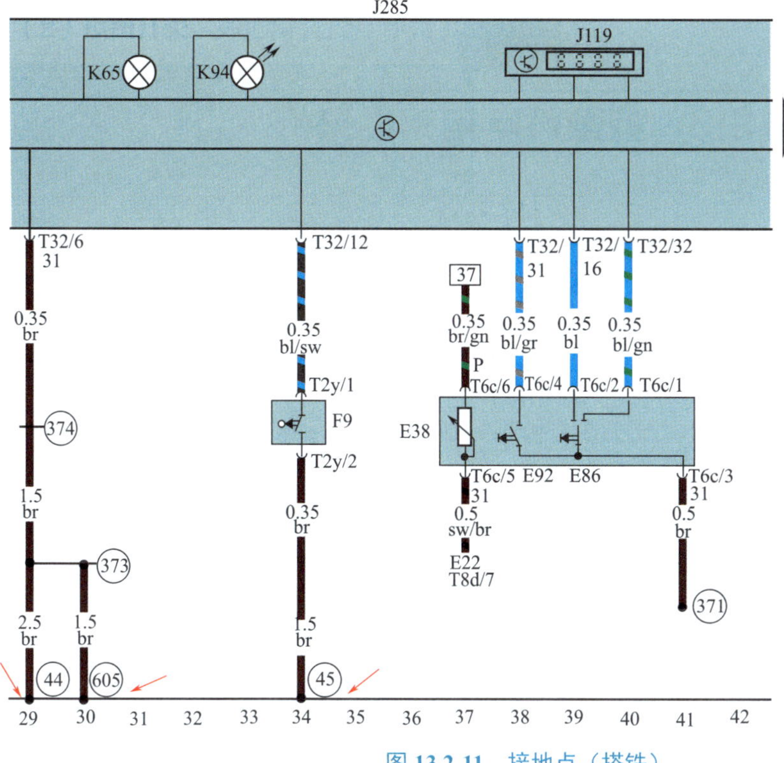

F9 手制动控制开关
J119 多功能显示器
J285 仪表板中控制单元
K65 左侧转向灯指示灯
K94 右侧转向灯指示灯
T2y 2芯黑色插头连接
T6c 6芯黑色插头连接
T8d 8芯黑色插头连接
T32 32芯蓝色插头连接
(44) 接地点，在左侧A柱下部
(45) 接地点，在仪表板中部空调器右侧支架上
(371) 主线束中的接地连接6
(373) 主线束中的接地连接8
(374) 主线束中的接地连接9
(605) 接地点，在转向柱上部

图 13.2-11　接地点（搭铁）

（5）插接器　如图 13.2-12 所示，无论是控制单元上的插接器（电脑插头）还是线路连接插头，都是由接线端代号在电路图上查找。

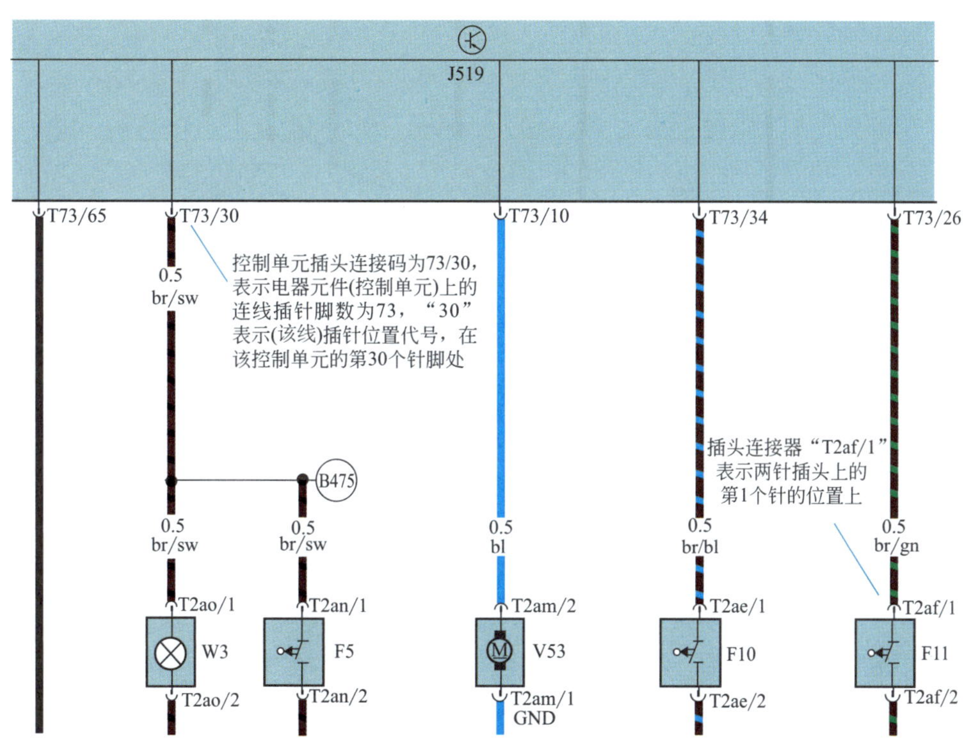

图 13.2-12　插接器连接

13.3 典型汽车电路图分析

13.3.1 分析单一的电路图

13.3.1.1 照明电路

某款迈腾前大灯电路图分析如图 13.3-1 和图 13.3-2 所示。

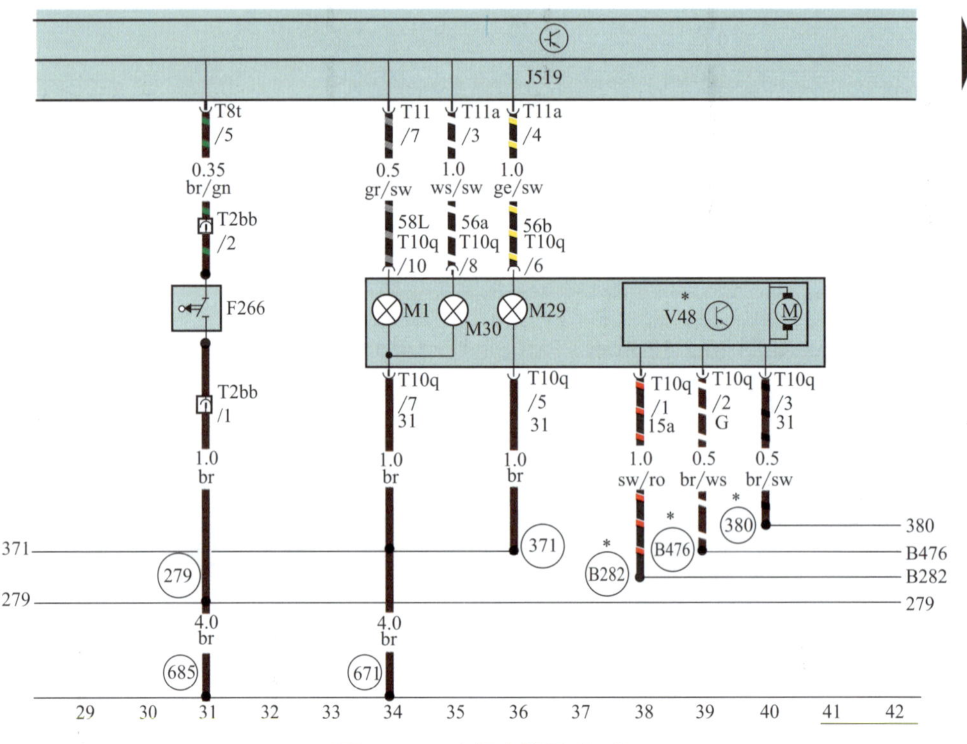

图 13.3-1 大灯电路图（一）

F266—发动机舱盖接触开关；J519—车载电网控制单元；M1—左侧停车灯灯泡；M29—左侧近光灯灯泡；M30—左侧远光灯灯泡；T2bb—2 芯黑色插头连接，大灯右后侧；T8t—8 芯黑色插头连接；T10q—10 芯黑色插头连接；T11—11 芯黑色插头连接；T11a—11 芯棕色插头连接；V48—左侧照明距离调整伺服电动机；279—接地连接 5，车内线束中；371—接地连接 6，在主线束中；380—接地连接 15，在主线束中；671—接地点 1，左前纵梁上；685—接地点 1，右前纵梁上；B282—正极连接 6（15a），在主线束中；B476—连接 12，在主线束中；*—仅适用于带照明距离调节装置的汽车

（1）左侧停车灯电路 J519 车载电控单元→ T11/7 → T10q/10 → 左侧停车灯灯泡 M1 → T10q/7 → 左前纵梁上接地点 1 搭铁。

（2）左侧远光灯电路 J519 车载电控单元→ T11a/3 → T10q/8 → 左侧远光灯灯泡 M30 → T10q/7 → 左前纵梁上接地点 1 搭铁。

（3）左侧近光灯电路 J519 车载电控单元→ T11a/4 → T10q/6 → 左侧近光灯灯泡

M29 → T10q/5 → 左前纵梁上接地点 1 搭铁。

（4）右侧停车灯电路 J519 车载电控单元→ T11a/10 → T10r/10 →右侧停车灯灯泡 M3 → T10r/7 →右前纵梁上接地点 1 搭铁。

（5）右侧远光灯电路 J519 车载电控单元→ T11/3 → T10r/8 → 右侧远光灯灯泡 M32 → T10r/7 →右前纵梁上接地点 1 搭铁。

（6）右侧近光灯电路 J519 车载电控单元→ T11/2 → T10r/6 →右侧近光灯灯泡 M31 → T10r/5 →右前纵梁上接地点 1 搭铁。

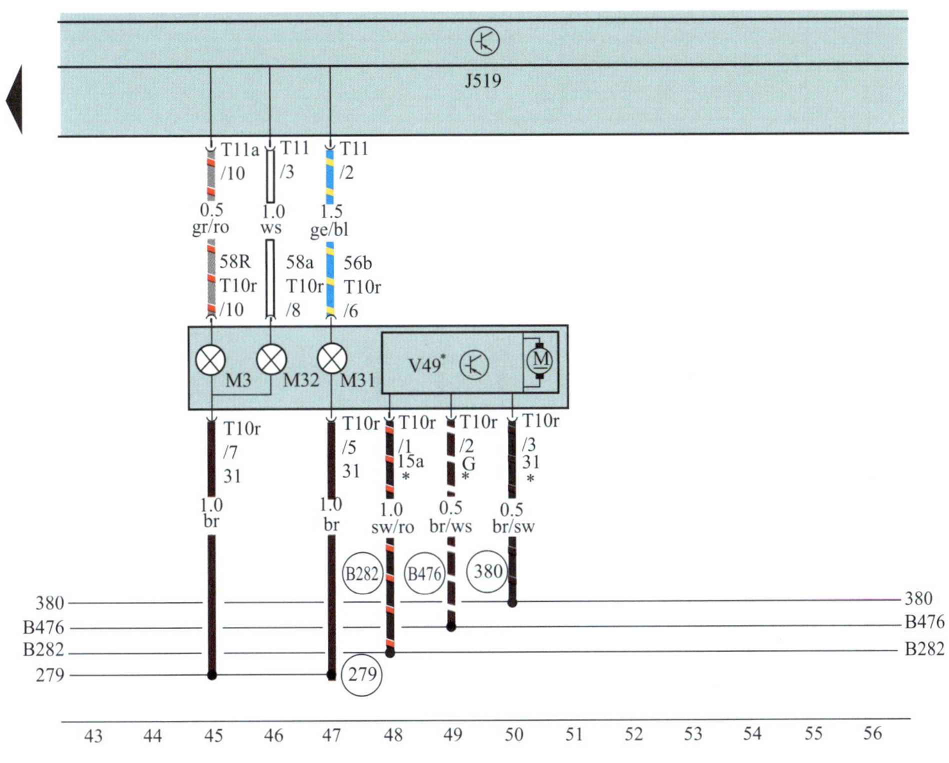

图 13.3-2 大灯电路图（二）

J519—车载电网控制单元；M3—右侧停车灯灯泡；M31—右侧近光灯灯泡；M32—右侧远光灯灯泡；T10r—10 芯黑色插头连接；T11—11 芯黑色插头连接；T11a—11 芯棕色插头连接；V49—右侧照明距离调整伺服电动机；279—接地连接 5，在车内线束中；380—接地连接 15，在主线束中；B282—正极连接 6（15a），在主线束中；B476—连接 12，在主线束中；*—仅适用于带照明距离调节装置的汽车

13.3.1.2 启动和充电电路

（1）启动系统电路组成 启动电路包括蓄电池、点火开关、J519（车载电网控制单元）、熔丝（SB30）、J682（接线端 50 供电器）、J329（总线端 15 供电器）、起动机等。

（2）点火开关 例如迈腾轿车，将 ID 发生器（点火钥匙）插入预锁位置。发动机运转，点火钥匙退回到 15 号线位置。关闭发动机→压下点火钥匙后将手放开，点火钥匙将被弹回到取出位置。

（3）起动机 起动机是用来启动发动机的，当点火开关处于启动位置时，继电器接通起动机主电路，此时起动机工作。起动机由直流电动机、传动结构和控制部分组成。其中控制部分也就是电磁开关上有三个端子，一个直接接蓄电池正极（端子 30），一个接启动继电器的开关触点（端子 50），最后一个接直流电动机电刷（端子 C），起动机壳体接地。

（4）启动系统工作原理 例如新款迈腾轿车，将 ID 发生器（点火钥匙）插到启动位置，车载电网控制单元接收到启动信号的同时确认离合器位置（手动变速器）、变速杆位置（自动变速器）、蓄电池电压等信号是否在相应位置，若在相应位置，车载电网控制单元控制 J682（接线端 50 供电器）、J329（总线端 15 供电器）给起动机供电，使起动机工作，从而启动发动机。

（5）电路走向分析 如图 13.3-3 所示，迈腾启动系统电路分析如下。

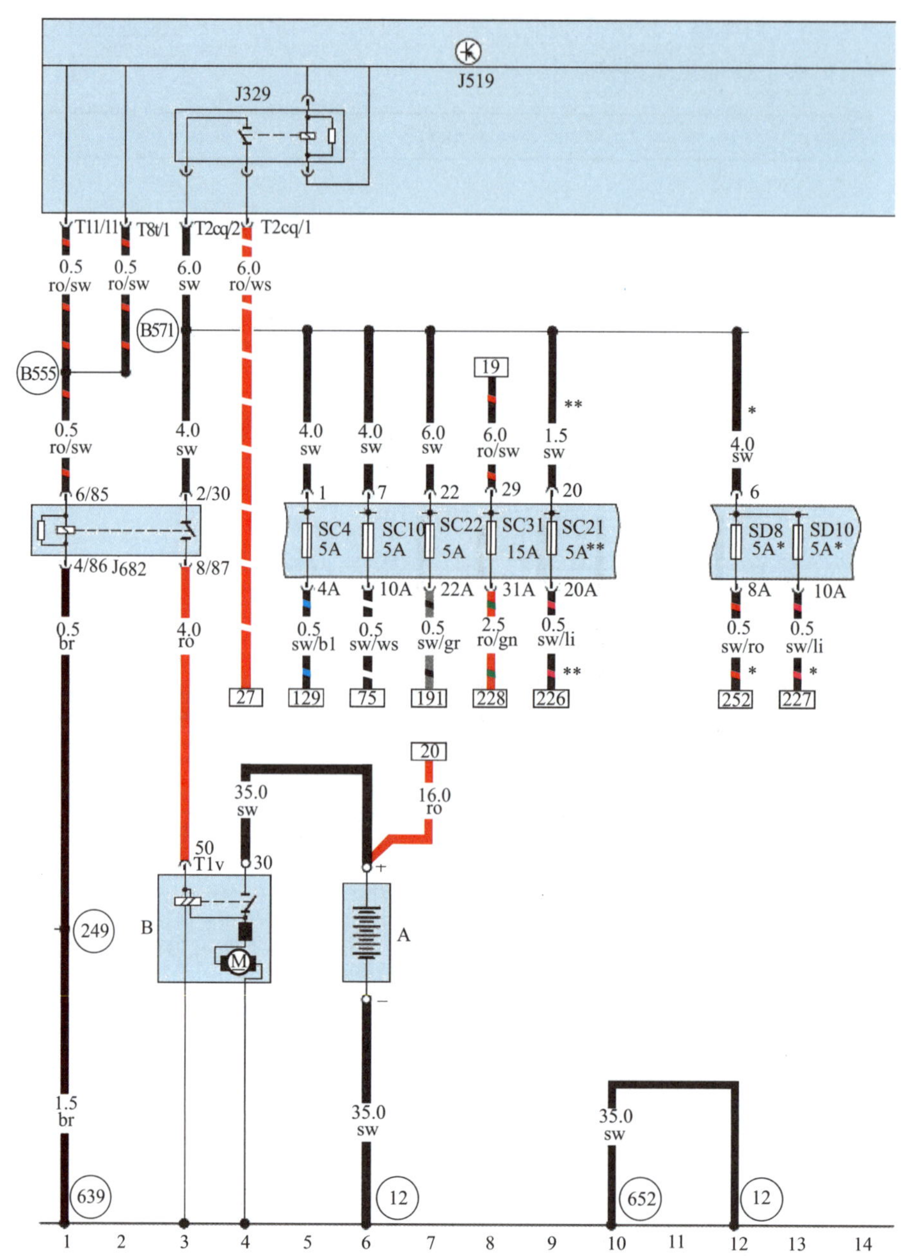

图 13.3-3 迈腾启动系统电路

A—蓄电池；B—起动机；J329—总线端 15 供电继电器，在车载电网控制单元继电器支架上；J519—车载电网控制单元；J682—接线端 50 供电继电器，在仪表板下左侧的继电器板上 5 号位（53 继电器）；SC4—熔丝架 C 上的熔丝 4；SC10—熔丝架 C 上的熔丝 10；SC21—熔丝架 C 上的熔丝 21；SC22—熔丝架 C 上的熔丝 22；SC31—熔丝架 C 上的熔丝 31；SD8—熔丝架 D 上的熔丝 8；SD10—熔丝架 D 上的熔丝 10；T1v—1 芯黑色插头连接；T2cq—2 芯黑色插头连接；T8t—8 芯黑色插头连接；T11—11 芯黑色插头连接；12—发动机舱内左侧接地点，在左前纵梁上；249—接地连接 2，在主线束中；639—接地点，在左侧 A 柱上；652—变速箱和发动机接地的接地点；B555—正极连接 2（50），在主线束中；B571—连接 38，在主线束中蓄电池→20→7→27→J329（总线端15供电继电器），在J519（车载电网控制单元）的控制下，使T2cq/2和T2cq/1（T2cq为2芯黑色插头连接）接通→J682（接线端50供电继电器），在J519（车载电网控制单元）的控制下，使2/30和8/87接通→起动机50号线（Tlv为1芯黑色插头连接）→起动机吸合线圈→蓄电池的电压通过起动机30号线端子给起动机电枢供电→壳体搭铁→起动机工作→发动机启动。

13.3.2 不同车系电路图的特点

13.3.2.1 福特汽车电路图

（1）福特汽车电路图结构 图13.3-4所示各组件间的连接和实车是相符合的，而且为更好地理解电路的工作原理，已经将复杂组件的内部电路进行了简化。

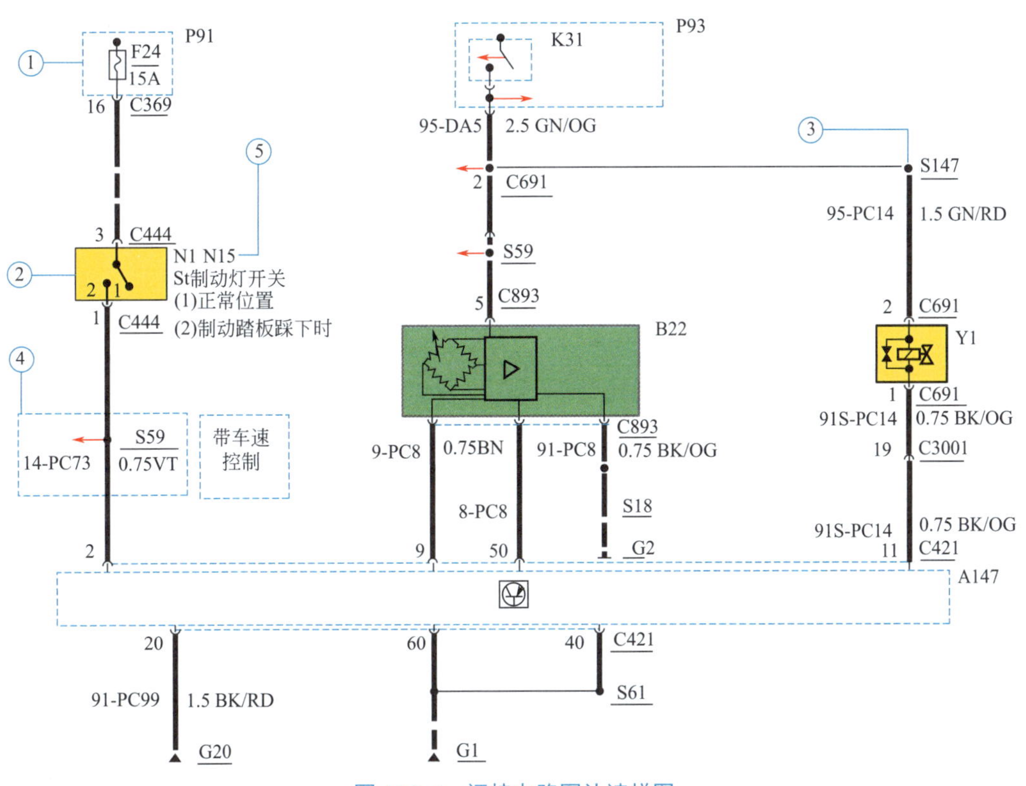

图13.3-4 福特电路图认读样图

❶ 电流流通路径。通常情况下，每个电路的起点总是从诸如熔丝或点火开关等提供电源的组件开始的。电路图中，电流流通路径是按从该页顶部电源处到底部接地点的路线流动的。

❷ 开关位置。电路图中，所有开关、传感器及继电器等都处于不工作状态（就如点火开关在OFF位置时一样）。

❸ 电路结合处。用箭头指示某结合处没有被完全绘出。完整的结合处所在页码已在索引中列出。

❹ 虚线方框。线路图中，窄的虚线方框表示该部分电路仅限某些装配该功能的车型。对该限制的备注标在图中方框旁。

❺ 组件名称与标注。组件名称标注于该组件右侧，说明开关位置或工作条件的备注紧邻着它。内部组件如速度传感器的说明也标注于此。

（2）电路图中重要符号（表 13.3-1）

表 13.3-1 电路图中重要符号

元件 / 名称	说明 / 释义	图示 / 图形
保险片及继电器	保险片及继电器盒示意图，说明了全部保险及继电器的信息，而且还以表格的形式列出了每个保险所保护的电路与系统	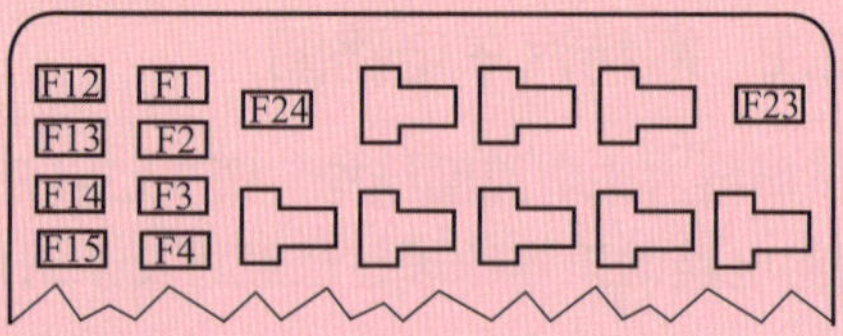 F12 F1 F13 F2 F14 F3 F15 F4 F24 F23
动力分配系统	动力分配系统单元显示了电流回路。该电路图显示了从蓄电池到点火开关及所有保险的电路	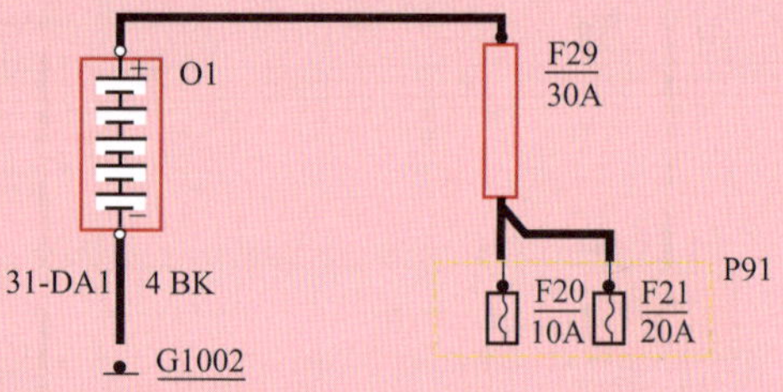 O1 F29 30A 31-DA1 4 BK G1002 P91 F20 10A F21 20A
保险明细	保险明细指出了每个保险片所保护的电路。该电路依次从保险到各电器组件 保险及第一个组件间的所有细节（包括导线、连接处、连接器等）都指示在图上	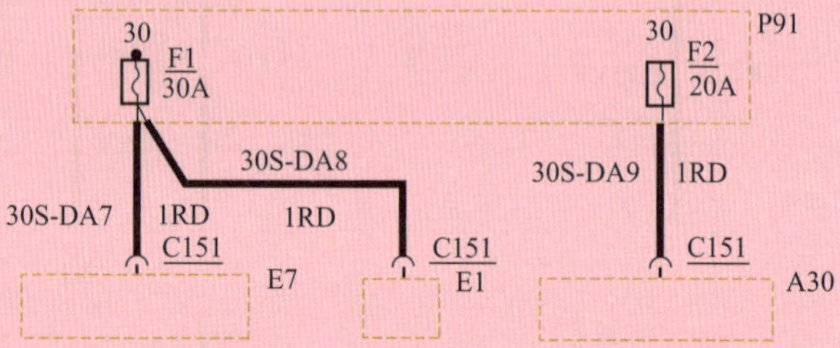 30 F1 30A 30 F2 20A P91 30S-DA8 30S-DA9 1RD 30S-DA7 1RD 1RD C151 C151 C151 E7 E1 A30
接地点	接地点部分说明了每一接地点或搭铁线的全部细节。这对于一个故障同时影响几个组件的诊断是很有用的（接地不良）。在接地点及组件间的所有细节都已列出（导线、接点、连接器等）。在此处说明这些细节是为了使各个单元电路图尽可能保持整洁一点 为改善可读性，对于电路图中有多个分支线路的接点，采用了分别表示的方式，同时以一条细线代表接点的一致性	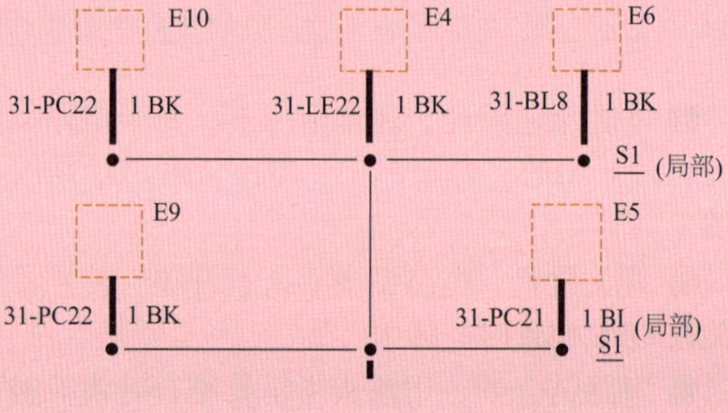 E10 E4 E6 31-PC22 1 BK 31-LE22 1 BK 31-BL8 1 BK S1 (局部) E9 E5 31-PC22 1 BK 31-PC21 1 BI (局部) S1

续表

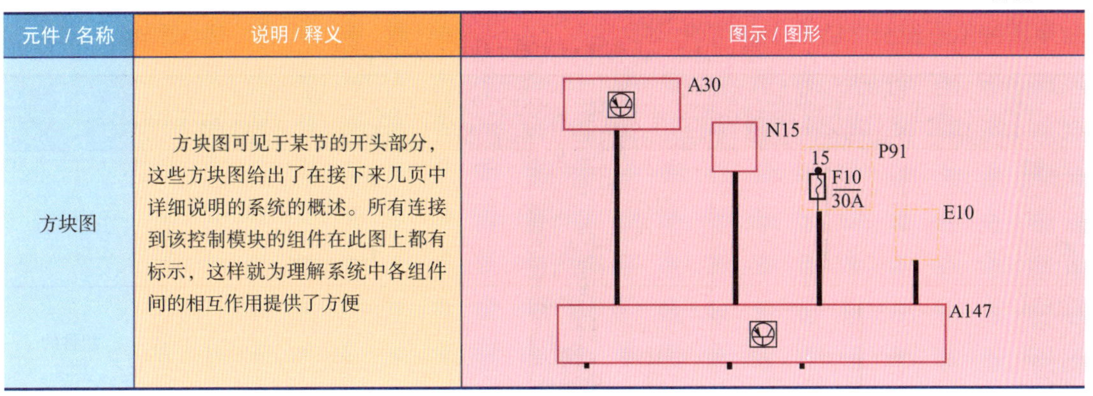

元件 / 名称	说明 / 释义	图示 / 图形
方块图	方块图可见于某节的开头部分，这些方块图给出了在接下来几页中详细说明的系统的概述。所有连接到该控制模块的组件在此图上都有标示，这样就为理解系统中各组件间的相互作用提供了方便	A30 N15 15 P91 F10 30A E10 A147

（3）电路编号与导线标识码

❶ 电路编号（图 13.3-5）。福特已采用一套全球统一的电路编号与导线标识系统，该系统称为功能 - 系统连接法（FSC）。FSC 其实主要是为车辆的开发及生产而设计的，但它对维修技术人员在进行电路诊断作业中发挥了重要作用。

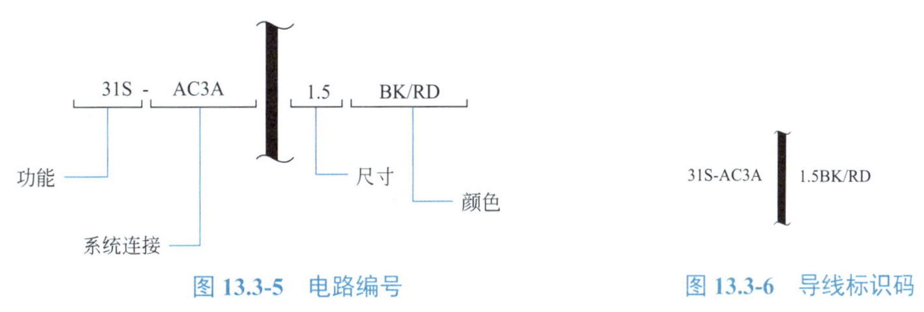

图 13.3-5　电路编号

图 13.3-6　导线标识码

前两位数指出了该线路的功能。本例中还有一个字母“S”，它表示该导线具有一个附加的开关功能。功能部分对维修技术人员在进行故障诊断时特别有用。功能码是在先前使用的某些 DIN 代码的基础上，增加了一些新的数字用以表示其有过载保护的功能、传感器的功能、数据连接及特殊的电子控制模块功能。

系统连接（含分电路）：系统是与汽车的电路子集相关联的。

紧接系统代码后面的是该系统特殊的连接码。分电路识别码用以区别连接中有相同功能的不同导线。

❷ 导线标识码（导线颜色）。导线标识码由基本色和识别色构成，能直接从电路编号上加以确认。在电路图中，导线颜色分别标示在导线之后。

识别色用一个色条对同一组件连接器中具有同样功能的不同导线加以区分，如棕色用 BN 表示，黑色用 BK 表示。

如图 13.3-6 所示，利用电路编号导线标识码，就能知道如下信息。

功能：31 表示接地；S 表示附加开关功能。

系统：AC 表示头灯水平调节。

线路：3 表示开关线路；A 表示分线路。

导线规格：1.5 表示 1.5mm^2。

颜色：BK 表示基本色为黑色；RD 表示基本色为红色。

（4）识读电路图中细节（表 13.3-2）

表 13.3-2　电路图中符号 / 细节电路图说明

序号	图示 / 符号	说明 / 释义	序号	图示 / 符号	说明 / 释义
1		配置接点	10		组件整体
2		不相连接的跨越电路	11		组件的部分
3		接地（搭铁）	12		组件外壳和与车身金属直接连接（搭铁）
4		连接器	13		组件上的配置螺栓锁接式端子
5		连接器（母）	14		连接组件导线的连接器（引出端）
6		连接器（公）	15		直接连接到组件的连接器
7	2　1	单极、两投开关	16	2　1	继电器
8		代表两条或两条以上线路	17		代表一条线路
9		选择用支路，代表在不同机型、国别、选装设备时，线路有所不同	18	电路编号 31-DA15　0.75BN G18	导线截面积（mm^2），线路连接与车身金属表面（搭铁）可利用位置表中的搭铁编号

续表

序号	图示 / 符号	说明 / 释义	序号	图示 / 符号	说明 / 释义
19	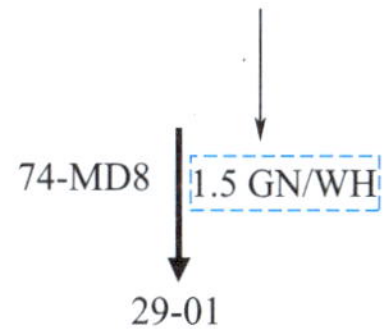 74-MD8 1.5 GN/WH 29-01	线路绝缘由一种主色配备其他颜色条纹组成（绿色搭配白色），线路参照编号，可找出连接于其他回路中的线束	24	0.5 BN/RD 9-MD11 0.5 GN 3 4 C103 0.5 BN/RD 9-MD11 0.5 GN 虚线代表线端属于同一连接器	同一连接器的两个接点（插脚）
20	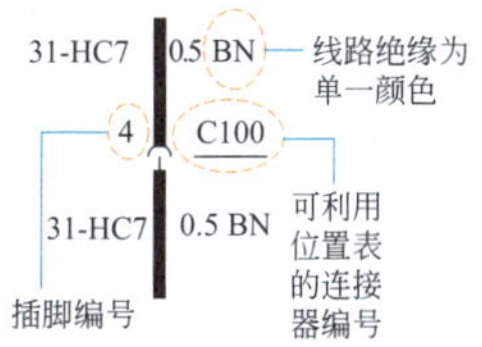 31-HC7 0.5 BN 线路绝缘为单一颜色 4 C100 31-HC7 0.5 BN 可利用位置表的连接器编号 插脚编号	线路绝缘为单一颜色	25	A7 ABS控制模块 该符号用以显示系统中的硬件装置（仅由电子元件所组成）	
21	M111 挡风玻璃雨刷电动机 1 C24 仍有其他回路通过G1001搭铁，但未显示在同一线路图中。有关搭铁的内容，可参阅“接地位置图” G1001		26	15 P91 F16 3A 中央接线盒(CJB) 其他回路也共同利用18号保险，但未显示在同一线路图中 53 C224 A11 收音机	
22	联动开关 2 1 2 1 虚线代表在开关之间以机械方式相连接		27	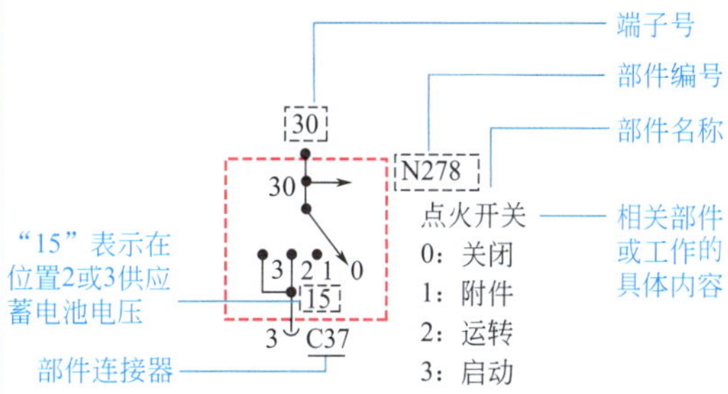 端子号 部件编号 部件名称 30 N278 30 点火开关 相关部件或工作的具体内容 0：关闭 1：附件 2：运转 3：启动 3 2 1 0 15 “15”表示在位置2或3供应蓄电池电压 3 C37 部件连接器	
23	30 代表该保险一直供电 F9 15A				

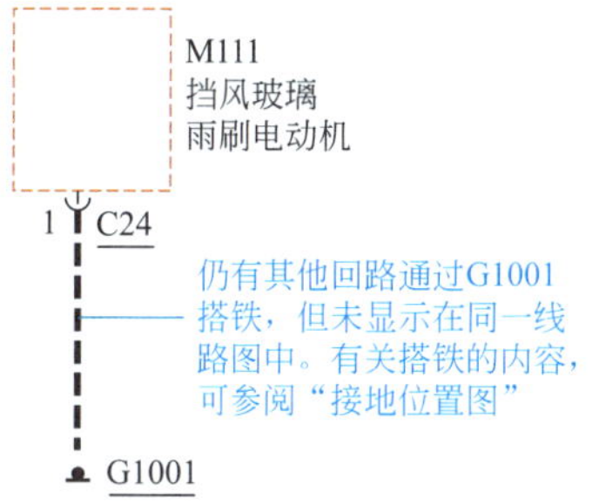

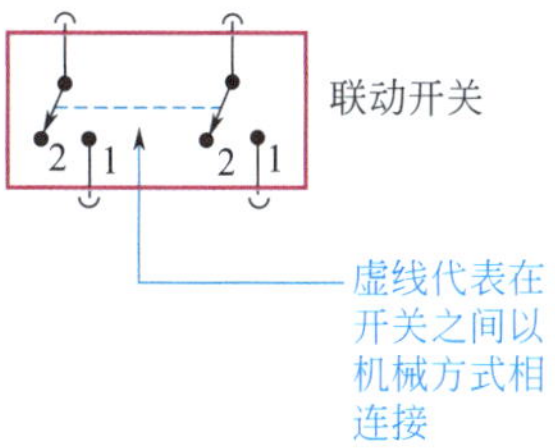

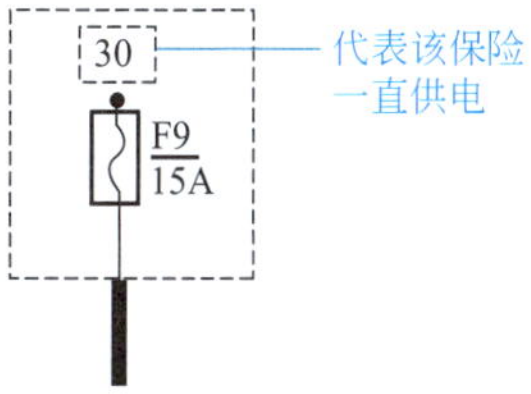

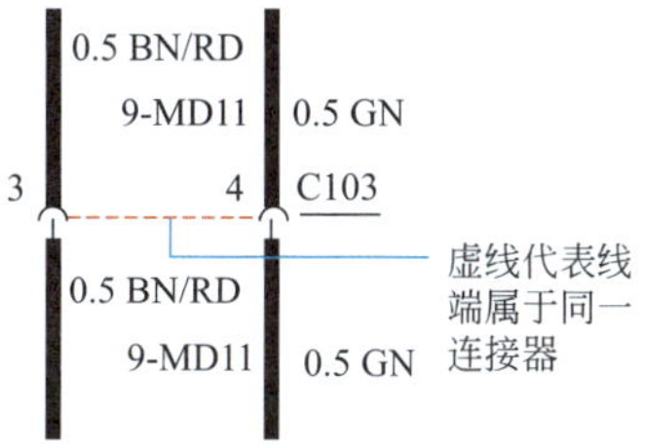

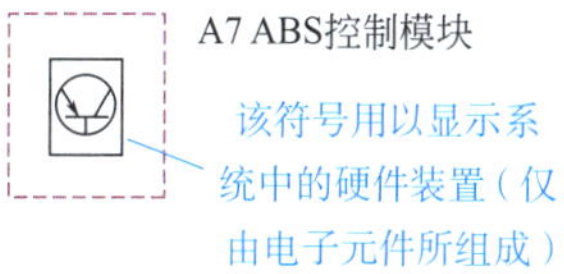

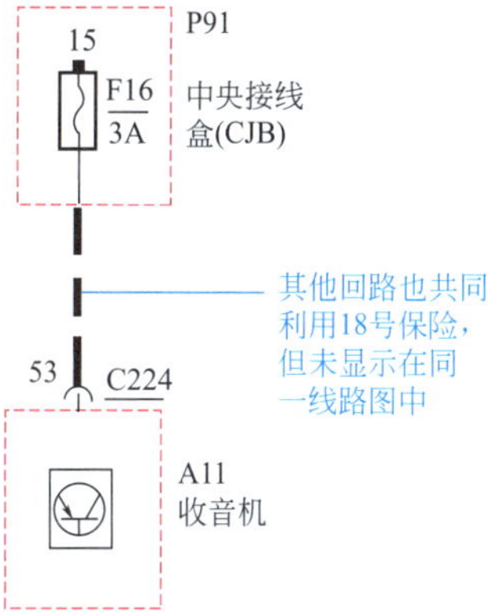

续表

序号	图示 / 符号	说明 / 释义	序号	图示 / 符号	说明 / 释义

28

电力
15
F6
3A
30
F23
3A
P91
中央接线盒
(CJB)
30-LB8A
0.75RD/GN
30-LB8
0.75RD/GN
3
1
C202
K13
电源保持继电器
4
2
C202
30-AA12
0.75 RD/BK
2
C184b
Y2废气
再循环
(EGR)阀
1
C184b
74-MD1
0.75BK/BN
91-LB11
0.75BN/RD
30-HB12
0.75RD/BK
30-MB10
0.75BN/RD
15
16
32
34
C190
A147动力
控制模块
(PCM)
端子号
组件部
分显示
组件全
部显示
导线规格
(mm^2)
电线绝缘层
为一种主要
颜色，再搭
配其他颜色
插脚号
线束号

29

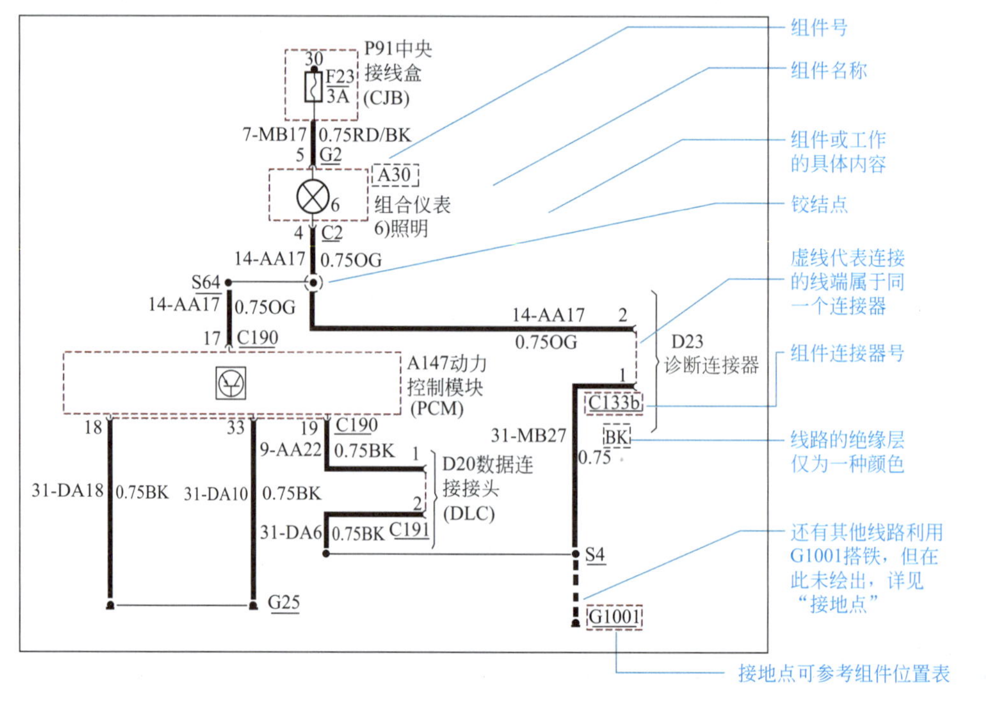

（5）识读电路图样图 某款福克斯轿车，前后电动窗电路图如图 13.3-7 ～图 13.3-10 所示。

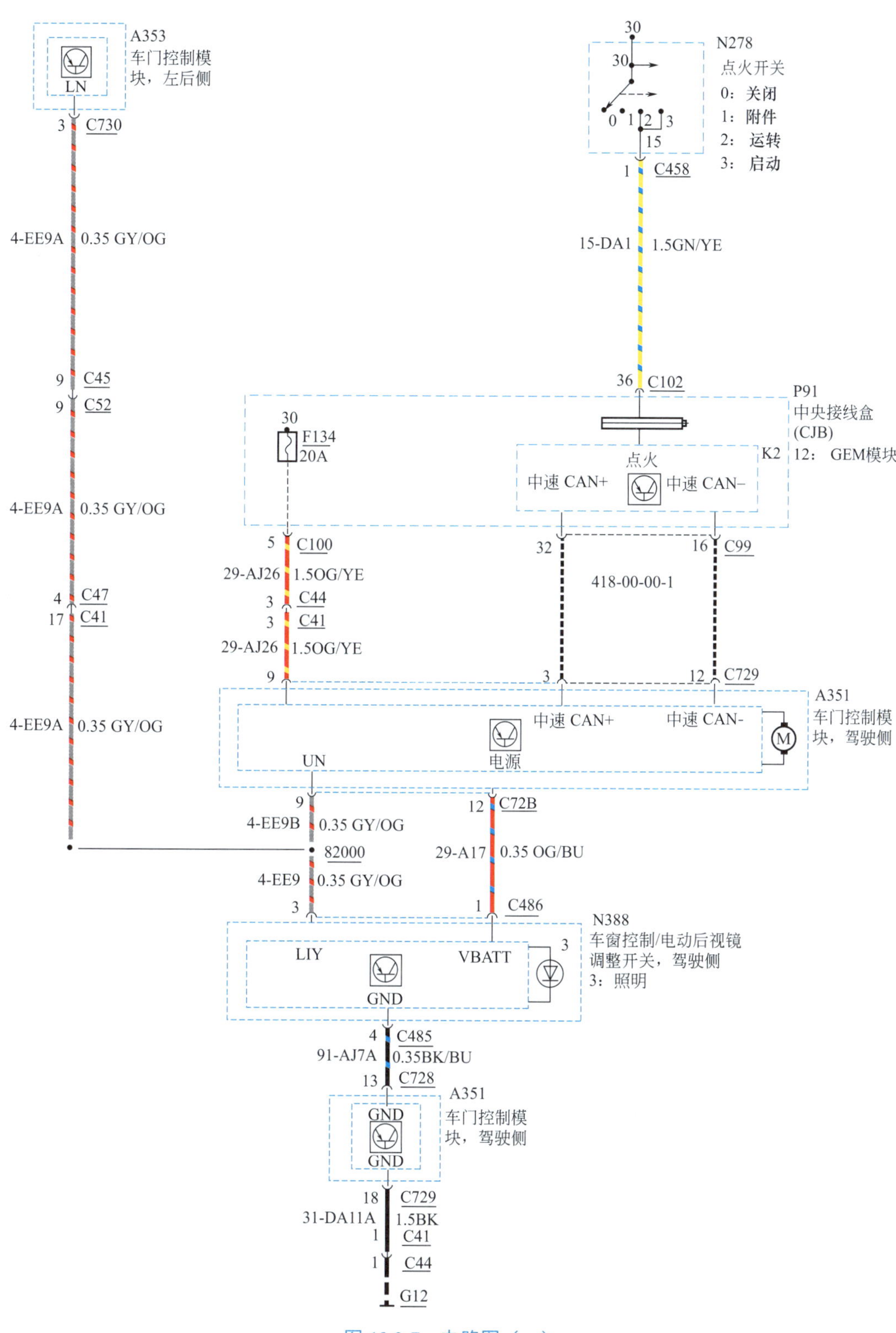

图 13.3-7 电路图（一）

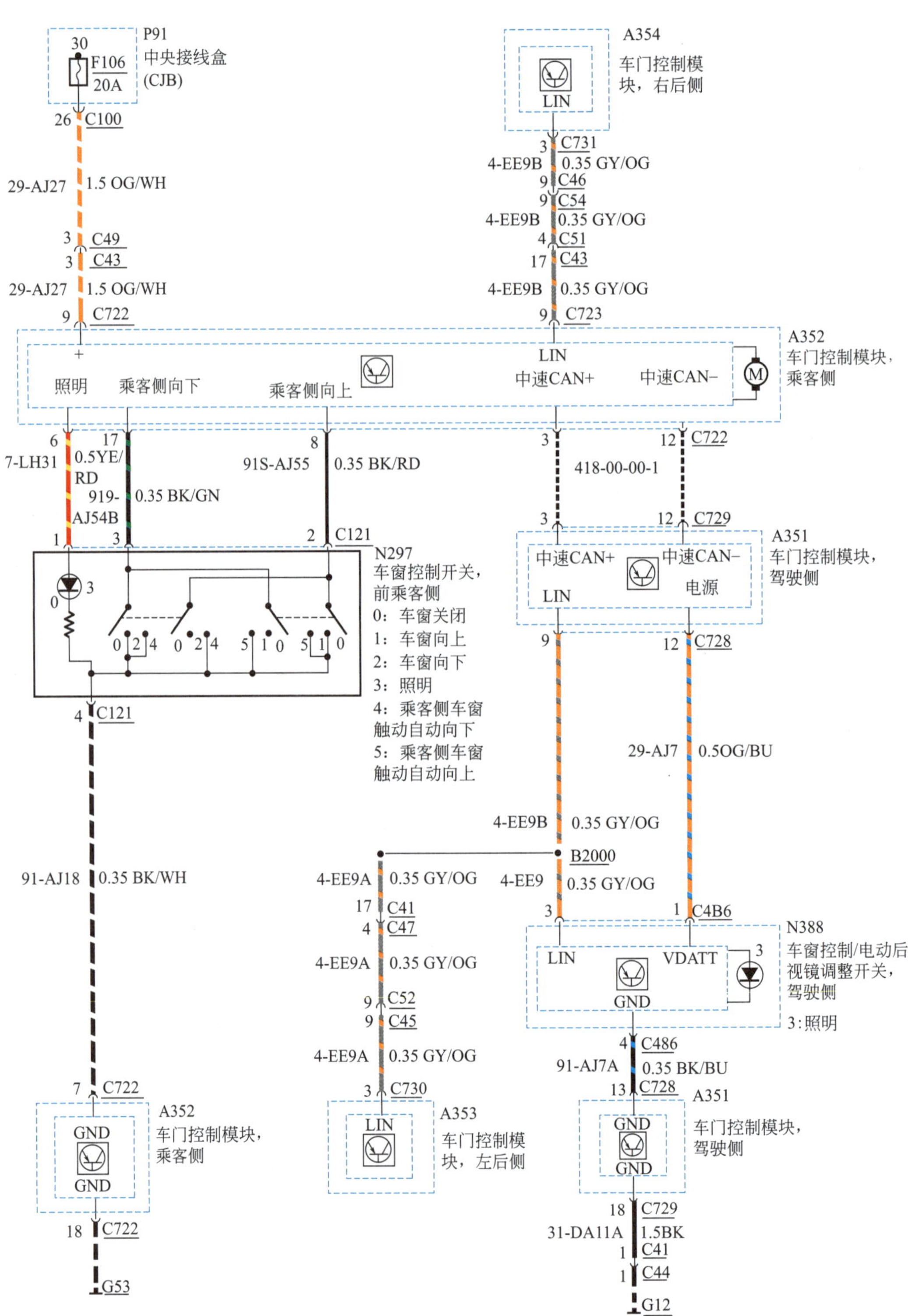
P91
中央接线盒
(CJB)
F106
20A
C100
29-AJ27
1.5 OG/WH
C49
C43
C722
A354
车门控制模块，右后侧
LIN
C731
4-EE9B
0.35 GY/OG
C46
C54
C51
C723
A352
车门控制模块，乘客侧
照明
乘客侧向下
乘客侧向上
中速CAN+
中速CAN−
7-LH31
0.5YE/RD
919-AJ54B
0.35 BK/GN
91S-AJ55
0.35 BK/RD
418-00-00-1
C729
C121
A351
车门控制模块，驾驶侧
电源
N297
车窗控制开关，前乘客侧
0：车窗关闭
1：车窗向上
2：车窗向下
3：照明
4：乘客侧车窗触动自动向下
5：乘客侧车窗触动自动向上
C728
29-AJ7
0.5OG/BU
91-AJ18
0.35 BK/WH
B2000
4-EE9A
4-EE9
C41
C47
C4B6
N388
车窗控制/电动后视镜调整开关，驾驶侧
3:照明
VDATT
GND
C52
C45
C486
91-AJ7A
0.35 BK/BU
C730
A353
车门控制模块，左后侧
31-DA11A
1.5BK
C44
G53
G12

图 13.3-8 电路图（二）

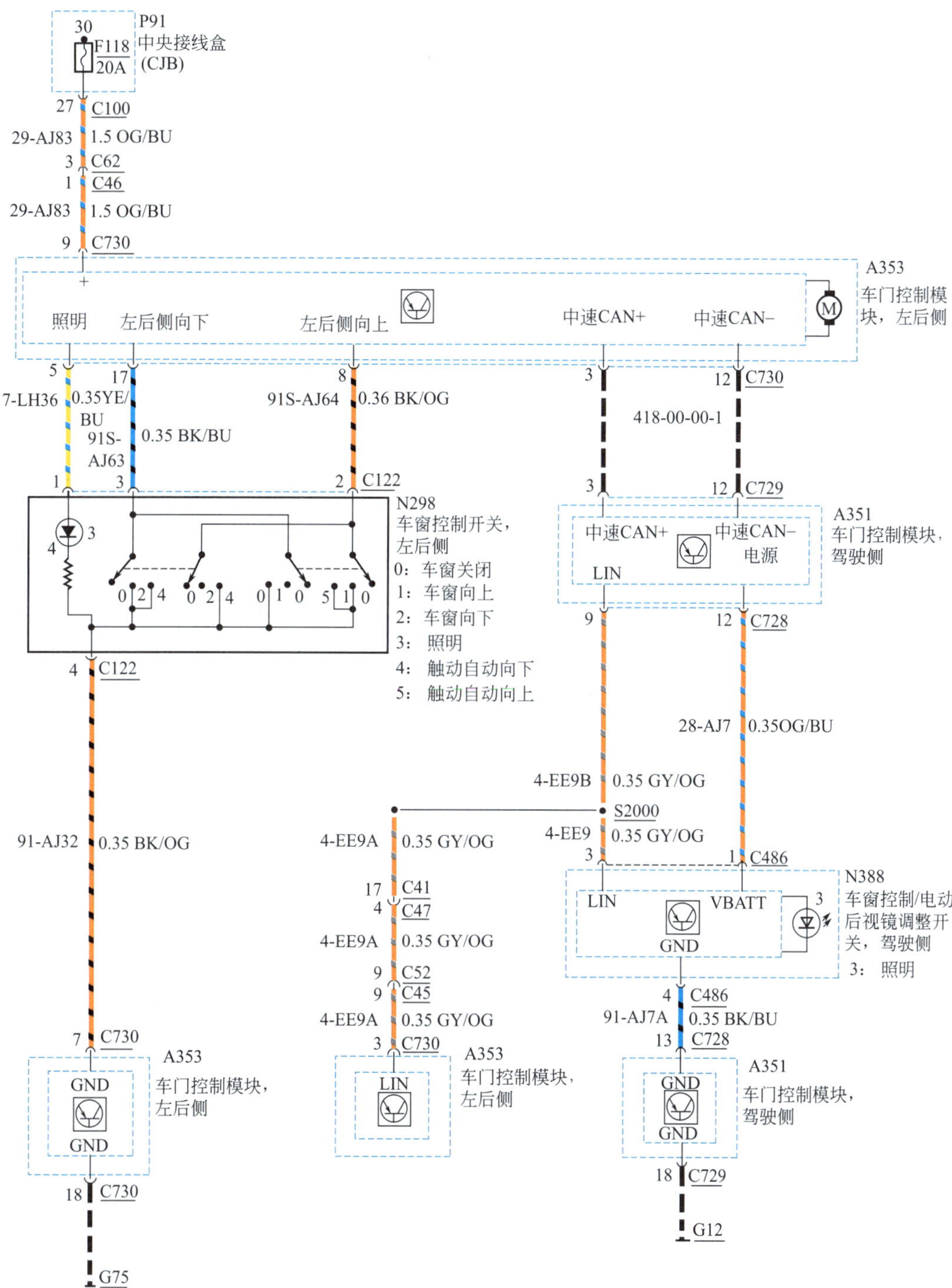
30
F118
20A
P91
中央接线盒
(CJB)
27 C100
29-AJ83 1.5 OG/BU
3 C62
1 C46
29-AJ83 1.5 OG/BU
9 C730
A353
车门控制模块，左后侧
照明
左后侧向下
左后侧向上
中速CAN+
中速CAN−
5
7-LH36 0.35YE/BU
17
91S-AJ63 0.35 BK/BU
8
91S-AJ64 0.36 BK/OG
3
12 C730
418-00-00-1
3
12 C729
1 3 2 C122
N298
车窗控制开关，左后侧
0：车窗关闭
1：车窗向上
2：车窗向下
3：照明
4：触动自动向下
5：触动自动向上
A351
车门控制模块，驾驶侧
中速CAN+
中速CAN−
电源
LIN
9
12 C728
28-AJ7 0.35OG/BU
4 C122
91-AJ32 0.35 BK/OG
4-EE9B 0.35 GY/OG
S2000
4-EE9A 0.35 GY/OG
4-EE9 0.35 GY/OG
3
1 C486
N388
车窗控制/电动后视镜调整开关，驾驶侧
3：照明
LIN
VBATT
GND
17 C41
4 C47
4-EE9A 0.35 GY/OG
9 C52
9 C45
4-EE9A 0.35 GY/OG
4 C486
91-AJ7A 0.35 BK/BU
13 C728
7 C730
A353
车门控制模块，左后侧
GND
GND
3 C730
A353
车门控制模块，左后侧
LIN
A351
车门控制模块，驾驶侧
GND
GND
18 C730
G75
18 C729
G12

图 13.3-9 电路图（三）

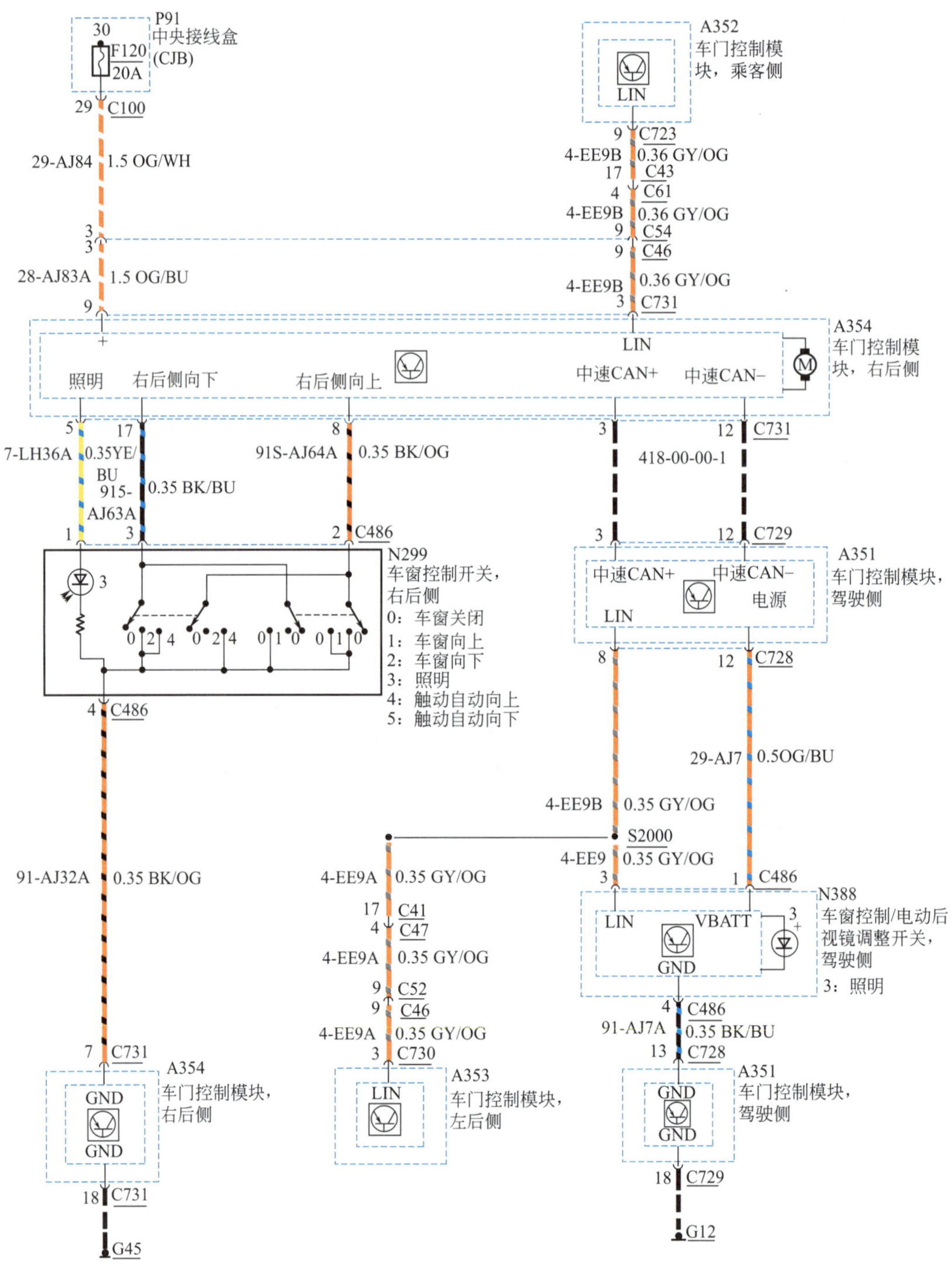

图 13.3-10 电路图（四）

13.3.2.2 现代汽车电路图

（1）电路图结构和识读 现代车系电路样图如图 13.3-11 所示。

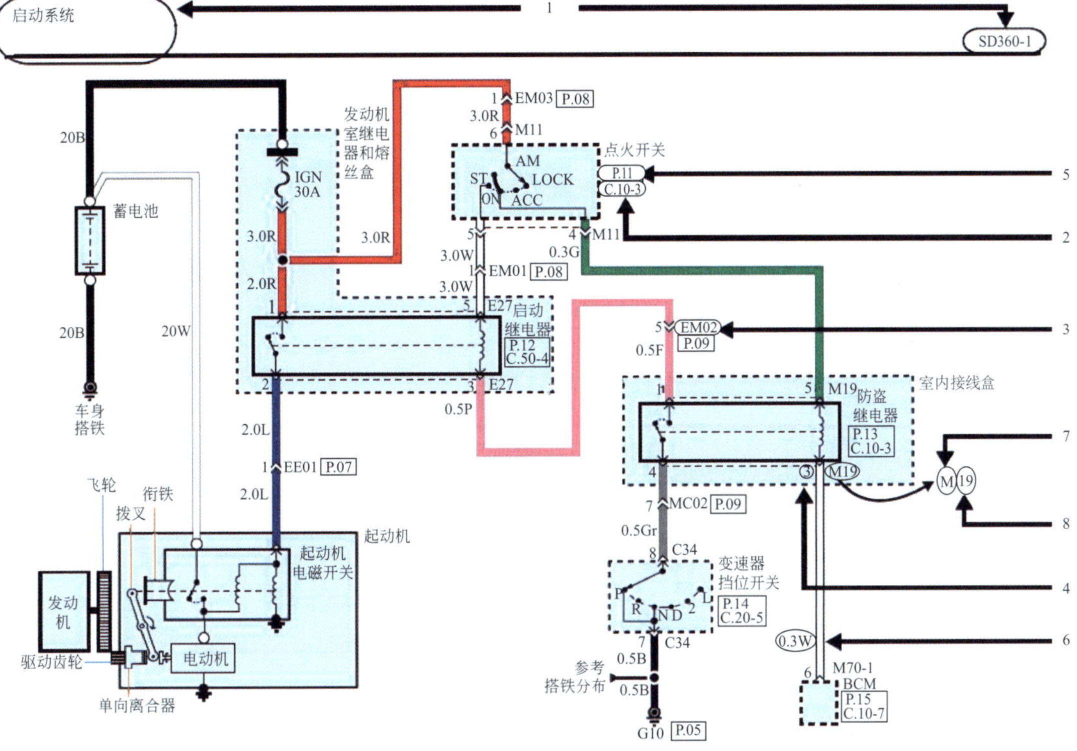

图 13.3-11　现代车系电路样图

1—系统名称 / 系统代码；2—连接器视图（部件）；3—连接器配置（线束连接器）；4—连接器视图和编码顺序；5—部件位置；6—导线颜色缩写；7—线束分类；8—连接器识别

❶ 系统名称 / 系统代码。

a. 每一页电路图都由系统电路组成。示意图包括电流的路径、各个开关的连接状态，以及当前其他相关电路的功能，它适用于实际的维修工作中。在故障检修前正确理解相关电路是非常重要的。

b. 系统的电路依据部件编号并表示在电路图索引上。

❷ 连接器视图（部件）（图 13.3-12）。

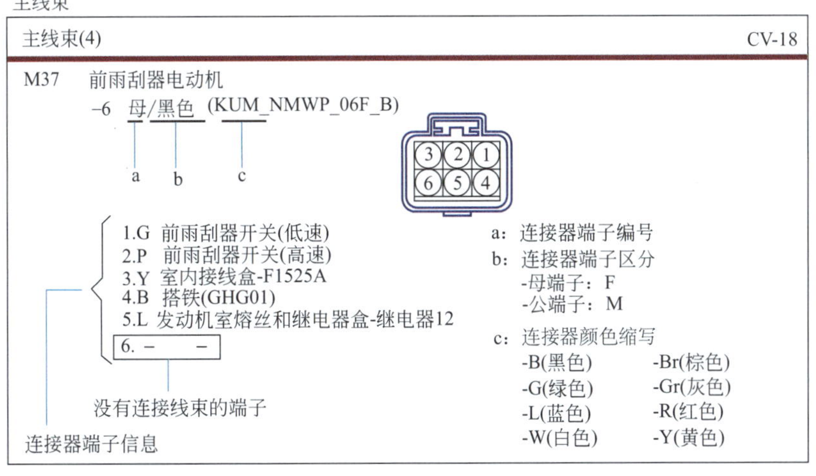

图 13.3-12　电路图中主线束

a. 部分显示：连接器（线束侧，非部件侧）正面图；连接器颜色；端子编码；导线颜色；端子功能。

b. 按照第❹项的连接器视图和编号顺序，在每个连接器的端子上标记编号。

c. 没有连接线束的端子以“-”进行标记。

❸ 连接器配置（线束连接器）（图 13.3-13）。

a. 在线束间连接的连接器，分为插座和插件。

b. 按照第❹项的连接器视图和编号顺序，在每个连接器的端子上标记编号。

c. 没有连接线束的端子以“*”进行标记。

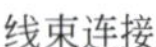

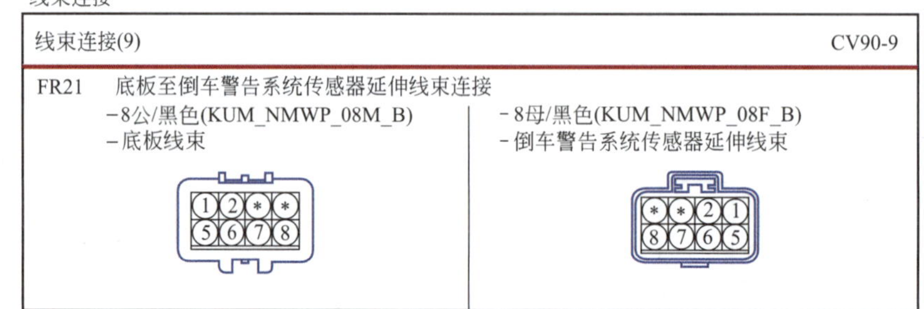

图 13.3-13 电路图中线束连接

❹ 连接器视图和编码顺序（表 13.3-3）。

表 13.3-3 连接器视图和编码顺序

连接器插接端（插头）	连接器插接端（插座）	说明 / 释义
卡扣 端子 外壳	卡扣 外壳 端子	这里不是说明导线连接器的外壳形状，而是说明辨别插头导线连接器和插座导线连接器上的连接器端子 排列插座导线连接器和公导线连接器时，可参考该排列顺序 某些导线连接器端子不使用这种表示方法，具体情况请参考导线连接器配置
1 2 3 4 5 6	3 2 1 6 5 4	
1 2 3 4 5 6	3 2 1 6 5 4	插座导线连接器从右上侧开始往左下侧的顺序读号码 插头导线连接器从左上侧开始往右下侧的顺序读号码

❺ 部件位置。

a. 为了方便寻找部件，在示意图上用“PHOTO ON”表示在部件名称的下面。

b. 为了方便区别连接器，图内的连接器为安装到车上状态进行表示。

❻ 导线颜色缩写。电路图中识别导线颜色的缩写字母。

❼ 线束分类。根据线束的不同位置，把线束分为表 13.3-4 所示的几类。

表 13.3-4　线束分类

符号	线束 / 说明	线束位置
D	车门线束	车门
E	前线束、点火线圈、蓄电池、喷油嘴延伸线束	发动机室
F	底板线束	底板
M	主线束	室内
R	后保险杠、后备厢门、后除霜器线束	后保险杠、后除霜器、后备厢门

❽ 连接器识别。连接器识别代号由线束位置识别代号和连接器识别代号组成，连接器位置参考线束布置图。

举例 1:

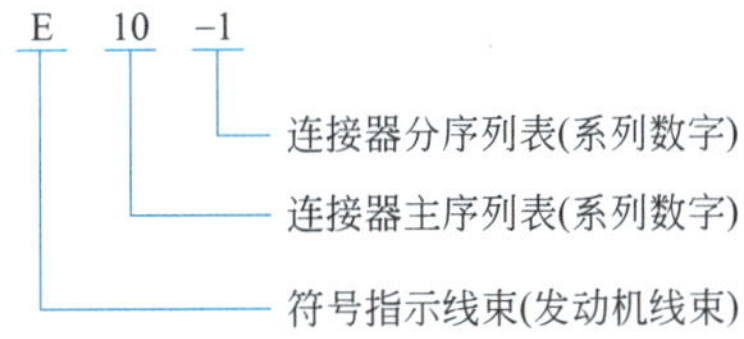

举例 2:

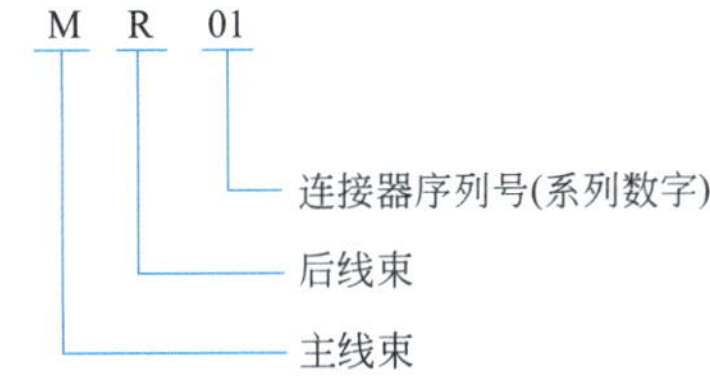

接线盒识别：接线盒识别符号由对应线束位置的位置分类符号和对应接线盒内连接器的编号组成。

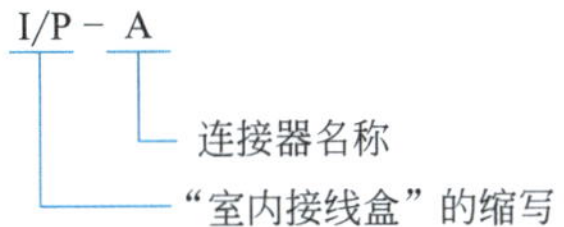

（2）线束布置　线束布置图说明主要线束、导线连接器安装固定位置及主要线束的路线。

❶ 主线束样图如图 13.3-14 所示。

❷ 前线束样图如图 13.3-15 所示。

❸ 蓄电池线束样图如图 13.3-16 所示。

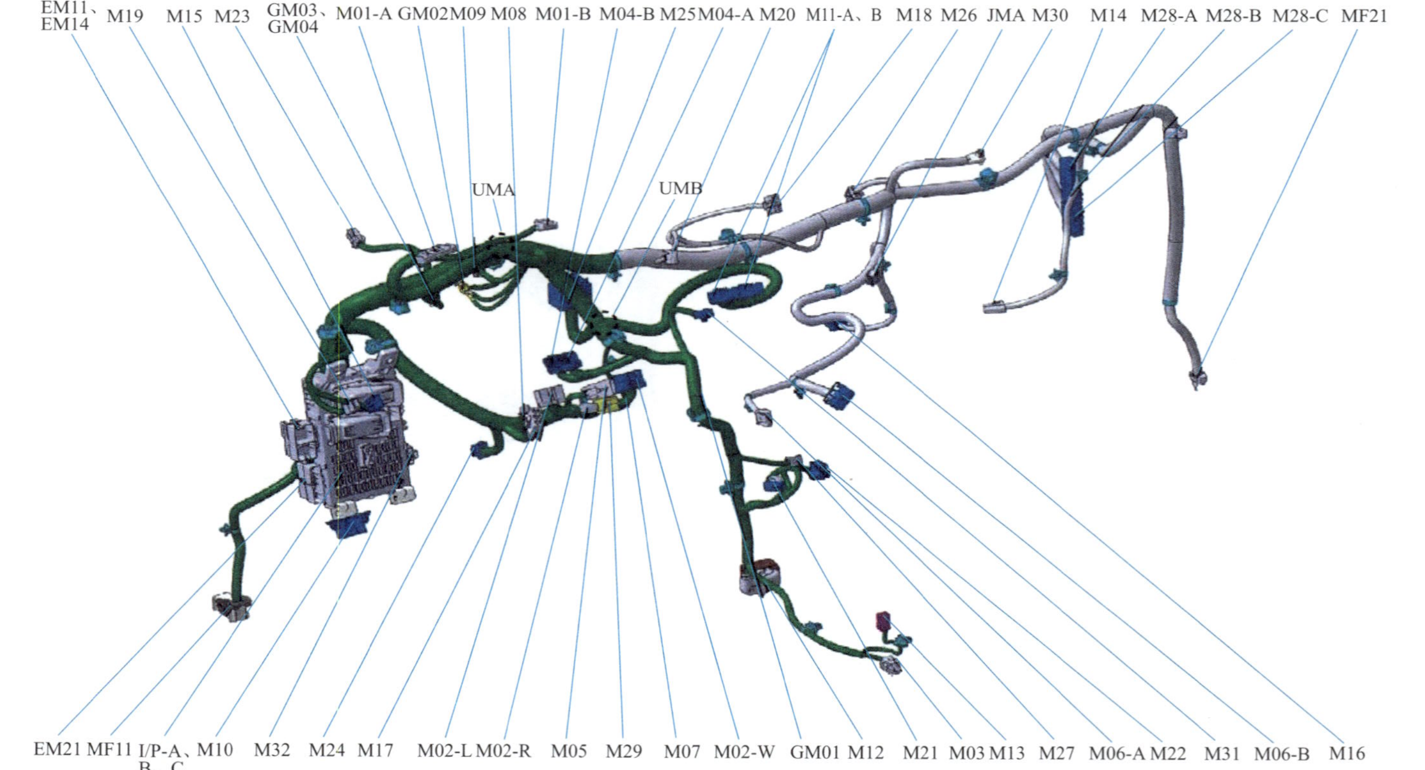

图 13.3-14 主线束样图

M01-A，M01-B—仪表盘；M02-L—组合开关（灯光）；M02-R—组合开关（远程控制）；M02-W—组合开关（雨刮器）；M03—变速杆开关；M04-A，M04-B— BCM；M05—钥匙插入开关；M06-A，M06-B—空调控制模块；M07—蒸发器温度传感器；M08—电控转向柱锁；M09—钥匙防盗模块；M10—诊断连接器；M11-A、B—音响；M12— SRS 控制模块；M13—变速杆开关照明灯；M14—鼓风机电阻器；M15—变阻器；M16—鼓风机电动机；M17—点火开关；M18—危险警告灯开关；M19—大灯水平调整开关；M20— ODO 行程开关；M21—点烟器；M22—电源插座；M23—后驻车辅助蜂鸣器；M24— EPS 控制模块；M25—闪光器；M26—内外气选择执行器；M27—智能钥匙天线 #1；M28-A，M28-B，M28-C—智能钥匙控制模块；M29—驾驶员侧气囊；M30—乘客侧气囊；M31—启动 / 停止按钮开关；M32—制动灯继电器；JMA—短接连接器；I/P-A、B、C—连接室内接线盒；EM11，EM14，EM21—连接前线束；MF11，MF21—连接底板线束；GM01，GM02，GM03，GM04—搭铁

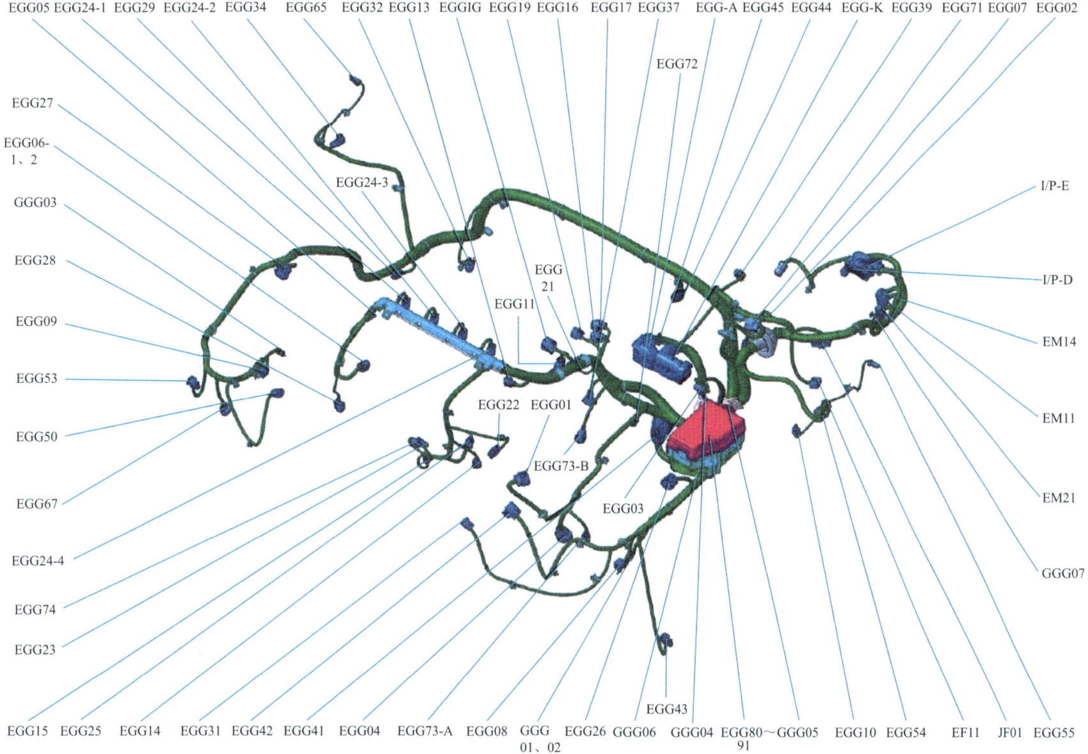

图 13.3-15　前线束样图

EGG01—变速器挡位开关；EGG02—点火锁止开关；EGG03—蓄电池传感器；EGG04—ATM 电磁阀；EGG05—机油控制阀；EGG06-1—交流发电机（未配备 AMS）；EGG06-2—交流发电机（配备 AMS）；EGG07—前雨刮器电动机；EGG08—驾驶席正面碰撞传感器；EGG09—助手席正面碰撞传感器；EGG10—外部蜂鸣器；EGG11—发动机冷却水温传感器；EGG13—凸轮轴位置传感器；EGG14—曲轴位置传感器；EGG15—机油压力开关；EGG16—氧传感器（上游）；EGG17—氧传感器（下游）；EGG19—电容器；EGG21—净化控制电磁阀；EGG22—ETC 电动机和节气门位置传感器；EGG23—爆震传感器；EGG24-1—喷油嘴 #1；EGG24-2—喷油嘴 #2；EGG24-3—喷油嘴 #3；EGG24-4—喷油嘴 #4；EGG25—歧管绝对压力传感器；EGG26—左大灯；EGG27—右大灯；EGG28—空调压缩机；EGG29—空调压力传感器；EGG31—左喇叭；EGG32—动力转向开关；EGG34—前右轮速传感器；EGG37—倒车灯开关（M/T）；EGG39—制动灯开关；EGG41—ABS 控制模块；EGG42—冷却风扇电动机；EGG43—前左雾灯；EGG44—加速踏板位置传感器；EGG45—制动油量传感器；EGG50—右喇叭；EGG53—前右雾灯；EGG54—前左轮速传感器；EGG55—左侧面转向灯；EGG65—右侧面转向灯；EGG67—喷水器电动机；EGG71—EPS 控制模块；EGG72—车速传感器（M/T）；EGG73-A—脉冲发生器“A”；EGG73-B—脉冲发生器“B”；EGG74—起动机电磁开关；EGG80—多功能检查连接器；EGG81—IG2 继电器；EGG82—启动继电器；EGG83—冷却风扇高速继电器；EGG84—IG1 继电器；EGG85—喇叭继电器；EGG86—空调继电器；EGG87—冷却风扇低速继电器；EGG88—ACC 继电器；EGG89—发动机控制继电器；EGG90—鼓风机继电器；EGG91—燃油泵继电器；EGG-A—TCM；EGG-K—ECM；JF01—短接连接器；I/P-D，I/P-E—连接室内接线盒；EF11—连接底板线束；EM11,EM14,EM21—连接主线束；

GGG01，GGG02，GGG03，GGG04，GGG05，GGG06，GGG07—搭铁；EGGIG—连接前线束

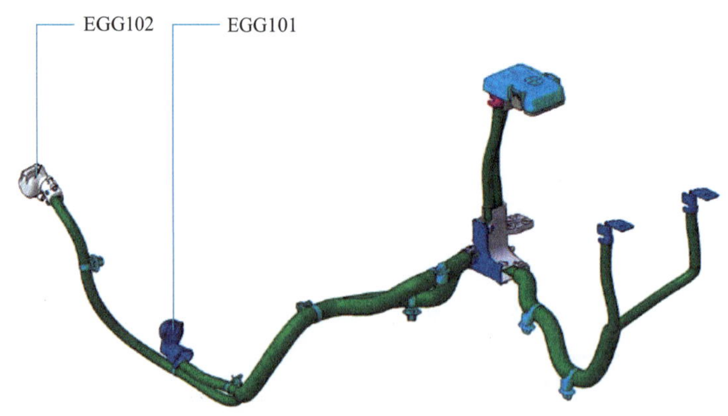

图 13.3-16 蓄电池线束样图

EGG101—起动机；EGG102—交流发电机

（3）识读电路图

❶ 起亚 K2 充电系统电路图如图 13.3-17 所示。

❷ 起亚 K2 启动系统电路图（非智能钥匙）如图 13.3-18 所示。

❸ 起亚 K2 启动系统电路图（智能钥匙）如图 13.3-19 所示。

图 13.3-18 电路说明如下。

由蓄电池 B+ 端子为起动机电磁开关、启动继电器和点火开关提供蓄电池电压。

变速杆位于 P 或 N 位置，点火开关转到 START 位置，对于自动变速器车辆，踩下制动踏板，对于手动变速器车辆，踩下离合器踏板。ECM 接收启动电源信号，并根据此信号控制启动继电器线圈负极（－）端子搭铁。

由于启动继电器线圈负极（－）搭铁，启动继电器工作，启动继电器开关端子吸引电磁阀，电流流入起动机 ST 端子，因此拉动电磁开关和杆时，小齿轮和飞轮啮合，电磁开关触点接合，因此 B+ 高强度电流使电动机旋转，从而驱动发动机。发动机启动后分离点火开关时，小齿轮离合器超速运转，防止电枢过度旋转造成损坏。

图 13.3-19 电路说明如下。

携带智能钥匙，在没有插入钥匙的状态可以启动发动机。如果智能钥匙的电池电量不足，则不能启动发动机。此时可以用智能钥匙直接按下发动机启动 / 停止按钮来启动发动机。

由蓄电池 B+ 端子为起动机电磁开关、启动继电器提供蓄电池电压。

变速杆位于 P 或 N 位置，踩下制动踏板，按下启动 / 停止按钮。智能钥匙控制模块接收启动 / 停止按钮开关信号，并把信号通过室内接线盒的 START 10A 熔丝传送到 ECM。ECM 根据此信号控制启动继电器线圈负极（－）端子搭铁。

由于 ECM 控制启动继电器线圈负极（－）搭铁，启动继电器工作，电流通过启动继电器开关端子提供到起动机 ST 端子，电磁开关的线圈磁化，拉动开关和拨叉，小齿轮和飞轮啮合，电磁开关触点接合，因此 B+ 高强度电流使电动机旋转，从而驱动发动机。发动机启动后分离点火开关时，小齿轮离合器超速运转，防止电枢过度旋转造成损坏。注意，在按下启动 / 停止按钮时，如果没有踩下制动踏板（自动变速器车辆），发动机不能启动。发动机启动 / 停止按钮改变如下：OFF → ACC → ON → OFF。

❹ 起亚 K2 电动室外后视镜电路图如图 13.3-20 所示。

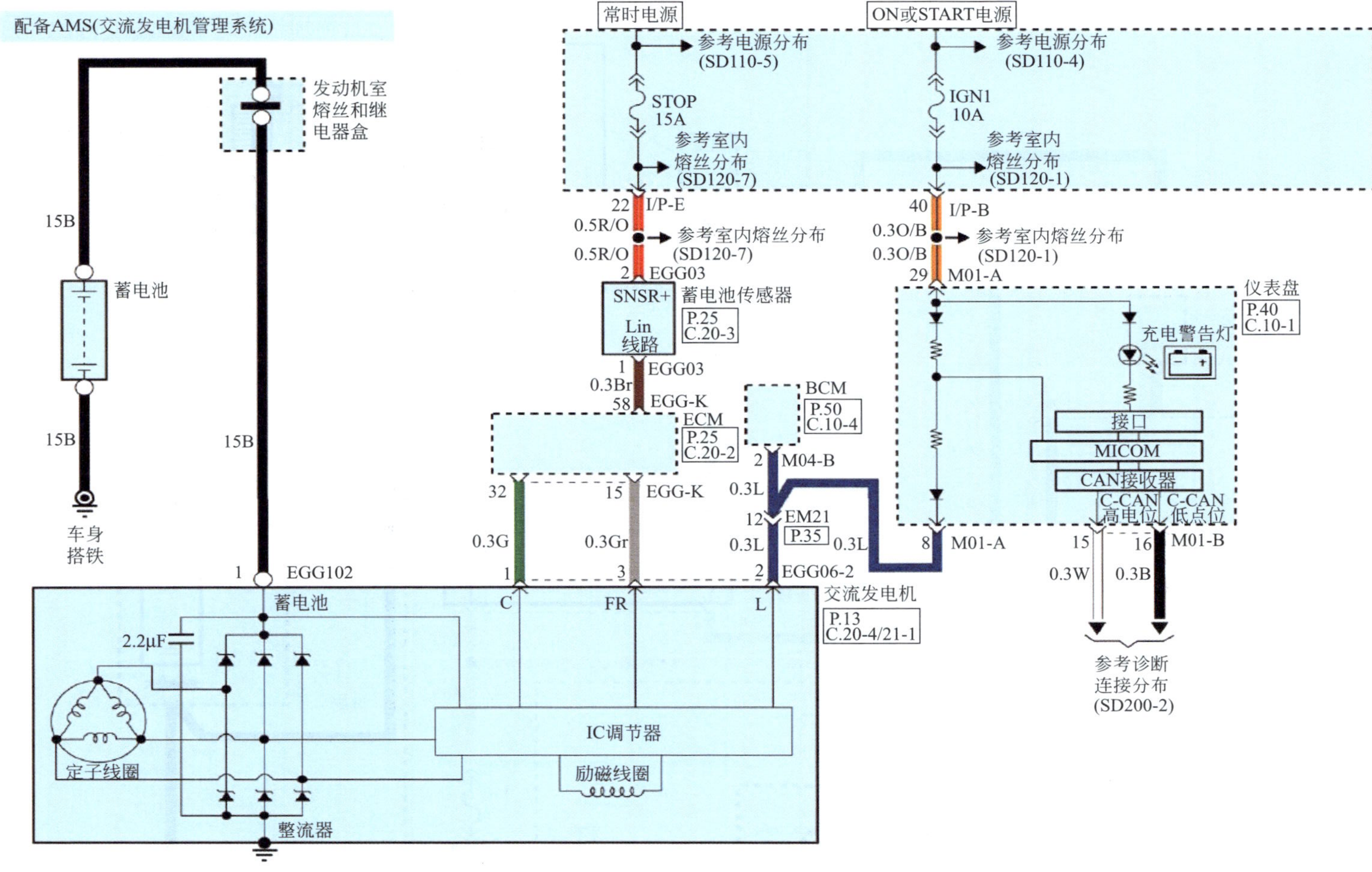

图 13.3-17　起亚 K2 充电系统电路图

未配备智能钥匙

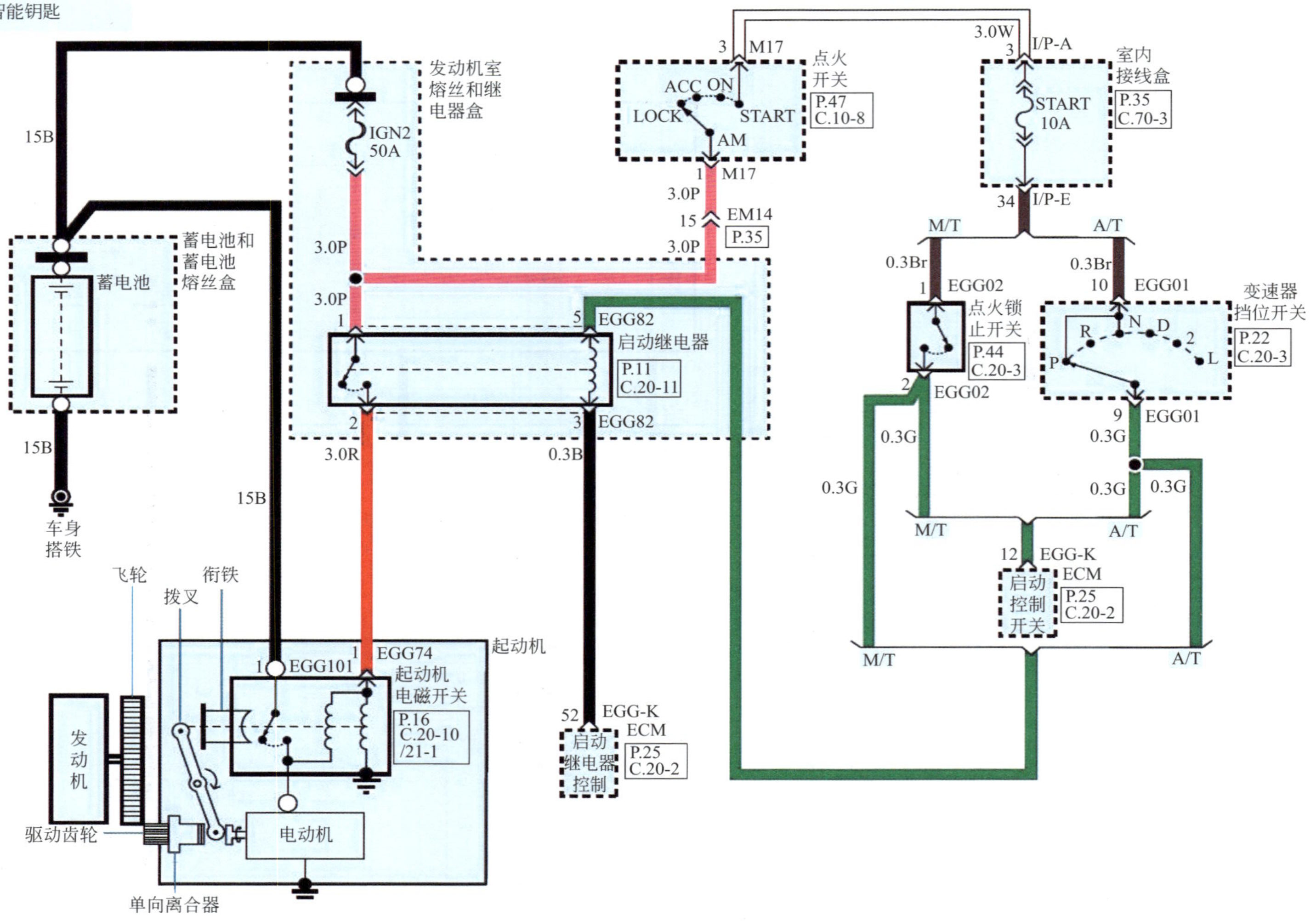

图 13.3-18 起亚 K2 启动系统电路图（非智能钥匙）

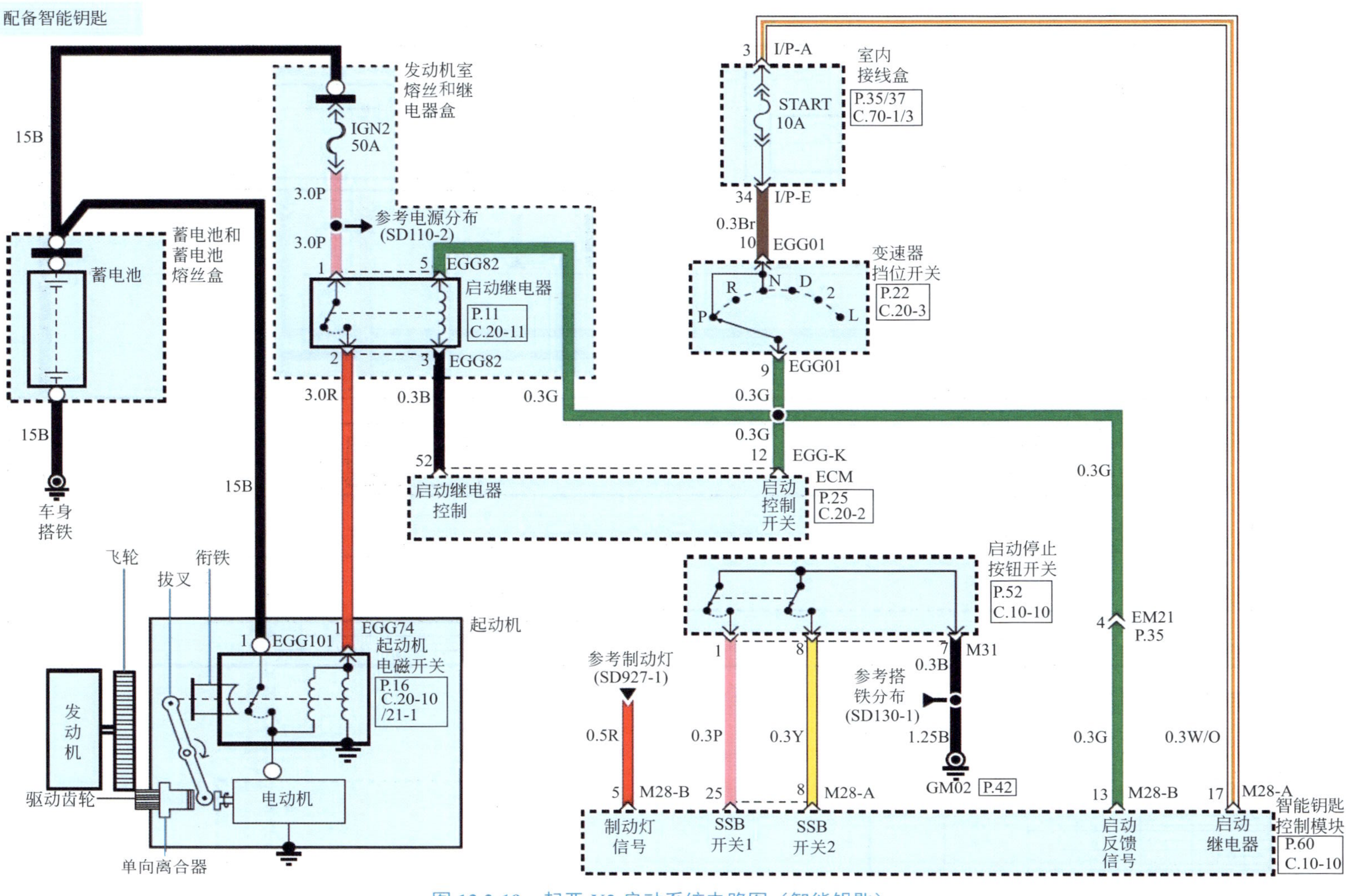

图 13.3-19　起亚 K2 启动系统电路图（智能钥匙）

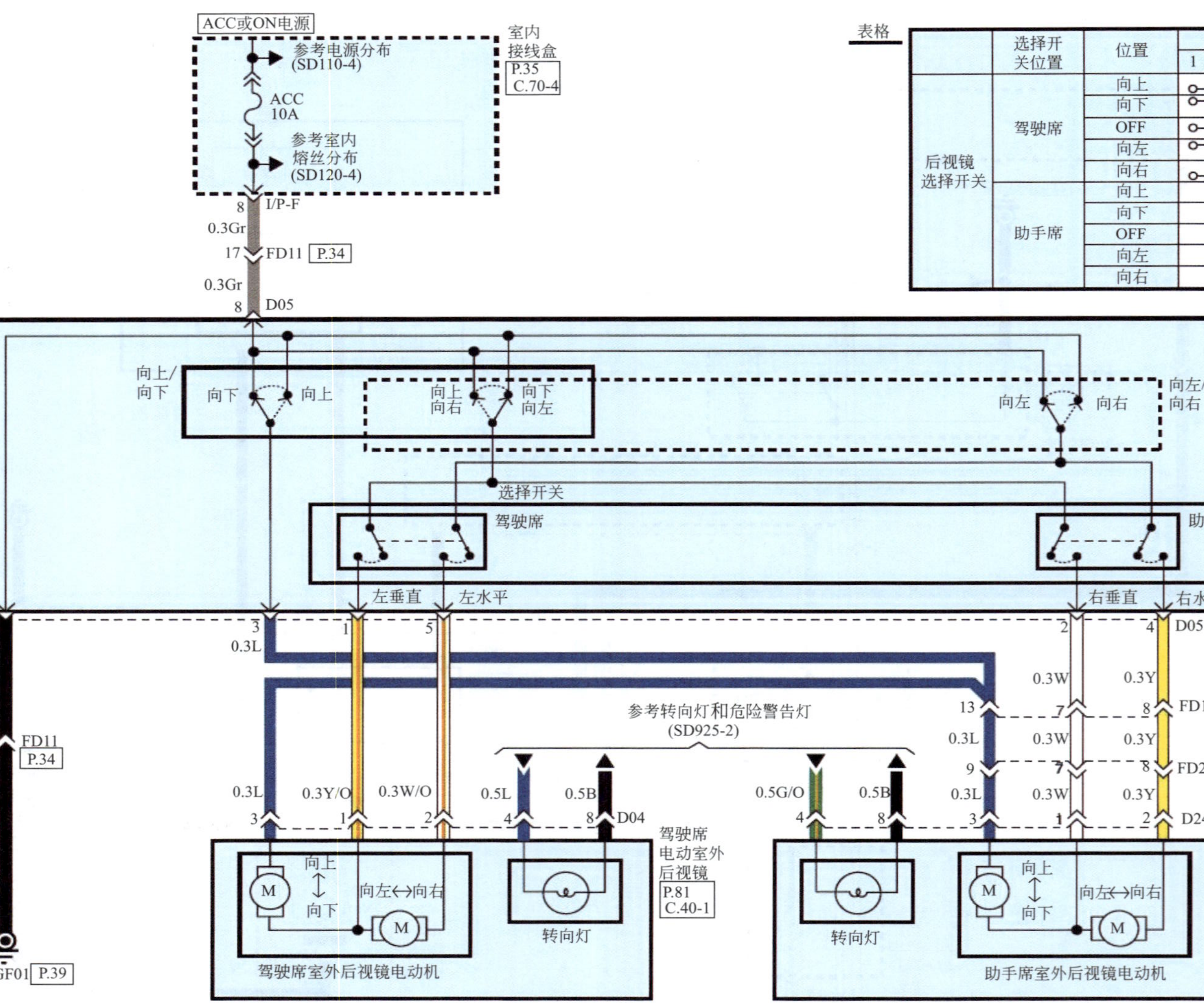

图 13.3-20 起亚 K2 电动室外后视镜电路图

图 13.3-20 电路说明如下。

点火开关在 ACC 以上位置时，可使用后视镜开关调整室外后视镜的角度。

要调整后视镜，应移动选择开关杆到 R（右）或 L（左）位置，并按动向左 / 向右或向上 / 向下开关进行调整。按下向上或向下开关时，分别向左或向右开关连接；按下向左或向右开关时，分别向上或向下开关连接。

后视镜调整结束后，移动选择开关杆到中间位置，防止意外调整。

电动室外后视镜内部开关连接方向如下。

a. 后视镜向上开关（图 13.3-21）。

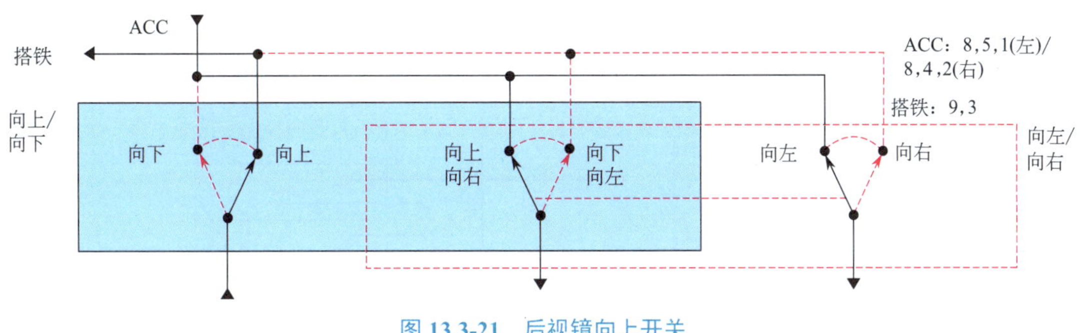

图 13.3-21　后视镜向上开关

b. 后视镜向下开关（图 13.3-22）。

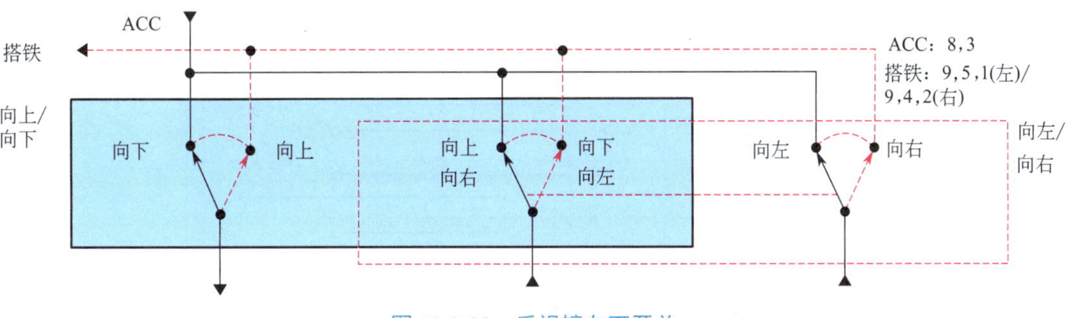

图 13.3-22　后视镜向下开关

c. 后视镜向左开关（图 13.3-23）。

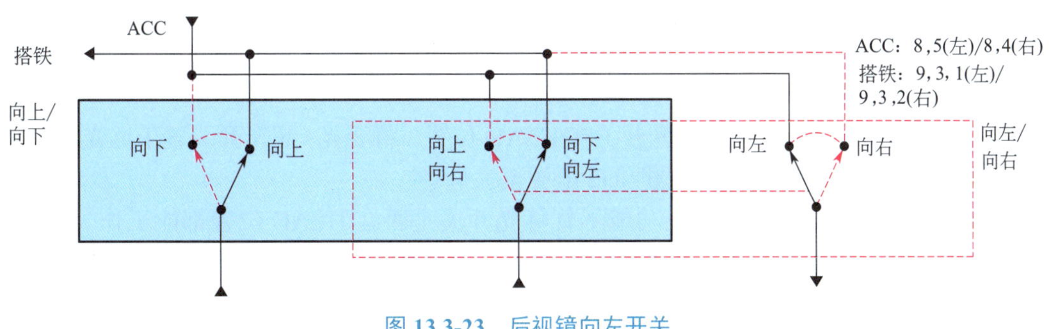

图 13.3-23　后视镜向左开关

d. 后视镜向右开关（图 13.3-24）。

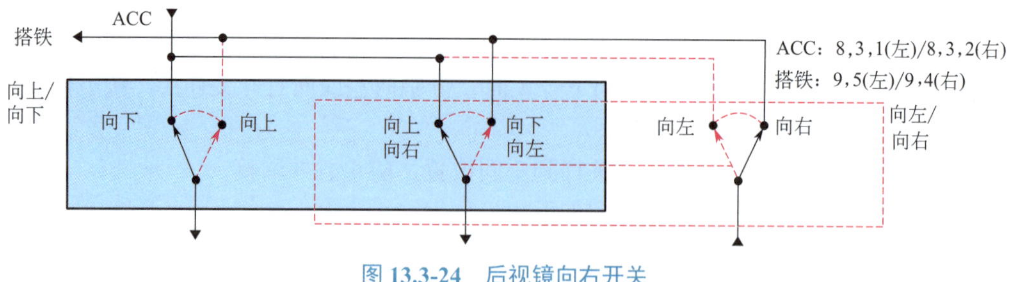

图 13.3-24 后视镜向右开关

如图 13.3-25 所示，检查电动室外后视镜是否正常工作。

	方向	1	2	3	B+	搭铁
左	向上	○ 	○ 	 ○	○ 	 ○
	向下	 ○	 ○	○ 	○ 	 ○
	OFF	○	○		○	
	向右	○ 	 ○	○ 	○ 	 ○
	向左	 ○	○ 	 ○	○ 	 ○
右	向上	○ 	○ 	 ○	○ 	 ○
	向下	 ○	 ○	○ 	○ 	 ○
	OFF	○	○		○	
	向右	○ 	 ○	○ 	○ 	 ○
	向左	 ○	○ 	 ○	○ 	 ○

图 13.3-25 电动室外后视镜检查

❺ 大灯电路图如图 13.3-26 所示。

要操纵大灯，点火开关必须在 IG2 以上位置。转动组合开关的灯光开关转到 HEAD 位置，并把变光 / 超车开关转到近光 / 远光。通常，将变光 / 超车开关置于近光位置。

a. 变光 / 超车开关：近光。灯光开关在 HEAD 位置，将变光 / 超车开关置于近光位置时，提供 IG2 电源并接通大灯近光。

b. 变光 / 超车开关：远光。灯光开关在 HEAD 位置，将变光 / 超车开关置于远光位置时，接通仪表盘上的远光指示灯，并提供 IG2 电源至大灯。

c. 变光 / 超车开关：超车。此功能不管灯光开关是否在 HEAD 位置都能工作。朝驾驶员方向拉动变光 / 超车开关 2 ～ 3 次，警告对面车辆驾驶员，并接通仪表盘上的远光指示灯和大灯（远光）。

d. 组合开关检查。检查组合开关各位置处端子之间导通性。如果导通性不良，则更换组合开关。

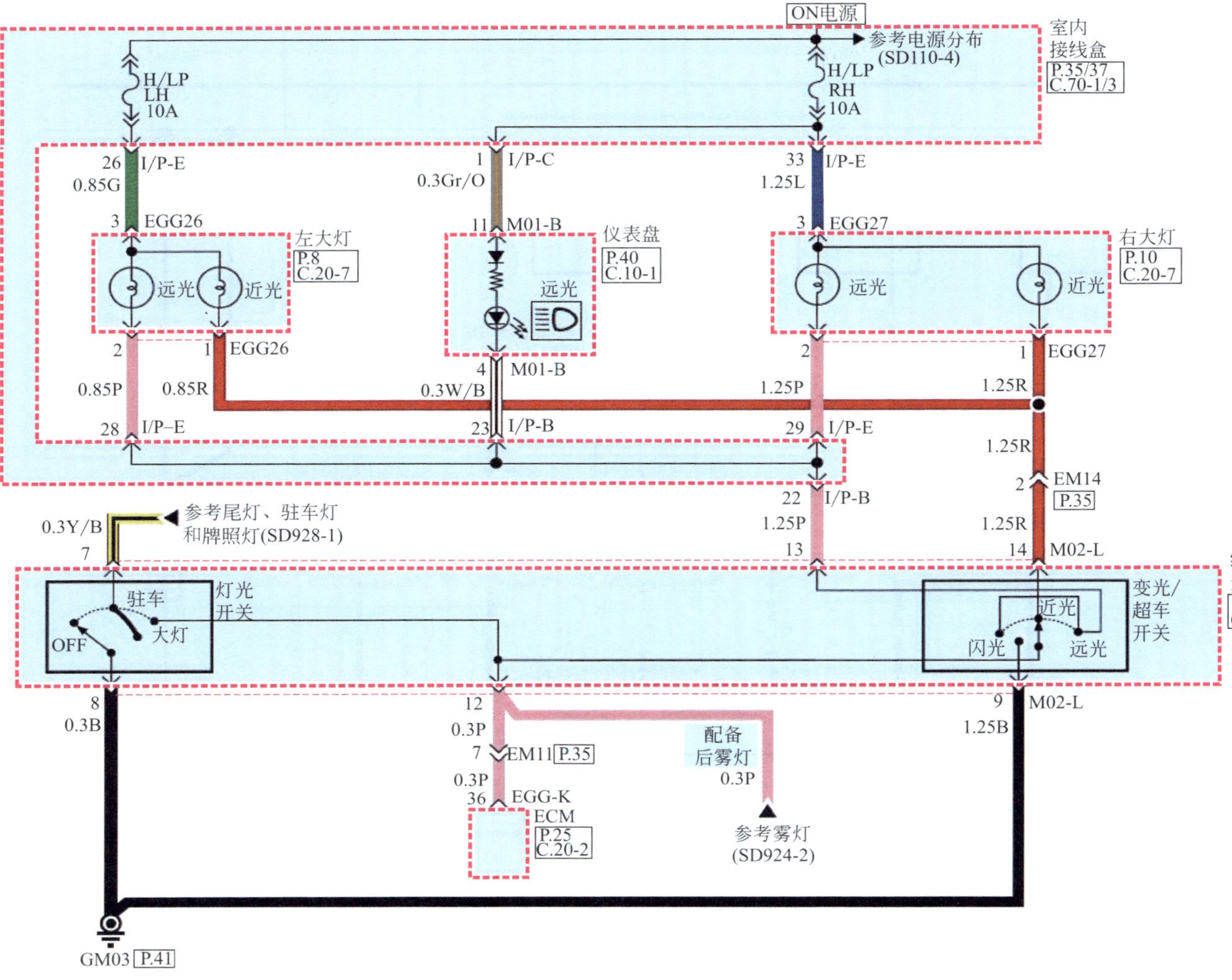

图 13.3-26 大灯电路图

13.3.2.3 广汽传祺汽车电路图

（1）电路图结构和识读（图 13.3-27 ～图 13.3-29 和表 13.3-5）

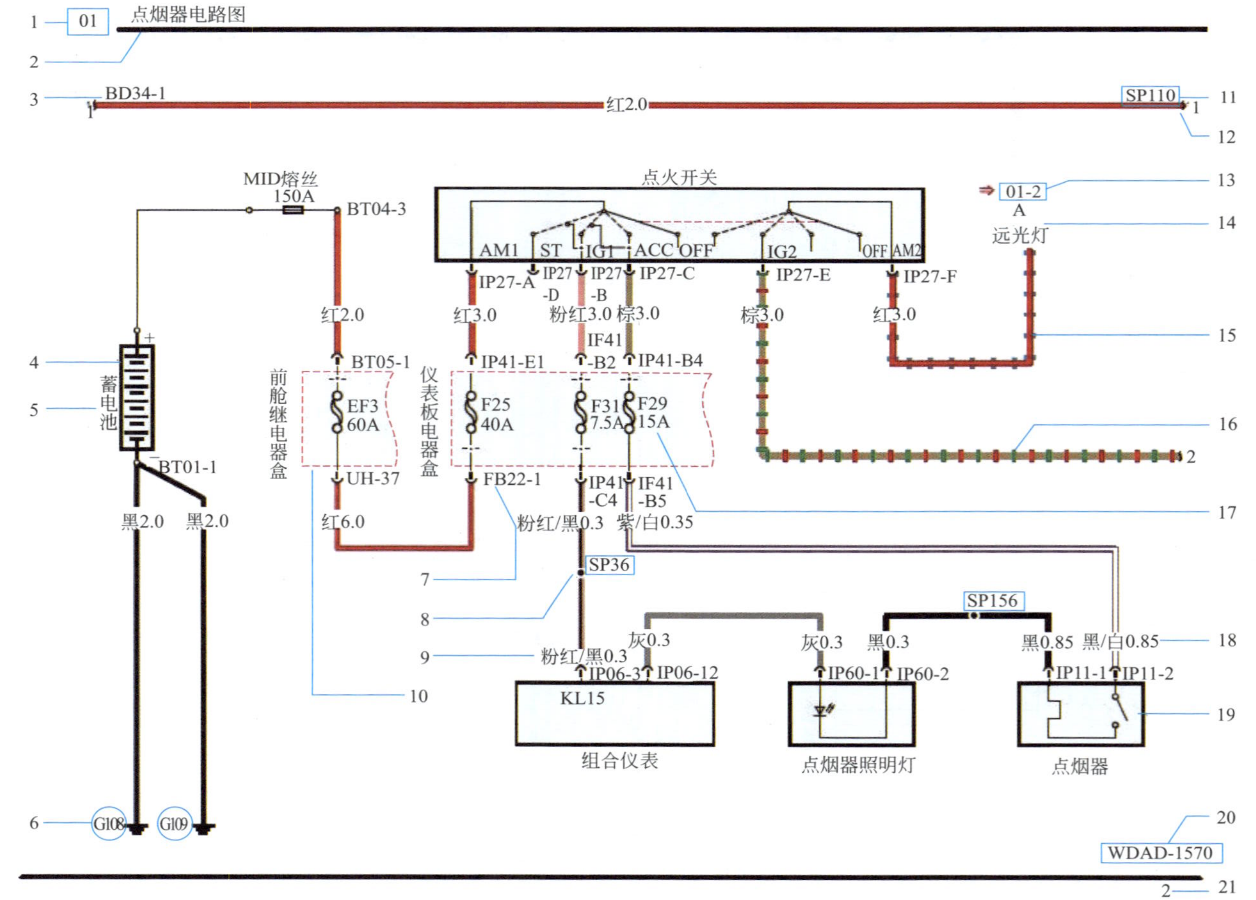

图 13.3-27 电路图样图（一）

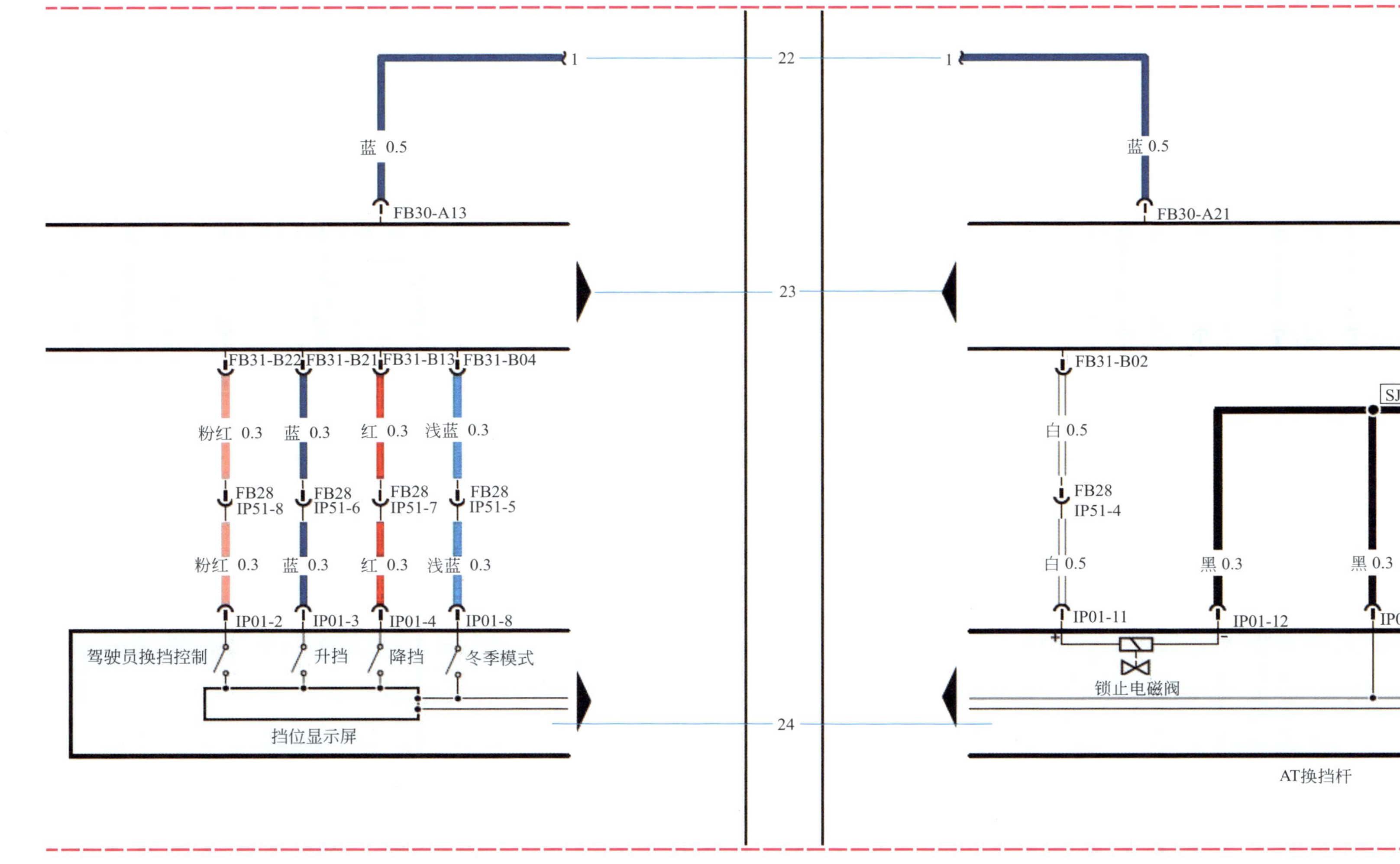

图 13.3-28 电路图样图（二）

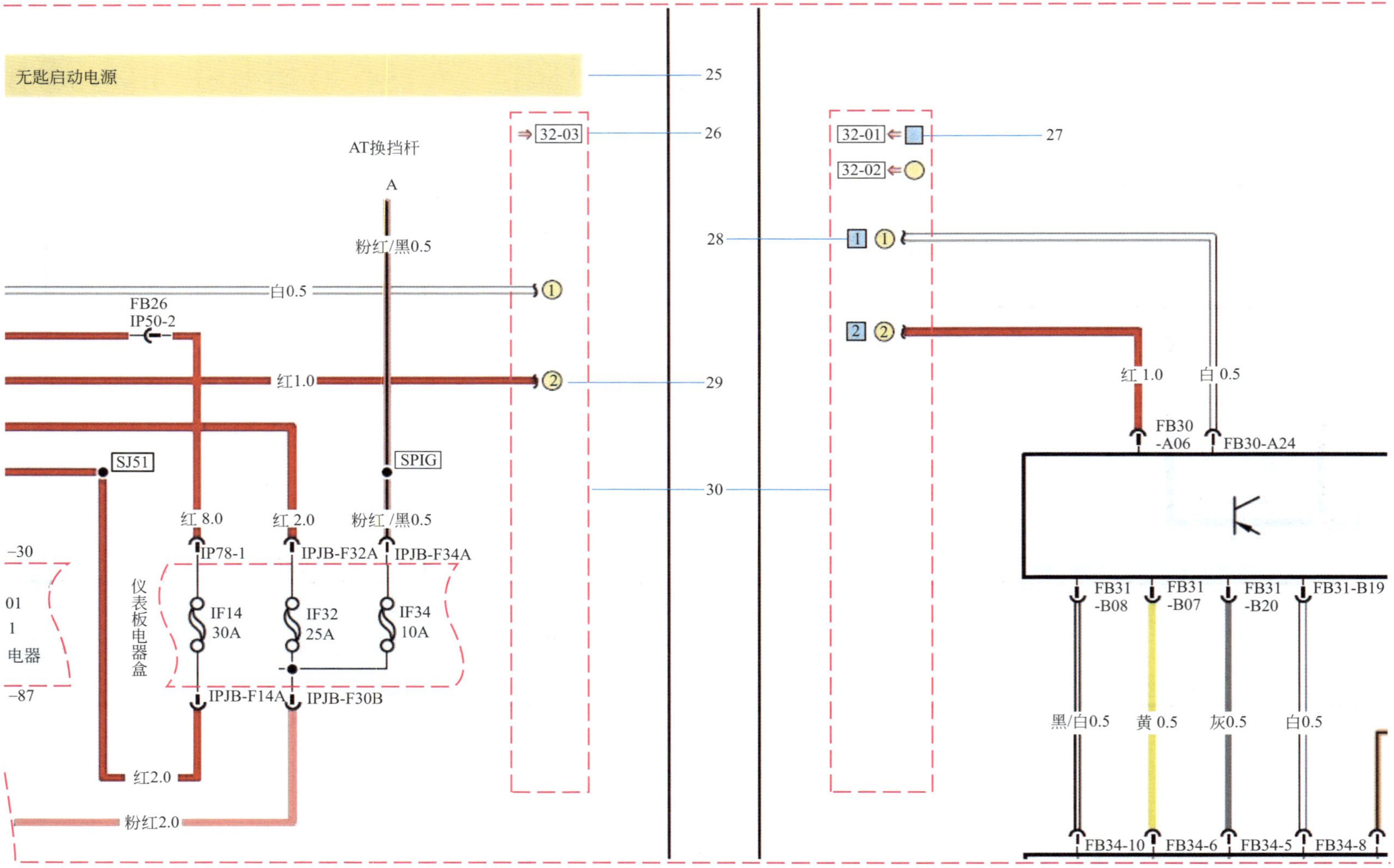

图 13.3-29 电路图样图（三）

表 13.3-5　电路图结构和元件说明

电路图上序号	说明 / 释义
1	组别
2	系统标题
3	如在一页电路图中，没出现该导线的任一执行元件端 / 供电元件端，则用此方法标明该线束至上一电路页面的电气端子 / 连接代码
4	部件的内部图标
5	部件名称：通常标示部件代码和部件名称
6	接地点
7	连接器代码，如 FB22-1 表示连接器 FB22 上第 1 个芯脚
8	连接代号：线束内部连接代号，不可拆
9	导线颜色：分为单色导线和双色导线。如双色导线颜色为“灰 / 白”，主色颜色是“灰色”，辅助颜色是“白色”
10	熔丝电器盒（断头表示部件未完）
11	如在一页电路图中，没出现该导线的任一执行元件端 / 供电元件端，则用此方法标明该线束至下一电路页面的电气端子 / 连接代码
12	断接代码：转接页面的连接断点，指示导线的延续
13	跳接指向：指向同一系统下要跳接的系统页码
14	跳接代码：指示导线的延续，红色箭头延续到相同代号所在的页码
15	选项配置：表示此导线需注意车型配置（单一选配）
16	选项配置：表示此导线需注意车型配置（多种选配）
17	熔丝代码：图中“F29”表示仪表板电器盒 29 号位熔丝 15A
18	导线截面积（单位：mm^2）
19	电气部件
20	电路图图号
21	电路图页码
22	断接代码：图示为图例 12 中导线相对位置的对接示意。这种方式的断接导线上下页直接对接
23	系统元件断接符号：表示系统元件上下页间的关联关系
24	系统元件内部电路断接连接：通过系统元件断接示意，直接对接
25	电源电路颜色区分：机械锁启动开关、无匙启动系统开关分别以蓝色、黄色的标题颜色在系统电路图里面标明，以区分两种电源电路
26	跳接指向：指向要跳接的系统页码
27	电源电路跳接说明：机械锁启动开关用方框示意；无匙启动系统开关用圆示意
28	跳接说明：用蓝色方框表示机械锁启动开关跳接符号
29	跳接说明：用黄色圆表示无匙启动系统开关跳接符号
30	跳接区域选项：在虚线内的所有跳接都采用图例 26 指向的系统页码

（2）识读电路图

❶ 广汽传祺 GS5 充电系统电路图如图 13.3-30 所示。

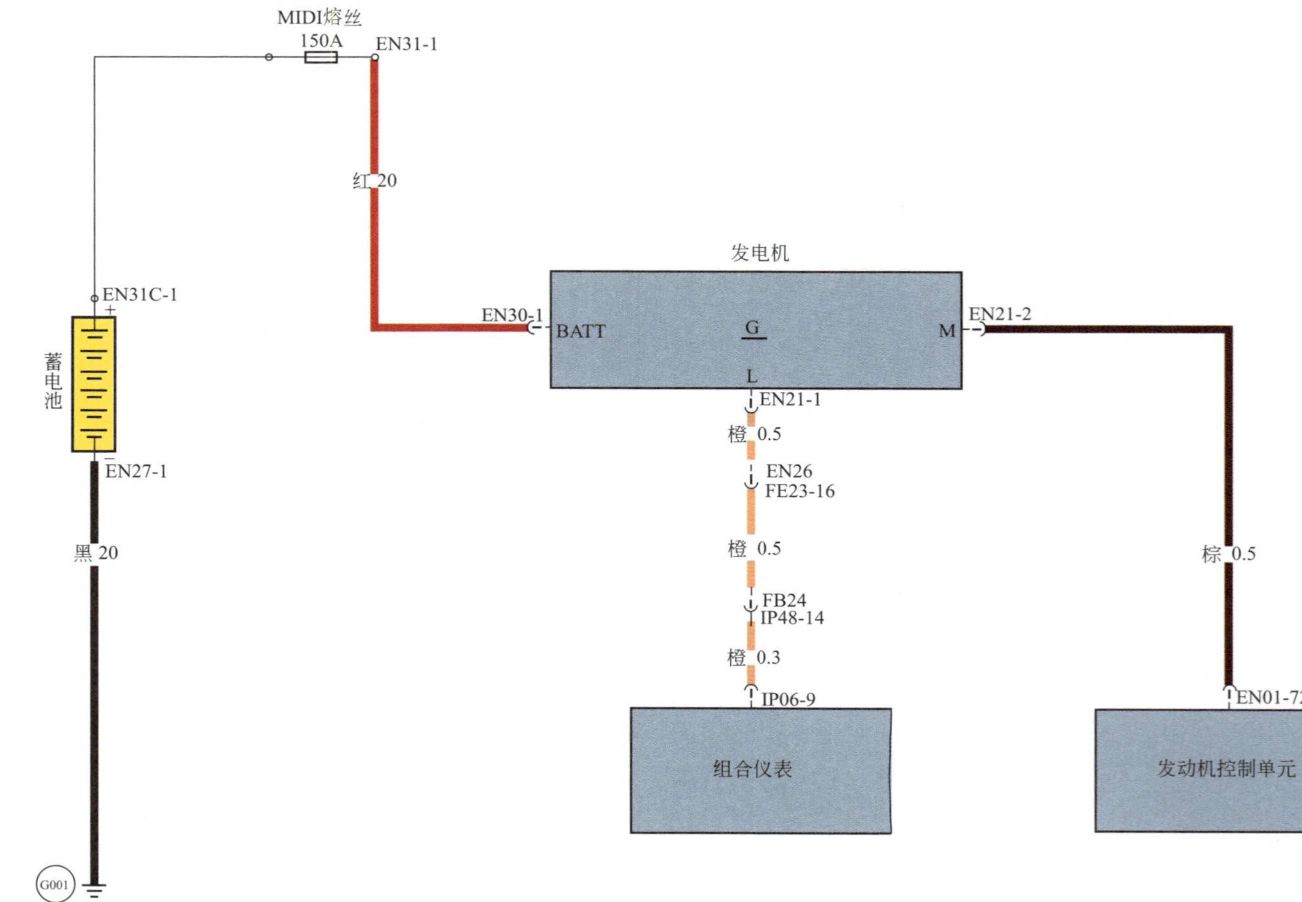

图 13.3-30 广汽传祺 GS5 充电系统电路图

❷ 广汽传祺 GS5 机械锁启动电源电路图如图 13.3-31 所示。

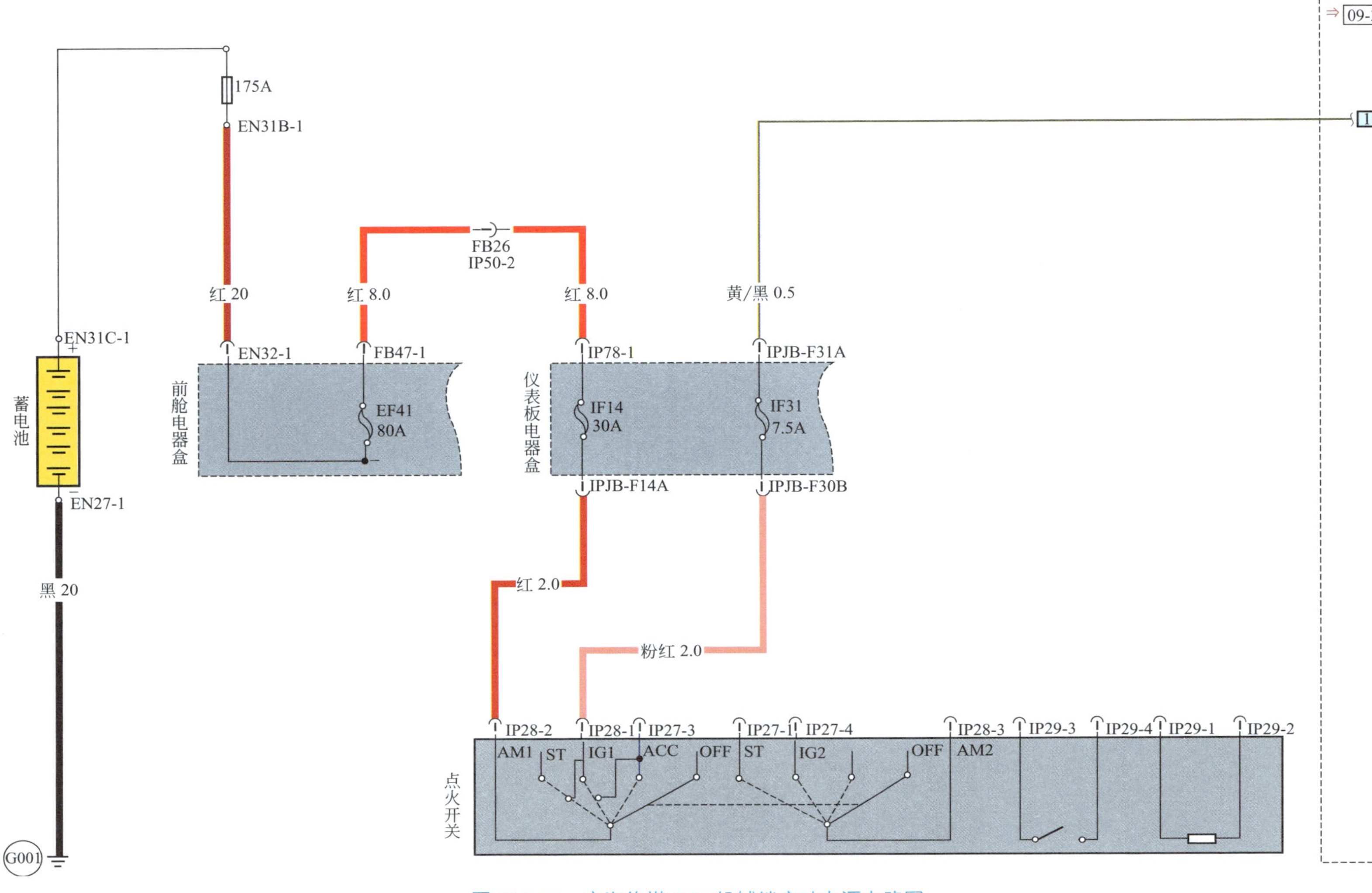

图 13.3-31　广汽传祺 GS5 机械锁启动电源电路图

❸ 广汽传祺 GS5 无钥匙启动电源电路图如图 13.3-32 所示。

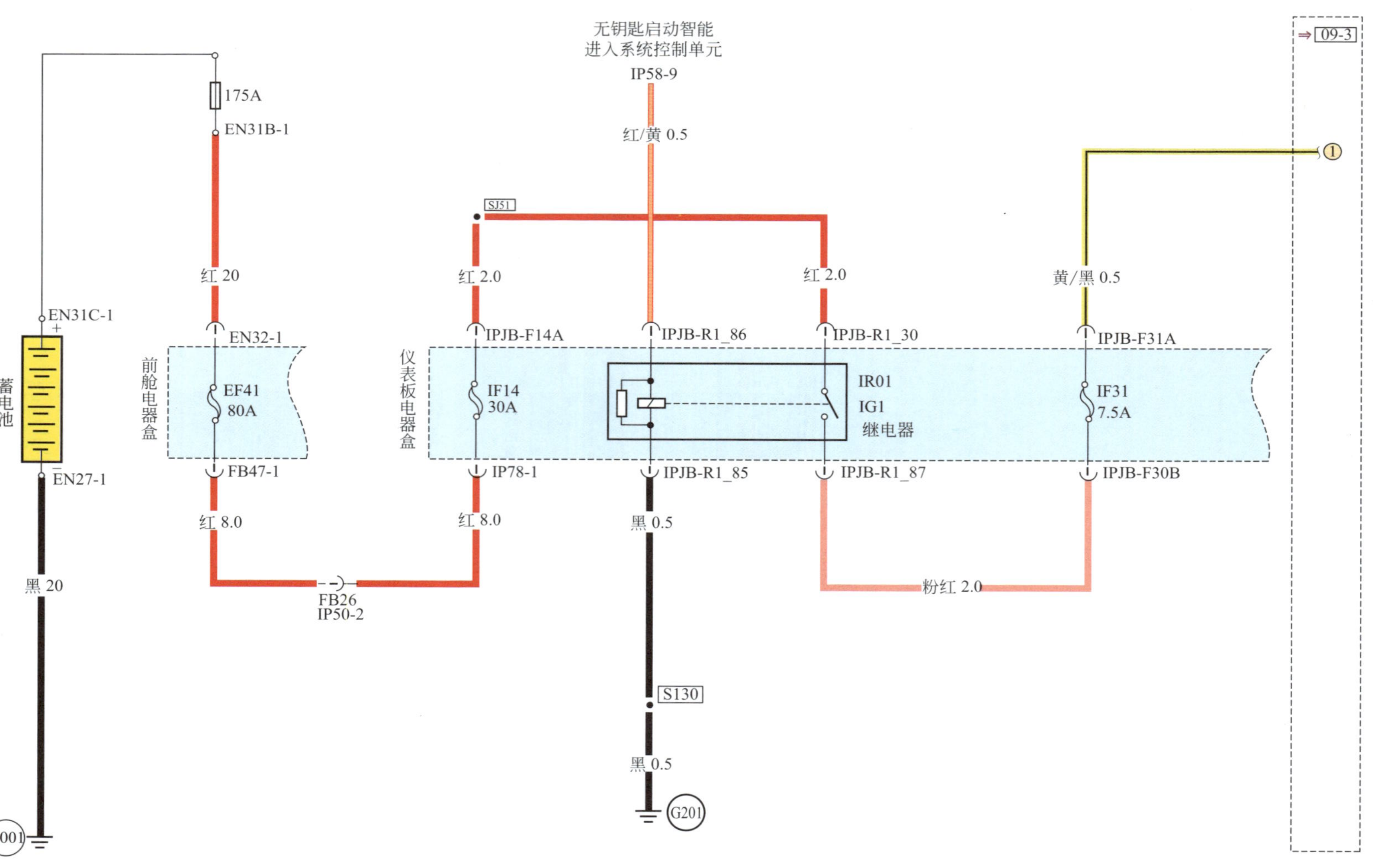

图 13.3-32 广汽传祺 GS5 无钥匙启动电源电路图

13.3.2.4 长安汽车电路图

（1）电路图结构和识读（图 13.3-33 和表 13.3-6）

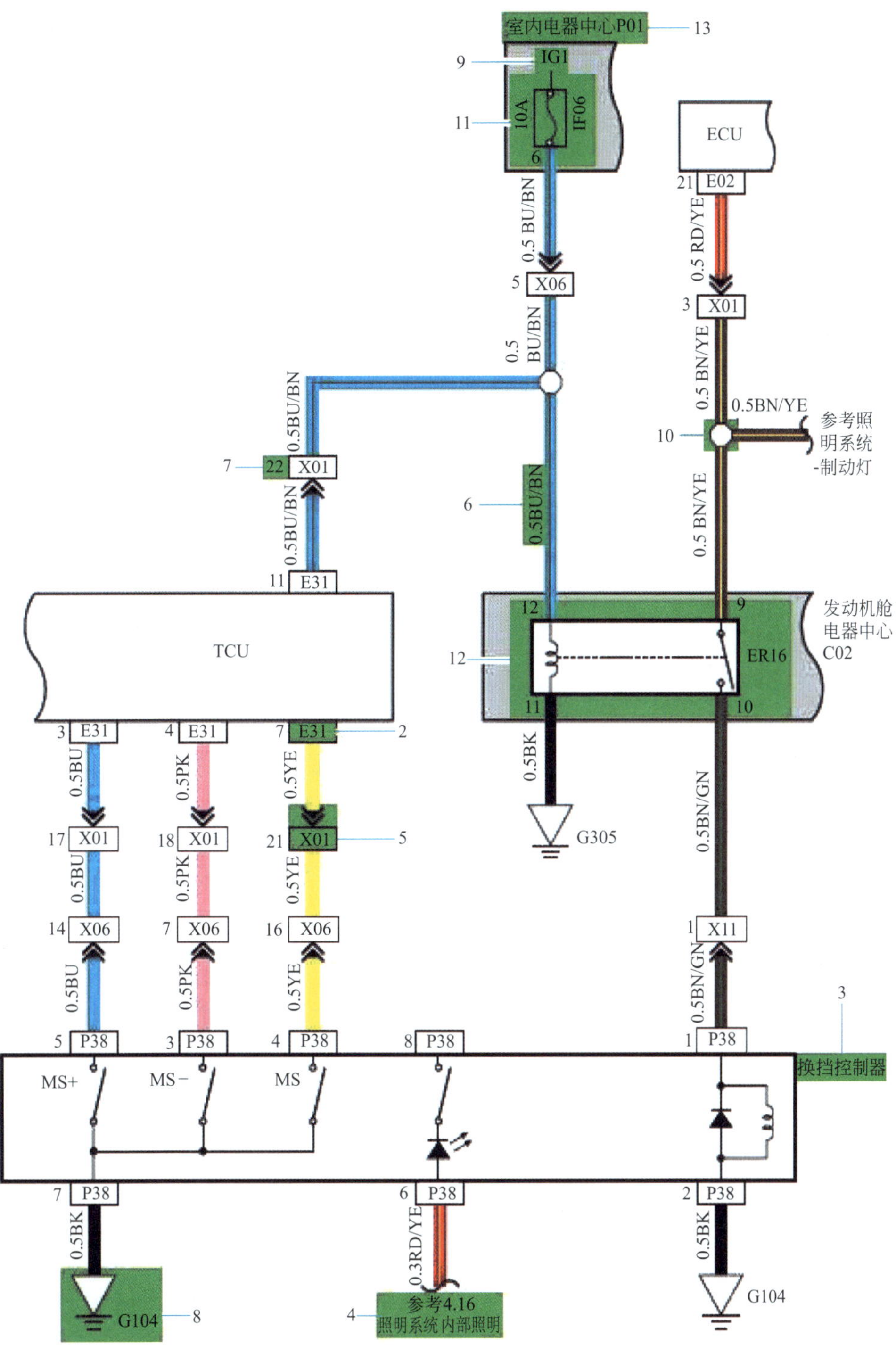

图 13.3-33　长安 CS75 电路图样图

表 13.3-6 电路图结构和元件说明

电路图上序号	说明 / 释义		
2	线束接头编号 本电路的线束接头编号规则以线束为基础，例如发动机线束中的 ECM 线束接头编号为 E01，其中 E 为线束代码，01 为接头序列号 CA 表示发动机舱线束；C 表示发动机舱线束插头；EN 表示发动机线束；E 表示发动机线束插头；IP 表示仪表线束；P 表示仪表线束插头；SO 表示底盘线束；S 表示底盘线束插头；DR 表示车门线束；D 表示车门线束插头；RF 表示（室内灯）车顶线束；L 表示（室内灯）车顶线线束插头；X 表示线束与线束插头		
3	零部件名称		
4	显示此电路连接的相关系统信息		
5	线束与线束接头，黑色箭头表示该接头的阳极，方框部分表示该接头的阴极，方框内的内容表示该接头的代码		
6	显示导线颜色及线径，如果导线为双色线，则第一个字母显示导线底色，第二个字母显示条纹色，中间用“/”分隔。例如，标注为 YE/WH 的导线即为黄色色底，白色条纹		
7	显示接插件的端子编号，注意相互插接的线束接头端子编号顺序互为镜像		
8	接地点编号以 G 开头的序列编号标识，接地点位置详细参见接地点布置图		
9	供给于熔丝上的电源类型，+B 表示蓄电池电源，ACC 表示点火开关处于“ACC”时的电源输出，IG1 表示点火开关处于“ON”时的 4 号端子输出，IG2 表示点火开关处于“ON”时的 1 号端子输出 **注意：** IG1 与 IG2 的区别在于点火开关处于“ST”时 IG1 有电源输出，而 IG2 无电源输出		
10	导线节点	未连接交叉线路	
		相连接交叉线路	
11	熔丝编号由熔丝代码和序列号组成，位于发动机舱的熔丝代码为 EF，室内熔丝代码为 IF。熔丝编号详细参见熔丝列表		
12	继电器编号用两个大写英文字母标识。位于发动机舱的继电器代码为 ER，室内继电器代码为 IR。详细参见继电器列表		
13	灰色阴影填充表示电器中心，P01 表示电器中心线束接头代码		

（2）识读电路图

❶ 长安 CS75 充电系统电路图如图 13.3-34 所示。

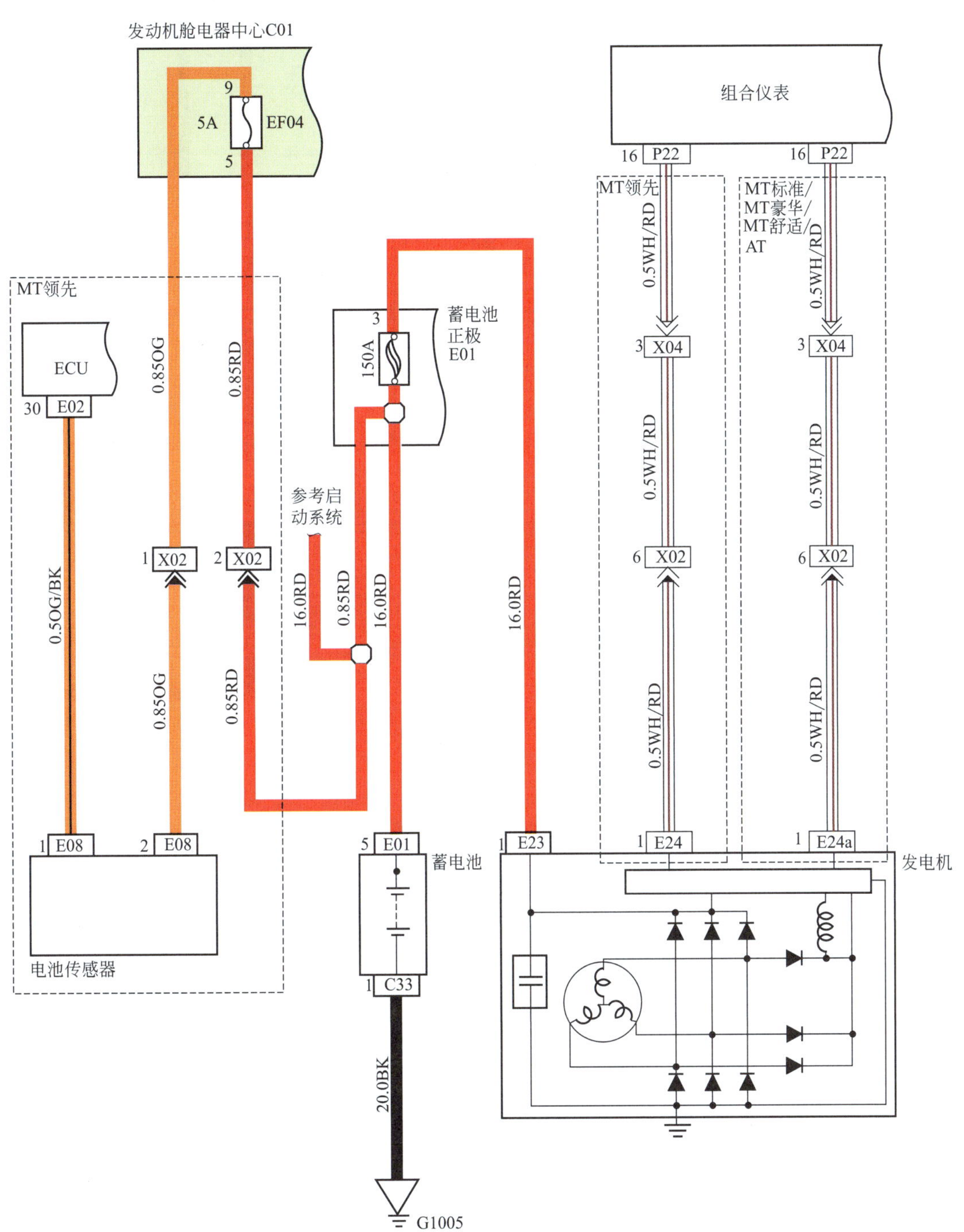

图 13.3-34　长安 CS75 充电系统电路图

❷ 长安 CS75 启动系统电路图如图 13.3-35 所示。

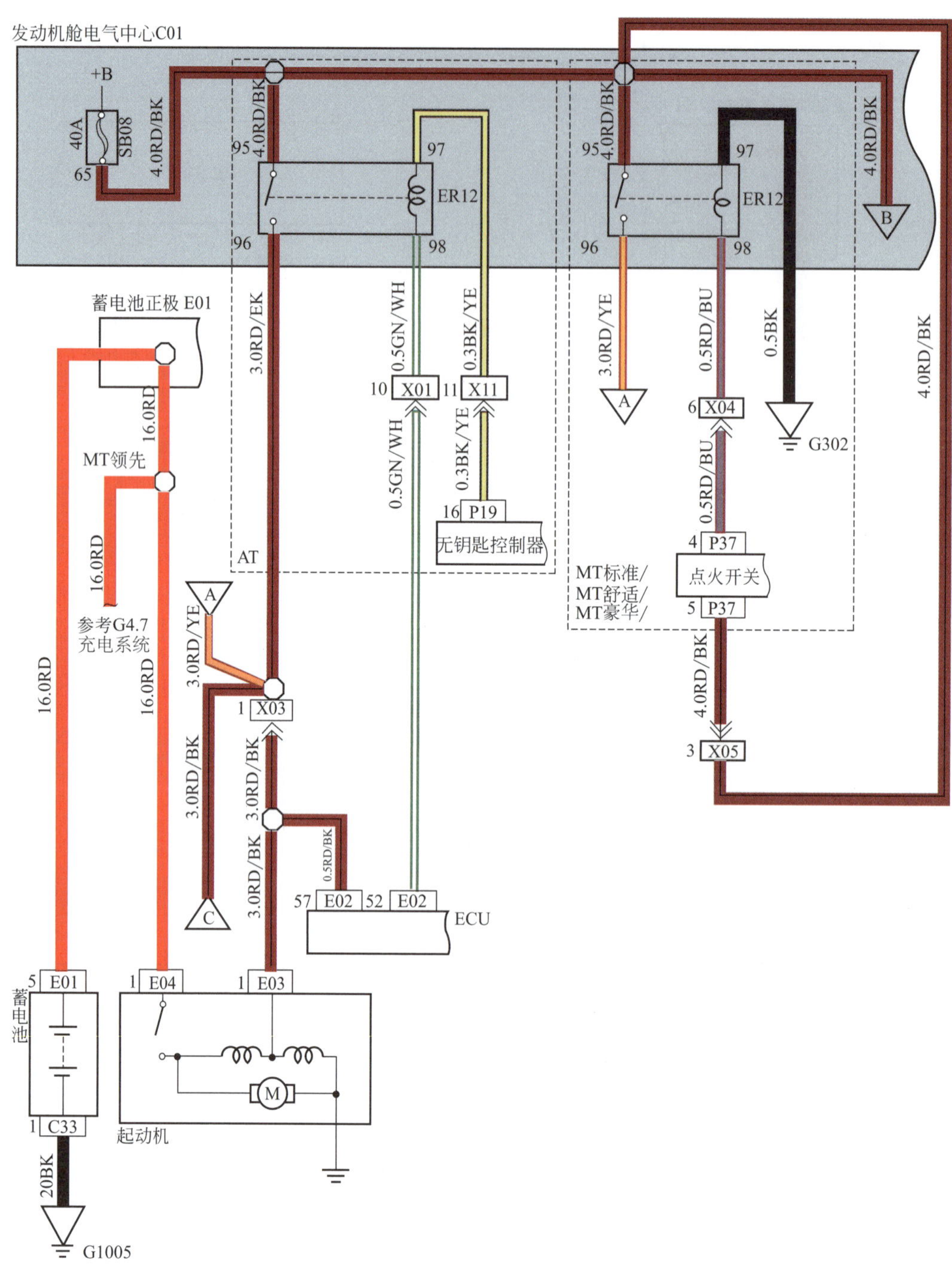

图 13.3-35　长安 CS75 启动系统电路图

❸ 发动机凸轮轴传感器、电子油门踏板、前氧传感器、后氧传感器、活性炭罐控制阀电路图如图 13.3-36 所示。

❹ 喇叭电路图如图 13.3-37 和图 13.3-38 所示。

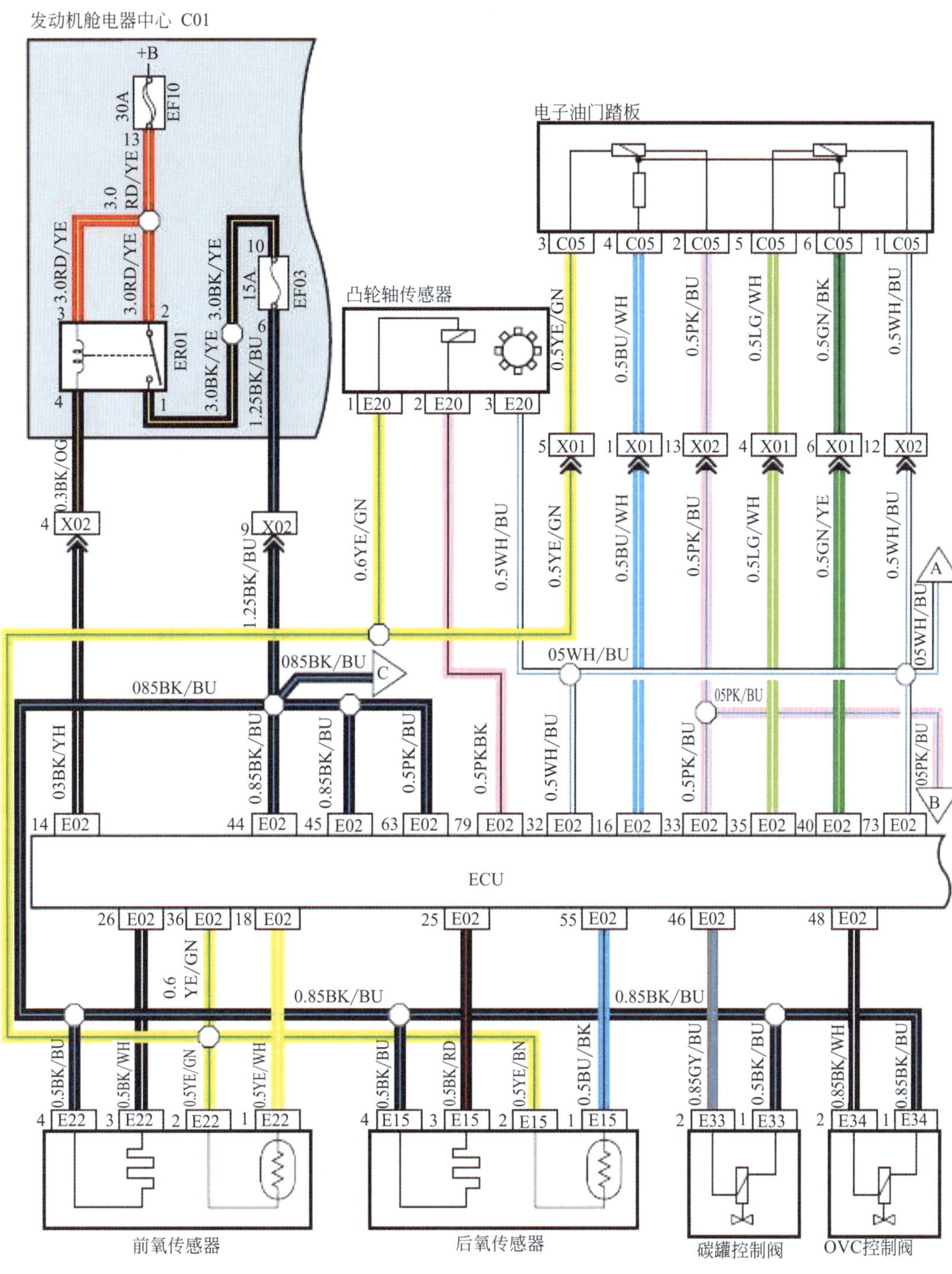

图 13.3-36　发动机凸轮轴传感器、电子油门踏板、前氧传感器、后氧传感器、活性炭罐控制阀电路图

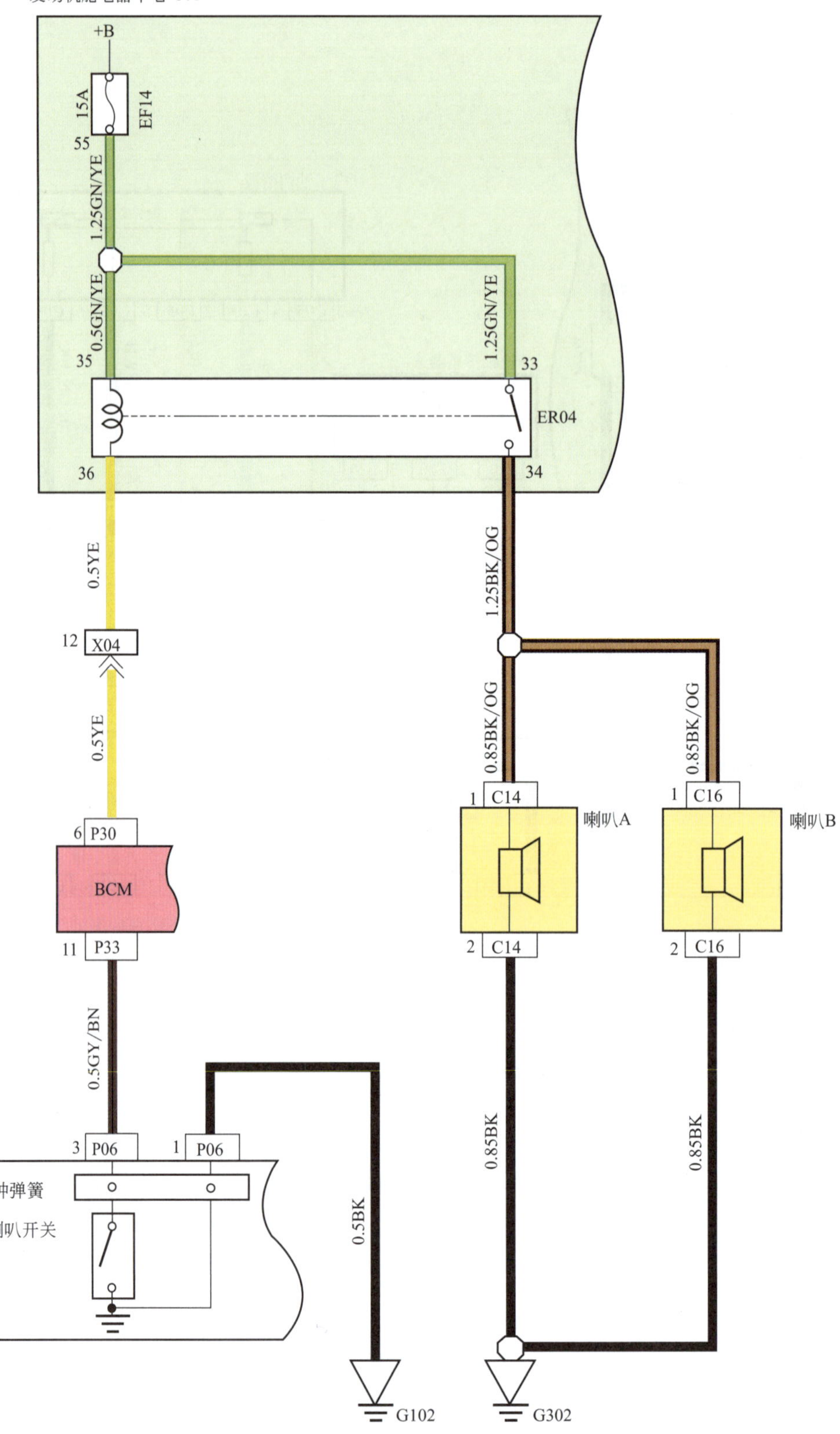

图 13.3-37　长安 CS75 喇叭电路图（车型：MT 标准、MT 舒适、MT 豪华）

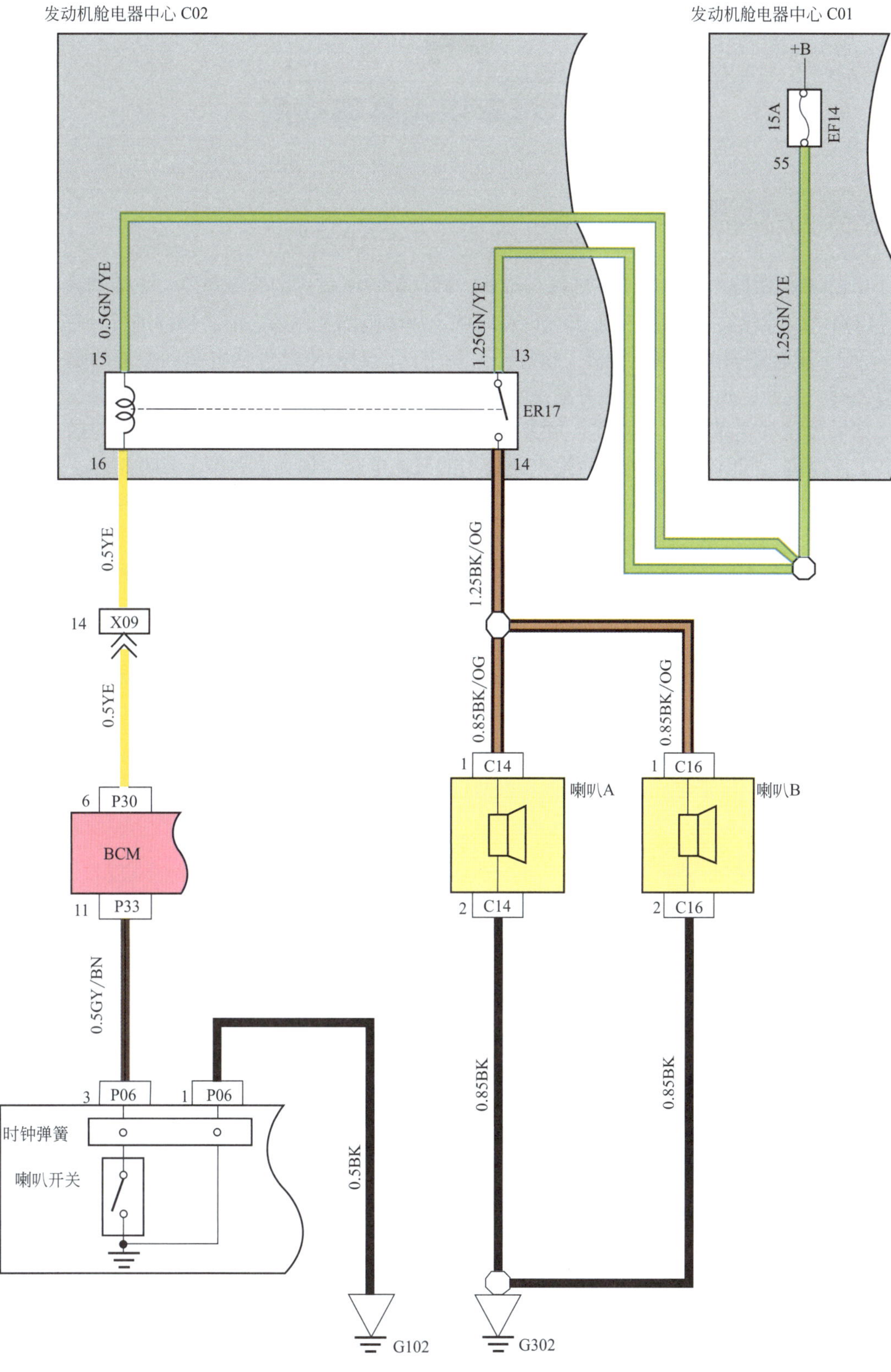

图 13.3-38　长安 **CS75** 喇叭电路图（车型：**MT** 领先、**AT**）

13.4 汽车电路基本检测

13.4.1 检测程序

（1）确认故障内容 为了正确进行维修，确认客户所描述的故障现象，应仔细核查相关部件以确认故障现象并做好记录，不允许在未确定故障范围及原因之前对部件进行分解工作。

（2）电路图识读及原因分析 根据子系统电路图对故障部件从电源到接地的整个电路进行分析、判断，确定维修操作方案。

如果无法确定维修操作方案，可参考维修手册中的说明与操作中对该系统的描述，明白其工作原理。同时需要检测与故障电路公用的其他电路，如在电路图上参考熔丝、接地、开关等公用的系统电路。如果公用电路中的其他部件工作正常，则故障就在本身电路上。如果公用电路上的部件都有故障，则可能熔丝或接地有故障。

（3）电路及零部件的检查 对于有模块控制的电路，应该充分结合诊断测试仪对部件进行测试，有效的故障诊断应该是具有逻辑性的合理操作过程，从可能性最大的原因和最容易检查的部件开始检查。

（4）故障维修 要学会基本的电路处理方法。例如，接地不良时的处理流程、线束接头的处理方法等。

（5）确定故障排除 确认电路工作状态维修结束后，确认故障已经排除，应该重新检测所有功能是否已经恢复正常。如果是熔丝熔断故障，则应该对所有共用该熔丝的电路进行检测。

13.4.2 电压检测

电压检测（图 13.4-1）是检查某一点是否有电压。当检查导线接头的某一个端子时，可以不分解导线接头，利用线路检测工具中的正极连接线探针从导线接头的背面插入进行测试。

❶ 用试灯或电压表检查电压（万用表电压挡）时，先把检测工具的负极与蓄电池负极相连接。

❷ 然后把试灯或电压表（万用表电压挡）的另一端导线连接到要检测的位置上。

❸ 如果检测工具是电压表（万用表电压挡），显示值比规定值小于 1V 以上，说明电路有故障。如果检测工具是试灯，试灯不能正常点亮说明电路有故障。

13.4.3 通电测试（图 13.4-2）

❶ 断开蓄电池负极线束。

❷ 用自带电源测试灯或电阻表的一根引线连接到要检测的部件上。使用电阻表时，先把电阻表的两根导线短接，用调零器把电阻表调零。

❸ 用检测仪的另一根导线连接到要检测的负载另一端子上。

❹ 自带电源试灯亮，表示导通；使用电阻表时，电阻很小或接近 0，表示该部件具有良好的导通状态。

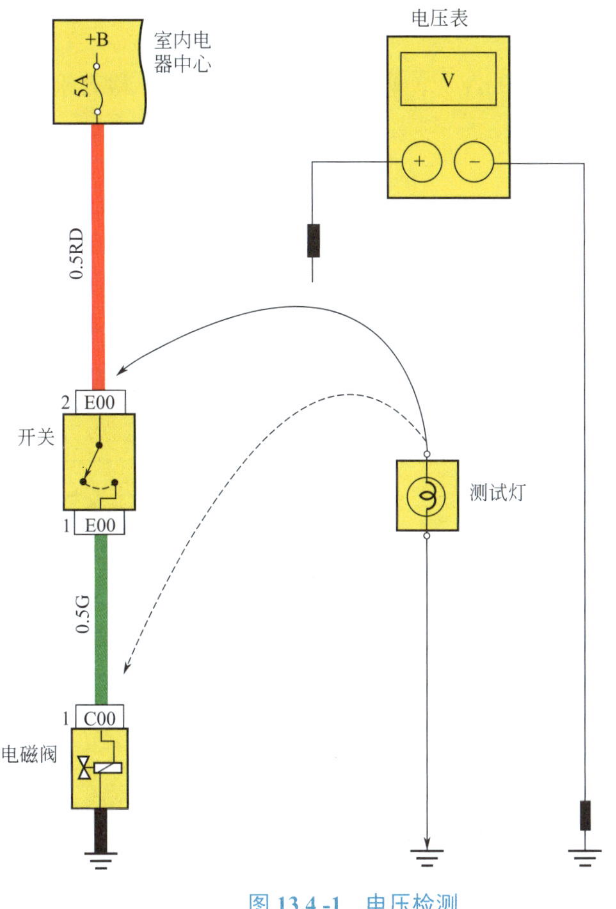

图 13.4 -1　电压检测

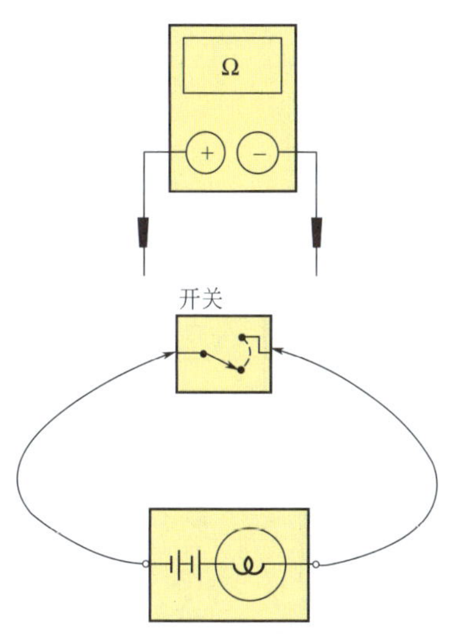

图 13.4-2　通电测试

13.4.4　短路测试（图 13.4-3）

❶ 断开蓄电池负极线束。

❷ 把自带电源测试灯或电阻表的一根导线连接到熔丝的输出端子上。

❸ 把自带电源的测试灯或电阻表的另一导线接地。

❹ 断开熔丝所有相关的电气负载。

注意： 如果不断开该熔丝所有的电气负载，在检查与灯光等低电阻负载电路时，电阻表会一直显示低电阻，这种情况下会引起误判。

❺ 从熔丝最近处依次排查线路。

❻ 自带电源试灯亮或电阻表显示值低于 5Ω，说明这部分与接地短路。

13.4.5　电压降测试（图 13.4-4）

此测试沿着导线、接头或开关检查电压降。

❶ 电压表正极导线连接到接近蓄电池的导线的一端（接头侧或开关侧）。

❷ 电压表负极导线连接到导线的另一端（接头或开关的另一侧）。

❸ 断开或接合开关，使电路工作。

❹ 电压表将显示两个点之间的电压差。

❺ 如果电压差超过 0.1V（5V 电路应小于 50mV），则表明电路上有故障，检查松动、氧化或腐蚀的连接电路。

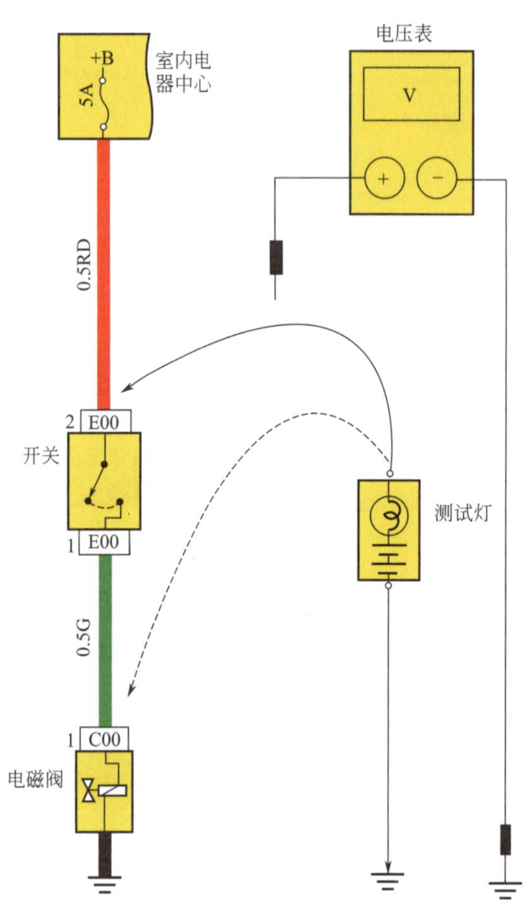

图 13.4-3　短路测试

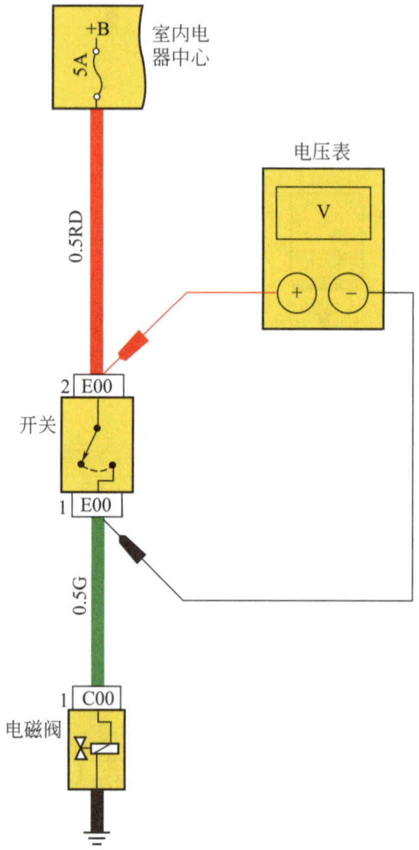

图 13.4-4　电压降测试

13.4.6　处理搭铁

接地（搭铁）不良的处理流程如图 13.4-5 所示。

❶ 拆卸接地点螺栓。

❷ 用粗砂布清洁线束侧接地铜环的两个接触表面（包括与车身侧及与螺栓侧），直到氧化物完全清洁干净。

❸ 用粗砂布清洁车身侧接地点，直到表面完全清洁干净。

❹ 重新安装接地点线束及固定螺栓，并按规定力矩拧紧。

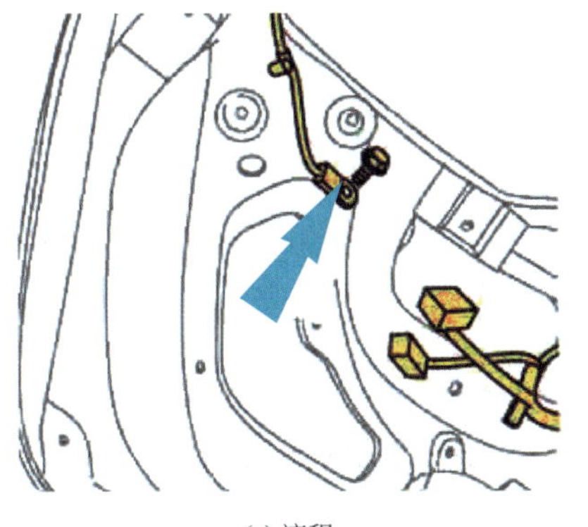

(a) 流程一

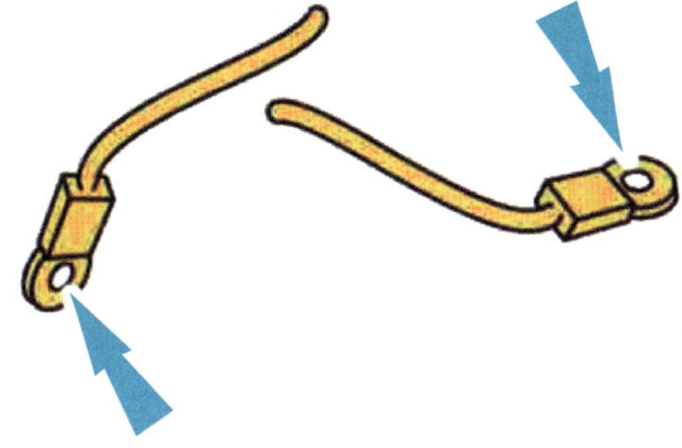

(b) 流程二

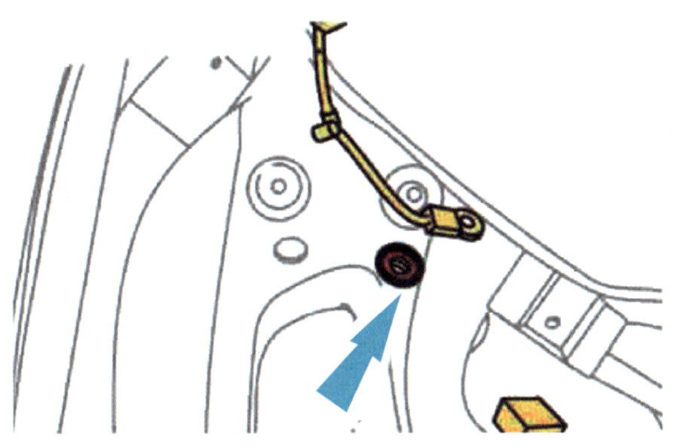

(c) 流程三

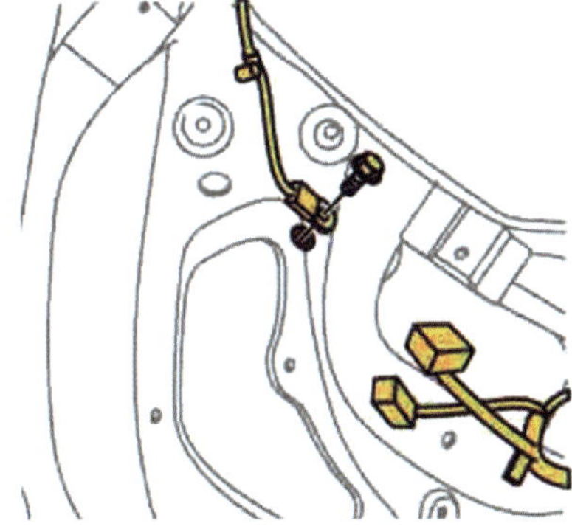

(d) 流程四

图 13.4-5　接地不良的处理流程

第 14 章 汽车电器维护与保养

14.1 汽车电器的养护周期

14.1.1 空调系统养护周期

❶ 每年在使用空调前，应对空调系统进行全面检查，包括空调皮带、系统压力、空调管路接口，出风口温度等。

❷ 每行驶 10000km 应更换空调滤清器（即空调滤芯，也叫花粉滤清器），视情况，必要时提前更换。

❸ 汽车空调停用时，尤其在天气寒冷的时节，应至少每周开动一次空调，每次至少 10min，这是为了让制冷剂（也叫冷媒）内所含的润滑油循环。

❹ 建议每三年应更换压缩机的冷冻油和制冷剂。如果制冷效果良好，可延期更换制冷剂。

❺ 每年使用空调前，对冷凝器和散热器进行检查及清洗，清除积塞在其前表面的树叶和尘土等污杂物。

❻ 每年对蒸发器外表和通风系统进行喷雾清洗。

为了冷却空气，选定蒸发器作为热交换器。当空调器开关打开时，压缩机开始运行并将制冷剂送到蒸发器。蒸发器被制冷剂冷却，它再冷却来自鼓风机的空气（图 14.1-1）。加热取决于发动机冷却液的温度。

为了加热空气，选定加热器芯作为热交换器。加热器芯吸入发动机加热的发动机冷却液，并使用此热量加热来自鼓风机的空气（图 14.1-2）。

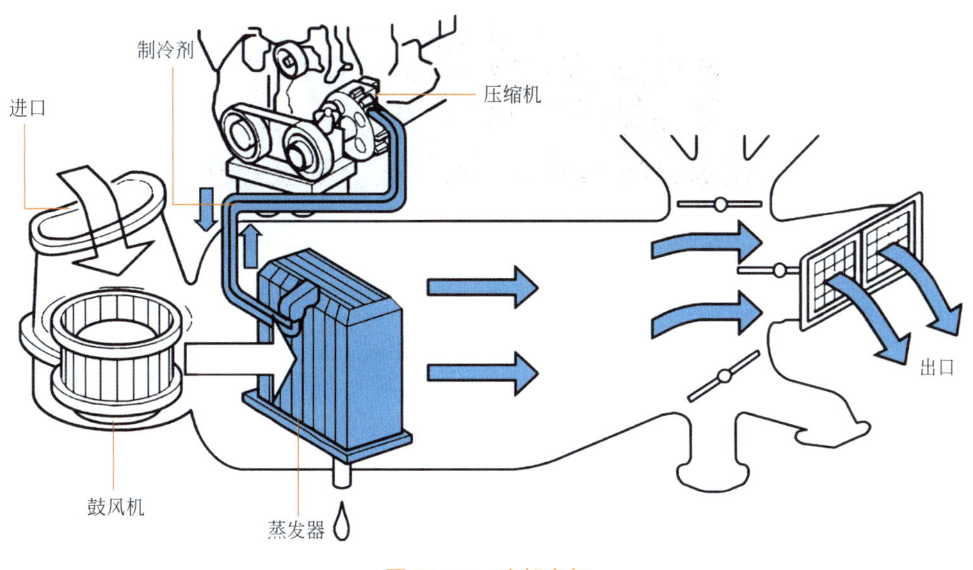

图 14.1-1　冷却空气

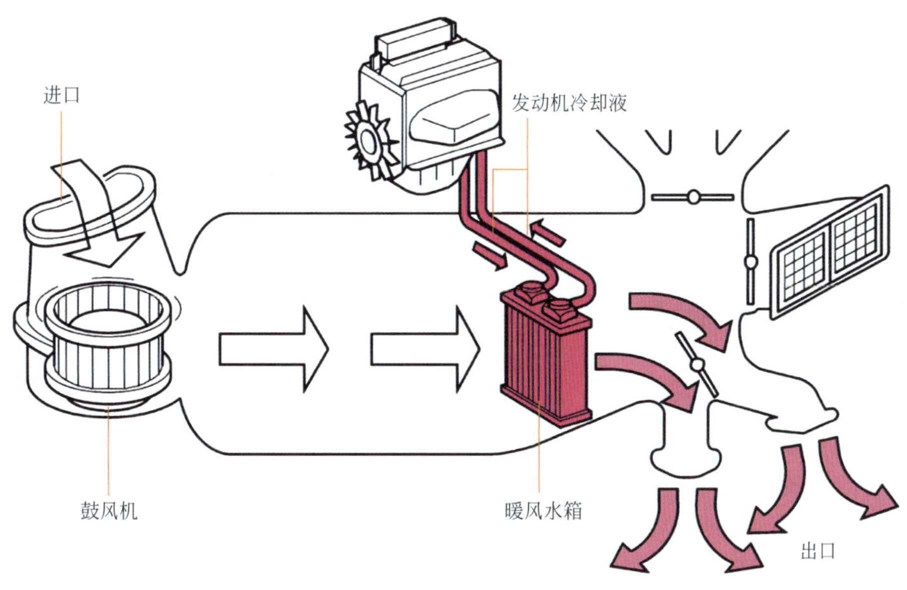

图 14.1-2　加热空气

14.1.2　蓄电池电极养护周期

蓄电池（图 14.1-3）有 2 个极柱，分别是正极接线柱“+”（红色）和负极接线柱“-”。

每月检查一次蓄电池的状况。应查看极柱的腐蚀程度，如极柱存在一定程度腐蚀，需断开蓄电池负极极柱，在极柱表面涂上小苏打水，会有气泡产生，同时小苏打水逐渐变成褐色。待不再冒出气泡后，用清水洗净，并用布擦干。最后在端子表面涂抹油脂，以防止腐蚀。

如果汽车经常短途行驶或长期停放不用，则应在规定的保养周期之间增加检查蓄电池的次数。如果蓄电池损坏，蓄电池电流不足，从而导致汽车起步困难，应更换蓄电池。

图 14.1-3　蓄电池

14.1.3　自动变速器养护周期

通常应该每 60000km 更换一次自动变速器油，同时更换自动变速器油滤芯。

自动变速器油（Automatic Transmission Fluid，ATF），是指专用于自动变速器的油液。ATF 对自动变速器的工作、使用性能以及使用寿命都有非常重要的影响。汽车自动变速器保养的主要内容就是对 ATF 的检查和更换。

14.2　汽车电气检查

14.2.1　蓄电池检查

（1）检查蓄电池电解液液位　为了能清楚识别颜色，要确保足够的照明。汽车蓄电池上侧的圆形视窗根据电解液液位变换颜色显示。蓄电池顶部的圆形窗口（又叫电眼或酸液液位检查口）内的颜色随充电量和电解液液位而变。如果属于下列使用条件或状况，则应定期检查电解液液位。

❶ 行驶里程和时间长的汽车。

❷ 经常在炎热季节和地区行驶。

❸ 蓄电池过于老旧。

在其他使用条件下蓄电池可免维护。

如果电眼呈蛋白色或浅黄色时，表明电解液液位偏低，应尽更换蓄电池。

注意： *有些蓄电池是没有酸液液位检查口的。*

（2）检查蓄电池外部

❶ 检查蓄电池有无腐蚀或接头松弛、裂纹，或压具松弛。

❷ 如果蓄电池已被腐蚀，须用温水和小苏打水的混合溶液进行清洗。在接头外部涂润滑脂以防止进一步腐蚀。

❸ 如果接头连接松弛，须拧紧夹子的螺母，但不要太紧。

❹ 保持蓄电池固定在其位置上即可。过度拧紧将损坏蓄电池箱。

维修贴

① 进行保养之前，须确认发动机和所有附属设备都已关闭。

② 检查蓄电池时，须首先取下负极接头（“–”标记）上的接地电缆，并在最后安装。

③ 将蓄电池与整车电气系统断开时必须先拆负极电缆，然后方可拆正极电缆。使用工具时应避免引起短路。

④ 每次通电时间不得小于 5s，避免频繁快速通断操作。

⑤ 连接蓄电池前必须关闭所有用电设备，且须先接正极电缆，后接负极电缆；切勿接错电缆极性。

⑥ 打开点火开关，发动机处于运转状态时切不可断开蓄电池。否则，可能损坏电气系统或电子部件。

⑦ 切勿让蓄电池长时间处在阳光直射下，因强紫外线可损坏蓄电池壳体。

⑧ 如果在低温条件下汽车长期停放不用，应采取适当措施保护蓄电池，防止其因“结冰”损坏。

14.2.2 火花塞检查

（1）火花塞性能（图 14.2-1） 在白金火花塞和铱金火花塞上（图 14.2-2），中心电极和与其相对的接地电极都覆盖着白金和铱金的薄层，所以这样的火花塞，其使用寿命较常规火花塞更长。由于白金和铱金都耐磨，所以这些火花塞的中心电极可以制作得很小，仍能具有优良的点火性能。

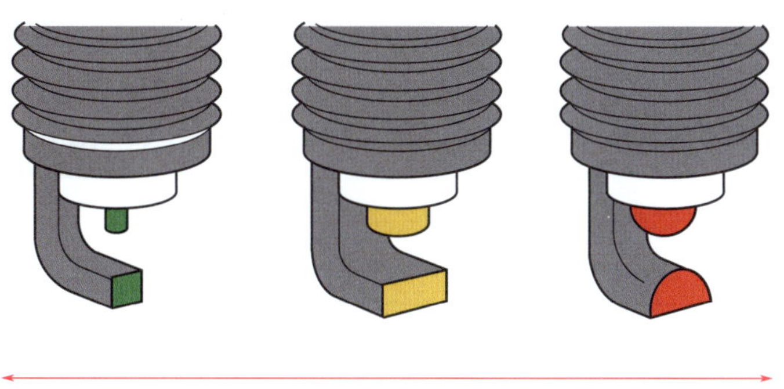

图 14.2-1 火花塞性能

白金火花塞上，白金是焊在中心电极和接地电极的顶端的，中心电极的直径较常规火花塞的要小。

铱金火花塞上，铱金（较铂有更高的耐磨能力）是焊在中心电极顶端的，但焊在接地电极上的仍是白金，中心电极的直径较白金火花塞的更小。此类火花塞中有些并未在其接地电极焊上白金。

维修贴

对于特殊车辆，要根据车型来确定最适当的火花塞热值。安装不同类型的火花塞会干扰火花塞的自净温度和自燃温度。为了避免这些问题，通常更换特定类型的火花塞。

当发动机在低速运转时，使用冷型火花塞且低负荷条件会降低电极温度并使发动机运转不良。当发动机高速运转时，使用热型火花塞且高负荷条件只会增加电极温度并使电极熔化。

如果使用的火花塞热值不合适，就会造成火花塞电极积炭或熔化。

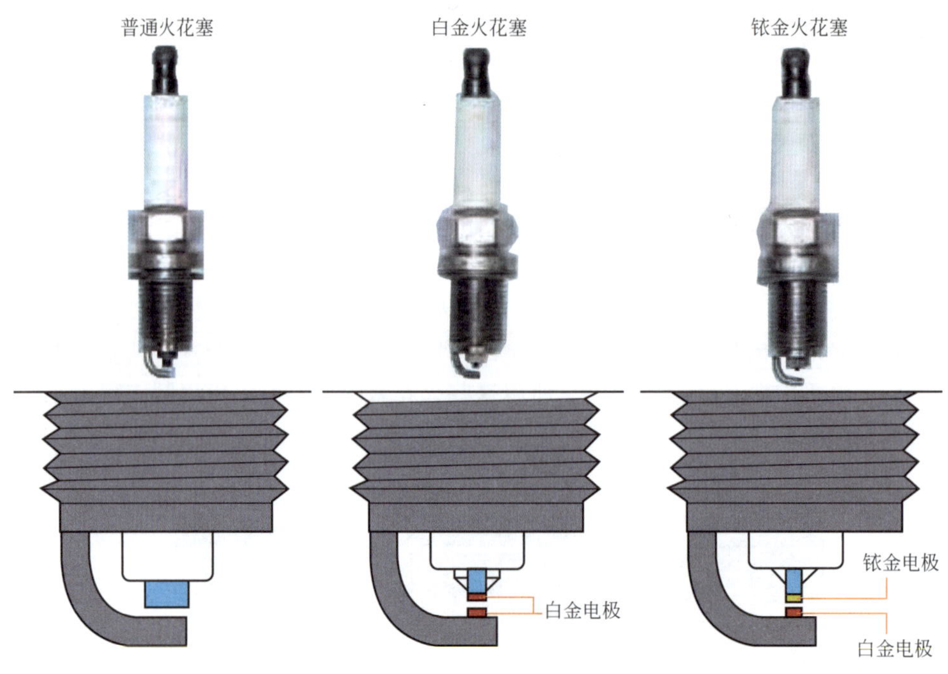

图 14.2-2　白金火花塞和铱金火花塞

（2）自洁温度　当火花塞达到一定温度后，它能烧掉聚集在点火区域内的积炭，以保持点火区域的清洁，此温度称为自洁温度。火花塞的自洁作用发生在电极温度 450℃以上时，如果尚未达到自洁温度，意味着电极温度低于 450℃，积炭会聚集在点火区域，这将导致火花塞缺火。

（3）自燃温度　如果火花塞自身成为热源，不用火花就点燃了空气燃油混合气，此时的温度称为自燃温度。当火花塞电极温度达到 950℃时会发生自燃。如果发生这种现象，由于不正确的点火正时，会导致发动机功率下降，同时火花塞电极或活塞可能会熔化。

(4)火花塞更换周期 当火花塞耗损后，电极间隙变大，发动机可能会缺火。

中心电极和接地电极间隙增大后，使得火花跳过电极更困难，因此需要更高的电压来产生火花。

当火花塞存在裂纹，电极受污，间隙磨损或过大时，就不会产生火花（图 14.2-3）。当火花塞间隙过小时，可能发生熄弧效应。此时即使产生火花也不能引燃燃料，所以每隔一定的里程必须更换火花塞。

普通火花塞一般车辆行驶 3 万千米更换一次，白金或铱金火花塞通常车辆行驶 5 万千米更换一次即可。

(a) 正常

(b) 积炭污染

(c) 机油污染

(d) 过热

图 14.2-3 火花塞检查

14.2.3 灯光调整（图 14.2-4）

(1)背光亮度调节开关

❶ 小灯关闭情况下，拨动此开关仅可以调节组合仪表的背光。

❷ 小灯打开情况下，拨动此开关能够同步调节组合仪表和整车背光。

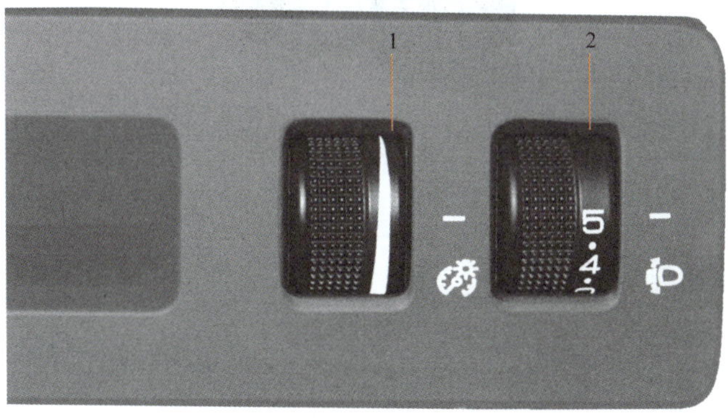

图 14.2-4 灯光调整

1—背光亮度调节开关；2—前大灯调节开关

(2)前大灯调节开关

❶ 此开关用来调节前大灯灯光上下方向的照射角度。近光灯打开后，此开关可以工作。

❷ 前大灯调节开关处于0挡位，前大灯灯光照射高度最高；前大灯调节开关处5挡位（各种车的挡位级数不同，有些车为0～3挡位），前大灯灯光照射高度最低。根据驾驶员的需要，调节开关至0～5某一挡位，前大灯灯光照射高度随之变化。

14.3 汽车电气系统的常规保养

14.3.1 起动机保养

起动机是不可维修的，应视情况对起动机进行保养（图14.3-1和图14.3-2）。

❶ 检查转子是否磨镗，如果磨损严重，则更换轴承。

❷ 用砂纸打磨换线器，检查轴承铜套磨损情况，对轴承和铜套进行润滑。

❸ 检查电动机碳刷磨损情况，保证碳刷和集电极之间接触良好。碳刷可单独更换。

❹ 清洁并润滑齿轮机构。

图14.3-1 起动机可保养的零部件

图14.3-2 齿轮机构

14.3.2 空调滤清器更换

空调系统包括送风的鼓风机和清洁空气的空调滤清器。空调滤清器可以净化鼓风机吸入的空气，需要定期更换。

空调滤清器（即空调滤芯）主要安装在两个位置：一是在副驾驶座位的手套箱后面；二是在挡风玻璃右下侧（图14.3-3）。更换空调滤清器的步骤如下。

❶ 如图14.3-4所示，现代伊兰特轿车的空调滤芯安装在副驾驶座位的手套箱后面，将手套箱拆卸下来，用螺丝刀拆下挡片上的2个螺栓，即可取出空调滤芯。

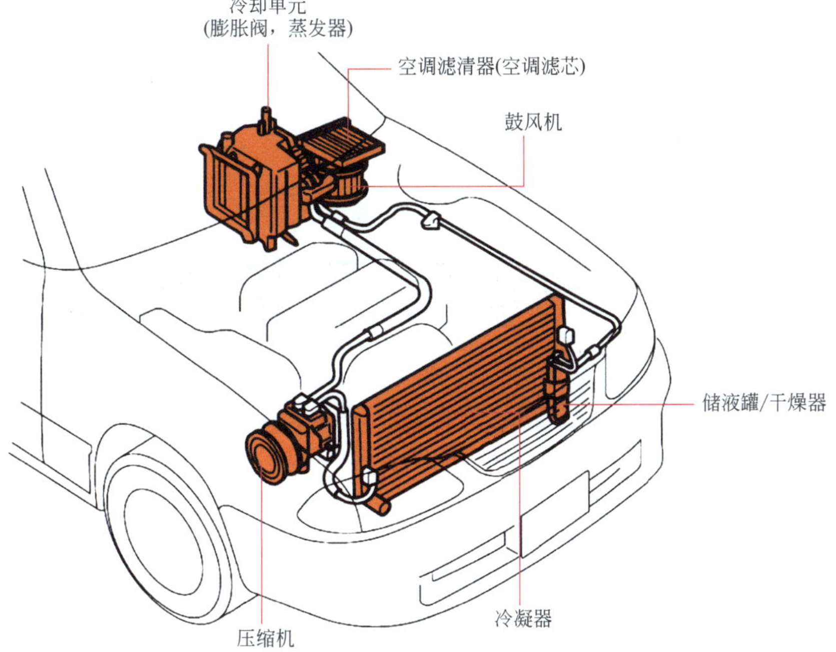

图 14.3-3　空气滤清器在空调系统中的安装位置

图 14.3-4　拆卸空调滤芯（一）

❷ 如图 14.3-5 所示，帕萨特轿车的空调滤芯在发动机舱内（挡风玻璃右下侧）副驾驶侧对应的雨刮器下方。用螺丝刀拆下罩盖即可取出，非常简单。

图 14.3-5　拆卸空调滤芯（二）

第 15 章 汽车电气维修操作

15.1 常用零部件的更换

15.1.1 拆卸发电机

拆卸传动皮带，然后从汽车上拆卸发电机（图 15.1-1）。

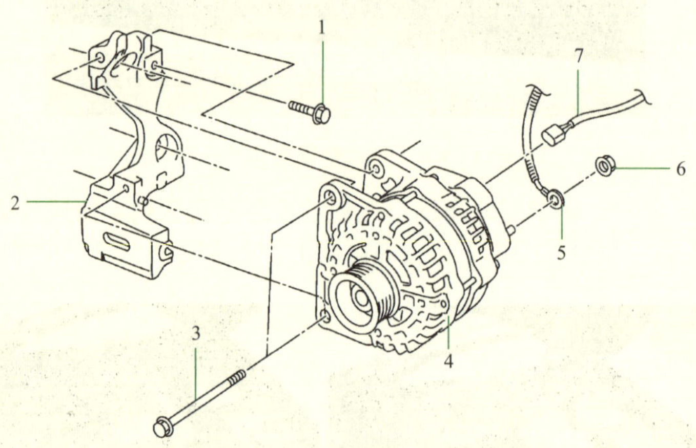

图 15.1-1 拆卸发电机（一）

1—发电机支架安装螺栓；2—发电机支架；3—发电机安装螺栓；4—交流发电机；5—B 端口线束；6—B 端口螺母；7—发电机接头

❶ 断开蓄电池负极电缆。

❷ 拆卸驱动皮带。

❸ 断开发电机接头。

❹ 拆除“B”端口螺母。

❺ 拆下发电机固定螺栓。

❻ 将发电机总成向车头方向拆下。

维修贴

很多发电机的安装零件带有用于定位的轴套，所以连接紧密。由于这个原因，可上下摇动发电机进行拆卸（图 15.1-2）。

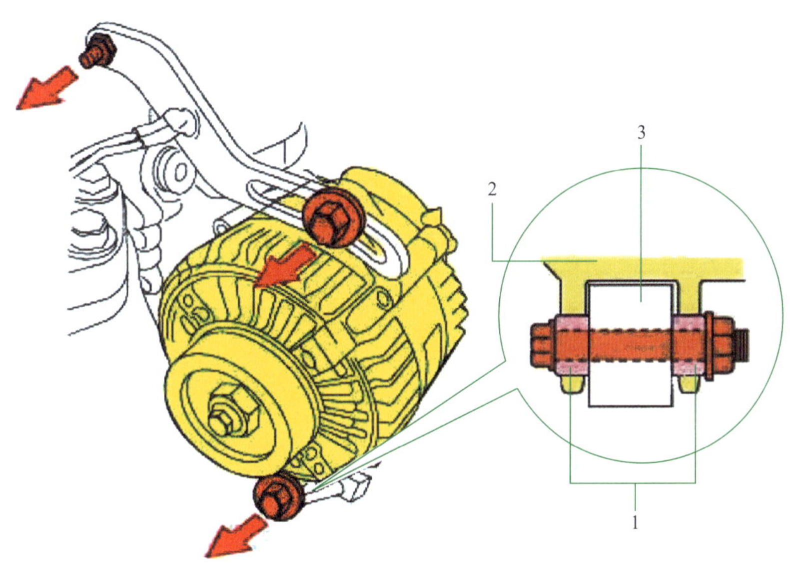

图 15.1-2　拆卸发电机（二）

1—轴套；2—发电机；3—托架

15.1.2　拆卸起动机（图 15.1-3）

❶ 断开蓄电池的接地端。

❷ 从起动机电磁线圈上断开连接。

❸ 拧下螺母并从起动机电磁线圈上断开蓄电池导线的连接。

❹ 拧下 2 个固定起动机的螺栓并拆下起动机。

图 15.1-3　拆卸起动机

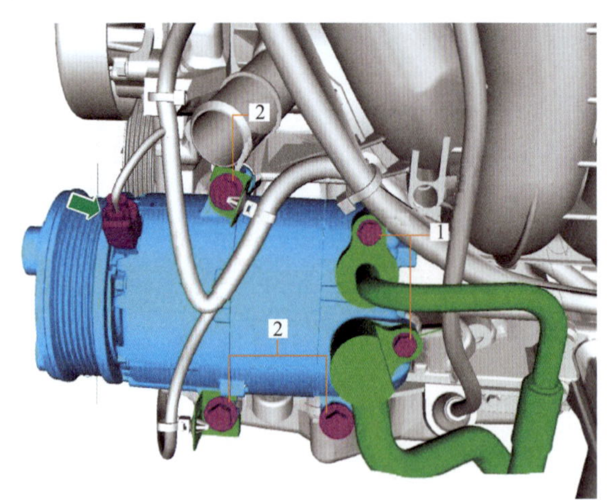

图 15.1-4　拆卸压缩机

1—高、低压空调管接头；2—空调压缩机固定螺栓

15.1.3　更换空调压缩机

（1）拆卸空调压缩机（图15.1-4）

❶ 操作空调制冷剂的回收程序。

❷ 断开蓄电池负极线电缆。

❸ 拆卸驱动皮带。

❹ 拆卸压缩机上高、低压空调管接头。

❺ 断开压缩机线束连接器。

❻ 拆卸压缩机固定螺栓，取下压缩机。

维修贴

防止杂质和空气中的水分凝结在零件上进入系统内部，尽快重新密封所拆卸的零件。

（2）安装压缩机

❶ 安装并紧固压缩机固定螺栓。

❷ 连接压缩机线束连接器。

❸ 安装压缩机上高、低压空调管接头。

❹ 安装驱动皮带。

❺ 连接蓄电池负极线电缆。

❻ 操作空调制冷剂的加注程序。

15.1.4　更换膨胀阀

膨胀阀的一侧连接着空调压缩机的进、排气管，一侧连接着蒸发器的进、排气管，在液体管路内对高压液体制冷剂形成限制，使制冷剂流向蒸发器时成为低压液体。

（1）拆卸膨胀阀

❶ 回收空调制冷剂。

❷ 拆卸膨胀阀与蒸发器接口的空调管，如图 15.1-5 所示，细管为高压管，粗管为低压管。

❸ 拆卸膨胀阀至蒸发器的紧固螺栓（图 15.1-6）。

❹ 将膨胀阀从蒸发器芯上拆下（图 15.1-6）。

❺ 报废 O 形密封圈（图 15.1-6）。

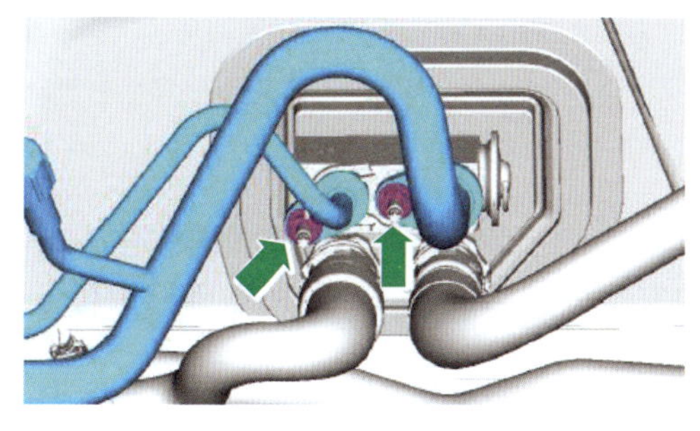

图 15.1-5　拆卸空调管

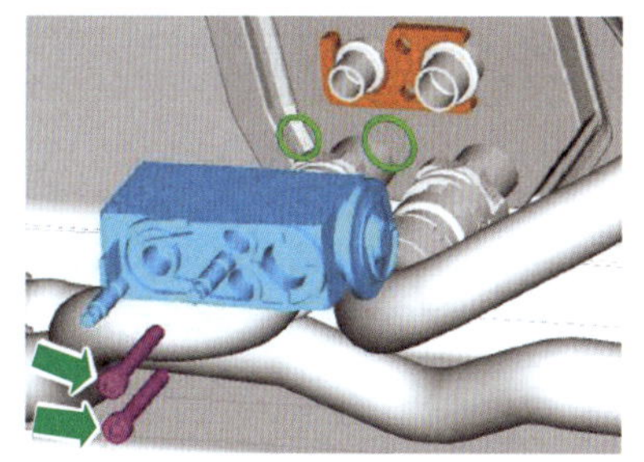

图 15.1-6　拆卸膨胀阀

（2）安装膨胀阀

❶ 更换新的 O 形密封圈，并将其安装到蒸发器芯管上。

❷ 安装膨胀阀到蒸发器芯上。

❸ 安装膨胀阀至蒸发器芯紧固螺栓，并将其紧固至 4 ～ 6N·m。

❹ 安装膨胀阀与蒸发器接口的空调管。

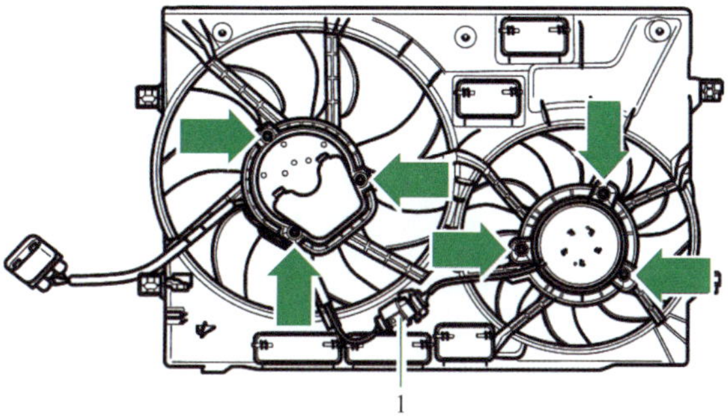

15.1.5　拆卸电子风扇

1

图 15.1-7　拆卸风扇（一）

❶ 拆卸风扇护罩。

❷ 如图 15.1-7 所示，脱开电气连接插头 1，并将导线从支架上脱开。

❸ 拧出螺栓并取下两个散热器风扇（图 15.1-8）。

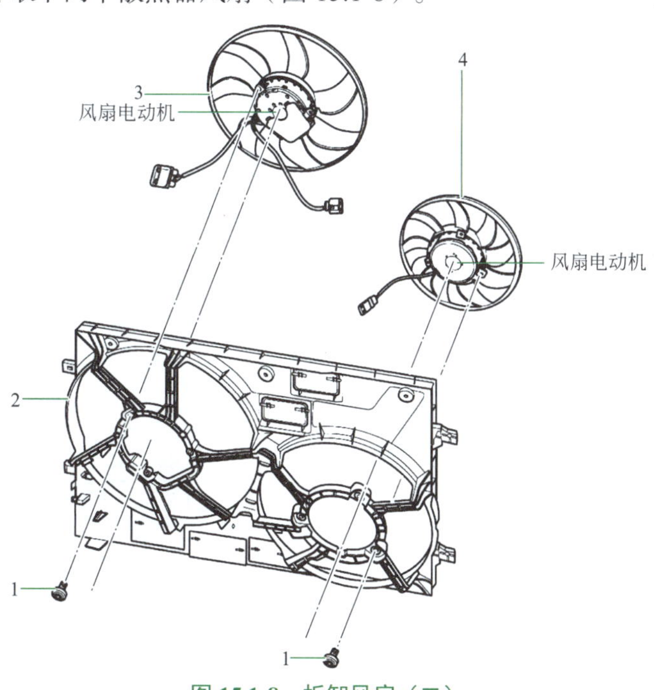

图 15.1-8　拆卸风扇（二）

1—螺栓；2—风扇护罩；3—散热器风扇（大）；4—散热器风扇（小）

15.1.6 拆装电动燃油泵

（1）拆卸电动燃油泵

❶ 燃油箱最多允许加注 3/4 燃油，这可以确保液位低于燃油输送单元的法兰下方。

❷ 将前座椅向前移动到底（电动燃油泵的安装位置不一样，有的车需要打开后备厢）。

❸ 关闭点火开关。

❹ 拆下装配口盖板（密封盖板）。

❺ 松开并拔出连接法兰上的电气插头连接（图 15.1-9）。

❻ 拆卸燃油泵控制单元连接的电气导线束。

❼ 将燃油管从密封法兰上脱开。

❽ 用燃油泵专用扳手打开密封环（图 15.1-10）。

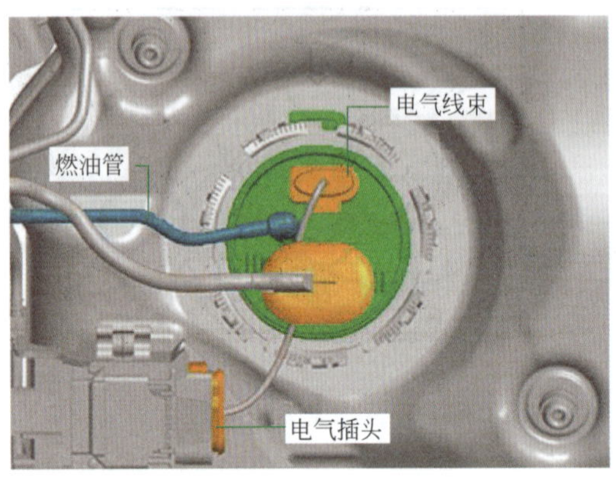

图 15.1-9 拆卸电动燃油泵（一）

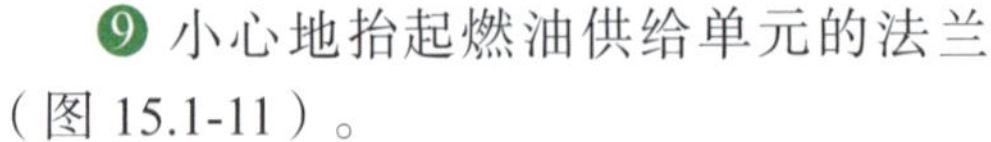

图 15.1-10 拆卸电动燃油泵（二）

❾ 小心地抬起燃油供给单元的法兰（图 15.1-11）。

❿ 将密封法兰从油箱开口中拔出一段。

⓫ 取下油箱开口上的密封环。

⓬ 将带有燃油管路的密封法兰小心地从油箱的开口中拔出。

⓭ 尽可能将燃油供给单元从燃油箱中拉出。

⓮ 通过开口进入燃油箱。松开燃油箱的燃油管路并从管路中拔出。

⓯ 将燃油供给单元和燃油存量传感器从燃油箱口取出（图 15.1-12），为此适当地翻转。

⓰ 在取出燃油供给单元时注意，不得弯折燃油存量传感器的浮子杆。

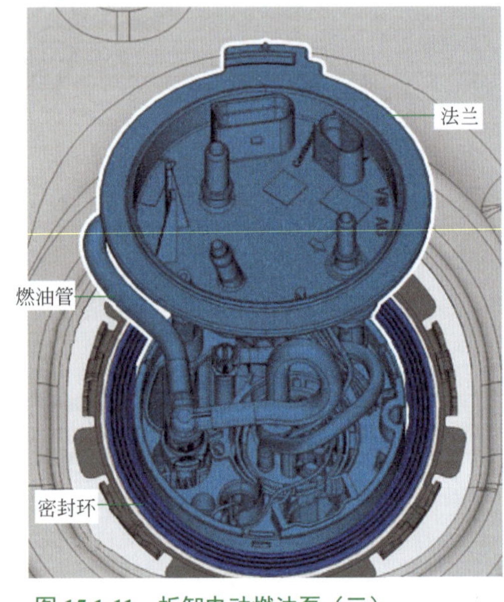

图 15.1-11 拆卸电动燃油泵（三）

⑰ 因为尚未安装燃油供给单元，所以要垫一个用于收集燃油的抹布。

（2）安装电动燃油泵

❶ 燃油供给单元的密封环应在干燥时装入燃油箱的开口中。

❷ 在安装燃油供给单元时注意，不要弯折燃油存量显示传感器的浮子杆。

❸ 用燃油浸润密封环内侧。

❹ 克服弹簧力，向下压密封法兰。

❺ 使密封法兰上的圆点标记与燃油箱上的固定环凹槽重叠，见图 15.1-13 中箭头位置。

❻ 将密封法兰放置在安装位置上，同时注意安装位置。

❼ 其他按照拆卸倒序安装。

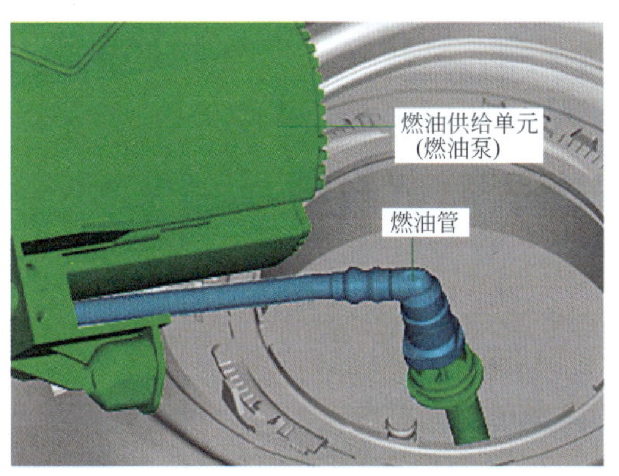

图 15.1-12　拆卸电动燃油泵（四）

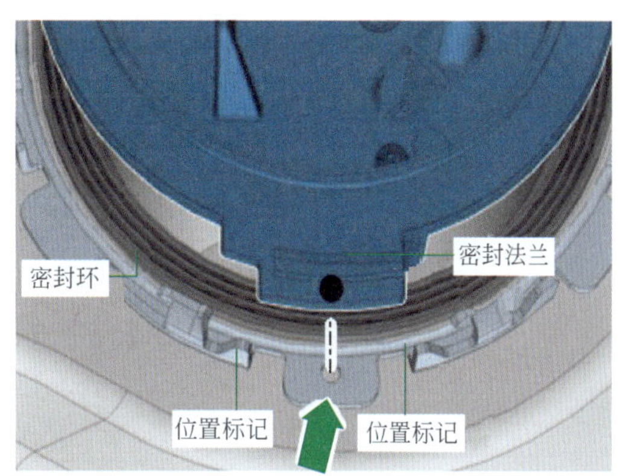

图 15.1-13　安装电动燃油泵

15.1.7　拆卸节气门

❶ 拆卸进气软管与空气滤清器两端的连接卡箍，将进气软管节气门分离（图 15.1-14）。

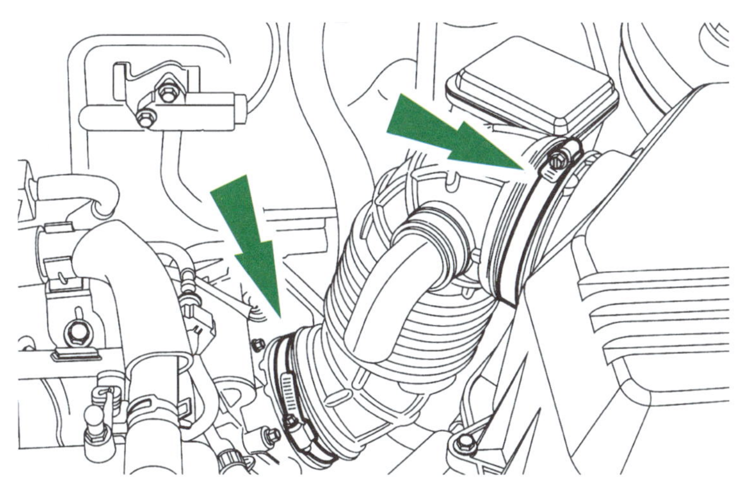

图 15.1-14　拆卸节气门（一）

❷ 断开节气门体线束插头（图 15.1-15）。

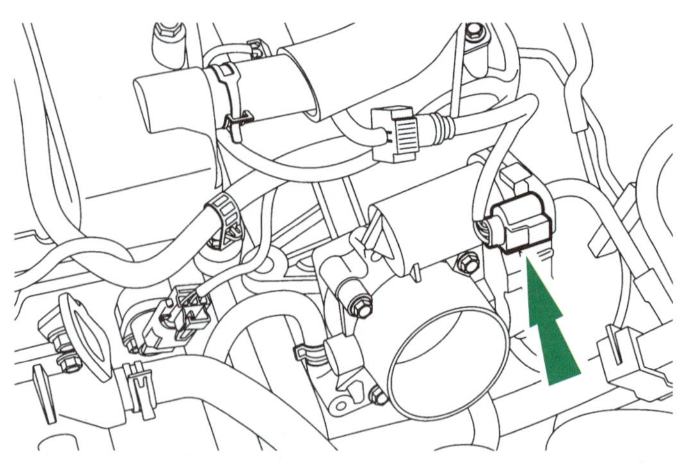

图 15.1-15　拆卸节气门（二）

❸ 拆卸节气门进水管（图 15.1-16）。

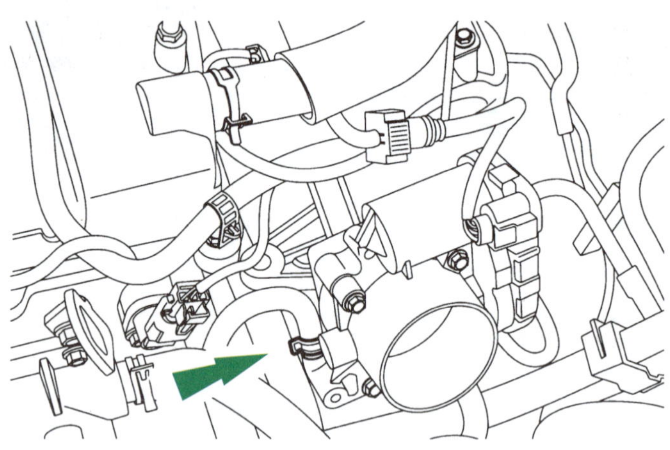

图 15.1-16　拆卸节气门（三）

❹ 拆卸节气门出水管（图 15.1-17）。
❺ 拆卸节气门体处的固定螺栓，取下节气门体（图 15.1-18）。

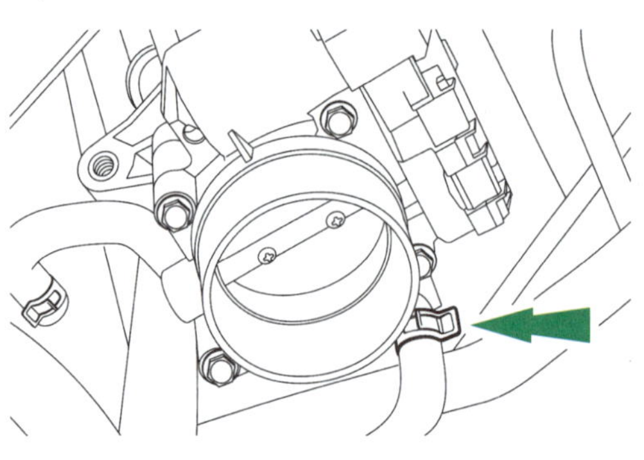

图 15.1-17　拆卸节气门（四）

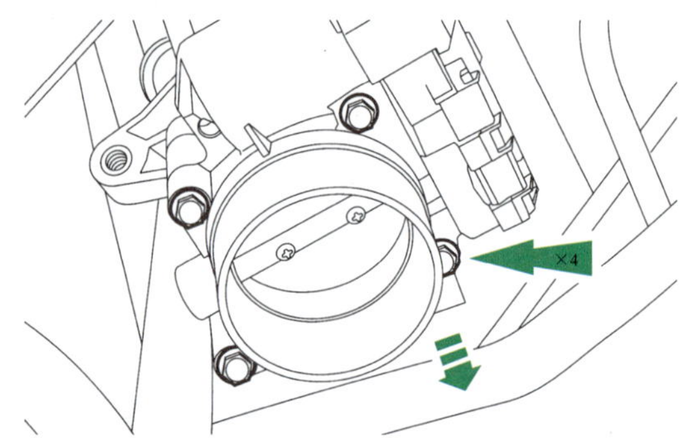

图 15.1-18　拆卸节气门（五）

15.1.8 拆装火花塞

维修贴

① 在发动机运转或启动时，不得接触或拔出点火导线。

② 点火装置（图 15.1-19）的导线（以及高压导线和测量仪导线）只有在点火开关关闭时才能连接和断开。

③ 在检测气缸压力时需要启动发动机，在拔下点火线圈和喷油阀的插头等情况下，查询故障存储器并清除故障记录。

④ 只有在关闭点火装置的情况下才允许对发动机进行清洗。

⑤ 蓄电池的连接和断开只允许在点火开关关闭时进行，否则会损坏发动机控制单元。

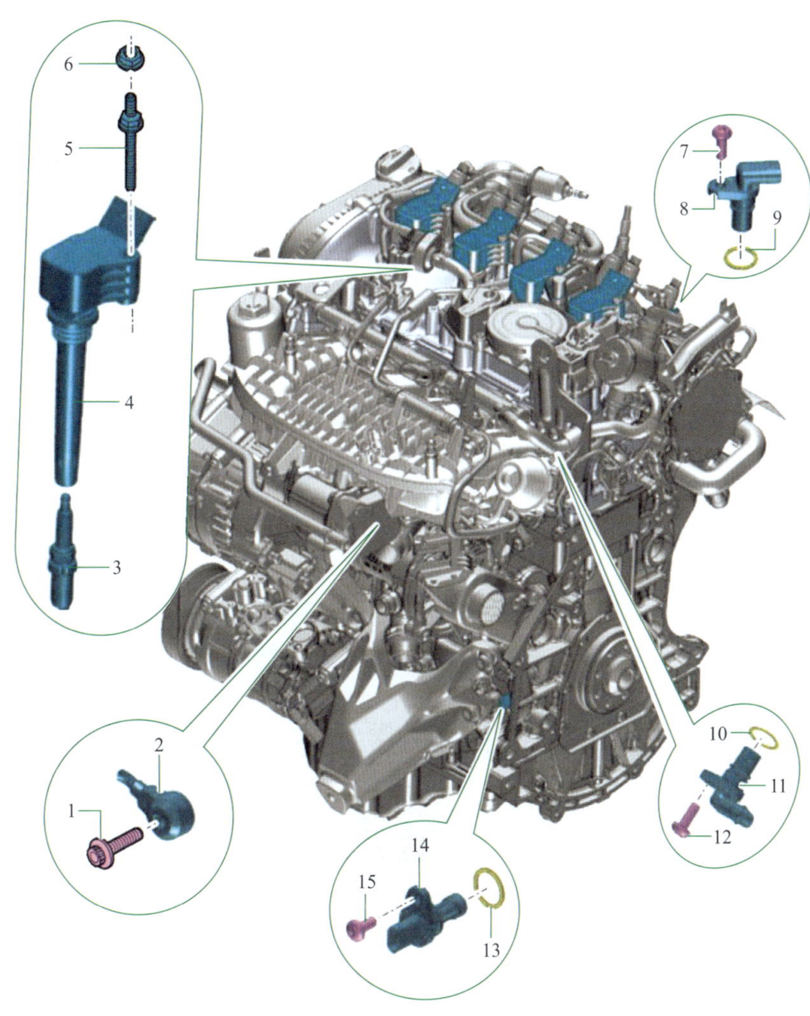

图 15.1-19 点火装置

1，5 ～ 7，12，15—螺栓；2—爆震传感器；3 —火花塞；4 —带有功率输出级的点火线圈；8，11—霍尔传感器；9，10，13—O 形圈；14 —发动机转速传感器

（1）拆卸火花塞

❶松开插头，将所有插头同时从点火线圈上拔下。

❷用火花塞扳手（套筒）依次卸下火花塞。

（2）安装火花塞 安装火花塞时，先将火花塞放到火花塞孔，靠手的力量拧到位以后再用火花塞扳手（套筒）拧紧至规定力矩。

15.1.9 拆装大灯

（1）双卤素大灯（图 15.1-20）

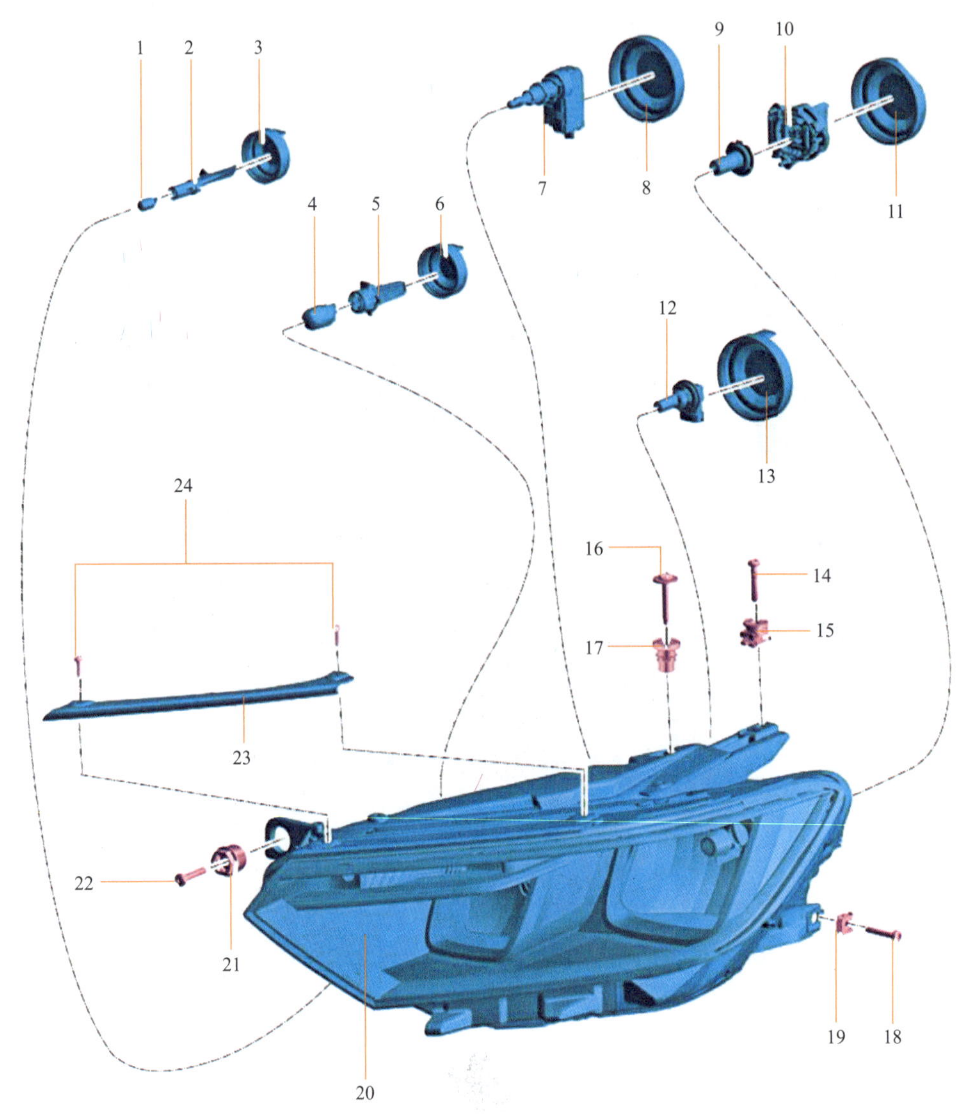

图 15.1-20 双卤素大灯

1—驻车示宽灯灯泡；2,5—手柄；3,6,8,11,13—罩盖；4—前部转向信号灯灯泡；7—大灯照明距离调节装置伺服电动机；9—近光灯灯泡；10—灯泡座；12—远光灯灯泡；14,16,18,22,24—螺栓；15—调节元件；17—补偿元件；19—锁紧螺母；20—大灯；21—空心螺栓；23—挡板

（2）LED 大灯（图 15.1-21）

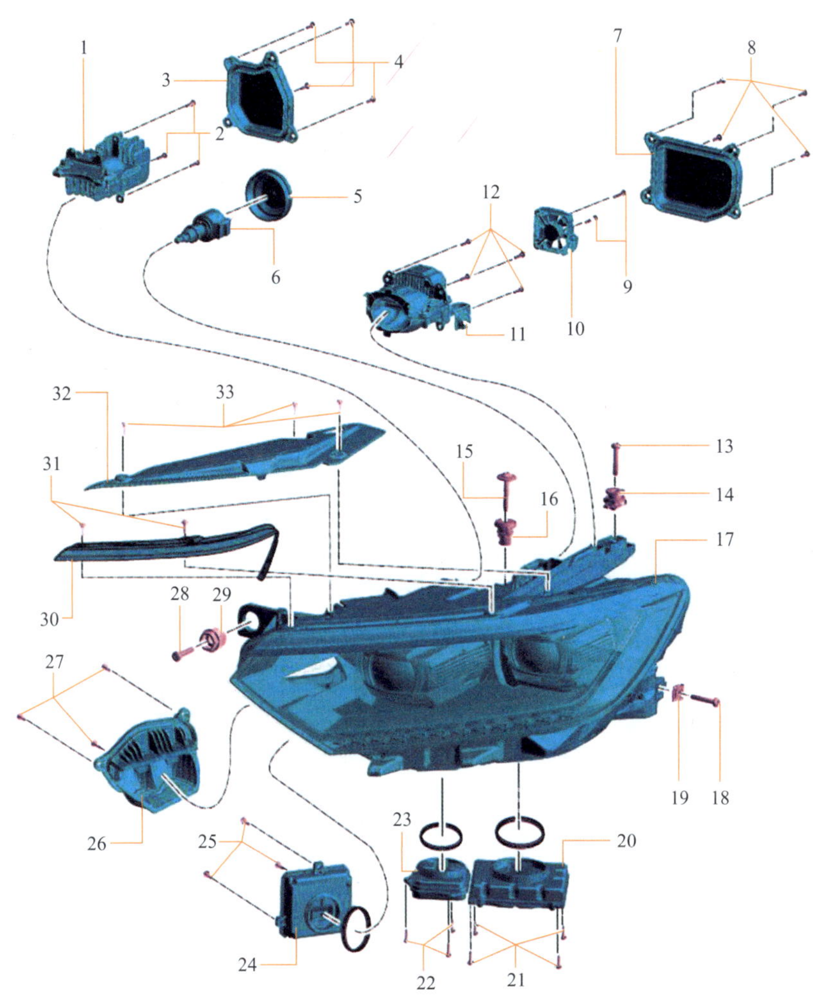

图 15.1-21 LED 大灯

1—近光灯灯泡的 LED 模块；2,4,8,9,12,13,15,18,21,22,25,27,28,31,33—螺栓；3,5,7—罩盖；6—大灯照明距离调节装置伺服电动机；10—大灯风扇；11—远光灯灯泡的 LED 模块；14—调节元件；16—补偿元件；17—大灯；19—锁紧螺母；20—LED 大灯电源模块；23—大灯电源模块；24—日间行车灯和驻车示宽灯控制单元；26—大灯随动转向灯泡；29—空心螺栓；30—挡板；32—盖板

（3）拆卸前大灯（图 15.1-22）

❶ 拆卸散热器格栅。

❷ 拧出前轮罩内板的螺栓。

❸ 拧下翼子板与保险杠盖板的螺栓。

❹ 从下面拧出前保险杠盖板和锁支架之间的螺栓。

❺ 从下面拧出前保险杠盖板和轮罩内板之间的螺栓。

❻ 松开翼子板上的保险杠并沿图 15.1-22 中箭头方向拔下。

❼ 拧下螺栓 3，取下前大灯上部支架。

❽ 将螺栓 2 拧松几圈，但不要拧出。

❾ 旋出螺栓 4 和 5。
❿ 解锁并脱开前大灯的电气连接插头。
⓫ 向前取出大灯 1。

图 15.1-22 拆卸前大灯

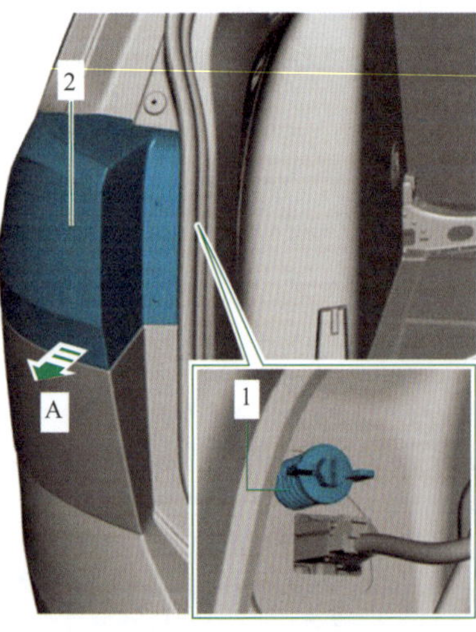

图 15.1-23 拆卸后尾灯

15.1.10 拆卸后尾灯

❶ 将车灯开关转至位置“0”。
❷ 脱开固定卡。
❸ 拆卸后备厢侧面饰板的保养盖。
❹ 如图 15.1-23 所示，拧出紧固元件 1。
❺ 脱开电气连接插头。
❻ 沿图 15.1-23 所示箭头 A 方向取下尾灯 2。

15.1.11 拆装后视镜

（1）后视镜装配 如图 15.1-24 所示。

（2）拆装车外后视镜中的登车照明灯

❶ 拆卸步骤要点如下。

a. 拆卸后视镜框架。

b. 沿图 15.1-25 所示箭头 A 方向抬高驾驶员侧车外后视镜中的登车照明灯 1。

c. 沿图 15.1-25 所示箭头 B 方向从后视镜壳体中拔出驾驶员侧车外后视镜中的登车照明灯 1。

d. 沿图 15.1-25 所示箭头 C 方向按压锁止装置 2。

e. 脱开电气连接插头 3。

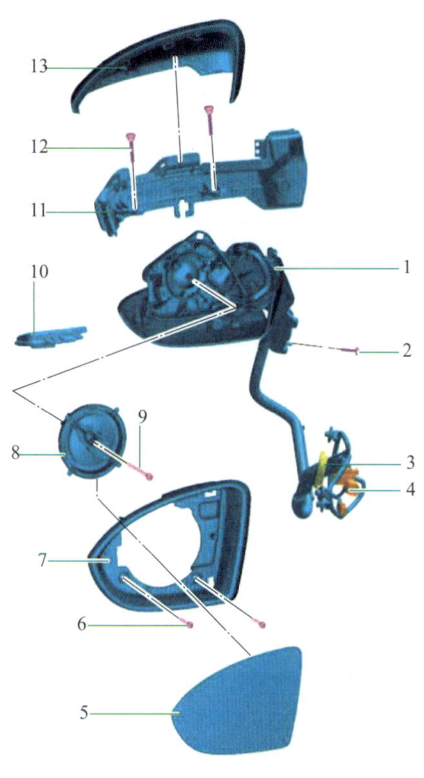

图 15.1-24　后视镜装配图

1—后视镜底座；2，6，9，12—螺栓；3—套管；4—连接插头；5—后视镜玻璃；7—后视镜框架；8—调节单元；10—车外后视镜中的登车照明灯；11—转向信号灯；13—后视镜盖罩

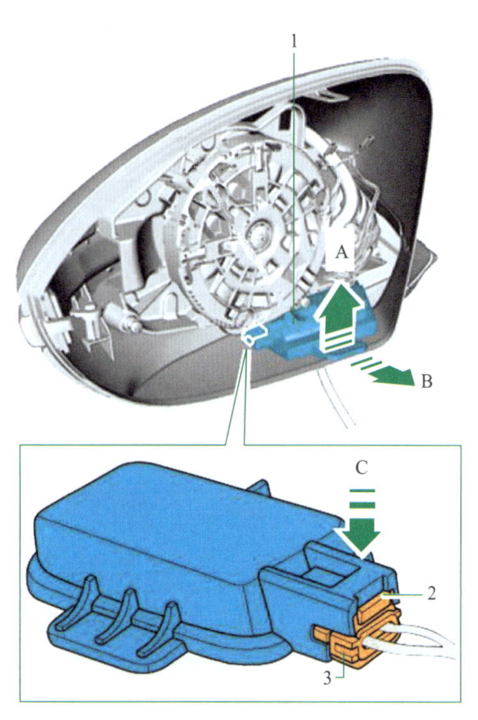

图 15.1-25　拆卸车外后视镜中的登车照明灯

❷ 安装以倒序进行，进行功能检测。

15.1.12　拆装组合仪表

（1）仪表装配　如图 15.1-26 所示。

（2）拆装组合仪表

❶ 拆卸组合仪表步骤如下。

a. 断开蓄电池负极线束。

b. 尽可能向后和向下放置方向盘，为此充分利用方向盘调节装置的整个调节范围。

c. 使用合适的工具拆卸组合仪表罩。

d. 拆卸组合仪表固定螺钉（图 15.1-27）。尽量往外拉组合仪表，直至其紧贴方向盘。

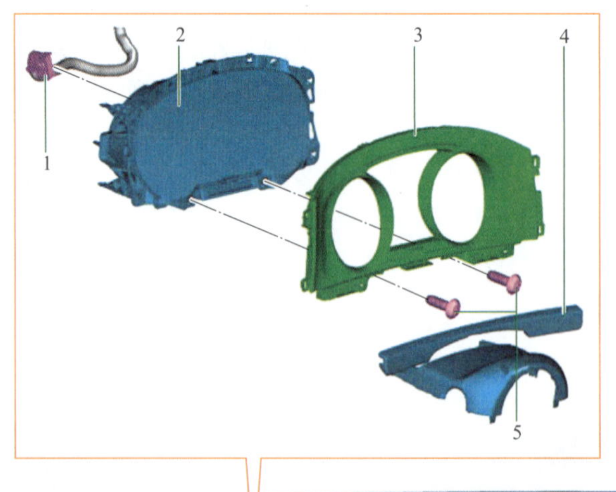

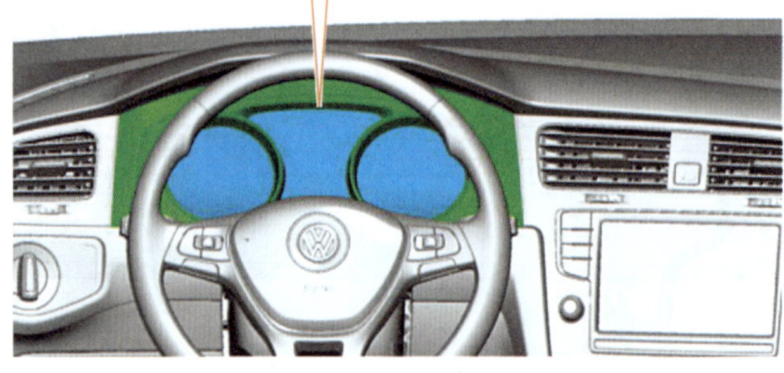

图 15.1-26　组合仪表装配图

1—电气连接插头；2—组合仪表；3—组合仪表装饰板；4—转向柱上部饰板；5—螺栓

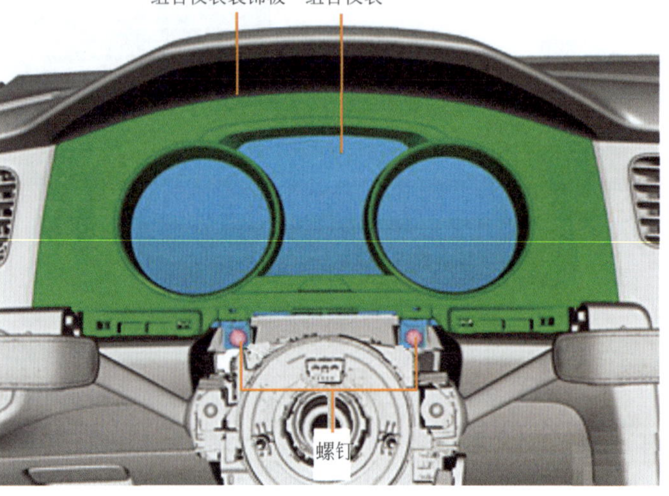

图 15.1-27　拆卸组合仪表（一）

e. 脱开电气连接插头，如下操作。

ⓐ 翻开卡扣，拔出组合仪表线束接头。

ⓑ 如图 15.1-28 所示，脱开电气连接插头时按压防松卡槽 1。

ⓔ 如图 15.1-28 所示，按箭头方向翻转固定卡箍并拔下插头。

f. 从方向盘和仪表板之间取出组合仪表。

❷ 安装顺序与拆卸顺序相反。

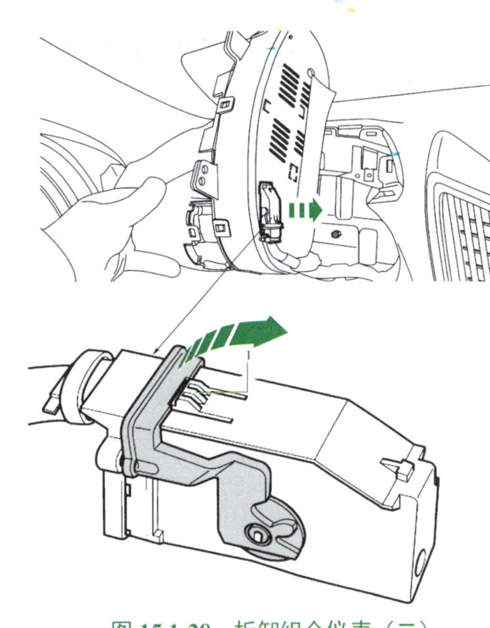

图 15.1-28 拆卸组合仪表（二）

15.1.13 拆卸玻璃升降器

❶ 断开蓄电池负极线束。

❷ 拆卸门内饰板。

❸ 拆卸车窗玻璃。

❹ 断开车窗玻璃升降器电动机线束插头（图 15.1-29）。

❺ 拆卸车窗玻璃升降器固定螺栓和螺母（图 15.1-30）。

❻ 取出车窗玻璃升降器总成（图 15.1-31）。

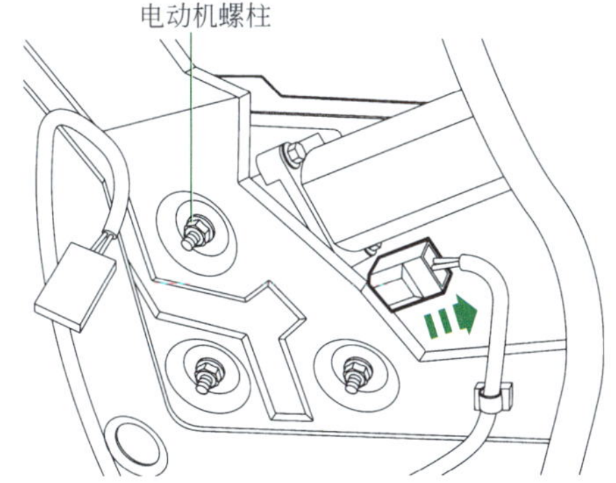

图 15.1-29 拆卸玻璃升降器（一）

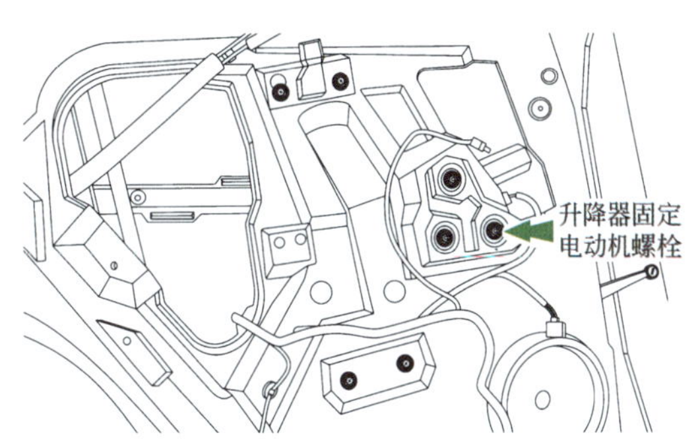

图 15.1-30 拆卸玻璃升降器（二）

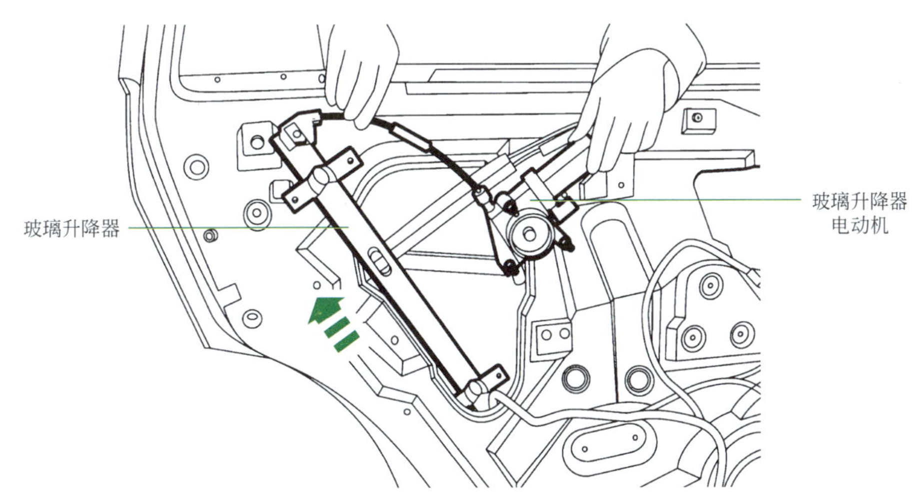

图 15.1-31 拆卸玻璃升降器（三）

15.1.14 拆装车窗玻璃刮水器电动机

（1）拆卸刮水器电动机

❶ 拆卸车窗玻璃刮水臂。

❷ 拆卸左侧排水槽盖板。

❸ 脱开线束固定卡，如图 15.1-32 箭头所示。

❹ 如图 15.1-33 所示，拧出固定螺栓 1。

❺ 如图 15.1-33 所示，解锁并脱开电气连接插头 3。

❻ 如图 15.1-33 所示，将车窗玻璃刮水器框架 2 的电线置于一旁。

❼ 如图 15.1-33 所示，将车窗玻璃刮水器框架 2 连同连杆和车窗玻璃刮水器电动机一起从排水槽中取出。

（2）安装刮水器电动机

❶ 安装以倒序进行。

维修贴

在工作过程中，如果需要运行车窗玻璃刮水器电动机，则必须关闭发动机舱盖，否则车窗玻璃刮水器电动机的供电会被中断。

❷ 调整车窗玻璃刮水臂。

a. 拆卸车窗玻璃刮水臂。

b. 打开点火开关。

c. 操纵“点动刮水”并将车窗玻璃刮水器电动机运行至终端位置。

d. 关闭点火开关。

e. 将车窗玻璃刮水臂连同所安装的车窗玻璃刮水片插在刮水臂轴上。

f. 校准前窗玻璃上的车窗玻璃刮水片。

维修贴

校准尺寸是指刮水片尖端到车窗玻璃下边缘的排水槽盖板之间的距离。

g. 如图 15.1-34 所示，拧紧车窗玻璃刮水臂 1 的螺母 2。

h. 打开点火开关。

i. 操纵“点动刮水”并将车窗玻璃刮水臂运行至终端位置。

j. 关闭点火开关。

k. 再次检查车窗玻璃刮水臂的调整情况，必要时进行校正。

l. 如图 15.1-34 所示，将盖罩 3 按压到车窗玻璃刮水臂上。

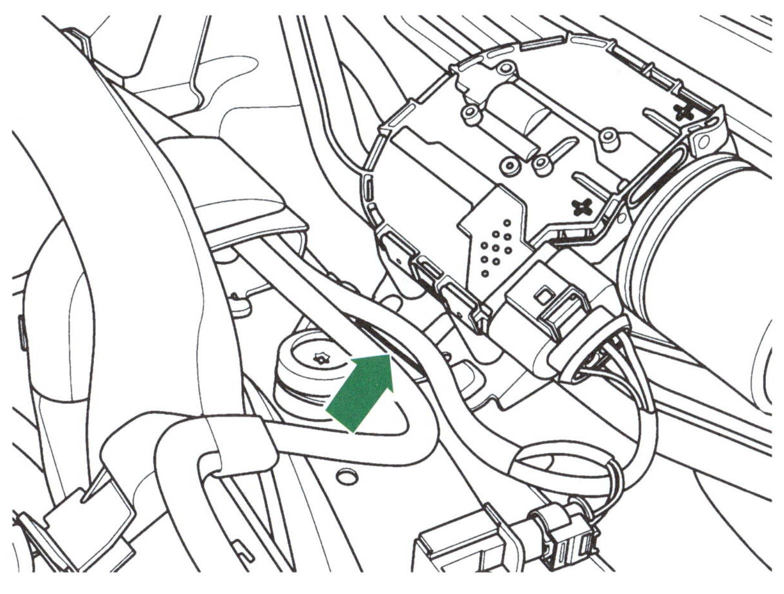

图 15.1-32　拆卸车窗玻璃刮水器电动机（一）

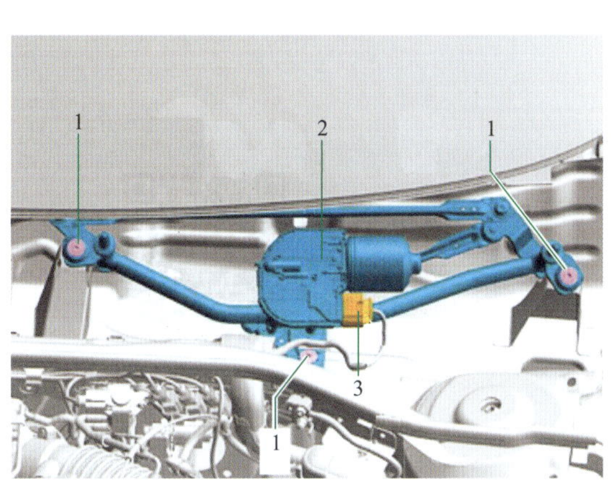

图 15.1-33　拆卸车窗玻璃刮水器电动机（二）

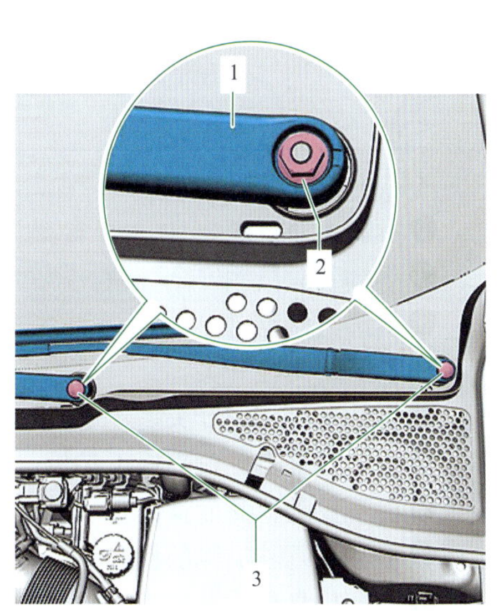

图 15.1-34　调整雨刷臂

15.2　电气总成件的拆装

15.2.1　拆装仪表板

（1）仪表板装配　如图 15.2-1 所示。

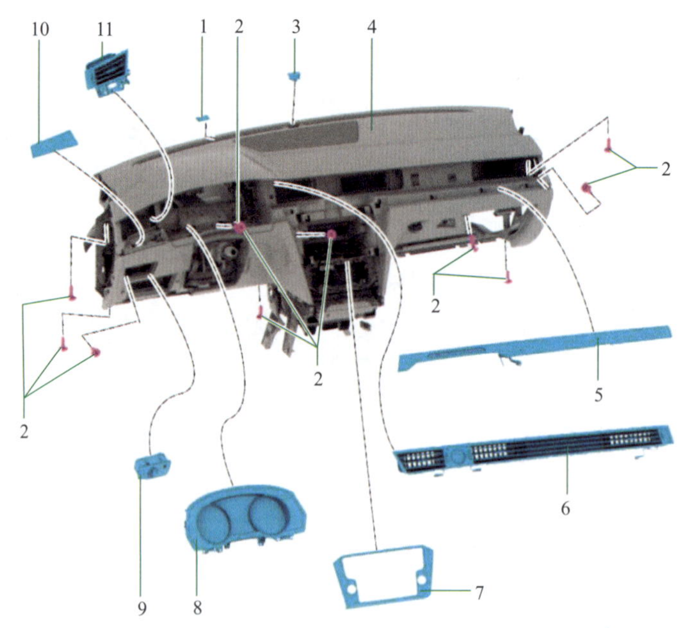

图 15.2-1 仪表板装配

1—橡胶缓冲块；2—螺栓；3—日照光电传感器；4—仪表板；5，10—仪表板装饰板；6，11—仪表板出风口；7—收音机 / 导航系统安装框架；8—组合仪表；9—车灯开关

（2）拆卸仪表板

❶ 拆卸组合仪表。

❷ 拆卸驾驶员侧安全气囊。

❸ 拆卸方向盘。

❹ 拆卸转向柱开关。

❺ 拆卸车灯旋钮开关。

❻ 拆卸驾驶员侧仪表板下护板。

❼ 拆下仪表板侧面盖板。

❽ 拆卸副驾驶员侧的仪表板装饰板。

❾ 拆卸信息显示系统安装框架。

❿ 拆卸信息显示系统显示单元。

⓫ 拆卸手套箱。

⓬ 拆下 A 柱空隙盖板。

⓭ 拆下 A 柱上部饰板。

⓮ 拆下 A 柱下部饰板。

⓯ 拆下带引爆装置的膝部安全气囊。

⓰ 如果有日照光电传感器，将其向上从仪表板中脱开。

⓱ 解锁并脱开插头连接。

⓲ 对于配备“全自动空调”的车辆，解锁并脱开左侧出风口温度传感器和右侧出风口温度传感器的电气插头连接。

⓳ 脱开副驾驶员侧安全气囊的电插头 。

视频讲解

⑳ 前座椅移至最靠后位置。

㉑ 拆卸中控台。

㉒ 在副驾驶员侧，拧出用于固定仪表板 5 的螺栓 1 ～ 4（图 15.2-2）。

㉓ 拧出用于固定仪表板 7 的螺栓 1 ～ 6（图 15.2-3）。

㉔ 抬高仪表板 1，直至可以脱出左右两侧导向凸耳（图 15.2-4 中箭头 A）。将仪表板 1 从挡风玻璃过渡区域的三个定位件 2 中脱出（图 15.2-4）。

㉕ 从仪表板中央管 2 上取下仪表板 1（图 15.2-5）。

㉖ 脱开仪表板上的导线束及固定夹。

㉗ 小心地从车内取出仪表板并置于一块软垫上。

（3）安装仪表板

❶ 按照拆卸倒序安装仪表板。

❷ 安装前先检查所有紧固元件是否损坏，必要时予以更换。

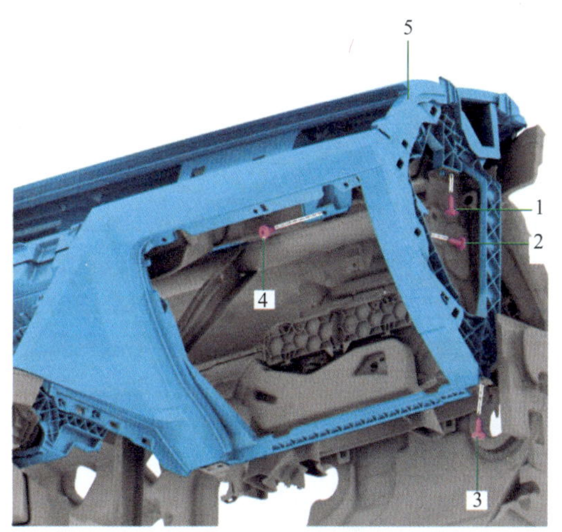

图 15.2-2　拆卸仪表板（一）

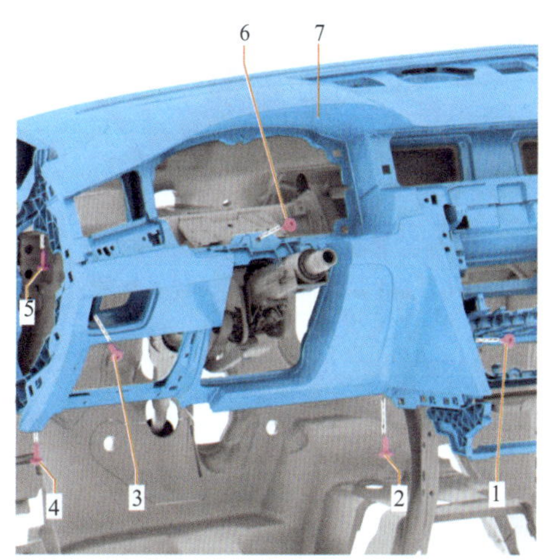

图 15.2-3　拆卸仪表板（二）

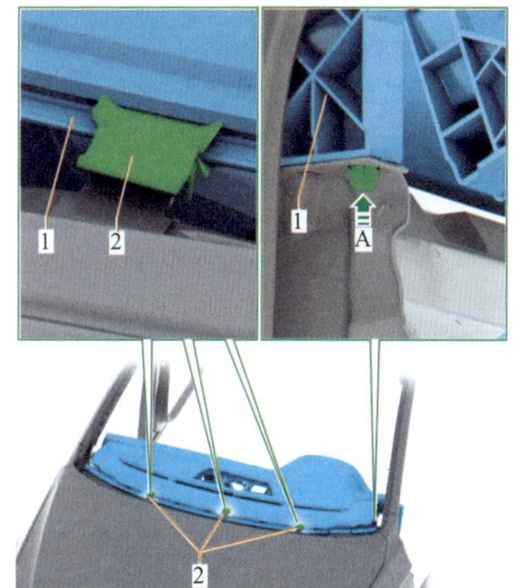

图 15.2-4　拆卸仪表板（三）

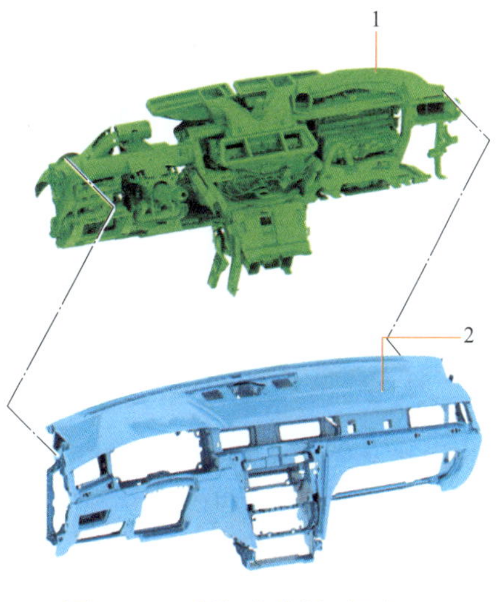

图 15.2-5　拆卸仪表板（四）

15.2.2 拆卸暖风和空调装置

维修贴

拆卸空调装置时要吸出制冷剂并立即打开制冷剂循环回路。

如果抽吸 10min 后，若制冷剂循环回路没有打开，则重新抽吸制冷剂，因为再蒸发在制冷剂循环回路中产生压力。

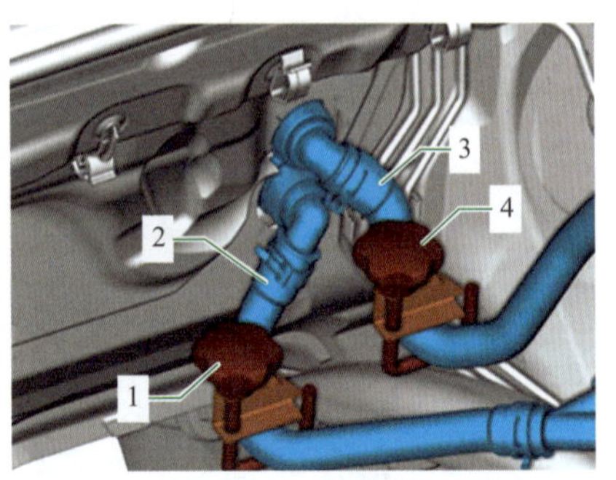

图 15.2-6 拆卸冷却液软管（暖风水管）

❶ 将制冷剂管路从膨胀阀上脱开。

❷ 如图 15.2-6 所示标记冷却液软管 2 和 3，以便稍后将冷却液软管重新安装在正确的一侧。热交换器是为特定的冷却液液流方向设计的。

❸ 如图 15.2-6 所示，用软管夹 1 和 4 夹紧冷却液软管。

❹ 拆卸仪表板。

❺ 拆下暖风和空调装置（图 15.2-7 ～图 15.2-9）。

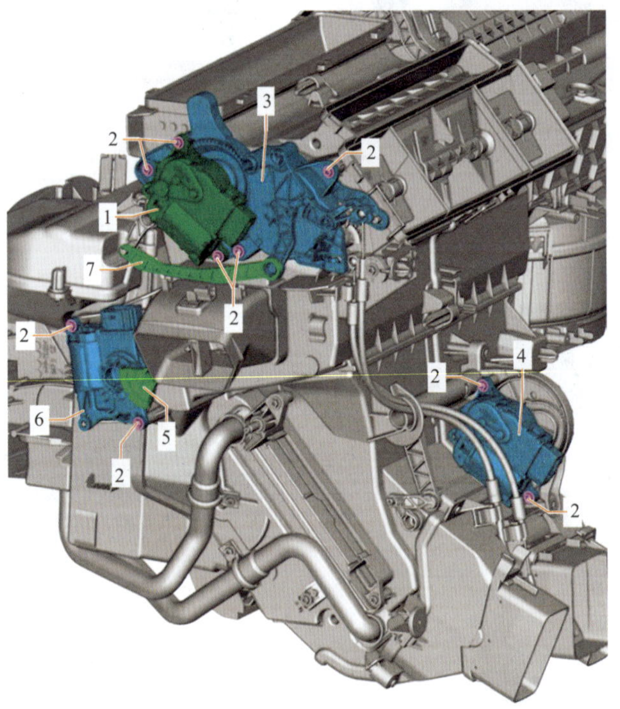

图 15.2-7 空调和暖风装置的电气装置（左侧风门控制）

1—空气分配器风门伺服电动机；2 —螺栓；3—除霜和空气分配风门伺服单元；4—后部温度风门伺服电动机；5, 7—操纵杆；6—温度风门伺服电动机

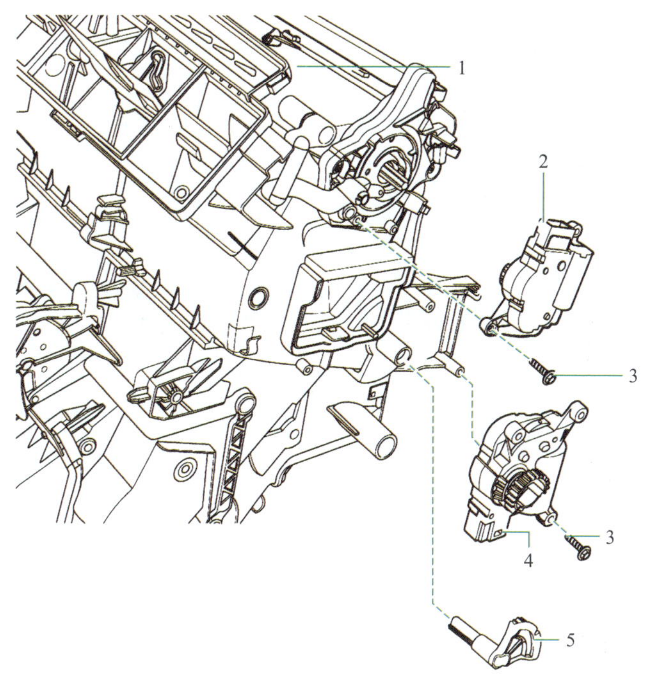

图 15.2-8　空调和暖风装置的电气装置（右侧风门控制）

1—暖风、空调装置；2—除霜风门伺服电动机；3—螺栓；4—右侧温度风门伺服电动机；5—操纵杆

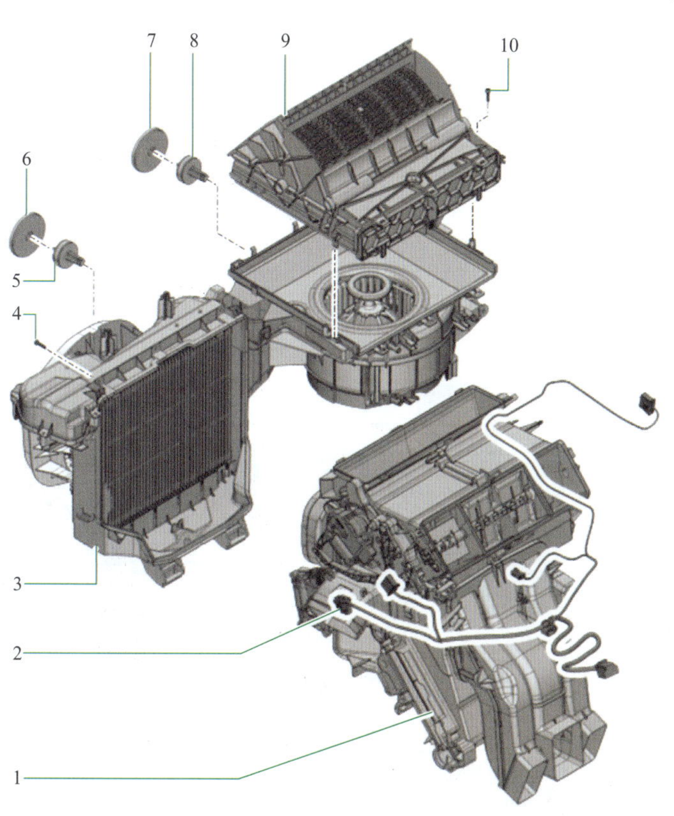

图 15.2-9　空调和暖风装置

1—空调暖风壳体；2—电气线束；3—蒸发器壳体；4，6，7，10—螺栓；5—左支架；8—右侧支架；9—进气箱

第 16 章

汽车电气检查与测试

16.1 起动机

16.1.1 起动机分解检查

（1）拆卸起动机（图16.1-1和图16.1-2）

❶ 断开蓄电池的接地端。

❷ 拧下螺母并从起动机电磁线圈上断开导线的连接。

❸ 拧下 2 个固定起动机的螺栓并拆下起动机。

图 16.1-1　拆卸起动机

图 16.1-2　起动机

（2）起动机分解 起动机分解装配图如图 16.1-3 ～图 16.1-5 所示。

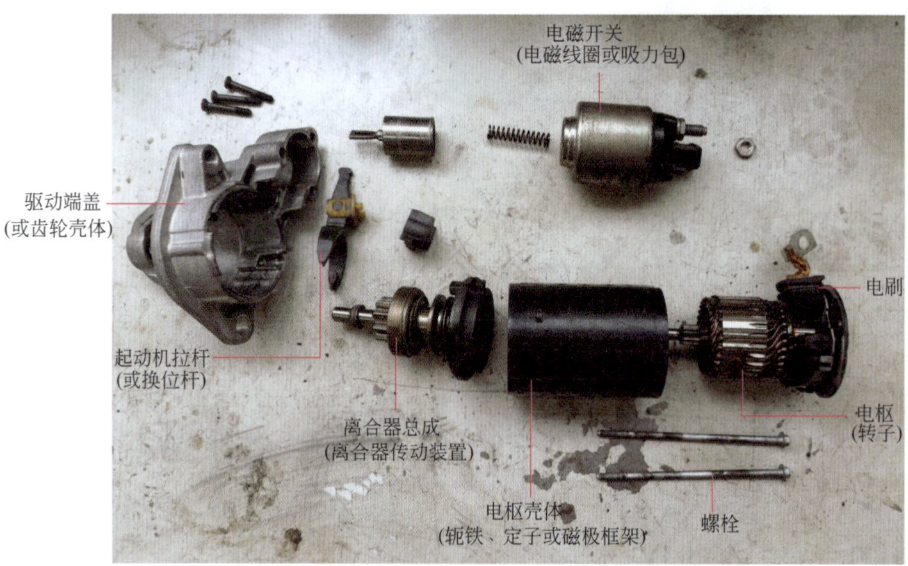

图 16.1-3 起动机分解装配图（一）

图 16.1-4 起动机分解装配图（二）

图 16.1-5 起动机分解装配图（三）

16.1.2 起动机检测

16.1.2.1 拆卸电磁起动机开关总成（图 16.1-6）

（1）断开引线 拆下定位螺母并断开引线。

（2）拆卸电磁起动机开关总成

❶ 拆下 2 个螺母并将电磁起动机开关拉到后侧。

❷ 向上拉电磁起动机开关的顶端，从驱动杆中取出柱塞钩。

❸ 拆下电磁开关。

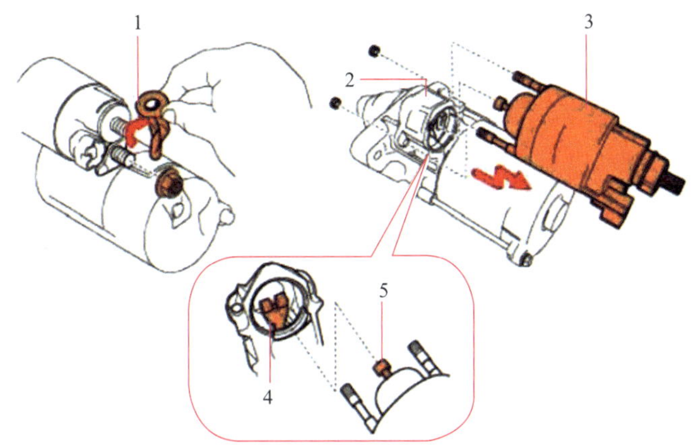

图 16.1-6 拆卸电磁起动机开关总成

1—引线；2—起动机外壳；3—电磁起动机开关；4—驱动杆；5—柱塞钩

16.1.2.2 拆下起动机磁轭总成（图 16.1-7）

❶ 拆下 2 个螺栓。

❷ 拆下换向器端盖。

❸ 从起动机磁轭上分开起动机外壳。

❹ 取下驱动杆。

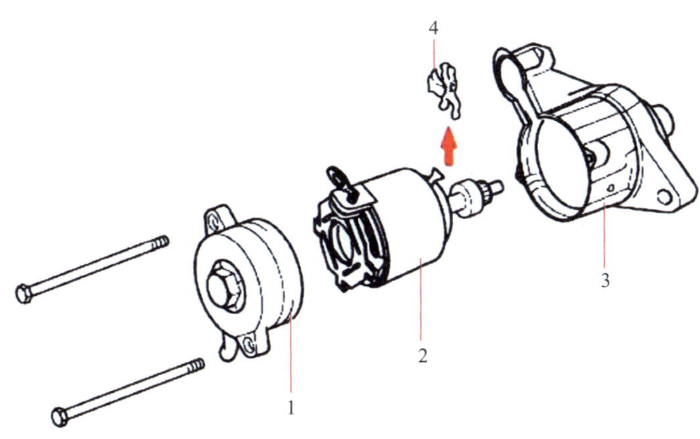

图 16.1-7 拆下起动机磁轭总成

1—端盖；2—起动机磁轭；3—起动机外壳；4—驱动杆

16.1.2.3　拆下起动机电刷弹簧

（1）拆解电枢上下板（图 16.1-8）

❶ 用台钳将带电枢轴固定在两块铝板上。

❷ 用手指向上扳卡销，使卡销释放，然后拆下板。

维修贴

请慢慢拆下板，否则电刷弹簧可能会弹出。

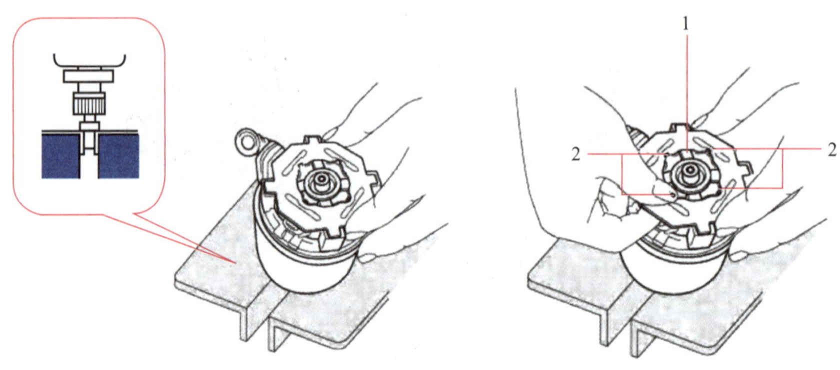

图 16.1-8　拆解电枢上下板

1—板；2—卡销

（2）拆下电刷（图 16.1-9）　用平头螺丝刀（或其他工具）压住弹簧，然后拆下电刷。

维修贴

执行此操作时请用胶带缠住螺丝刀。为防止弹簧弹出，执行此操作时请用一块布盖在电刷座上。

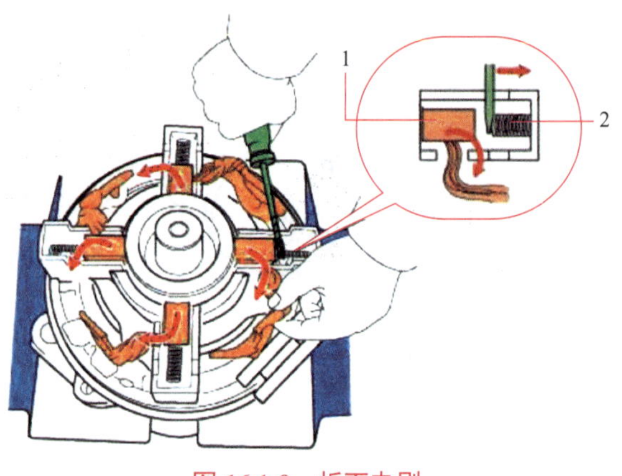

图 16.1-9　拆下电刷

1—电刷；2—电刷弹簧

（3）拆下电刷弹簧（图 16.1-10） 从电刷座绝缘体拆下电刷弹簧。

（4）拆下电刷座绝缘体 如图 16.1-11 所示，拆下电刷座绝缘体。

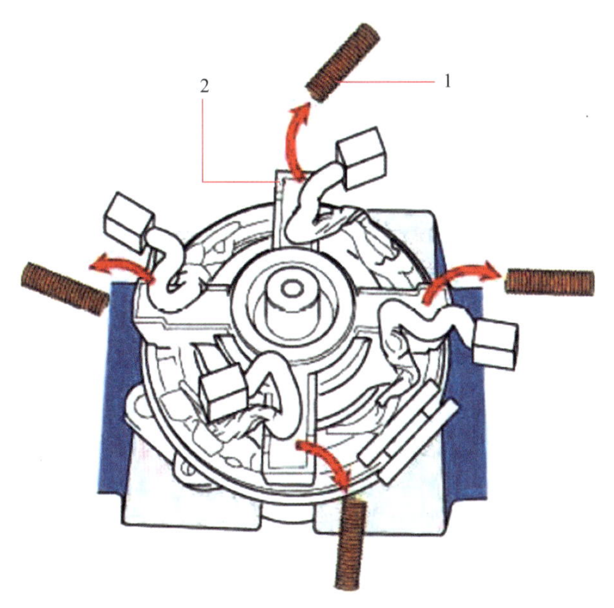

图 16.1-10 拆下电刷弹簧

1—电刷弹簧；2—电刷座绝缘体

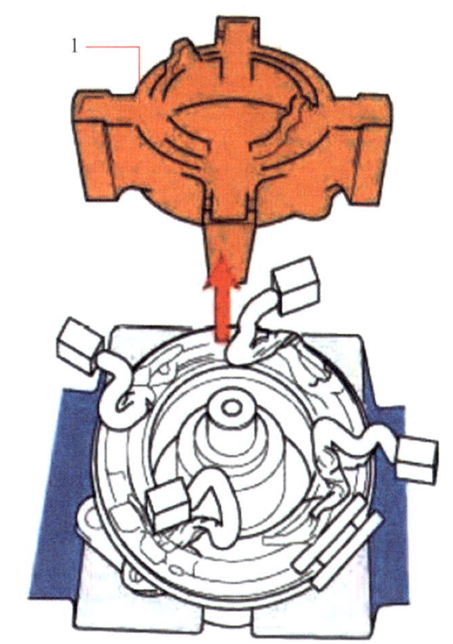

图 16.1-11 拆下电刷座绝缘体

1—电刷座绝缘体

16.1.2.4 拆下起动机离合器

（1）拆下止动环（图 16.1-12）

❶ 从起动机磁轭上拆下起动机电枢总成，然后用台钳将电枢固定在两块铝板或垫布（垫布是为了防止损坏电枢）之间。

❷ 用平头螺丝刀轻敲止动环，使其向下滑动。

（2）拆下卡环（图 16.1-13） 用平头螺丝刀打开卡环的开口，拆下卡环。

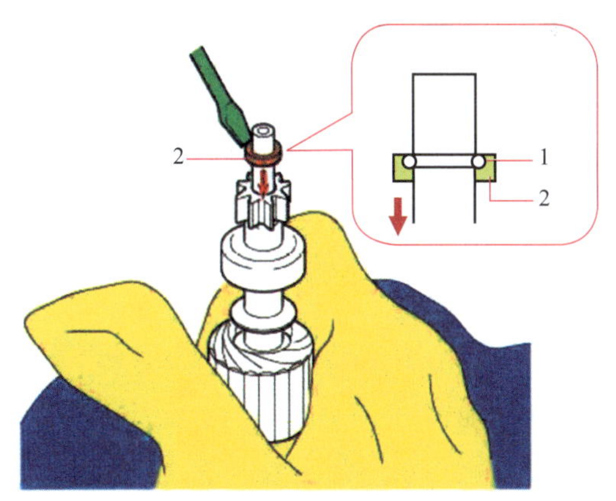

图 16.1-12 拆下止动环

1—卡环；2—止动环

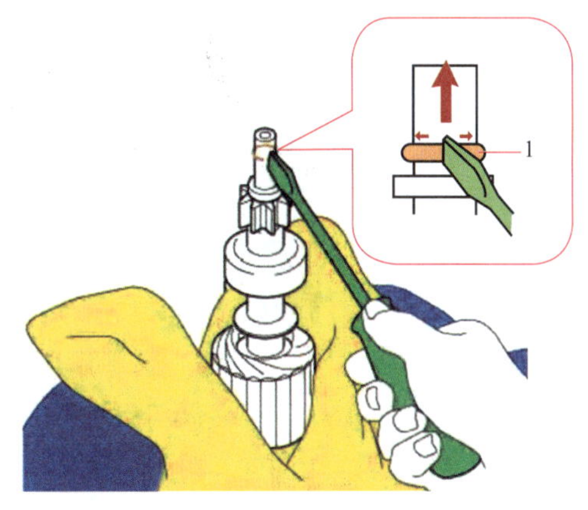

图 16.1-13 拆下卡环

1—卡环

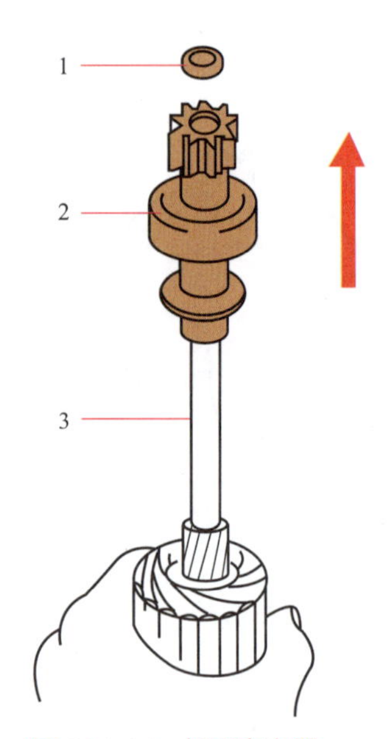

图 16.1-14　拆下离合器

1—止动环；2—离合器；3—电枢轴

（3）拆下离合器（图 16.1-14）　从电枢轴上拆下止动环和起动机离合器。

16.1.2.5　检查起动机电枢总成

（1）目测检查　检查电枢线圈和换向器变脏的程度或是否烧坏（图 16.1-15）。

通过自转，电枢线圈和换向器接触到电刷，随后接通电流。因此，起动机的换向器很容易变脏和烧坏，换向器变脏和烧坏之后会干扰电流并妨碍起动机的正常运转。

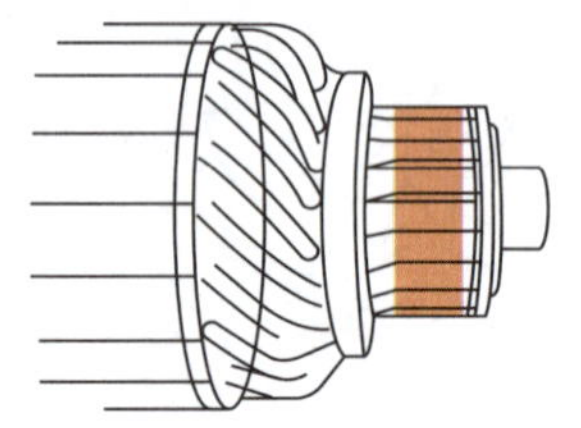

图 16.1-15　检查电枢线圈和换向器

（2）清洁　用抹布或者刷子清洁电枢总成。

（3）起动机电枢绝缘 / 导通的检查

❶ 用万用表检查换向器和电枢铁芯之间的绝缘情况（图 16.1-16）。电枢铁芯和电枢线圈之间的状态为绝缘，换向器与电枢线圈相连。如果零部件正常，换向器和电枢铁芯之间的状态也为绝缘。

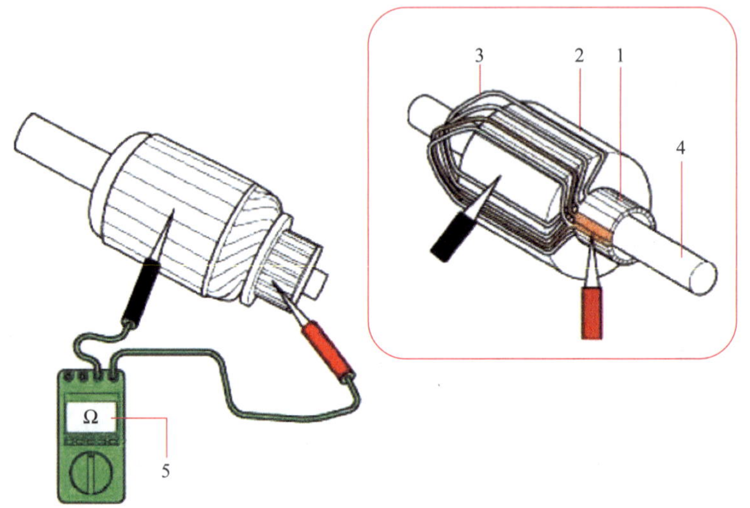

图 16.1-16　用万用表检查换向器和电枢铁芯之间的绝缘情况

1—换向器；2—电枢铁芯；3—电枢线圈；4—电枢轴；5—不导通

❷ 检查换向器片之间的导通情况。用万用表检查每个换向器片通过电枢线圈的连接情况（图 16.1-17），如果零部件正常，换向器片之间的状态为导通。

(4)换向器圆跳动的检查(图 16.1-18) 用千分表检查换向器的跳动水平。

由于换向器的跳动量变大，换向器与电刷的接触将减弱。因此，可能会出现故障，例如起动机无法运转。

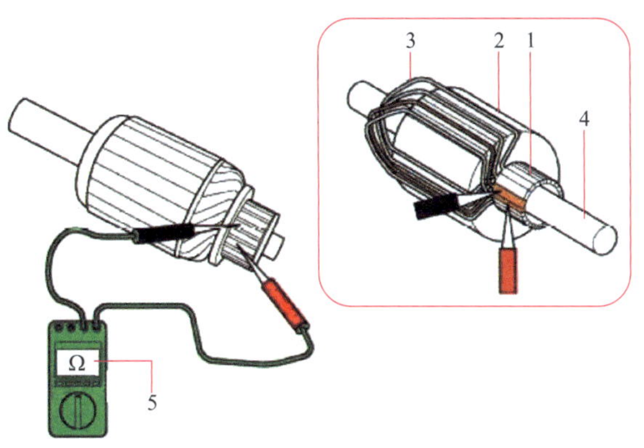

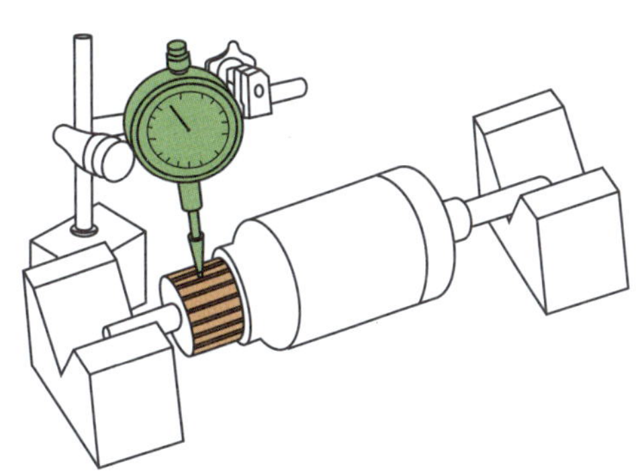

图 16.1-17 用万用表检查每个换向器片通过电枢线圈的连接情况

1—换向器；2—电枢铁芯；3—电枢线圈；4—电枢轴；5—导通

图 16.1-18 换向器圆跳动的检查

(5)换向器外径的检查(图 16.1-19) 用游标卡尺测量换向器的外径。

由于换向器在转动时要与电刷接触，因此会受到磨损。如果测量值超出规定的磨损范围，与电刷的接触将变弱，这可能会导致电循环不良。因此，可能会发生起动机无法转动和其他故障。

(6)检查凹槽深度(图 16.1-20) 用游标卡尺的深度测量端测量换向器片之间的深度。

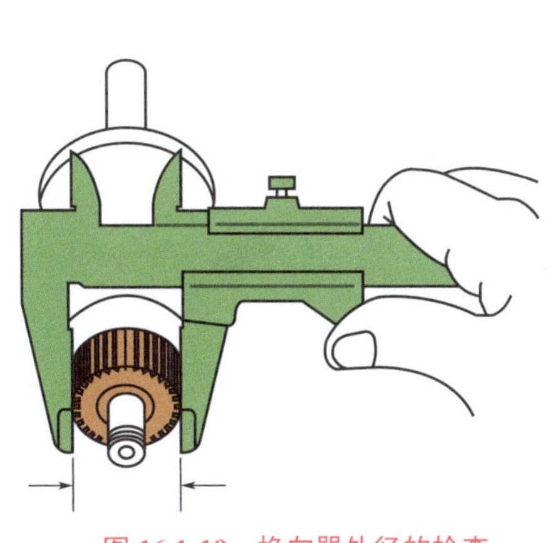

图 16.1-19 换向器外径的检查

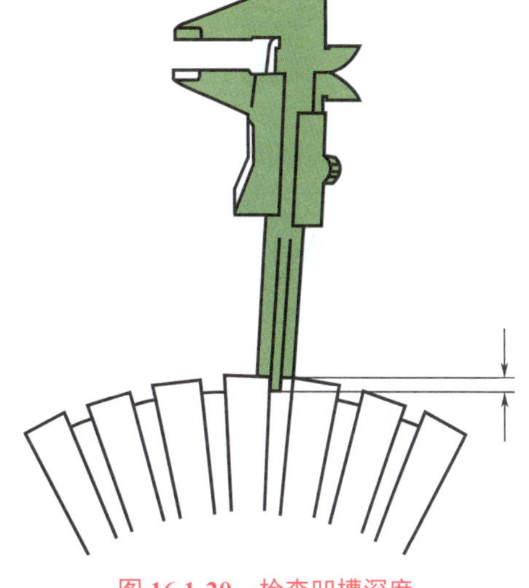

图 16.1-20 检查凹槽深度

16.1.2.6 检查励磁线圈

(1)检查电刷引线(A 组)和引线之间的导通情况 如图 16.1-21 所示。

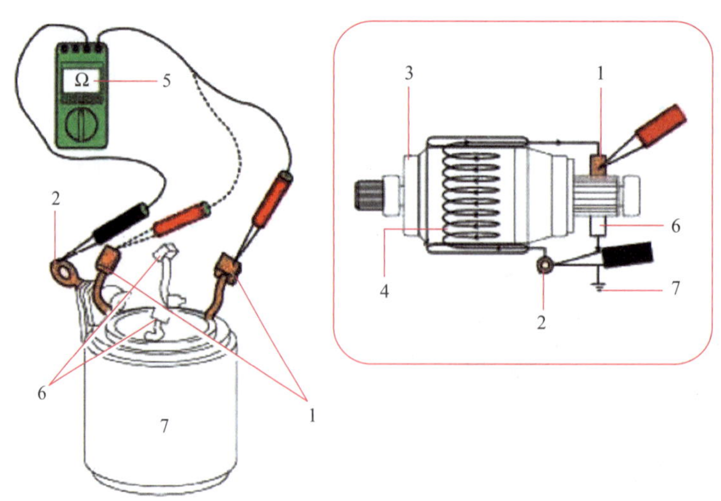

图 16.1-21　检查电刷引线（A 组）和引线之间的导通情况

1—电刷引线（A 组）；2—引线；3—电枢；4—励磁线圈；5—导通；6—电刷引线（B 组）；7—起动机磁轭

（2）检查电刷引线（A 组）和起动机磁轭之间的绝缘情况（图 16.1-22）

电刷引线由两组组成：一组与引线相连（A 组）；另一组与起动机磁轭相连（B 组）。用万用表执行下列检查。

检查引线和所有电刷引线之间的导通情况。A 组的两根电刷引线导通，B 组的两根电刷引线不导通。

检查电刷引线和引线之间的导通情况有助于确定励磁线圈中是否发生开路。

检查电刷引线和起动机磁轭之间的绝缘情况有助于确定励磁线圈中是否发生短路。

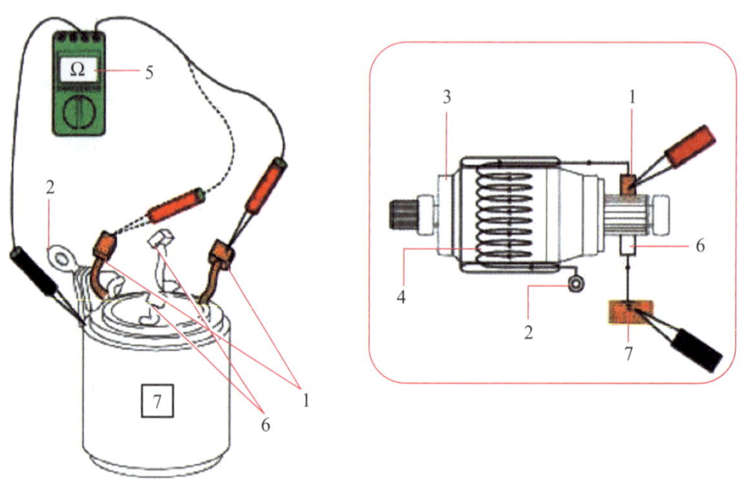

图 16.1-22　检查电刷引线（A 组）和起动机磁轭之间的绝缘情况

1—电刷引线（A 组）；2—引线；3—电枢；4—励磁线圈；5—导通；6—电刷引线（B 组）；7—起动机磁轭

16.1.2.7　检查电刷（图 16.1-23）

电刷被弹簧压在换向器上。如果电刷磨损程度超过规定限度，弹簧的夹持力将降低，与换向器的接触将变弱，这会使电流的流动不畅，起动机可能因此而无法转动。

清洁电刷并用游标卡尺测量电刷长度。

❶ 测量电刷中部的电刷长度，因为此部分磨损最严重。

❷ 用游标卡尺的顶端测量电刷长度，因为磨损部位呈圆形。

❸ 如果上述测量值低于规定值，请更换电刷。

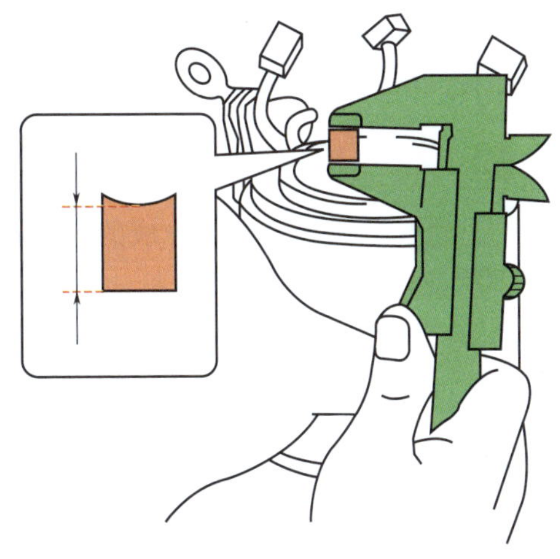

图 16.1-23　检查电刷

16.1.2.8　更换电刷

❶ 切断起动机磁轭侧连接位置的电刷引线（图 16.1-24）。

❷ 用锉或者砂纸整形起动机磁轭的焊接面（图 16.1-25）。

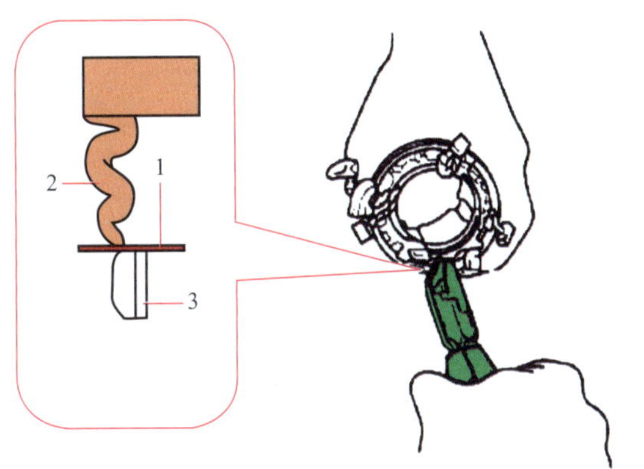

图 16.1-24　更换电刷（一）

1—切断；2—电刷引线；3—起动机磁轭侧

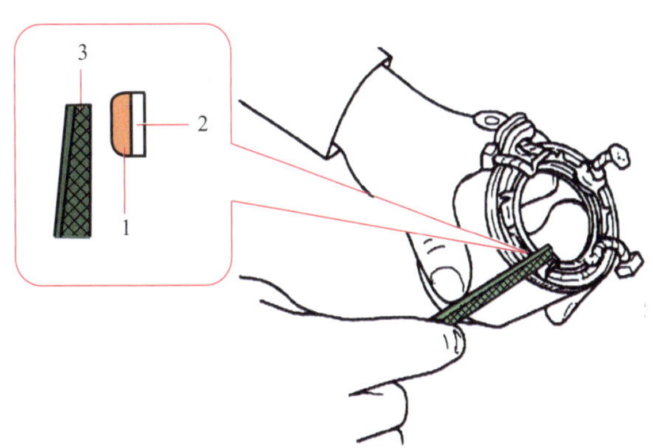

图 16.1-25　更换电刷（二）

1—整形区；2—起动机磁轭侧；3—锉

❸ 将带板的新电刷安装到起动机磁轭上，稍稍用力压一下，使其互相连接（图 16.1-26）。

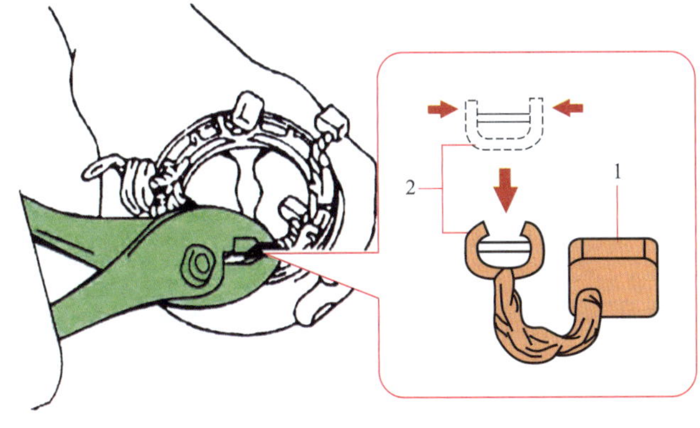

图 16.1-26　更换电刷（三）

1—电刷；2—板

④ 将新电刷焊接在连接部位（图 16.1-27）。焊接时请使用适量的焊料，注意不要接触到目标区域以外的地方。

16.1.2.9 检查离合器分总成（图 16.1-28）

检查起动机离合器分总成的操作：用手转动起动机离合器，检查单向离合器是否处于闭锁状态。

图 16.1-27 更换电刷（四）

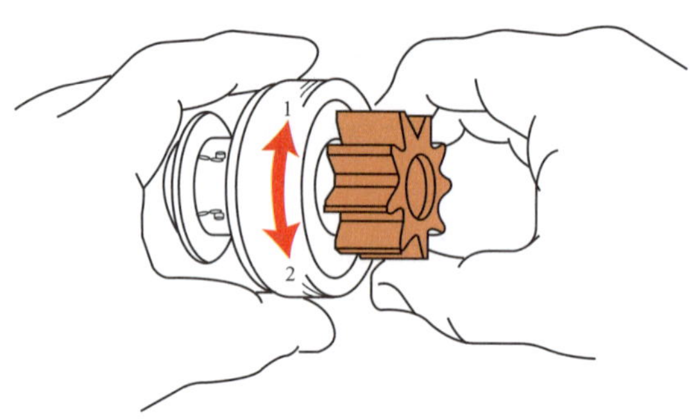

图 16.1-28 检查离合器分总成

1—自由；2—闭锁

维修贴

单向离合器仅向一个旋转方向传送扭矩。在另一个方向，离合器只是空转，不会传送扭矩。

发动机由起动机启动之后，发动机将会带动起动机，单向离合器可以防止发动机带动起动机。

16.1.2.10 检查电磁开关总成

（1）检查电磁起动机开关柱塞回位情况（图 16.1-29）

❶ 检查电磁起动机开关的操作：用手指按住柱塞。

❷ 松开手指之后，检查柱塞是否很顺畅地返回其原来位置。

维修贴

由于开关在柱塞中，如果柱塞无法顺畅地返回其原始位置，开关的接触将变弱，因此无法打开 / 关闭起动机。

如果柱塞的运行不正常，应更换电磁起动机开关总成。

（2）检查电磁起动机开关的导通情况

❶ 用万用表检查端子 50 和端子 C 之间的导通情况（牵引线圈中的导通检查）

（图 16.1-30）。

a. 牵引线圈连接端子 50 和端子 C。如果牵引线圈正常，则两个端子之间为导通。

b. 如果牵引线圈断开，则柱塞无法被引入。

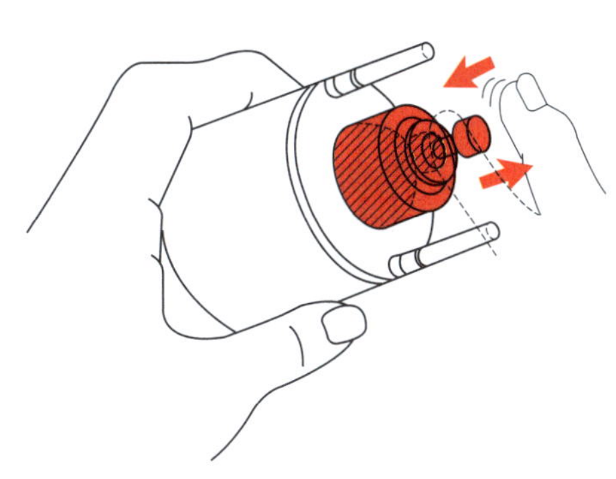

图 16.1-29　检查电磁开关（一）

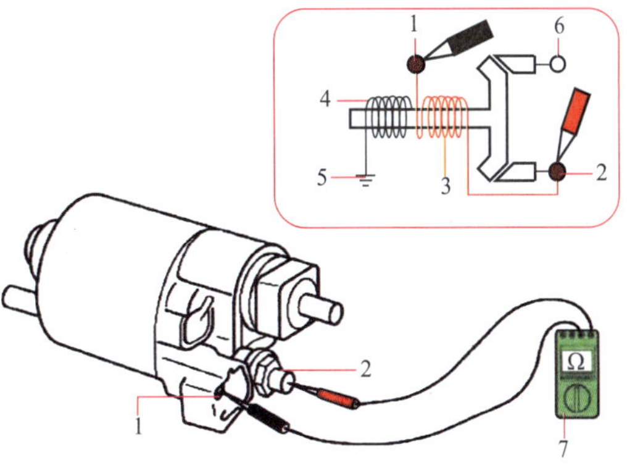

图 16.1-30　检查电磁开关（二）

1—端子 50；2—端子 C；3—牵引线圈；4—保持线圈；5—开关体；6—端子 30；7—导通

❷ 用万用表检查端子 50 和开关体之间的导通情况（保持线圈中的导通检查）（图 16.1-31）。

a. 保持线圈连接端子 50 和开关体。如果保持线圈正常，则端子 50 和开关体之间为导通。

b. 如果保持线圈断开，可牵引柱塞，但是无法保持，因此小齿轮反复伸出和返回。

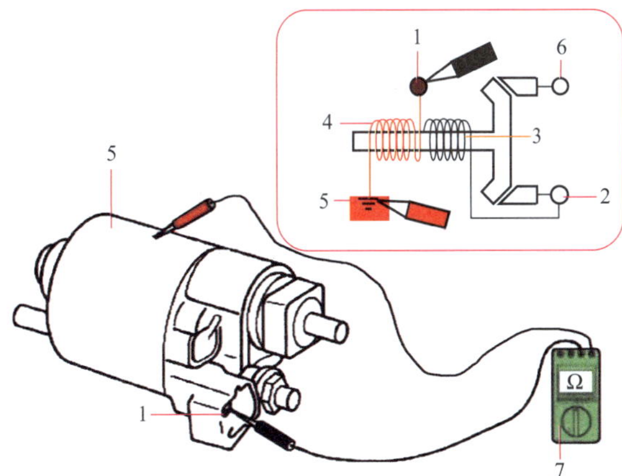

图 16.1-31　检查电磁开关（三）

1—端子 50；2—端子 C；3—牵引线圈；4—保持线圈；5—开关体；6—端子 30；7—导通

16.1.2.11　重新组装起动机

（1）安装起动机离合器总成

❶ 在起动机离合器花键上涂一些润滑脂。

❷ 将起动机离合器安装到电枢轴上。

❸ 将止动环安装到轴上，较小的内径应指向下方。

❹ 将卡环对齐轴上的凹槽，用台钳拧紧，将其固定在轴上（图 16.1-32）。

维修贴

如果用台钳拧得过紧，可能会损坏卡环或轴。

❺ 抬起起动机离合器，将其保持在该位置，然后用塑料锤敲打轴，将卡环装入止动环中（图 16.1-33）。

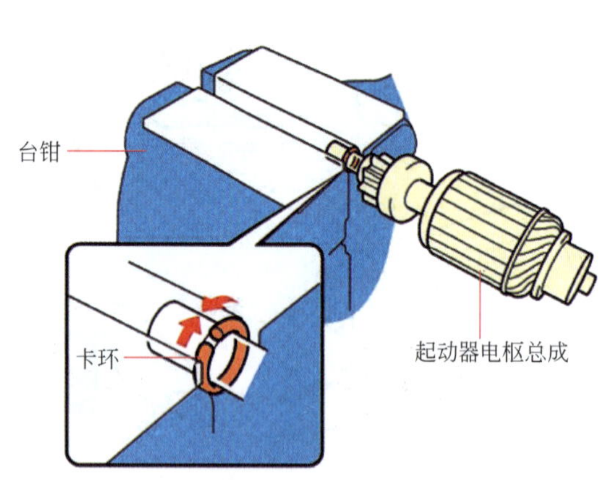

图 16.1-32 安装起动机离合器总成（一）

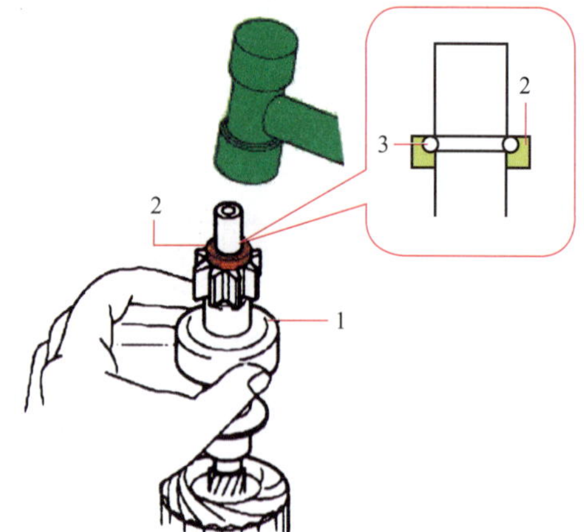

图 16.1-33 安装起动机离合器总成（二）

1—起动机离合器；2—止动环；3—卡环

（2）安装起动机电刷弹簧 将起动机电枢总成安装在起动机磁轭上，安装起动机电刷弹簧（图 16.1-34）。

❶ 用台钳固定住夹在两块铝板或者布之间的电枢轴。

❷ 安装电刷座绝缘体。

❸ 将弹簧安装在电刷座绝缘体上。

❹ 压住弹簧，同时将电刷装到电刷座绝缘体上。

维修贴

由于电刷受弹簧的推动，操作时请务必小心，不要让弹簧弹出来。

用螺丝刀可以比较方便地压住弹簧。用胶带缠绕螺丝刀的顶端。

❺ 用手指按住卡销安装板。

（3）安装起动机磁轭总成（图16.1-35）

❶ 在驱动杆和起动机离合器互相接触的部位涂一些润滑脂。

❷ 将驱动轴放到主轴上。

❸ 拧紧 2 个螺栓，将换向器端盖和磁轭安装到起动机外壳上。

（4）安装电磁起动机开关总成（图16.1-36）

❶ 安装电磁起动机开关。将柱塞钩钩到驱动杆上，然后用 2 个螺栓将电磁起动机开关安装到起动机外壳上。

❷ 连接引线和螺母。

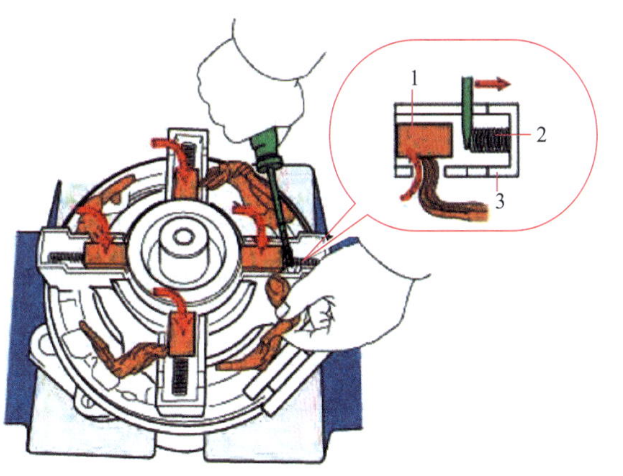

图 16.1-34　安装起动机电刷弹簧

1—电刷；2—电刷弹簧；3—电刷座绝缘体

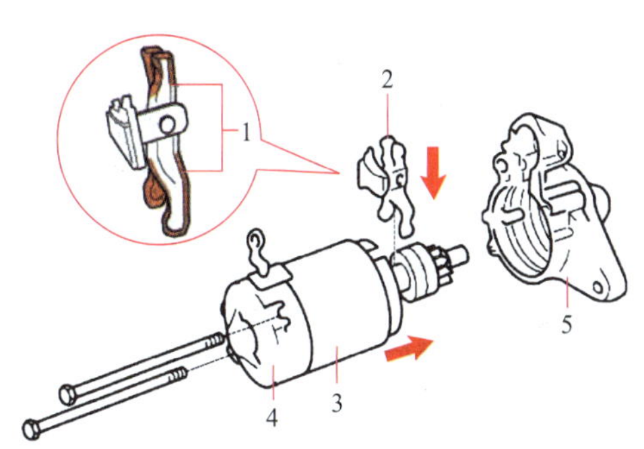

图 16.1-35　安装起动机磁轭总成

1—润滑脂；2—驱动杆；3—起动机磁轭；4—端盖；5—起动机外壳

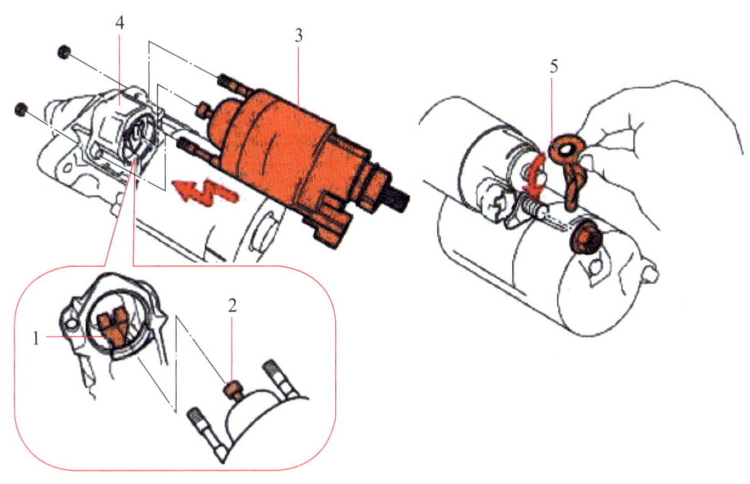

图 16.1-36　安装电磁起动机开关总成

1—驱动杆；2—柱塞钩；3—电磁起动机开关；4—起动机外壳；5—引线

16.1.2.12　起动机性能测试

（1）牵引测试

❶ 将线束从 M 端子上断开。

❷ 在本测试中，用尽可能粗的线束将完全充电的蓄电池连接到起动机上。

维修贴

用蓄电池给起动机长时间供电会烧坏线圈，因此每次检查的时间切勿使蓄电池连接持续 10s 以上。

❸ 如图 16.1-37 和图 16.1-38 所示连接蓄电池。确保起动机电动机线束从 M 端子上断开。如果起动机小齿轮移出，表明工作正常。

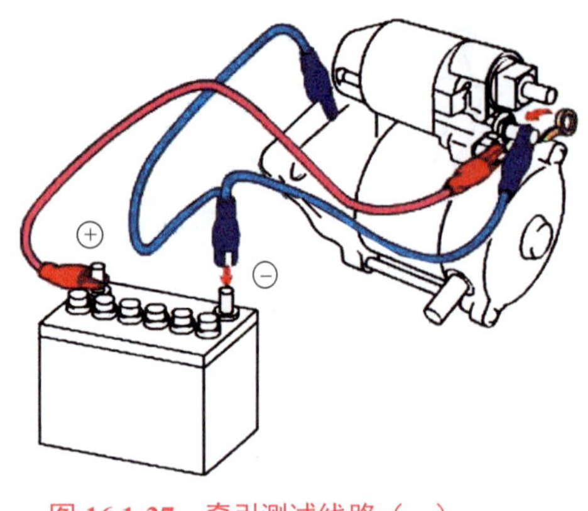

图 16.1-37　牵引测试线路（一）

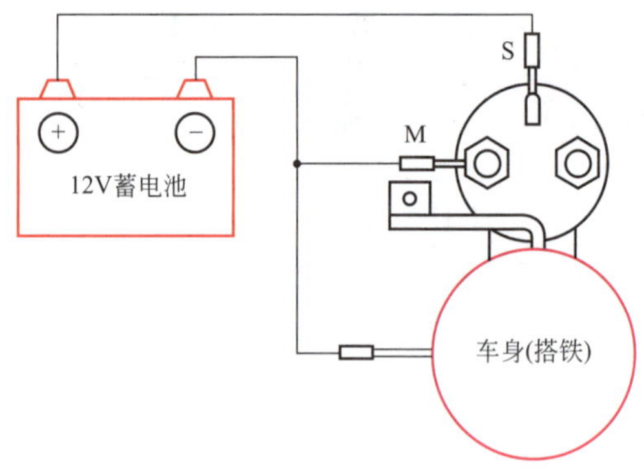

图 16.1-38　牵引测试线路（二）

（2）保持测试　如图 16.1-39 和图 16.1-40 所示，将蓄电池从 M 端子上断开。如果小齿轮不缩回，表明电磁开关的保持线圈工作正常，否则更换电磁开关（也叫电磁阀或吸力包）。

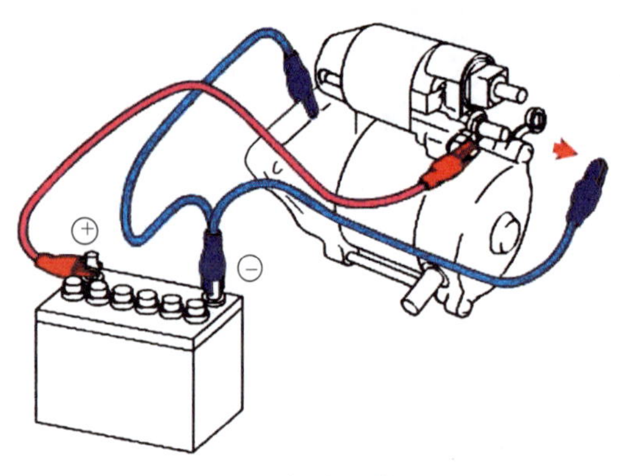

图 16.1-39　保持测试

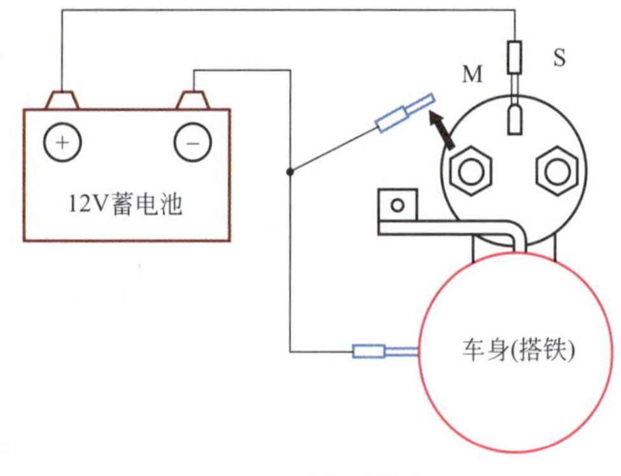

图 16.1-40　保持测试线路

（3）小齿轮返回测试　如图 16.1-41 和图 16.1-42 所示，将蓄电池从起动机上断开。如果小齿轮立即缩回，表明工作正常，否则更换电磁开关。

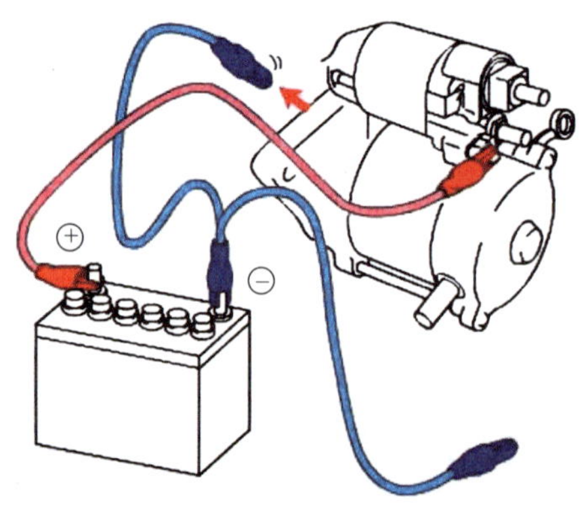

图 16.1-41　小齿轮返回测试（一）

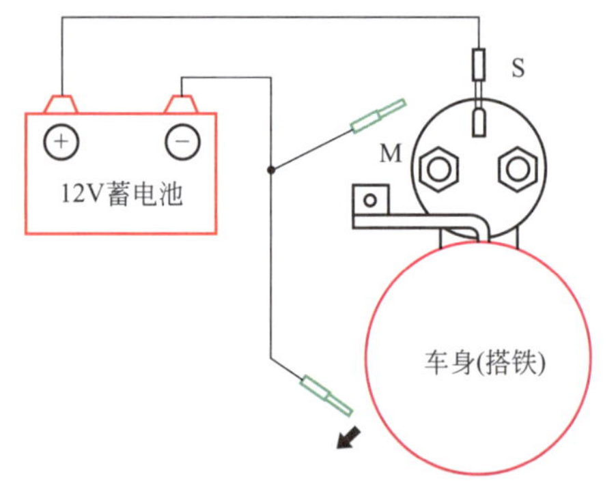

图 16.1-42　小齿轮返回测试（二）

（4）无负荷测试　检查电磁起动机开关的接触点以及换向器和电刷之间的接触。无负荷测试如图 16.1-43 和图 16.1-44 所示。

❶ 将起动机牢固地夹在台钳上。

❷ 将线束重新连接到 M 端子上。

❸ 将蓄电池正极（+）端子连接到端子 S 和端子 B 上。

❹ 将万用表连接在蓄电池正极（+）端子和端子 B 之间。

❺ 将蓄电池负极（-）端子连接到起动机壳体上，然后转动起动机。确认电动机启动且持续旋转。

维修贴

蓄电池电压为 11.5V 时，如果电流与规格相符，表明起动机工作正常。

在无负荷测试中，电流会随起动机电动机的不同而略有不同。务必使用容量足够大的电流量程和引线。

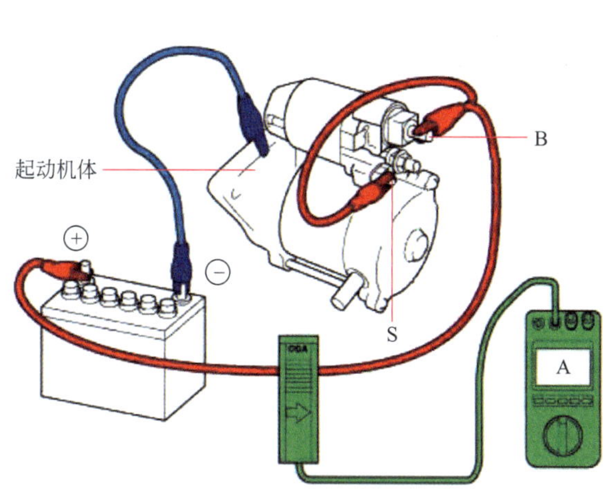

图 16.1-43　小齿轮返回测试（三）

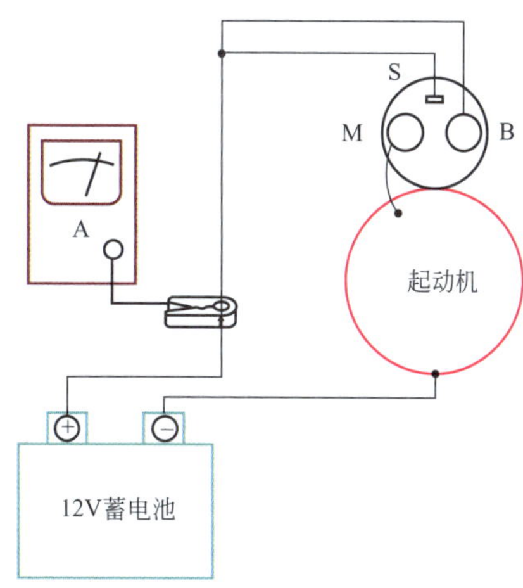

图 16.1-44　小齿轮返回测试线路

16.1.3　起动机维修案例

某款别克英朗起动机控制电路故障分析如下。

（1）电路说明　当启用点火开关来启动车辆时，将向车身控制模块（BCM）提供一个离散信号。然后，车身控制模块向发动机控制模块（ECM）发送已经请求启动的信息。接着，发动机控制模块确认驾驶员踩下离合器踏板或变速器处于驻车挡/空挡。如果处于上述状态，则发动机控制模块向起动机继电器的控制电路提供 12V 电压。这时，蓄电池电压通过起动机继电器的开关提供至起动机电磁线圈。

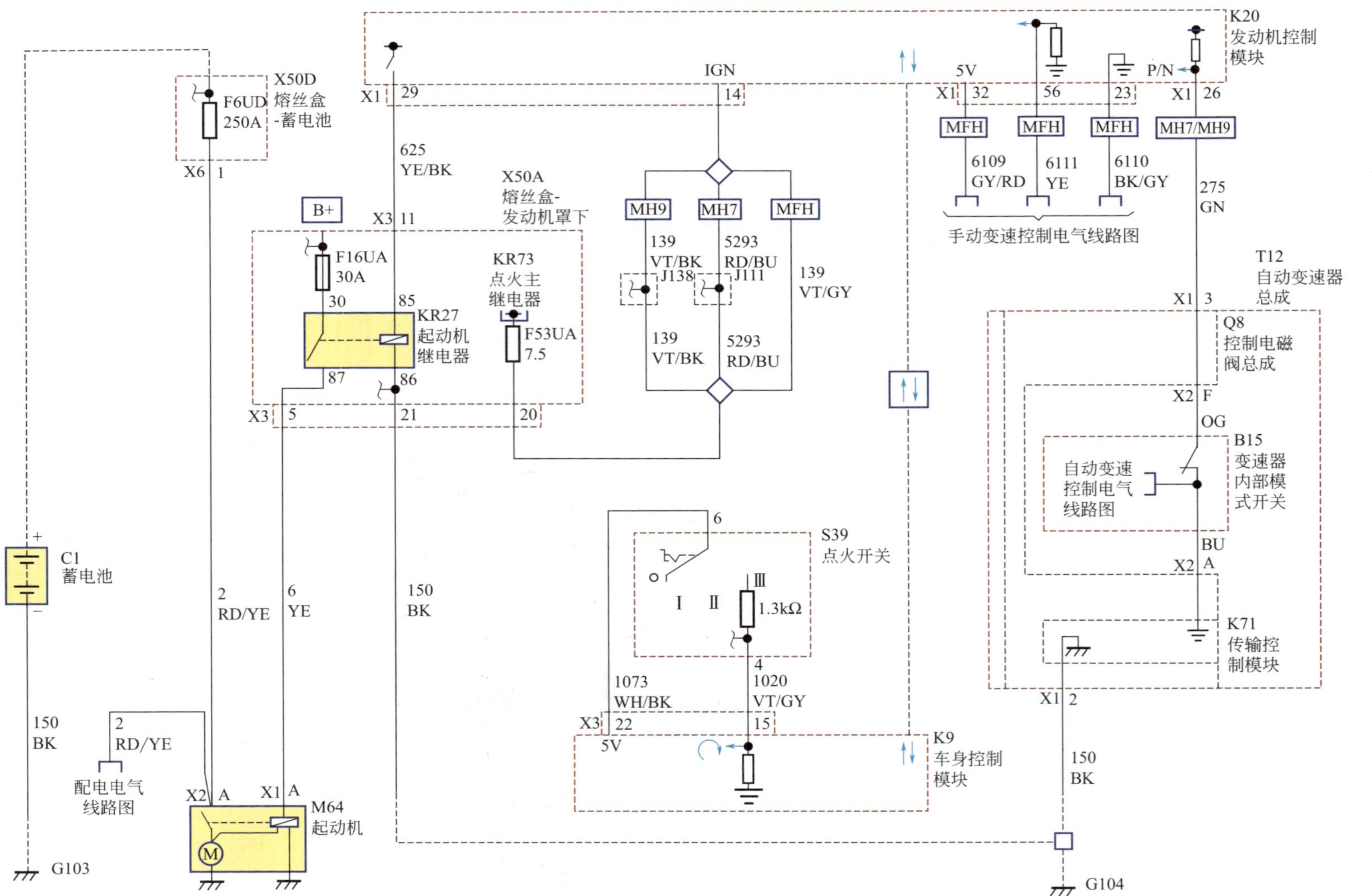

图 16.1-45 启动控制系统电路

（2）电路测试 如图 16.1-45 所示。

❶ 点火开关位于“OFF（关闭）”且所有车辆系统“OFF（关闭）”，断开 KR27 起动机继电器。

❷ 测试搭铁电路端子 86 和搭铁之间的电阻是否小于 10Ω。

▲ 如果等于或高于 10Ω

a. 将点火开关置于“OFF（关闭）”位置。

b. 测试搭铁电路端对端的电阻是否小于 2Ω。

如果为 2Ω 或更大，则修理电路中的开路 / 电阻过大故障。

如果小于 2Ω，则修理搭铁连接中的开路 / 电阻过大故障。

▲ 如果小于 10Ω

a. 将点火开关置于“ON（打开）”位置。

b. 确认 B+ 电路端子 30 和搭铁之间的测试灯点亮。

▲ 如果测试灯未点亮，则电路熔丝状态良好

a. 将点火开关置于“OFF（关闭）”位置。

b. 测试 B+ 电路端对端的电阻是否小于 2Ω。

如果为 2Ω 或更大，则修理电路中的开路 / 电阻过大故障。

如果小于 2Ω，则确认熔丝状态良好且熔丝处有电压。

▲ 如果测试灯未点亮，则电路熔丝熔断

a. 将点火开关置于“OFF（关闭）”位置。

b. 测试 B+ 电路和搭铁之间的电阻是否为无穷大。

如果电阻不为无穷大，则修理电路上的对搭铁短路故障。

如果电阻为无穷大，则测试控制电路端子 87 和搭铁之间的电阻是否为无穷大。

如果电阻不为无穷大，则修理电路上的对搭铁短路故障。

如果电阻为无穷大，则更换 M64 起动机。

▲ 如果测试灯点亮

a. 在控制电路端子 85 和搭铁电路端子 86 之间连接一个测试灯。

b. 用故障诊断仪指令起动机继电器通电和断电，确认测试灯点亮和熄灭。

维修贴

如果故障诊断仪中无起动机继电器指令，则踩下驻车制动器装置和离合器踏板（手动变速器）或将变速器置于驻车挡（自动变速器），确认点火开关在“OFF（关闭）”和“CRANK（启动）”位置之间循环时测试灯点亮及熄灭。

▲ 如果测试灯始终熄灭

a. 点火开关置于“OFF（关闭）”位置，断开 K20 发动机控制模块处的线束连接器。

b. 测试控制电路和搭铁之间的电阻是否为无穷大。

如果电阻不为无穷大，则修理电路上的对搭铁短路故障。

如果电阻为无穷大，则测试控制电路端对端的电阻是否小于 2Ω。

如果为 2Ω 或更大，则修理电路中的开路 / 电阻过大故障。

如果小于 2Ω，则更换 K20 发动机控制模块。

▲ 如果测试灯始终点亮

a. 将点火开关置于“OFF（关闭）”位置，断开 K20 发动机控制模块处的线束连接器，再将点火开关置于“ON（打开）”位置。

b. 测试控制电路和搭铁之间的电压是否低于 1V。

如果是 1V 或更高，则修理电路上的对电压短路故障。

如果小于 1V，则更换 K20 发动机控制模块。

▲ 如果测试灯点亮并熄灭

a. 点火开关置于“ON（开启）”位置，在 B+ 电路端子 30 和控制电路端子 87 之间安装一条带 30A 熔丝的跨接线。

b. 确认 M64 起动机启动。

▲ 如果 M64 起动机未启动

a. 将点火开关置于“OFF（关闭）”位置，断开 M64 起动机处的线束连接器。

b. 测试控制电路端子 X1 A 或 X1 1 和搭铁之间的电阻是否为无穷大。

如果电阻不为无穷大，则修理电路上的对搭铁短路故障。

如果电阻为无穷大，则测试控制电路端对端的电阻是否小于 2Ω。

如果为 2Ω 或更大，则修理电路中的开路 / 电阻过大故障。

如果小于 2Ω，则更换 M64 起动机。

如果 M64 起动机未启动，则测试或更换 KR27 起动机。

（3）继电器测试 如图 16.1-45 所示。

❶ 将点火开关置于“OFF（关闭）”位置，断开 KR27 起动机继电器。

❷ 测试端子 85 和 86 之间的电阻是否为 60 ～ 180Ω。

▲ 如果小于 60Ω 或大于 180Ω

更换继电器。

▲ 如果在 60 ～ 180Ω 之间

测试以下端子之间的电阻是否为无穷大。

端子 30 和 86。

端子 30 和 87。

端子 30 和 85。

端子 85 和 87。

▲ 如果电阻不为无穷大

更换继电器。

▲ 如果电阻为无穷大

a. 在继电器端子 85 和正极（12V 电压）之间安装一根带 20A 熔丝的跨接线。在继电器端子 86 和搭铁之间安装一根跨接线。

b. 测试端子 30 和 87 之间的电阻是否小于 2Ω。

如果等于或大于 2Ω，则更换继电器。

如果小于 2Ω，则全部正常。

（4）起动机电磁线圈发出咔嗒声但发动机不启动的检查 检查电路，如图 16.1-45 所示。

a. 将点火开关置于“OFF（关闭）”位置，测量并记录 C1 蓄电池端子上的蓄电池电压。
b. 确认测量电压在 12.0 ～ 15.0V 之间。
如果电压低于 12.0V 或高于 15.0V，应检查蓄电池。

▲ 如果电压在 12.0 ～ 15.0V 之间

a. 排除机械故障。
b. 在尝试启动车辆时，确认发动机不启动。

▲ 如果发动机不启动

确认 M64 起动机 B+ 端子 A X2 和搭铁之间的测试灯点亮。

▲ 如果测试灯未点亮，则电路熔丝状态良好

a. 将点火开关置于“OFF（关闭）”位置。
b. 测试 B+ 电路端对端的电阻是否小于 2Ω。
如果为 2Ω 或更大，则修理电路中的开路 / 电阻过大故障。
如果小于 2Ω，则确认熔丝未熔断且熔丝处有电压。

▲ 如果测试灯未点亮，则电路熔丝熔断

a. 将点火开关置于“OFF（关闭）”位置。
b. 测试 B+ 电路和搭铁之间的电阻是否高于 100Ω。
如果为 100Ω 或更小，则修理电路上的对搭铁短路故障。
如果大于 100Ω，则更换 M64 起动机。

▲ 如果测试灯点亮

在点火开关处于 START（启动）位置时，测试蓄电池正极电缆和 M64 起动机端子 A X2 之间的电压是否低于 0.5V。

▲ 如果等于或高于 0.5V

更换蓄电池正极电缆。

▲ 如果低于 0.5V

在点火开关处于 START（启动）位置时，测试蓄电池负极电缆和 M64 起动机壳体之间的电压是否低于 0.5V。

▲ 如果等于或高于 0.5V

更换蓄电池负极电缆。

▲ 低于 0.5V

更换 M64 起动电机。

16.2 发电机

16.2.1 发电机分解检查

发电机分解如图 16.2-1 所示。从发电机上拆下皮带轮，然后分解转子、整流器和励磁线圈。

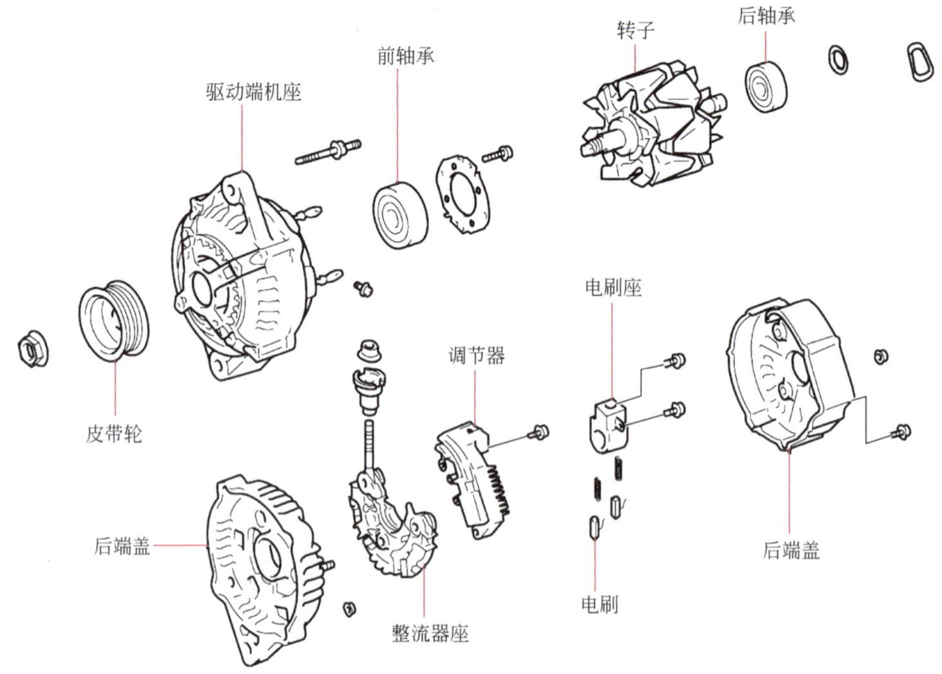

图 16.2-1　发电机分解

（1）拆卸皮带轮（图 16.2-2）

❶ 在皮带轮轴的末端安装合适的套管工具（发电机转子轴扳手 A 和发电机转子轴扳手 B）。将发电机转子轴扳手 A 和发电机转子轴扳手 B 拧紧到指定力矩，并固定在皮带轮轴上。

❷ 使皮带轮锁止螺母保持不动，顺时针旋转扳手来旋松皮带轮锁止螺母。拆卸皮带轮锁止螺母和皮带轮。

说明： 视情况，有些发电机皮带锁止螺母只需要使用套筒扳手和花键（或六角）扳手，然后用相反的作用力拆卸即可顺利拆下，取下皮带轮。

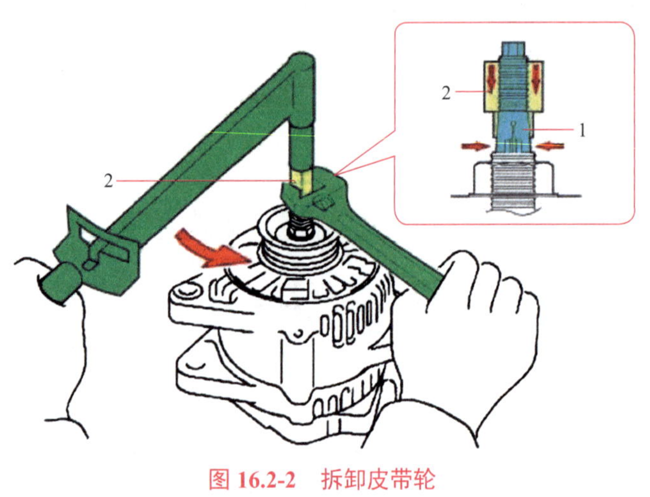

图 16.2-2　拆卸皮带轮

1，2—专用套管工具

（2）拆卸发电机转子总成（图16.2-3）

❶ 拆卸整流器端盖。

❷ 拆卸发电机转子总成：通过用锤敲打，从主动机座一端拆卸转子。

注意： 用锤子敲时，转子会掉下来，所以事先应当在下面摊开一块布料。

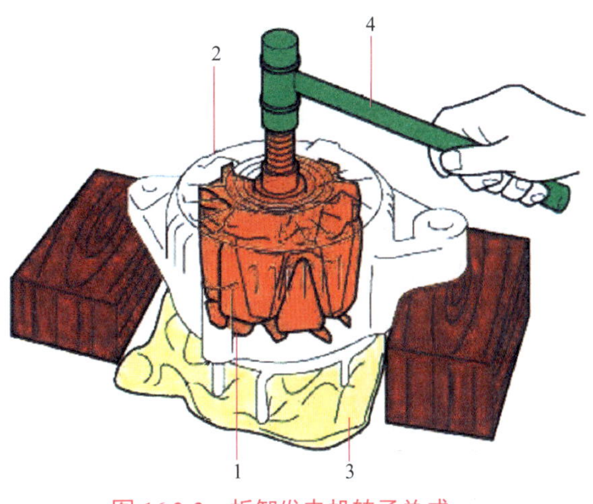

图 16.2-3 拆卸发电机转子总成

1—转子；2—驱动端盖；3—垫布；4—锤子

16.2.2 发电机输出控制

下面说明IC调节器保持所发电压恒定的机理，并以传统的电池检测型IC调节器为例。

16.2.2.1 正常运行

（1）当点火开关为ON且发动机停机时（图16.2-4） 当点火开关开到ON时，蓄电池电压施加在IG端子上。作为结果，M・IC线路被触发，Tr1开到ON，使转子线圈允许电场电流通过。在这种情况下并没有发电，因此调节器通过将Tr1开到ON和OFF，尽可能减少电池的放电。此时，端子P处的电压为0，并且M・IC检测到这一情况，将信号发送到Tr2，点亮充电警告灯。

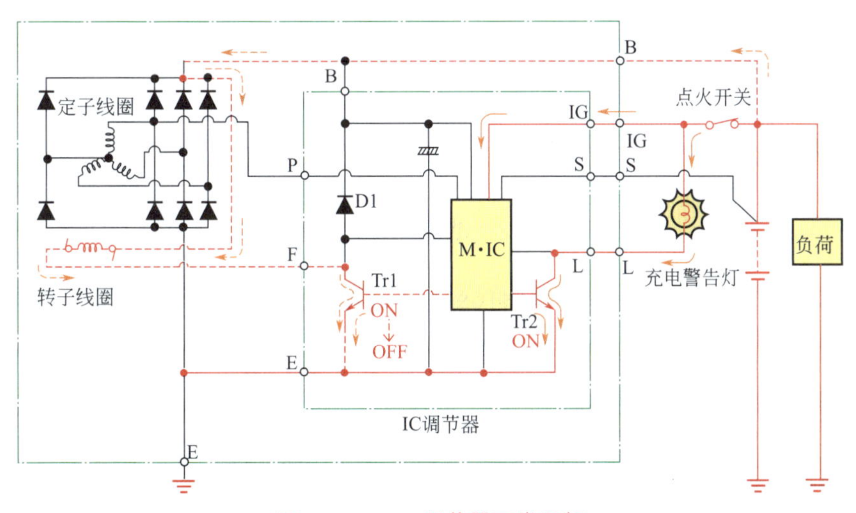

图 16.2-4 IC调节器正常运行

（2）当发电机发电时（当低于规定电压时）（图12.2-5） 发动机启动，并且发电机转速增加，M・IC打开Tr1，以允许足够的电场电流流过，并且发电电压突然升高。此时，如果端子B处的电压超过蓄电池电压，电流流到电池进行充电并且给电气设备供电。结果，端子P处的电压增加。因此，M・IC确定正在发电，并将OFF信号发送到Tr2，将充电警告指示灯关闭。

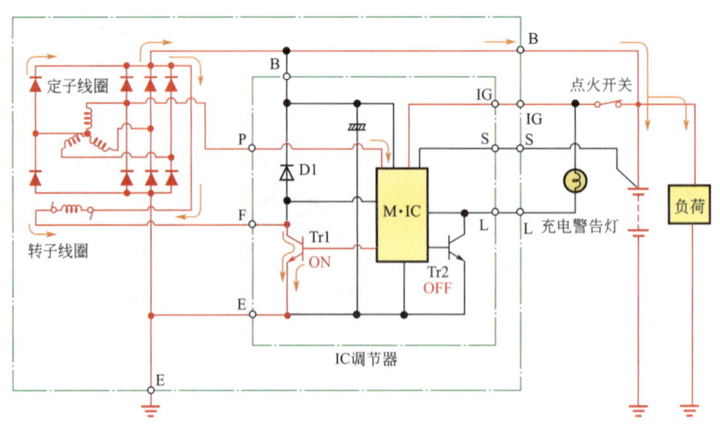

图 16.2-5 IC 调节器低于规定电压

（3）当发电机发电时（当高于规定电压时）（图 16.2-6） 如果 Tr1 继续导通，则端子 B 处的电压增加。然后，端子 S 处的电压超过规定电压，M•IC 检测到此情况并关闭 Tr1。结果，转子线圈的磁场电流经逆电动势吸收二极管被衰减，并且端子 B（所发电压）处的电压降低。然后，如果端子 S 处的电压降低到低于要求电压，M • IC 检测到这一情况并将 Tr1 打开到 ON。从而，转子线圈的磁场电流增加，端子 B 处的电压（所发电压）也增加。M • IC 通过重复上述的操作将端子 S 处的电压（蓄电池端子电压）调节为恒定电压（调节好的电压）。

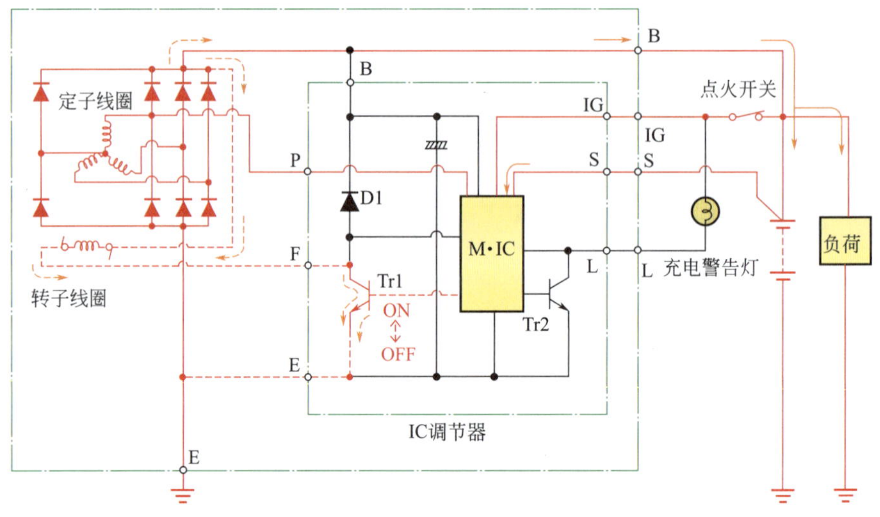

图 16.2-6 M • IC 高于规定电压

16.2.2.2 不正常输出

（1）当转子线圈开路时（图 16.2-7） 当发电机转动时，如果转子线圈开路，发电机便停止发电，端子 P 处的输出电压变为 0。当 M • IC 检测到这一情况时，它打开 Tr2 并打开充电警告灯，以便指示这种异常。

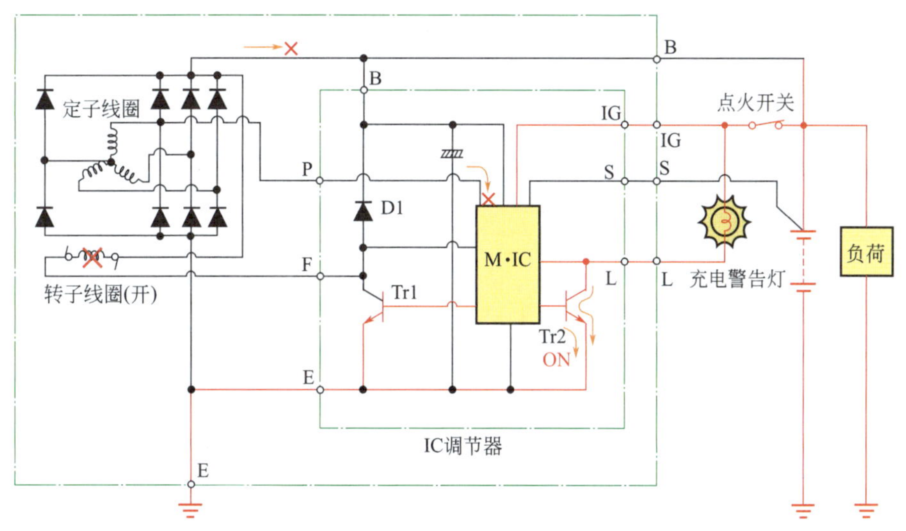

图 16.2-7　转子线圈开路

（2）当转子线圈短路时（图 16.2-8）　当发电机转动时，如果转子线圈发生短路，终端 B 处的电压直接施加到端子 F，并有大电流。当 M・IC 检测到此情况时，关闭 Tr1 进行保护，同时打开 Tr2 以便打开充电警告灯指示异常发生。

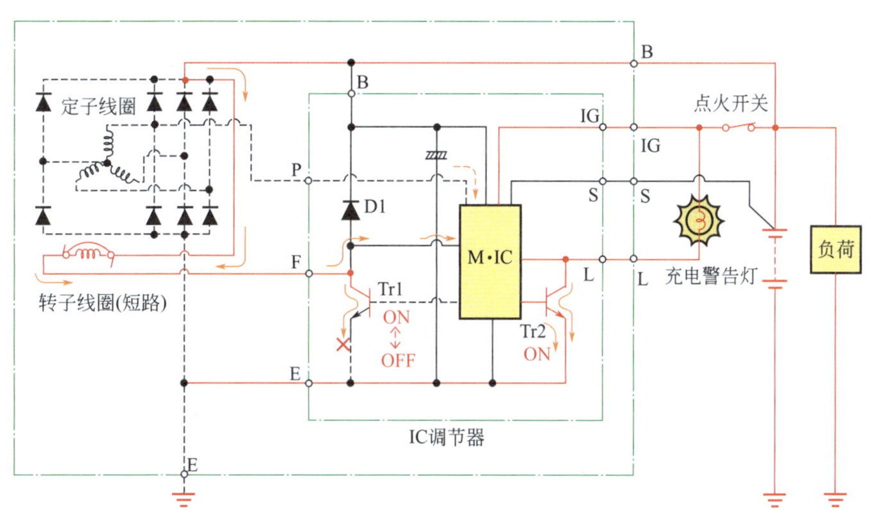

图 16.2-8　转子线圈短路

（3）当端子 S 脱开时（图 16.2-9）　当发电机旋转时，端子 S 发生开路情况，M・IC 检测到"端子 S 无输入信号"，便打开 Tr2，以便打开充电警告指示灯。与此同时，在 M・IC 中，端子 B 取代端子 S 的工作来调节 Tr1，因此端子 B 处的电压变为规定电压（大约 14V），以防止端子 B 处电压的异常增加。

（4）当端子 B 脱开时（图 16.2-10）　在发电机旋转期间，端子 B 处发生开路情况，那么不再对蓄电池充电，电池电压（端子 S 处）逐步下降。当端子 S 处的电压下降时，M・IC 增加磁场电流，以便进一步发电。结果端子 B 处的电压增加得越来越高。然而，M・IC 调节磁场电流，使端子 B 处的电压不超过 20V，以便保护发电机和 M・IC。

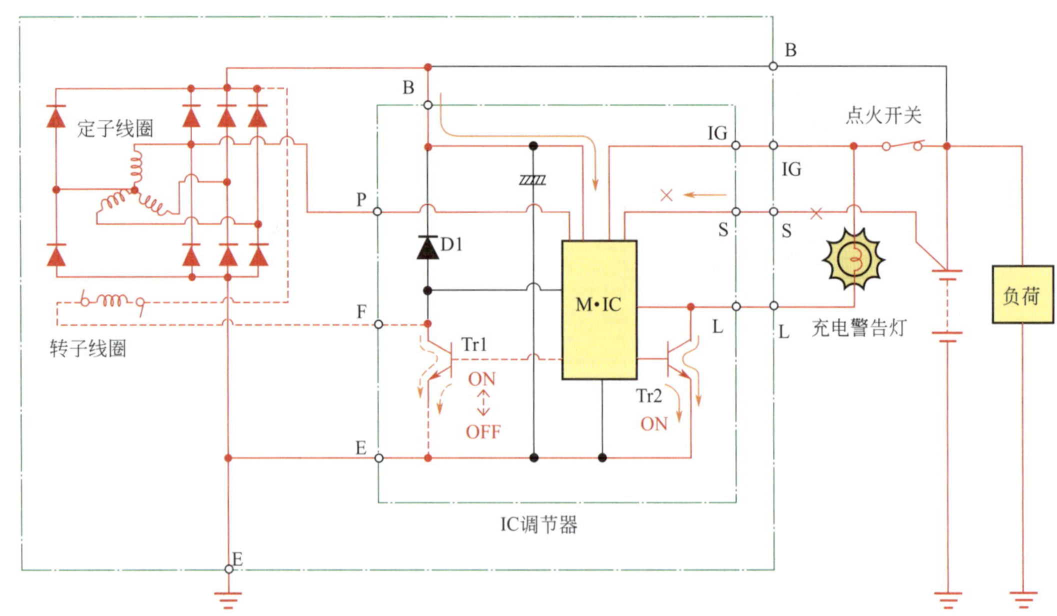

图 16.2-9 端子 S 脱开

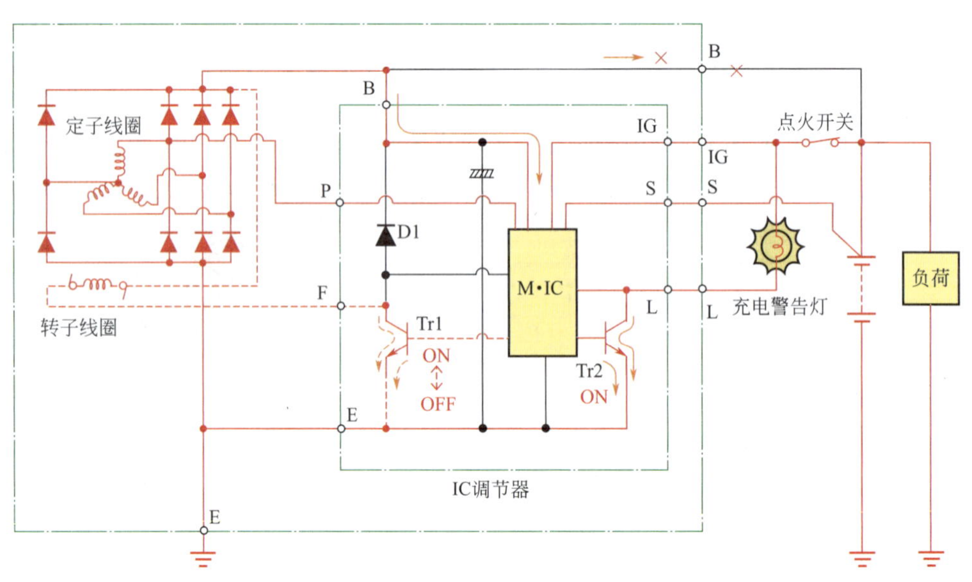

图 16.2-10 端子 B 脱开

当端子 S 处的电压变低时（在 11 ～ 13V 之间），M • IC 判断蓄电池不再充电。然后它打开 Tr2 并打开充电警告灯，并且调整磁场电流。这样，端子 B 处的电压同时下降以便保护发电机和 M • IC。

（5）端子 F 和 E 之间短路时（图 16.2-11） 发电机运转期间，如果端子 F 和 E 之间发生短路，则端子 B 处的电压从端子 E 经转子线圈接地，而不经过 Tr1。因为磁场电流不能被 Tr1 来调节，即使端子 S 处的电压超过了规定电压，发电机的输出电压也会变得高于规定值。如果 M • IC 检测到这种情况，它打开 Tr2，使充电警告灯点亮并指示异常情况。

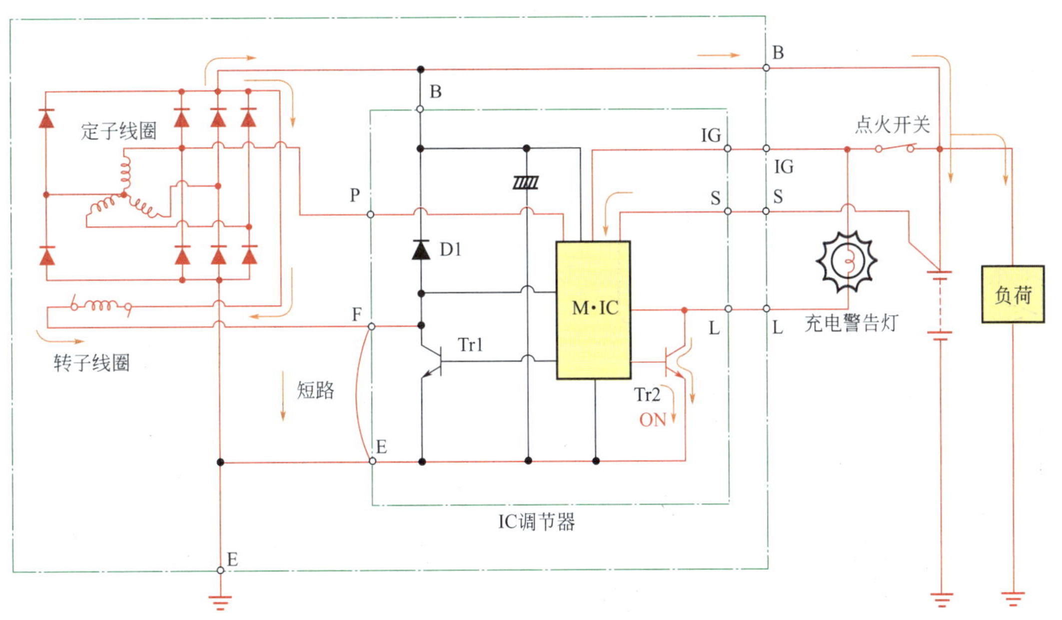

图 16.2-11　端子 F 和 E 之间短路

16.2.3　发电机检测

16.2.3.1　检查发电机转子总成（图 16.2-12）

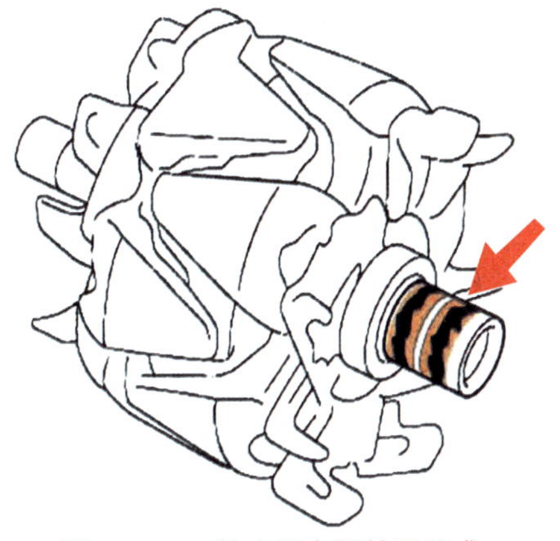
图 16.2-12　检查发电机转子总成

检查转子、整流器等部件是否导通。

（1）目视检查

❶ 检查滑环变脏或烧蚀的程度。

❷ 旋转时滑环和电刷接触，使电流产生。

❸ 电流产生的火花会产生脏污和烧蚀。

❹ 脏污和烧蚀会影响电流，使发电机的性能降低。

（2）清洗　用布料和毛刷清洁滑环及转子。如果脏污和烧蚀明显，则更换转子总成。

（3）检查滑环之间是否导通

❶ 检查滑环之间是否导通也就是检测转子绕组短路与断路。用数字式万用表的低电阻挡检测两集电环之间的电阻，应有符合该车数据标准的电阻。如果阻值为“∞”，可以判定为断路；如果阻值过小，可以判定为短路。

❷ 使用万用表检查滑环之间是否导通，如图 16.2-13 所示，1 表示导通。

❸ 转子是一个旋转的电磁体，内部有一个线圈。线圈的两端都连接到滑环上。

❹ 检查滑环之间是否导通可以用于探测线圈内部是否开路。

❺ 如果发现在绝缘和 / 或者导通方面存在问题，则更换转子。

（4）检查滑环和转子之间的绝缘

❶ 检查滑环和转子之间的绝缘也就是转子绕组搭铁检测。检查转子绕组与铁芯（或转

子轴）之间的绝缘情况。用万用表电阻挡检测两个集电环与铁芯（或转子轴）之间的导通情况，正常应为“∞”。如果电阻为 0，可以判断有搭铁故障。

❷ 用万用表检查滑环和转子之间的绝缘，如图 16.2-14 所示，1 表示不导通。

❸ 在滑环和转子之间存在一个切断电流的绝缘状态。

❹ 如果转子线圈短路，电流会在线圈和转子之间流动。

❺ 检查滑环和转子之间的绝缘可以用来判断线圈内是否存在短路。

❻ 如果发现在绝缘和 / 或者导通方面存在问题，则更换转子。

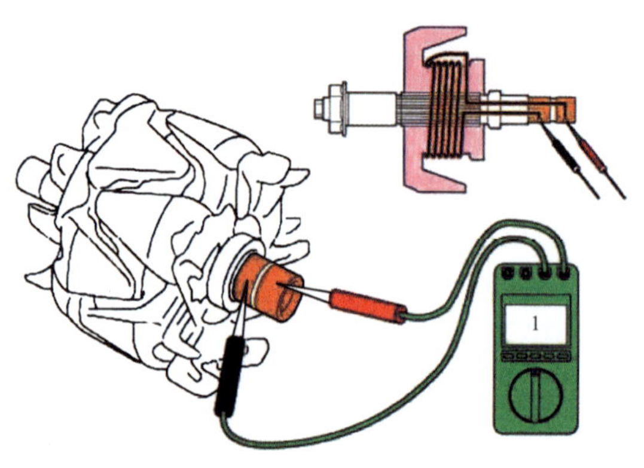

图 16.2-13　检查滑环之间是否导通

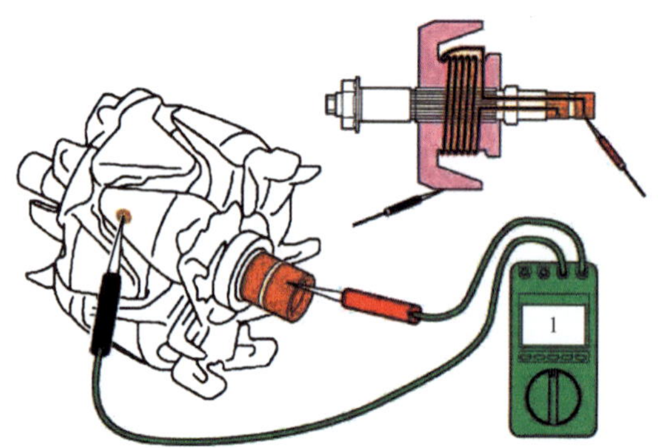

图 16.2-14　检查滑环和转子之间的绝缘

（5）测量滑环（图 16.2-15）

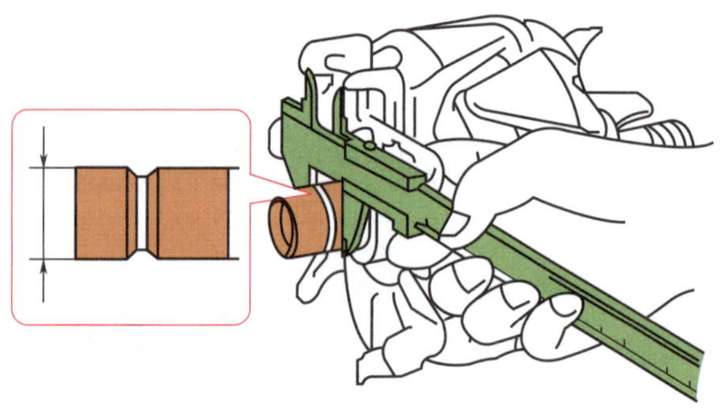

图 16.2-15　测量滑环

❶ 用游标卡尺测量滑环的外径。

❷ 如果测量值超过规定的磨损极限，则更换转子。

❸ 旋转时滑环和电刷接触，使电流产生流动。

❹ 当滑环的外径小于规定值时，表明滑环和电刷之间的接触不足，有可能影响电流环流的平稳。结果，可能降低发电机的发电能力。

16.2.3.2　检查整流器的二极管（图 16.2-16）

❶ 使用万用表的二极管测试模式。

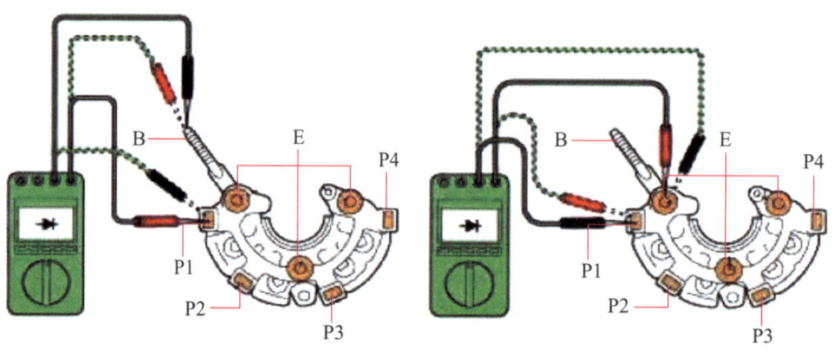

图 16.2-16　检查整流器的二极管

❷ 在整流器的端子 B 和端子 P1 ～ P4 之间测量，交换测试导线时，检查是否只能单向导通。

❸ 改变端子 B 至端子 E 的连接方式，测量过程同上。

16.2.3.3　检测定子

定子绕组短路与断路的检测：用万用表的低电阻挡检测定子绕组，正常时，阻值小于 1Ω 且两个检测值相等。如果阻值为“∞”，可以判定绕组断路；如果阻值为 0，可判定绕组短路。

（1）电路导通性测试　用万用表按照图 16.2-17 进行电路导通性测试，如果电路不导通，则更换定子。

（2）接地测试　用万用表按照图 16.2-18 进行接地测试，如果电路能导通，则更换定子。

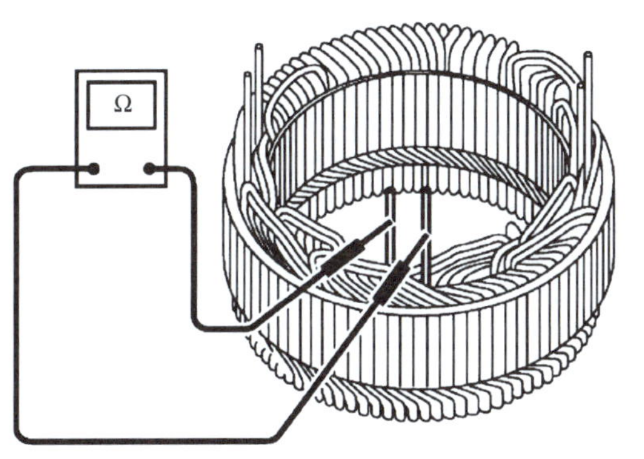

图 16.2-17　定子绕组的电路导通性检测

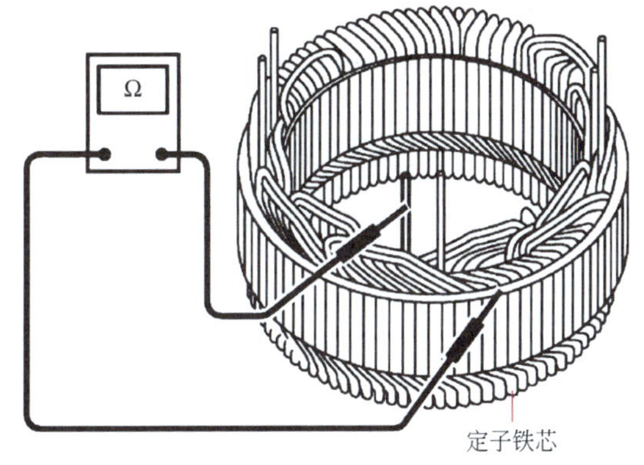

图 16.2-18　定子绕组的接地检测

16.2.3.4　检查发电机电刷座

❶ 用游标卡尺测量发电机电刷的长度，检查发电机电刷座（图 16.2-19）。

❷ 在电刷的中部测量（电刷的）长度，因为这个地方磨损最严重。

❸ 滑环接触电刷，当自身旋转时接通电流。当电刷的长度短于规定值时，接触会恶化，影响电流的流动。因此，发电机的发电性能下降。

❹ 如果测量值小于标准值，则将电刷和电刷座一起更换。

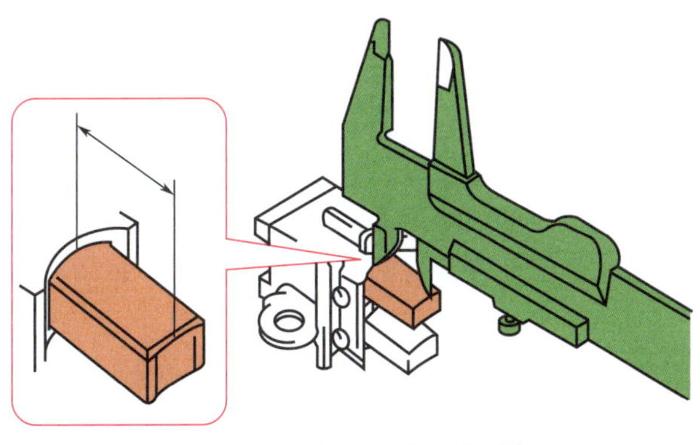

图 16.2-19　检查发电机电刷座

16.2.3.5 重新组装和安装发电机

❶ 按分解发电机的相反顺序重新组装发电机。

a. 安装二极管总成和定子总成（图 16.2-20）。

b. 用手指推入电刷并把它们安装到定子上（图 16.2-21）。小心不要损坏滑环的滑动表面。

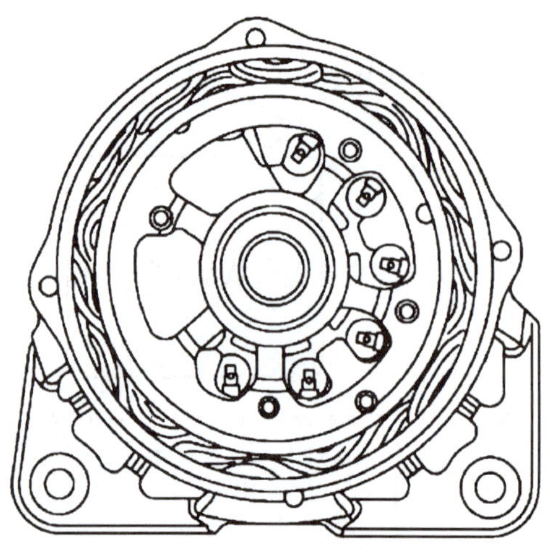

图 16.2-20 组装发电机（一）

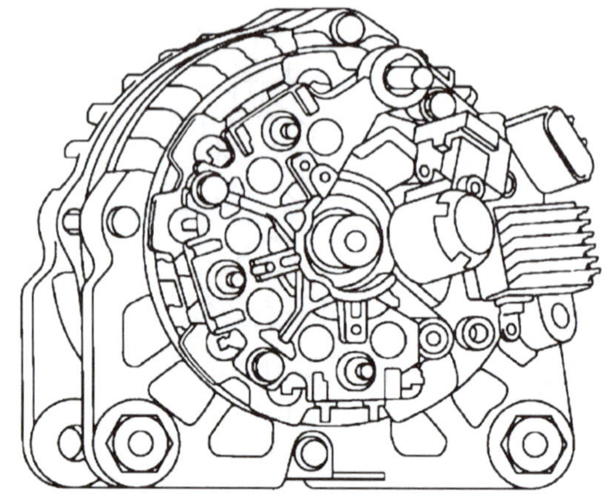

图 16.2-21 组装发电机（二）

❷ 将发电机安装到车上，并调整发电机皮带。

16.2.3.6 发电机故障诊断

（1）发电机发生故障的影响

❶ 交流发电机不发电会造成蓄电池严重亏电，从而导致启动时起动机无法工作。

❷ 交流发电机正常发电，必须具备两个条件：一是励磁电路、定子绕组电路和整流器必须工作正常；二是交流发电机转子必须旋转。在正常情况下，交流发电机工作时的输出电压应为 13.8 ～ 14.5V，蓄电池在发动机熄火时电压应为 12V 左右。

（2）充电系统部件

❶ 发电机。传动皮带驱动发电机。当转子旋转时，它将使定子线圈产生交流电（AC）。然后，交流电压通过一系列二极管整流。整流电压转换成供车辆电气系统使用的直流电（DC），以维持电气负载和蓄电池充电。电压调节器与发电机控制装置集成一体，控制着发电机的输出，一般不可维修。电压调节器控制供给转子的电流量。如果发电机磁场控制电路出现故障，发电机默认输出电压为 13.8V。

❷ 车身控制模块。车身控制模块与发动机控制模块和仪表板组合仪表通信以进行电源管理操作。车身控制模块确定发电机输出，并发送信息到发动机控制模块，以控制发电机接通信号电路。它监测来自发动机控制模块的发电机磁场占空比信号电路信息，以控制发电机。它还监测蓄电池电流传感器、蓄电池正极电压电路，并估计蓄电池温度以确定蓄电池充电状态。

❸ 蓄电池电流传感器（图 16.2-22）。蓄电池电流传感器与蓄电池负极或正极电缆连接在一起。蓄电池电流传感器是一个三线式霍尔效应电流传感器。蓄电池电流传感器监测蓄电池电流，它直接输入车身控制模块中。

❹ 发动机控制模块。发动机运行时，发动机控制模块将发电机接通信号发送至发电机以打开调节器。发电机电压调节器通过控制转子的电流从而控制输出电压。转子电流与调节器供给的电脉冲宽度成正比。发动机启动后，调节器通过内部导线检测定子上的交流电压从而感应发电机的转动。一旦发动机运行，调节器通过控制脉冲宽度来改变励磁场电流。这就能调节发电机输出电压，使蓄电池正常充电以及电气系统正常运行。发电机磁场占空比端子连接到内部电压调节器和外部发动机控制模块。当内部电压调节器检测到充电系统故障时，向此电路提供搭铁以向外部发动机控制模块发送信号，提示存在故障。外部发动机控制模块监测发电机磁场占空比信号电路，并接收基于车身控制模块信息而发出的控制指令。

❺ 仪表板组合仪表。充电系统出现故障时，仪表板组合仪表会提示。

（3）发电机L端子电路检测

❶ 诊断说明。发电机 L 端子电路电压过低，或者发电机 L 端子电路电压过高。

L 端子为充电指示灯接线柱，向内和集成电路式电压调节器相连接，通过电压调节器来控制充电指示灯的工作，向外一般通过点火开关和充电指示灯相连接（图 16.2-23）。

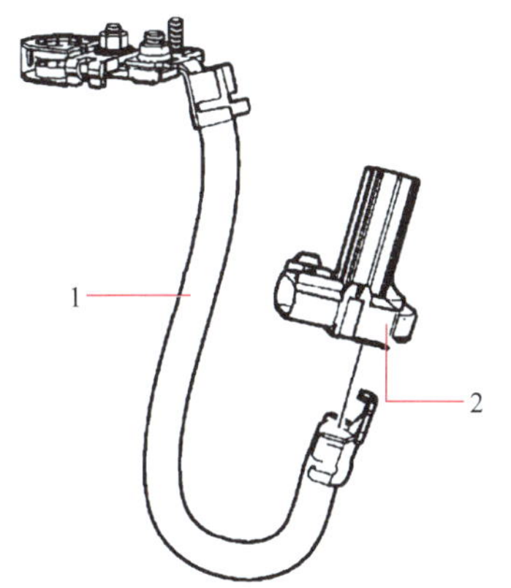

图 16.2-22　蓄电池电流传感器

1—蓄电池负极电缆；2—电流传感器

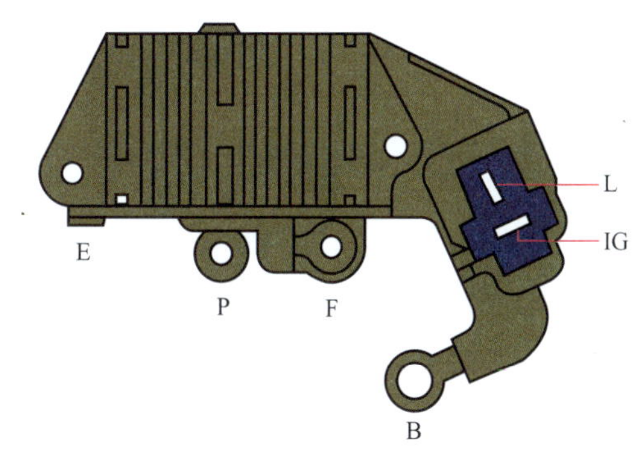

图 16.2-23　发电机接线柱（发动机调节器连接接线柱）

发动机控制模块通过发电机接通控制电路或 L 端子电路，控制发动机上的发电机负荷。发动机控制模块的高电平侧驱动器向电压调节器提供电压。以此来控制电压调节器接通和断开磁场电路。发动机控制模块监测发电机接通控制电路的状态。将点火开关置于“ON（打开）”位置且发动机关闭，或当充电系统发生故障时，发动机控制模块应在发电机接通控制电路上检测到低电压。发动机运行时，发动机控制模块应在发电机接通控制电路上检测到电压过高。发动机控制模块执行测试，以确定发电机接通控制电路的状态（图 16.2-24）。

❷ 电路检测。确认 G13 发电机 B+ 电路端子 A X2、B X2 或 1 X2 和搭铁之间的测试灯点亮。

▲ 如果测试灯点亮，则电路熔丝状态良好

拆下测试灯并断开 G13 发电机处的 B+ 电缆。

测试 B+ 电路端对端的电阻是否小于 2Ω。如果为 2Ω 或更大，则修理电路中的开路 / 电阻过大故障。如果小于 2Ω，则确认熔丝未熔断且熔丝处有电压。

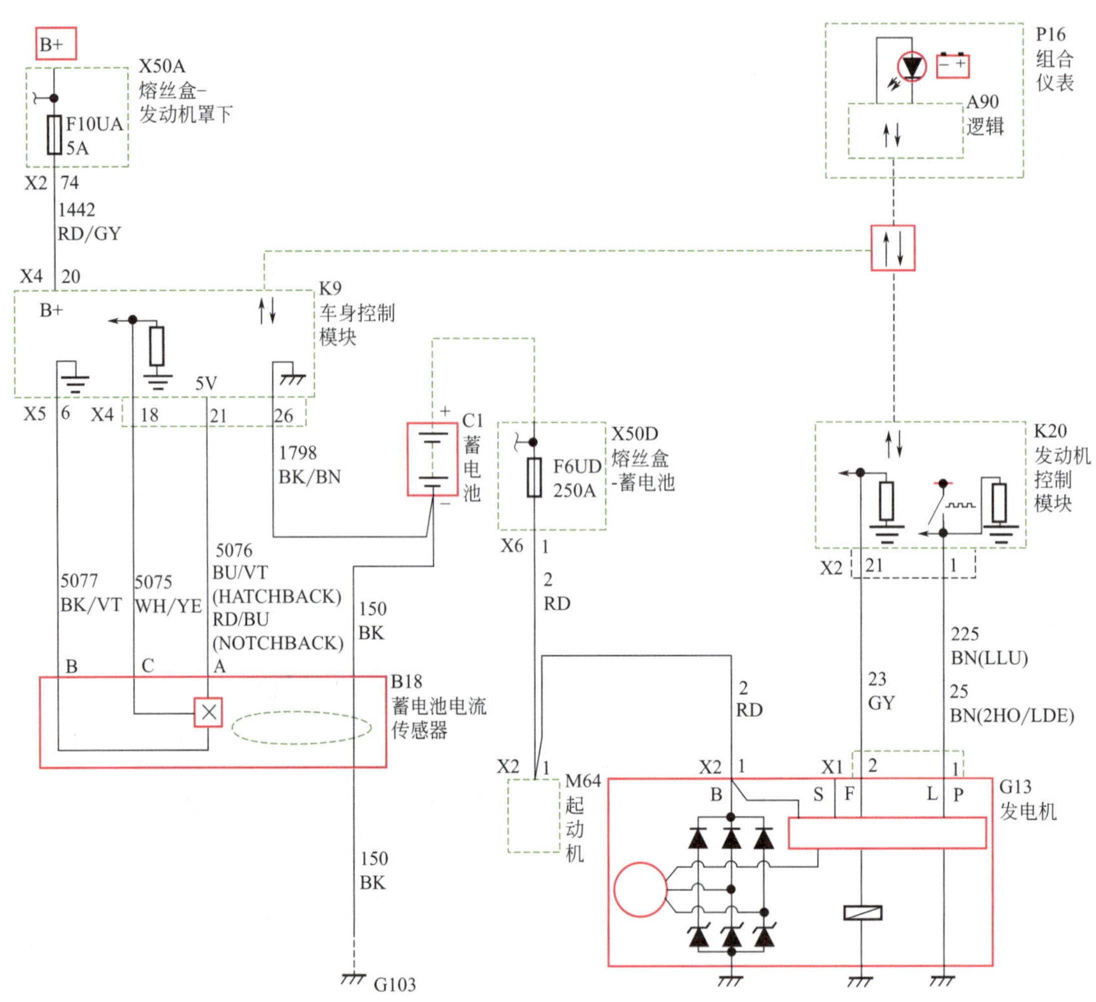

图 16.2-24 充电系统电路

▲ 如果测试灯未点亮，则电路熔丝熔断

拆下测试灯，断开蓄电池负极电缆和 G13 发电机 B+ 电缆。

测试 B+ 电路和搭铁之间的电阻是否为无穷大。

如果电阻不为无穷大，则修理电路上的对搭铁短路故障。

▲ 如果测试灯点亮

a. 断开 G13 发电机处的 X1 线束连接器，再将点火开关置于“ON（打开）”位置。

b. 测试控制电路端子 1 X1 和搭铁之间的电压是否等于或高于 1V。

▲ 如果小于 1V

a. 将点火开关置于“OFF（关闭）”位置，断开 K20 发动机控制模块处的线束连接器。

b. 测试控制电路和搭铁之间的电阻是否为无穷大。

如果电阻不为∞，则修理电路上的对搭铁短路故障。

如果电阻为∞，则测试控制电路端对端的电阻是否小于 2Ω。

如果大于 2Ω，则修理电路中的开路 / 电阻过大故障。

如果小于 2Ω，则更换 K20 发动机控制模块。

▲ 如果等于或高于 1V

a. 将点火开关置于“OFF（关闭）”位置，断开 K20 发动机控制模块处的线束连接器，再将点火开关置于“ON（打开）”位置。

b. 测试 G13 发电机控制电路端子 1 X1 和搭铁之间的电压是否低于 1V。

▲ 如果高于 1V

修理电路上的对电压短路故障。

▲ 如果等于或低于 1V

测试或更换 G13 发电机。

（4）发电机 F 端子电路检测

❶ 诊断说明。发电机 F 端子电路电压过低，或者发电机 F 端子电路电压过高。

❷ 电路检测。电路图如图 16.2-24 所示。

确认发电机 B+ 电路端子 A X2、B X2 或 1 X2 和搭铁之间的测试灯点亮。

▲ 如果测试灯未点亮，则电路熔丝状态良好

a. 断开发电机处的 B+ 电缆。

b. 测试 B+ 电路端对端的电阻是否小于 2Ω。

如果为 2Ω 或更大，则修理电路中的开路 / 电阻过大故障。

如果小于 2Ω，则确认熔丝未熔断且熔丝处有电压。

▲ 如果测试灯未点亮，则电路熔丝熔断

测试 B+ 电路和搭铁之间的电阻是否为∞。

如果电阻不为∞，则修理电路上的对搭铁短路故障。

如果电阻为∞，则测试信号电路和搭铁之间的电阻是否为∞。

如果电阻不为∞，则修理电路上对搭铁的短路故障。

如果电阻为∞，更换 G13 发电机。

▲ 如果测试灯点亮

a. 将点火开关置于“OFF（关闭）”位置，断开 G13 发电机上的 X1 线束连接器。

b. 确认故障诊断仪上的“发动机控制模块发电机 F 端子信号”参数小于 5%。

▲ 如果等于或大于 5%

a. 将点火开关置于“ON（打开）”位置。

b. 测试信号电路端子 2 和搭铁之间的电压是否低于 1V。

如果是 1V 或更高，则修理电路上的对电压短路故障。

如果小于 1V，则更换 K20 发动机控制模块。

▲ 如果小于 5%

a. 在信号电路端子 2 和 B+ 之间安装一条带 3A 熔丝的跨接线。

b. 确认故障诊断仪上的“发动机控制模块发电机 F 端子信号”参数大于 95%。

▲ 如果等于或小于 95%

a. 点火开关置于“OFF（关闭）”位置，断开 K20 发动机控制模块处的线束连接器。

b. 测试信号电路端对端的电阻是否小于 2Ω。

如果为 2Ω 或更大，则修理电路中的开路 / 电阻过大故障。

如果小于 2Ω，则测试信号电路和搭铁之间的电阻是否为∞。

如果电阻不为∞，则修理电路上的对搭铁短路故障。

如果电阻为∞，则更换 K20“发动机控制模块”。

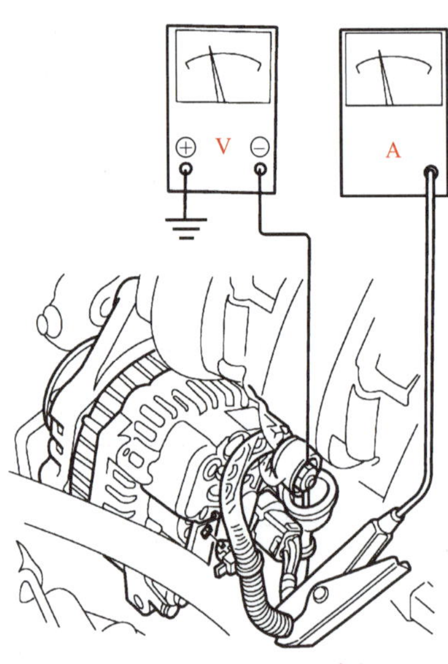

图 16.2-25 检测发电机和调压器电路故障

▲ 如果大于 95%

更换发电机。

16.2.3.7 发电机和调压器电路检测

❶ 确保蓄电池连接良好并且充足电。

❷ 如图 16.2-25 所示，连接电流表和电压表。

❸ 启动发动机。无负载［在空挡（M/T 车型）或 P 或 N 位置（A/T 车型）］时，将发动机转速保持为 3000r/min，直至散热器风扇运转，然后使其怠速运转。

❹ 将发动机转速增加至 2000r/min，并保持该转速。

❺ 打开大灯（远光）并测量交流发电机正极端子电压。电压是否在 13.2 ～ 15.3V 之间。如果是，转至步骤❻。

如果电压低于 13.2V，要检查发电机控制电路；如果电压超过 15.3V，则更换或者维修发电机。

❻ 读取 13.5V 时的电流读数。

维修贴

打开鼓风机电动机、后窗除雾器、制动灯等，调节电压。

电流是否为 60A 或更大，如果是，表明充电系统正常，否则更换交流发电机。

16.3 空调系统

视频讲解

16.3.1 空调系统制冷量不足故障（表 16.3-1）

表 16.3-1 空调系统制冷量不足故障

症状 / 故障现象	可能的故障部位 / 原因	维修方案 / 措施
发动机冷却液温度过高	（1）发动机怠速运行时间过长 （2）发动机长时间、大负荷运转 （3）冷却液不足 （4）冷却液性能不符合要求 （5）节温器故障 （6）发动机工作不良 （7）冷却风扇不工作 （8）水箱散热不良 （9）冷却风扇聚风罩损坏	（1）减少发动机怠速运行时间 （2）减少发动机大负荷运转时间 （3）检修冷却液泄漏情况，添加冷却液量至标准值 （4）更换符合厂家要求的冷却液 （5）更换节温器 （6）检修发动机工作状况 （7）检修冷却风扇电动机及其线路，必要时更换 （8）清洁冷却水箱 （9）检修冷却水箱，必要时更换 （10）检修冷却风扇聚风罩，必要时更换

续表

症状 / 故障现象	可能的故障部位 / 原因	维修方案 / 措施
冷凝器温度过高	（1）冷凝器散热不良 （2）发动机水温过高	（1）清洁冷凝器 （2）检修冷凝器，必要时更换 （3）按本表中“发动机冷却液温度过高”症状进行维修
压缩机运转异常	（1）压缩机皮带打滑 （2）压缩机离合器打滑 （3）压缩机异响 （4）压缩机频繁启动 （5）压缩机不工作	（1）调整压缩机皮带，必要时更换 （2）检修压缩机离合器，必要时更换 （3）检查制冷剂、润滑油量，参见本表中“空调系统压力异常”症状进行维修 （4）检修压缩机离合器线路 （5）检修压缩机，必要时更换 （6）检修空调压力开关，必要时更换 （7）检修空调控制模块，必要时更换 （8）检修发动机控制模块，必要时更换
仪表台出风口出风量过小	（1）仪表台出风口堵塞 （2）仪表台出风口风道漏风 （3）风向控制机构异常 （4）风向控制电动机异常 （5）鼓风机转速低 （6）鼓风机调速模块异常 （7）空调管路结冰 （8）空调控制模块异常	（1）清理仪表台出风口，必要时更换 （2）检修仪表台出风口风道，必要时更换 （3）检修风向控制机构 （4）检修风向控制电动机 （5）检修线路 （6）检修鼓风机电动机，必要时更换 （7）更换鼓风机调速模块 （8）更换符合厂家标准的制冷剂 （9）更换膨胀阀 （10）检修空调控制模块线路，必要时更换模块
仪表台出风口出风温度过高	（1）被切换到外循环 （2）环境温度过高 （3）外循环风门卡滞，关闭不严 （4）内外循环电动机故障 （5）温度控制机构异常 （6）温度控制电动机异常 （7）光照传感器异常 （8）空调控制模块异常	（1）切换到内循环 （2）车辆移到阴凉的地方 （3）调整外循环风门机构，必要时更换内外循环风门机构 （4）更换内外循环调节电动机 （5）检修温度控制电动机，必要时更换 （6）检修光照传感器，必要时更换 （7）检修空调控制模块线路，必要时更换模块
空调高压压力偏高，低压压力偏高	（1）制冷系统中有空气 （2）制冷剂加注过多 （3）制冷剂润滑油加注过多 （4）膨胀阀开度过大	（1）检修制冷系统管路的密闭性，重新加注制冷剂 （2）排放过多的制冷剂 （3）排放过多的制冷剂润滑油 （4）更换膨胀阀
空调高压压力偏高，低压压力偏低	（1）膨胀阀之前的高压管堵塞 （2）膨胀阀堵塞 （3）膨胀阀开度过小	（1）清洗或更换堵塞的高压管 （2）更换膨胀阀
空调高压压力偏低，低压压力偏高	（1）压缩机缺油 （2）压缩机损坏	（1）补充压缩机制冷剂润滑油 （2）更换压缩机
空调高压压力偏低，低压压力偏低	（1）制冷剂加注量不足 （2）制冷剂泄漏	（1）按厂家规定的标准加注空调制冷剂 （2）检修空调系统泄漏状况，更换泄漏的空调系统元件
空调高压压力偏低，低压真空	（1）膨胀阀严重脏堵 （2）膨胀阀冰堵 （3）蒸发器温度传感器故障 （4）低压管路泄漏	（1）更换膨胀阀 （2）延长系统抽真空时间，加注符合厂家规定标准的空调制冷剂 （3）更换储液干燥器 （4）更换蒸发器温度传感器 （5）清洗或更换堵塞的低压管

16.3.2 空调系统制暖气不足故障（表 16.3-2）

表 16.3-2 空调系统制暖气不足故障

症状 / 故障现象	可能的故障部位 / 原因	维修方案 / 措施
发动机冷却液温度未达到 82℃	（1）节温器故障 （2）发动机运行时间不足 （3）冷却系统中有空气 （4）发动机工作不良	（1）延长发动机的运行时间 （2）排空冷却系统的空气 （3）更换节温器 （4）检修发动机工况
冷暖风门漏风	（1）冷暖风门机构机械故障 （2）冷暖风门电动机故障 （3）出风风道漏风 （4）空调控制模块故障	（1）调整冷暖风门机构 （2）更换冷暖调节电动机 （3）更换冷暖风门机械机构 （4）修复漏风风道 （5）更换漏风风道 （6）更换空调控制模块
内外循环风门漏风	（1）被切换到外循环 （2）外循环风门卡滞，关闭不严 （3）内外循环电动机故障 （4）空调控制模块故障	（1）切换到内循环 （2）调整外循环风门机构 （3）更换内外循环调节电动机 （4）更换内外循环风门机械机构 （5）更换空调控制模块

16.3.3 空调制冷系统压力故障（表 16.3-3）

表 16.3-3 空调制冷系统压力故障

压力表显示	症状 / 故障现象	可能的原因	维修方案 / 措施
高压侧和低压侧的压力都太高	向冷凝器上喷洒水后压力很快恢复正常	过量加注制冷剂	收集所有制冷剂，再次排空制冷循环，然后重新注入规定量的制冷剂
	冷凝器的气流不足	冷凝器制冷性能不足 （1）散热器和冷凝器的风扇转动不良 （2）空气导管安装不当 （3）冷凝器散热片堵塞或变脏	（1）维修或更换故障零件 （2）清洁和修理冷凝器散热片
	压缩机停止工作后，高压侧读数迅速降低至约 196kPa，然后逐渐降低	制冷循环中混有空气	收集所有制冷剂，再次排空制冷循环，然后重新注入规定量的制冷剂
	（1）低压管的温度低于蒸发器出口的温度 （2）低压管结霜	膨胀阀打开过度（制冷剂流量过大）	更换膨胀阀

续表

压力表显示	症状 / 故障现象	可能的原因	维修方案 / 措施
高压侧压力太高，低压侧压力太低 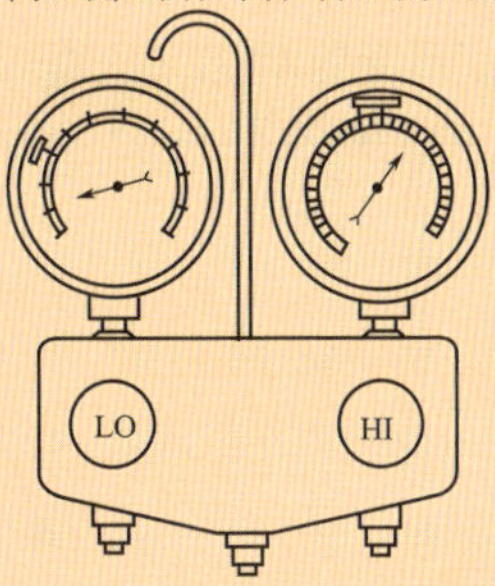	高压管和冷凝器上侧变热，但是，储液罐没那么热	压缩机和冷凝器之间的高压管堵塞或损坏	修理或更换故障零件
高压侧压力太低，低压侧压力太高 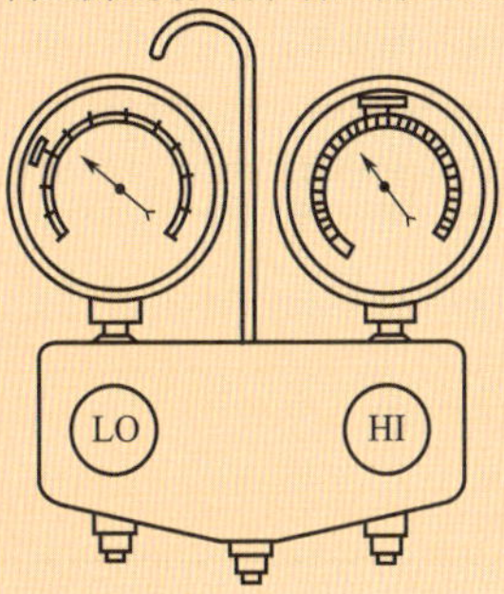	（1）压缩机工作停止后，两侧的读数很快相等 （2）高压侧和低压侧的温度没有差异	压缩机系统故障（压缩机加压操作不足） （1）阀门损坏或断裂 （2）故障衬垫	更换压缩机
高压侧和低压侧的压力都太低 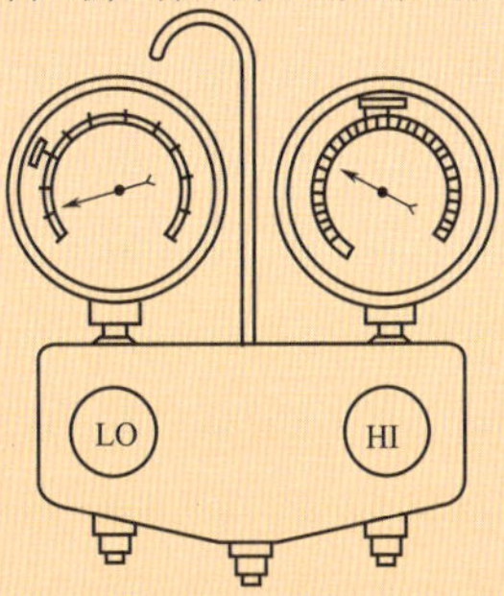	（1）蒸发器出口附近不变冷 （2）蒸发器进口附近结霜	膨胀阀堵塞 （1）温度传感器断裂 （2）被异物堵塞	清除膨胀阀中的异物，或者进行更换
	（1）储液罐出口管和进口管附近之间有温差 （2）储液罐结霜	内储液罐故障（集滤器堵塞）	更换冷凝器和储液罐总成
	蒸发器结霜	低压管堵塞或损坏	修理或更换故障零件
		进气传感器故障	进气传感器
	制冷剂循环的高压管和低压管之间有小温差	（1）制冷剂不足 （2）制冷剂泄漏	（1）检查是否有泄漏 （2）收集所有制冷剂，再次排空制冷循环，然后重新注入规定量的制冷剂
低压侧有时变成负压 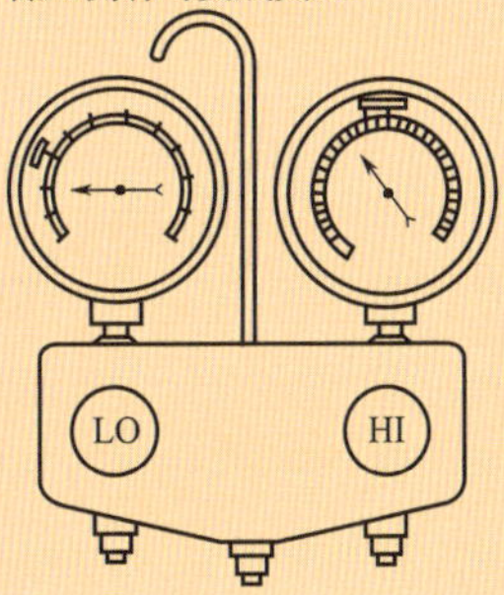	（1）有时蒸发器出口附近不变冷 （2）有时蒸发器进口附近结霜	（1）因冷却器循环中混有水而导致结冰 （2）储液罐的风干机损坏	（1）收集所有制冷剂 （2）完全排空制冷剂循环，然后重新注入规定量的制冷剂。此时，务必更换冷凝器和储液罐总成

16.3.4 空调系统噪声和异响（表 16.3-4）

表 16.3-4 空调系统噪声和异响

症状 / 故障现象	可能的故障部件	可能的原因	维修方案 / 措施
空调打开时，压缩机噪声异常	压缩机内部	内部零件磨损、断裂或异物堵塞	检查压缩机油
	电磁离合器	离合器盘与皮带轮接触	检查离合器盘和皮带轮之间的空隙
	压缩机机身	压缩机装配螺栓松动	检查螺栓有无松动
冷却器管路噪声异常	冷却器管路（管道和软管）	夹子和支架安装不当	检查冷却器管路安装状况
空调打开时，膨胀阀噪声异常	膨胀阀	制冷剂不足	（1）检查是否有泄漏 （2）收集所有制冷剂，再次排空制冷循环，然后重新注入规定量的制冷剂
		内部零件磨损、断裂或异物堵塞	清除膨胀阀中的异物，或者进行更换
皮带噪声异常	—	皮带松动	检查皮带的张紧度
		内部压缩机部件锁定	更换压缩机

16.3.5 空调维修案例

故障现象：

别克英朗轿车，配置自动空调系统。启动发动机，启用空调制冷模式，空调出风口吹出的是自然风或热风。

故障检测与分析：

（1）压缩机控制 暖风、通风与空调系统控制模块向空调压缩机提供蓄电池电压。按下空调开关时，暖风、通风与空调系统控制模块提供一个脉宽调制信号给空调压缩机以指令空调压缩机的性能。空调压缩机的性能根据特性曲线上可调的车内温度来调节。因此暖风、通风与空调系统控制模块用脉宽调制信号来向空调压缩机提供搭铁。

（2）压缩机接通条件 为使暖风、通风与空调系统控制模块接通空调压缩机，必须满足以下条件。

❶ 蓄电池电压介于 9 ～ 18V 之间。

❷ 发动机冷却液温度低于 124℃。

❸ 发动机转速大于 600r/min。

❹ 发动机转速小于 5500r/min。

❺ 空调高压侧压力在 269 ～ 2929kPa 之间。

❻ 节气门位置小于 100%。

❼ 蒸发器温度高于 3℃。

❽ 发动机控制模块没有检测到扭矩负载过大。

❾ 发动机控制模块没有检测到怠速不良。

❿ 环境温度高于 1℃。

（3）电气检测分析 将点火开关置于 ON（打开）位置，按下并松开空调开关。执行故障诊断，观察空调在启动和未启动时的直接变化。压缩机控制电路如图 16.3-1 所示。

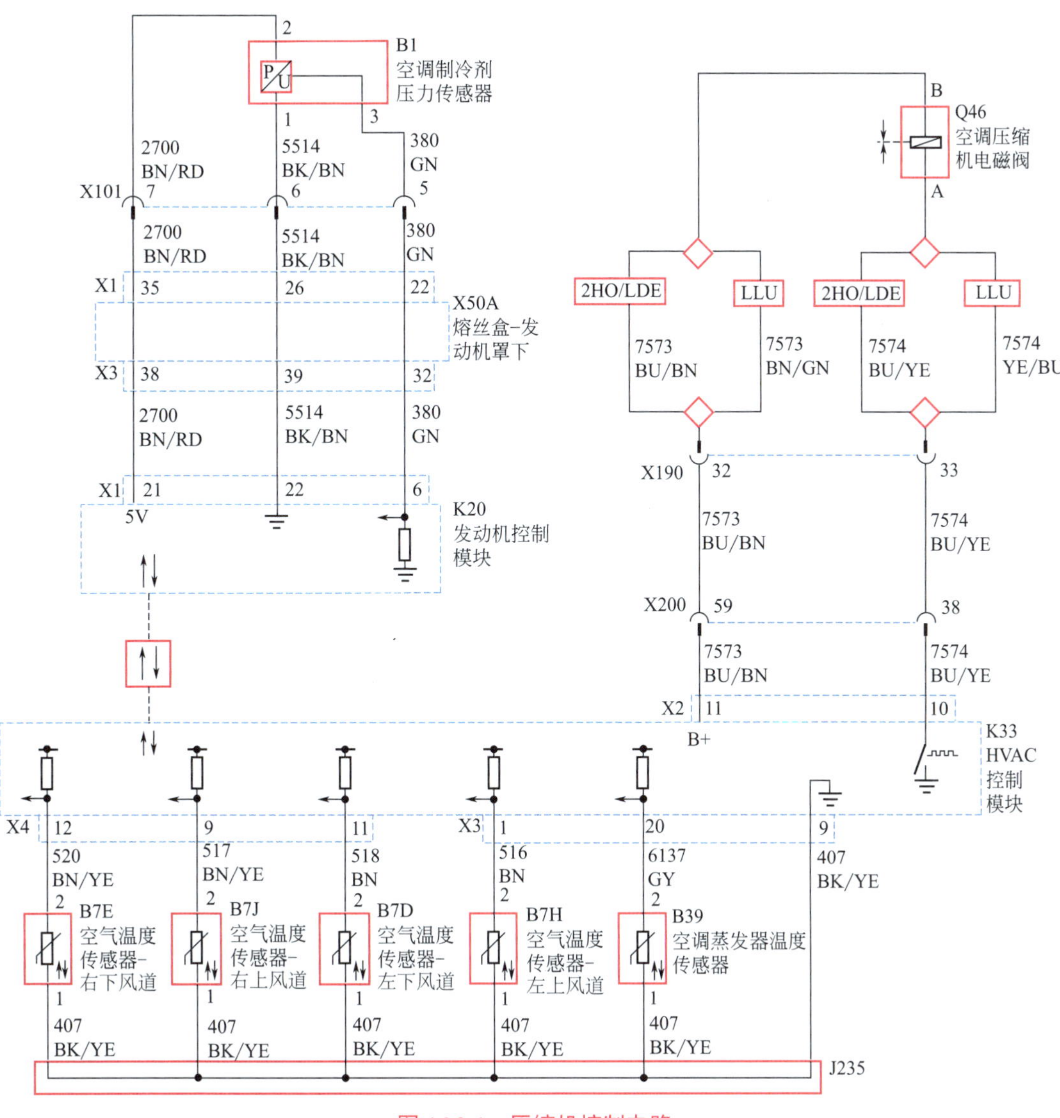

图 16.3-1 压缩机控制电路

如果不是规定值，则更换 A26 HVAC 控制装置。

如果是规定值，则更换 K33“暖风、通风和空调控制模块”，并确认 Q46“空调压缩机电磁阀”可以实现激活和禁用。

如果 Q46“空调压缩机电磁阀”不能被激活和禁用，则更换 K33 HVAC 控制模块。

如果 Q46“空调压缩机电磁阀”能够被激活和禁用，表明全部正常。

故障排除：

更换空调控制模块，故障排除。

16.4　灯光系统

16.4.1　灯光系统控制

灯光控制、检测结合前大灯电路图 16.4-1 和图 16.4-2 进行。

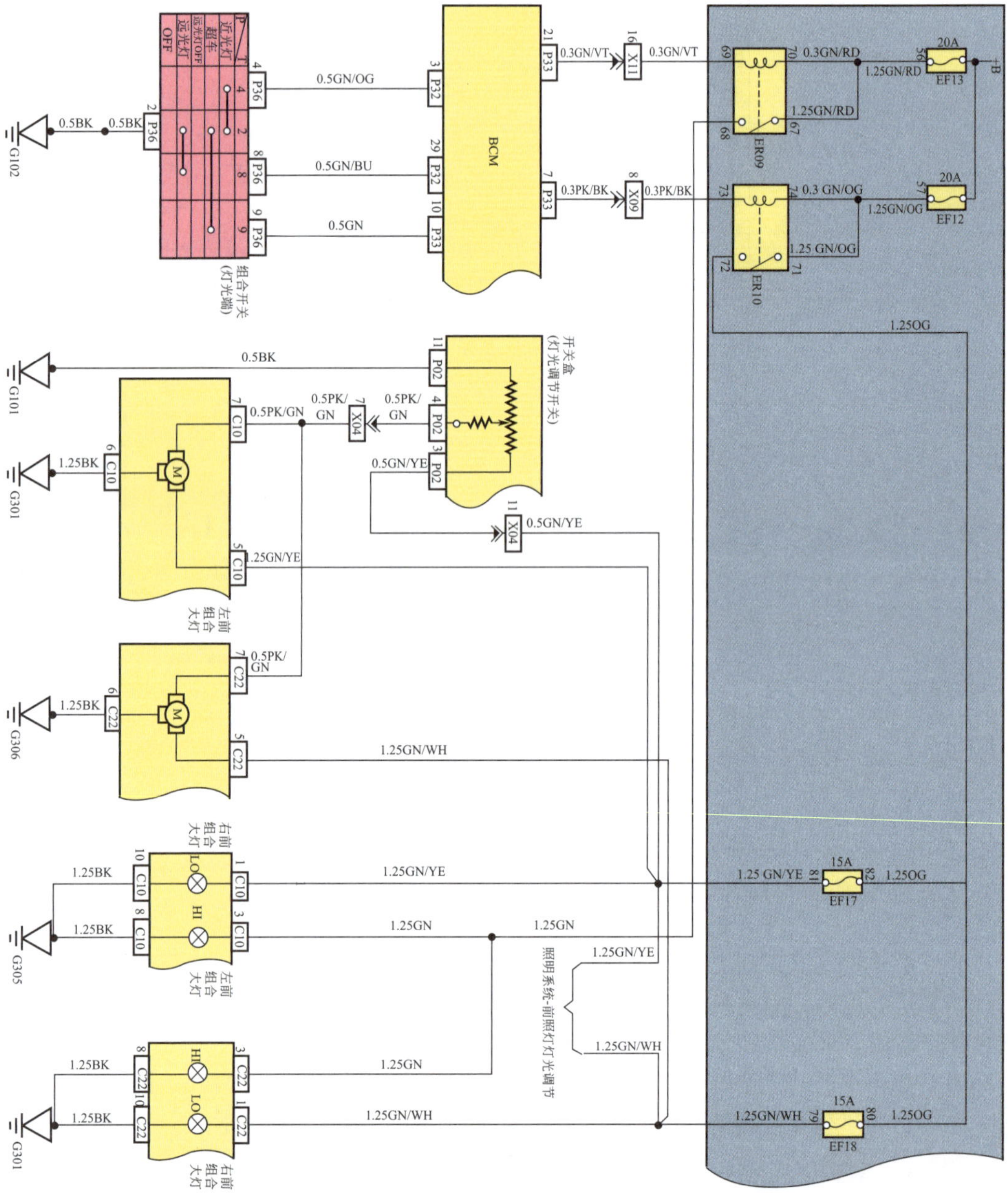

图 16.4-1　前照灯 / 前照灯灯光调节电路

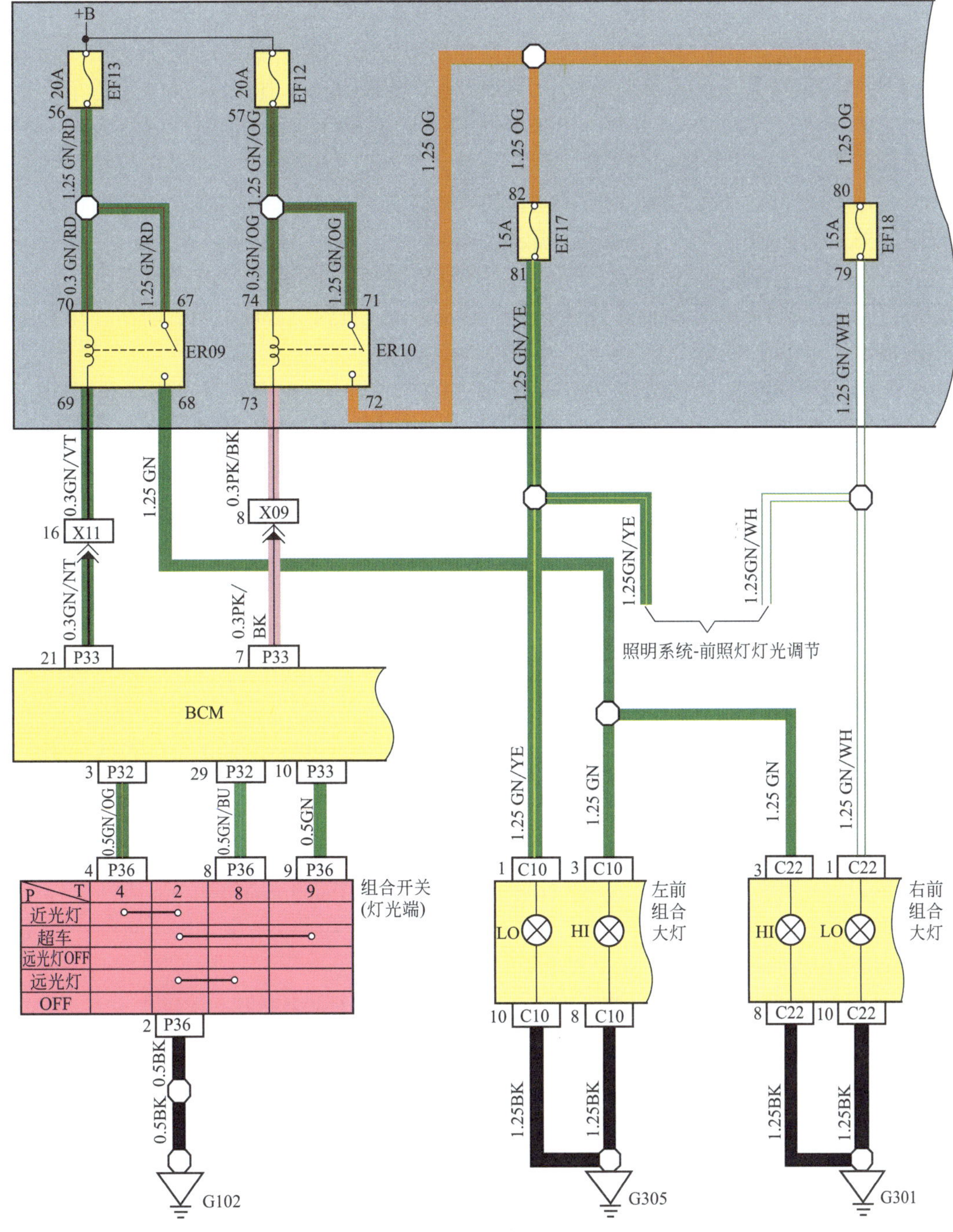

图 16.4-2　前照灯电路

（1）前大灯控制

❶ 近光灯控制。在电源挡位处于 ON、START 状态，如果打开位置灯开关和近光灯开关，则 BCM 点亮近光灯。如果关闭位置灯开关或近光灯开关，或点火开关处于 ACC/OFF 状态，则熄灭近光灯。

❷ 远光灯控制。在电源挡位处于 ON、START 状态，只有当近光灯开关闭合且远光灯开关闭合时，远光灯才被点亮；只有当近光开关断开或远光灯开关断开时，远光灯才被熄灭；

当远光灯开关断开时，如果近光灯开关还处于闭合状态，则 BCM 继续点亮近光灯。

❸ 超车灯控制。电源挡位处于任意挡，打到超车挡位，BCM 控制远光灯点亮。

❹ 跟随回家灯光。跟随回家灯光电源挡位处于 OFF 状态，如果在 2s 内近光灯开关从 OFF → POS（小灯开关）→近光灯→ POS → OFF，则近光灯点亮，同时蜂鸣器鸣叫一声。如果有任意车门（包括后备厢门）没关闭，则近光灯延迟 180s 熄灭。如果车门都关闭，则近光灯延迟 60s 熄灭。在近光灯点亮期间，如果电源挡位从 OFF 挡转到非 OFF 挡状态，或近光灯开关处于非 OFF 状态，则近光灯熄灭。

（2）前雾灯控制　电源挡位处于 ON 或 START 挡时，在位置灯点亮的情况下，如果打开前雾灯开关，则 BCM 驱动前雾灯继电器点亮前雾灯，直到位置灯关闭、前雾灯开关关闭或电源挡位从 ON 或 START 变为 ACC 或 OFF 时，前雾灯关闭。

（3）后雾灯控制　电源挡位处于 ON 或 START 挡时，在近光灯点亮（非跟随回家状态）或远光灯点亮（非超车灯光），或前雾灯点亮的情况下，第一次拨动后雾灯开关（此时后雾灯开关为激活状态）时，则后雾灯点亮；在位置灯熄灭或再次拨动后雾灯开关（此时后雾灯开关为取消状态），或者挡位从 ON → ACC、ON → OFF 时，后雾灯熄灭。后雾灯熄灭后，后雾灯开关视为取消状态。如果需要再次点亮后雾灯，需在满足后雾灯点亮的情况下再次拨动后雾灯开关。如果在不满足后雾灯点亮的条件下拨动后雾灯开关，其状态均视为无效。

16.4.2　灯光系统检测

（1）检查位置灯开关

❶ 断开灯光组合开关线束插头 P36。

❷ 将灯光组合开关转到灯开关位置。

❸ 测量灯光组合开关的接线端子 P36 的 1 号与 2 号端子是否导通。

标准电阻值：小于 1Ω。

❹ 关闭灯光组合开关。

❺ 测量灯光组合开关的接线端子 P36 的 1 号和 2 号端子是否断开。

标准电阻值：10 MΩ 或更高。

是否正常？

若是，至步骤（2）；若否，则更换灯光组合开关。

（2）检查近光灯开关

❶ 将灯光组合开关转到近光灯开关位置。

❷ 测量灯光组合开关的接线端子 P36 的 4 号与 2 号端子是否导通。

标准电阻值：小于 1 Ω。

❸ 关闭灯光组合开关。

❹ 测量灯光组合开关的接线端子 P36 的 4 号与 2 号端子是否断开。

标准电阻值：10 MΩ 或更高。

是否正常？

若是，至步骤（3）；若否，则更换灯光组合开关。

（3）检查远光灯开关

❶ 将灯光组合开关转动到远光灯开关位置。

❷ 测量灯光组合开关的接线端子 P36 的 8 号端子与 2 号端子是否导通。

标准电阻值：小于 1Ω。

❸ 关闭灯光组合开关。

❹ 测量灯光组合开关的接线端子 P36 的 8 号端子与 2 号端子是否断开。

标准电阻值：10MΩ 或更高。

是否正常？

若是，至步骤（4）；若否，则更换灯光组合开关。

（4）检查超车灯开关

维修贴

此时应该先将灯光组合灯开关处于关闭位置，然后再让该开关处于超车灯位置。

❶ 将灯光组合开关转动到超车灯开关位置。

❷ 测量灯光组合开关的接线端子 P36 的 9 号端子与 2 号端子是否导通。

标准电阻值：小于 1Ω。

❸ 关闭灯光组合开关。

❹ 测量灯光组合开关的接线端子 P36 的 9 号端子与 2 号是否断开。

标准电阻值：10 MΩ 或更高。

是否正常？

若是，至步骤（5）；若否，则更换灯光组合开关。

（5）检查前雾灯开关

❶ 将灯光组合开关的前雾灯开关打开。

❷ 测量灯光组合开关的接线端子 P36 的 5 号与 6 号端子是否导通。

标准电阻值：小于 1Ω。

❸ 关闭灯光组合开关。

❹ 测量灯光组合开关的接线端子 P36 的 5 号与 6 号端子间是否断开。

标准电阻值：10MΩ 或更高。

是否正常？

若是，至步骤（6）；若否，则更换灯光组合开关。

（6）检查左转向灯开关

❶ 将灯光组合开关的左转向灯开关打开。

❷ 测量灯光组合开关的接线端子 P36 的 11 号和 12 号端子是否导通。

标准电阻值：小于 1Ω。

❸ 关闭左转向灯开关。

❹ 测量灯光组合开关的接线端子 P36 的 11 号和 12 号端子是否断开。

标准电阻值：10 MΩ 或更高。

是否正常？

若是，至步骤（7）；若否，则更换灯光组合开关。

（7）检查右转向灯开关

❶ 将灯光组合开关的右转向灯开关打开。

❷ 测量灯光组合开关的接线端子 P36 的 13 号和 12 号端子是否导通。

标准电阻值：小于 1Ω。

❸ 关闭右转向灯开关。

❹ 测量灯光组合开关的接线端子 P36 的 13 号和 12 号端子是否断开。

标准电阻值：10 MΩ 或更高。

是否正常？

若是，至步骤（8）；若否，则更换灯光组合开关。

（8）检查后雾灯开关

❶ 将灯光组合开关的后雾灯打开。

❷ 测量开关的接线端子 P36 的 7 号和 5 号端子是否导通。

标准电阻值：小于 1Ω。

❸ 关闭后雾灯开关。

❹ 测量开关的接线端子 P36 的 7 号和 5 号端子是否断开。

标准电阻值：10MΩ 或更高。

是否正常？

若是，检查结束；若否，则更换灯光组合开关。

16.5 车窗系统

16.5.1 车窗控制

16.5.1.1 概述

车窗玻璃控制为驾驶员总控和乘员独立控制方式，采用电动升降方式，当需要升降车窗玻璃时，只需按动玻璃升降器按钮即可。驾驶员车门内侧设有全车车窗玻璃升降器开关，其他车门上的开关则控制相应的车窗玻璃。

16.5.1.2 车窗控制

（1）车窗手动升降 电源挡位处于“ON”挡，按压驾驶员侧某车窗开关上升 / 下降挡或本地车窗开关上升 / 下降挡，相应车窗上升 / 下降，直至松开开关或玻璃上升到顶 / 下降到底后停止，BCM 控制车窗的最长时间为 11s。

（2）升降优先级 对于同一个车窗电动机，如果同时出现上升控制信号和下降控制信号，则下降控制信号优先；如果在上升（或下降）的过程中出现运动控制信号（上升或下降），则电动机停止运动。

（3）熄火 1min 车窗功能有效 当点火开关处于 OFF 状态时，所有车窗开关信号和锁止开关信号在 1 min 之内均有效。优先级低于手动遥控车窗上升下降。

（4）手动遥控车窗上升 当点火开关为 OFF、钥匙拔出且四车门关闭时，按压遥控器上面的闭锁按钮时间 $t > 2s$ 后，各车窗电动机同时驱动车窗玻璃上升，如果一直按压闭锁按钮，当玻璃上升至车窗顶部后停止；当松开遥控器上面的闭锁按钮，则各车窗电动机停止驱动车窗玻璃上升。各车窗依次上升顺序为右前车窗、右后车窗、左前车窗、左后车窗，各车窗之间的上升间隔时间为 200ms。

（5）手动遥控车窗下降 当点火开关为 OFF、钥匙拔出且四车门关闭时，如果长按压遥控器"解锁"键超过 2s 时，BCM 控制四门车窗同时下降直到放开遥控钥匙。

（6）驾驶员侧车窗一键下降功能 将驾驶员车窗开关按下至第二挡（最底端）时，则驾驶员侧车窗玻璃自动下降到完全打开位置。在此过程中，如检测到驾驶员侧车窗开关上升键或下降键信号，则电动车窗停止下降，其他电动车窗开关无自动下降功能。驾驶员侧车窗前端有车窗锁止开关，按动锁止开关能锁止和解锁除驾驶员侧车窗以外的其余三个电动车窗的上升或下降。

16.5.2 车窗检测

（1）车窗故障概览（表 16.5-1）

表 16.5-1 车窗故障概览

症状	可能原因	措施
所有电动车窗都不工作	（1）线路故障 （2）车窗开关故障 （3）BCM 故障 （4）熔丝熔断	（1）检查供电线路 （2）检查车窗组合开关 （3）检查车身控制单元 （4）检查熔丝
只有一个电动车窗失效	（1）线路故障 （2）车窗玻璃升降器电动机故障 （3）车窗开关故障	（1）检查控制线路 （2）重点检查车窗升降器电动机 （3）检查相应车窗组
电动车窗延时功能失效	（1）线路故障 （2）BCM 故障	（1）检查控制线路 （2）重点检查车身控制单元
车窗锁止功能失效	（1）线路故障 （2）驾驶员车窗锁止开关故障	（1）检修线路、更换 （2）更换左前车窗开关
车窗开关灯不亮	（1）线路故障 （2）灯光组合开关故障 （3）车窗开关故障	（1）检修线路 （2）检查位置灯工作状态 （3）更换灯光组合开关 （4）更换车窗开关
电动车窗无法升到顶	（1）线路故障 （2）车窗玻璃升降器电动机故障 （3）玻璃导轨故障 （4）玻璃呢槽故障 （5）车门故障	（1）检修线路 （2）更换车窗玻璃升降器电动机 （3）检修、更换玻璃导轨 （4）检修、更换玻璃呢槽 （5）检修车门
电动车窗升降中移位	（1）车窗玻璃升降器电动机故障 （2）玻璃导轨故障 （3）玻璃呢槽故障 （4）车门故障	（1）检修、更换玻璃导轨 （2）检修、更换玻璃呢槽 （3）检修车门 （4）更换车窗玻璃升降器电动机

续表

症状	可能原因	措施
电动车窗升降缓慢	（1）线路故障 （2）蓄电池电压低故障 （3）车窗玻璃升降器电动机故障 （4）玻璃导轨故障 （5）玻璃呢槽故障 （6）车门故障	（1）检修线路 （2）检修充电系统，更换蓄电池 （3）检修、更换玻璃导轨 （4）检修、更换玻璃呢槽 （5）检修车门 （6）更换车窗玻璃升降器电动机

（2）所有电动车窗都不工作检查流程（表 16.5-2）

车窗电路如图 16.5-1 所示。

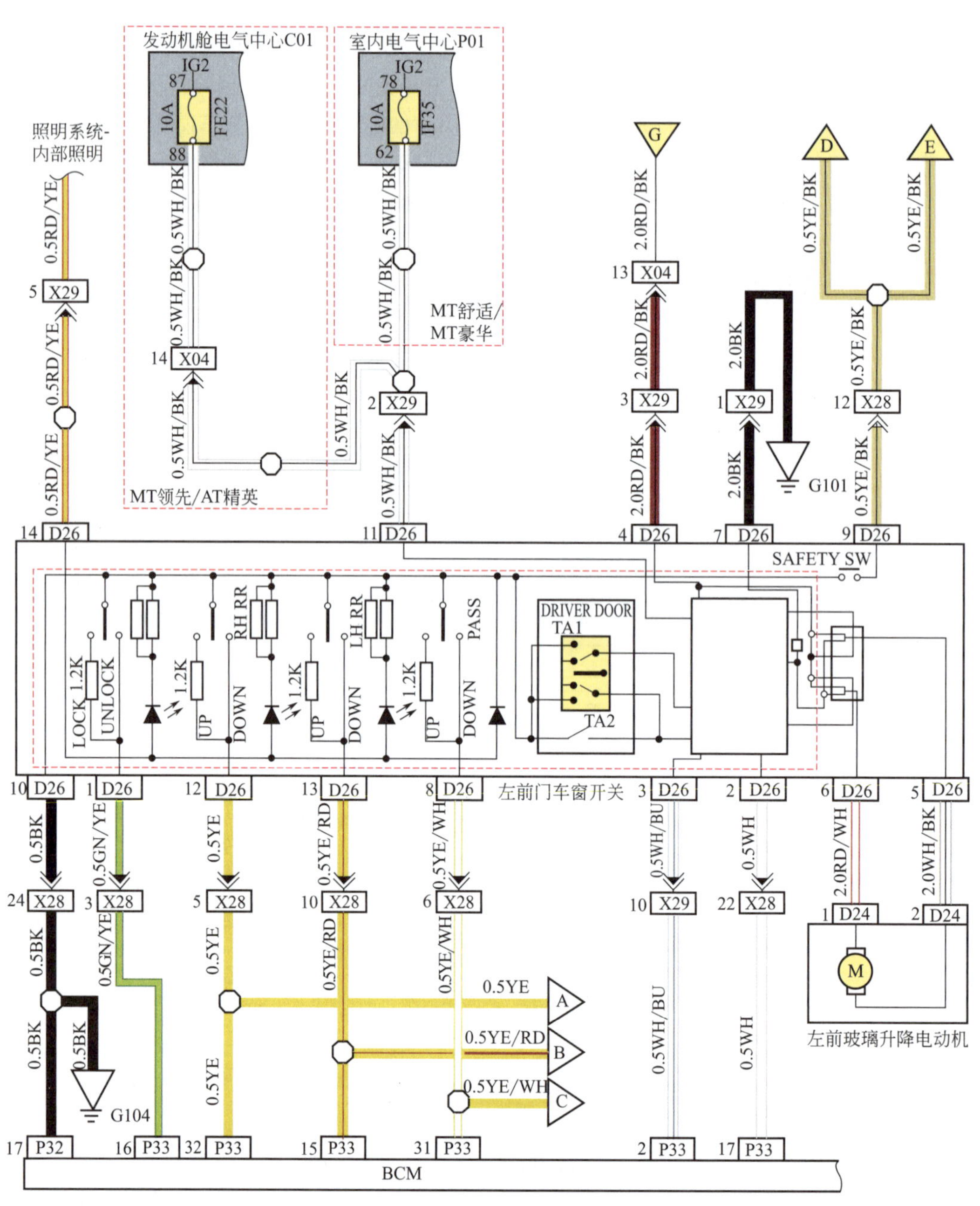

图 16.5-1　车窗电路

表 16.5-2　所有电动车窗都不工作检查流程

步骤	测试条件	检查和排除措施
1	一般检查	检查车窗开关、车窗玻璃升降器电动机线束插头，有无破损、接触不良、老化、松脱等迹象 是否正常？ →是 至步骤 2 →否 维修故障点
2	确认点火开关状态	转动点开关至“ON”位置。 点火开关状态是否正常？ →是 至步骤 3 →否 检修点火开关或点火开关线路
3	检查熔丝	①检查车窗开关熔丝 SB11、SB12。 ②检查车窗开关熔丝 EF22。 熔丝是否正常？ →是 至步骤 4 →否 检修熔丝线路，更换额定容量的熔丝
4	检查蓄电池的电压	①用万用表检查蓄电池的电压 标准电压值：11 ～ 14V ②启动发动机，用万用表检查蓄电池的电压 标准电压值：11 ～ 14V 电压是否正常？ →是 至步骤 5 →否 检修充电系统
5	检查驾驶员侧电动车窗开关	①转动点火开关至“ON”位置 ②从驾驶员侧车窗开关线束插头后侧，按照驾驶员侧电动车窗开关控制表检查开关的性能 开关是否正常？ →是 至步骤 6 →否 更换驾驶员侧电动车窗开关
6	检查驾驶员侧电动车窗开关电源 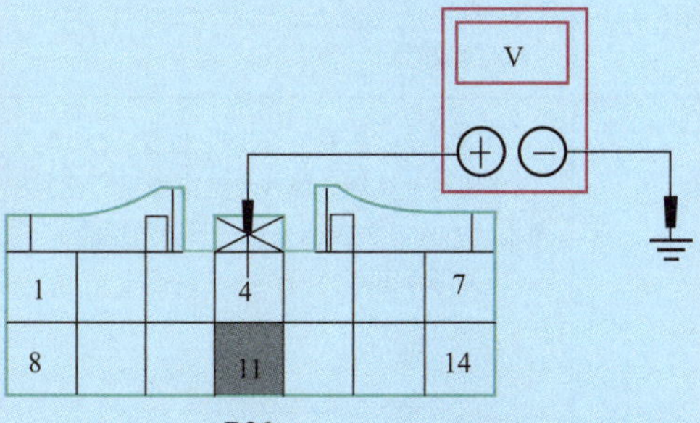 V 1　4　7 8　11　14 D26	①转动点火开关至“LOCK”位置 ②断开驾驶员侧电动车窗开关线束插头 D26 ③测量驾驶员侧电动车窗开关线束插头 D26 的 4 号端子与可靠接地点电压 标准电压值：11 ～ 14V ④转动点火开关至“ON”位置 ⑤测量驾驶员侧电动车窗开关线束插头 D26 的 11 号端子与可靠接地点电压 标准电压值：11 ～ 14V 电压是否正常？ →是 至步骤 7 →否 检修驾驶员侧电动车窗开关线束插头 D26 的 4 号端子与熔丝 SB11 的 62 号端子电源线路故障 检修驾驶员侧电动车窗开关线束插头 D26 的 11 号端子与熔丝 EF22 的 88 号端子电源线路故障

续表

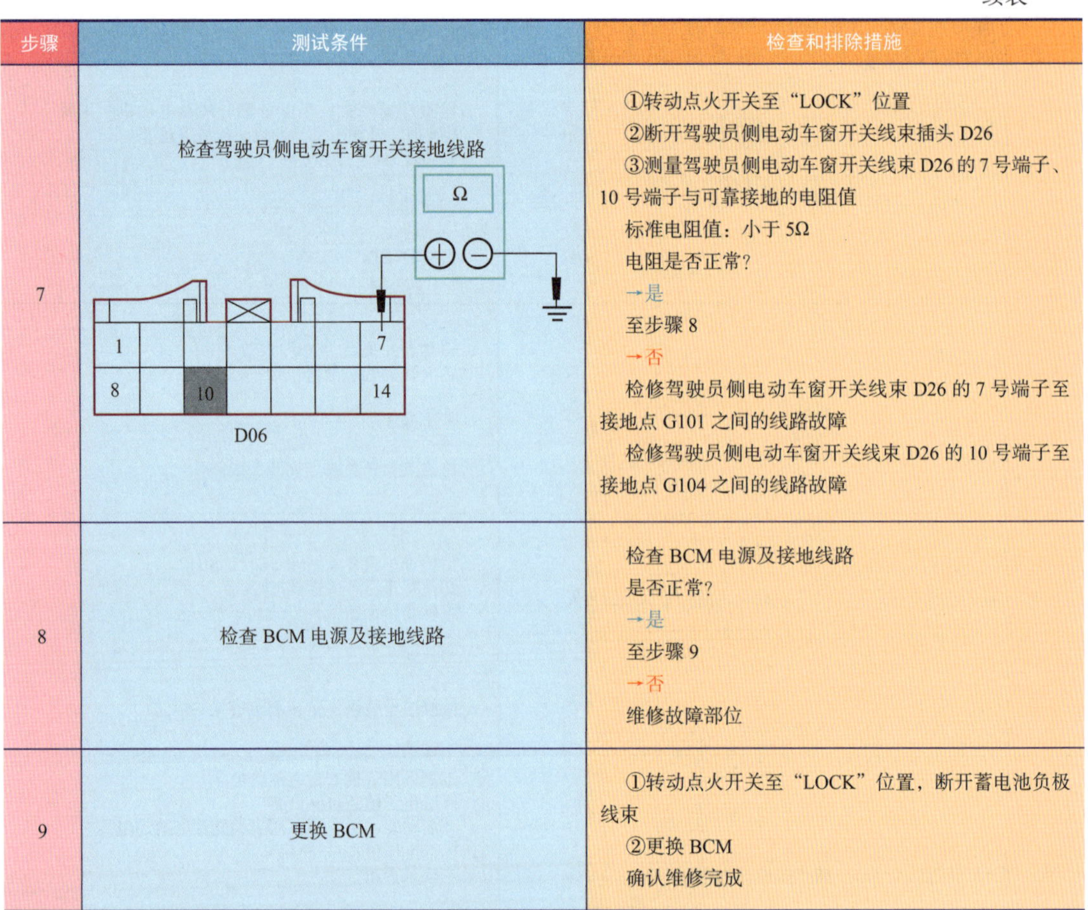

步骤	测试条件	检查和排除措施
7	检查驾驶员侧电动车窗开关接地线路	①转动点火开关至“LOCK”位置 ②断开驾驶员侧电动车窗开关线束插头 D26 ③测量驾驶员侧电动车窗开关线束 D26 的 7 号端子、10 号端子与可靠接地的电阻值 标准电阻值：小于 5Ω 电阻是否正常？ →是 至步骤 8 →否 检修驾驶员侧电动车窗开关线束 D26 的 7 号端子至接地点 G101 之间的线路故障 检修驾驶员侧电动车窗开关线束 D26 的 10 号端子至接地点 G104 之间的线路故障
8	检查 BCM 电源及接地线路	检查 BCM 电源及接地线路 是否正常？ →是 至步骤 9 →否 维修故障部位
9	更换 BCM	①转动点火开关至“LOCK”位置，断开蓄电池负极线束 ②更换 BCM 确认维修完成

（3）驾驶员侧电动车窗失效检查和排除措施（表 16.5-3）

表 16.5-3　驾驶员侧电动车窗失效检查和排除措施

步骤	测试条件	检查和排除措施
1	一般检查	检查车窗开关、车窗玻璃升降器电动机线束插头，有无破损、接触不良、老化、松脱等迹象 是否正常？ →是 至步骤 2 →否 维修故障点
2	检查驾驶员侧电动车窗开关	①转动点火开关至“ON”位置 ②从驾驶员侧车窗开关线束插头后侧，按照驾驶员侧电动车窗开关控制表检查开关的性能 开关是否正常？ →是 至步骤 3 →否 更换驾驶员侧电动车窗开关

续表

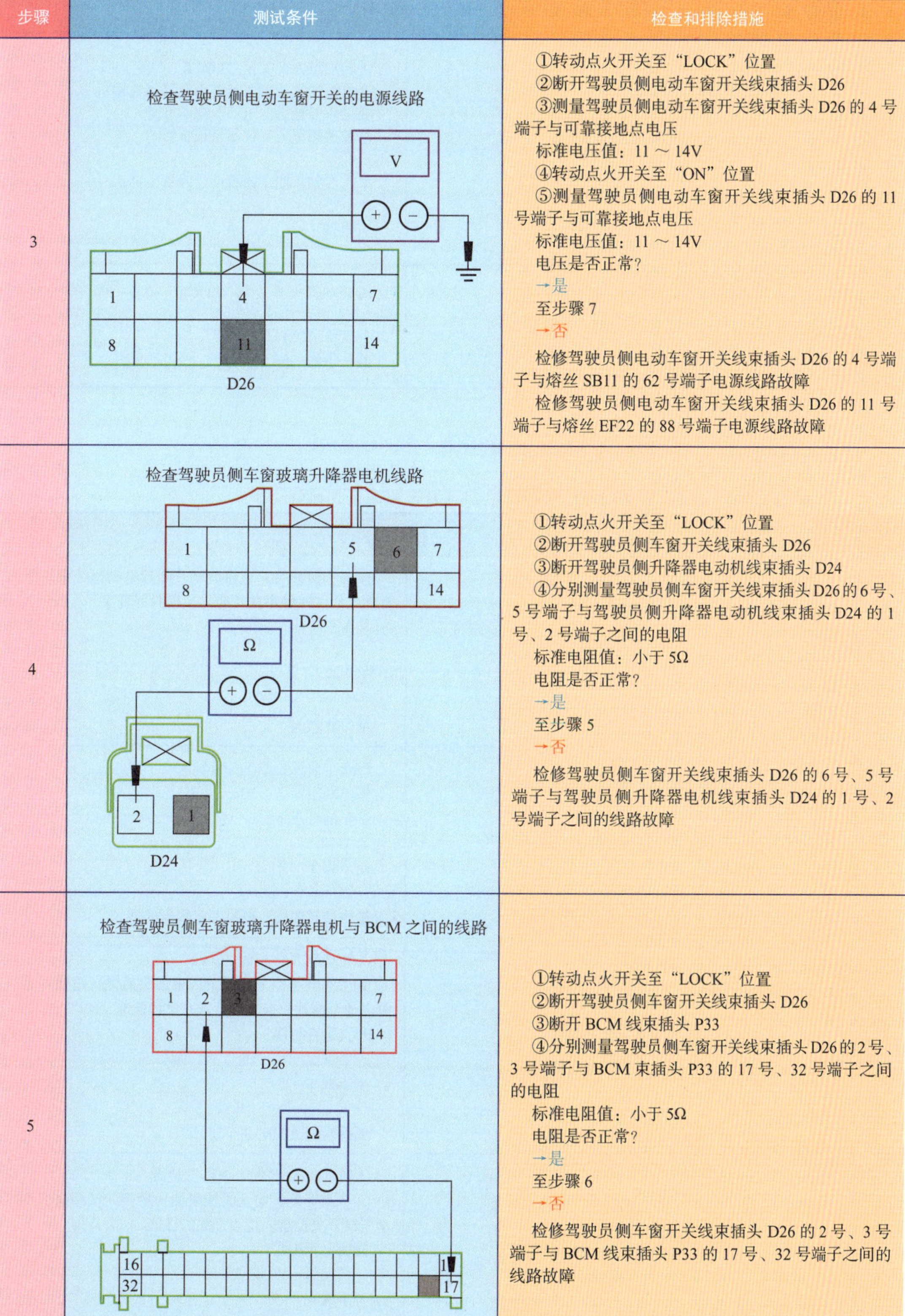

步骤	测试条件	检查和排除措施
3	检查驾驶员侧电动车窗开关的电源线路 D26	①转动点火开关至“LOCK”位置 ②断开驾驶员侧电动车窗开关线束插头 D26 ③测量驾驶员侧电动车窗开关线束插头 D26 的 4 号端子与可靠接地点电压 标准电压值：11 ～ 14V ④转动点火开关至“ON”位置 ⑤测量驾驶员侧电动车窗开关线束插头 D26 的 11 号端子与可靠接地点电压 标准电压值：11 ～ 14V 电压是否正常？ →是 至步骤 7 →否 检修驾驶员侧电动车窗开关线束插头 D26 的 4 号端子与熔丝 SB11 的 62 号端子电源线路故障 检修驾驶员侧电动车窗开关线束插头 D26 的 11 号端子与熔丝 EF22 的 88 号端子电源线路故障
4	检查驾驶员侧车窗玻璃升降器电机线路 D26 D24	①转动点火开关至“LOCK”位置 ②断开驾驶员侧车窗开关线束插头 D26 ③断开驾驶员侧升降器电动机线束插头 D24 ④分别测量驾驶员侧车窗开关线束插头 D26 的 6 号、5 号端子与驾驶员侧升降器电动机线束插头 D24 的 1 号、2 号端子之间的电阻 标准电阻值：小于 5Ω 电阻是否正常？ →是 至步骤 5 →否 检修驾驶员侧车窗开关线束插头 D26 的 6 号、5 号端子与驾驶员侧升降器电机线束插头 D24 的 1 号、2 号端子之间的线路故障
5	检查驾驶员侧车窗玻璃升降器电机与 BCM 之间的线路 D26 P33	①转动点火开关至“LOCK”位置 ②断开驾驶员侧车窗开关线束插头 D26 ③断开 BCM 线束插头 P33 ④分别测量驾驶员侧车窗开关线束插头 D26 的 2 号、3 号端子与 BCM 束插头 P33 的 17 号、32 号端子之间的电阻 标准电阻值：小于 5Ω 电阻是否正常？ →是 至步骤 6 →否 检修驾驶员侧车窗开关线束插头 D26 的 2 号、3 号端子与 BCM 线束插头 P33 的 17 号、32 号端子之间的线路故障

续表

步骤	测试条件	检查和排除措施
6	更换驾驶员侧车窗玻璃升降器电动机	①转动点火开关至“LOCK”位置 ②更换驾驶员侧车窗玻璃升降器电动机 ③操作驾驶员侧电动车窗的升降 驾驶员侧车窗工作是否正常？ →是 更换驾驶员侧车窗玻璃升降器电动机 →否 至步骤 7
7	更换 BCM	①转动点火开关至“LOCK”位置，断开蓄电池负极线束 ②更换 BCM 确认维修完成

（4）乘客侧电动车窗失效检查和排除措施（表 16.5-4）

表 16.5-4　乘客侧电动车窗失效检查和排除措施

步骤	测试条件	检查和排除措施
1	一般检查	检查车窗开关、车窗玻璃升降器电动机线束插头，有无破损、接触不良、老化、松脱等迹象 是否正常？ →是 至步骤 2 →否 维修故障点
2	检查熔丝	检查车窗开关熔丝 SB12 熔丝额定容量：30A 熔丝是否正常？ →是 至步骤 3 →否 检修熔丝线路，更换额定容量的熔丝
3	检查驾驶员侧电动车窗开关	①转动点火开关至“ON”位置 ②从驾驶员侧车窗开关线束插头后侧，按照驾驶员侧电动车窗开关控制表检查开关的性能 开关是否正常？ →是 至步骤 3 →否 更换驾驶员侧电动车窗开关
4	检查乘客侧电动车窗开关	①转动点火开关至“ON”位置 ②从乘客侧车窗开关线束插头后侧，按照乘客侧电动车窗开关控制表检查开关的性能 开关是否正常？ →是 至步骤 5 →否 更换乘客侧电动车窗开关

续表

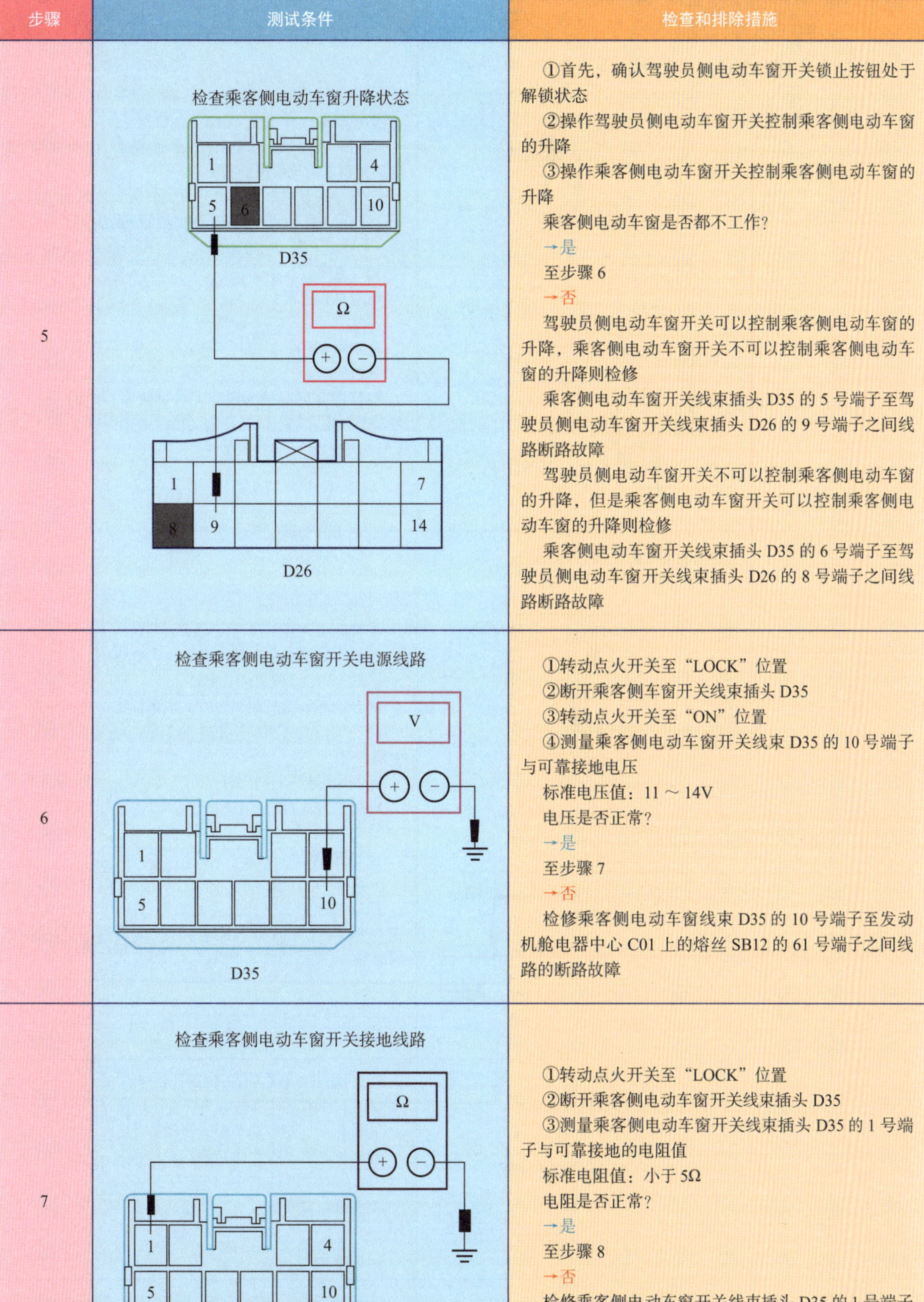

步骤	测试条件	检查和排除措施
5	检查乘客侧电动车窗升降状态 D35 D26	①首先，确认驾驶员侧电动车窗开关锁止按钮处于解锁状态 ②操作驾驶员侧电动车窗开关控制乘客侧电动车窗的升降 ③操作乘客侧电动车窗开关控制乘客侧电动车窗的升降 乘客侧电动车窗是否都不工作? →是 至步骤 6 →否 驾驶员侧电动车窗开关可以控制乘客侧电动车窗的升降，乘客侧电动车窗开关不可以控制乘客侧电动车窗的升降则检修 乘客侧电动车窗开关线束插头 D35 的 5 号端子至驾驶员侧电动车窗开关线束插头 D26 的 9 号端子之间线路断路故障 驾驶员侧电动车窗开关不可以控制乘客侧电动车窗的升降，但是乘客侧电动车窗开关可以控制乘客侧电动车窗的升降则检修 乘客侧电动车窗开关线束插头 D35 的 6 号端子至驾驶员侧电动车窗开关线束插头 D26 的 8 号端子之间线路断路故障
6	检查乘客侧电动车窗开关电源线路 D35	①转动点火开关至“LOCK”位置 ②断开乘客侧车窗开关线束插头 D35 ③转动点火开关至“ON”位置 ④测量乘客侧电动车窗开关线束 D35 的 10 号端子与可靠接地电压 标准电压值：11 ~ 14V 电压是否正常? →是 至步骤 7 →否 检修乘客侧电动车窗线束 D35 的 10 号端子至发动机舱电器中心 C01 上的熔丝 SB12 的 61 号端子之间线路的断路故障
7	检查乘客侧电动车窗开关接地线路 D35	①转动点火开关至“LOCK”位置 ②断开乘客侧电动车窗开关线束插头 D35 ③测量乘客侧电动车窗开关线束插头 D35 的 1 号端子与可靠接地的电阻值 标准电阻值：小于 5Ω 电阻是否正常? →是 至步骤 8 →否 检修乘客侧电动车窗开关线束插头 D35 的 1 号端子与接地点 G105 的线路故障

续表

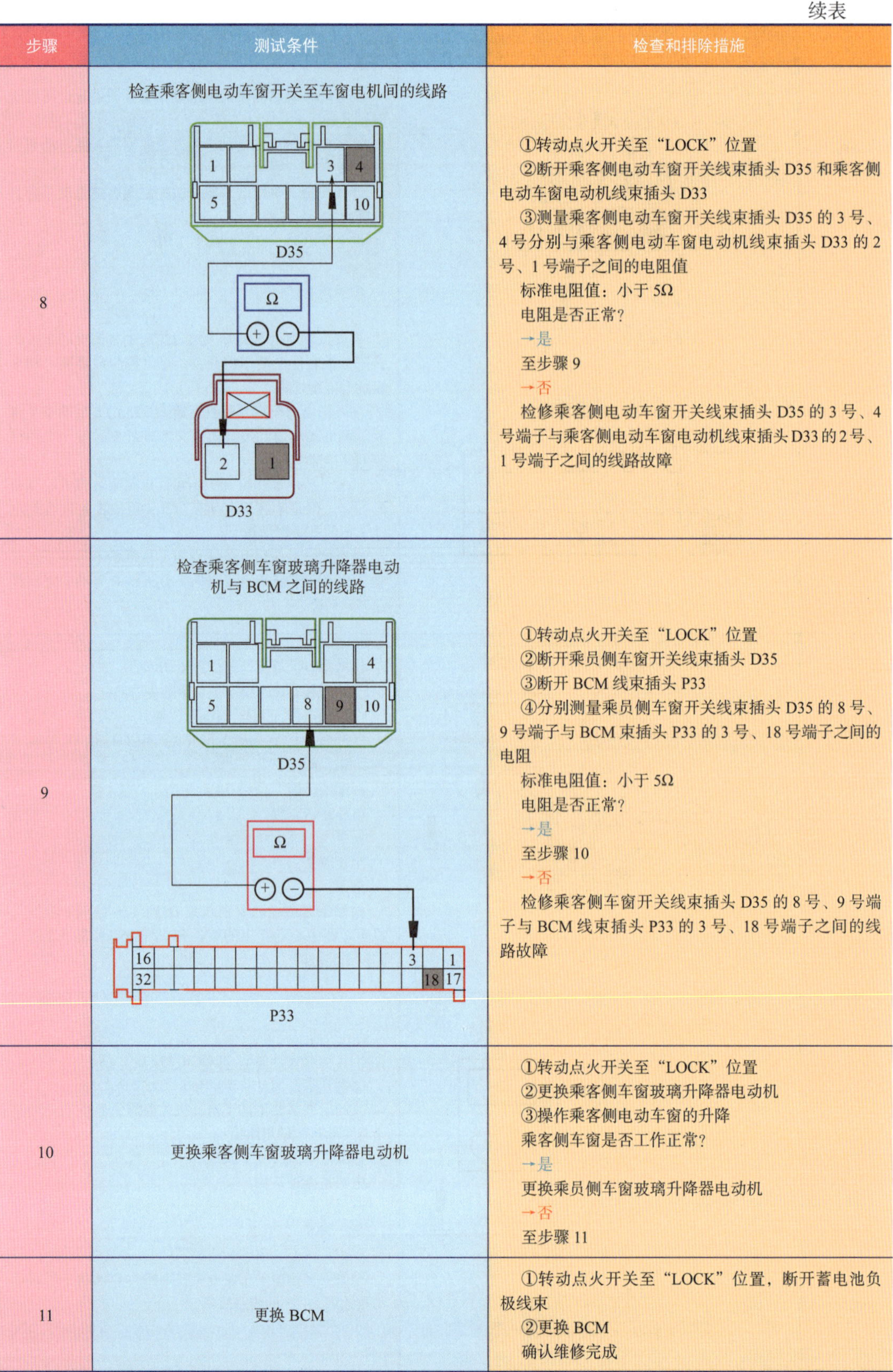

步骤	测试条件	检查和排除措施
8	检查乘客侧电动车窗开关至车窗电机间的线路	①转动点火开关至“LOCK”位置 ②断开乘客侧电动车窗开关线束插头 D35 和乘客侧电动车窗电动机线束插头 D33 ③测量乘客侧电动车窗开关线束插头 D35 的 3 号、4 号分别与乘客侧电动车窗电动机线束插头 D33 的 2 号、1 号端子之间的电阻值 标准电阻值：小于 5Ω 电阻是否正常? →是 至步骤 9 →否 检修乘客侧电动车窗开关线束插头 D35 的 3 号、4 号端子与乘客侧电动车窗电动机线束插头 D33 的 2 号、1 号端子之间的线路故障
9	检查乘客侧车窗玻璃升降器电动机与 BCM 之间的线路	①转动点火开关至“LOCK”位置 ②断开乘员侧车窗开关线束插头 D35 ③断开 BCM 线束插头 P33 ④分别测量乘员侧车窗开关线束插头 D35 的 8 号、9 号端子与 BCM 束插头 P33 的 3 号、18 号端子之间的电阻 标准电阻值：小于 5Ω 电阻是否正常? →是 至步骤 10 →否 检修乘客侧车窗开关线束插头 D35 的 8 号、9 号端子与 BCM 线束插头 P33 的 3 号、18 号端子之间的线路故障
10	更换乘客侧车窗玻璃升降器电动机	①转动点火开关至“LOCK”位置 ②更换乘客侧车窗玻璃升降器电动机 ③操作乘客侧电动车窗的升降 乘客侧车窗是否工作正常? →是 更换乘员侧车窗玻璃升降器电动机 →否 至步骤 11
11	更换 BCM	①转动点火开关至“LOCK”位置，断开蓄电池负极线束 ②更换 BCM 确认维修完成

16.6 电动座椅

（1）电动座椅系统组成 电动座椅系统由下列部件组成：座椅调节器开关、座椅水平调节电动机、座椅前部垂直调节电动机、座椅后部垂直调节电动机等。电动座椅框图如图 16.6-1 所示。

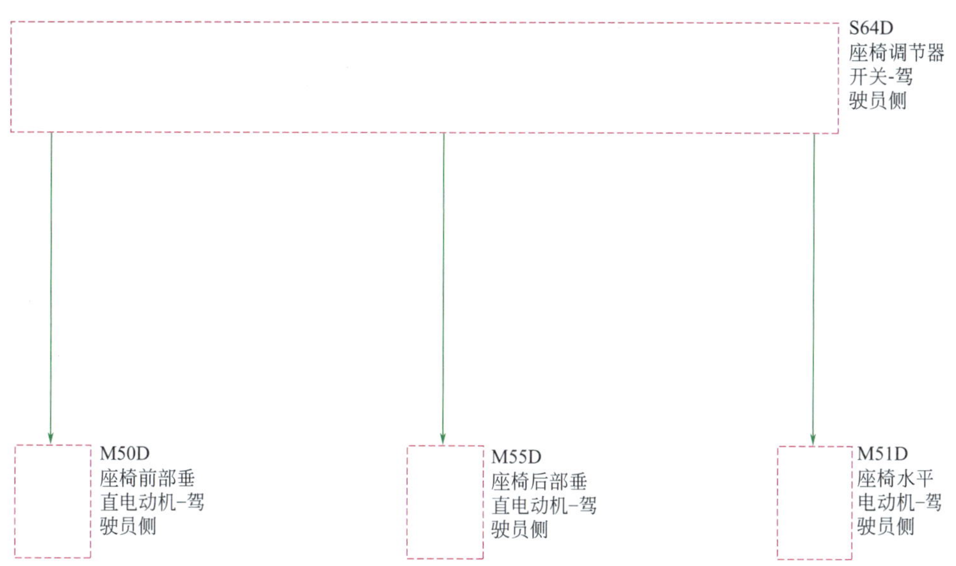

图 16.6-1　电动座椅框图

（2）电动机控制 所有的座椅电动机都独立工作。各电动机都包括一个电子断路器（PTC），该断路器在电路过载情况下断开，而且仅在电路电压切断后才会复位。共有三个座椅位置电动机，分别是卧式电动机、前部立式电动机和后部立式电动机。座椅水平调节电动机使整个座椅向前和向后移动。座椅垂直调节电动机可以单独工作，使坐垫的前部或后部向上或者向下倾斜。两台电动机也可以同时工作，使整个座椅向上或者向下移动。

（3）座椅运行原理 座椅开关为所选座椅电动机提供电源和搭铁。所有座椅电动机都可双向运行。例如，当按下座椅水平向前开关使整个座椅向前移动时，搭铁通过开关触点和座椅水平调节电动机向前控制电路供至电动机。水平调节电动机向后开关触点接通到 B+ 电路，电动机运行以驱动整个座椅向前移动，直到开关松开。向后移动整个座椅和向前移动整个座椅的操作过程类似，不同的是，蓄电池电压和搭铁通过相反的电路施加在电动机上，从而使电动机反向运转。所有座椅电动机都是这样通电运行的。

第 17 章 汽车总线系统

17.1 总线系统基本知识

视频讲解

17.1.1 概述

为达到提升车辆行驶性能、乘坐舒适性，降低排放物污染，以及改善燃油消耗率等目的，大量的电子装置被应用至车辆上。如果仍然采用与过去相同的方式，每一个电子控制信号都由各自专属的电路来传输，将会使车辆上的电路随着电子装置的使用而大量增加。目前车辆的电子控制系统大多会根据其功能性，而使用不同的控制模块来执行控制，因此便需要参考传感器的信号来决定系统中执行器的动作时机。有时一个传感器的信号可以提供给车辆上不同电子系统的控制模块来使用，但是若使用过去的信号传输方式，随着信号数量的增加，电路的数量也会跟着增加，为了解决这些问题，而发展出新的车用网络通信技术。

现在车用网络通信技术采用多路的观念，例如如果传感器的信号能够先传输到一个控制模块，接着通过车辆上各个控制模块之间所连接的数据传输电路，而将此传感器的信号与其他有需要的控制模块共享，如此便可节省传感器与电路的使用，达到降低车重与成本等目的。另外，除了传感器的信号可共享之外，执行器的工作要求信号也能够通过数据传输电路来传递，使车辆获得更多的功能，同时增加了可靠性与电脑诊断的能力。

如图 17.1-1 所示，在站台 A（站台，英语叫网关）到达一列快车（CAN 驱动数据总线，500kbit/s），车上有数百名旅客；在站台 B 已经有一辆火车（CAN 舒适 / Infotainment 数据总线，100kbit/s）在等待，有一些乘客就换到这辆火车上，有一些乘客要换乘快车继续旅行。

车站 / 站台的这种功能，可以让旅客换车，以便通过速度不同的交通工具到达各自目的地，与 CAN 驱动数据总线和 CAN 舒适 / Infotainment 数据总线两系统网络的网关功能是相同的。网关的主要任务是使两个速度不同的系统之间能进行信息交换。

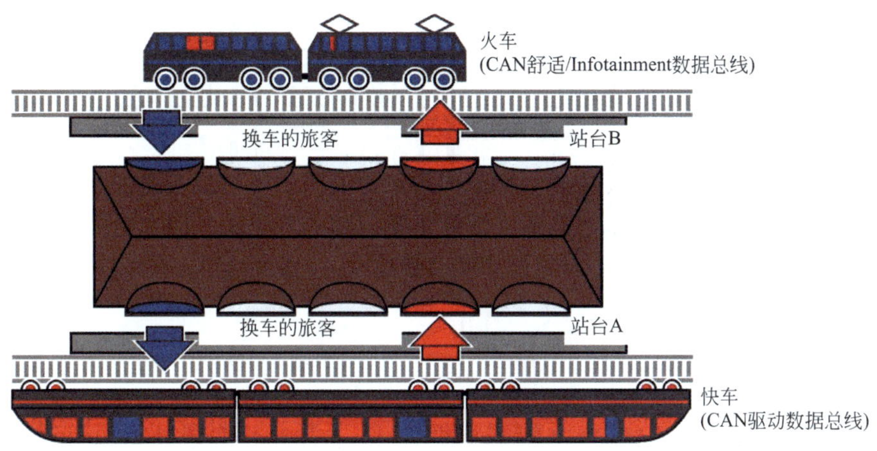

图 17.1-1　总线原理示意

17.1.2　总线类型

美国汽车工程师协会（SAE）根据数据传输速度的不同，将车用网络区分为以下类型。

（1）A 类　数据传输速率为 1 ～ 10kbit/s，适合使用于对即时性要求不高的系统控制，其通信协议主要有 LIN、TTP（Time-Triggered Protocol）/A 等，应用范围如中控门锁、电动车窗、电动座椅与灯光照明等。

（2）B 类　数据传输速率为 10 ～ 125kbit/s，其相关的通信协议主要有 CAN B（中速 CAN）、SAE J1850（OBD Ⅱ）、VAN（Vehicle Area Network）等，应用范围如电子车辆信息中心、故障诊断与仪表信息显示等。

（3）C 类　数据传输速率为 125kbit/s ～ 1Mbit/s，其相关的通信协议主要有 CAN C（高速 CAN）、TTP（Time- Triggered Protocol）/C 等，主要应用于动力与传动系统的控制。

（4）其他类型　除以上三类之外，如果数据传输速率在 1 ～ 10Mbit/s，其相关的通信协议则还有 FlexRay、Byteflight，可支持线控驾驶（X-by-wire），以及数据传输速率为 10Mbit/s 以上的 D2B、MOST、IDB 等，此类通信协议主要应用于汽车导航、影音系统等多媒体资讯娱乐应用。

另外，根据车辆上各节点（控制模块）连接的方式，车用网络系统可区分为环形串联、总线（BUS）及星形连接。

视频讲解

17.1.3　总线特点

（1）CAN 总线特点　CAN 总线是用以传输数据的双向数据线，最常用的介质是双绞线，如通过 CAN 总线发送给各控制单元，各控制单元接收后进行计算（图 17.1-2）。

为了防止外界电磁波干扰和向外辐射，CAN 总线采用两条线缠绕在一起，两条线上的电位是相反的，如果一条线上的电压是 5V，另一条线就是 0，两条线的电压和总等于常值，而且所产生的电磁场效应也会由于极性相反而互相抵消。因此采用此种方法，CAN 总线可得到保护而免受外界电磁场干扰，同时 CAN 总线向外界辐射也保持中性，即无辐射。

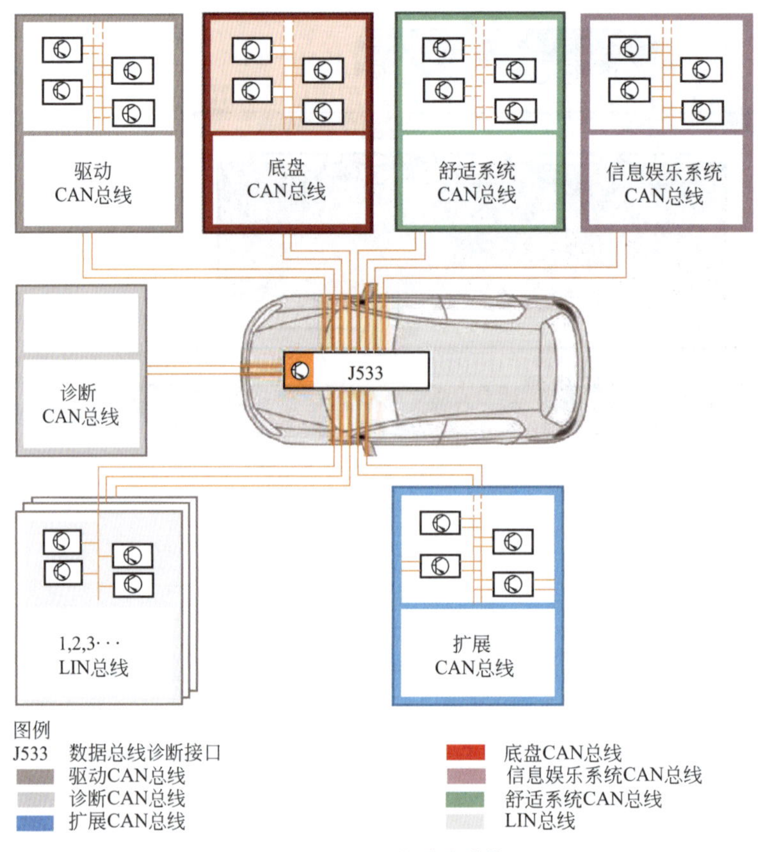

图 17.1-2 总线系统结构

CAN 总线上的每个节点（ECU）都有自己的地址，连续监视着总线上发出的各种数据，使所收到的数据地址与自身地址吻合。

（2）LIN 总线特点 LIN（Local Interconnect Network，内联局域网）是一种低成本的局部互联的串行通信网络协议，适用于对数据速率传输要求较低的场合（图 17.1-3）。LIN 总线的目标是为车载网络（如 CAN 总线）提供辅助功能。LIN 总线是单线式总线，仅靠一根导线传输数据。主要用在防盗系统、自适应前照灯、氙气前照灯、驾驶人侧开关组件、外后视镜、中控门锁、电动天窗、空调系统的鼓风机、加热器控制等。

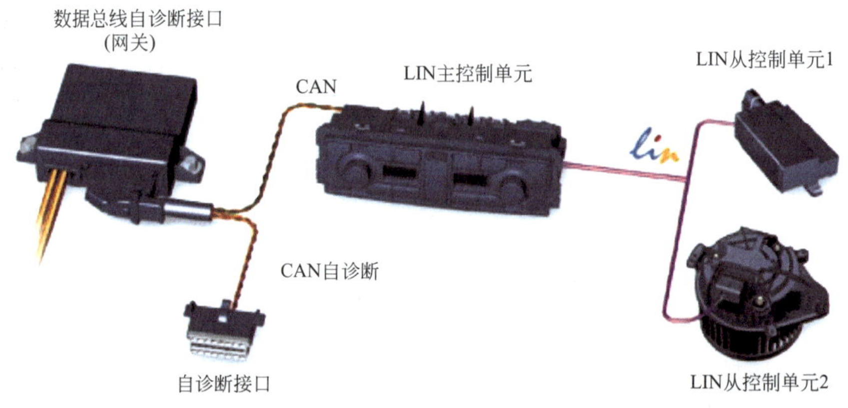

图 17.1-3 LIN 总线

（3）MOST 总线特点 MOST 是 Media Oriented Systems Transport 的缩写，即面向媒体的传输系统。MOST 总线单向（封闭环）传输，用于通信和信息娱乐领域。

MOST 总线是以光纤总线为传输媒体的高速网络，其传输速度可达 25Mbit/s，并且在减重和抗干扰方面有独特的优势。

MOST 网络技术结构是一个环状结构，光信号从一个节点传送到另一个节点，接收设备收到信号后，将其转换成电信号，再由 MOST 处理器进行处理，最终转换成光信号。

例如，如图 17.1-4 所示，信息娱乐系统控制单元的数据交换通过 MOST 总线进行。它可以达到非常高的数据传输率，例如在传输音频数据时需要的那样。电视调谐器、倒车摄像头或 DVD 换碟机的图像信号以 FBAS 信号的形式通过模拟视频线传输到信息电子设备 1 控制单元 J794。

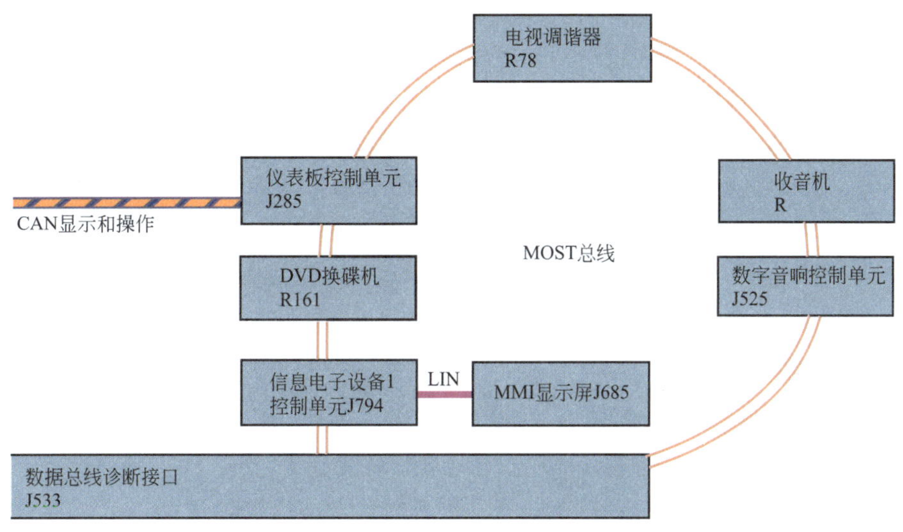

图 17.1-4 MOST 总线环形拓扑图

（4）FlexRay 总线 FlexRay 总线是双线式总线系统（图 17.1-5），其数据传输速率为 10Mbit/s。这两根总线导线一根标为正总线（导线颜色为粉红色），另一根标为负总线（导线颜色为绿色）。FlexRay 总线在单线状态时是无法工作的，因为工作中要对这两条线之间的电位差进行分析。目标是在电气与机械电子组件之间实现可靠、实时、高效的数据传输，以确保满足汽车网络技术的需要。

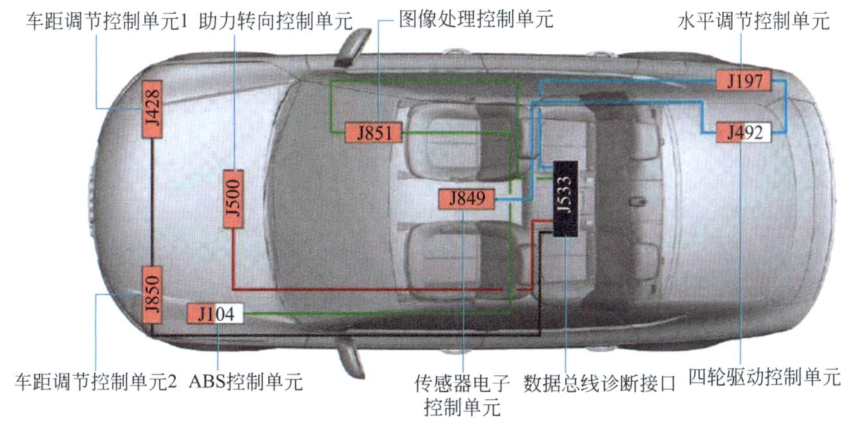

图 17.1-5 FlexRay 总线拓扑图

对于 FlexRay 总线来说，其诊断接口起着控制器的作用。在 J533 上有 4 个 FlexRay 总线分支，连接 8 个控制单元（指配备齐了所有装备时）。每个分支末端的控制单元都配备了一个低阻值电阻，中间的控制单元有一个高阻值内电阻。理论上讲，每个分支范围内导线长度最长不应超过 12m。

17.1.4 通信方式

电脑之间通信与数据传输所依据的规则称为“通信协议”（Protocols），即电脑语言。如果同时采用两个拥有不同数据速率的通信系统时，不同的电脑语言会因为数据传输速率而变化。因此，需要配备网关控制模块（Gateway ECU），来针对不同的通信协议的数据信号进行转换调整，以适应车上不同网络协议的通信。视车辆的使用需求不同，在同一辆车上可能会同时采用两个或以上的车用网络通信系统，以 CAN BUS 为例，整部车辆的网络系统可能会包含 CAN B （中速 CAN）与 CAN C （高速 CAN）。其中 CAN C （高速 CAN）常用于发动机、自动变速箱、ABS 等需要快速即时传输信号的主要控制模块之间；而 CAN B （中速 CAN）则用于其他较为次要的控制系统。由于 CAN C （高速 CAN）的数据传输速率约为 500kbit/s，而 CAN B （中速 CAN）的传输速率在 83.3 ～ 125.5kbit/s 之间，如果要在拥有不同数据传输速率的通信系统间互相传递信号时，则必须通过网关控制模块（Gateway ECU）来作为连接不同数据传输系统的界面装置。

17.1.5 网关

汽车网关能对不同网络系统的不同通信协议进行处理，为处理多个 ECU 的核心 CPU 之间的通信提供一种综合性接口。它必须具备从一个网络协议到另一个网络协议转换信息的能力，因此网关实际上是一个单片机，具有监视网络系统的功能，当一个网络频繁发生错误时，网关会发出报警或进入中断状态。

17.1.6 控制单元接口

如图 17.1-6 所示，发电机上装备有一个 LIN 调节器：有两个接头：一个是螺栓接头 B+；另一个是个两脚插头（但是只有针脚 1 是与 LIN 总线连接的，针脚 2 未使用）。数据总线诊断接口 J533 将 LIN 总线信息发到 LIN 调节器上，这个信息预先确定了 12.2 ～ 15V 这个电压规定值（根据车载电网的工作状态），这个值随后由调节器来调节。如果没有形成这个电压规定值（比如因 LIN 总线断路），那么调节器会识别出这种情况，在经过了预定的时间后，会设置出 14.3V 这个恒定的发电机电压。

在“15 号线接通”的情况下检测指示灯的话，组合仪表上的充电指示灯不会亮起。只有当发电机发生故障时，这个指示灯才会亮起。发电机的检测需要使用诊断仪内的相关检测程序来进行，并由 J533 内的电能管理系统评估发电机的内部情况。借助于诊断仪，还可以读取故障记录以及发电机的历史数据。

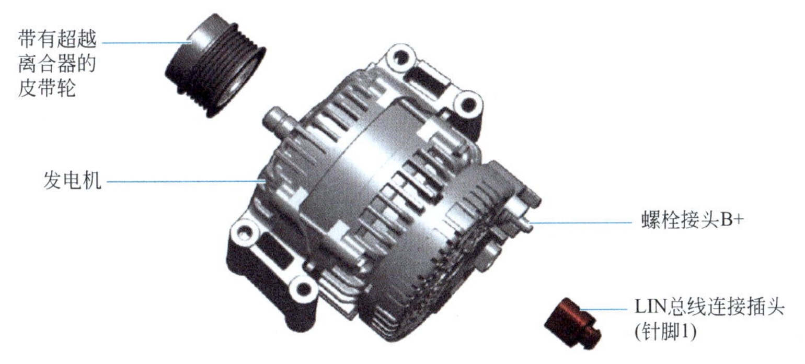

图 17.1-6　发电机

17.1.7　诊断 CAN 总线

诊断 CAN 总线用于确保外接诊断测试仪与车辆电子系统之间可通过数据总线诊断接口 J533 进行快速通信，已经取消了多余的 K 线（图 17.1-7）。根据诊断测试仪的类型，与数据总线诊断接口的连接既可以采用电缆与车辆诊断接口相连，也可以采用无线连接的方式。车辆中的诊断接口位于左侧脚部空间的继电器和熔丝支架下方。

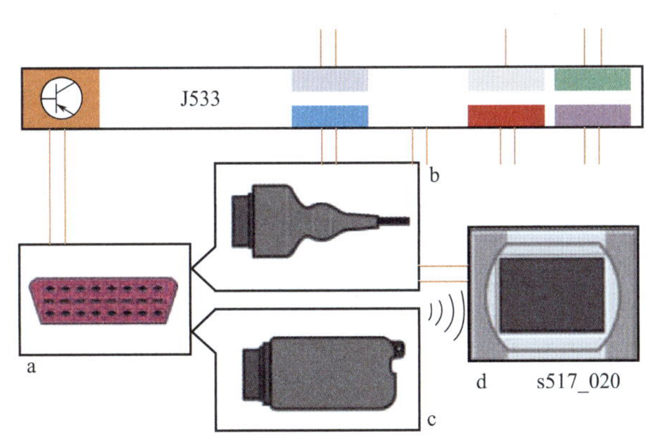

图 17.1-7　诊断总线

J533—数据总线诊断接口；a—车辆诊断接口；b—诊断电缆；
c—用于无线连接的连接适配器；d—适用的诊断设备

17.2　总线系统故障特点

（1）电源系统故障引起的 CAN 总线故障　车载网络传输系统的核心部分是含有通信芯片的电控模块 ECM。电控模块 ECM 的正常工作电压为 10.5 ～ 15.0V。如果汽车电源系统提供的工作电压低于该值，就会造成一些对工作电压要求高的电控模块 ECM 出现短暂的停滞工作，从而使整个车载网络传输系统出现短暂的无法通信的情况。这种现象就如同用故障诊断仪在未启动发动机时就已经设定好要检测的传感器界面，当发动机启动时，由于电压下降导致通信中断，致使故障诊断仪又回到初始界面。

（2）节点故障 节点是车载网络传输系统中的电控模块，因此节点故障就是电控模块故障，包括软件故障和硬件故障。软件故障即传输协议或软件程序有缺陷或冲突，从而使车载网络传输系统通信出现混乱或无法工作，这种故障一般成批出现，且无法维修；硬件故障一般由于通信芯片或集成电路故障，造成车载网络传输系统无法正常工作。对于采用低版本信息传输协议的汽车 CAN 总线系统，如果有节点故障，将出现整个汽车多路传输系统无法工作。

（3）链路故障 当车载网络传输系统的链路出现故障时，如通信线路的短路、断路及线路物理性质引起的通信信号衰减或失真，都会引起多个电控单元无法工作或电控系统错误动作。判断是否为链路故障时，一般采用示波器或汽车专用光纤诊断仪来观察通信数据信号是否与标准通信数据信号相符，也可借助故障检测仪测出关于总线的故障码。

（4）维修案例

故障现象：

某老款迈腾 1.8T 轿车，车辆无法自动落锁。

故障诊断与检查：

❶ 执行故障诊断仪检查车辆自动落锁功能，用引导性功能启用此功能，车辆仍然无法启用此功能。

❷ 进入网关列表，如图 17.2-1 所示，所有的舒适系统控制单元都显示“故障”或“无法达到”。

1000-读取网关安装列表		
44 – 动力转向	正常	0000
15 – 安全气囊	正常	0000
25 – 防启动锁	无法达到	1100
55 – 大灯自动垂直对光控制系统	正常	0000
16 – 方向盘电子控制装置	无法达到	1100
36 – 驾驶员侧座椅调整装置	无法达到	1100
46 – 舒适系统中央模块	无法达到	1100
56 – 收音机	正常	0000
76 – 停车辅助设备	无法达到	1100
17 – 仪表板	正常	0000
37 – 导航系统	正常	0000
77 – 电话	故障	0010
08 – 空调/暖风电子设备	无法达到	1100
09 – 电子中央电子装置	无法达到	1100

图 17.2-1 数据流

利用故障诊断仪能够单独进入每个控制单元，但进入控制单元时偶尔会出现控制单元无反应的提示。

❸ 进入网关后，发现在网关里面出现的是“舒适系统数据总线处于单线模式下 / 断路”。正常应该显示“双线模式”。

❹ 通过上面的数据可以看出，驾驶员侧车门处于单线模式。拆下左前门线束插头，用万用表测量驾驶员侧车门 J386 与网关 J533 间的 CAN 总线，发现 CAN-L 线断路。修复 CAN -L 线，再次进行检查诊断，发现故障依旧存在，网关里面还是单线模式。

❺ 再次拆下网关插头，测量 J533 与 J386 间的 CAN 总线，此时线路连接正常。将网关插头装回，此时再次读取数据流，显示正常。摇动网关插头后再次出现单线模式，说明网关插头或网关存在接触不良的故障。

故障排除：

更换网关，对舒适 CAN-L 线路进行修复。

故障原因分析：

该车故障是由两个故障组合在一起的，诊断故障时应先按控制单元所给的提示进行维修。由于舒适总线具有单线模式，只有当网关出现接触不良引起舒适系统接收不到车速信号时，才会表现故障，不能自动落锁。

视频讲解

第 18 章

发动机电子控制系统

18.1 发动机电子控制系统基本知识

18.1.1 汽油发动机的计算机控制

汽油发动机通过汽油和空气混合气体的爆燃产生动力。汽油发动机产生动力的三个基本要素如下（图 18.1-1）。

❶ 良好的空气 - 燃油混合气。

❷ 足够高的压缩压力。

❸ 正确的点火正时及强烈的火花。

为了同时达到这三个要素，严格控制空气 - 燃油混合气的比例和点火正时是非常重要的。

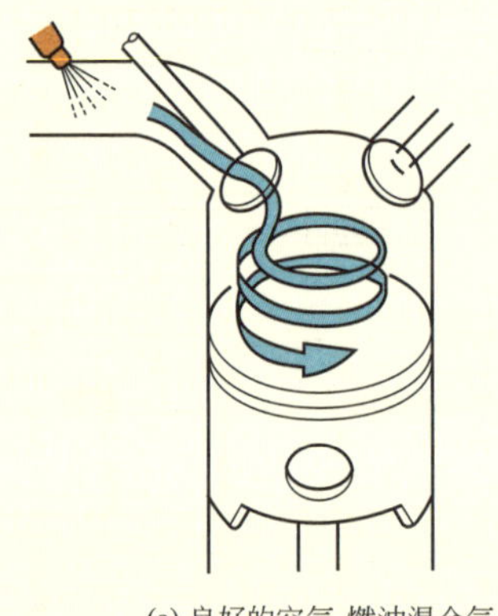

(a) 良好的空气-燃油混合气

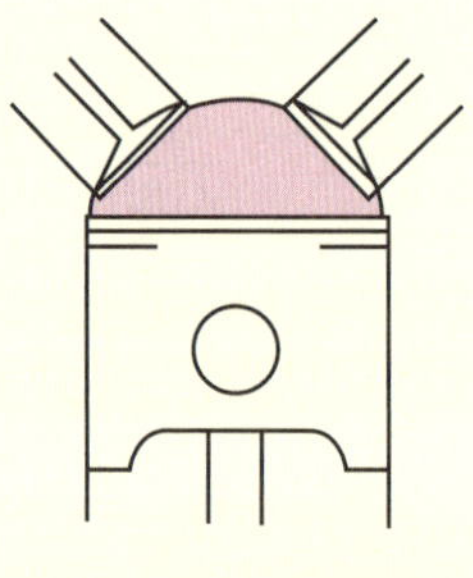

(b) 足够高的压缩压力

(c) 正确的点火正时及强烈的火花

图 18.1-1　汽油发动机燃烧三要素

18.1.2 计算机控制程序

为了使电脑正常地进行功能控制，就需要有一个由各种输出和输入设备组成的系统。

在汽车上，传感器（例如水温传感器或空气流量计）要与输入设备对应，而执行器（例如喷油器或点火器）要与输出设备对应。控制系统的计算机（电脑）称为 ECU，即电子控制单元［或 ECM，ECM 是美国汽车工程师学会（SAE）所用术语］。控制发动机的计算机称为发动机 ECU（或 ECM，发动机控制模块）。传感器、执行器和发动机 ECU 通过线束连接。只有当发动机 ECU 处理来自传感器的输入信号并输出控制信号驱动执行器工作，整个系统才作为计算机控制系统运作（图 18.1-2）。

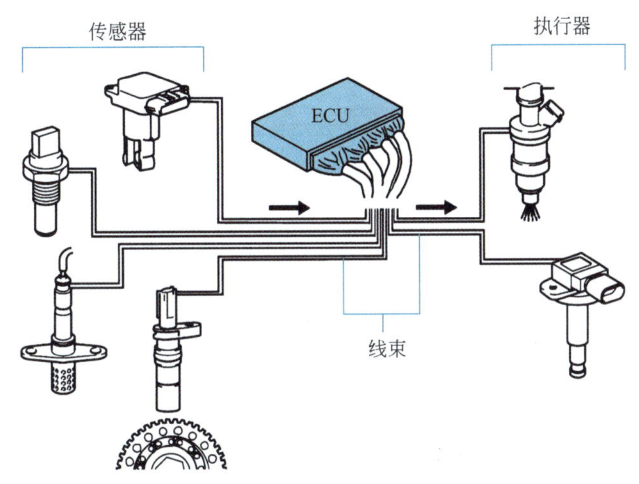

图 18.1-2　汽车发动机电控系统计算机控制程序

发动机控制系统的三个组成部分包括传感器、发动机 ECU 和执行器（图 18.1-3）。传感器（信号）、电源电路和接地电路、传感器端子电压、发动机 ECU 的作用可以分为电子燃油喷射（EFI）控制、电子点火提前（ESA）控制、怠速控制、诊断功能、备份功能和失效保护功能等。

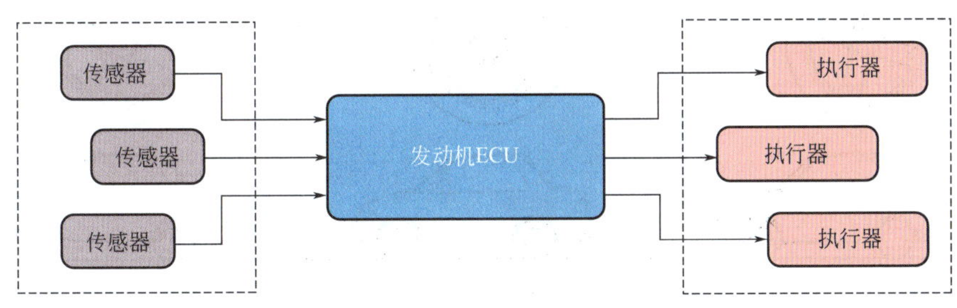

图 18.1-3　发动机控制系统组成

18.1.3 电子燃油喷射（EFI）系统

EFI 系统使用各种传感器探测发动机和车辆的运行工况。根据来自这些传感器的信号，ECU 计算喷油量并驱动喷油器以喷射合适的油量。

在正常驾驶中，为达到理论空燃比，保证适当的功率输出、燃油消耗量和废气排放水平，在其他时候，如在暖机、加速、减速或高速驾驶状况下，发动机 ECU 通过各种传感器探测到这些状况并修正喷油量，以便随时匹配最佳空气 - 燃油混合气（图 18.1-4）。

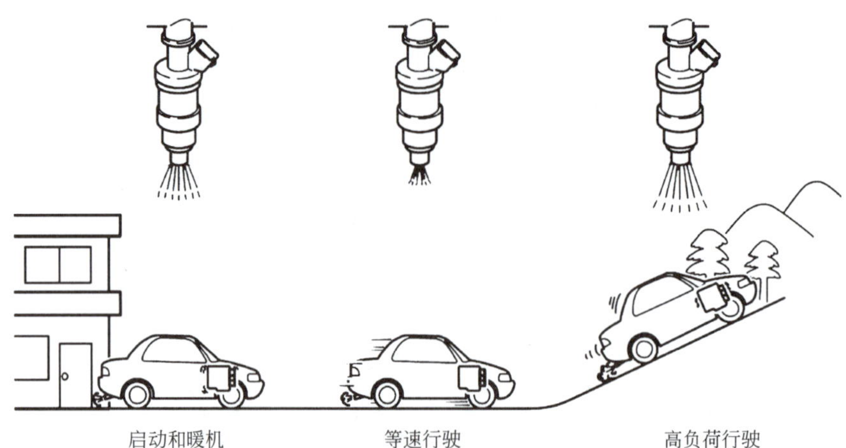

图 18.1-4 各种工况下燃油喷射示意

18.1.4 电子点火提前（ESA）控制系统

ESA 根据各种传感器的信号，感知发动机工况，然后选择适合当前情况的最佳点火正时来控制点火系统。各种工况下最佳点火时间控制示意如图 18.1-5 所示。

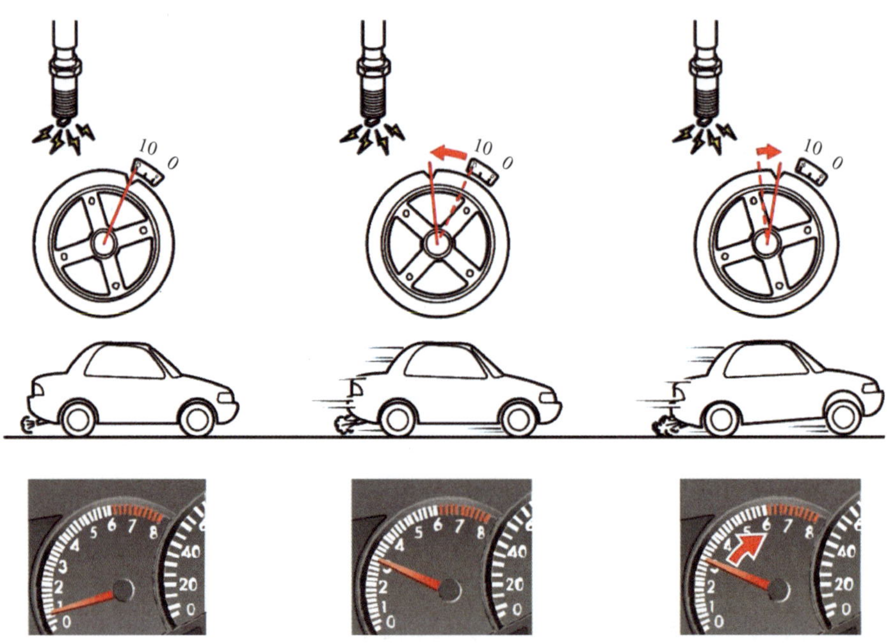

图 18.1-5 各种工况下最佳点火时间控制示意

根据发动机转速和发动机负荷，ESA 适时控制点火正时以便发动机能改进功率，净化废气，同时也是一种有效防止爆震方式。

18.1.5 怠速控制（ISC）系统

ISC 系统可控制怠速，使其在各种工况下保持正常工况，使燃油消耗量和噪声减至最小，尽可能使发动机的转速保持低转速，并且是稳定的怠速区域。而且，当发动机冷机时或空调正在使用时该怠速必须增速以确保适当的暖机性和驾驶性。各种工况下怠速控制（ISC）示意如图 18.1-6 所示。

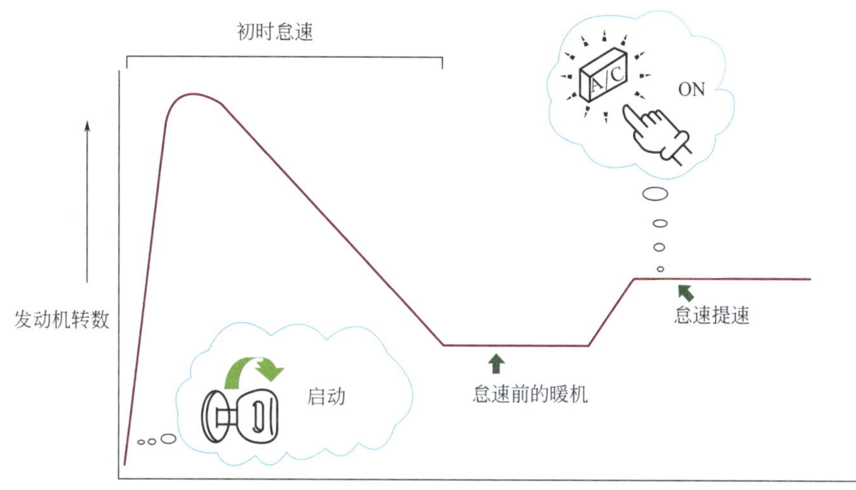

图 18.1-6　各种工况下怠速控制（ISC）示意

18.1.6 诊断系统概述

在发动机 ECU 中包括一个诊断系统。ECU 不断地监视由各种传感器传来的信号，如果探测到一个故障的输入信号，ECU 用 DTC（诊断故障码）记录该故障并电亮 ML（故障指示灯）（图 18.1-7）。

图 18.1-7　发动机故障灯点亮

18.1.7 发动机控制单元电源电路

电源电路（图 18.1-8）可为发动机 ECU 提供电源，包括点火开关、EFI 主继电器等。电源电路在汽车中主要采用以下两种方式：点火开关控制式；发动机 ECU 控制式。

（1）点火开关控制式　如图 18.1-9 所示，在这种方式中 EFI 主继电器直接由点火开关控制。

当打开点火开关时，电流进入 EFI 主继电器线圈使触点闭合，这给发动机 ECU 的 +B 和 +B1* 端子提供电压。电源与发动机 ECU 的 BATT 端子常连接，以防止当关闭点火开关时故障诊断码和存储器中的其他数据消失。

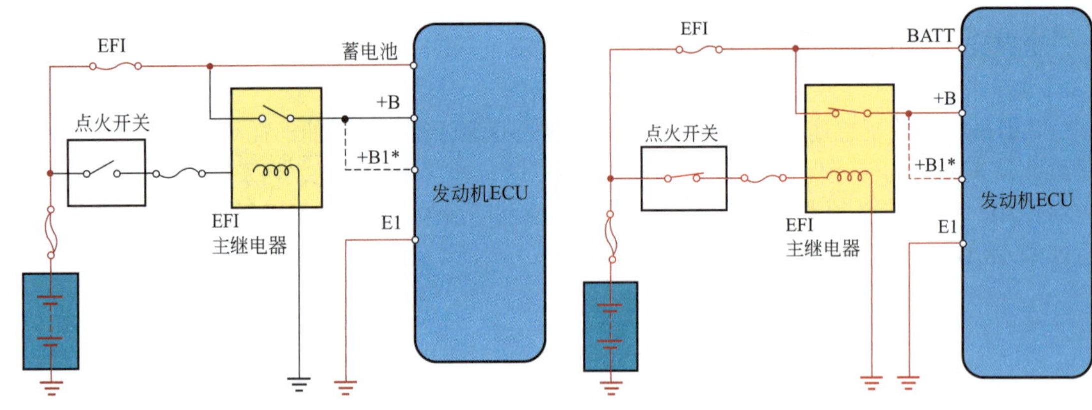

图 18.1-8　电源电路　　　　图 18.1-9　点火开关控制式

（2）发动机 ECU 控制式　在如图 18.1-10 所示电源电路中，EFI 主继电器的工作由发动机 ECU 控制。

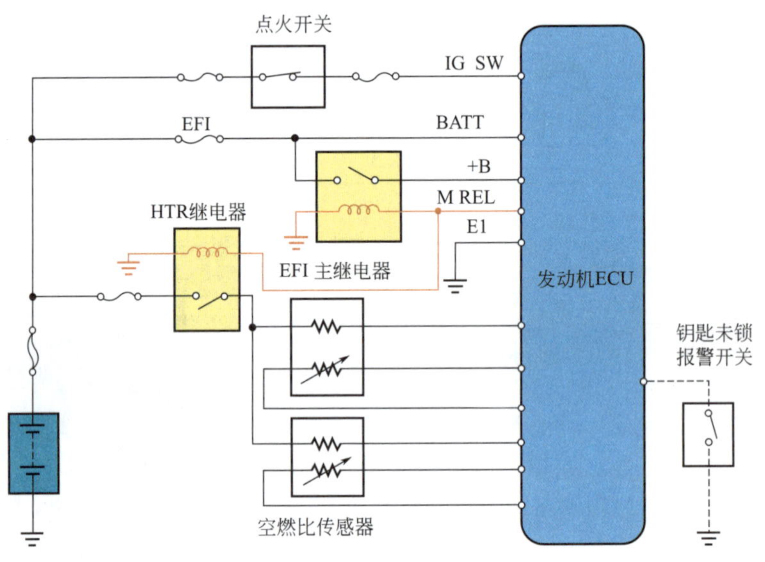

图 18.1-10　发动机 ECU 控制式

这种电路要求在断开点火开关后电源仍可在一段时间内为发动机提供电压。因此，EFI 主继电器的打开和关闭由发动机 ECU 控制。

当点火开关打开时，电源电压提供给发动机 ECU 的 GSW 端子，发动机 ECU 的 EF 主继电器控制电路发送信号给 MREL 端子，来打开 EFI 主继电器。这个信号使线圈通电并闭合 EFI 主继电器的触点来提供电压给 +B 端子。

18.1.8　发动机控制单元接地电路

发动机 ECU 包含以下三种基本的接地电路（图 18.1-11）。

（1）用于发动机 ECU 工作的接地电路　E1端子是发动机ECU单元接地端子，通常与发动机进气室（进气歧管）的附件相连接。根据厂家设计情况，各种汽车连接位置有所不同。

（2）传感器接地电路（E2 和 E21）　E2 和 E21 端子是传感器接地端子，与在 ECU 内部电路中的 E1 端子相连，通过这些使传感器接地电位与发动机 ECU 接地电位有相同值，来防止传感器的探测电压值的误差。

（3）用于驱动器工作的接地电路（E01 和 E02）　E01 和 E02 端子是执行器接地端子，例如用于喷油嘴、空燃比传感器加热器，并且与 E1 端子一样，它们都连接在发动机的进气室上。

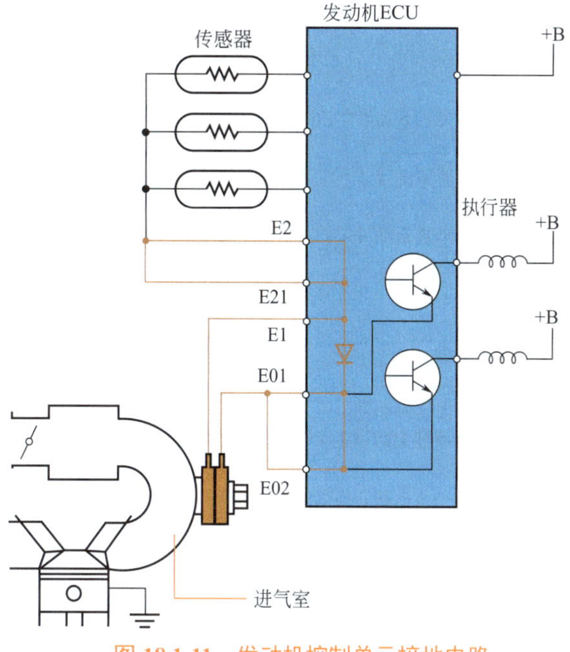

图 18.1-11　发动机控制单元接地电路

18.1.9　传感器端子电压

传感器将各种信号转换成可以被发动机 ECU 检测的电压变化信号（图 18.1-12）。有许多类型的传感器信号，但是只有五种主要的方法可以把这些信号转换成电压信号。掌握了这些类型的特性就可以确定在检测过程中端子电压是否正确。

（1）利用 VC 电压　用于运行微处理器的 5V 恒定电压（VC 电压）是由电源电压在发动机 ECU 内部产生的。这个恒定电压，是专门用于传感器的电源电压，也是 VC 端子电压。在这类传感器中，从图 18.1-12 中可以看到，ECU 的恒定电压电路给 VC 和 E2 端子之间提供了一个恒定电压值（5V），于是，为了输出电压信号，这个传感器用 0 ～ 5V 的电压变化来代替被检测的节气门开度或进气歧管压力。

维修贴

如果恒定电压电路失灵或 VC 电路短路，那么用于微处理器的电源供应则中断，将会使发动机 ECU 停止工作、发动机失速。

（2）利用热敏电阻（THW，THA）　热敏电阻器的电阻值有随温度变化而变化的特性。应用这个特性，热敏电阻器可应用于诸如水温传感器和进气温度传感器的设备来检测温度的变化。如图 18.1-13 所示，发动机 ECU 的恒定电压电路通过电阻 *R* 提供一个电压到热敏传感器。发动机 ECU 通过利用热敏电阻的特性来根据图 18.1-13 中 *A* 点电压的变化检测温度。当热敏电阻处于开路时，*A* 点的电压是 5V；当 *A* 点与传感器短路时，电压为 0。因此，发动机 ECU 可使用诊断功能检测出故障。

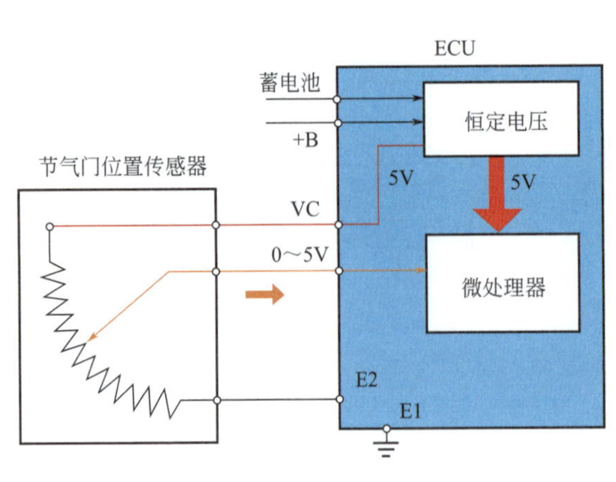

图 18.1-12　传感器端子电压

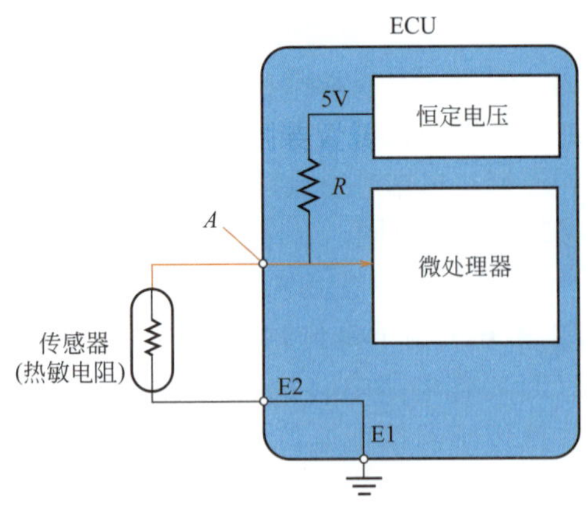

图 18.1-13　利用热敏电阻特性

（3）利用电压开启 / 关闭

❶ 利用开关的装置（IDL，NSW）。当电压开启和关闭时，会使传感器检测到开关开启 / 关闭。发动机 ECU 提供一个 5V 的电压给开关。当开关关闭时，发动机 ECU 端子电压是 5V，当打开时是 0。发动机 ECU 根据电压变化来检测传感器的工况，另外有些装置使用 12V 的电源电压。

❷ 利用晶体管的装置（GF，SPD）。这个设备利用晶体管开关，和利用普通开关的装置一样，开启和关闭电压用来检测传感器的工况。由发动机 ECU 提供一个 5V 电压给传感器，当晶体管打开或关闭时会产生端子电压的变化，ECU 使用端子电压的变化来检测传感器的工况（图 18.1-14）。另外，有些装置使用 12V 的电源电压。

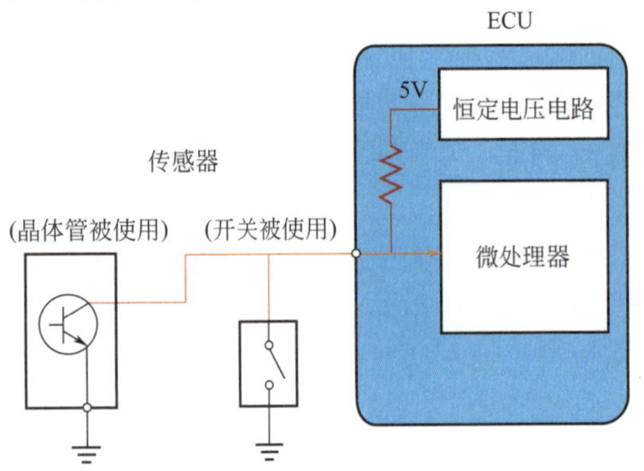

图 18.1-14　利用电压开启 / 关闭

（4）利用发动机 ECU 以外电源（STA，STP）

当另一个电气设备启动时发动机 ECU 通过检测被提供的电压值来判断它是否运行。

如图 18.1-15 所示显示了一个停车灯电路。当开关关闭时，12V 电压提供给发动机 ECU 端子，当开关断开时，电压变为 0。

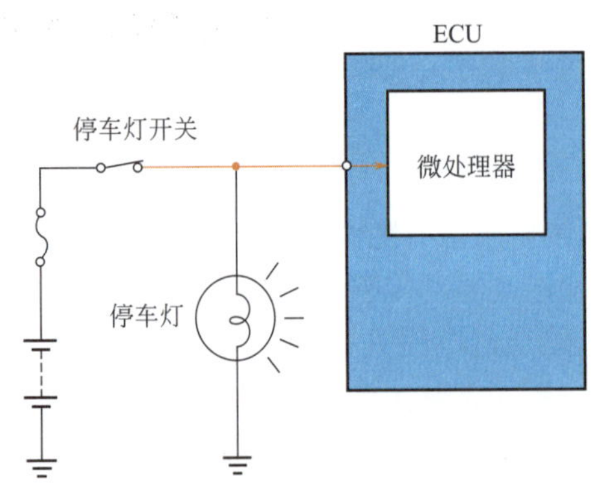

图 18.1-15　利用发动机 ECU 以外的电源

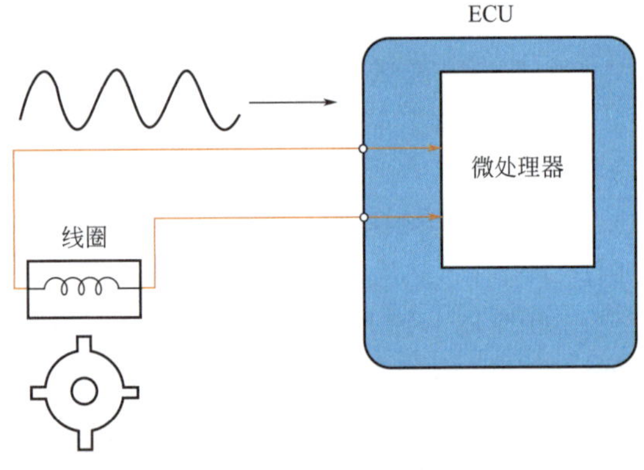

图 18.1-16　利用传感器自身产生的电压

（5）利用传感器自身产生的电压（图 18.1-16） 由于传感器自身发电和输出功率，因此不需要外加电压，发动机 ECU 通过产生的电压和频率来确定它的工况。

18.2 发动机电子控制系统故障特点

以下罗列了发动机电子控制系统故障特点，但不仅限于此。

（1）回火 进气歧管或排气系统中的燃油点燃，产生严重的爆裂噪声。

（2）断火、缺火 发动机转速稳定脉动或不规则，通常在发动机负载增加时更加明显。在发动机转速高于 1500r/min 或车速高于 48km/h 时，此故障通常不易察觉。怠速或低速时排气具有稳定的喷射声音。

（3）爆燃 / 点火爆震 轻微至严重的爆鸣声，在加速时通常更加严重。发动机产生尖锐的金属敲击声，声音随节气门开度变化。

（4）续燃 进气歧管或排气系统中的燃油点燃，产生严重的爆裂噪声。

（5）发动机控制模块（ECM）指令降低发动机功率 发动机控制模块点亮“降低发动机功率”灯，在可能发生发动机 / 车辆损伤或排气相关故障时，限制发动机功率。可能不会设置故障诊断码。

（6）启动困难 发动机发动正常，但长时间不启动，或者可以启动但立即失速。

（7）加速迟缓、转速下降、转速不稳 踩下加速踏板时，没有瞬时响应。在任何车速下此故障都可能发生。停车后的第一次启动时此故障通常更明显。如果此故障严重到一定程度，则会导致发动机失速。

（8）功率不足、反应迟缓或绵软 发动机低于期望功率。部分踩下加速踏板时，提速很少或根本不提速。

（9）燃油经济性差 在实际路试时测量的燃油经济性明显低于期望值。此外，燃油经济性还明显低于该车实际路试时曾显示的值。

（10）怠速不良、不稳或不正确怠速和失速 发动机怠速不稳定。如果严重，发动机或车辆会出现颤抖，发动机怠速转速可能变化。上述两种故障均可能严重到使发动机失速。

（11）喘振、突突声 在节气门稳定时，发动机功率出现变化，感觉好似加速踏板位置不变时车速上升和下降。

第19章 发动机电气故障诊断与排除

19.1 冷却液温度传感器故障

19.1.1 诊断知识

冷却液温度传感器信号用于识别发动机温度、计算点火时间和喷油时间，是发动机工作核心的、重要的传感器。

（1）基本知识 发动机冷却液温度（ECT）传感器是一个测量发动机冷却液温度的可变电阻。发动机控制模块（ECM）向发动机冷却液温度传感器信号电路提供5V电压，向低电平参考电压电路提供搭铁。此诊断可检查发动机控制模块和发动机冷却液温度传感器之间的开路、对搭铁短路或间歇性电路故障。

（2）热敏电阻特性 冷却液温度传感器由半导体材料制成，主要由热敏电阻、金属引线、接线触点和外壳等组成（图19.1-1）。热敏电阻内置于发动机冷却液温度传感器，其电阻值随着发动机冷却液温度的变化而变化。

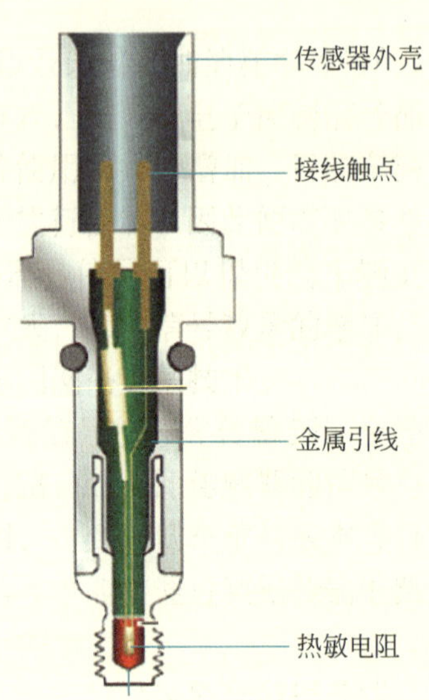

图19.1-1 冷却液温度传感器

19.1.2 故障案例

（1）故障现象 别克君威2.0L轿车，怠速偏高，冷却启动不正常，即使冷却液温度很低，冷却风扇也会工作。有时在启动期间，冷却风扇也会高速运行。

（2）检查与分析

❶ 使用故障诊断仪执行故障检测，故障信息为：发动机冷却液温度传感器电路高电压；发动机冷却液温度传感器电路间断高电压；怠速过高，且故障码无法删除。

❷ 经检查，怠速过高是因为怠速控制阀后方有漏气现象，真空管与进气管之间脱落，连接好助力真空管，启动发动机，读取数据流，发动机怠速转速恢复正常。

❸ 检查风扇高速运转。首先我们知道，冷却风扇工作条件是：冷却液温度过高或打开空调。可以排除空调工作条件，这样缩小了范围，可以判断是冷却风扇控制电路或者发动机控制模块问题所导致。

❹ 再次读取故障诊断仪数据流，可以观察到，仪表水温指示与诊断仪器读取的数据不相符。发现冷却液温度传感器温度数据在 -35 ～ 87℃之间变化，当冷却液温度显示 -35℃时，冷却风扇高速旋转；当冷却液温度显示 87℃时，仪表的水温表指针却还是 60℃左右。我们知道，正常情况下，冷却液温度传感器数据流温度不会显示 -35℃。

（3）故障原因　由于该车冷却液温度传感器损坏，输送给发动机控制模块一个 -35℃的错误冷却液温度信号，发动机控制模块这时就认为冷却液温度传感器失效，但是，由于发动机控制模块的保护功能，为了防止发动机温度过高，发动机控制模块就控制相关风扇的端子一直搭铁，所以出现冷却风扇一直高速旋转的故障现象。

（4）故障排除　检查传感器线路，正常。更换冷却液温度传感器，故障排除。

19.2　曲轴位置传感器故障

19.2.1　诊断知识

19.2.1.1　基础知识

（1）曲轴位置传感器作用　曲轴位置传感器（CPS 或 CKP）是发动机控制系统最重要的传感器之一，其功用是采集曲轴转动角度和发动机转速信号，并输入 ECU，以便确定喷射顺序、喷射正时、点火顺序、点火正时，然后根据信号监测到的曲轴转角波动大小来判断发动机是否有失火现象。

（2）曲轴位置传感器类型　目前汽车曲轴位置传感器主流的是磁脉冲式曲轴位置传感器（图 19.2-1），一般安装于靠近飞轮的变速器壳体位置。还有一种是霍尔式曲轴位置传感器，一般安装在曲轴前端的曲轴皮带轮旁的位置，也有安装在曲轴末端飞轮旁的变速器壳体上，现在已经不是主流。再有一种是光电式曲轴位置传感器，现在基本已经淘汰。

（3）曲轴位置传感器结构

❶ 磁脉冲式曲轴位置传感器。磁脉冲式曲轴位置传感器用螺钉固定在发动机缸体上，由永久磁铁、线圈和连接器插头组成。线圈即为信号线圈，永久磁铁上带有一个磁头，磁头与信号转子相对安装，磁头与导磁板连接构成导磁回路。

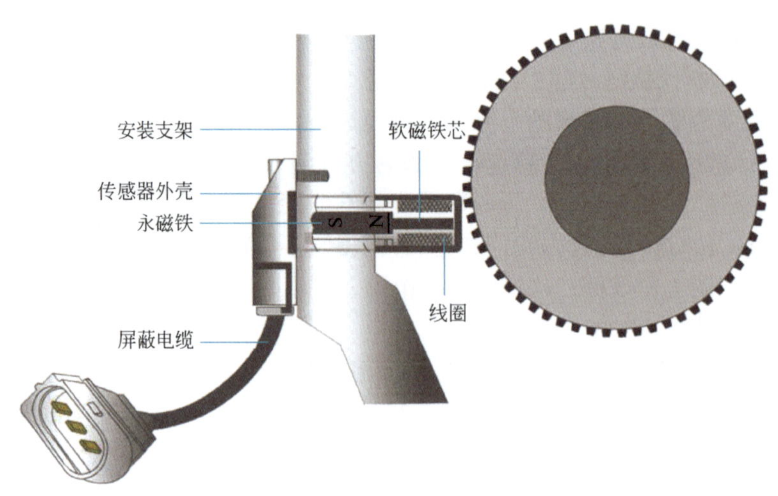

图 19.2-1　磁脉冲式曲轴位置传感器结构

❷ 霍尔式曲轴位置传感器。

a. 触发叶片式霍尔曲轴位置传感器。触发叶片式霍尔曲轴位置传感器主要由触发叶轮、霍尔集成电路、磁轭（导磁钢片）和永久磁铁组成，而集成电路又由霍尔元件、放大电路、稳压电路、温度补偿电阻、信号变换电路和输出电路组成。

b. 触发轮齿式霍尔曲轴位置传感器。触发轮齿式霍尔曲轴位置传感器一般都由霍尔信号发生器和信号转子两个基本元件组成。

❸ 光电式曲轴位置传感器。光电式曲轴位置传感器一般安装在分电器内或者凸轮轴左前部（无分电器），由带缝隙、光孔的信号盘和信号发生器组成。

19.2.1.2　诊断知识

（1）发动机失火采集　失火，即修车过程中经常说的缺火、缺缸等。点火缺火识别是由发动机控制单元来完成的。

点火缺火识别可通过转速信号采集来识别燃烧不良的气缸。监测发动机时，为了产生有说服力的数值，发动机必须在怠速下运行至少 3min 以上甚至更长的时间。怠速平稳性分析只在怠速下起作用（冷态或热态），可识别单个燃烧不良的气缸。个别气缸运转平稳性数值的偶然波动可以通过详细观察来识别。对于理论上均匀燃烧的发动机，运转平稳性数值为 0（所有气缸的平均值）。例如，点火缺火、空气过剩、混合气浓度偏差、燃油供应故障、压缩压力不足都可能导致运转平稳性数值升高，因此不能定义准确的调节极限。借助曲轴传感器可以在增量轮上测量发动机转速。除了转速信号采集外，还可监控发动机的运行平稳性（点火失火识别）。为进行点火失火识别，增量轮在发动机控制单元中被根据点火间隔（2 个点火过程之间）划分成多个扇形区。发动机控制单元测量各个扇形区的周期持续时间并进行统计分析，为每个特性曲线值存储了运行不稳定的最大允许值（作为发动机转速、负荷和冷却液温度）。如果在一定次数的点火后超过该最大数值，则会被识别成有故障的气缸并存储一条故障码记录。

（2）发动机运转平稳性数值和点火失火识别　安静、无故障运行以及在发动机的大部分转速范围内均无振动时，称为运行平稳性。受制于结构设计，6 缸发动机由于惯性力均衡，其运行平稳性原则上高于 4 缸发动机。但运行平稳性主要取决于燃烧动力，而非惯性力，燃烧不均匀时尤其会产生运行不稳定现象。因此，发动机控制系统具有运行平稳性控制功能。

通过曲轴位置传感器识别曲轴的转动速度变化。在各个气缸中每次引爆 / 燃烧混合气时，均会稍稍加速曲轴，并在换气期间又再次将其稍微制动。如果加速力增加，则怠速转速也会增加，直到加速和制动之间重新达到平衡。针对 8 缸发动机，在 2 个工作周期（720° 曲轴）内进行 8 次燃烧周期，即每次燃烧可以分配到 90° 曲轴角度的扇形区。因此，燃烧周期可以分配给各个气缸，并可以相互比较。6 缸发动机示例：720 除以 6 等于 120° 曲轴。

由平均值与较高的加速度的偏差可以得到正的运转平稳性数值。由平均值与较高的减速度的偏差可以得到负的运转平稳性数值。

一个周期（720° 曲轴）的运转平稳性数值总和在转速恒定时为 0，但实际上会出现较小的偏差，这又会重新导致通常几乎难以察觉的小转速波动。

怠速时的运转平稳性数值不超过一定值，仍处于正常范围。

例如某发动机：当所有气缸值按相似的数量级变化时，这些值介于 -7 和 7 之间，仍处于正常范围并且未察觉到偏差。当气缸值接近 0 并且只有一个气缸值达到 5 ～ 7 时，已经可以察觉到偏差。运行不稳定尤其会因为下列原因而出现。

❶ 喷油量偏差、混合气浓度偏差（喷油嘴故障）。

❷ 不同的气缸进气（例如进气道积炭、过剩空气）。

❸ 不同的压缩或缺少压缩。

❹ 缓慢地燃烧（火花塞、点火线圈）。

❺ 不一致的气缸列增压（废气涡轮增压器）。

当上述原因导致熄火时，运行平稳性尤其差。

维修贴

发动机控制单元根据读取的信号计算出发动机转速。为了正常启动发动机，发动机控制单元检查下列条件是否满足：曲轴传感器和凸轮轴传感器发出的信号没有错误；必须按规定的时间顺序识别到这两个信号。

这一步骤称为同步过程，并仅在车辆启动时执行。同步时可使发动机控制单元能够正确控制燃油喷射，不同步时不能启动车辆。

如果在发动机启动时（在曲轴旋转第 1 圈时）曲轴位置传感器（图 19.2-2）信号缺失，或识别出无效同步，便会立即开始进行诊断。这时将读取凸轮轴位置传感器信号，如果读取了凸轮轴上的 12 个齿面，而故障仍然存在，便会存入一个故障码。一旦运转中的发动机未接收到曲轴位置传感器信号，或不存在有效的同步，便会开始确认故障。

（3）曲轴位置传感器特性曲线 从高相位到低相位的过渡标志着磁场的变化，在发动机控制单元中对这些变化进行计数。磁场两次切换之间的偏差为 6° 曲轴转角。曲轴位置传感器特性曲线如图 19.2-3 所示。曲轴位置传感器信号如图 19.2-4 所示。曲轴位置传感器参数见表 19.2-1。

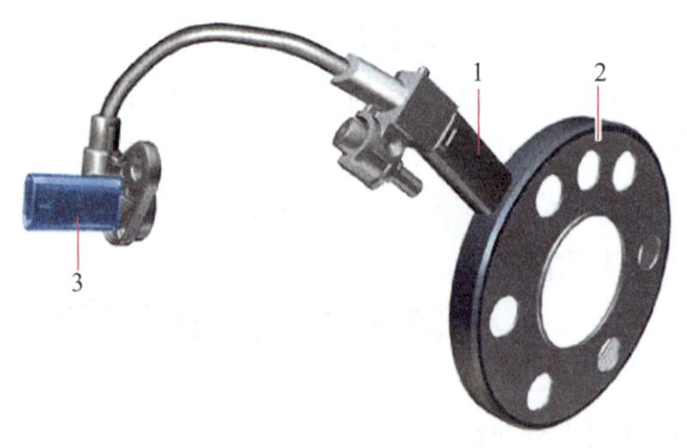

图 19.2-2　曲轴位置传感器

1—轴传感器；2—多极传感轮；3—插头连接器

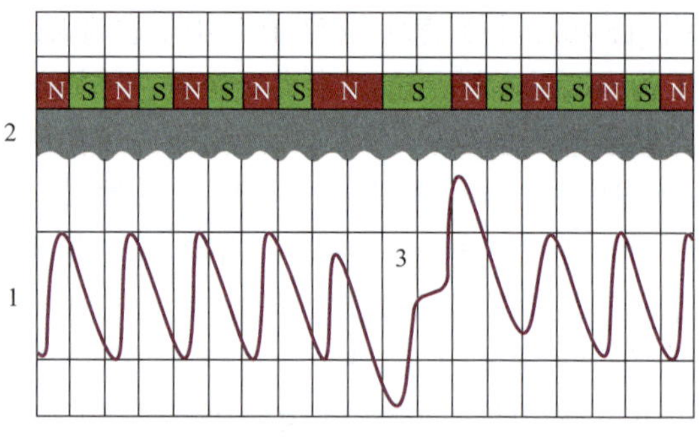

图 19.2-3　曲轴位置传感器特性曲线

1—信号曲线（系统内部计算）；2—多极传感轮；3—基准信号

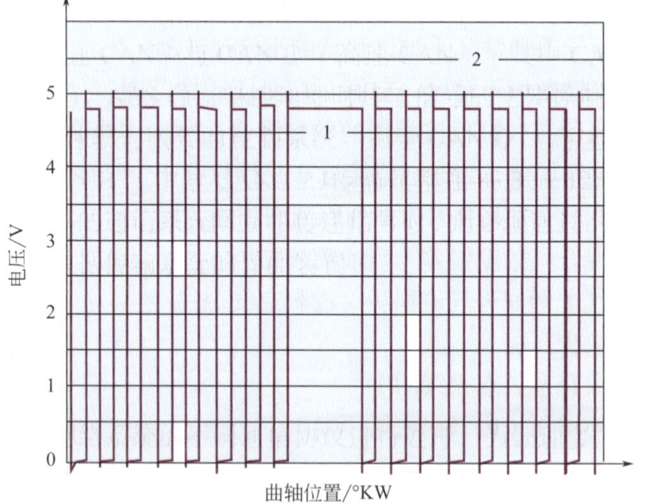

图 19.2-4　曲轴位置传感器信号

1—曲轴位置传感器参考信号；2—曲轴位置传感器信号曲线

表 19.2-1　曲轴位置传感器参数

项目	参数
电压范围 /V	4.5 ～ 5.5
信号电压 /V	4.1 ～ 5.1
转速范围 /(r/min)	8000 以下
空气间隙范围 /mm	0.1 ～ 1.8
最大电流消耗 /mA	25
温度范围 /℃	-40 ～ 160

（4）曲轴位置传感器电路

❶ 磁感应式曲轴位置传感器电路连接。在发动机运行中，当曲轴位置传感器出现故障时，会导致信号中断，发动机不能启动或在运行时立即熄火，这时 ECU 可以诊断到故障并

进行故障码存储。

大众车系磁感应式曲轴位置传感器的端子 T3i/2 为传感器端子，其中一极与 ECU 的 T80/64 端子相连；端子 T3i/3 为传感器端子，与 ECU 的 T80/53 端子相连；端子 T3i/1 为屏蔽线端子在发动机线束内的搭铁连接（图 19.2-5）。

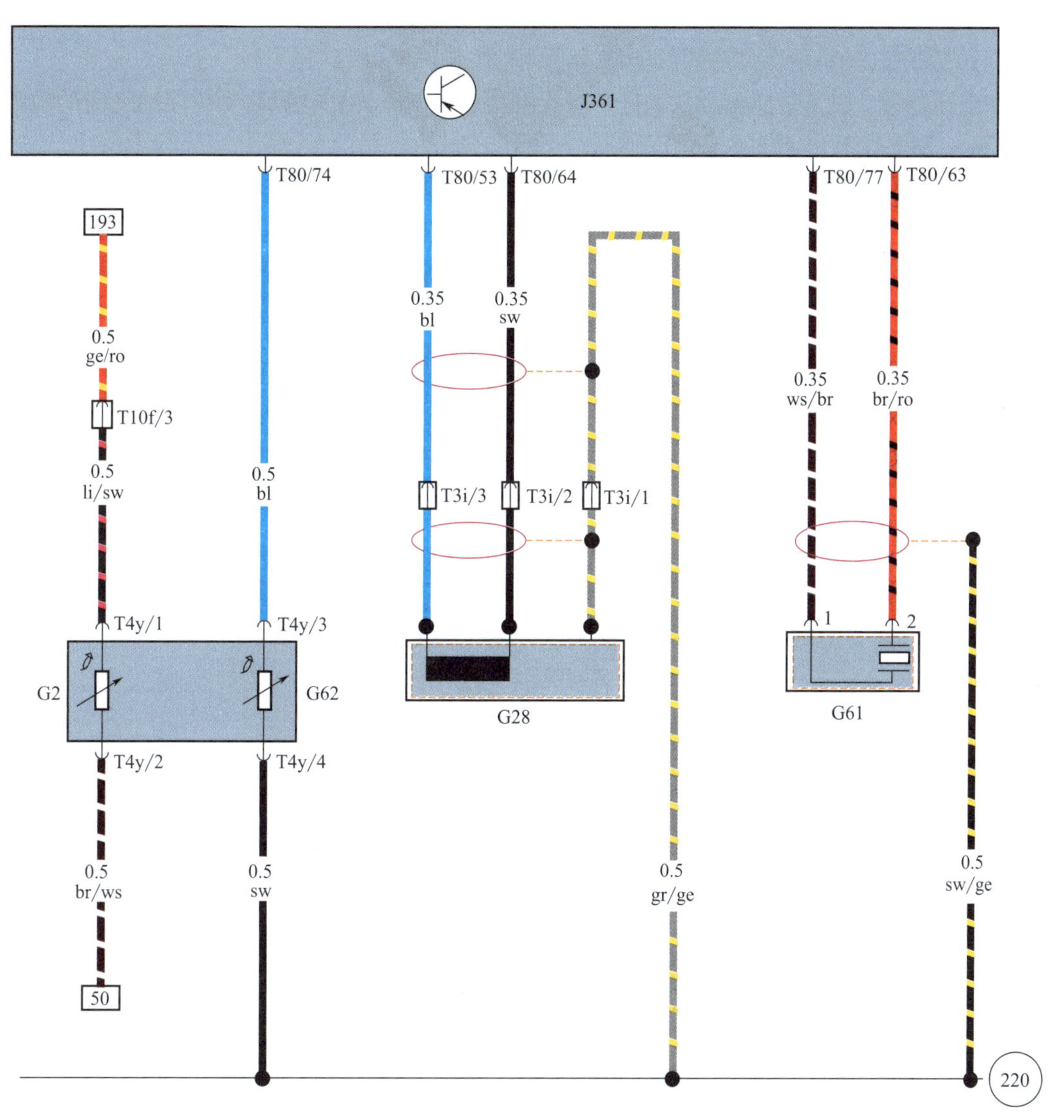

图 19.2-5　曲轴位置传感器关联电路

G2，G62—冷却液温度传感器；G28—曲轴位置传感器（发动机转速传感器）；G61—爆震传感器；J361—发动机控制单元；T3i—3 芯黑色插头连接；T4y—4 芯黑色插头连接；T10f—10 芯灰色插头连接；T80—80 芯黑色插头连接；(220)—发动机线束中的接地连接（传感器接地）

❷ 曲轴位置传感器电路检测。

a. 电阻检测。关闭点火开关，拔下传感器插接器插头，检测传感器上 3 端子和 2 端子间的电阻值，应为 450 ～ 1000Ω。若电阻值为无穷大，则说明信号线圈存在断路，应更换传感器。检测传感器上端子 T3i/3 或端子 T3i/2 与屏蔽线端子 T3i/1 之间的电阻值，应为无穷大。如果该电阻值不是无穷大，则应更换传感器。

b. 输出电压检测。用万用表的交流电压挡在线路正常连接、发动机运转时测量端子 T3i/3 或端子 T3i/2 之间的电压，该电压值在 0.2 ～ 2V 范围内波动。

c. 曲轴位置传感器与 ECU 之间的连接线束检测。分别检查 T3i/2 与 ECU 的 T80/64 端子、T3i/3 与 ECU 的 T80/53 端子、T3i/1 端子与发动机线束内电源线间的电阻值，应不超过 1.5Ω。如果电阻值为无穷大，则说明存在导线断。

（5）霍尔式曲轴位置传感器的电路（图 19.2-6）

❶ 电压检测。拔下传感器插头，打开点火开关，检查插头上电源端子与接地之间的电压，应为 5V。如果无电压，则应检查传感器与 ECU 之间的线路及 ECU 上相应端子的电压；如果 ECU 相应端子有电压，则为传感器到 ECU 之间线路断路，否则为 ECU 故障。

❷ 输出信号检测。将传感器插头插回，启动发动机，测量传感器输出端子信号的输出电压值，其值应在 3 ～ 6V 之间。如果不符，则为传感器故障。如某车型输出信号是矩形脉冲信号，高电位为 5V，低电位为 0.3V。

（6）双线制霍尔式传感器 普通霍尔式传感器有 3 根引线，分别为电源线、信号线和搭铁线。有些车采用的新型霍尔式曲轴位置传感器，只有 2 根引线，如大众高尔夫、CC 等，2 根引线分别为电源线和信号线。输出信号均为方波脉冲信号，占空比范围为 30% ～ 70%，一般为 50%，如图 19.2-7 所示，但输出信号的高、低电压存在差异。新型霍尔式传感器输出信号的高、低电压不受速度影响，主要由 ECU 内部的电阻 *R* 决定，电阻 *R* 一定，高、低电压便一定，即使转速很低，发动机 ECU 仍能检测到输出信号电压，这就克服了电磁式传感器输出信号电压随转速变化而变化的缺点。

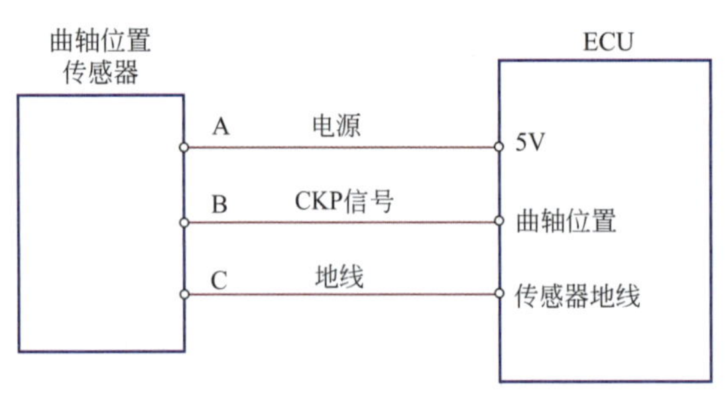

图 19.2-6　霍尔式曲轴位置传感器的电路

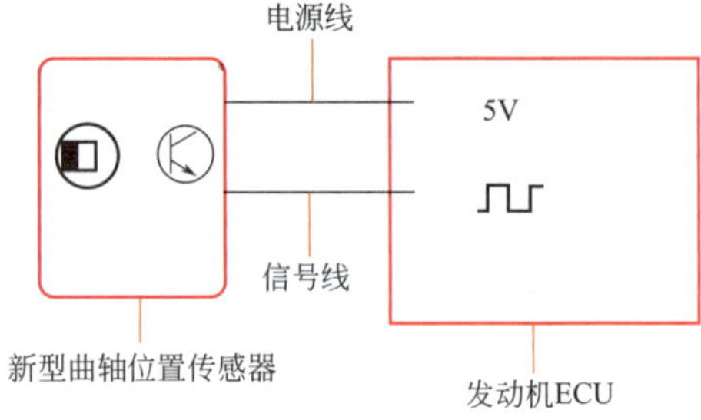

图 19.2-7　双线制霍尔式传感器

（7）霍尔式传感器失灵检查

❶ 检查霍尔式传感器线路有无断路或短路，以及插接器端子有无腐蚀。

❷ 清洁霍尔式传感器头部。

❸ 检查霍尔式传感器的供电与搭铁情况。

❹ 用示波器读取波形，波形应为方波信号。

❺ 串接一个发光二极管，启动发动机，观察发光二极管的闪烁情况，发光二极管应有规律地闪烁，否则为曲轴位置传感器信号不良。

19.2.2 故障案例

（1）故障现象 大众某车型，有发动机抖动和加速不良的故障现象。

（2）检查与分析 使用诊断仪对发动机系统进行检测，显示故障：曲轴位置传感器（G28）定位错误。经检查，正时标记正常。

（3）故障排除 更换曲轴位置传感器。

19.3 凸轮轴位置传感器故障

19.3.1 诊断知识

（1）凸轮轴位置传感器作用 凸轮轴位置传感器（CMP），汽车维修中又称为相位传感器。凸轮轴位置传感器的作用主要是检测凸轮轴位置和转角，从而确定第1缸活塞的压缩上止点位置。在启动时，发动机控制单元根据凸轮轴位置传感器和曲轴位置传感器提供的信号，识别出各个气缸活塞的位置和行程，控制燃油喷射顺序和点火顺序，进行准确的喷油和点火控制。

（2）凸轮轴位置传感器类型和结构 汽车用凸轮轴位置传感器有霍尔式凸轮轴位置传感器、磁阻式凸轮轴位置传感器、磁电式凸轮轴位置传感器三种。

❶ 霍尔式凸轮轴位置传感器。霍尔式凸轮轴位置传感器安装在发动机进气凸轮的一端，主要由霍尔传感器和信号转子组成。霍尔式凸轮轴位置传感器主要由集成电路、永久磁铁和导磁片组成，其被广泛使用于大众轿车上。

霍尔式凸轮轴位置传感器有触发叶片型霍尔式凸轮轴位置传感器和触发轮齿型霍尔式凸轮轴位置传感器两种。霍尔式凸轮轴位置传感器如图19.3-1和图19.3-2所示。

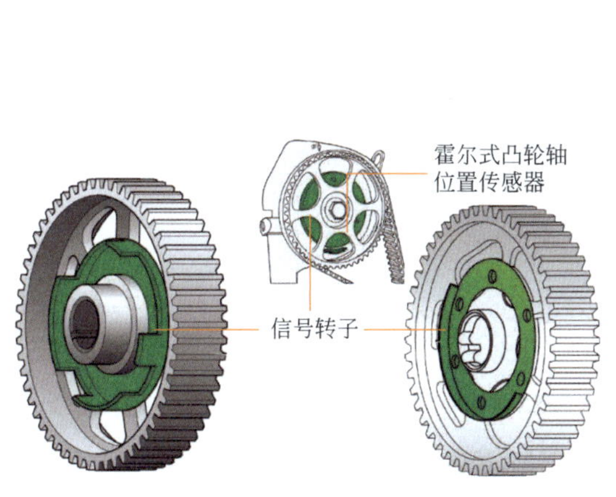

图19.3-1 霍尔式凸轮轴位置传感器（一）

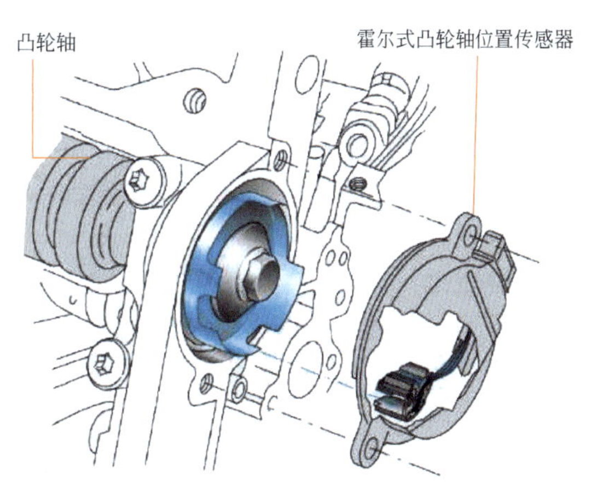

图19.3-2 霍尔式凸轮轴位置传感器（二）

❷ 磁阻式凸轮轴位置传感器。磁阻式凸轮轴位置传感器由信号发生器、磁铁和用树脂封装的信号处理电路集成的电路模块组成。当传感器的磁头正对转子凹槽时，磁力线向两侧的叶片分布构成闭合磁路，这时磁阻元件电阻较小，通过磁阻元件的磁力线较少，磁场强度

较弱，且磁力线与磁阻元件成一定角度，磁阻元件输出 5V 高电平信号。当磁阻式凸轮轴位置传感器的磁头正对转子叶片时，磁力线通过正对的叶片构成闭合磁路，这时磁阻元件电阻较大，通过磁阻元件的磁力线较多，磁场强度较强，且磁力线与磁阻元件垂直，此时磁阻元件输出 0V 低电平信号。

❸ 磁电式凸轮轴位置传感器。有些可变气门系统（VVT-i）发动机使用磁电式凸轮轴位置传感器来进行气缸识别和检测 VVT-i 提前角。

（3）霍尔式凸轮轴位置传感器 霍尔式凸轮轴位置传感器由永磁铁和霍尔集成电路组成。当发动机运转时，轮齿的高低部分与传感器之间的间隙发生变化。这种变化的间隙会引起传感器附近的磁场发生变化。由于磁场的变化，来自传感器的电压也会改变。

凸轮轴位置传感器（相位）感应凸轮轴进气阀的突出部分，以此识别工作气缸（图 19.3-3）。凸轮轴位置传感器（相位）感应活塞的位置。当曲轴位置传感器（位置）系统失效时，凸轮轴位置传感器（相位）将利用气缸识别信号的正时，向各发动机零部件提供不同的控制。

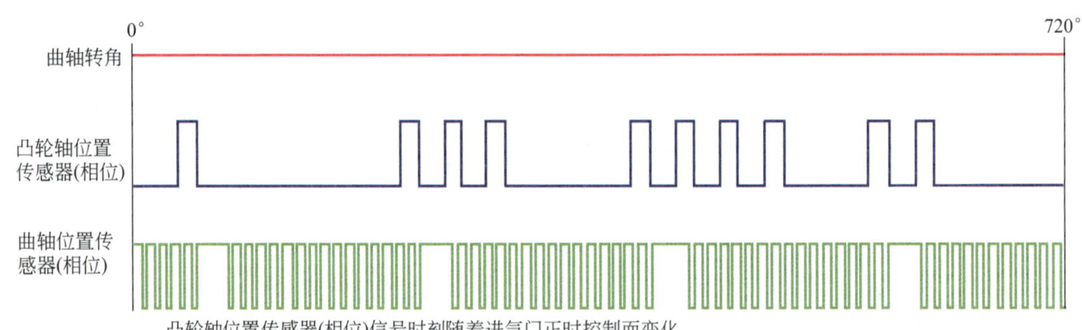

图 19.3-3 凸轮轴位置传感器工作曲线

凸轮轴位置传感器固定在气缸盖罩上，借助一个固定在凸轮轴上的增量轮（凸轮轴传感器齿盘）探测进（排）气凸轮轴的位置。凸轮轴位置传感器提供凸轮轴位置调整装置所需的反馈信号。

对于凸轮轴位置传感器的诊断在具备下面几个条件时开始。

❶ 发动机控制单元主继电器接通。

❷ 发动机运行。

❸ 发动机经过同步。

❹ 未识别出发动机熄火。

❺ 曲轴位置传感器发出的信号没有错误。

（4）凸轮轴位置传感器功能 为了进行调节，可调式凸轮轴控制装置需要一个有关凸轮轴当前位置的反馈信号。在进气和排气侧各有一个凸轮轴位置传感器检测凸轮轴的位置。

凸轮轴位置传感器（图 19.3-4）是作为无接触霍尔式传感器安装的。凸轮轴位置传感器齿盘有 6 个不同的齿面，齿面距离由霍尔式传感器进行记录。发动机控制系统将由此计算出凸轮轴转速和凸轮轴的确切位置。

在进气和排气凸轮轴上各安装一个调节过的凸轮轴调整装置。一个凸轮轴电磁阀用于控制此调整装置，可根据发动机转速和负荷信号计算出需要的进气和排气凸轮轴位置（与进气温度和发动机温度有关）。发动机控制单元相应地控制凸轮轴调整装置。进气和排气凸轮轴可在它们的最大调整范围内可变调节。

加上电压时，便可识别出该传感器是处于一个齿的位置，还是处于一个缺口的位置。

（5）凸轮轴位置传感器内部电路及参数

❶ 内部电路。凸轮轴位置传感器测量是以一个霍尔集成电路为基础的。输出信号通过齿面显示低状态，通过空隙显示高状态。排气凸轮轴位置传感器根据曲轴位置传感器原理工作，但是凸轮轴位置传感器齿盘也会有根本性区别。通过一块专用遮挡模板，可在曲轴位置传感器失效后进行紧急运行。但是凸轮轴位置传感器信号的分辨率太不准确，因此无法在正常运行下更换曲轴位置传感器。凸轮轴位置传感器线路如图 19.3-5 所示。

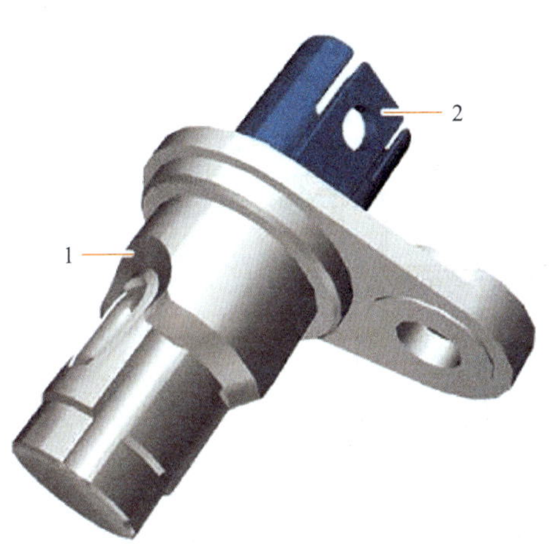

图 19.3-4　凸轮轴位置传感器

1—传感器；2—插头连接器

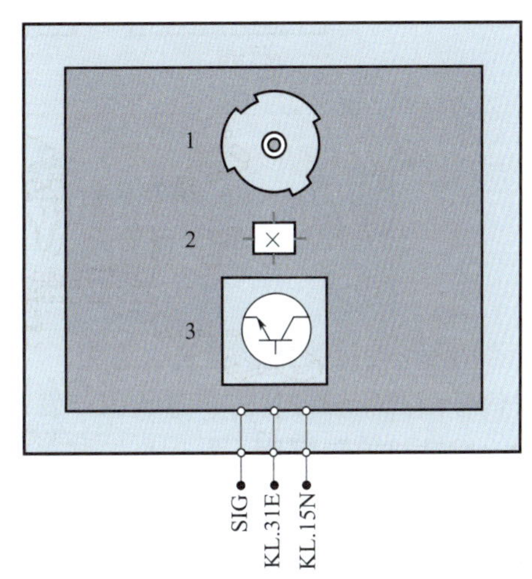

图 19.3-5　凸轮轴位置传感器线路

1—凸轮轴位置传感器齿盘；2—霍尔传感器；3—电子分析装置；KL.15N—总线端 KL.15N，供电电压；KL.31E—总线端 KL.31，接地；SIG—信号线

❷ 凸轮轴位置传感器参数见表 19.3-1。

表 19.3-1　凸轮轴位置传感器参数

项目	参数
电压范围 /V	6 ～ 16 或 5（与发动机有关）
最大工作电流 /A	小于 15
转速范围 /(r/min)	0 ～ 4000
空气间隙范围 /mm	0.4 ～ 2.0
最大输出电流 /mA	20
温度范围 /℃	-40 ～ 160

（6）凸轮轴位置传感器特性　发动机控制器读入传感器信号并将信号与保存的样本进行比较。通过比较传感器信号和样本，可以识别出凸轮轴的正确位置或偏差。凸轮轴位置传感器标准曲线如图 19.3-6 所示。

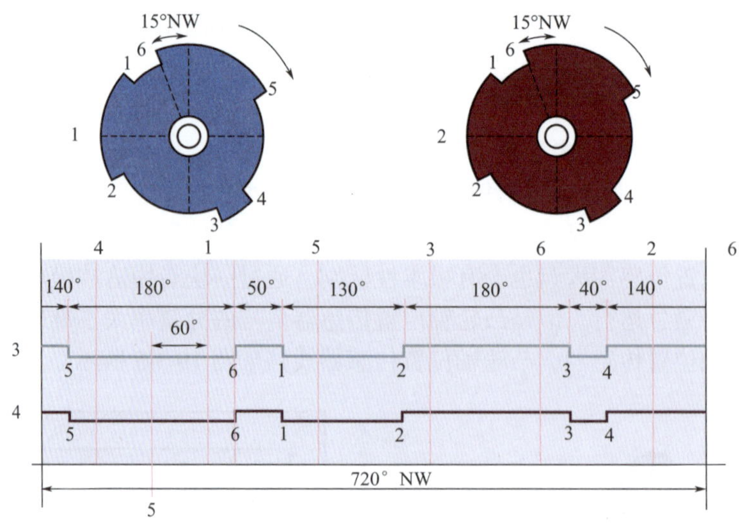

图 19.3-6 凸轮轴位置传感器标准曲线

1—进气凸轮轴；2—排气凸轮轴；3—进气凸轮轴信号；4—排气凸轮轴信号；5—1 缸上止点参考标记（点火开关）；6—气缸

（7）凸轮轴位置传感器关联电路 当发动机运转和接收到曲轴位置同步脉冲后，凸轮轴位置信号由凸轮轴位置传感器给出。发动机控制模块利用凸轮轴位置信号脉冲依次激发燃油喷射。发动机控制模块（发动机控制单元）连续监视凸轮信号电路中的脉冲数，并把凸轮脉冲数和接收到的参考电压脉冲数做比较，如果发动机控制模块在凸轮参考电路上接收的脉冲数不正确，将设置故障码 P0341、P0342。发动机控制模块按 1 ～ 4 缸的喷油器正确顺序，在没有凸轮信号的情况下执行喷油器顺序。发动机将继续启动并正常运行，但点火不良时会影响点火不良的诊断，可带故障码运行（故障码 P0341、P0342）。凸轮轴位置传感器及关联电路如图 19.3-7 所示。

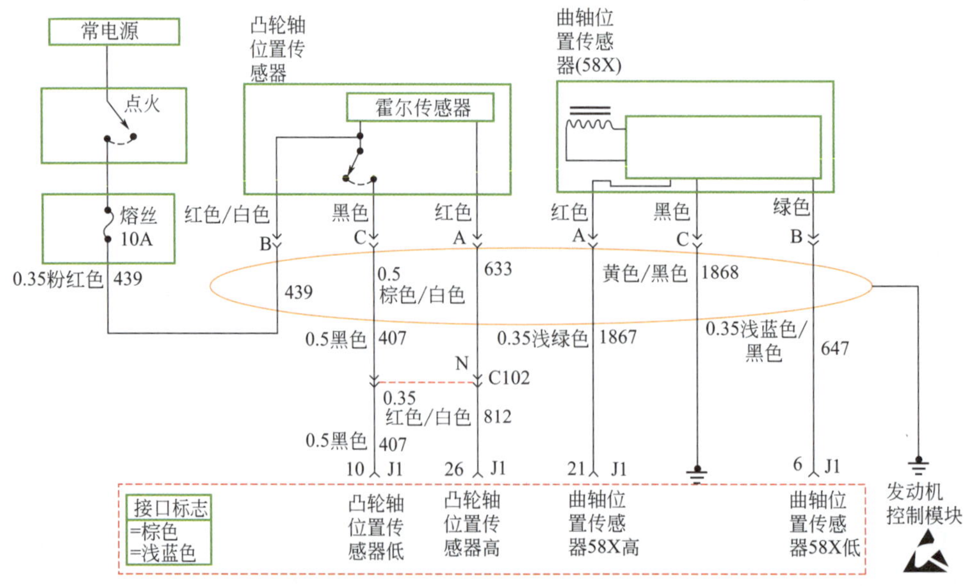

图 19.3-7 凸轮轴位置传感器及关联电路

19.3.2 故障案例

（1）故障症状 一辆帕萨特 B5 轿车，车行驶里程约 150000km。发动机运行期间会突然熄火，再次点火，无法启动。

（2）检查与分析

❶ 检查各缸的点火情况，火花塞跳火强度符合标准。检查配气正时及缸压，均达到要求。

❷ 使用诊断仪，执行发动机系统检测。显示故障为：霍尔信号发生器对地短路，即凸轮轴位置传感器故障。根据故障诊断引导，拆下凸轮轴位置传感器，发现凸轮轴前端的脉冲环脱落。

（3）故障原因 发动机点火顺序是受曲轴位置传感器和凸轮轴位置传感器双重控制的。凸轮轴位置传感器提供了发动机 1 缸、4 缸的上止点判缸信号，如果凸轮轴位置传感器发生损坏，传感器信号失真或丢失，会导致发动机无法启动。

（4）故障排除 更换脉冲环。

19.4 机油油位温度传感器故障

19.4.1 诊断知识

持续测得的油位和温度数据作为脉冲宽度调制的输出信号传递给组合仪表（图 19.4-1）。

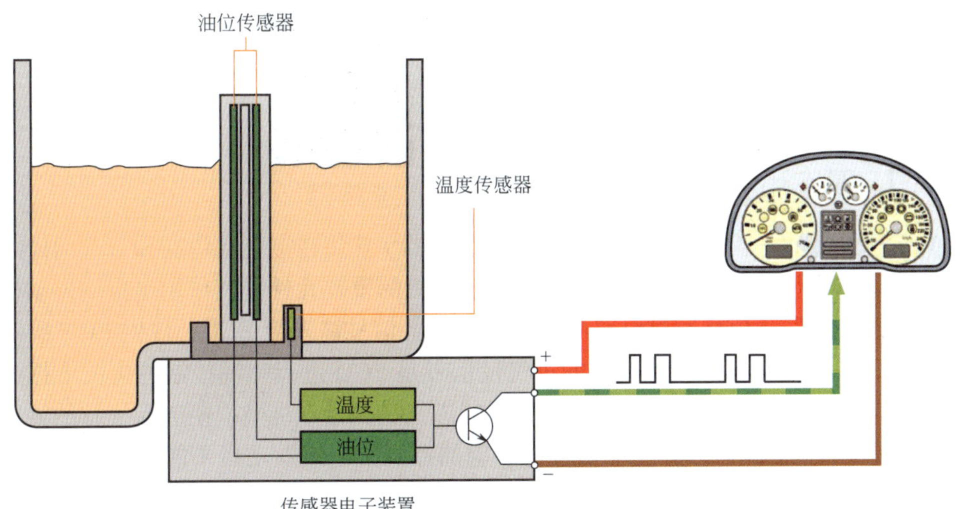

图 19.4-1 机油油位温度传感器（线性）

（1）信号形式和分析 由一个电子装置控制的测量元件被当前机油温度短时略微加热（输出 = 高），然后重新冷却（输出 = 低）。这个过程自动不停地重复。此时“高”的时间取决于机油温度，而“低”的时间则与油位成比例。

（2）机油油位 通过一个传感器等式，可从冷却时间计算出在冷却阶段期间的油位高度（单位 mm），精确度约为 ±3mm。长冷却时间 = 加注不足（1000ms），短冷却时间 = 加注过多（100ms）。

19.4.2 机油状态传感器检查

（1）发动机机油中的冷凝水情况提示 由于短途行驶而在曲轴箱中积累的冷凝水可能影响电容率。由于发动机机油与混入的冷凝水发生混合，水也会积聚在机油状态传感器周围。如果曲轴箱内的水过多，有时可能导致错误的油位显示或引发警告，要求加油。通过在诊断系统上进行故障症状选择，可以处理这个“错误的油位警告”，同时还可以评价机油的电容率。然而不能直接显示电容率。此外电容率还与机油黏度或使用时间有关。因此，不是在任何情况下都能保证传感器对机油状态的评估。

（2）对发动机控制单元进行更换或编程后情况提示 对发动机控制单元进行更换或编程后，暂时未存储油位。因此将显示“油位低于最小值”。在发动机运行约 2min 后才显示正确的油位（发动机暖机、转速大于 0、车辆静止）。

（3）仪表或显示器故障情况 如果组合仪表或中央信息显示器发生故障，对于正常的油位传感器，可以用诊断系统读取油位。

19.5 空气流量计故障

19.5.1 诊断知识

视频讲解

19.5.1.1 基本知识

（1）空气流量计 空气流量计（空气流量传感器）安装在空气滤清器和节气门体之间，是电控系统基本控制参数的来源之一，是电控发动机的重要元件。其作用是检测发动机进气量的大小，并将进气量信息通过电路的连接转化为电信号输入给 ECU，以供 ECU 确定喷油量和点火时间。空气流量传感器获得的进气量信号是 ECU 进行喷油控制的主要依据，如果其损坏或其电路连接出现故障，则会使发动机的进气量测量不准确，使进入气缸的混合气过浓或过稀，从而使 ECU 无法对喷油量进行准确的控制，导致发动机不能正常运转，尾气排放超标。

（2）空燃比 为了使 1kg 燃料充分燃烧，内燃机需要 14.7kg 的空气，这种燃料相对于空气的比例在技术上表示为理想空燃比（图 19.5-1）。为了使发动机控制单元能够在各种运行状态下设定正确的空燃比，需要关于进气的准确信息。在理想状态时，空燃比的 λ 值为 1。只有在理想状态时，废气中的有害物质才可能被三元催化转化器几乎全部清除。

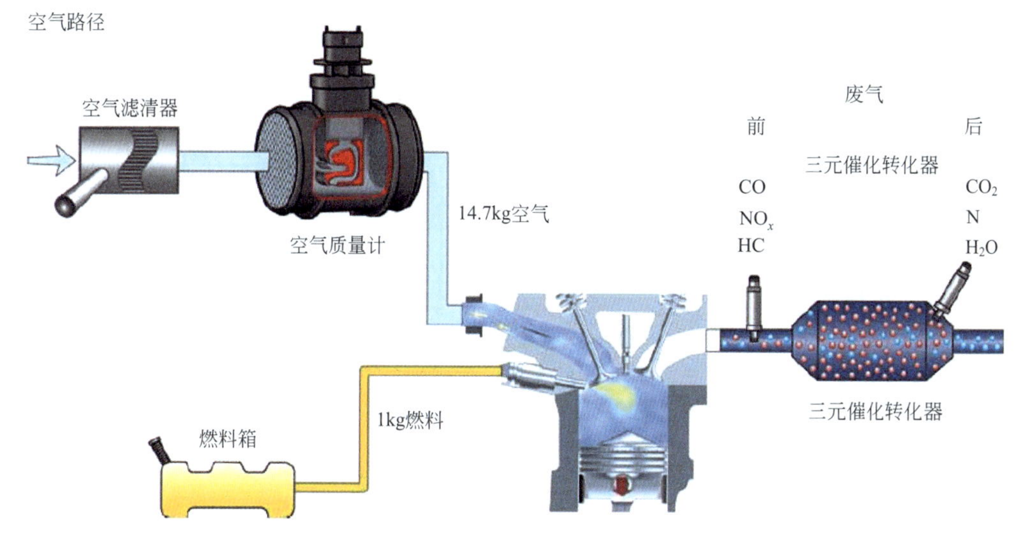

图 19.5-1　空燃比示意

❶ 浓混合气。在浓混合气（$\lambda<1$）时，废气中含有过多一氧化碳（CO）和未燃烧的碳化氢化合物（HC）。例如，1.2kg 燃油：14.7kg 空气。

❷ 稀混合气。在稀混合气（$\lambda>1$）时，废气中含有过多的氮氧化物（NO_x）。例如，0.8kg 燃油：14.7kg 空气。

准确测量吸入空气质量的目的在于，将空燃比控制在 $\lambda=1$ 的附近，并降低和清除废气中所含的有害物质。

19.5.1.2　空气流量计诊断

空气流量计故障会导致发动机怠速不稳，加速不良。检查方法如下。

❶ 发动机运转时，拔下空气流量计的插头，如果故障消失，说明此空气流量计信号有偏差，并没有损坏，电控单元一直按照有偏差的错误信号进行喷油控制。由于混合比失调，发动机燃烧不正常，将会出现发动机转速不稳或动力不良现象。当拔下空气流量计插头时，电控单元检测不到进气信号便会立即进入失效保护功能，以节气门位置传感器信号替代空气流量计信号，使发动机继续以替代值进行工作。拔下空气流量计插头，故障消失，正是说明了拔插头前信号不正确，拔插头后信号正确，因此故障消失。

❷ 在插头的信号端测量动态信号电压，怠速工况下，电压信号接近 1.4V；加速到全负荷时，电压信号可接近 4V。如果不在该范围，表明空气流量计本身损坏。个别也由脏污所导致，清洗即可。

❸ 发动机运转时，拔下空气流量计的插头，如果故障依旧，说明主要原因是该空气流量计损坏（相关线路也会导致该故障），造成发动机电控单元无法接收到空气流量计信号，电控单元确认空气流量计信号不良，进入失效保护功能，同时将故障码存入存储器。

❹ 发动机运转时，拔下空气流量计的插头，故障现象稍有变化。说明空气流量计是良好的，拔下空气流量计插头前，电控单元根据空气流量计信号进行控制，喷油量准确，发动机各工况均好；当拔下空气流量计插头时，发动机电控单元根据节气门位置传感器信号进行控制，喷油量有微小差异，发动机工况相对稍差。

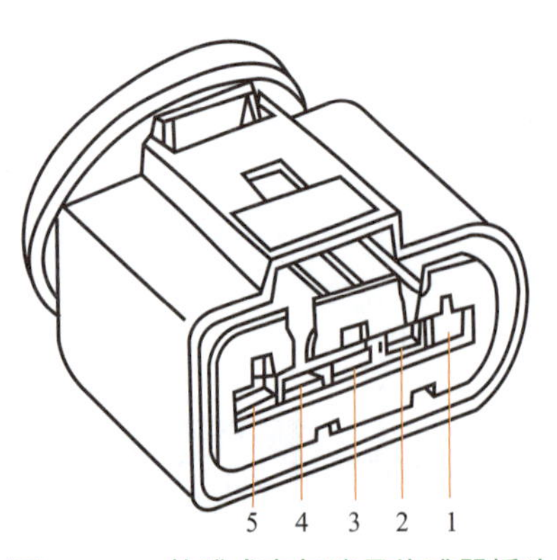

图 19.5-2 热膜式空气流量传感器插头

1～5—插头

19.5.1.3 空气流量传感器电路

用万用表检测和识别空气流量计电路。空气流量传感器信号有两种：一种是电压变化的；另一种是脉冲式的。测试过程中不要拔开传感器插头。热膜式空气流量传感器插头如图 19.5-2 所示。

（1）传感器负极检测和识别 万用表黑表笔接车身搭铁，红表笔分别接传感器里面的几根线，测得电压最低的那根线，即是传感器的负极。

（2）传感器正极检测和识别 万用表黑表笔接刚才找到的传感器负极线；红表笔分别接除传感器负极之外的线，找到一根电压为 5V 的线，这根线，就是传感器供电线。

（3）传感器信号线检测和识别 万用表黑表笔连接上述找到的传感器负极线，红表笔分别接除传感器负极之外的线，测试过程中启动汽车，不断加速和减速；观察在此过程中哪根线的电压会发生变化，会随加减速而发生电压变化的这根线，就是传感器信号线。

如果用以上方法，找不到信号线，那就用 LED 试灯，试灯负极接传感器负极线，试灯另外一端接传感器上除传感器负极以外的其他线，看试灯是否会闪烁，找到使试灯闪烁的这根线，就是信号线。

19.5.2 故障案例

某君威轿车采用热线式空气流量计，该传感器使用热线电阻式元件，此元件与温度补偿电阻、精密电阻、电桥电阻及环境温度传感器共同组成惠斯顿电桥。热线式空气流量计为三导线型传感器，安装在进气管中。

空气流量（MAF）传感器和进气温度（IAT）传感器集成在一起。空气流量传感器是一个空气流量计，测量进入发动机的空气量。在所有发动机转速和负载条件下，发动机控制模块（ECM）利用空气流量传感器信号提供正确的燃油输送量。空气流量 / 进气温度传感器具有点火电压、空气流量传感器搭铁、空气流量传感器信号、进气温度传感器信号及进气温度低电平参考电压的电路。发动机控制模块向空气流量传感器信号电路上的空气流量传感器提供 5V 电压。传感器根据流过传感器孔的进气流量，利用电压产生频率。

空气流量传感器发生故障时，会生成故障码 P0100——空气流量（MAF）传感器电路故障、P0102——空气流量（MAF）传感器电路频率过低和 P0103——空气流量（MAF）传感器电路频率过高。

对热线式空气流量计进行检测时，应主要检测空气流量计的输出信号电压（图 19.5-3）。首先关闭点火开关，拔下传感器插接器；然后将点火开关转至 ON 位置，但不启动发动机；用万用表电压挡测量空气流量计信号端子和搭铁端子之间的电压，即 1 端子与 2 端子间的电压，该电压应为 5V；当该空气流量计输出电压正常时，可用电吹风向该空气流量计进气口处吹风，其信号电压应随吹风量大小的变化而变化，而且应符合标准规定值范围，否则说明空气流量计已损坏，需要进行更换。

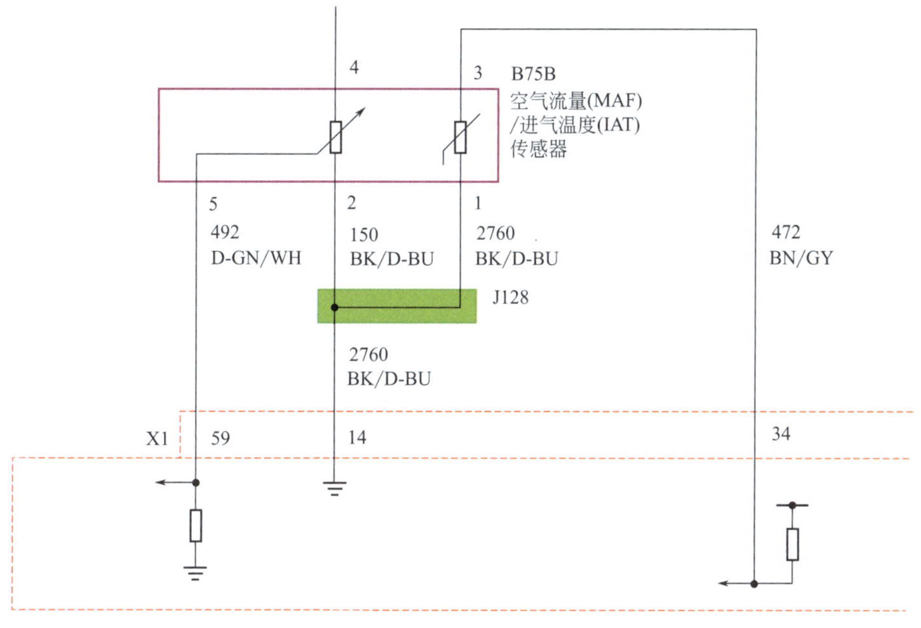

图 19.5-3　热线式空气流量计与发动机电控单元的连接电路

19.6　氧传感器故障

19.6.1　氧传感器作用

氧传感器安装在三元催化器上（图 19.6-1），用来检测发动机排放气体中氧气的含量、空燃比的浓稀，并将检测的结果转变为电压或电流信号反馈给 ECU，ECU 根据氧传感器传来的信号，不断对喷油时间和喷油量进行修正，使混合气浓度保持在理想的范围内，实现空燃比的反馈控制。

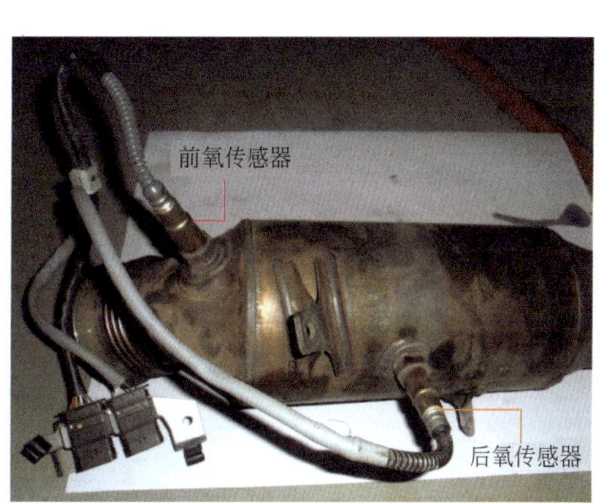

图 19.6-1　安装在三元催化器上的氧传感器

19.6.2　氧传感器类型

（1）普通氧传感器　汽车用氧传感器主要有氧化锆型和氧化钛型两种类型。两种类型的氧传感器都有加热式和不加热式两种类型，汽车上大部分使用的是加热式的。

（2）空燃比传感器　空燃比传感器能连续检测混合气从浓到稀的整个范围的空燃比。与普通的氧传感器相比，这样的传感器可以在发动机的整个运转范围内实现空燃比的反馈控制，在各个区域上实现最佳油耗、最佳排放及最佳运转性能。在稀燃发动机领域的空燃比反馈控制系统中，采用了稀燃传感器，这种传感器能够在混合气极稀薄领域中，连续地测出稀薄燃烧区的空燃比，实现稀薄领域的反馈控制。

（3）氮氧化合物传感器 氮氧化合物传感器用来识别和检查三元催化转化器的功能是否正常。

19.6.3 氧传感器结构

氧传感器有一个一端封闭的陶瓷氧化锆管，管的外表暴露在废气中，内表面暴露在大气中。氧化锆氧传感器结构原理如图 19.6-2 所示。

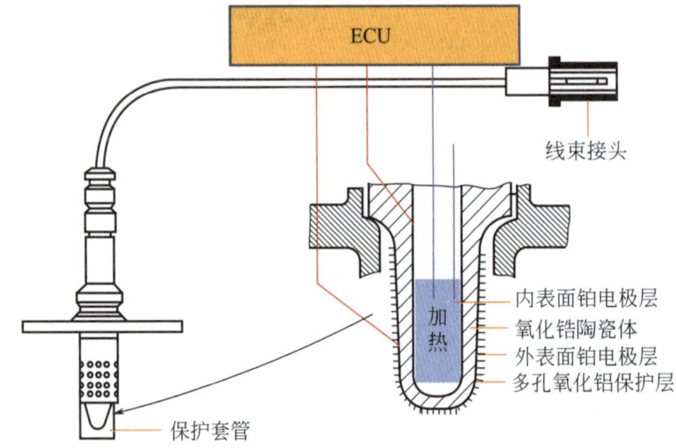

图 19.6-2 氧化锆氧传感器结构原理

简单地说，氧传感器是提供混合器浓度信息，用于修正喷油量，实现对空燃比的闭环控制，保证发动机实际空燃比接近理论空燃比的主要元件（图 19.6-3）。

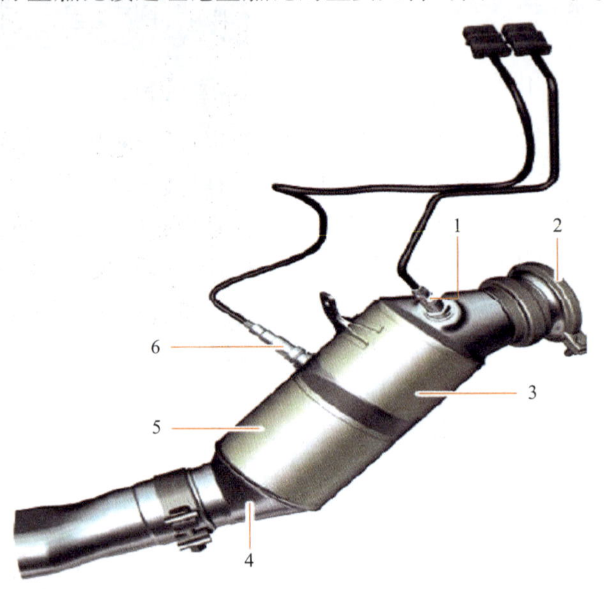

图 19.6-3 氧传感器安装在三元催化转化器上

1—三元催化转化器前氧传感器；2—废气涡轮增压器上的接口；3—陶瓷载体 1；4—三元催化转化器；5—陶瓷载体 2；6—三元催化转化器后氧传感器

19.6.4　氧传感器闭环控制

前氧传感器是通过氧化锆元件检测出废气中残留的氧浓度，从而检测出空燃比的传感器。

它检测废气中的氧气浓度，与环境空气中的氧含量比较。氧化锆元件的外侧接触废气，内侧接触大气，这样氧化锆元件的两侧会有氧气的浓度差，因而产生电压。对于前氧传感器的电压，如果空燃比在浓混合气状态，则在 1V 附近；如果在稀混合气状态，则在 0V 附近。将产生的该电压反馈给 ECU（ECM/PCM），以前氧传感器的电压为基础进行控制，使可燃混合气浓度保持在理论空燃比附近。

氧传感器的作用就是检测空燃比，实现空燃比闭环控制，闭环控制如图 19.6-4 所示。

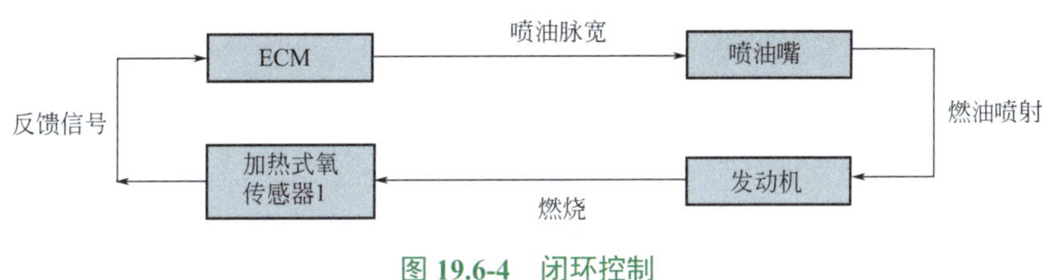

图 19.6-4　闭环控制

19.6.5　氧传感器基本原理

氧传感器（图 19.6-5）的基本原理与干电池相似，传感器中的氧化锆起类似电解液的作用。其基本工作原理是：在一定条件下（高温和铂催化），利用氧化锆内外两侧的氧浓度差，产生电位差，且浓度差越大，电位差越大。大气中氧的含量为 21%，浓混合气燃烧后生成的废气实际上不含氧，稀混合气燃烧后生成的废气或因缺火产生的废气中含有较多的氧，但仍比大气中的氧少得多。

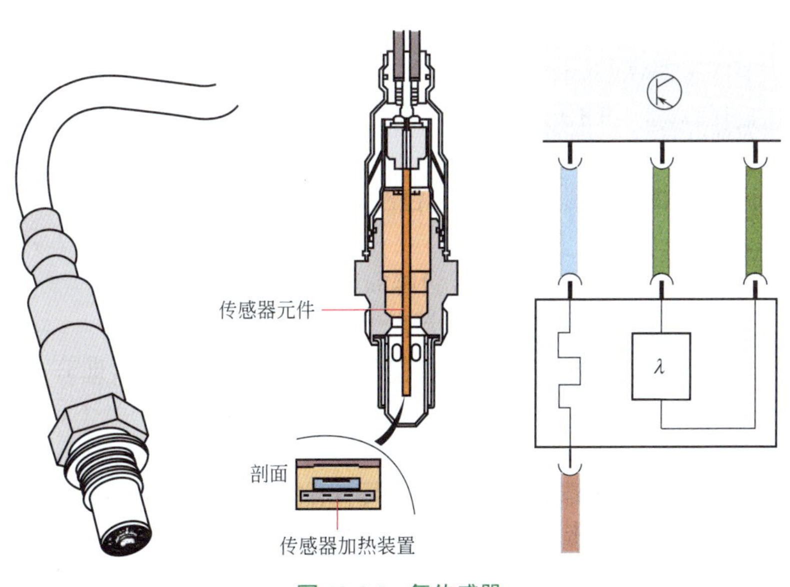

图 19.6-5　氧传感器

在高温及铂的催化下，带负电的氧离子吸附在氧化锆套管的内外表面上。由于大气中的氧气比废气中的氧气多，套管上与大气相通一侧比废气一侧吸附更多的负离子，两侧离子的浓度差产生电动势。当套管废气一侧的氧浓度低时，在电极之间产生一个高电压（0.6～1V），这个电压信号被送到ECU进行放大处理，ECU把高电压信号看作浓混合气，而把低电压信号看作稀混合气。根据氧传感器的电压信号，发动机ECU按照尽可能接近14.7 ：1的理论最佳空燃比来稀释或加浓混合气，因此氧传感器是电子控制燃油计量的关键传感器。

氧传感器通过监测排气中氧离子的含量获得混合气的空燃比信号，并将空燃比信号转变为电信号输入发动机ECU。ECU根据氧传感器信号对喷油时间进行修正，实现空燃比反馈控制（闭环控制），使发动机得到最佳浓度的混合气，从而达到降低有害气体排放量和节约燃油的目的。

19.6.6 宽带氧传感器

19.6.6.1 宽带氧传感器结构

宽带氧传感器（图19.6-6）的传感机构由二氧化锆陶瓷层（层压板）组成。层压板中插入的加热元件确保快速加热到至少760℃的必要工作温度。宽带氧传感器具有两个元件，一个所谓的测量元件和一个参考元件，这两个元件上涂有铂电极。

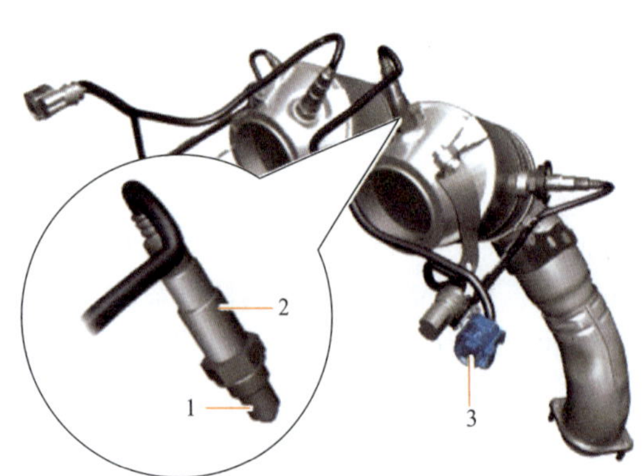

图19.6-6 宽带氧传感器

1—氧传感器；2—壳体；3—6芯插头连接（5芯被使用）

通过宽带氧传感器可以无级测得一个空燃比（稳定的特性线）。为了实现完全燃烧，需要的空燃比为14.7 ：1。实际输送的空气质量与化学计算的空气质量之间的比称为空气过量系数。在车辆正常运行时空气过量系数会变动（介于0.65～1.4之间）。发动机在空气不足（空气过量系数约0.9，为浓混合气）时具有最佳功率。发动机在空气过量（空气过量系数约1.1，为稀混合气）时油耗最低。当混合气在空气过量系数为1时，废气催化转化器可最佳地减少有害物质的排放。转化率（即已转化的有害物质部分）在先进的废气催化转化器上达98%～100%。油气混合气的最佳成分由发动机控制调节。氧传感器这时提供关于废气成分的基本信息。

19.6.6.2 宽带氧传感器工作原理

宽带氧传感器不断测量废气中的残余氧含量。残余氧含量的摆动值作为电压信号继续传送给发动机控制单元。发动机控制系统通过喷射修正混合气成分。

19.6.6.3 宽带氧传感器电路（图19.6-7）

（1）内部电路 在氧元泵元件上施加一个电压，大量氧气即被抽送到测量元件中，直到测量元件的电极之间出现一个450mV的电压为止。于是可在燃烧室内建立理想的空燃比。

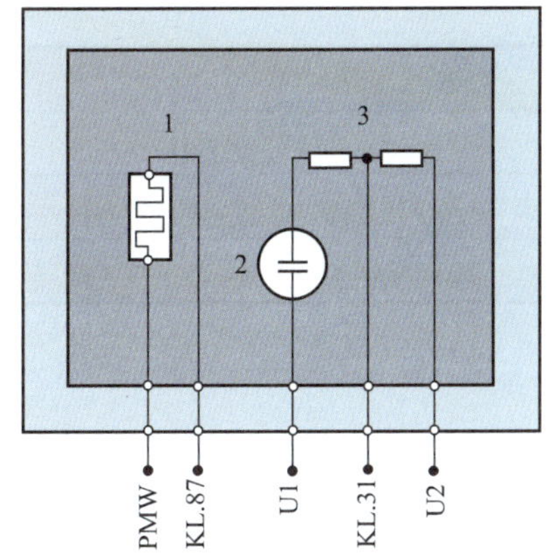

图 19.6-7　宽带氧传感器电路

1—氧传感器加热器；2—参考元件（Nernst 元件）；3—测量元件（Nernst 元件和氧元泵元件）；
PMW—氧传感器加热装置按脉冲宽度调制的控制；KL.87—蓄电池电压，总线端 15 接通；
U1—参考元件电压；KL.31—虚拟接地；U2—泵室电压

（2）特性和参数

❶ 宽带氧传感器特性（图 19.6-8）。宽带氧传感器的特点是自空气过量系数为 0.65 起扩大的测量范围。调控用传感器的其他优点是较高的温度耐受性，响应时间缩短到 30ms 以下，以及较高的信号精确度。

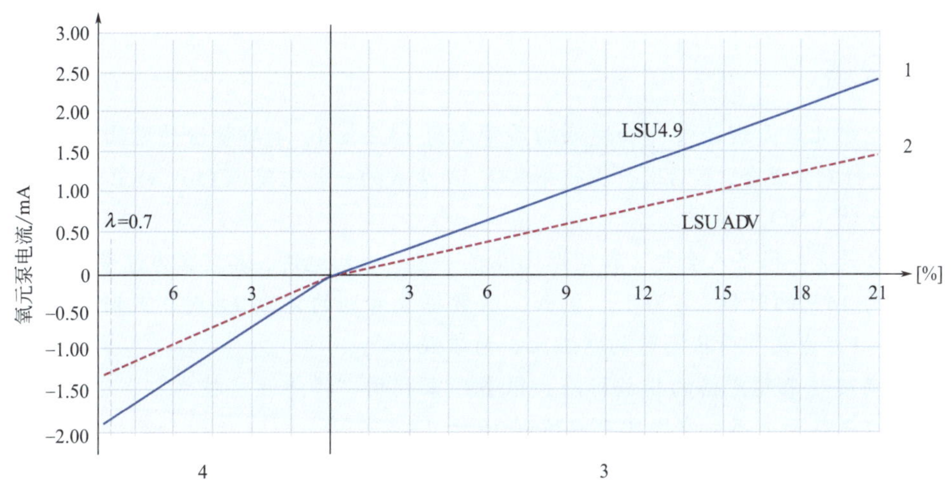

图 19.6-8　宽带氧传感器特性

1—氧传感器特性线（LSU 的意思为通用氧传感器）；2—氧传感器的特性线（LSU ADV 的意思为高级通用氧传感器）；3—氧气浓度（稀少）；4—氧气浓度（浓混合气）

❷ 宽带氧传感器参数见表 19.6-1。

表 19.6-1　宽带氧传感器参数

项目	参数范围
氧传感器加热装置电压范围 /V	10.7 ～ 16.5
氧传感器加热装置不超过 5s 的电压 /V	12
氧传感器加热装置不超过 6.5s 的电压 /V	9

续表

项目	参数范围
工作温度 /℃	760
20℃ 时的加热电阻 /Ω	2.0 ～ 3.2
最大空气泵电流 /mA	1.5

19.6.6.4 诊断说明

（1）失效影响　在宽带氧传感器失灵时，预计将出现以下情况。

❶ 在发动机控制单元中记录故障码。

❷ 调校值或用替代值的紧急运行。

❸ 组合仪表中排放警示灯亮起。

（2）维修说明　诊断的下列监控功能用于检查发动机和排气系统的状态。

❶ 氧传感器调校值。空燃比调校 （混合气调校） 用于补偿影响混合气的部件公差和老化效应。

❷ 三元催化转化器诊断。该诊断检查废气催化转化器的氧气存储能力。氧气存储能力是废气催化转化器转化能力的一个指标。

知识贴

理论空燃比就是理论空气和燃油的质量比为 14.7 ：1，1 质量份的燃油和 14.7 质量份的空气进行充分混合，然后进行压缩并燃烧，所生成的一氧化碳（CO）、碳氢化合物（HC）和氮氧化合物（NO_x）最少。

那什么是 λ？很多人会把 λ 和空燃比混在一起。确切地讲，其实 λ 为过量空气系数，在空燃比为 14.7 的时候，λ 为 1 。例如，从数据流看到的 λ 为 0.8 时，此时的空燃比就为 11.76 ：1，为大负荷状态时的空燃比，为浓混合气。

为了满足越来越严格的排放标准，很多厂家利用“稀薄燃烧技术”，这样就会使 λ 达到 1.2、1.3 甚至更高，空燃比可以达到 18 ：1。

一般的 4 线氧传感器只能告诉你混合气是否浓或者稀，而随着混合气的控制范围加宽，这样的窄域氧传感器无法满足空燃比的控制要求。逐渐开始使用宽带氧传感器，宽带氧传感器不但能监控混合气是浓或者稀，还能精确地监测具体浓多少或稀多少。

宽带氧传感器可精确测量从 $\lambda>0.7$（浓混合气）到 $\lambda<4$（纯空气）的 λ 值范围。$\lambda=4$ 时，约等于 60 质量份空气：1 质量份燃油。

19.6.7 空燃比传感器

当空燃比传感器发生某种故障时，将无法正确监测空燃比，无法进行正常的反馈控制，其结果将导致发动机性能恶化。

空燃比传感器监测三元催化器前的空燃比。ECM/PCM 将该值与通过副氧传感器输出值计算出的目标空燃比进行比较来决定燃料喷射量。

以前氧传感器只能检测到排出气体浓度的高低。以理论空燃比为界，反复出现浓度或高或低的现象。这样的话，要使空燃比能够不断保持在理论空燃比就显得非常困难。为了减少有害气体的排出量，所以就有了可以线性检测空燃比的空燃比传感器，来代替以前主要使用的氧传感器。

19.6.8 氧传感器诊断知识

19.6.8.1 故障判断原理

PCM（ECM/ECU）基于以下条件监控氧传感器反馈。

（1）灵敏度 氧传感器从稀到浓再到稀的循环时间。传感器响应时间过长时，PCM 检测到故障。

（2）导通性 如果氧传感器电压恒定在大约 0.3V，则 PCM 检测到开路。当出现中毒或者老化后，氧传感器的电压周期大大增加或者氧传感器的信号电压将变得平直（图 19.6-9）。

（3）输出电压 PCM 监控氧传感器输出电压。氧传感器的最高和最低电压不能达到规定值时，PCM 检测到故障。如果前加热式氧传感器发生故障，PCM 将燃油喷射系统反馈控制从闭环切换到开环并存储故障码。

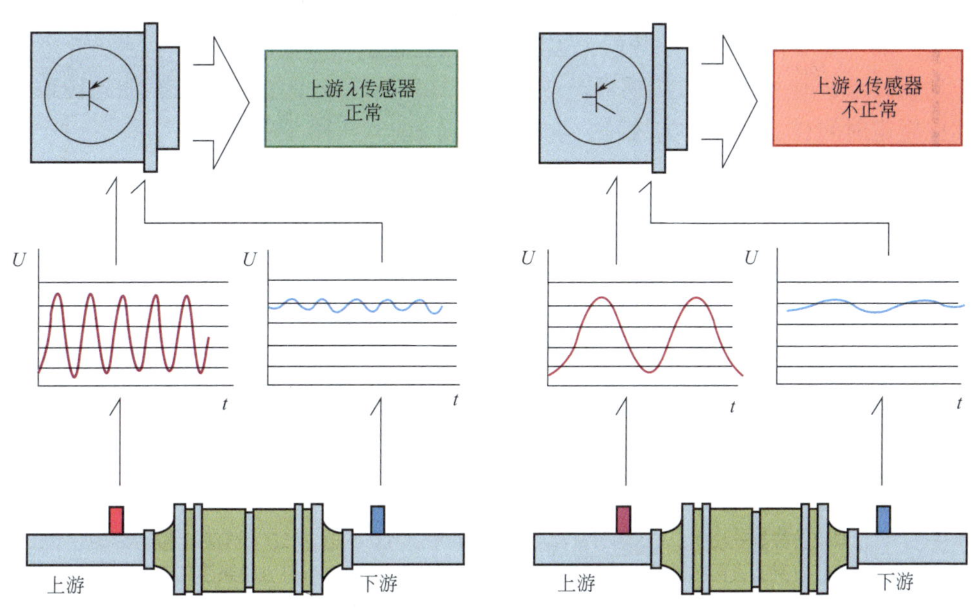

图 19.6-9 氧传感器故障判断原理示意

19.6.8.2 前氧传感器诊断说明

废气中的氧气密度与大气中的相差较大时，氧化锆产生大约 1V 的电压。废气中的氧气密度（浓状态）与大气中的相差较小时，氧化锆产生大约 0V 的电压。传感器信号（稀状态）

发送至 ECM，ECM 调整喷油脉宽以达到三元催化转化器效率最高的理想空燃比。在电压由大约 1V 完全变为 0V 时产生最理想的空燃比。

如果氧传感器信号电压较高或长时间保持在较高电压（0.8 ～ 1V），表示混合气较浓，ECM 减小喷油脉宽使混合气变稀。

如果氧传感器信号电压较低或长时间保持在较低电压（0 ～ 0.1V），表示混合气较稀，ECM 增加喷油脉宽使混合气变浓。

空燃比示意如图 19.6-10 所示。

19.6.8.3　故障和故障码分析

（1）故障码 P0134 诊断

❶ 故障码解释。加热型氧传感器电路活性不足（传感器 1）。

❷ 故障码原因。

a. 加热型氧传感器高电平信号，开路或高电阻。

b. 加热型氧传感器低参考电压。

❸ 故障生成原理。加热型氧传感器用于燃油控制和后催化剂监测。每个加热型氧传感器将环境空气的氧含量与废气流中的氧含量进行比较。加热型氧传感器必须达到工作温度以提供准确的电压信号。加热型氧传感器内部的加热元件使传感器达到工作温度所需的时间为最短。

当发动机首次启动时，发动机控制模块在开环状态下运行，忽略加热型氧传感器电压信号。一旦加热型氧传感器达到工作温度并达到“闭环”运行条件，加热型氧传感器将在 0 ～ 1000mV 范围内产生围绕 450mV 上下波动的电压。加热型氧传感器电压较高，表明废气流较浓；加热型氧传感器电压较低，表明废气流较稀。

发动机控制模块检测到氧传感器电压信号始终保持在一个电压 0.3V，如果读取该电压的时间比规定时间长，则判断为故障，生成故障码 P0134（图 19.6-11）。

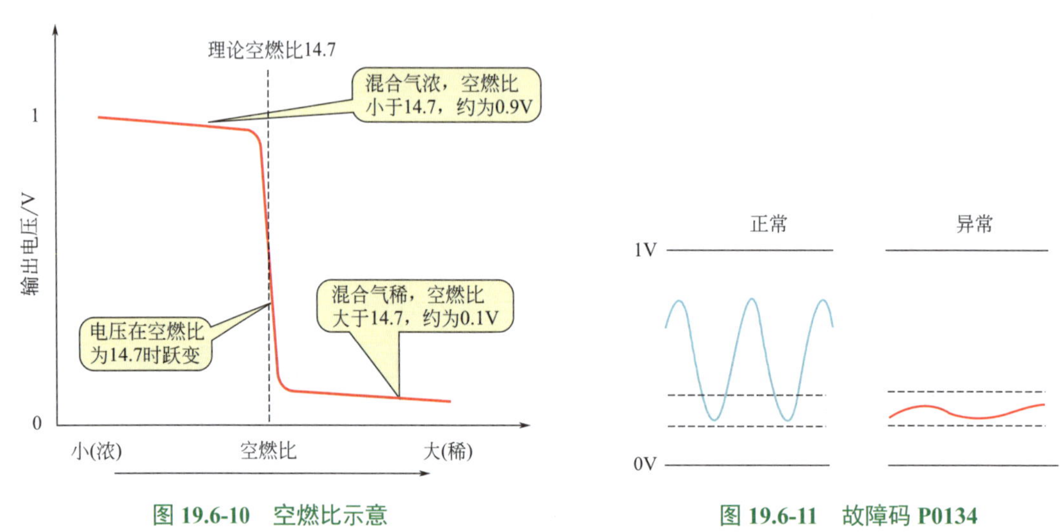

图 19.6-10　空燃比示意

图 19.6-11　故障码 P0134

（2）故障码 P1143 诊断

故障码 P1143 表示混合气稀变化监测。

氧传感器的输出电压被监控以确定“浓”输出是否足够高（例如约大于 0.6V），以及“稀”输出是否足够低（例如约小于 0.35V）。如果两个输出均变到稀侧（氧传感器的最高和最低电压均低于规定值），则检测到故障，生成故障码 P1143（图 19.6-12）。

（3）故障码 P1144 诊断 故障码 P1144 表示混合气浓变化监测。

在监控传感器输出电压期间，如果两个输出均变到浓侧（氧传感器的最高和最低电压均高于规定值），则检测到故障，生成故障码 P1144（图 19.6-13）。

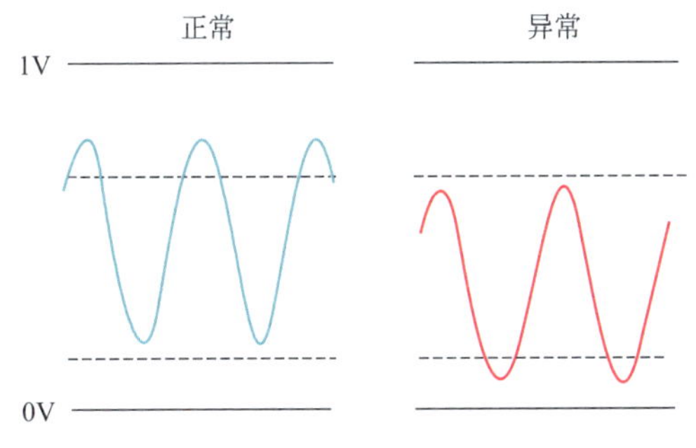

图 19.6-12 故障码 P1143

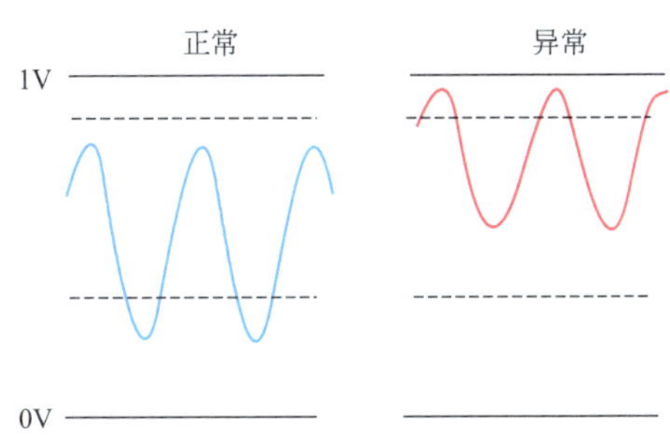

图 19.6-13 故障码 P1144

（4）故障码 P0133 诊断

❶ 故障码解释。加热型氧传感器电路响应慢（传感器 1）。P0133 是 B 类故障诊断码。

❷ 故障码原因。加热型氧传感器由浓变稀或由稀变浓的平均响应时间超过规定值。

❸ 故障生成原理。故障码 P0133 为响应监测。

加热型氧传感器监控器会跟踪氧传感器信号上升和下降过程中的电压变化速率。当电压变化速率低于校准值时，发动机控制模块就会开始修改空燃比，试图提高氧传感器的电压变化速率。如果发动机控制模块已经达到可以接受的燃油修正限制或者已经超过可接受的燃油修正的时间长度，而仍然没有监测到可以接受的电压变化速率的话，该故障码就会出现。故障原因包括氧传感器由于燃油污染、氧传感器信号电路开路所导致的故障、排气管或排气歧管泄漏、电子控制模块（PCM 或 ECM）故障等。

发动机控制单元测量氧传感器由稀（例如约 0.35V）到浓（例如约 0.55V）或由浓到稀循环所用的时间。如果这些时间的总和大于规定值，则检测到故障，生成故障码 P0133（图 19.6-14）。

正常 异常
1V
0V

图 19.6-14 故障码 P0133

（5）故障码 P0132 诊断

❶ 故障码解释。加热型氧传感器电路电压过高 (传感器 1)。

❷ 故障码原因。加热型氧传感器高电平信号对电压短路。

❸ 故障生成原理。故障码 P0132 为前氧传感器高电压监测。

发动机控制单元检查前加热式氧传感器的电压输出不应过高（例如大于约 1.1V）。如果 ECM 读取到过高的电压，则判断为故障，生成故障码 P0132（图 19.6-15）。

（6）故障码 P0135 诊断

❶ 故障码解释。氧传感器加热器电路，1 列 1 号传感器。

❷ 故障码原因。发动机控制模块检测到用于测定废气中氧含量的电路有问题，如果是氧传感器信号电路和接地线电路所导致的故障，则故障码 P0135 就会出现。

❸ 故障生成原理。故障码 P0135 为电压监测。

发动机控制模块（ECM）根据发动机转速控制氧传感器加热器的打开和关闭操作。加热器在特定的发动机转速下打开和关闭。

ECM 通过测量内置在加热器电路内的特定电阻两侧的电压来监控加热器电流。如果电压超出规定水平，则判断为故障，生成故障码 P0135（图 19.6-16）。

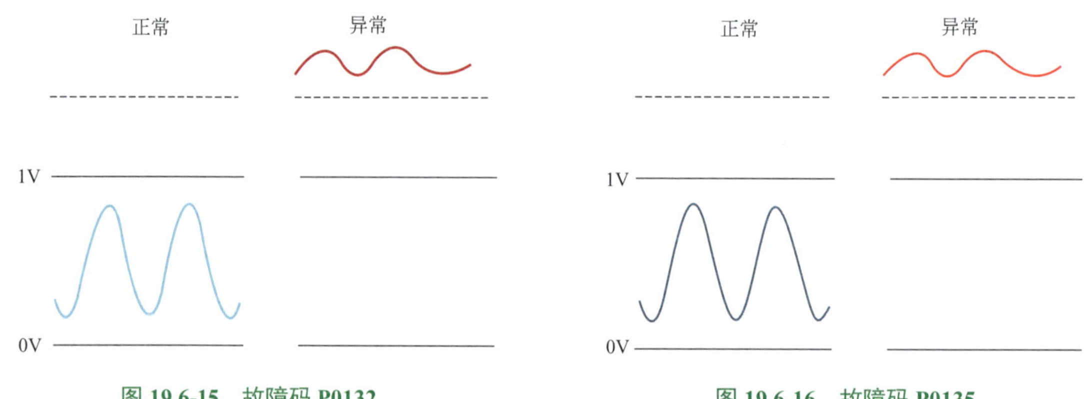

图 19.6-15　故障码 P0132

图 19.6-16　故障码 P0135

19.6.8.4　后氧传感器

（1）后氧传感器检测　后氧传感器检测在汽车正常工作期间进行。如果 OBD 系统在行驶循环中检测到未超过浓稀阈值，那么可强制使空燃比变浓或变稀来控制后氧传感器。如在强制变浓或变稀情况下传感器仍不能超过最大浓稀阈值，则表明存在故障。

后氧传感器在前氧传感器的检测后，才执行检测。在检测前氧传感器之后，并在后氧传感器的加热器接通后，PCM 将进行输出电压的最大和最小值与极限值的比较。如果氧传感器电压的最大和最小值都正常，则这个氧传感被视为正常。如果未能达到氧传感器电压的最大和最小值，燃油系统将进入开环状态。

（2）后氧传感器故障判断原理　在发动机运行过程中，OBD 系统持续监控氧传感器的工作灵敏度、氧传感器信号电压以及氧传感器的加热器。当氧传感器中毒或者老化后会对其产生不利的一面，这种中毒往往是由于汽油中的含铅成分过高，导致氧传感器铅中毒。当出现中毒或者老化后，氧传感器的电压周期大大增加或者氧传感器的信号电压将变得平直。

发动机控制单元提高 λ 调节值，从而使得燃油空气混合气变浓。尽管混合气变浓了，但是三元催化转化器后氧传感器电压仍很低（因为有故障），于是发动机电控单元继续提高 λ 调节值，直至达到调节极限并识别出故障。前氧传感器和后氧传感器故障的判断示意如图 19.6-17 和图 19.6-18 所示。

（3）氧传感器加热器监测　氧传感器加热器所在的尾气排放系统部位的温度达到最低值以前，氧传感器加热器是不会接通的。这是为了在接通加热器之前，使尾气排放系统达到干燥状态，避免氧传感器产生热裂损。

当接通氧传感器加热器时，PCM 驱动器的电压应为低电压；当关闭氧传感器加热器时，PCM 驱动器的电压应为高电压。如果检测结果与上述电压不符，则说明氧传感器加热器及电路存在故障。

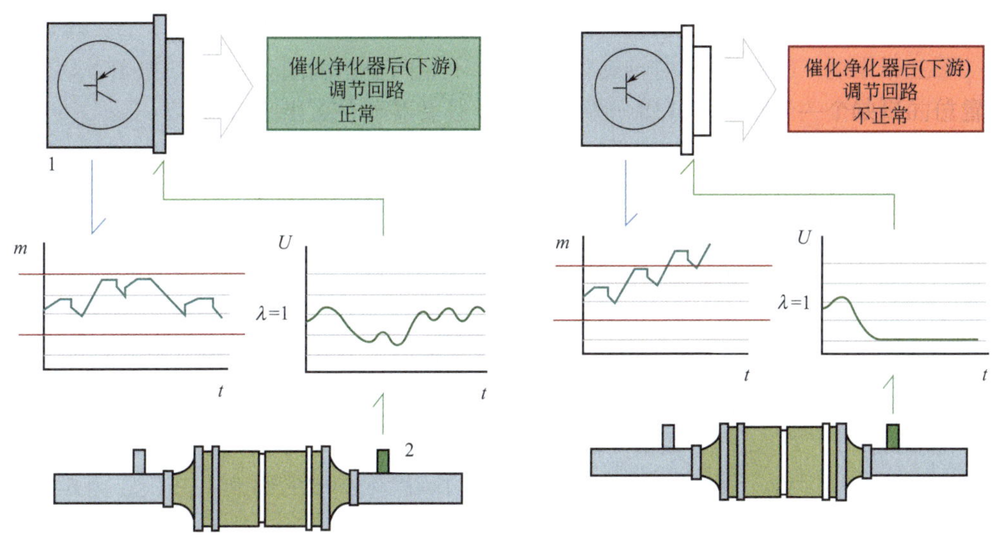

图 19.6-17　前氧传感器故障的判断示意

1—发动机控制单元；2—催化净化器后（下游）λ 传感器；m—λ 调节值；U—电压；t—时间

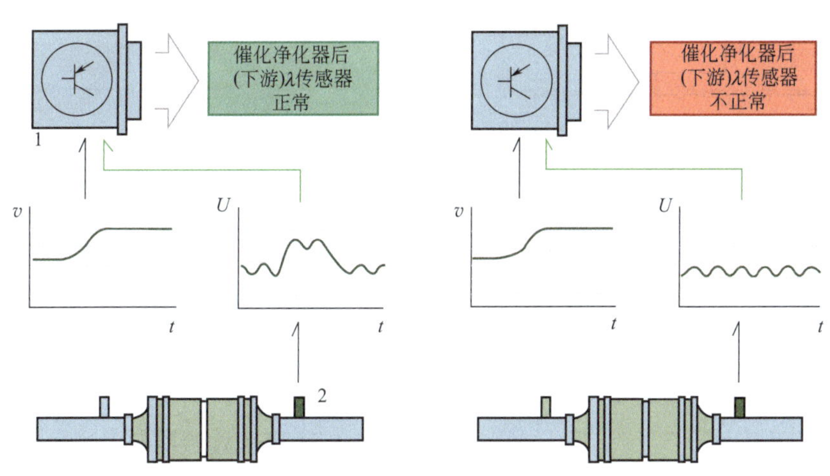

图 19.6-18　后氧传感器故障的判断示意

1—发动机控制单元；2—催化净化器后（下游）λ 传感器；v—车速；U—电压；t—时间

如果尾气排放系统的温度超过规定的最大值，则氧传感器加热器将被关闭，以避免其过热。

当发动机启动后并处于燃油闭环状态时，PCM 将直接监测氧传感器由浓到稀的反应时间，如果反应时间超过规定值或没有反应时间（浓 / 稀变化），则说明氧传感器有可能存在故障或燃油喷射控制功能不正常。一旦检测到没有反应信号，PCM 将设置故障码。

（4）加热式后氧传感器故障诊断　三元催化转化器后面的加热式后氧传感器监控废气中的氧含量。即使加热式前氧传感器的开关特性改变，通过加热式后氧传感器的信号也可以将空燃比控制在理论空燃比范围内。与加热式前氧传感器相同，加热式后氧传感器也有一个一端封闭的陶瓷氧化锆管。它的工作方式与加热式前氧传感器的相同。

❶ 故障码 P0138 诊断。

故障码解释： 加热型氧传感器电路电压过高（传感器 2）（后氧传感器电路电压过高）。

故障码原因：发动机控制模块检测到氧传感器电压信号大于 3.8V。

故障生成原理：PCM 检查加热式后氧传感器的电压输出不应过高。如果 PCM 读取到过高的电压，则判断为故障码 P0138（图 19.6-19）。该故障码是 B 类故障码。

❷ 故障码 P0139 诊断。

故障码解释：后氧传感器电路响应慢。

故障码原因：如果持续长时间在节气门全关闭状态下进行减速，就会进入废气中的氧浓度很高的贫油状态，后氧传感器输出显示为低电压。因此，在节气门全关闭的减速中，如果后氧传感器的输出依然持续为高电压时，则判定故障为氧传感器电路电压过高（传感器 2）（故障码 P0138）。此外，如果输出停滞在规定范围内，就会判定为中间停滞故障，故障为氧传感器电路响应慢（传感器 2）（故障码 P0139）。

故障生成原理：PCM 检查在正常行驶条件下电压输出的切换响应是否比断油条件下更快。如果传感器的切换时间比规定时间长，则检测到故障，生成故障码 P0139（图 19.6-20）。

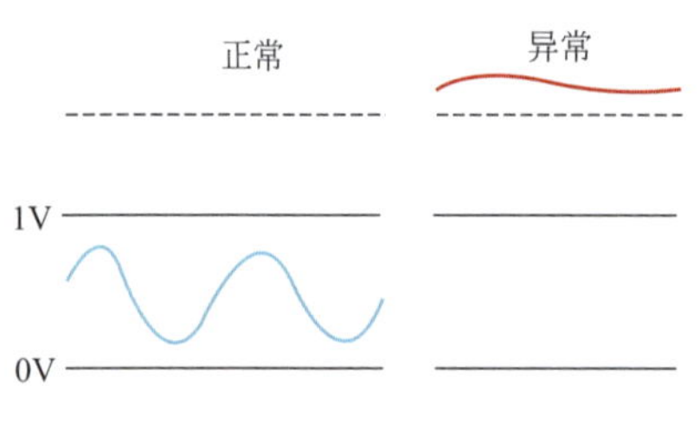

图 19.6-19　后氧传感器电压高

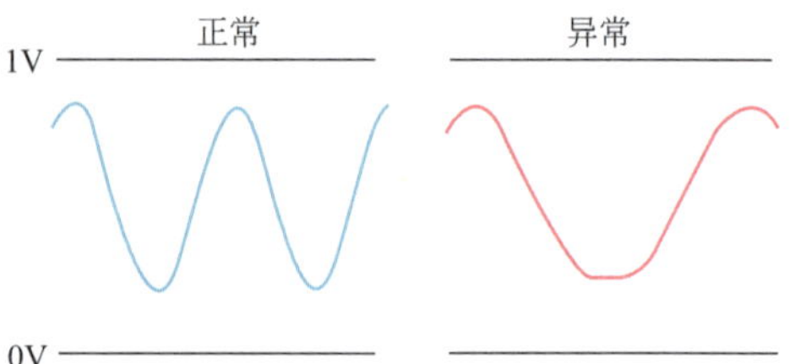

图 19.6-20　后氧传感器电路响应慢

❸ 故障码 P0141 诊断。

故障码解释：氧传感器加热器线路，1 列 2 号传感器（后氧传感器线路故障）。

故障码原因：通过 PCM 内的电路直接测定后氧传感器加热器中的电流，在规定值以上或以下的状态持续 5s，则 MIL 亮灯。

故障生成原理：与加热式前氧传感器的监控方式相同，PCM 通过测量内置在加热器电路内的特定电阻两侧的电压来监控加热器电流。如果电压超出规定水平，则判断为故障，生成故障码 P0141。

❹ 故障码 P1146 诊断。加热式后氧传感器与加热式前氧传感器相比有较长的浓稀切换时间。三元催化转化器的氧气储量是造成这个切换时间较长的原因。为此，数据采样时间比加热式前氧传感器更长。

在不同行驶条件下（例如断油），PCM 监控传感器的最低输出电压是否足够低（例如小于约 0.47V）。如果最低电压不能达到规定值，则检测到故障（图 19.6-21）。

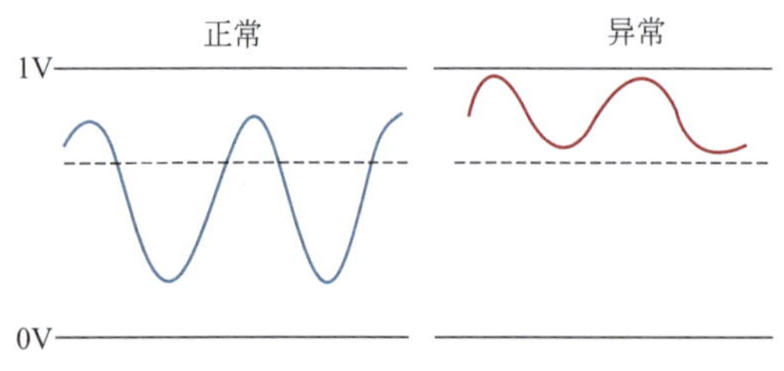

图 19.6-21　后氧传感器最低电压

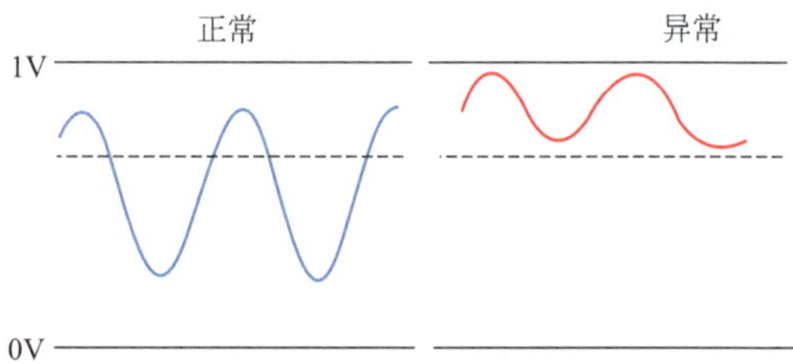

图 19.6-22　后氧传感器最高电压

❺ 故障码 P1147 诊断。在不同行驶条件下，PCM 监控传感器的最高输出电压是否足够高（例如大于约 0.68V）。如果最高电压不能达到规定值，则检测到故障（图 19.6-22）。

19.6.8.5 故障影响

（1）部件失效 监控用传感器失灵时会出现下列状况。

❶ 在发动机控制单元中记录故障码。

❷ 组合仪表中排放警示灯亮起。

（2）一般提示 诊断下列监控功能，检查发动机和排气系统的状态。

❶ 氧传感器调校值。空燃比调校 （混合气调校） 用于补偿影响混合气的部件公差和老化效应。

❷ 三元催化转化器诊断。后氧传感器用于诊断检查废气催化转化器的氧气存储能力。氧气存储能力是三元催化转化器转化能力的一个指标。

维修贴

监控用传感器需要探头内部保存有大气。大气经插头连接通过电缆进入内部，因此必须防止插头连接被蜡或防腐剂等污染。空燃比控制有故障时必须检查宽带氧传感器的插头连接是否被污染。

19.6.9 故障案例

案例 1 雪弗兰科鲁兹轿车发动机故障灯异常点亮。

（1）故障现象 故障车辆行驶里程约为 16000km，车辆行驶期间，发动机故障灯有时候会点亮。

（2）诊断与检查 使用诊断仪对发动机系统执行诊断检测，故障码为 P0133——加热型氧传感器响应迟缓（传感器 1）。观察发动机数据流，前氧传感器信号电压能够变化，基本正常。检查该氧传感器线束连接器，均良好。检查进气系统，无真空泄漏现象。

氧传感器附近如果存在排气泄漏，则会设置故障码 P0133。检测排气歧管，无泄漏。检查三元催化转化器，发现其载体有条裂纹，载体与壳体已脱开，导致漏气。

（3）故障排除 更换三元催化转化器。

案例 2 帕萨特领驭轿车发动机加速缓慢，动力不足。

（1）故障现象 1.8T 帕萨特领驭轿车，行驶里程约 170000km，行驶中动力不足。

（2）诊断与检查 首先路试，确认了故障。

使用诊断仪对发动机控制模块执行诊断。故障码为 16683，内容为涡轮 / 机械增压器增压不足。观察发动机的数据流，无异常。

车辆行驶中，当发动机达到一定转速时，涡轮增压器处于工作状态，增压压力传感器将检测到的增压压力转换成相应的电信号传送给发动机控制模块，发动机控制模块根据该信号判断涡轮增压器工作是否正常。如果增压压力传感器检测到的增压压力不足，那么发动机控制模块就会设定故障码 16683。但经检查，增压器系统及线路工况正常。

拆卸三元催化转化器，将前氧传感器拆下来，发现三元催化转化器堵塞。

（3）故障原因 三元催化转化器的堵塞，导致大量的废气积聚在三元催化转化器前端，造成排气侧的压力增高，发动机工作时产生的废气不能彻底排出，没有完全排出的废气留在气缸内，影响了新鲜空气的进入。

此时由于只有少量的空气进入气缸，就会造成空气在进入气缸时的速度降低，也就影响到了空气流量传感器的信号，导致空气流量传感器的信号偏小。发动机控制模块会根据偏小的空气流量传感器的信号进行喷油控制。由于气缸内积聚了大量的废气再加上进入气缸内的新鲜空气，实际上气缸内空气是很多的，这就造成混合气偏稀。如果三元催化转化器堵塞严重，那么还会出现关于氧传感器和混合气的故障码。

（4）故障排除 更换三元催化转化器。

19.7 节气门故障

视频讲解

19.7.1 诊断知识

发动机控制模块（ECM）是节气门执行器控制（TAC）系统的控制中心（图 19.7-1）。发动机控制模块（发动机电控单元）根据加速踏板位置传感器的输入确定驾驶员的意图，然后根据节气门位置传感器计算相应的节气门响应量。发动机控制模块通过向节气门执行器电动机提供脉宽调制电压，实现节气门定位。节气门在两个方向都受弹簧负载，默认位置为微开。

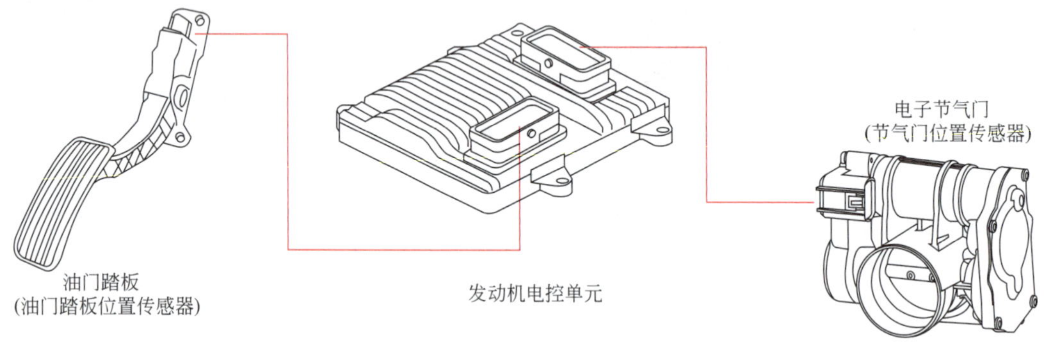

图 19.7-1 电子节气门系统

19.7.1.1 正常模式

在节气门执行器控制系统工作期间，有几种模式或功能被认为是正常的。在正常操作期间可进入以下几种模式。

（1）加速踏板最小值 用钥匙启动时，发动机控制模块更新已读入的加速踏板最小值。

（2）节气门位置最小值 为了读入节气门位置最小值，将节气门移至关闭位置。

（3）破冰模式 如果节气门叶片不能达到预定的最小节气门位置，则进入破冰模式。在破冰模式期间，发动机控制模块指令向关闭方向的节气门执行器电动机施加几次最大的脉宽。

（4）蓄电池节电模式 在发动机无转速持续预定时间后，发动机控制模块指令蓄电池进入节电模式。在“蓄电池节电”模式期间，节气门执行器控制模块卸去电动机控制电路上的电压，以消除用于保持怠速位置的电流，并使节气门返回至默认的弹簧负载位置。

19.7.1.2 降低发动机功率模式

发动机控制模块检测到节气门执行器控制系统故障时，便可进入降低发动机功率模式。降低发动机功率可能导致以下一种或多种情况。

（1）限制加速 发动机控制模块将继续使用加速踏板控制节气门，但车辆加速受限制。

（2）限制节气门模式 发动机控制模块将继续使用加速踏板控制节气门，但节气门最大开度受限制。

（3）节气门默认模式 发动机控制模块将关闭节气门执行器电动机，节气门将返回至弹簧负载的默认位置。

（4）强制怠速模式 发动机控制模块将执行以下操作。

❶ 通过定位节气门位置将发动机转速限制在怠速，或者在节气门关闭时控制燃油和点火使发动机怠速。

❷ 忽略加速踏板的输入。

（5）发动机关闭模式 发动机控制模块将关闭燃油并使节气门执行器断电。

19.7.2 故障案例

别克凯越轿车发动机故障灯点亮，且加速无力。

（1）故障现象 别克凯越轿车，行驶里程约175000km。行车时，发动机故障灯点亮，踩下加速踏板时加速无力。

（2）检查与分析 使用诊断仪对发动机系统执行故障诊断，显示故障内容为节气门位置传感器电路低电压（P0122）。故障码无法清除掉。

读取数据流，踩下加速踏板，节气门位置数据不变化。关闭点火开关，拔下节气门位置传感器的插头，该插头采用三线制式：一根为节气门位置传感器5V电源线（该5V电源由发动机控制模块提供）；一根为节气门开度的信号线，输送给发动机控制模块（ECM）；还有一根为传感器的搭铁线。

用万用表测量节气门位置传感器线束侧的插头端子，测量结果为搭铁正常，而传感器的供电线上只有0.65V的电压，正常情况是5V电压。

（3）诊断知识点 节气门体总成包含2个节气门体位置传感器。节气门体位置传感器安装在节气门体总成上且不可维修。节气门位置传感器将提供一个相对节气门叶片角度变化的信号电压。发动机控制模块（ECM）向节气门位置传感器提供1个通用5V参考电压电路、1个通用低电平参考电压电路和2个独立的信号电路。

两个节气门位置传感器的功能相反。当踩下加速踏板至节气门全开（WOT）位置时，节气门位置传感器1信号电压降低，节气门位置传感器2信号电压升高。

根据上述检测，ECM到节气门位置传感器的供电线路存在短路、ECM本身故障不能给节气门位置传感器提供5V的电压。

（4）检测线路 检查ECM插接器各端子，均良好。检测空调压力传感器（ACP），该传感器和节气门位置传感器一样有3根导线，分别用于5V基准电压、搭铁和输入至ECM信号。经过测试，节气门位置传感器的5V电源线与空调压力传感器的5V电源线相互导通，其连接点在ECM内部。回顾故障特征，该车故障现象伴有空调不制冷。

（5）故障原因 经检测判断，空调压力传感器内部短路造成搭铁，导致节气门位置传感器始终处于低电位，ECM因此设置故障码P0122，并点亮故障灯。

又由于空调压力传感器反馈给ECM的信号电压也是低电压，ECM依此断定空调制冷系统压力太低，因此开空调后，虽有A/C请求信号，但ECM认为不具备空调工作的条件，不给空调压缩机继电器控制线圈搭铁信号，空调压缩机不工作，空调系统不能制冷。

（6）故障排除 更换空调压力传感器。

19.8 爆震传感器故障

19.8.1 诊断知识

19.8.1.1 基本知识

爆震传感器附装在气缸体上（图19.8-1），当探测到发动机爆震时，就向发动机ECU发出KNK信号。发动机ECU收到KNK信号后，就延迟点火正时，抑制爆震。此传感内有压电元件（图19.8-2），当爆震在气缸体内造成振动，使此元件变形时，此元件就会产生AC（交流）电压。爆震传感器电气原理如图19.8-3所示。

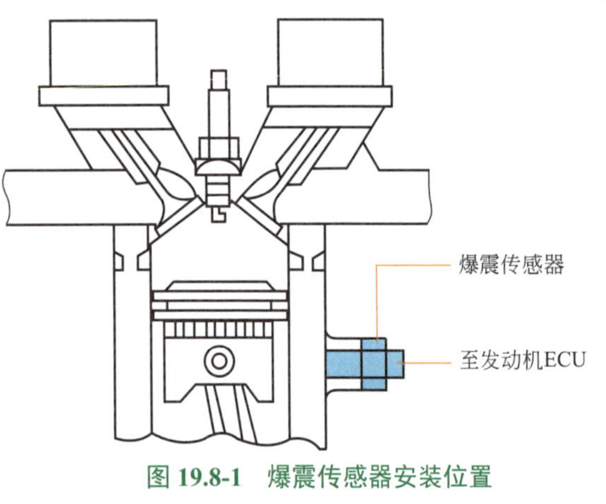

图19.8-1 爆震传感器安装位置

19.8.1.2 电气诊断知识

爆震传感器可使控制模块控制火花正时以尽可能获得最佳性能，同时保护发动机免受潜在的爆震损害，即火花爆震。爆震传感器系统使用1个或2个平面响应双线传感器。传感器使用压电晶体电动技术，根据发动机振动或噪声水平产生一个振幅和频率变化的交流电压信号。振幅和频率取决于爆震传感器检测到的爆震水平。控制模块通过信号电路接收爆震传感器信号。爆震传感器搭铁由控制模块通过低电平参考电压电路提供。

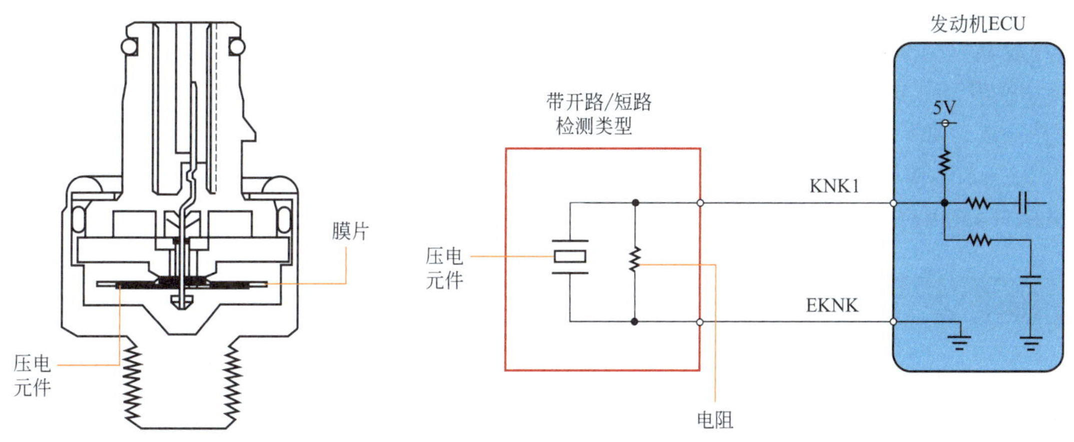

图 19.8-2　爆震传感器结构

图 19.8-3　爆震传感器电气原理

怠速时，控制模块从爆震传感器读入最小噪声级或背景噪声，并在其余的发动机转速范围内使用标定值。控制模块利用最小噪声级来计算噪声信道。正常的爆震传感器信号将在噪声信道中传送。随着发动机转速和载荷的变化，噪声信道的上下参数将会改变以适应正常的爆震传感器信号，使信号保持在信道中。为确定爆震气缸，当每个气缸接近点火行程的上止点（TDC）时，控制模块仅使用爆震传感器信号信息。如果存在爆震，信号将在噪声信道外。

如果控制模块确定爆震存在，它将延迟点火正时以消除爆震。控制模块将努力返回至零补偿水平或无火花延迟。异常的爆震传感器信号将在噪声信道外或不存在。爆震传感器诊断校准程序可用于检测控制模块内部的爆震传感器电路、爆震传感器线路或爆震传感器电压输出是否有故障。有些诊断校准可以检测由外部影响产生的持续性噪声，如松动 / 损坏的部件或过大的发动机机械噪声。

19.8.1.3　爆震传感器检测

下面介绍压电式爆震传感器。本小节内容在理论和方法上虽然是可行的，但在实际维修中或因汽车结构布局等原因，与实际操作会有差别。故下述爆震传感器检测内容可只作参考，不作为实际维修的确切依据。

（1）就车检查爆震传感器　在进行爆震传感器的检查时，可轻轻敲击该爆震传感器附近的缸体。当轻轻敲击时，发动机的转速应随之下降，这时还需打开节气门并稳定发动机，以提高发动机的转速，因此点火正时提前并将随之延迟。如果在爆震传感器附近轻轻敲击时对发动机的点火正时和转速无影响，则应用万用表进行检查。

（2）检查爆震传感器电源电压　检查时，关闭点火开关，等待 10s 之后，拆下爆震传感器的插头，然后打开点火开关（发动机不启动），测量线束上信号输出端子和信号回路端子之间的直流电压，应为 1 ～ 4V；否则，说明线路有故障。

（3）检查传感器波形　爆震传感器是否正常，可用示波器检测发动机工作时爆震传感器输出电压的波形进行判断。如果没有波形输出或输出波形不随发动机工作状况的变化而变化，则说明爆震传感器有故障。

（4）检查爆震传感器功能

① 发动机运转，连接好爆震传感器导线，缓慢地提高发动机转速至2000r/min，同时用万用表电压挡测量。如果电压随之升高，说明爆震传感器有故障。

② 发动机运转，连接好爆震传感器导线，用锤子轻轻敲击排气歧管，同时用万用表电压挡测量。如果电压指示值发生波动，则说明爆震传感器有故障，应更换新的传感器。

（5）爆震传感器电阻检测　在爆震传感器与搭铁线之间用欧姆表测量，传感器应有3300～4500Ω的电阻。如果不符，需更换传感器。

19.8.2　故障案例

（1）故障现象　某别克轿车，行驶中抖动，发动机故障灯点亮。

（2）检查与分析　执行故障诊断仪检查，显示故障为爆震传感器系统性能异常（P0324）。

针对故障码引导，分析容易产生爆震的情况有：气缸压缩比过高，气缸充气率过高，进气温度和发动机温度过高，燃油辛烷值等级过低，爆震传感器或线束损坏，爆震传感器的安装不正确，爆震传感器和发动机安装表面有毛刺、铸造毛边和异物，软管、托架和发动机接线极为靠近，或者托架松动，附件传动皮带、托架、部件松动或断裂。如果存在以上任一故障，发动机就会出现爆震。

检查爆震传感器，发现导线已经脱落，导线从插头处很整齐地断掉。

（3）故障排除　拆下爆震传感器，对线路进行修复。

19.9　点火线圈故障

19.9.1　诊断知识

发动机点火系统采用一个点火线圈模块。发动机控制模块通过单独的点火线圈控制电路，控制每个气缸的点火。当发动机控制模块指令点火控制电路通电时，电流将流经点火线圈的初级绕组，形成一个磁场。当点火事件被请求时，发动机控制模块将指令点火控制电路断开，阻止电流流经初级绕组。由初级绕组形成的磁场穿过次级线圈绕组时减弱，产生一个穿过火花塞电极的高压。发动机控制模块使用来自曲轴位置传感器、凸轮轴位置传感器的信息来控制点火事件的顺序及正时。发动机控制模块监测每个点火控制电路上的异常电平。

点火线圈模块在单个密封部件中集成了4个线圈和点火控制模块。点火线圈模块具有以下电路：一个点火电压电路；一个搭铁；一个低电平参考电压电路；4个点火线圈控制电路。

发动机控制模块通过将点火线圈控制电路上的正时脉冲发送至各个点火线圈促发点火

来控制各个线圈。火花塞通过一个短护套与各个线圈相连。护套包含一个弹簧，此弹簧将点火能量从线圈传递到火花塞。

19.9.2　故障案例

（1）故障现象　某宝马 7 系轿车，底盘型号为 E65，启动发动机之后，怠速工况抖动，车辆行驶时发动机加速不良。

（2）检查与分析

❶ 执行故障诊断仪检查，没有发现明显的异常现象。

❷ 再次执行故障诊断仪检查，发现气缸 1 出现点火缺失故障，故障当前不存在；气缸 3 出现点火缺失故障，故障当前存在；以上故障码均都能清除，故障无改善。然后，更换火花塞后，故障依旧。

❸ 再次检查数据流：3 缸运行平稳性数据最大，工作状况也最差，该缸的气缸运行平稳性数据已接近激活气缸切断功能的极限值，存在明显的缺缸现象。

（3）诊断知识　宝马发动机电控系统具有气缸功率监控功能，发动机控制模块根据发动机转速信号识别曲轴在某段相位角度时产生的转速差，从而判断是否存在缺缸故障。理论上的气缸运行平稳性数值为 0，如果该数值超限，则被识别为气缸失火，相关的故障码被储存起来。

（4）故障确定与排除　根据上述检查，可以判断，故障与点火线圈性能不良有关。更换 3 缸点火线圈（图 19.9-1），故障排除。

图 19.9-1　点火线圈

第 20 章

底盘电气故障诊断与排除

20.1 制动系统故障诊断与排除

20.1.1 诊断知识

视频讲解

20.1.1.1 概述

电子制动及稳定控制系统的工作涉及以下部件。

（1）电子制动控制模块（图 20.1-1） 电子制动控制模块主要用来控制系统功能并检测故障，从而向电磁阀和泵电动机提供电压。

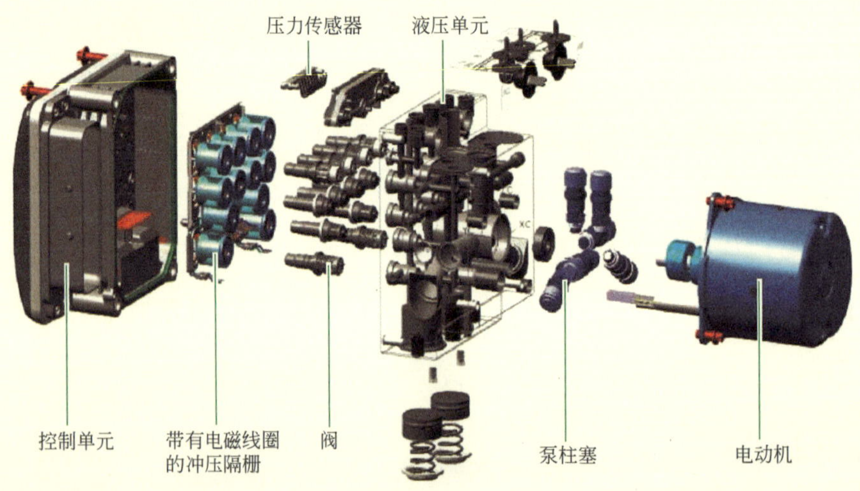

图 20.1-1 ABS 液压控制单元（电子制动控制模块）

（2）制动压力调节器阀总成　制动压力调节器阀总成包括带泵电动机的液压泵，泵电动机是制动压力调节器的组成部件，同时泵电动机继电器与电子制动控制模块集成为一体。在系统正常工作时，泵电动机继电器未接合。当需要防抱死制动系统、牵引力 / 稳定性控制系统运行时，电子制动控制模块启动泵电动机继电器并打开泵电动机和 4 个隔离阀、4 个卸压阀、 2 个牵引力控制 / 稳定性控制电源阀、2 个牵引力控制 / 稳定性控制隔离阀、压力传感器、高压储能器及低压储能器。

（3）多轴加速度传感器　横向偏摆率加速度传感器被组合为一个多轴加速度传感器，位于电子制动控制模块外部。电子制动控制模块从横向偏摆率和横向加速度传感器接收串行数据信息输入，并根据多轴加速度传感器输入启动稳定性控制。

（4）方向盘转角传感器　电子制动控制模块接收来自方向盘转角传感器输入的串行数据信息。方向盘转角传感器信号用于计算期望的横向偏摆率。

（5）牵引力控制开关　按下牵引力控制开关，手动停用或启用牵引力控制和稳定性控制。

（6）轮速传感器　电子制动控制模块向各轮速传感器发送一个 12V 参考电压。随着车轮旋转，轮速传感器产生交流电方波信号。电子制动控制模块使用此方波信号的频率来计算轮速。

轮速由主动式轮速传感器和编码器环检测。编码器环由永久磁铁组成。每个轮速传感器通过信号电路从电子制动控制模块接收点火电压。随着车轮转动，轮速传感器在信号电路上为电子制动控制模块产生一个方波信号。电子制动控制模块通过此方波信号的频率来计算实际轮速（图 20.1-2）。

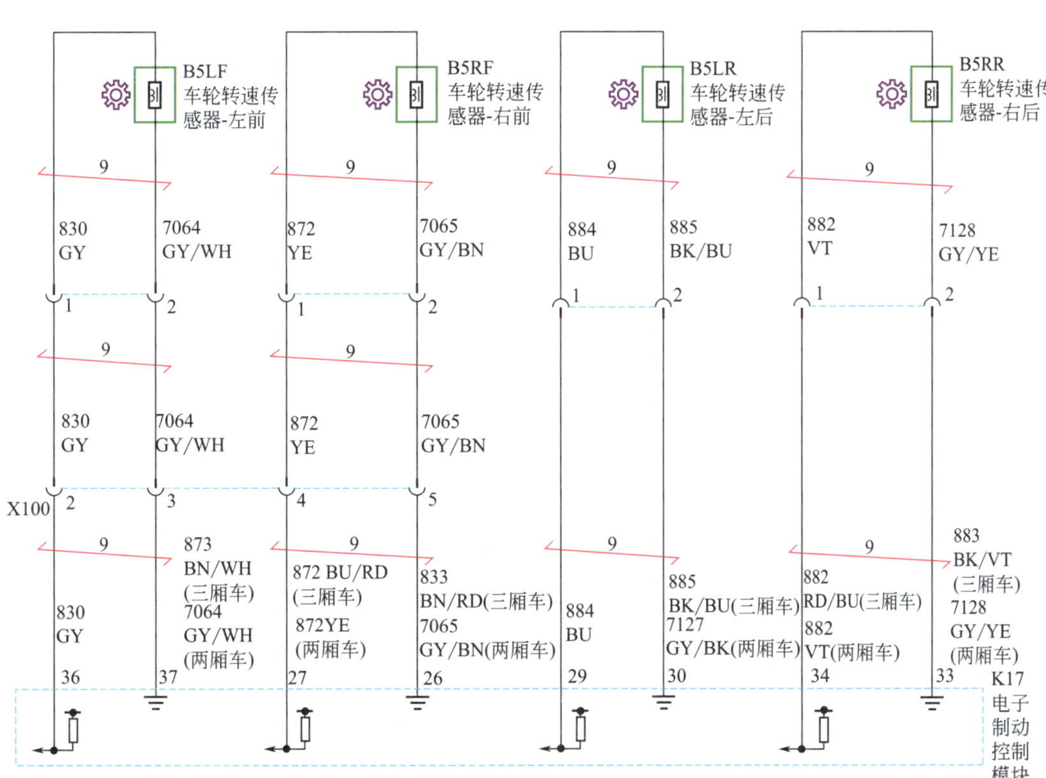

图 20.1-2　轮速传感器控制线路

20.1.1.2 诊断知识

（1）初始化程序 初始化程序在各个电磁阀、泵电动机及必要的继电器之间循环，持续约 30ms，以检查部件的工作情况。如果检测到任何故障，电子制动控制模块将设置故障诊断码。初始化程序触发时，可能会听到或感觉到，这属于正常的系统操作。电子制动控制模块在点火循环开始且最快的车轮转速超过 8km/h 时进行主动测试。

（2）防抱死制动系统 车身控制模块监控制动踏板位置传感器，并在踩下制动踏板时发送一条串行数据信息（图 20.1-3）。当要停止车辆时，电子制动控制模块监测车身控制模块是否发出制动踏板接合串行数据信息，随着制动压力增加，车辆减慢，或车辆加速时，制动踏板未踩下，制动压力不增加。

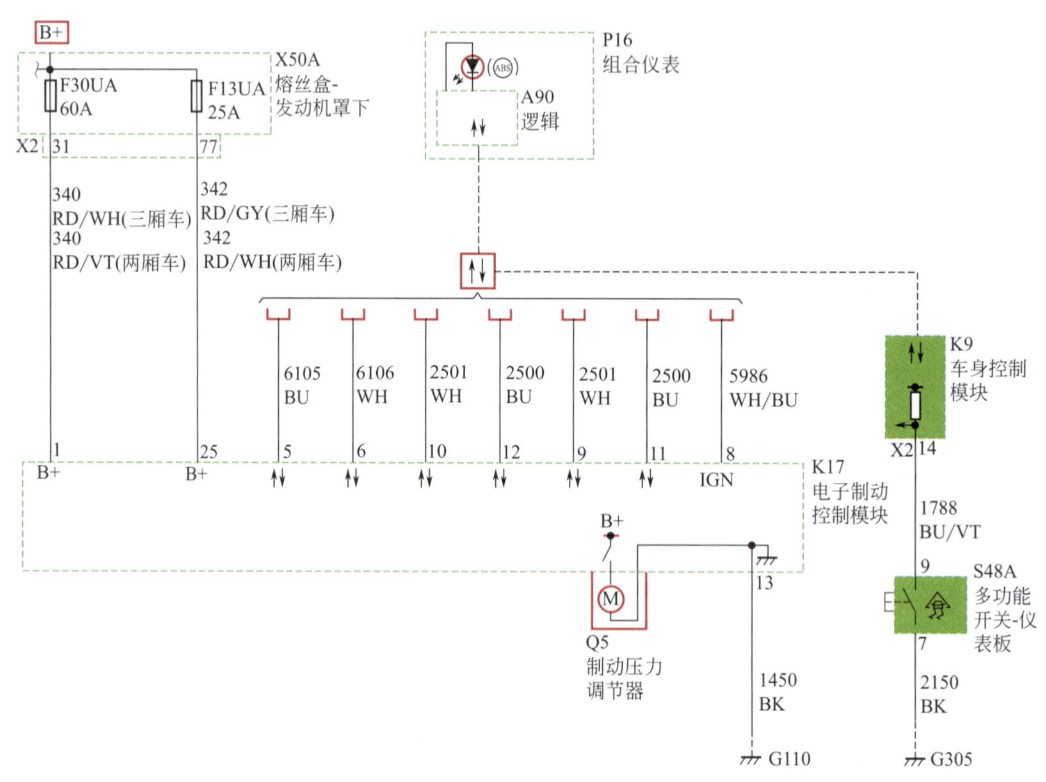

图 20.1-3 电源、搭铁和串行数据线路

当制动期间检测到车轮打滑时，防抱死制动系统启动。在防抱死制动系统制动期间，对各车轮油路中的油液压力加以控制，防止车轮打滑。各车轮配有独立的液压油路和特定的电磁阀。防抱死制动系统可降低、保持或提高各车轮的油液压力。但是，防抱死制动系统未使油液压力超过总泵在制动期间所提供的压力。

在防抱死制动系统制动期间，从制动踏板上会感觉到一系列快速脉动。当电子制动控制模块响应轮速传感器输入并试图防止车轮打滑时，各电磁阀的位置迅速变化，从而产生脉动。制动踏板脉动仅在防抱死制动系统制动期间出现，当恢复普通制动或停车后即消失。当电磁阀快速循环切换时，可能还会听到“滴答”声或“砰砰”声。在干燥的路面上进行防抱死制动时，轮胎在接近打滑时可能会发出间断性的“唧唧”声。在防抱死制动系统工作期间，出现噪声和踏板脉动是正常的。

对于装备防抱死制动系统的车辆，在制动踏板上施加正常的力即可停车。在正常制动期间，制动踏板的操作与原先不带防抱死制动系统的制动踏板操作相同。如果以恒力踩住踏板，则可缩短制动距离，并保持车辆的稳定性。典型防抱死制动系统启动程序如下。

❶ 压力保持。当车轮打滑时，电子制动控制模块关闭隔离阀并使卸压阀保持关闭，从而隔离打滑车轮。这样，可保持制动器中压力稳定，从而使油液压力既不增大也不减小。

❷ 压力减小。如果压力保持未能修正车轮打滑状况，压力就会减小。在减速期间，当车轮打滑时，电子制动控制模块降低提供至各个车轮的压力。隔离阀关闭，而卸压阀打开。多余的油液存储在储能器中，直到泵将油液返回至总泵或储液罐。

❸ 压力增大。车轮打滑修正后，压力就会增大。在减速期间，电子制动控制模块增加各个车轮的压力，以降低轮速。隔离阀打开，而卸压阀关闭。增大的压力由总泵提供。

（3）牵引力控制 发现驱动轮打滑时，电子制动控制模块将进入牵引力控制模式。

首先，电子制动控制模块将通过串行数据信息，请求发动机控制模块（ECM）减小驱动轮上的扭矩量。然后，发动机控制模块减小在驱动轮上的扭矩量，报告向驱动轮输出的扭矩。

如果发动机扭矩减小后，并没有减少驱动轮打滑，则电子制动控制模块将主动对打滑的驱动轮进行制动。在牵引力控制制动期间，对各驱动轮油路的油液压力加以控制，防止驱动轮打滑。电子制动控制模块指令泵电动机和相应的电磁阀的接通和断开，以便向打滑车轮施加制动压力。

牵引力控制可通过按下牵引力控制开关手动停用或启用。

（4）稳定性控制（图 20.1-4） 猛烈操作车辆时，稳定性控制提供附加稳定性。横向偏摆率指绕车辆纵向轴线转动的速率。当电子制动控制模块确定期望的横向偏摆率与传感器测量的实际横向偏摆率不符时，稳定性控制将启动。

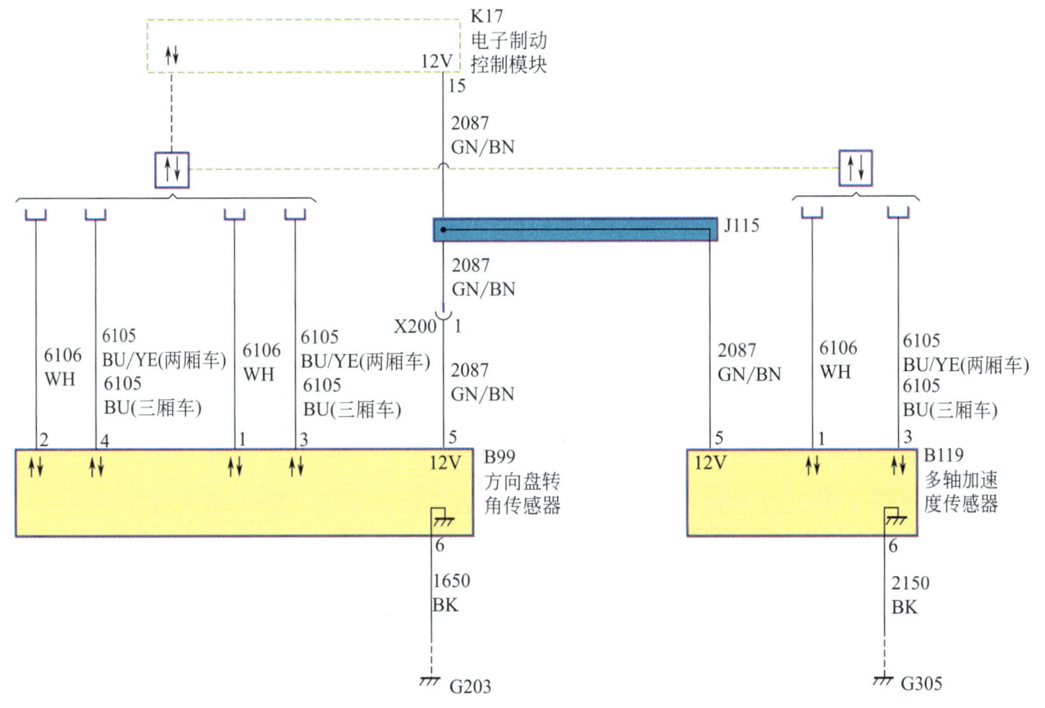

图 20.1-4　稳定性控制线路图

期望的横向偏摆率由电子制动控制模块使用方向盘位置、车速、横向加速度输入来计算。

期望的横向偏摆率和实际的横向偏摆率之间的差值为横向偏摆率误差，是转向过度或转向不足的测量结果。当检测到横向偏摆率误差时，电子制动控制模块会尝试对一个或多个车轮施加制动压力，以此对车辆横向偏摆运动进行校正。施加制动压力大小根据校正需求而变化。如果有必要在维持车辆稳定时降低车速，则发动机扭矩也可能减小。

稳定性控制通常在行驶过猛时于转弯处启动。在稳定性控制启动中施加制动，在制动踏板上会感觉到脉动。

稳定性控制可通过按下牵引力控制开关 5s 手动停用或启用。

（5）动态后轮制动力分配 动态后轮制动力分配是一个控制系统，它取代了机械式比例阀。在一定的行驶条件下，电子制动控制模块会通过指令相应的电磁阀接通和断开来减少后轮制动压力。

（6）液压制动辅助 液压制动辅助功能用于在紧急制动情况下辅助驾驶员。

电子制动控制模块接收来自制动压力传感器的输入信息。当电子制动控制模块感测到紧急制动情况时，会主动增加制动压力至最大规定值。

（7）驾驶员信息指示灯

❶ 制动警告指示灯。发生以下情况时，组合仪表会点亮制动警告指示灯。

a. 组合仪表执行灯泡检查。

b. 电子制动控制模块检测到故障时，发送串行数据信息至组合仪表请求点亮指示灯。

c. 车身控制模块（BCM）检测到驻车制动器已接合。组合仪表接收到来自车身控制模块请求点亮指示灯的串行数据信息。

❷ 防抱死制动系统指示灯。发生以下情况时，组合仪表会点亮防抱死制动系统指示灯。

a. 组合仪表执行灯泡检查。

b. 电子制动控制模块检测到停用防抱死制动系统的故障时，发送串行数据信息至组合仪表请求点亮指示灯。

❸ 牵引力控制 / 稳定性控制启用指示灯。当发生以下情况时，组合仪表会点亮牵引力控制 / 稳定性控制启用指示灯。

a. 组合仪表执行灯泡检查。

b. 防抱死制动系统处于牵引力控制或稳定性控制模式。

c. 电子制动控制模块检测到停用牵引力控制或稳定性控制的故障时，发送串行数据信息至组合仪表请求点亮指示灯。

❹ 牵引力控制系统关闭指示灯。发生以下情况时，组合仪表会点亮牵引力控制系统关闭指示灯。

a. 组合仪表执行灯泡检查。

b. 驾驶员按下牵引力控制开关，手动停用牵引力控制系统。电子制动控制模块发送串行数据信息至组合仪表请求点亮指示灯。

❺ 稳定性控制停用指示灯。发生以下情况时，组合仪表会点亮稳定性控制停用指示灯。

a. 组合仪表执行灯泡检查。

b. 驾驶员按下牵引力控制开关，手动停用稳定性控制系统。电子制动控制模块发送串行数据信息至组合仪表请求点亮指示灯。

20.1.2 车辆横向偏摆传感器读入

横向偏摆传感器不需要经常校准。在更换电子制动控制模块（EBCM）或者更换多轴加速度传感器后，可能需要对横向偏摆率传感器进行校准。

使用故障诊断仪，按以下步骤完成“横向偏摆率传感器读入”程序。

❶ 将车辆停在水平表面上。

❷ 施加驻车制动，并将变速器置于驻车挡位置。

❸ 将故障诊断仪安装至数据链路连接器。

❹ 将点火开关置于“ON（打开）”位置，发动机关闭。

❺ 从“多轴加速度传感器模块配置 / 重新设置功能”列表中选择“横向偏摆率传感器重新设置”，然后按故障诊断仪的说明完成校准程序。

❻ 从“多轴加速度传感器模块配置 / 重新设置功能”列表中选择“横向偏摆率传感器读入”，然后按故障诊断仪的说明完成校准程序。

❼ 从“电子制动控制模块配置 / 重新设置功能”列表中选择“横向偏摆率传感器读入”，然后按故障诊断仪的说明完成校准程序。

❽ 清除可能设置的任何故障码。

20.1.3 制动压力调节阀压力传感器的校准

制动压力传感器不需要经常校准。在更换电子制动控制模块或者更换制动压力调节阀总成后，可能需要校准制动压力传感器。

使用故障诊断仪，按以下步骤完成“制动压力传感器的校准”程序。

❶ 施加驻车制动，或将变速器置于驻车挡位置。

❷ 松开制动踏板。

❸ 将故障诊断仪安装至数据链路连接器。

❹ 点火开关置于 ON（打开）位置，发动机关闭

❺ 从“电子制动控制模块配置 / 重新设置功能”列表中选择“制动压力传感器的校准”。

❻ 按故障诊断仪的说明完成校准程序。

❼ 清除可能设置的任何故障码。

20.1.4 故障案例

（1）故障现象 某东风日产逍客，车辆行驶期间，仪表板的侧滑指示灯突然点亮。

（2）检查与分析 使用诊断仪对 ABS 系统执行诊断，显示方向角度传感器信号故障（C1144）。清除故障码，试车发现向右转动方向盘时正常，但向左转动方向盘时侧滑指示灯再次点亮。再次用诊断仪检查转向角度传感器信号，观察数据流，正常情况下，车辆向前直行时的标准值为 ±2.5°，而故障车数据显示与标准参数相差甚远。可判断转向角传感器故障。

（3）故障排除 更换转向角传感器。

20.2 转向系统故障诊断与排除

20.2.1 诊断知识

电子动力转向系统中，动力转向系统控制模块继续监测电动机位置传感器电压信号。由动力转向系统控制模块来处理电动机位置传感器的电压信号和数字扭矩传感器的定位电流信号，以检测和计算方向盘角度（图 20.2-1 和图 20.2-2）。

在使用动力转向系统控制模块控制动力转向电动机以便操作转向机时，齿条和双齿轮电子动力转向系统可以减少车辆转向所需力量的大小。动力转向系统控制模块也使用扭矩传感器、电动机转动传感器、蓄电池电压电路和串行数据电路的组合来执行系统功能。

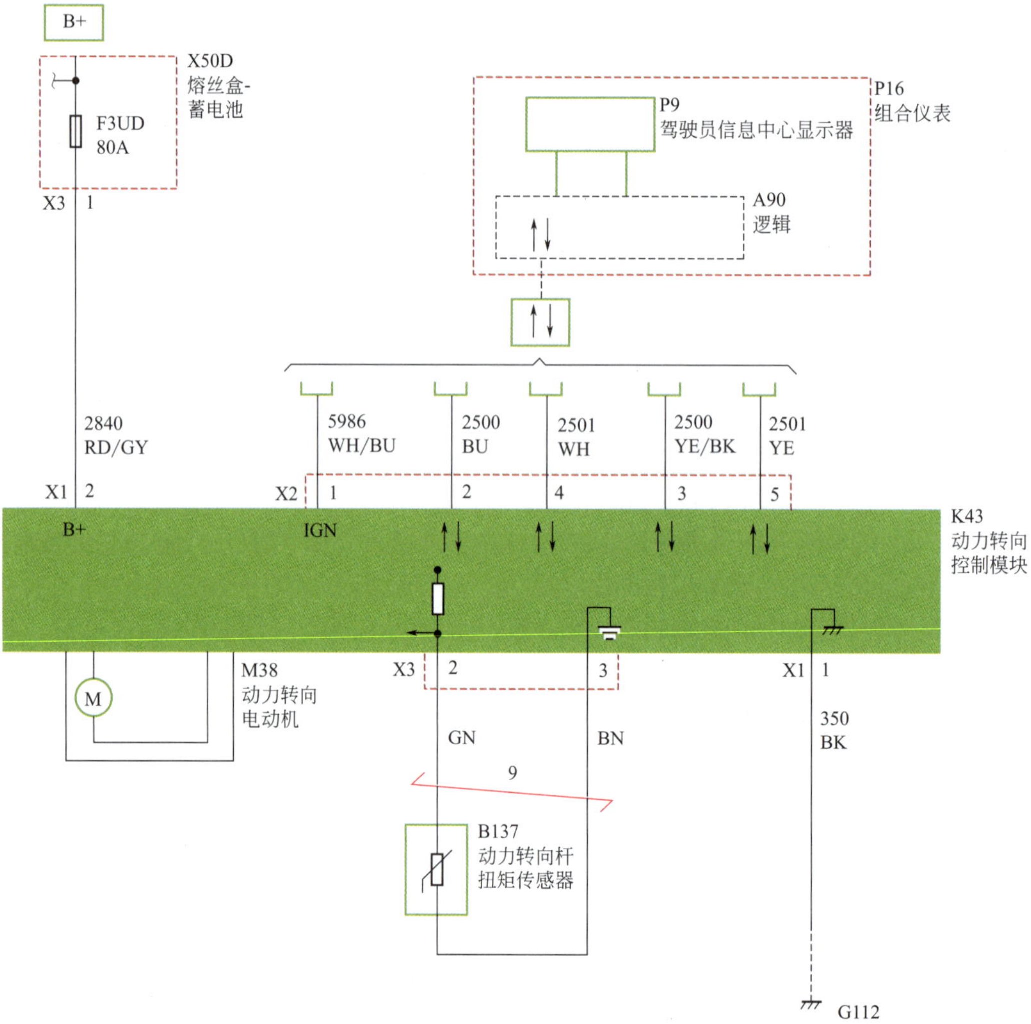

图 20.2-1 电子动力转向系统线路

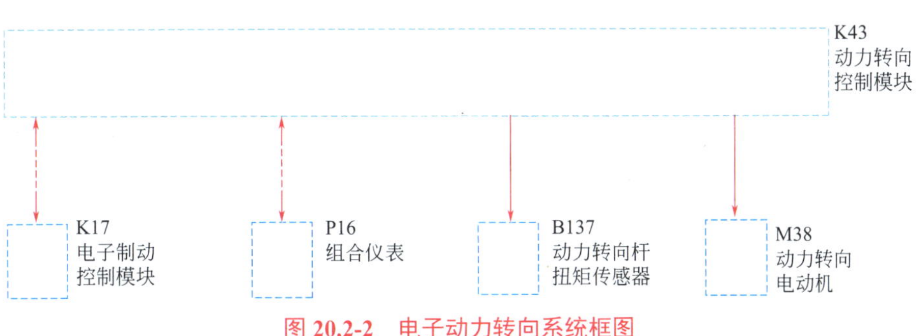

图 20.2-2　电子动力转向系统框图

动力转向系统控制模块将通过串行数据电路监测来自发动机控制模块的车速和发动机转速信息，以确定车辆转向所需辅助的大小。在低速情况下，提供较大的辅助以便在驻车操作中进行转向。在高速情况下，提供较小的辅助以便提高路感和方向稳定性。

动力转向系统控制模块使用扭矩传感器、电动机转动传感器、车速和系统温度输入计算值的组合来确定所需辅助的大小。动力转向系统控制模块连续监测数字扭矩传感器的扭矩并定位电流信号。随着方向盘转动和转向轴扭转，通过扭矩信号电路监测转向输入和输出轴，然后用动力转向系统控制模块来处理，以计算转动扭矩。由动力转向系统控制模块来处理电动机位置传感器的电压信号和数字扭矩传感器的定位电流信号，以检测和计算方向盘角度。

动力转向系统控制模块通过指令动力转向电动机的电流，来回应数字扭矩传感器信号以及电动机转动传感器电压信号的改变。动力转向系统控制模块控制脉宽调制电动机驱动电路，以驱动三相电动机。动力转向系统控制模块和电动机总成与转向机壳体基座连接并帮助转向机小齿轮根据方向盘的转动进行左右移动。

动力转向系统控制模块可以计算内部系统温度，以保护动力转向系统不受高温损坏。为了降低过高的系统温度，动力转向系统控制模块将减小流向动力转向电动机的指令电流，即减小转向辅助的大小。动力转向系统控制模块可以检测电子动力转向系统中的故障。

20.2.2　方向盘转角传感器对中设置

在以下维修项目后，可能需要方向盘转角传感器对中设置和软件止点读入。

1. 方向盘转角传感器的更换。
2. 转向机的更换。
3. 动力转向辅助电动机的更换。
4. 转向柱的更换。
5. 转向传动机构内转向横拉杆的更换。
6. 转向传动机构外转向横拉杆的更换。

维修贴

在软件止点读入前有必要执行方向盘转角传感器对中。

（1）方向盘转角传感器对中设置　内方向盘转角传感器（不带电子稳定程序）的对中

程序可通过以下步骤完成。

设置条件：前桥已测量并设置、发动机运行、车速为 0、内部方向盘转角传感器激活。

❶ 通过方向盘使前轮处于正中前方位置。

❷ 用故障诊断仪，执行“配置 / 复位功能”和“方向盘转角传感器对中”程序。

❸ 从中央位置向左缓慢转向 90°。

❹ 缓慢转回至中央位置，然后再向右缓慢转向 90°。

❺ 缓慢转回至中央位置。

❻ 再次执行转向运动。

❼ 对中程序完成。

（2）软件止点读入　软件止点读入程序可通过以下步骤完成。读入条件：前桥已测量并设置、车速为 0、内方向盘转角传感器已标定或外方向盘转角传感器发出有效的 CAN 信号。

❶ 用故障诊断仪，执行“配置 / 复位功能”和“动力转向软止点复位程序”，并按屏幕上的说明进行操作。

❷ 用故障诊断仪，执行“配置 / 复位功能”和“动力转向软止点读入程序”，并按屏幕上的说明进行操作。

❸ 软件止点读入程序完成。

20.3　电子悬架故障诊断与排除

20.3.1　基本知识

电子悬架控制系统分别控制 4 个减振器的阻尼力，以便使车辆车身尽可能保持平稳（图 20.3-1）。阻尼力的变化可在几毫秒内完成。悬架特性可在运动模式或旅途模式启动时随时变化。

电子悬架控制系统包括以下主要部件。

❶ 悬架控制模块。

❷ 3 个车身垂直加速度传感器。

❸ 2 个前置垂直悬架加速度传感器。

❹ 集成在减振器内的 4 个减振器执行器。

悬架控制模块根据以下因素控制阻尼力：车速；方向盘位置；发动机扭矩；制动压力；车身和前轮垂直加速度。悬架控制模块估算这些输入值，以单独控制减振器，从而在尽可能最大范围的运行条件下改善行驶平顺性和舒适度。

（1）悬架控制模块　悬架控制模块控制系统功能并检测故障。悬架控制模块通过直接连接到模块的垂直加速度传感器接收输入信息。这些传感器是由其他系统通过串行数据线连接到控制模块的。悬架控制模块向各减振器执行器输入可变电流。

（2）垂直加速度传感器　悬架控制模块分别向 5 个垂直加速度传感器提供一个公用的

5V 参考电压和搭铁电路。垂直加速度传感器向悬架控制模块提供一个 0.5 ～ 4.5V 的信号。

3 个垂直加速度传感器分别位于左前、右前和后侧。2 个前轮垂直悬架加速度传感器位于支架上。

（3）减振器执行器 减振器执行器集成在减振器内。电子悬架控制系统使用一个位于排量模块外部通道的比例阀。通过电流控制执行调节。电流消耗为 0 ～ 1.8A。执行器在几毫秒内回应悬架控制模块的指令。

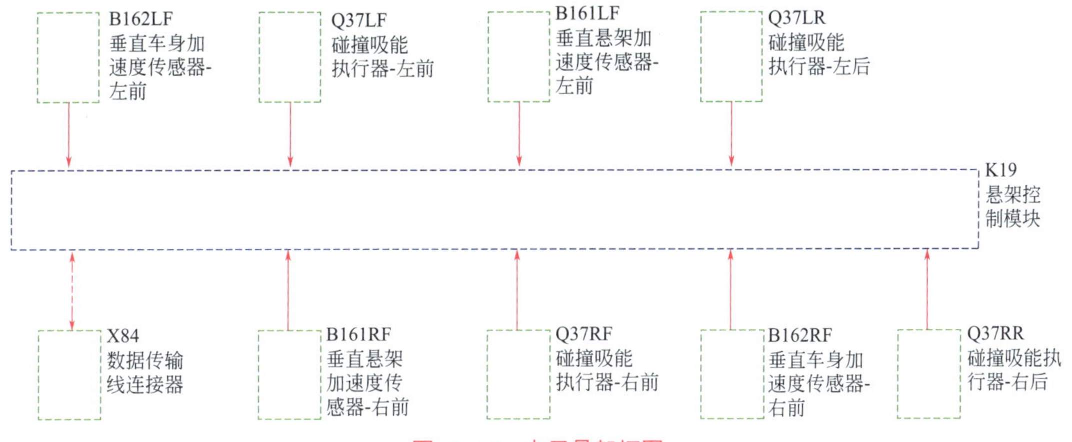

图 20.3-1 电子悬架框图

20.3.2 诊断知识

（1）车轮转速由主动式车轮轮速传感器检测 每个车轮轮速传感器从电子制动控制模块接收一个 12V 的参考电压，并向电子制动控制模块提供一个交流方波信号。当车轮转动时，电子制动控制模块利用方波信号的频率来计算车轮轮速。电子制动控制模块发送车速信息作为高速控制器局域网（CAN）串行数据信息。与高速 CAN 电路连接的模块监测车辆转速信息。

（2）前减振器执行器电路 悬架控制模块针对路面不平、制动或突然转向操作的行驶状况，指令不同等级的电流流向各个减振器执行器。系统电压的脉宽调制（PWM）执行电流变化。悬架控制模块持续测量每个执行器的实际电流。当检测到指令值与实际电流之间有偏差时，将设置一个故障码。

（3）前加速度传感器电路 悬架控制模块向每个车身加速度传感器提供一个 5V 参考电压和一个低电平参考电压。车身加速度传感器向悬架控制模块提供一个 0.5 ～ 4.5V 的信号。

（4）前加速度或位置传感器电路 悬架控制模块向每个垂直悬架加速度传感器提供一个 5V 参考电压和一个低电平参考电压。垂直悬架加速度传感器向悬架控制模块提供一个 0.5 ～ 4.5V 的信号。

（5）发动机扭矩管理反馈信号 悬架控制模块从能识别实际发动机扭矩的发动机控制模块（ECM）处接收高速控制器 CAN 的输入信息。悬架控制模块使用此信号控制车辆行驶平顺性。

（6）控制模块参考电压输出电路 悬架控制模块向每个车身加速度传感器和垂直悬架加速度传感器提供一个 5V 参考电压和一个低电平参考电压。车身加速度传感器和垂直悬架加速度传感器向悬架控制模块提供一个 0.5 ～ 4.5V 的信号。

第 21 章

自动变速器故障诊断与排除

21.1 自动变速器基本知识

21.1.1 自动变速器换挡控制系统

自动变速器的自动换挡控制系统有液压控制和电液控制两种，通常被称为液压控制自动变速器和电子控制自动变速器。

21.1.1.1 液压控制自动变速器（图 21.1-1）

控制单元利用安装在发动机和自动变速器上的传感器和开关的信号控制换挡正时以及对液压控制装置的电磁阀的控制锁定，以保持最佳驾驶状态。

液压控制自动变速器由阀体和各种控制阀及油路组成，阀门和油路设置在一个阀体总成上。

21.1.1.2 电子控制自动变速器

（1）结构概述 电子控制自动变速器其实就是将液控液动系统液压操纵装置的换挡控制机构改为了电子控制机构，它主要由各类传感器、执行器和变速器控制单元三大部分及控制电路组成，如图 21.1-2 所示。

（2）电子控制原理 自动变速器控制单元（ECT）接收各种传感器信号，经过控制单元运算处理，主要是控制阀体上电磁阀线圈的通断，改变机械换挡滑阀端面的控制油压，使机械换挡滑阀移动，自动切换油路，最终把液压油输送给换挡执行元件并约束齿轮变速机构，实现挡位的变换。

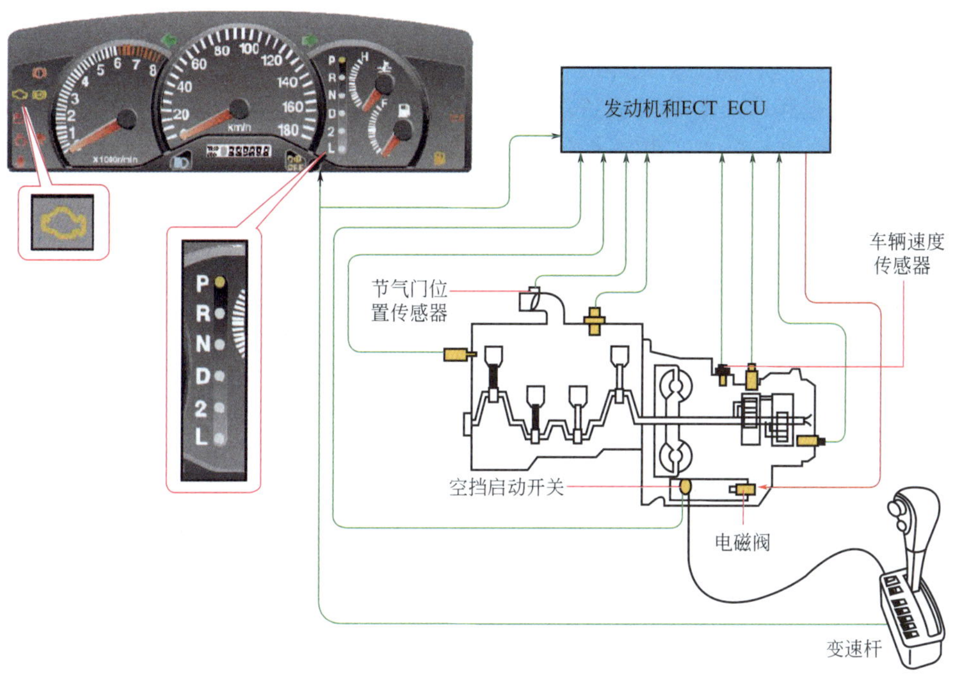

图 21.1-1　液压控制自动变速器

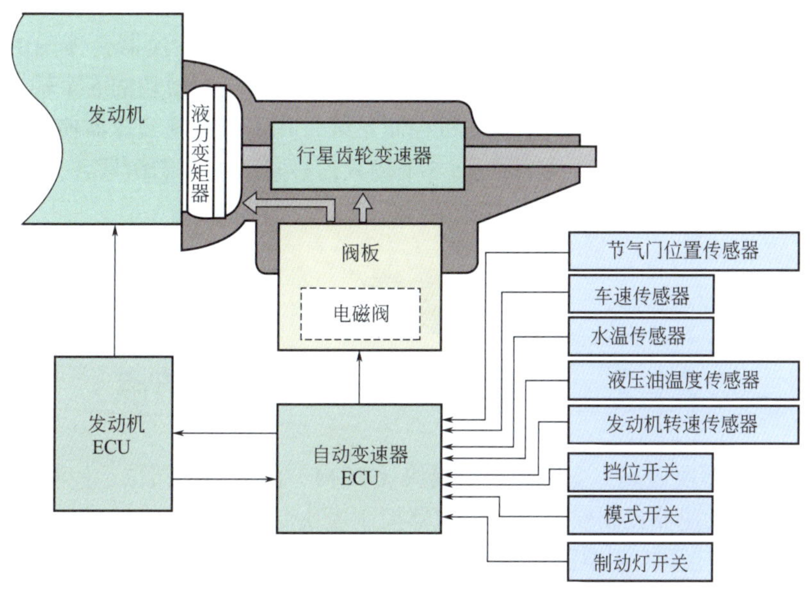

图 21.1-2　电子控制自动变速器

21.1.2　输入轴转速传感器

输入轴转速传感器是一个霍尔效应传感器。将输入轴转速传感器安装至变速器壳体总成，并通过线束和连接器连接到控制电磁阀（带阀体和变速器控制模块）总成上。以六挡自动变速器为例，传感器朝向 3-5-R 挡离合器活塞壳体齿状机加工面。传感器接收到输入轴转速传感器/输出轴转速传感器电源电压电路中由变速器控制模块提供的8.3～9.3V电压。随着3-5-R/4-5-6挡离合器活塞壳体的转动，传感器根据3-5-R/4-5-6挡离合器活塞壳体的机加工表面产生信号频率。此信号通过输入轴转速传感器信号电路传输至控制电磁阀（带阀体和变速器控制模块）总成。变速器控制模块使用输入轴转速传感器信号以确定管路压力、变速器换挡模式、变矩器离合器（TCC）滑差转速和传动比。

21.1.3 输出轴转速传感器

输出轴转速传感器也是一个霍尔效应传感器。将输出轴转速传感器安装在控制阀体总成下的变速器壳体上，并通过线束和连接器连接至控制电磁阀（带阀体和变速器控制模块）总成。传感器朝向驻车齿轮齿状机加工面。传感器接收到输入轴转速传感器/输出轴转速传感器电源电压电路中由变速器控制模块提供的8.3～9.3V电压。随着前差速器分动箱主动齿轮的转动，传感器根据驻车齿轮的机加工表面产生信号频率。此信号通过输出轴转速传感器信号电路传输至变速器控制模块（TCM）。变速器控制模块使用输出轴转速传感器信号以确定管路压力、变速器换挡模式、变矩器离合器（TCC）滑差转速和传动比。

21.1.4 带换挡轴位置开关的手动换挡止动杆总成

变速器换挡轴位置开关总成是一个滑动触点开关，安装在变速器壳体内的手动换挡轴止动杆总成上。从变速器手动换挡轴开关总成传送到变速器控制模块的5个输入信号，指示了变速器换挡杆的位置。此信息用于发动机控制系统，并用以确定变速器换挡模式。每一个输入信号的状态都可在故障诊断仪上显示。5个输入信号参数相应于信号A、信号B、信号C、信号P（奇偶性）和信号N（驻车挡/空挡启动）。

21.2 自动变速器电气故障特点

（1）控制模块温度过高 变速器控制模块（TCM）温度传感器位于控制电磁阀总成内，没有可维修零件。变速器控制模块监测变速器控制模块温度传感器，以进行超温保护。

（2）执行器高电平控制电路 变速器控制模块（TCM）高电平侧驱动器1位于控制电磁阀总成内，没有可维修零件。高电平侧驱动器1向压力控制电磁阀和换挡电磁阀提供电源。

（3）变速器油温度传感器故障 变速器油温度传感器位于控制电磁阀总成内，没有可维修零件。变速器油温度传感器向变速器控制模块（TCM）提供变速器油温度。此故障在变速器控制模块内部处理，不涉及外部电路。

变速器控制模块检测到变速器油温度和变速器控制模块基板温度之差为20～50℃或更高，该差值取决于变速器油温度、变速器控制模块基板温度和变速器控制模块通电温度的平均值。

（4）输入轴转速传感器故障 检查输入轴转速传感器线束和连接器是否有金属碎屑且磁阻轮是否损坏或错位。

（5）输出轴转速传感器电路 检查输出轴转速传感器、线束和连接器是否有金属碎屑。

输出轴转速传感器安装螺栓的正确扭矩对输出轴转速传感器正常工作至关重要。

如果故障诊断仪“输入轴转速传感器 / 输出轴转速传感器电源电压”参数不在规定范围内，则该故障也可能是由变速器输入轴转速传感器所致。

（6）变矩器离合器（TCC）系统卡滞 故障包括变矩器离合器控制阀卡住 / 卡滞黏结、碎屑、阀损坏或孔划伤等。变矩器离合器（TCC）压力控制电磁阀是控制电磁阀总成的一部分，没有可维修零件。

变矩器离合器（TCC）压力控制电磁阀控制并调节流至下阀体内的变矩器离合器调节阀和油泵总成中的变矩器离合器控制阀的变速器油压力。当车辆工作条件满足接合变矩器离合器的条件后，变速器控制模块（TCM）将增加变矩器离合器（TCC）压力控制电磁阀电流，从而提高压力，以便将变矩器离合器控制阀移动到接合位置。待变矩器离合器（TCC）完全接合后，发动机与变速器直接联动。变速器控制模块（TCM）通过降低通至变矩器离合器（TCC）压力控制电磁阀的电流松开变矩器离合器（TCC），这也降低了接合压力，使变矩器离合器控制阀移至解锁位置。变速器控制模块根据来自输入轴转速传感器的转速信号以及由发动机控制模块（ECM）提供的发动机转速来计算变矩器转差速度。

（7）换挡电磁阀卡滞 换挡电磁阀是控制电磁阀总成的一部分，没有可维修部件。

变速器控制模块（TCM）通过打开或关闭低电平侧驱动器来操作该电磁阀。

（8）挡位开关电路 故障可能包括不工作的手动模式触动式加挡 / 减挡，或按下触动式加挡按钮时的触动式减挡。

（9）管路压力控制电磁阀 管路压力控制电磁阀是控制电磁阀总成的一部分，没有可维修零件。

管路压力控制电磁阀调节油压，并将油压直接引导至压力调节阀。管路压力控制电磁阀压力增大，将使变速器管路压力增大。变速器控制模块通过控制低电平侧驱动器的打开和关闭时间长度来改变至管路压力控制电磁阀的电流。缩短打开时间，降低至管路压力控制电磁阀的电流，这通过关闭电磁阀排放口提高了管路压力控制电磁阀油压。增加提供给管路压力控制电磁阀的电流，会通过打开电磁阀排气口来降低管路压力控制电磁阀油压。变速器控制模块通过高电平侧驱动器向管路压力控制电磁阀供电。高电平侧驱动器保护电路和部件不会出现过多电流。如果检测到过多的电流，则高电平侧驱动器会关闭。当故障被修复时，高电平侧驱动器将复位。

21.3 自动变速器故障案例

案例1 油路问题导致的倒挡不能行车故障。

（1）故障现象 老款宝来1.8T，行驶里程约为180000km。车辆正常启动后，挂入R挡，不能行驶。加速到发动机转速3000r/min以上，车辆能勉强行驶。

（2）检查与分析

❶ 检查自动变速器油，油质变色，且有焦味。

❷ 使用故障诊断仪对自动变速器控制模块执行诊断，无故障信息显示。

使用油压表对自动变速器油压进行检测，当故障出现时，怠速时的 R 挡油压比规定值明显低。拆下自动变速器，检查油泵上用于离合器 K2 油道密封的两道密封环，发现第一道油环已卡死，且磨损特别严重。这样，就会造成 R 挡油压低，导致摩擦片打滑。

（3）故障排除　清洗滑阀箱、更换油泵、更换变速器油。

案例 2　电磁阀故障导致的变速器故障灯偶尔点亮。

（1）故障现象　某奥迪 Q5，配置 2.0T 发动机和 7 挡位双离合自动变速器，行驶里程约为 120000km。行车期间，变速器故障灯偶尔点亮，一旦该灯点亮，变速器便会出现没有 2 挡、4 挡、6 挡和 R 挡的故障现象。

（2）故障诊断　使用诊断仪对自动变速器系统执行诊断。显示故障含义为：（双离合变速器）分变速器 2 电磁阀 N439（驱动离合器 K2）存在电气故障。

（3）故障排除　该变速器的自动变速器控制模块与液压控制阀体被集成在一起，电磁阀 N439 集成液压控制阀体，外部没有线路连接。所以，更换电液控制模块总成（也就是自动变速器控制模块与液压控制阀体整体）。用故障诊断仪对系统诊断学习后路试，故障彻底排除。

第 22 章

汽车防盗系统

22.1 防盗系统基本知识

22.1.1 防盗系统组成

发动机防盗系统由防盗转发器（钥匙中射频芯片）、防盗线圈（识读线圈）、防盗控制器、发动机 ECM 及连接线束组成（图 22.1-1）。

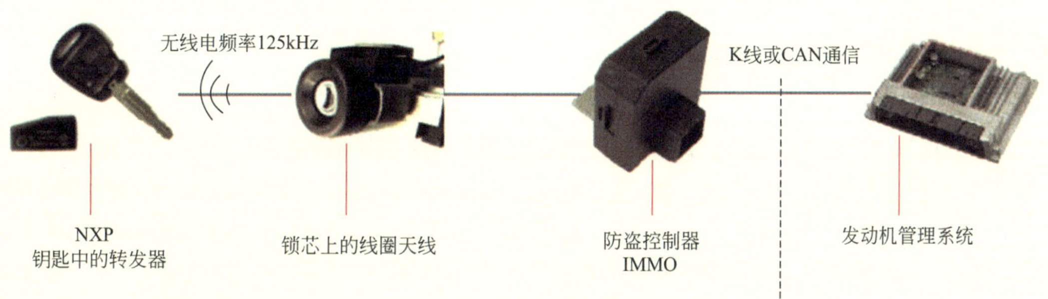

图 22.1-1　防盗系统组成

（1）防盗转发器　钥匙中有一个防盗转发器，该防盗转发器内含有一个运算的射频芯片和一个细小电磁线圈。该细小线圈在系统工作期间，与防盗线圈（识读线圈）一起完成防盗控制模块与防盗转换器中的运算芯片之间的信号及能量传递。防盗转发器在钥匙中的安装位置应尽量远离钥匙中的金属部分，并尽可能靠近线圈天线（图 22.1-2）。

（2）防盗线圈（识读线圈）　防盗线圈产生感应磁场，传输控制器和转发器之间的通信信号（图 22.1-3）。它安装在汽车的点火锁芯上，通过线束与防盗控制器相连。作为防盗控制器的负载，承担防盗控制器与防盗转发器之间信号及能量的传递任务。

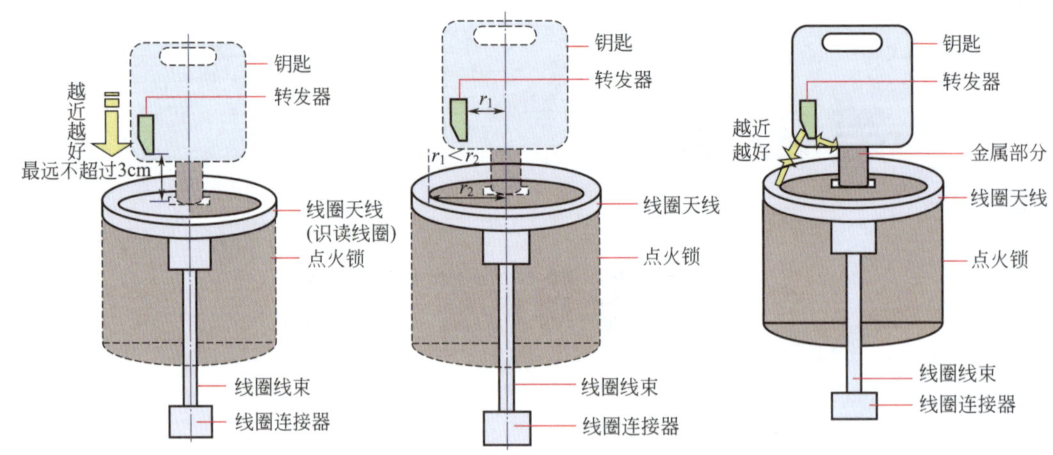

图 22.1-2　防盗转发器布置要求

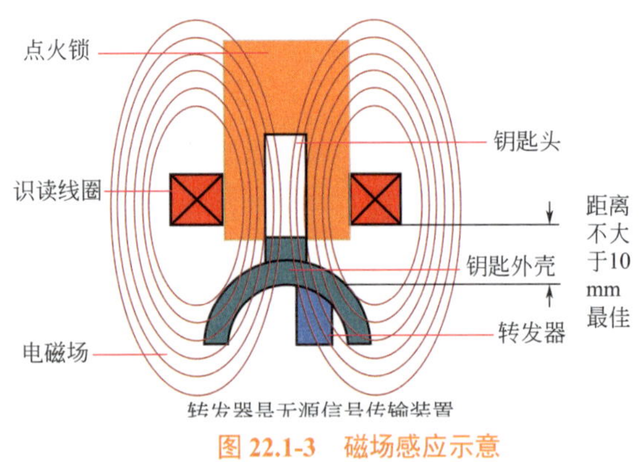

图 22.1-3　磁场感应示意

线圈天线的半径保证能套在点火锁上即可，线圈半径越小越好。线圈金属绕线部分与点火锁金属管轴之间应有塑料部分进行间隔，径向需至少有 3mm 间隔空间，轴向需比点火锁金属表面抬高。防盗线圈与防盗控制器之间的距离要求小于 500mm。

（3）防盗控制器　防盗控制器内含微处理器，实现系统鉴别和系统匹配诊断等功能。通过锁止车辆发动机来实现防盗。

（4）发动机 ECM　发动机防盗系统需要经过钥匙（带防盗转发器）、防盗控制器和发动机 ECM 三方的加密认证，才能启动发动机。

22.1.2　防盗系统原理

（1）基本原理　点火开关上的识读线圈会读取钥匙芯片 ID 信息，如果这个信息和汽车上防盗系统防盗控制器（IMMO）ID 是一致的，就是合法钥匙，可以解除防盗，启动发动机。

（2）基本过程　打开点火开关时，感应线圈会产生一个电磁波，在电磁波作用下射频芯片发出一个识别码。读取感应线圈中的信号，并同时把信号发送给发动机 ECM。如果发动机 ECU 识别该信号和储存器中的信号一致，就允许执行相关启动操作，发动机正常启动。

也就是说，打开点火开关时，发动机 ECM 就会发出一组加密电子编码信号给钥匙芯片，然后只有发动机 ECU 收到反馈正确的防盗编码信号才允许启动发动机。

（3）认证过程　防盗系统认证分为两级：一级为防盗控制器与转发器的无线认证；一级为防盗控制器与发动机管理模块的总线认证。

❶ 无线认证。基于转发器型号方案，转发器与防盗控制器之间采用 125kHz 低频无线双向通信，支持加密算法。

❷ 总线认证或 K 线认证。防盗控制器与发动机 ECM 之间通信通过总线物理层和数据层遵循相关标准。

防盗控制器（IMMO）通过点火开关 ON 唤醒。IMMO 在其初始化过程中，通过线圈天线（COIL）询问钥匙内转发器 ID，经 IMMO 核实正确后，IMMO 产生一组随机数发送给转发器，转发器将接收到的数据结合密钥码以及 ID，进行特定的加密运算后，将结果反馈给 IMMO，IMMO 将该运算结果与自身通过相同特定运算结果进行比较，如果吻合，则完成钥匙内转发器的无线认证。

K 线通信认证钥匙认可后，防盗控制器通过总线发起与发动机 ECM 的认证通信。两者进行类似上述介绍的相互鉴别认证。由发动机 ECM 将自己的 PIN 结合一个随机数和密钥码，进行特定的加密运算，防盗控制器将收到的数据进行解密，核对 PIN 的有效性，如果与预先储存的一致，则会回复一组随机电子数据给发动机 ECM，发动机 ECM 将此结果与自己通过特定运算的结果进行比较，结果吻合，发动机 ECM 才进行下一步工作，允许点火、喷油，使发动机正常启动、工作（图 22.1-4）。

维修贴

PIN 码（用户授权码）是进行系统匹配时输入的四位十六进制数密码，只有向防盗系统中成功输入了正确的 PIN 码，才能进行防盗系统匹配功能的操作。

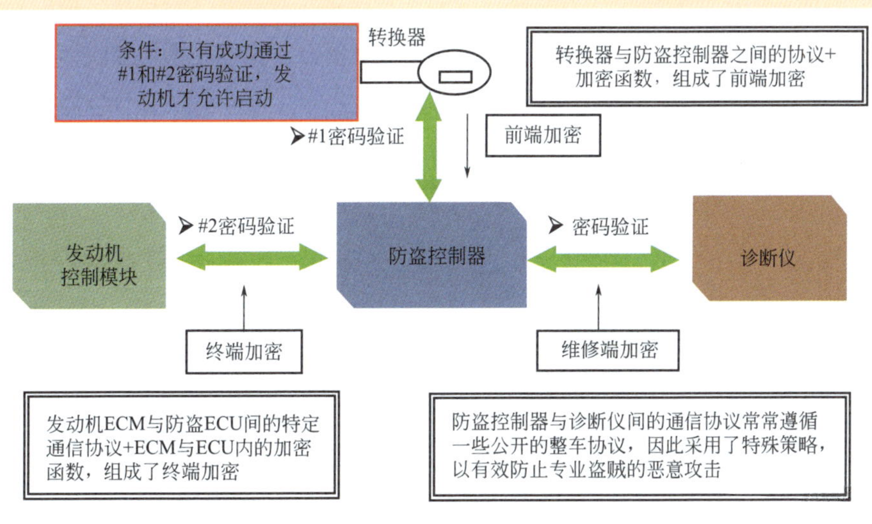

图 22.1-4　防盗系统认证过程

22.2　防盗系统编程

22.2.1　编程器基础

汽车编程器（图 22.2-1）是**汽车电子维修设备的一种**，主要用来读取 CPU 数据和防盗密码，以及里程表调校、气囊**数据修复**、**音响解密等**，操作非常简单方便。

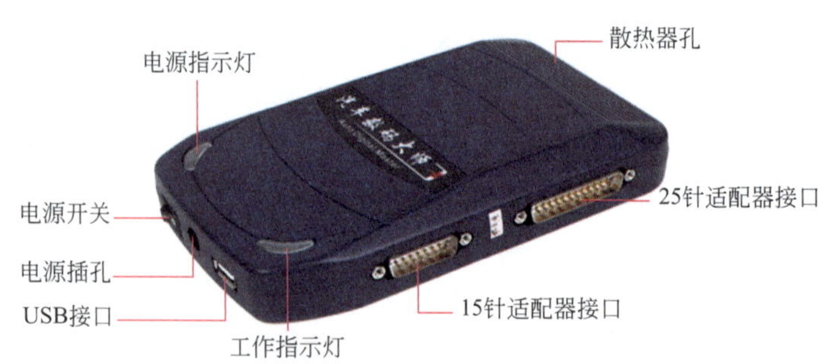

图 22.2-1 汽车编程器

22.2.2 遥控器原理

（1）遥控系统组成 遥控系统的功能部件主要有手持遥控发射器（遥控钥匙）、遥控高频接收电路、CPU 和执行器驱动电路。其中，遥控高频接收电路和执行器驱动电路分成两个模块，以便于缩小接收电路的体积并与大电流电路分离，可以很灵活地选择安装位置，从而优化无线信号接收性能。

（2）基本原理 遥控器是通过无线电发出信号的。

车身控制模块通过无钥匙进入发射器的串行数据电路与遥控车门锁接收器通信。当按下无钥匙进入发射器上的任何按钮时，发射器向遥控车门锁接收器发送一个信号。根据发射器上按下的按钮，遥控门锁接收器向车身控制模块发送功能请求。车身控制模块接收信息并执行相应的功能。

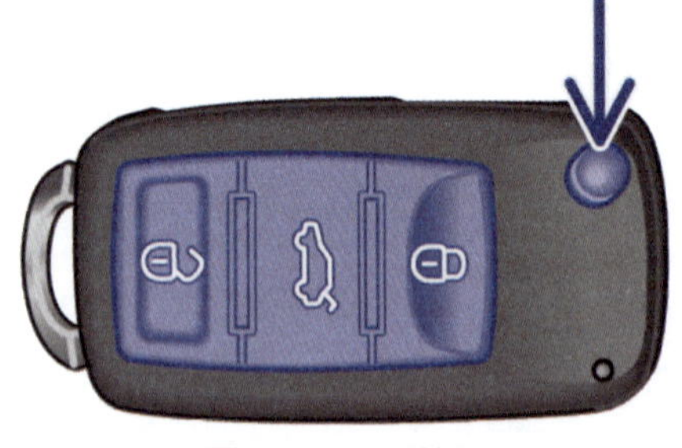

图 22.2-2 遥控钥匙

22.2.3 遥控钥匙操作

22.2.3.1 新帕萨特钥匙及有关操作

使用遥控钥匙可以从远处将汽车解锁和闭锁，可以使用多把遥控钥匙（图 22.2-2）。

带电池的发射器安放在遥控钥匙内，接收器在车内。遥控钥匙的作用范围在电池电量充足的情况下可在汽车周围达数十米。

如果汽车无法用遥控钥匙打开或关闭，则必须对遥控钥匙重新进行同步处理或更换遥控钥匙中的电池。

（1）遥控钥匙

维修贴

每把遥控钥匙内都有电子部件，要避免受潮和强烈震动。

请保持遥控钥匙头凹槽的清洁，杂质（如织物纤维、灰尘等）会对遥控钥匙的正常使用和点火锁造成不良影响。

在驾驶员侧车门开着的情况下，无法用遥控钥匙将车辆闭锁，这样可以防止驾驶员将自己锁在车外。

❶ 通过便捷功能菜单，可以激活单门开启功能。激活单门开启功能后，按压一次遥控钥匙上的解锁按钮🔓时仅将驾驶员侧车门和油箱盖板解锁。再按一次遥控钥匙上的解锁按钮🔓，即可将全部车门和后备厢盖解锁。

❷ 遥控钥匙只有在其作用范围之内才能将汽车解锁和闭锁。

❸ 汽车解锁后，如果 30s 内没有打开车门或后备厢盖，汽车便会自动重新闭锁，这个功能可防止汽车在无意中被解锁。

❹ 如果用遥控钥匙无法将汽车解锁或闭锁，则必须对遥控钥匙进行同步处理，或者更换遥控钥匙中的电池。

❺ 如果汽车附近有发射器（如无线电设备、移动电话等）以相同的频率范围工作，遥控钥匙的功能会因这种干扰而暂时受到影响。请再次按压闭锁或解锁按钮启动相应功能。

❻ 按下解锁按钮后，转向灯闪烁 2 次。

❼ 按下闭锁按钮后，待所有车门及后备厢盖关闭后，转向灯闪烁 1 次。

❽ 遥控钥匙或中央门锁失灵时，可以将遥控钥匙的折叠钥匙头翻开，手动将车门和后备厢盖解锁或闭锁。

（2）遥控钥匙同步调整 如果经常在作用范围之外按压按钮🔓，则汽车可能无法再用遥控钥匙解锁或锁止。在这种情况下必须按如下方式重新对遥控钥匙进行同步处理。

❶ 拆下驾驶员侧车门的车门拉手盖罩。

❷ 按压遥控钥匙上的按钮🔓。

❸ 在 1min 内用钥匙头将汽车解锁。

❹ 用遥控钥匙打开点火开关，同步处理完成。

维修贴

当所有车门和后备厢盖都已完全关闭时，中央门锁才正常工作。在驾驶员侧车门已打开时，无法用遥控钥匙将汽车锁止。

（3）中央门锁 中央门锁可以以下三种中控方式将所有车门和后备厢盖解锁或锁止。

❶ 从车外用遥控钥匙。

❷ 从车外通过 Kessy（无钥匙进入系统）。

❸ 从车内用中央门锁按钮。

可以通过菜单设置中的子菜单，或用故障诊断仪接通或关闭中央门锁的特殊功能。

在遥控钥匙或中央门锁失灵时，可以对车门和后备厢盖进行手动解锁或锁止。

（4）从车外将汽车解锁和锁止 遥控钥匙上的按钮见表 22.2-1。

表 22.2-1 遥控钥匙上的按钮

序号	功能	用遥控钥匙上的按钮操作	图示 / 示意图
1	汽车解锁	按压按钮🔓，按住即可便捷开启	
2	汽车锁止	按压按钮🔒，按住即可便捷关闭	
3	后备厢盖解锁	长按按钮🚗，后备厢盖自动解锁	

维修贴

视子菜单便捷功能中设定的中央门锁功能而定，在两次按压按钮[解锁]时才会将所有车门和后备厢盖解锁。

当电池电量充足且遥控钥匙在汽车周围数十米的范围内时，遥控钥匙才能锁止汽车和解锁。通过所有转向信号灯闪烁指示汽车锁止或解锁。

在驾驶员侧车门已打开时，汽车无法用遥控钥匙锁止。如果将汽车解锁而不打开任何车门或后备厢盖，则汽车在30s后会重新自动锁止，这个功能可防止汽车意外长时间处于解锁状态。

（5）记忆座椅记忆位置的设置 如图22.2-3所示，记忆座椅一共可以存储五个位置，座椅的记忆按钮可存储三个不同位置1、2和3，两把遥控钥匙可分别绑定位置4和5。

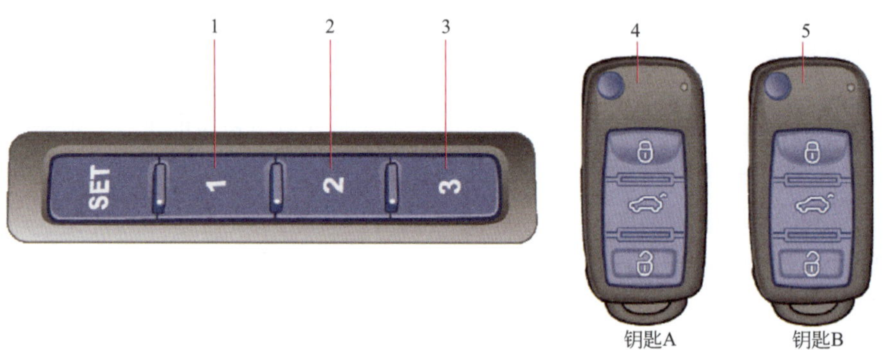

图22.2-3 记忆位置

1～3—座椅的记忆按钮；4,5—遥控钥匙

维修贴

只有在停车以后方可存储驾驶员座椅的位置。

❶ 存储功能用于正常行驶的设置。

此功能可实现驾驶员侧座椅和车外后视镜位置的记忆。

a. 为安全考虑，请接通电子驻车制动器，将挡位置于驻车挡或空挡位置。

b. 接通点火开关。

c. 调节驾驶员座椅和车外后视镜位置。

d. 按压按键[SET]。

e. 在10s内按压需要设置的记忆按钮1、2或3，该记忆按钮的位置设置成功，会有一个声音信号提示。

❷ 存储功能用于倒车的设置。

此功能仅实现副驾驶员侧车外后视镜位置的记忆。

a. 为安全考虑，请接通电子驻车制动器，将变速箱挡位置于驻车挡或空挡位置。

b. 选择所需的记忆位置 1、2 或 3。

c. 挂入倒车挡。

d. 将后视镜调节旋钮转至位置 R，调整副驾驶员侧车外后视镜位置。

e. 完成倒车后，将后视镜调节旋钮调回至 0 位置，刚刚调节好的后视镜位置即被储存。

③ 调出存储位置。

a. 车门打开时。

ⓐ 断开点火开关的情况下，只需短按一下相应的记忆按钮 1、2 或 3，驾驶员侧座椅及后视镜将自动移至储存位置。

ⓑ 接通点火开关的情况下，长按相应的记忆按钮直至座椅及后视镜达到存储位置。

b. 车门关闭时，出于安全考虑，需要长按相应的记忆按钮，座椅及后视镜才能达到存储位置。

c. 倒车时。

ⓐ 当后视镜调节旋钮转至位置 R，挂入倒车挡时，右后视镜将自动移动到存储的倒车位置。

ⓑ 当以至少 15km/h 的车速向前行驶或将旋钮从位置 R 转到另一个位置时，右后视镜自动离开存储的倒车位置。

维修贴

倒车时的设置存储为自动记忆。调整完后归位即可，在此过程中不得按压按键SET。

④ 激活绑定功能。

出厂时已默认激活一把遥控钥匙，其他遥控钥匙需自行激活。

a. 关闭点火开关使车辆断电。

b. 当座椅停止移动后，仍保持按压按键 1 或 2 或 3，同时按下遥控钥匙上的解锁按钮，声音信号反馈绑定成功。

⑤ 记忆位置设置。

a. 确保该遥控钥匙已激活。

b. 用相同的遥控钥匙将汽车解锁。

c. 调节车外后视镜和驾驶员座椅位置。

d. 用遥控钥匙上的闭锁按钮将汽车锁止，使得记忆座椅控制器储存当前座椅和车外后视镜位置。

⑥ 解除绑定功能。

a. 汽车处于断电状态。

b. 长按按键SET，同时在 10s 内按压遥控钥匙上的解锁按钮，一个声音信号确认绑定功能解除。

（6）记忆座椅迎宾功能 迎宾功能只能在遥控钥匙绑定功能激活状态下使用。

① 使用绑定过的遥控钥匙，熄火，开门下车，座位向后移 3cm。

② 再次解锁开门上车，上电，座椅向前移 3cm，回到驾驶舒适位置。

维修贴

每把遥控钥匙有各自对应的不同设置，迎宾功能的移动位置与各个遥控钥匙一一对应（即用遥控钥匙 1 下车闭锁后，使用遥控钥匙 2 解锁上车，座椅将在遥控钥匙 2 存储位置的基础上再移动约 3cm）。

如果座椅接近后部极限位置，出于安全考虑，迎宾功能将可能不会被触发。

22.2.3.2 现代名图钥匙及有关操作

（1）遥控钥匙操作 车门开锁后，除非在 30s 内打开某个车门，否则车门会自动闭锁。

❶ 闭锁操作。

a. 关闭所有车门、发动机罩和后备厢盖。

b. 按下遥控钥匙上的门锁闭锁按钮（图 22.2-4）。

c. 车门闭锁，危险警告灯闪烁。

如果室外后视镜折叠开关在 AUTO（自动）位置（如有配备），室外后视镜自动折叠。

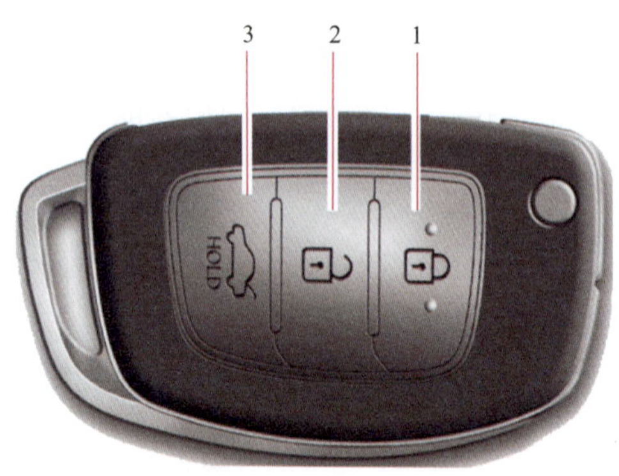

图 22.2-4 遥控钥匙

1—门锁闭锁；2—门锁开锁；3—后备厢盖开锁

❷ 开锁操作。

a. 按下遥控钥匙上的门锁开锁按钮（图 22.2-4）。

b. 车门开锁。危险警告灯闪烁两次。

如果室外后视镜折叠开关置于 AUTO（自动）位置（如有配备），室外后视镜也自动展开。

❸ 后备厢盖开锁。

a. 按下遥控钥匙上的后备厢盖开锁按钮（图 22.2-4）持续 1s 以上。

b. 危险警告灯闪烁两次。一旦后备厢盖打开后关闭，后备厢盖便会自动闭锁。

维修贴

① 后备厢盖开锁后，后备厢盖会自动闭锁。

② 在按钮上写有单词“HOLD”，请必须按住按钮 1s 以上。

❹ 启动。注意：防止损坏遥控钥匙。

a. 使遥控钥匙远离水或其他液体。如果由于接触水或其他液体而遥控钥匙不工作，则不在车辆制造商的保修范围内。

b. 避免掉落或投掷遥控钥匙。

c. 避免将遥控钥匙放置于极端温度环境下。

d. 使遥控钥匙远离电磁材料，电磁材料会阻碍电磁波到达钥匙表面。

⑤ 机械钥匙（图 22.2-5）。

维修贴

禁止在没有按下释放按钮时折叠钥匙，否则会损坏钥匙。

如果遥控钥匙不正常工作，可以使用机械钥匙闭锁或开锁车门。

要展开钥匙，按下释放按钮后钥匙自动展开。

要折叠钥匙，按下释放按钮状态手动折叠钥匙。

（2）遥控钥匙注意事项 如果发生下列任一情况，遥控钥匙将不工作。

① 点火开关钥匙在点火开关内。

② 超出操作距离极限（约 30m）。

③ 遥控钥匙电池电量低。

④ 信号可能受其他车辆或物体阻碍。

⑤ 天气太冷。

⑥ 接近无线电台或飞机场等能干扰遥控钥匙正常操作的无线电发射机。

⑦ 如果遥控钥匙与移动电话靠得很近，移动电话的正常信号会干扰遥控钥匙的信号。

（3）电池的更换（图 22.2-6）

① 在槽中插入一个纤细工具并轻轻地撬开遥控钥匙盖。

② 拆卸旧电池，安装新电池。确定电池位置正确。

③ 重新安装遥控钥匙后盖。

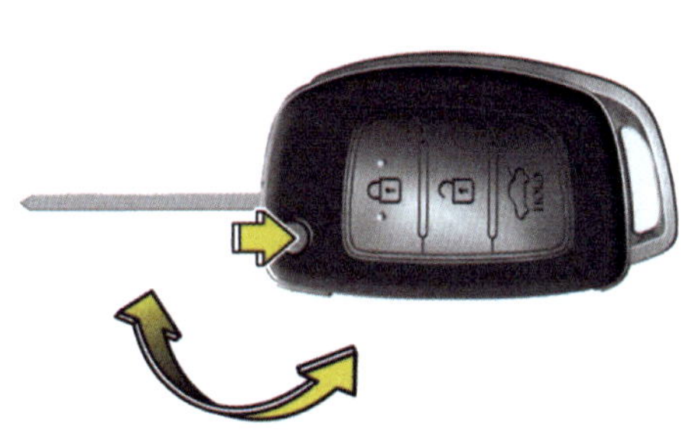

图 22.2-5 遥控钥匙（机械钥匙）

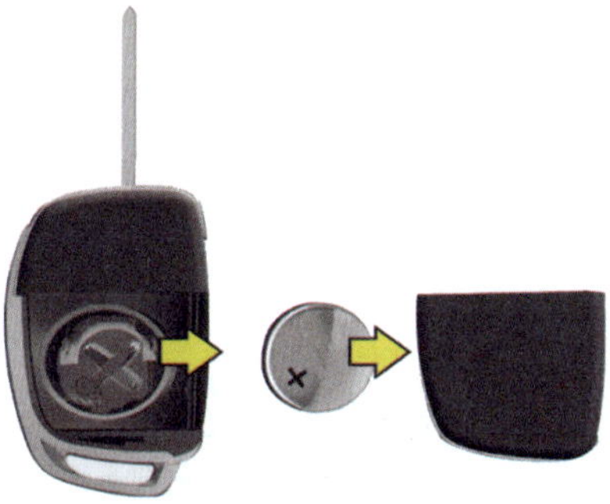

图 22.2-6 遥控钥匙（更换电池）

（4）智能钥匙

① 闭锁操作。

a. 关闭所有车门、发动机罩和后备厢盖。

b. 按下车门手柄开关或者按下智能钥匙上的门锁闭锁按钮（图 22.2-7）。

c. 危险警告灯闪烁。

如果室外后视镜折叠开关置于 AUTO（自动）位置（如有配备），室外后视镜自动折叠。

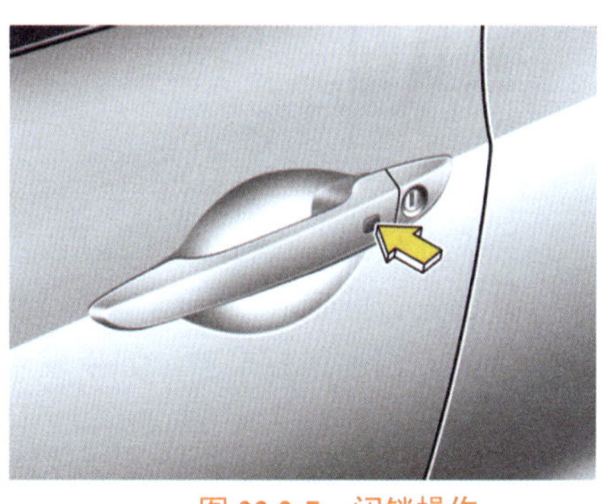

图 22.2-7 闭锁操作

维修贴

车门手柄按钮仅在智能钥匙距离车门外侧手柄 0.7 ～ 1m 范围内时工作。

出现下列情况时，即使按下车门外侧手柄按钮，车门也不闭锁并且警告音响 3s。

① 智能钥匙在车内。

② 发动机启动 / 停止按钮在 ACC 或 ON 位置。

③ 后备厢盖除外的任意车门处于打开状态。

❷ 开锁操作。

a. 携带智能钥匙。

b. 按下车门手柄开关或者按下智能钥匙上的门锁开锁按钮。

c. 驾驶员侧车门开锁。危险警告灯闪烁两次。

如果室外后视镜折叠开关在 AUTO（自动）位置（如有配备），室外后视镜自动展开。

维修贴

车门手柄按钮仅在智能钥匙距离车门外侧手柄 0.7 ～ 1m 范围内时工作。未携带智能钥匙的其他人员也可以打开车门。

开锁车门后，除非在 30s 内打开某个车门，否则车门会自动闭锁。

❸ 后备厢盖开锁。

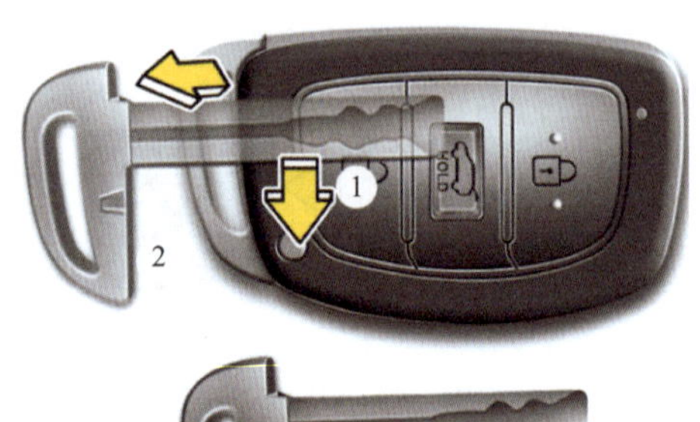

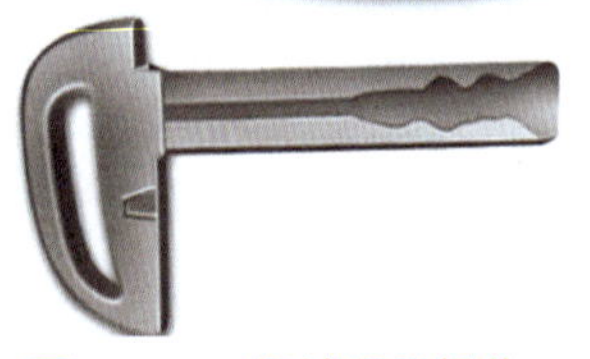

图 22.2-8　机械钥匙操作

a. 携带智能钥匙。

b. 按下后备厢盖手柄按钮或者按下智能钥匙上的后备厢盖开锁按钮持续 1s 以上。

c. 危险警告灯闪烁两次。

一旦后备厢盖打开后关闭，后备厢盖会自动闭锁。

后备厢盖开锁后，除非在 30s 内打开后备厢盖，否则后备厢盖会自动闭锁。

❹ 机械钥匙。如果智能钥匙不正常工作，可使用机械钥匙闭锁或开锁车门。

按住释放按钮 1 并拔出机械钥匙 2（图 22.2-8）。

将机械钥匙插入车门上的钥匙孔内。

要重新安装机械钥匙，把钥匙插入钥匙孔并推动，直到听到咔嗒声。

❺ 丢失智能钥匙。每辆车最多能注册 2 把智能钥匙。

❻ 智能钥匙注意事项。如果发生下列任一情况，智能钥匙可能会不工作。

a. 接近无线电台或飞机场等能干扰智能钥匙正常操作的无线电发射机。

b. 智能钥匙接近移动双向无线电通信系统或手机。

c. 有人在本车辆附近操作其他车辆的智能钥匙。

d. 如果智能钥匙与移动电话靠得很近，移动电话的正常信号会干扰智能钥匙的信号。

⑦ 电池的更换（图 22.2-9）。

a. 撬开智能钥匙后盖。

b. 拆卸旧电池，安装新电池，确定电池位置正确。

c. 重新安装智能钥匙后盖。

（5）紧急情况操作（图 22.2-10） 如果没有采用电动方式操作电动门锁开关，只有一种方式可以闭锁车门，即利用外面钥匙孔使用机械钥匙进行闭锁。在没有外面钥匙孔的情况下，可以如下操作闭锁车门。

第一步：打开车门。

第二步：将钥匙插入紧急门锁孔并水平转动钥匙闭锁。

第三步：稳固关闭车门。

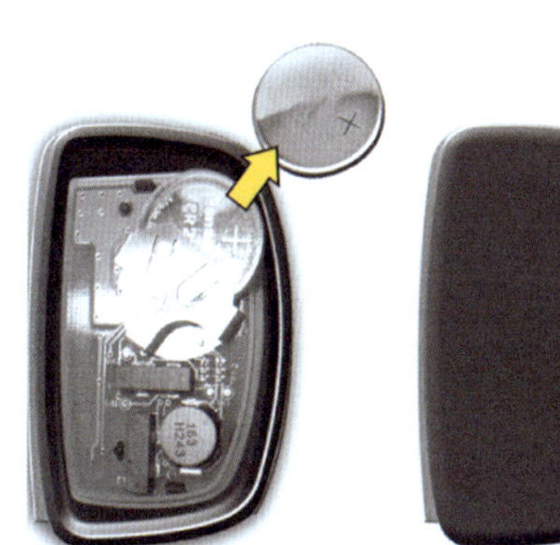

图 22.2-9 更换电池

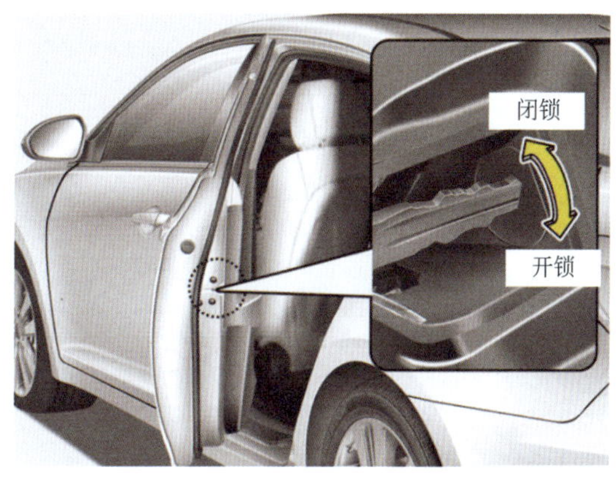

图 22.2-10 紧急情况操作

22.2.4 钥匙匹配方法

汽车上的机械钥匙大概有 150 种，机械钥匙开槽后，对防盗钥匙进行电脑匹配。

钥匙匹配需要专门的电子设备，包括平时使用的故障诊断仪也有钥匙匹配功能。以大众三代防盗系统为例，钥匙匹配步骤如下。

第一步：连接专业设备。

第二步：读取防盗密码。

第三步：根据提示，选择需要匹配的车型。

第四步：点击“防盗匹配”。

第五步：根据提示输入密码。

第六步：根据提示，选择要匹配的钥匙数量。

第七步：根据提示，插入需要匹配的钥匙。

钥匙匹配完成。

参考文献

[1] 周晓飞 . 汽车维修从入门到精通 [M]. 北京：化学工业出版社，2018.

[2] 韩雪涛 . 电工从入门到精通 [M]. 北京：化学工业出版社，2017.

[3] 顾惠烽 . 汽车常见故障识别 • 检测 • 诊断 • 分析 • 排除 [M]. 北京：化学工业出版社，2019.